Michael Halvorson

Microsoft Visual Basic 6.0
Schritt für Schritt

Microsoft Press

Dieses Buch ist die deutsche Übersetzung von:
Michael Halvorson:
Microsoft Visual Basic Professional 6.0 Step by Step
Microsoft Press, Redmond, Washington 98052-6399
Copyright © 1998 by Michael Halvorson

Das in diesem Buch enthaltene Programmaterial ist mit keiner Verpflichtung oder Garantie irgendeiner Art verbunden. Autor, Übersetzer und der Verlag übernehmen folglich keine Verantwortung und werden keine daraus folgende oder sonstige Haftung übernehmen, die auf irgendeine Art aus der Benutzung dieses Programmaterials oder Teilen davon entsteht. Das Werk einschließlich aller Teile ist urheberrechtlich geschützt. Jede Verwertung außerhalb der engen Grenzen des Urheberrechtsgesetzes ist ohne Zustimmung des Verlags unzulässig und strafbar. Das gilt insbesondere für Vervielfältigungen, Übersetzungen, Mikroverfilmungen und die Einspeicherung und Verarbeitung in elektronischen Systemen.

15 14 13 12 11 10 9 8 7 6 5
02

ISBN: 3-86063-747-9

© Microsoft Press Deutschland
(ein Unternehmensbereich der Microsoft GmbH)
Edisonstraße 1, D-85716 Unterschleißheim
Alle Rechte vorbehalten

Übertragung ins Deutsche: Marcus O. Lerch, Gerald Schüler und Ingrid Tokar
für trans-it, München
Grafik und Satz: Alexandra Krug und Christoph Held für Text und Form, München
Umschlaggestaltung: Hommer DesignProduction, München
Typografie: Hommer DesignProduction, München
Herstellung, Druck und Bindung: Kösel, Kempten
(www.KoeselBuch.de)

Danksagung

Dies ist mein achtes Buch zum Thema Basic-Programmierung und das fünfte, das sich mit der Entwicklung von Visual Basic-Anwendungen für Microsoft Windows beschäftigt. Über die Jahre hinweg habe ich sehr von dem Wissen und der Erfahrung vieler begabter Software-Entwickler, Lehrer, Verlagsmitarbeiter und Freunde profitiert, und dieses Buch bildet darin keine Ausnahme. Ich möchte den folgenden Personen für Ihre Arbeit, Ihr Können und Ihren Einsatz für dieses Projekt herzlich danken: den Acquisitions Editoren Casey Doyle und Eric Stroo, Projekteditor Jenny Bendon, Technical Editor Emma Gibson, Projektmanager Peter Whitmer, Copyeditor Gina Russo, Lektoratsassistentin Asa Tomash, den Layoutspezialisten Joanna Ito und Javier Amador-Peña, den Korrekturlesern Joanne Crerand und Bridget Leahy, Indexerin Joan Green, Publishing Support Specialist Bill Teel, Marketing-Manager Kathy Boullin, Designer Barbara Remmle, Buildmaster Anthony Williams, Program Manager Philip Borgnes, Projektmanagerin Joanan Lambert, Visual Basic Program Manager Chris Diaz und Visual Basic Documentation Manager Ann Morris. Und wie gewöhnlich hat mich meine Familie mit Rat und Tat unterstützt. Vielen Dank, Kim und Henry!

Schließlich möchte den prägenden Einfluß, den Dr. Larry Edison auf meine berufliche Laufbahn hatte, erwähnen. Dr. Edison ist ein Freund und Mentor, der dieses Jahr von der Pacific Lutheran University in Tacoma, Washington, in den Ruhestand gegangen ist. Dr. Edisons Anliegen, den Unterricht in Computer Science freundlich und humorvoll zu gestalten, wurde unter seinen Studenten sehr geschätzt. Herzlichen Dank dafür, daß Du mir solide Programmiergrundlagen beigebracht und mich dazu ermutigst hast, nach dem Abschluß auf Europareise zu gehen. Viel Spaß auf Deiner Reise!

Michaels Top 10 Websites

Wenn Sie an weiteren Informationen zu Microsoft Visual Basic interessiert sind, versuchen Sie es einmal mit diesen Websites!

http://www.apexsc.com/vb/   *Carl and Gary*

Die Visual Basic-Homepage von Carl und Gary ist vielleicht die faszinierendste und umfassendste aller „persönlichen" VB-Homepages. Diese Seite ist ein absolutes „Muß", sie enthält zudem weitere Links und Ressourcen.

http://www.microsoft.com/vbasic/   *Microsoft Visual Basic*

Das ist sie, die offizielle Visual Basic Startseite der Microsoft Corporation. Hier finden Sie Schlagzeilen und aktuelle Beiträge, Quellcode, technische Artikel, und spezielle Seiten für Anfänger, erfahrene Programmierer und Web-Programmierer.

http://mspress.microsoft.com/   *Microsoft Press*

Die Homepage von Microsoft Press, in der die neuesten Buchtitel, die von Microsoft Press-Autoren zur Programmierung mit Visual Basic erhältlich sind, verzeichnet sind. Sie finden hier auch kostenlose Download-Angebote und können E-Mail an Microsoft Press senden. (Anmerkung der Übersetzer: Die Webadresse von Microsoft Press Deutschland lautet: *http://www.microsoft.com/germany/mspress*.)

http://www.microsoft.com/officedev/   *Visual Basic for Applications*

Das Microsoft Office Developer Forum bietet Information, Tips und Dienstleistungen für VB-Programmierer, die Makros für Microsoft Office-Anwendungen schreiben.

http://web2.airmail.net/gbeene/   *Gary Beene's World*

Gary Beenes Visual Basic World ist eine herzliche, freundliche Site mit einer Menge nützlicher Links und Informationen für Programmierneulinge.

Michaels Top 10 Websites

http://www.microsoft.com/workshop/author/dhtml/eidt/   *Dynamic HTML*

Die Microsoft Site Builder Network Website ist speziell der DHTML-Programmierung gewidmet.

http://www.citilink.com/~jgarrick/vbasic/   *Joe Garrick*

Joe Garricks Visual Basic-Homepage enthält eine persönliche Hitliste mit Quellcode, Tips, Web-Links und allgemeinen Informationen für professionelle VB-Entwickler.

http://crescent.progress.com/   *Crescent Software*

Crescent ist ein Fremdhersteller von Visual Basic-Tools und eine Tochtergesellschaft von Progress Software. Sie finden in dieser Site nützliche, kommerzielle Add-ons für Visual Basic, wie beispielsweise ActiveX-Steuerelemente und Web-Tools.

http://home.sprynet.com/sprynet/rasanen/vbnet/default.htm   *VBNet*

VBNet ist eine kleine, gemütliche Homepage, mit einer Menge gut durchdachter Codebeispiele für den erfahrenen Visual Basic-Entwickler. Sie finden hier unter anderem Standard-Dialogfelder, Bitmap-APIs, Registrierungsdaten und andere Leckerbissen.

http://www.devx.com/   *Fawcette Publications*

Fawcette Technical Publications Developer Exchange *(DevX)* ist eine hervorragende Informationsquelle für professionelle Visual Basic-Entwickler.

Diese Liste wurde im Frühsommer 1998 aktualisiert. Da die Links bei den meisten Websites in regelmäßigen Abständen geändert werden, ist es möglich, daß eine oder mehrere der oben genannten Adressen veraltet oder nicht mehr verfügbar sind.

Inhaltsverzeichnis

Danksagung	5
Michaels Top 10 Websites	7
Schnellüberblick	17
Zu diesem Buch	21
Wo fangen Sie am besten an?	21
Neue Leistungsmerkmale von Microsoft Visual Basic 6.0	23
Korrekturen, Kommentare und Hilfe	24
Die Übungsdateien installieren und verwenden	25
Die Übungsdateien installieren	25
Die Übungsdateien verwenden	26
Die Übungsdateien entfernen	32
Haben Sie Fragen zu den Übungsdateien?	33
Konventionen	35

Teil A **Erste Schritte mit Visual Basic** **37**

Lektion 1 | Ein Visual Basic-Programm öffnen und ausführen | 39 |
|---|---|
| Die Visual Basic-Programmierumgebung | 39 |
| Das Benutzeroberflächenformular | 45 |
| Die Werkzeugsammlung | 45 |
| Das Eigenschaftenfenster | 46 |
| Der Projekt-Explorer | 49 |
| So erhalten Sie Hilfe | 50 |
| Einen Schritt weiter: Visual Basic beenden | 53 |
| Zusammenfassung der Lektion | 54 |

Inhaltsverzeichnis

Lektion 2	Das erste Programm schreiben	55
	Lucky Seven: Ihr erstes Visual Basic-Programm	55
	Die Benutzeroberfläche erstellen	57
	Den Programmcode schreiben	70
	Das Programm speichern	76
	Einen Schritt weiter: Das Programm erweitern	80
	Zusammenfassung der Lektion	82

Lektion 3	Mit Steuerelementen arbeiten	85
	Die grundlegende Verwendung von Steuerelementen: Das „Hello World"-Programm	86
	Objekte zur Erfassung von Eingaben	97
	Mit OLE-Container-Objekten Anwendungen starten	105
	Mit Hilfe eines Datenobjekts eine Microsoft Access-Datenbank anzeigen	111
	Datenbankeinträge ändern	116
	Einen Schritt weiter: ActiveX-Steuerelemente installieren	117
	Zusammenfassung der Lektion	120

Lektion 4	Menüs und Dialogfelder	123
	Menüs mit dem Menü-Editor erstellen	123
	Mit Standarddialog-Objekten arbeiten	135
	Ereignisprozeduren zur Verwaltung von Standarddialogfeldern	141
	Einen Schritt weiter: Menübefehlen Tastenkombinationen zuweisen	149
	Zusammenfassung der Lektion	151

Teil B	Programmiergrundlagen	153

Lektion 5	Variablen und Operatoren	155
	Die Anatomie einer Visual Basic-Programmanweisung	155
	Informationen in Variablen speichern	156
	Variablen zum Speichern von Eingaben verwenden	161
	Variablen für Programmausgaben verwenden	165
	Bestimmte Datentypen verwenden	167
	Die Visual Basic-Operatoren verwenden	173
	Einen Schritt weiter: In Ausdrücken Klammern verwenden	182
	Zusammenfassung der Lektion	183

Inhaltsverzeichnis

Lektion 6	**Kontrollstrukturen**	**185**
	Ereignisgesteuerte Programmierung	185
	Mit bedingten Ausdrücken arbeiten	187
	If...Then-Kontrollstrukturen	189
	Select Case-Kontrollstrukturen	196
	Fehler finden und korrigieren	202
	Einen Schritt weiter: Mit einer Stop-Anweisung den Haltemodus aktivieren	210
	Zusammenfassung der Lektion	211

Lektion 7	**Schleifen und Zeitgeber**	**213**
	For...Next-Schleifen schreiben	213
	Do-Schleifen schreiben	226
	Mit Zeitgeberobjekten arbeiten	230
	Einen Schritt weiter: Mit Hilfe eines Zeitgeberobjekts ein Zeitlimit setzen	233
	Zusammenfassung der Lektion	238

Teil C	**Benutzeroberflächen erstellen**	**241**

Lektion 8	**Formulare, Drucker und Fehlerbehandlungsroutinen**	**243**
	Neue Formulare zu einem Programm hinzufügen	243
	Formularanweisungen im Programm	245
	Mit mehreren Formularen arbeiten: Das Programm Italienisch	247
	Programmausgaben an einen Drucker senden	254
	Mit Hilfe der Methode PrintForm ein gesamtes Formular ausdrucken	258
	Fehler mit Fehlerbehandlungsroutinen verarbeiten	261
	Einen Schritt weiter: Weitere Techniken zur Fehlerbehandlung	267
	Zusammenfassung der Lektion	268

Lektion 9	**Grafiken und Spezialeffekte**	**271**
	Mit den Linien- und Figursteuerelementen Grafiken erstellen	271
	Grafische Befehlsschaltflächen erstellen	277
	Programm mit Drag-&-Drop-Unterstützung ausstatten	286
	Programme mit Animationen	293
	Einen Schritt weiter: Programmobjekte benennen	301
	Zusammenfassung der Lektion	307

Inhaltsverzeichnis

| **Teil D** | **Unternehmensdaten verwalten** | **309** |

| Lektion 10 | Module und Prozeduren | 311 |

Standardmodule verwenden 311
Mit globalen Variablen arbeiten 315
Global einsetzbare Prozeduren erstellen 319
Function-Prozeduren einsetzen 321
Sub-Prozeduren schreiben 326
Einen Schritt weiter: Parameter als Wert übergeben 334
Zusammenfassung der Lektion 336

| Lektion 11 | Auflistungen und Datenfelder | 339 |

Objektauflistungen verwenden 339
Mit Datenfeldern von Variablen arbeiten 348
Einen Schritt weiter: Mehrdimensionale Datenfelder verwenden 360
Zusammenfassung der Lektion 364

| Lektion 12 | Mit Textdateien und Zeichenfolgen arbeiten | 367 |

Textdateien mit Hilfe eines Textfeldobjekts anzeigen 367
Eine neue Textdatei erstellen 373
Zeichenfolgen mit Programmcode verarbeiten 378
Einen Schritt weiter: Den Operator Xor verwenden 390
Zusammenfassung der Lektion 394

| Lektion 13 | Access-Datenbanken verwalten | 397 |

Datenbanken mit Visual Basic bearbeiten 397
Ein Recordset-Objekt einsetzen 402
Datensätze in die Datenbank Students.mdb einfügen 406
Datensätze aus der Datenbank Students.mdb löschen 409
Einen Schritt weiter: Eine Sicherungskopie einer Datei erstellen 412
Zusammenfassung der Lektion 415

| Lektion 14 | Microsoft Office-Anwendungen einbinden | 417 |

Ein Unternehmensinformationssystem erstellen 417
Anwendungsobjekte mit Hilfe der Automatisierung programmieren 428
Von Visual Basic aus auf Word zugreifen 433
Von Visual Basic aus auf Excel zugreifen 438
Von Visual Basic aus auf Microsoft Outlook zugreifen 440
Einen Schritt weiter: Von Visual Basic aus auf PowerPoint
zugreifen 444
Zusammenfassung der Lektion 447

Inhaltsverzeichnis

| Teil E | **Werkzeuge und Techniken der Professional Edition** | **449** |

| Lektion 15 | Textverarbeitung mit dem RTF-Steuerelement (RichTextBox) | 451 |

Die ActiveX-Steuerelemente der Professional Edition installieren 452
Das RTF-Steuerelement (RichTextBox) 456
Die Ereignisprozeduren zur Verarbeitung der Menübefehle
des RTF-Editors 461
Text über die Windows-Zwischenablage bearbeiten 463
Dateioperationen mit dem RTF-Steuerelement verwalten 465
Einen Schritt weiter: Den RTF-Code anzeigen 469
Zusammenfassung der Lektion 471

| Lektion 16 | Statusinformationen anzeigen | 473 |

Mit dem Fortschrittsleiste-Steuerelement den Status
von Operationen anzeigen 474
Das Programm Progress 476
Eingaben mit dem Schieberegler-Steuerelement grafisch
verwalten 479
Mit dem Statusleiste-Steuerelement Informationen
zum Anwendungsstatus anzeigen 483
Einen Schritt weiter: Den Status der Feststelltaste und der
Taste Num anzeigen 490
Zusammenfassung der Lektion 491

| Lektion 17 | Mit dem Multimedia-MCI-Steuerelement Audio- und Videodaten einbinden | 493 |

Audiodaten aus .wav-Dateien wiedergeben 493
Video aus .avi-Dateien wiedergeben 499
Einen Schritt weiter: Musik von Audio-CDs wiedergeben 503
Zusammenfassung der Lektion 506

| Lektion 18 | Mit der Windows API arbeiten | 509 |

Was ist die Windows API? 509
Das Dienstprogramm API-Viewer verwenden 514
Die Speicherbelegung Ihres Computers überwachen 518
Einen Schritt weiter: Programme mit Unload beenden 524
Zusammenfassung der Lektion 525

Inhaltsverzeichnis

| Teil F | **Grundlagen der Internet-Programmierung** | **527** |

| Lektion 19 | Download von Dateien mit dem Internet-Übertragung-Steuerelement | 529 |

HTML-Dokumente vom World Wide Web herunterladen 530
Dateien mit FTP übertragen 538
Einen Schritt weiter: Fehlerbehandlung für
Internet-Transaktionen 544
Zusammenfassung der Lektion 546

| Lektion 20 | HTML-Dokumente mit dem Internet Explorer anzeigen | 547 |

Erste Schritte mit dem InternetExplorer-Objekt 547
HTML-Dokumente anzeigen 552
Einen Schritt weiter: Auf Ereignisse im Internet Explorer
reagieren 558
Zusammenfassung der Lektion 561

| Lektion 21 | DHTML-Seiten für das Internet entwerfen | 563 |

Was ist DHTML? 563
Erste Schritte mit dem DHTML-Seiten-Designer 566
Einen Schritt weiter: HTML-Dokumente in Microsoft Word
erstellen 582
Zusammenfassung der Lektion 585

| Lektion 22 | DHTML-Seiten um DHTML-Elemente und ActiveX-Steuerelemente erweitern | 587 |

Erste Schritte mit den Elementen der Werkzeugsammlung 587
DHTML-Elemente erstellen und anpassen 593
ActiveX-Steuerelemente in eine DHTML-Seite einfügen 599
Ereignisprozeduren für HTML-Elemente erstellen 602
Einen Schritt weiter: Eine DHTML-Anwendung kompilieren 609
Zusammenfassung der Lektion 611

| Teil G | **Datenbankprogrammierung für Fortgeschrittene** | **613** |

| Lektion 23 | Daten mit dem FlexGrid-Steuerelement verwalten | 615 |

Das FlexGrid-Steuerelement als Universaltabelle einsetzen 616

Inhaltsverzeichnis

In einem FlexGrid-Steuerelement Datensätze einer Datenbank anzeigen	624
Einen Schritt weiter: Die Datenbank Biblio.mdb durchsuchen	631
Zusammenfassung der Lektion	634

Lektion 24

ActiveX-Datenobjekte (ADO) — 637

Was ist ADO?	637
Das ADO-Datensteuerelement einsetzen	639
ADO-Programmcode schreiben	648
Mit dem Datenumgebungs-Designer ActiveX-Datenobjekte erstellen	654
Ein Schritt weiter: Weitere Quellen zur Visual Basic-Programmierung	659
Zusammenfassung der Lektion	660

Stichwortverzeichnis — 663

Der Autor — 685

Die Begleit-CD zu Microsoft® Visual Basic® 6.0 Schritt für Schritt — 687

Schnellüberblick

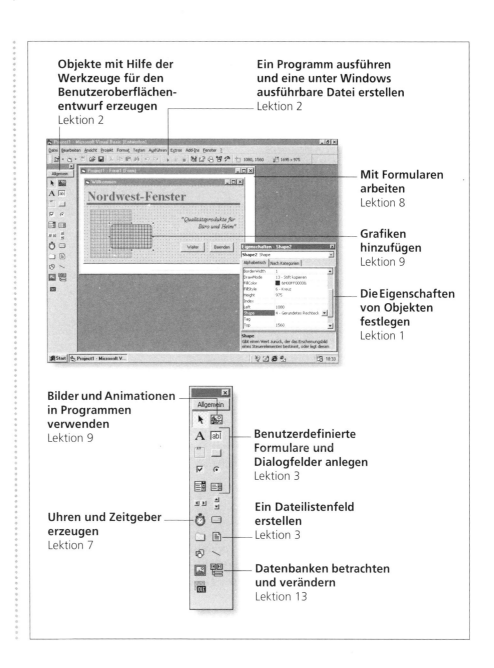

Objekte mit Hilfe der Werkzeuge für den Benutzeroberflächenentwurf erzeugen
Lektion 2

Ein Programm ausführen und eine unter Windows ausführbare Datei erstellen
Lektion 2

Mit Formularen arbeiten
Lektion 8

Grafiken hinzufügen
Lektion 9

Die Eigenschaften von Objekten festlegen
Lektion 1

Bilder und Animationen in Programmen verwenden
Lektion 9

Benutzerdefinierte Formulare und Dialogfelder anlegen
Lektion 3

Uhren und Zeitgeber erzeugen
Lektion 7

Ein Dateilistenfeld erstellen
Lektion 3

Datenbanken betrachten und verändern
Lektion 13

Schnellüberblick

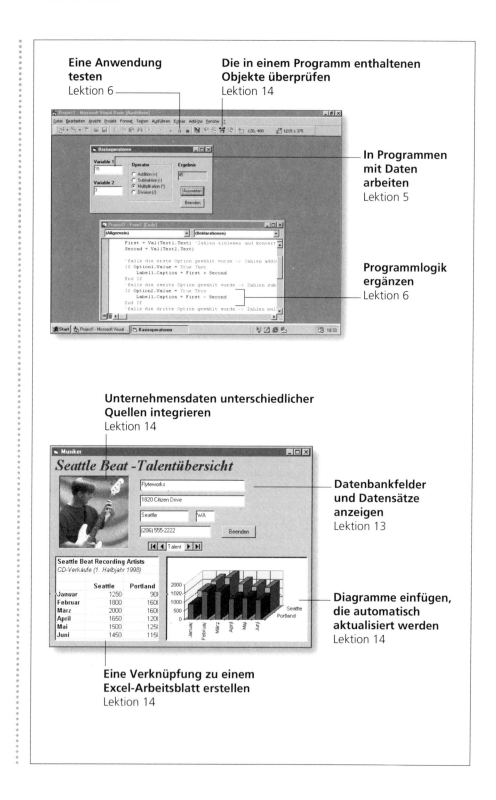

Eine Anwendung testen
Lektion 6

Die in einem Programm enthaltenen Objekte überprüfen
Lektion 14

In Programmen mit Daten arbeiten
Lektion 5

Programmlogik ergänzen
Lektion 6

Unternehmensdaten unterschiedlicher Quellen integrieren
Lektion 14

Datenbankfelder und Datensätze anzeigen
Lektion 13

Diagramme einfügen, die automatisch aktualisiert werden
Lektion 14

Eine Verknüpfung zu einem Excel-Arbeitsblatt erstellen
Lektion 14

Schnellüberblick

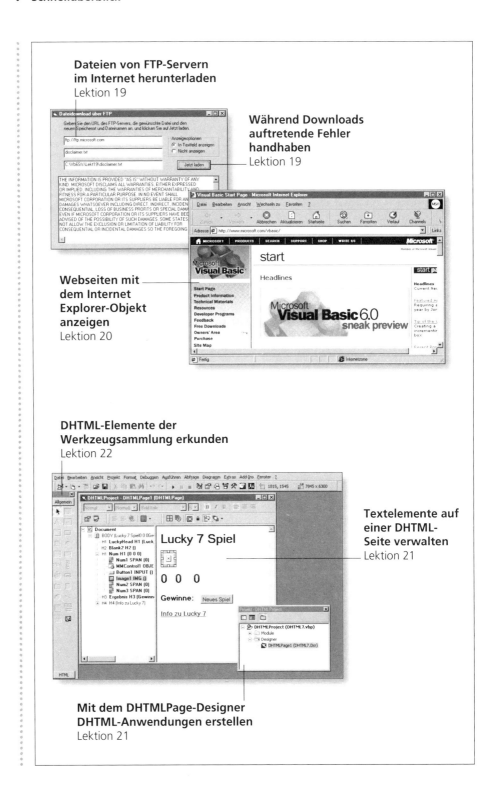

Schnellüberblick

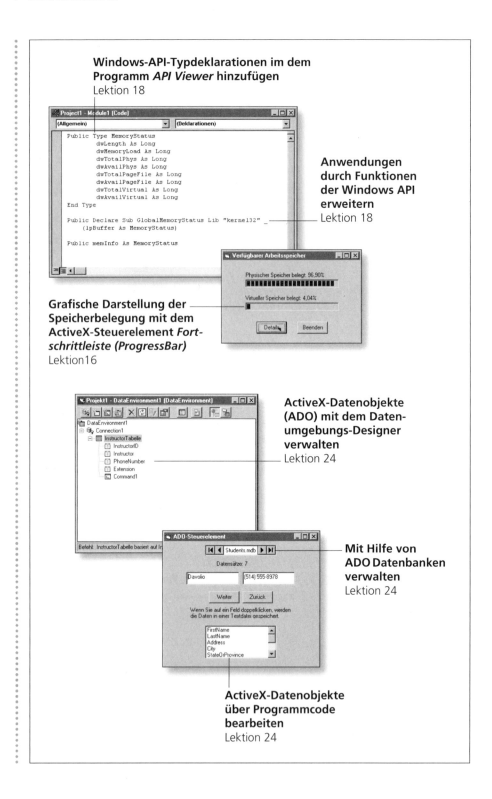

Zu diesem Buch

Microsoft Visual Basic 6.0 Schritt für Schritt ist eine umfassende Einführung in die Programmierung mit Microsoft Visual Basic 6.0. Dieses Buch soll Programmierneulinge anhand von sinnvollen, praktischen Beispielen in die Grundlagen der Software-Entwicklung und erfahrene Programmierer in die wichtigsten Werkzeuge und Programmiertechniken einführen, die in Visual Basic 6.0 zur Verfügung stehen. Entsprechend dieser Zielsetzung ist das Buch in sieben, speziellen Themen gewidmete Teile, in 24 Kapitel und über 100 Übungen und Beispielprogramme gegliedert. Sie werden mit Hilfe dieses Buches rasch lernen, professionelle Visual Basic-Programme für Microsoft Windows zu erstellen.

Bitte beachten Sie, dass die Software Microsoft Visual Basic 6.0 diesem Buch nicht beiliegt. Sie müssen dieses Softwareprodukt kaufen und installieren, bevor Sie die Lektionen dieses Buches bearbeiten können. Wenn Sie nicht wissen, welche Software auf Ihrem System ausgeführt wird, sehen Sie entweder auf der Produktverpackung nach, oder starten Sie die Software, klicken Sie auf das Menü *?* am oberen Bildschirmrand und dann auf *Info zu Microsoft Visual Basic*.

Wo fangen Sie am besten an?

Dieses Buch ist sowohl auf Anfänger zugeschnitten, die eingehende Anleitungen benötigen, als auch auf erfahrene Visual Basic-Programmierer, die von einer anderen Programmiersprache oder einer älteren Version von Visual Basic auf Microsoft Visual Basic 6.0 umsteigen. Anhand der folgenden Übersicht können Sie herausfinden, wie Sie sich dieses Buch am besten erschließen.

Sie steigen neu ein

❶ Installieren Sie die Übungsdateien, wie es im nachfolgenden Abschnitt *Die Übungsdateien installieren und verwenden* beschrieben ist.

❷ Arbeiten Sie die Lektionen 1 bis 14 der Reihe nach durch, um sich Grundkenntnisse in der Programmierung mit Microsoft Visual Basic anzueignen.

❸ Bearbeiten Sie die Teile E, F und G je nach Interessenlage bzw. Erfahrungshintergrund.

Sie steigen um

Wenn Sie bisher mit Microsoft C gearbeitet oder mit einer anderen Programmiersprache Windows-Anwendungen erstellt haben, gehen Sie folgendermaßen vor:

❶ Installieren Sie die Übungsdateien, wie es im nachfolgenden Abschnitt *Die Übungsdateien installieren und verwenden* beschrieben ist.

❷ Bearbeiten Sie die Lektionen 1 und 2, überfliegen Sie die Lektionen 3 bis 9, und arbeiten Sie dann die Lektionen von Teil D und E der Reihe nach durch.

❸ Falls Sie an detaillierten Informationen zur Erstellung von Internet- und Datenbankprogramm interessiert sind, lesen Sie die Teile F und G.

Sie steigen auf

Wenn Sie bereits mit Microsoft Visual Basic 5 gearbeitet haben, gehen Sie folgendermaßen vor:

❶ Installieren Sie die Übungsdateien, wie es im nachfolgenden Abschnitt *Die Übungsdateien installieren und verwenden* beschrieben ist.

❷ Überfliegen Sie die Lektionen 1 bis 13, um sich die Grundlagen ereignisgesteuerter Programmierung in Erinnerung zu rufen und arbeiten Sie dann die Lektionen 13 bis 24 der Reihe nach durch.

❸ Eingehendere Informationen zur Erstellung von Dynamic HTML-Webseiten finden Sie in den Lektionen 21 und 22. Lektion 24 enthält wichtige Informationen zu ActiveX Data Objects.

Sie schlagen nach

Nachdem Sie die Lektionen durchgearbeitet haben, können Sie folgendermaßen in diesem Handbuch nachschlagen:

❶ Im Inhaltsverzeichnis und im *Schnellüberblick* können Sie sich anhand allgemeiner Themen orientieren; spezielle Themen schlagen Sie im Index nach.

❷ Lesen Sie den Abschnitt *Zusammenfassung der Lektion* am Ende jeder Lektion, um sich rasch einen Überblick über die in den Lektionen behandelten Themen zu verschaffen. In der Zusammenfassung werden die Themen in derselben Reihenfolge aufgeführt, in der sie in der Lektion beschrieben werden.

Zu diesem Buch

Neue Leistungsmerkmale von Microsoft Visual Basic 6.0

Die folgende Tabelle gibt einen Überblick über die wichtigsten neuen Leistungsmerkmale von Microsoft Visual Basic, die in diesem Buch behandelt werden. Der Tabelle können Sie auch entnehmen, in welcher Lektion diese Leistungsmerkmale beschrieben werden. Darüber hinaus können Sie im Index nachsehen, wenn Sie Informationen zu einer speziellen Eigenschaft oder einem Arbeitsgang suchen, den Sie durchführen wollen.

Möchten Sie lernen, wie Sie	dann lesen Sie
über die neue integrierte MSDN Library (MSDN – Microsoft Developer Network) auf die Online-Hilfe von Visual Basic zugreifen,	Lektion 1
durch die Verwendung vordefinierter Formulare die Projektentwicklung beschleunigen,	Lektion 8
Auflistungen aus Visual Basic für Applikationen verwenden,	Lektion 11
die neuen Sortier- und Verschlüsselungstechniken kennen lernen,	Lektion 12
durch die Automatisierung die Funktionen von Microsoft Word, Microsoft Excel, Microsoft PowerPoint und Microsoft Outlook in Ihre Visual Basic-Anwendungen einbinden,	Lektion 14
die Wiedergabe neuer Medientypen mit Hilfe des Multimedia-MCI-Steuerelements ausprobieren,	Lektion 17
neue Funktionen der Windows API verwenden,	Lektion 18
mit Microsoft Internet Explorer HTML-Dokumente anzeigen,	Lektion 20
mit dem neuen DHTMLPage-Designer DHTML-Seiten erstellen,	Lektion 21
DHTML-Elemente der HTML-Werkzeugsammlung und ActiveX-Steuerelemente verwenden,	Lektion 22
DHTML-Anwendungen vertreiben,	Lektion 22
das neue ADO-Steuerelement (ADO – ActiveX Data Objects) verwenden,	Lektion 24
ADO-Befehlsobjekte mit dem Datenumgebungs-Designer erstellen,	Lektion 24

Zu diesem Buch

Korrekturen, Kommentare und Hilfe

Wir haben selbstverständlich alles unternommen, um die Richtigkeit dieses Buches und seiner Begleit-CD zu gewährleisten. Korrekturen und zusätzliche Informationen zu Microsoft Press-Büchern finden Sie im World Wide Web in der Service Area von

http://www.microsoft.com/germany/mspress

Wenn Sie Kommentare, Fragen oder Anregungen bezüglich dieses Buches oder der Übungsdateien haben, können Sie uns diese gerne zusenden.

E-Mails senden Sie an:

presscd@microsoft.com

Bitte beachten Sie, dass die oben aufgeführten Adressen keinen Support für das Softwareprodukt Visual Basic bieten. Hilfe zu Windows 98 erhalten Sie unter

http://www.microsoft.com/germany/support

Die Übungsdateien installieren und verwenden

Die Begleit-CD zu diesem Buch enthält die Dateien, die Sie zum Bearbeiten der Übungen in den einzelnen Lektionen verwenden werden. In der Lektion, in der beschrieben wird, wie Sie mit Hilfe des ActiveX-Daten-Steuerelements Datensätze einer Datenbank anzeigen, öffnen Sie beispielsweise die entsprechende Übungsdatei – eine Beispieldatenbank namens Students.mdb – und greifen dann mit Hilfe des Steuerelements auf die Datenbank zu. Da Ihnen diese Übungsdateien zur Verfügung stehen, müssen Sie die Beispieldateien für die Lektionen nicht selbst erstellen, was eventuell viel Zeit in Anspruch nehmen würde, sondern Sie können sich sofort an die Arbeit machen und sich ganz auf die Lerninhalte der Lektionen konzentrieren. Mit Hilfe der Dateien und der schrittweisen Anleitungen können Sie alle Funktionen praktisch ausprobieren – eine einfache, aber sehr wirkungsvolle Lernmethode, mit der Sie sich neue Kenntnisse mühelos aneignen und dauerhaft merken können.

Vergewissern Sie sich, dass dieses Buch für Ihre Software geeignet ist, bevor Sie das Verpackungssiegel der Begleit-CD öffnen. Dieses Buch wurde für die Verwendung von Microsoft Visual Basic mit den Betriebssystemen Windows oder Windows NT 4.0 geschrieben. Wenn Sie nicht wissen, welche Software auf Ihrem System ausgeführt wird, sehen Sie entweder auf der Produktverpackung nach, oder starten Sie die Software, klicken Sie auf das Menü *?* am oberen Bildschirmrand und dann auf *Info zu Microsoft Visual Basic*.

Die Übungsdateien installieren

Um die Übungsdateien auf der Festplatte Ihres Rechners zu installieren, müssen Sie die folgenden Schritte durchführen. Danach können Sie die Dateien in den Übungen der verschiedenen Lektionen einsetzen.

❶ Nehmen Sie die Begleit-CD aus der Verpackung.

❷ Legen Sie die CD in das CD-ROM-Laufwerk Ihres Computers ein.

Viele Systeme sind so konfiguriert, dass Windows automatisch erkennt, wenn Sie eine CD einlegen und das Installationsprogramm automatisch startet. Falls dies bei Ihrem System so ist, fahren Sie mit Schritt 5 fort.

❸ Klicken Sie auf die Schaltfläche *Start* in der Task-Leiste am unteren Bildschirmrand und im Menü *Start* auf *Ausführen*.

Die Übungsdateien installieren und verwenden

Das Dialogfeld *Ausführen* wird geöffnet.

❹ Geben Sie in das Feld *Öffnen* **d:setup** ein (oder den entsprechenden Laufwerksbuchstaben vor **setup**, wenn Ihrem CD-ROM-Laufwerk ein anderer Laufwerksbuchstabe zugeordnet ist, z. B. **e:setup**). Geben Sie keine Leerzeichen ein.

❺ Klicken Sie auf *OK,* und befolgen Sie dann die Anweisungen auf dem Bildschirm. Das Fenster des Installationsprogramms wird geöffnet. Die empfohlenen Optionen sind bereits markiert. Wenn Sie diese Einstellungen übernehmen, können Sie die Übungen zu diesem Buch am besten bearbeiten. (Falls Sie ein anderes Installationsverzeichnis wählen, müssen Sie die Pfadangaben in einigen Übungsdateien von Hand ändern, damit auf die benötigten Komponenten, wie zum Beispiel Grafik- und Datenbankdateien, zugegriffen werden kann.)

❻ Nachdem die Dateien installiert wurden, nehmen Sie die CD aus dem Laufwerk und legen sie zurück in die Verpackung. Auf Ihrer Festplatte wurde ein Ordner mit dem Namen *VB6SfS* erstellt, und die Übungsdateien wurden in diesen Ordner kopiert.

Das Installationsprogramm hat nicht nur die Übungsdateien auf der Festplatte installiert, sondern auch auf dem Desktop eine Verknüpfung zur Website von Microsoft Press erstellt. Wenn Ihr Computer für eine Verbindung zum Internet eingerichtet ist, können Sie auf die Verknüpfung *Willkommen bei Microsoft Press* doppelklicken, um die Website von Microsoft Press zu besuchen. Unter folgender Adresse gelangen Sie direkt zu dieser Website: *http://www.microsoft.com/germany/mspress*

Die Übungsdateien verwenden

In jeder Lektion dieses Buches wird genau erklärt, wann und wie Sie bestimmte Übungsdateien verwenden. Jedes Mal, wenn Sie eine der Übungsdateien in einer Lektion verwenden sollen, erhalten Sie eine genaue Anleitung dazu, wie die Datei geöffnet wird. Für die Lektionen in diesem Buch haben wir uns Szenarien ausgedacht, die alltägliche Programmierprojekte widerspiegeln, so dass Sie die erworbenen Kenntnisse sofort auf Ihre eigene Arbeit übertragen können.

Damit Sie genau wissen, was auf der Begleit-CD enthalten ist, folgt eine Aufstellung der Visual Basic-Projekte (.vbp-Dateien), die Sie in den einzelnen Lektionen bearbeiten werden:

Die Übungsdateien installieren und verwenden

Projekt	Beschreibung
Lektion 1	
Schritt	Ein einfaches Animationsprogramm, mit dem Sie zu diesem Programmierkurs willkommen geheißen werden.
Lektion 2	
Lucky	Ihr erstes Programm – ein Spielautomat namens Lucky 7, der die „einarmigen Banditen" aus Las Vegas simuliert.
Lektion 3	
Hello	Ein „Hello, World!"-Programm, das den Einsatz des Bezeichnungsfeld- und des Textfeld-Steuerelements illustriert.
Online	Die Benutzeroberfläche eines elektronischen Bestellsystems, die mit Hilfe verschiedener Eingabe-Steuerelemente erstellt worden ist.
Diaschau	Ein Bitmap-Browser, der mit Hilfe der Dateisystem-Steuerelemente auf einer Festplatte oder Diskette enthaltene Grafikdateien sucht und anzeigt.
Daten	Eine einfache Datenbankschnittstelle, mit der die Verwendung des Daten-Steuerelements illustriert wird.
Ole	Ein Dienstprogramm zur Erstellung von Kostenvoranschlägen, in dem mit Hilfe des OLE-Steuerelements Microsoft Windows-Anwendungen gestartet werden.
Lektion 4	
Menü	Dieses Beispielprogramm zeigt, wie Menüs und Menübefehle in ein Formular eingefügt werden.
Dialog	Hier wird mit Hilfe des Standarddialog-Steuerelements die Textfarbe in einem Formular geändert.
Lektion 5	
VarTest	In diesem Programm werden Variablen vom Typ Variant deklariert und verwendet, um Informationen zu speichern.
Ausgabe	Ausgaben werden mit Hilfe der Funktion MsgBox angezeigt.
Eingabe	Eingaben werden mit Hilfe der Funktion InputBox entgegengenommen.
Datentyp	Dieses Programm zeigt Beispiele für die verschiedenen grundlegenden Datentypen an.
Konstanten	In einer Konstanten wird eine feste mathematische Größe gespeichert. ▶

Die Übungsdateien installieren und verwenden

Projekt	Beschreibung
Operatoren	Zeigt die Verwendung der Operatoren für die mathematischen Grundoperationen Addition, Subtraktion, Multiplikation und Division.
Operatoren2	Zeigt die Verwendung der Operatoren für Integer-Division, Restwert-Division, Potenzierung und Verkettung.
Lektion 6	
Anmelden	Mit Hilfe einer If...Then...Else-Kontrollstruktur werden Benutzeranmeldungen bearbeitet.
Kennwort	Der logische Operator And wird verwendet, um den Anmeldevorgang mit einer Kennwortabfrage zu verknüpfen.
Case	Mit Hilfe einer Case-Anweisung wird in einem Programm die Begrüßungsmeldung angezeigt, die der Auswahl des Benutzers entspricht.
IfFehler	Eine Übung zur Fehlersuche, in der das Programm im Einzelschrittmodus ausgeführt und getestet wird. (Finden Sie den logischen Fehler?)
Lektion 7	
ForSchleife	Mit Hilfe einer *For...Next*-Schleife werden mehrere Zeilen ausgedruckt.
Schriftgröße	Die Eigenschaft FontSize wird mit einer Schleifenanweisung geändert.
CtlArray	Dateien werden mit Hilfe einer Schleifenanweisung und eines Datenfelds geöffnet.
StepSchleife	In diesem Programm wird das Schlüsselwort Step eingesetzt, um Symbole anzuzeigen.
Fahrenheit	Temperaturwerte werden mit Hilfe einer Do-Schleife umgerechnet.
Digitaluhr	Ein einfaches Programm zur Anzeige einer digitalen Uhr.
Kennwort	Ein Anmeldeprogramm, in dem die Kennworteingabe innerhalb eines bestimmten Zeitraums erfolgen muss.
Lektion 8	
Italienisch	In diesem Programm wird die Funktion MsgBox zur Ausgabe italienischer Vokabeln verwendet.
Italienisch2	Hier werden die italienischen Vokabeln auf andere Weise ausgegeben.
Drucken	Dieses Beispielprogramm sendet formatierten Text an einen betriebsbereiten Drucker.
WMFDruck	Dieses Beispielprogramm druckt eine Windows-Metadatei (.wmf). ▶

Die Übungsdateien installieren und verwenden

Projekt	Beschreibung
LWFehler	Ein Programm, bei dem ein nicht behebbarer Fehler auftritt, falls das Diskettenlaufwerk leer oder nicht betriebsbereit ist. (Dient lediglich Demonstrationszwecken.)
LWFehler2	In diesem Programm wird der Laufwerksfehler mit Hilfe einer Fehlerbehandlungsroutine abgefangen.
Lektion 9	
StartFrm	Ein Formular mit einem Eröffnungsbildschirm, das die Verwendung der Linien- und Form-Steuerelemente illustriert.
Schalter	Dieses Programm zeigt, wie grafische Befehlsschaltflächen entworfen und verwendet werden.
DragDrop	Mit diesem Programm werden Drag-&-Drop-Operationen veranschaulicht.
Rauch	Ein Programm, in dem mit Hilfe von Animationstechniken eine im Wind treibende Rauchwolke dargestellt wird.
Erdanflug	Dieses Programm simuliert die Perspektive eines Raumschiffs während des Erdanflugs.
NamensKv	Anhand dieses Programms werden die Konventionen zur effizienten Benennung von Objekten erläutert.
Lektion 10	
Gewinne	Hier wird mit Hilfe einer öffentlichen Variablen aufgezeichnet, wie oft der Anwender im Spiel Lucky 7 gewonnen hat.
Prozent	Mit Hilfe einer Funktion wird die Gewinnquote im Spiel Lucky 7 ermittelt.
Team	Dieses Programm enthält eine allgemein einsetzbare Subprozedur, mit der Einträge in ein Listenfeld eingefügt werden.
Lektion 11	
Bewegen	Mit Hilfe einer Auflistung werden Objekte in einem Formular verschoben.
Tag	Ein Element einer Auflistung wird Hilfe der Eigenschaft Tag gesondert behandelt.
FixArray	Dieses Programm berechnet mit Hilfe eines Datenfelds fester Länge die mittlere Temperatur einer Woche.
DynArray	Hier wird mit Hilfe eines dynamischen Datenfelds die mittlere Temperatur einer beliebigen Anzahl von Tagen berechnet. ▶

Die Übungsdateien installieren und verwenden

Projekt	Beschreibung
Temperatur	In diesem Programm werden Mit Hilfe eines zweidimensionalen Datenfelds die mittleren Tages- und Nachttemperaturen einer Woche berechnet.
Lektion 12	
Textanzeige	Dieses Programm zeigt, wie der Inhalt einer Textdatei in einem Visual Basic-Programm angezeigt wird.
Notiz	Ein einfaches Programm zur Aufzeichnung von Notizen.
SortDemo	Ein Editor für Textdateien, der die Shell-Sortierfunktion verwendet.
Encrypt	Dieses Programm verschlüsselt Textdateien durch die Verschiebung von ASCII-Zeichen.
Encrypt2	Dieses Programm verschlüsselt Textdateien unter Verwendung des Xor-Operators.
Lektion 13	
Kurse	Eine Benutzerschnittstelle für Datenbank Students.mdb, die sich im Ordner Lekt03 befindet.
DbSuche	Ein Beispielprogramm, mit dem Sie in einem Datenbankfeld nach Informationen suchen können.
Einfügen	Ein Beispielprogramm, mit dem Sie einen Datensatz in eine Datenbank einfügen können.
Löschen	Ein Beispielprogramm, mit dem Sie den aktuellen Datensatz aus der Datenbank löschen können.
Backup	Ein Beispielprogramm, das eine Sicherungskopie der Datenbank erstellt, bevor es diese öffnet.
Lektion 14	
Musik	Ein Informationssystem, in dem eine Excel-Tabelle, ein Excel-Diagramm, Fotografien und eine Microsoft Access-Datenbank zum Einsatz kommen.
Rechtschreibprüfung	Ein Programm zum Verfassen von Notizen, das mit Hilfe der Rechtschreibprüfung von Microsoft Word die Texteingaben überprüft.
Darlehen	Ein Programm zur Berechnung von Darlehensraten, das hierzu die Excel-Funktion Pmt verwendet.
MailSenden	Ein Programm, das über Microsoft Outlook E-Mail-Nachrichten sendet.
Präsentation	Dieses Programm öffnet eine PowerPoint-Präsentation und zeigt sie an. ▶

Die Übungsdateien installieren und verwenden

Projekt	Beschreibung
Lektion 15	
RTFEdit	Ein Textverarbeitungsprogramm, das die Verwendung des ActiveX-Steuerelements *RichTextBox* veranschaulicht.
Lektion 16	
Progress	Dieses Programm erfolgt einen Sortierlauf mit Hilfe des ActiveX-Steuerelements *Fortschrittsliste (Progress-Bar)*.
RTFEdit 2	Dieses Programm demonstriert die ActiveX-Steuerelemente *Schieberegler (Slider)* und *Statusleiste (Status-Bar)*.
Lektion 17	
PlayTune	Dieses Programm spielt eine .wav-Datei unter Verwendung des ActiveX-Steuerelements *Multimedia MCI* ab.
RunVideo	Dieses Programm spielt eine .avi-Videodatei unter Verwendung des ActiveX-Steuerelements *Multimedia MCI* ab.
PlayCD	Dieses Programm spielt Audio-CDs unter Verwendung des ActiveX-Steuerelements *Multimedia MCI* ab.
Lektion 18	
FreeMem	Dieses Programm zeigt unter Verwendung der Windows API Informationen über die Speicherbelegung Ihres Computers an.
Lektion 19	
GetHTML	Dieses Programm lädt ein HTML-Dokument vom Internet.
FTP	Dieses Programm lädt Dateien unter Verwendung des FTP-Protokolls vom Internet.
Lektion 20	
HTMLAnzeige	Dieses Programm zeigt ein HTML-Dokument unter Verwendung eines Internet Explorer-Objekts an.
HtmlHist	Dieses Programm erstellt eine Liste der zuletzt besuchten Websites.
Lektion 21	
WebLucky	Eine DHTML-Version des Spielautomaten Lucky 7.
Lektion 22	
DHTML7	Eine DHTML-Anwendung, die Elemente aus der DHTML-Werkzeugsammlung und ein ActiveX-Steuerelement verwendet. ▶

Die Übungsdateien installieren und verwenden

Projekt	Beschreibung
Lektion 23	
Umsatztabelle	Dieses Programm erläutert, wie man Daten in einer mit dem ActiveX-Steuerelement FlexGrid erstellten Tabelle anzeigt.
Datentabelle	Dieses Programm verwendet das ActiveX-Steuerelement FlexGrid, um Felder und Datensätze der Datenbank Students.mdb anzuzeigen und zu verarbeiten.
Lektion 24	
AdoCtrl	Dieses Programm zeigt, wie man das ADO-Steuerelement (ADO – ActiveX Data Objects) einsetzt.
AdoForm	Ein Programmgerüst, mit dem Sie üben können, ADO-Programmcode zu schreiben.
AdoDaten	Dieses Programm zeigt, wie man mit dem ADO-Steuerelement Datenbanksätze sortiert und einzelne Felder speichert.
Extras	
Browser	Ein Bitmap-Browser, der die Lerninhalte von Teil A veranschaulicht.
Alarm	Eine persönliche Terminuhr, die die in Teil B behandelten Programmiertechniken darstellt.
Vergrößern	Ein anspruchsvollerer Bitmap-Browser, der Drag-&-Drop-Operationen und Druckfunktionen unterstützt und die Lerninhalte von Teil C veranschaulicht.
BuchInfo	Eine Datenbankschnittstelle für Datenbank Biblio.mdb, die die in Teil D behandelten Programmiertechniken illustriert.

Die Übungsdateien entfernen

Führen Sie die folgenden Arbeitsschritte aus, um die Dateien, die das Installationsprogramm von Visual Basic 6.0 Schritt für Schritt auf die Festplatte kopiert hat, zu entfernen.

❶ Klicken Sie auf *Start*, zeigen Sie auf *Einstellungen*, und klicken Sie dann auf *Systemsteuerung*.

❷ Doppelklicken Sie auf das Symbol *Software*. Klicken Sie im Dialogfeld *Eigenschaften von Software* auf die Registerkarte *Installieren/Deinstallieren*.

❸ Markieren Sie im Listenfeld den Eintrag *Microsoft Visual Basic 6.0 Schritt für Schritt*, und klicken Sie auf die Schaltfläche *Hinzufügen/Entfernen*.

Die Übungsdateien installieren und verwenden

Es wird eine Bestätigungsmeldung eingeblendet.

4 Klicken Sie auf *Ja*.

Die Übungsdateien werden deinstalliert.

5 Klicken Sie auf *OK*, um das Dialogfeld *Eigenschaften von Software* zu schließen.

6 Schließen Sie das Fenster *Systemsteuerung*.

Haben Sie Fragen zu den Übungsdateien?

Wir haben selbstverständlich gewissenhaft darauf geachtet, dass sowohl die Erläuterungen in diesem Buch als auch der Inhalt der CD-ROM korrekt und fehlerfrei sind. Sollten Sie dennoch im Verlauf Ihrer Arbeit auf Probleme stoßen, finden Sie unsere *Service Area* über einen Link in unserer World Wide Website

http://www.microsoft.com/germany/mspress

In dieser Site finden Sie auch Beschreibungen aller unserer Titel, Informationen zur Bestellung der Bücher und vieles mehr.

Konventionen

Sie können bei der Arbeit mit diesem Buch viel Zeit sparen, wenn Sie sich von vornherein mit der Art und Weise vertraut machen, wie hier Anweisungen und Tastatureingaben etc. dargestellt werden. Bitte lesen Sie die folgenden Abschnitte gründlich durch, denn sie enthalten auch Hinweise auf Teile des Buches, die Ihnen vielleicht hilfreich sein werden.

Übungen

Die Anleitungen für praktische Übungen, die Sie nachvollziehen sollen, werden in nummerierten Schritten gegeben (❶, ❷, ❸ etc.). Der Kreis ● zeigt an, dass eine Übung aus nur einem Schritt besteht.

Text, den Sie eingeben sollen, wird in **fettgedruckten Buchstaben** dargestellt.

Oberflächenbegriffe, wie beispielsweise die Namen von Menüs und Befehlen, sind *kursiv* gedruckt.

Tastatureingaben

Ein Pluszeichen zwischen zwei Tasten bedeutet, dass Sie die Tasten gleichzeitig drücken müssen. Die Anweisung „drücken Sie [Alt]+[⇥]" bedeutet beispielsweise, dass Sie die Alt-Taste gedrückt halten müssen, während Sie auf die Tabulatortaste drücken.

Symbole in der Marginalienspalte

Mit diesem Symbol sind Tips gekennzeichnet, in denen Ihnen zusätzliche Informationen gegeben werden oder die eine alternative Vorgehensweise für einen Schritt beschreiben.

Textpassagen, die mit diesem Symbol gekennzeichnet sind, enthalten Hinweise und Informationen, die Sie besonders beachten sollten. Im nächsten Kapitel werden Sie beispielsweise durch dieses Symbol darauf aufmerksam gemacht, dass sich das Programmsymbol von Microsoft Visual Basic 6.0 im Ordner *Microsoft Visual Studio 6.0* befindet, falls Sie Visual Basic im Rahmen von Visual Studio installiert haben.

Dieses Symbol macht Sie auf wesentliche Zusatzinformationen aufmerksam, die Sie auf alle Fälle lesen und genau beachten sollten, bevor Sie mit der Lektion fortfahren.

Konventionen

Hinweise, die mit diesem Symbol gekennzeichnet sind, machen Sie auf mögliche Fehlermeldungen oder konkrete Probleme aufmerksam, die an dieser Stelle auftreten können, und geben gleichzeitig Lösungsvorschläge an.

Am Anfang jeder Lektion erhalten Sie stets die Information, wieviel Zeit Sie benötigen, um die Lektion durchzuarbeiten. Dieses Symbol macht Sie auf diesen Abschnitt aufmerksam.

Außerdem sind die Schaltflächen, auf die Sie während der Durchführung der Übungen klicken müssen, neben dem entsprechenden Schritt abgebildet. Sie sehen hier beispielsweise die Schaltfläche *Starten*.

Weiterführende Übungen und Informationen

In den grau schattierten Textabschnitten in diesem Buch erhalten Sie Hinweise zu speziellen Programmiertechniken, Hintergrundinformationen und Hinweise zu Leistungsmerkmalen oder Funktionen, die in der betreffenden Lektion behandelt werden. In diesen Textabschnitten werden häufig schwierige Begriffe erläutert und auf weiterführende Informationen hingewiesen.

In den Abschnitten *Einen Schritt weiter* am Ende jeder Lektion werden weitere Optionen oder Methoden beschrieben, die auf dem Stoff der Lektion aufbauen.

In der Zusammenfassung am Ende jeder Lektion können Sie sich noch einmal einen schnellen Überblick darüber verschaffen, wie die in der Lektion behandelten Aufgaben durchgeführt werden.

Sie können die wichtigsten Fertigkeiten, die Sie in den Lektionen erworben haben, nochmals üben, indem Sie die in den Abschnitten *Wenn Sie Ihre Programmierkenntnisse weiter vertiefen möchten* beschriebenen Dienstprogramme erstellen. Mit diesen Übungen können Sie anhand von praktischen Beispielen Ihre Kenntnisse vertiefen. (Sie finden diese Beispielprogramme im Ordner *C:\VbSfS\Extras* auf der Begleit-CD.)

Erste Schritte mit Visual Basic

1 Ein Visual Basic-Programm öffnen und ausführen

Geschätzte Dauer:
30 Minuten

In dieser Lektion lernen Sie

- wie Visual Basic gestartet wird.
- wie Sie die Visual Basic-Programmierumgebung verwenden.
- wie Sie ein Visual Basic-Programm öffnen und ausführen.
- wie Sie eine Eigenschafteneinstellung ändern.
- wie Sie die Online-Hilfe verwenden und Visual Basic beenden.

Das beeindruckende Leistungsvermögen von Microsoft Visual Basic basiert auf bestimmten Grundfunktionen, die im ersten Teil dieses Buches eingehend behandelt werden. Nachdem Sie einige Lektionen bearbeitet haben, werden Sie feststellen, wie einfach das Erstellen leistungsfähiger Microsoft Windows-Programme mit Visual Basic ist. Auch wenn Sie überhaupt keine Programmiererfahrungen haben, werden Sie sehen, dass beim Programmieren verschiedene logische Fähigkeiten und Computerkenntnisse verwendet werden, die Sie täglich ganz selbstverständlich nutzen. In dieser Lektion lernen Sie, wie Sie Visual Basic starten und wie Sie das Visual Basic-Programmiersystem einsetzen, um ein einfaches Programm zu öffnen und auszuführen. Es werden grundlegende Menübefehle und Programmierverfahren von Visual Basic besprochen. Sie werden ein einfaches Visual Basic-Programm namens *Schritt* öffnen und ausführen, und Sie werden Ihre ersten Gehversuche in der Programmierumgebung machen, indem Sie eine Programmiereinstellung, eine sogenannte Eigenschaft, ändern. Außerdem lernen Sie, wie Sie über die Online-Hilfe weitere Informationen erhalten und wie Sie Visual Basic auf sichere Weise beenden.

Die Visual Basic-Programmierumgebung

Die Visual Basic-Programmierumgebung enthält alle Werkzeuge, die Sie zur schnellen und effizienten Erstellung leistungsfähiger Windows-Programme benötigen. Starten Sie Visual Basic jetzt wie folgt.

Lektion 1 Ein Visual Basic-Programm öffnen und ausführen

Wenn Sie die Übungsdateien noch nicht installiert haben, finden Sie im Abschnitt *Die Übungsdateien installieren und verwenden* am Anfang dieses Buches nähere Informationen hierzu. Fahren Sie dann mit dieser Lektion fort.

Visual Basic starten

❶ Klicken Sie in Microsoft Windows auf die Schaltfläche *Start*, zeigen Sie mit dem Mauszeiger auf *Programme* und dann auf den Ordner *Microsoft Visual Basic 6.0*. Die im Ordner *Microsoft Visual Basic 6.0* enthaltenen Symbole werden in einer Liste angezeigt.

Falls Sie Visual Basic im Rahmen von Microsoft Visual Studio erworben und installiert haben, müssen Sie auf den Ordner *Microsoft Visual Studio 6.0* zeigen, der das Programmsymbol von Visual Basic 6.0 enthält. Die Anleitungen in den Teilen A bis D dieses Buches gelten für Visual Basic Learning Edition, Professional Edition und Enterprise Edition gleichermaßen.

❷ Klicken Sie auf das Programmsymbol von Microsoft Visual Basic 6.0.

Daraufhin wird das Dialogfeld *Neues Projekt* angezeigt. In diesem Dialogfeld müssen Sie angeben, welche Art von Programmierprojekt erstellt werden soll. (Welche Optionen dieses Dialogfeld im Einzelnen enthält, hängt von der von Ihnen verwendeten Edition von Visual Basic ab.)

❸ Klicken Sie auf *Öffnen*. Damit akzeptieren Sie die Standardeinstellung *(Standard-EXE)*, mit der eine 32-Bit-Standard-Visual Basic-Anwendung erstellt wird.

Es wird ein neues Projekt in der Visual Basic-Programmierumgebung geöffnet und zusammen mit einigen der Fenster und Werkzeuge, die in Abbildung 1.1 dargestellt sind, angezeigt.

Die Visual Basic-Programmierumgebung enthält Programmierwerkzeuge, die die Erstellung von Visual Basic-Programmen erleichtern. Über die *Menüleiste* können Sie auf die meisten Befehle zur Steuerung der Programmierumgebung zugreifen. Die Menüs und Befehle funktionieren so wie in allen Windows-Programmen und können auch mit Hilfe der Tastatur und der Maus aufgerufen werden. Unter der Menüleiste befindet sich die *Symbolleiste,* eine Gruppe von Schaltflächen, über die Sie Befehle aufrufen und die Visual Basic-Programmierumgebung steuern können. Wenn Sie Microsoft Excel oder Microsoft Word kennen, ist Ihnen die Verwendung der Symbolleiste sicher vertraut. Um eine Schaltfläche der Symbolleiste zu aktivieren, klicken Sie mit der Maus auf diese Schaltfläche. Am unteren Rand des Bildschirms befindet sich die *Task-Leiste* von Windows. Mit dieser Task-Leiste können Sie zwischen den verschiedenen Visual Basic-Komponenten hin- und herwechseln und andere Windows-Programme aufrufen. Möglicherweise wird in der Task-Leiste ein Symbol

Lektion 1 Ein Visual Basic-Programm öffnen und ausführen

Abbildung 1.1
Die Programmierumgebung von Visual Basic.

Die Funktion einer Schaltfläche der Symbolleiste wird angezeigt, wenn Sie den Mauszeiger einige Augenblicke lang über die Schaltfläche halten.

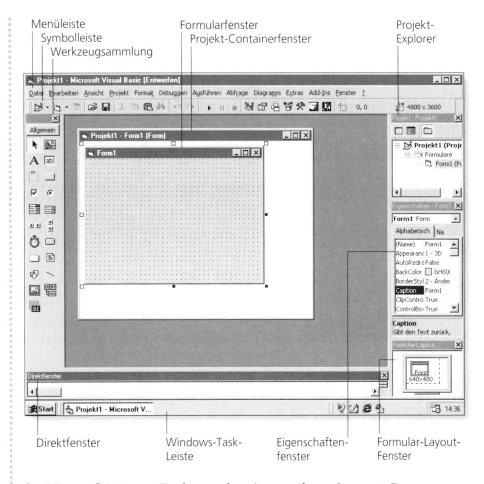

für Microsoft Internet Explorer oder einen anderen Internet-Browser angezeigt.

Außerdem stehen die Werkzeugsammlung, das Projekt-Containerfenster (oder kurz Projektfenster), das Formularfenster, der Projekt-Explorer, das Direktfenster, das Eigenschaftenfenster und das Formular-Layout-Fenster zu Verfügung. Die genaue Größe und Form dieser Fenster hängt von Ihrer Systemkonfiguration ab. In Visual Basic 5.0 und Visual Basic 6.0 können Fenster ausgerichtet und *verankert* werden, so dass alle Elemente des Programmiersystems sichtbar und zugänglich sind. Im Verlauf dieser Lektion werden Sie lernen, wie Sie die Programmierumgebung Ihren Wünschen entsprechend verändern.

In der folgenden Übung wird beschrieben, wie Sie die Menüleiste und die Symbolleiste zum Laden und Ausführen eines Visual Basic-Beispielprogramms namens *Schritt* verwenden.

Lektion 1 Ein Visual Basic-Programm öffnen und ausführen

Ein vorhandenes Programmierprojekt über die Menüleiste öffnen

❶ Klicken Sie im Menü *Datei* auf den Befehl *Projekt öffnen*.

Daraufhin wird das Dialogfeld *Projekt öffnen* angezeigt (siehe Abbildung 1.2). In diesem Dialogfeld können Sie ein bereits bestehendes Visual Basic-Programm öffnen, das auf der Festplatte, einem Netzwerklaufwerk, einer CD oder Diskette gespeichert oder über eine Internet-Verbindung zugänglich ist:

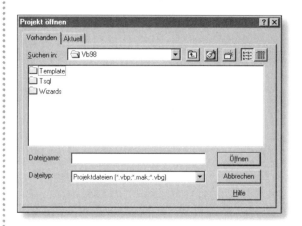

Abbildung 1.2
Das Dialogfeld *Projekt öffnen*.

Visual Basic-Projektdateien haben die Dateinamenserweiterung .vbp, .mak oder .vbg.

❷ Wechseln Sie zum Ordner *C:\VB6SfS\Lekt01*, indem Sie dreimal auf die Schaltfläche *Übergeordneter Ordner* klicken, auf den Ordner *VB6SfS* im Stammverzeichnis doppelklicken und danach auf den Ordner *Lekt01* doppelklicken.

Der Ordner *\VB6SfS* (dieser Ordner wird per Voreinstellung vom Setup-Programm für die Übungsdateien von *Microsoft Visual Basic 6.0 Schritt für Schritt* erstellt) enthält alle Übungs- und Beispieldateien, die in diesem Buch besprochen werden. Zu jeder Lektion gehört ein eigener Ordner.

❸ Wählen Sie im Ordner *Lekt01* das Projekt *Schritt.vbp*, und klicken Sie auf *Öffnen*.

Mit der Projektdatei *Schritt.vbp* werden das Benutzeroberflächenformular, die Eigenschaften, der Programmcode und das Standardmodul des Programms *Schritt* geladen.

❹ Wenn das Formular nicht sichtbar ist, doppelklicken Sie im Projekt-Explorer auf den Ordner *Formulare* und klicken dann auf *Form1 (Schritt.frm)*.

Bevor Sie eine Komponente eines Projekts bearbeiten können, müssen Sie diese im Projekt-Explorer auswählen.

Lektion 1   Ein Visual Basic-Programm öffnen und ausführen

❺ Klicken Sie im Projekt-Explorer auf die Schaltfläche *Objekt anzeigen*, um die Benutzeroberfläche des Programms näher betrachten zu können.

Das Benutzeroberflächenformular wird angezeigt und sollte in etwa wie in Abbildung 1.3 aussehen:

Abbildung 1.3
Das Benutzeroberflächenformular des Beispielprogramms *Schritt*.

Wenn auf Ihrem Bildschirm das Projektfenster nicht hinter dem Formular angezeigt wird, ist das Formular maximiert, und Sie müssen in der Symbolleiste auf die Schaltfläche *Fenster wiederherstellen* klicken, damit das Projekt wie in der Abbildung 1.3 dargestellt angezeigt wird. Das Programm *Schritt* ist ein einfaches Visual Basic-Programm, das Ihnen einen ersten Eindruck vom Programmieren geben soll. Da das Programm *Schritt* verschiedene Elemente eines typischen Visual Basic-Programms enthält, eignet es sich gut zum Erforschen einiger Grundfunktionen der Programmierumgebung. Während der Ausführung des Programms *Schritt* werden eine Animation und eine Meldung angezeigt, die Sie bei diesen Übungen willkommen heißt.

❻ Klicken Sie in der Visual Basic-Symbolleiste auf die Schaltfläche *Starten*, um das Programm *Schritt* in der Visual Basic-Programmierumgebung auszuführen.

43

Lektion 1   Ein Visual Basic-Programm öffnen und ausführen

Die Werkzeugsammlung und das Eigenschaftenfenster werden ausgeblendet, und das Programm *Schritt* wird ausgeführt.

❼ Klicken Sie auf die Schaltfläche *Start*, um die einfache Animation dieses Programms zu starten. Abbildung 1.4 zeigt, wie Ihr Bildschirm nun aussehen sollte.

Abbildung 1.4
Das Beispielprogramm *Schritt* wird ausgeführt.

❽ Klicken Sie auf die Schaltfläche *Beenden*, um das Programm zu beenden und zur Programmierumgebung zurückzukehren. Sie haben hiermit Ihr erstes Programm in Visual Basic ausgeführt!

Werkzeuge verschieben, verankern und in der Größe verändern

Wenn alle sieben Programmierwerkzeuge auf dem Bildschirm angezeigt werden, kann die Visual Basic-Entwicklungsumgebung etwas unübersichtlich werden. Sie können den Bildschirmaufbau sowie die Größe und die Form der verschiedenen Elemente der Entwicklungsumgebung von Visual Basic 6.0 ganz nach Ihren persönlichen Anforderungen gestalten, indem Sie die Programmierwerkzeuge verschieben, verankern und ihre Größe verändern.

In Visual Basic 6.0 können Programmierwerkzeuge mit der neuen Verankerungsfunktion angeordnet werden.

Wenn Sie ein Fenster, die Werkzeugsammlung oder die Symbolleiste verschieben möchten, klicken Sie einfach auf die Titelleiste und ziehen das Objekt an eine andere Position. Sobald ein Fenster dicht an einem anderen Fenster positioniert wird, wird es an diesem Fenster verankert. Verankerbare Fenster haben den Vorteil, dass sie immer sichtbar sind. (Sie können nicht von anderen Fenstern verdeckt werden.)

Sie können ein verankertes Fenster vergrößern, indem Sie einfach eine seiner Rahmenlinien in die entsprechende Richtung ziehen. Um die Verankerungsfunktion zu deaktivieren und Fenster wie in früheren Visual Basic-Versionen überlappend anzuzeigen, wählen Sie im Menü *Extras* den Befehl *Optionen*, klicken auf das Register *Verankern* und löschen die

Lektion 1   Ein Visual Basic-Programm öffnen und ausführen

Markierung aus den Kontrollkästchen für die Fenster und Werkzeuge, die überlappend angezeigt werden sollen.

Während Sie die folgenden Abschnitte bearbeiten, sollten Sie die verschiedenen Werkzeuge der Visual Basic-Programmierumgebung verschieben, verankern und in der Größe verändern, um mit der Verankerungsfunktion vertraut zu werden und die Umgebung an Ihre Anforderungen anzupassen.

Das Benutzeroberflächenformular

Jedes Formular ergibt ein Fenster in der Benutzeroberfläche.

In Visual Basic versteht man unter einem *Formular* (bzw. *Form*) ein Fenster, das Sie verändern, um die Benutzeroberfläche eines Programms zu definieren. Im Programm *Schritt* ist das Formular das Fenster, das während der Programmausführung angezeigt wird. Ein Formular kann Menüs, Schaltflächen, Listenfelder, Bildlaufleisten und andere für Windows-Programme typische Elemente enthalten. Wenn Sie die Visual Basic-Programmierumgebung starten, wird ein Standardformular namens *Form1* mit einem Standardraster (in gleichmäßigen Abständen angeordnete Punkte) angezeigt. Das Raster kann bei der Erstellung der Benutzeroberfläche eines Programms zur Ausrichtung der Oberflächenelemente verwendet werden. Sie können die Größe des Formulars mit der Maus verändern. Das Formular kann entweder nur einen Teil des Bildschirms belegen oder den gesamten Bildschirm ausfüllen. Über den Befehl *Formular hinzufügen* im Menü *Projekt* können Sie dem Projekt weitere Formulare hinzufügen.

Falls ein Teil eines Formulars von Programmierwerkzeugen überdeckt wird, können Sie die Größe und die Form der betreffenden Programmierwerkzeuge verändern oder diese schließen. Sie können auch auf die Titelleiste des Formulars klicken und diese solange ziehen, bis die verdeckten Teile des Formulars sichtbar werden. Wenn Sie das Formular in der Entwicklungsumgebung auf dem Bildschirm verschieben, hat dies keinen Einfluss darauf, an welcher Position das Formular während der späteren Programmausführung angezeigt wird. Diese Laufzeiteigenschaft wird über das Formular-Layout-Fenster gesteuert. Sie definieren die Startposition eines neuen Formulars, indem Sie einfach das kleine Formular im Formular-Layout-Fenster an die gewünschte Startposition ziehen.

Die Werkzeugsammlung

Die Elemente der Benutzeroberfläche eines Programms werden mit Hilfe von Werkzeugen bzw. *Steuerelementen* aus der Werkzeugsammlung in ein Formular eingefügt. Um die Werkzeugsammlung zu öffnen, klicken Sie in der Symbolleiste auf die Schaltfläche *Werkzeugsammlung*. Die Werkzeugsammlung befindet sich normalerweise am linken Bildschirm-

Lektion 1 ⋮ **Ein Visual Basic-Programm öffnen und ausführen**

rand. Nachdem ein Steuerelement in ein Formular eingefügt worden ist, wird es zu einem sogenannten *Objekt* bzw. einem programmierbaren Benutzeroberflächenelement des Programms. Die Werkzeugsammlung enthält Steuerelemente, mit denen Grafiken, Beschriftungen, Schaltflächen, Listenfelder, Bildlaufleisten, Menüs und geometrische Formen in die Benutzeroberfläche eingefügt werden können. Diese Elemente werden dann während der Programmausführung angezeigt und funktionieren wie alle Standardobjekte von Windows-Programmen.

Sie können die Werkzeugsammlung an eine andere Position verschieben, indem Sie mit dem Mauszeiger auf die Titelleiste der Werkzeugsammlung zeigen, die linke Maustaste gedrückt halten und die Werkzeugsammlung ziehen.

Die Werkzeugsammlung enthält ebenfalls Steuerelemente, mit denen Objekte erstellt werden können, die in einem Visual Basic-Programm spezielle Funktionen „hinter den Kulissen" erledigen. Diese leistungsfähigen Objekte erledigen wichtige Aufgaben, werden aber während der Programmausführung nicht angezeigt. Beispiele für solche Objekte sind Objekte zur Bearbeitung von Datenbankinformationen, zum Aufruf anderer Windows-Programme und zur zeitgesteuerten Ausführung von Visual Basic-Programmen.

Die Namen der in der Werkzeugsammlung enthaltenen Steuerelemente werden angezeigt, wenn Sie den Mauszeiger einige Augenblicke lang über ein Steuerelement halten. Im Verlauf dieser Lektion werden Sie verschiedene Steuerelemente aus der Werkzeugsammlung einsetzen.

Das Eigenschaftenfenster

Im Eigenschaftenfenster können Sie die Merkmale bzw. *Eigenschaften* der Benutzeroberflächenelemente eines Formulars ändern. Eine Eigenschaft ist ein bestimmtes Merkmal eines Objekts der Benutzeroberfläche. Beispielsweise kann die Willkommensmeldung, die im Programm *Schritt* angezeigt wird, so verändert werden, dass sie in einer anderen Schriftart, einem anderen Schriftgrad oder mit einer anderen Ausrichtung angezeigt wird. Wie in Excel oder Word, kann in Visual Basic Text in all den Schriftarten angezeigt werden, die auf dem jeweiligen System installiert sind. Eigenschaften können während der Erstellung der Benutzeroberfläche über das Eigenschaftenfenster festgelegt oder während der Programmausführung durch Eingabe von Programmcode in das Codefenster eingestellt werden.

Das Eigenschaftenfenster enthält das Dropdown-Listenfeld *Objekte*, in dem alle im Formular enthaltenen Benutzeroberflächenelemente (Objekte) aufgeführt werden. Das Eigenschaftenfenster zeigt außerdem die Eigenschafteneinstellungen an, die bei jedem Objekt verändert werden können. Diese Eigenschaften können durch Auswahl der entsprechenden Registerkarte wahlweise alphabetisch oder nach Kategorien geordnet angezeigt werden. In der folgenden Übung werden Sie die Eigenschaft *Caption* der Schaltfläche *Beenden* aus dem Programm *Schritt* ändern.

46

Lektion 1 Ein Visual Basic-Programm öffnen und ausführen

Eine Eigenschaft verändern

❶ Stellen Sie sicher, dass das Programm *Schritt* nicht mehr ausgeführt wird (das Wort *Entwerfen* wird in der Titelleiste angezeigt, sobald das Programm beendet ist), und klicken Sie im Formular auf das Objekt *Beenden*.

Das Objekt *Beenden* (eine Befehlsschaltfläche) wird von Ziehpunkten umgeben. Damit wird angezeigt, dass es *ausgewählt* ist. Sie können erst dann ein Objekt in einem Visual Basic-Formular bearbeiten, nachdem Sie das Objekt ausgewählt haben.

❷ Klicken Sie in der Symbolleiste auf die Schaltfläche *Eigenschaftenfenster*.

Das Eigenschaftenfenster wird daraufhin in der Programmierumgebung aktiviert. (Falls das Eigenschaftenfenster nicht geöffnet war, wird es jetzt geöffnet.)

❸ Doppelklicken Sie auf die Titelleiste des Eigenschaftenfensters, um es als „frei bewegliches" Fenster (nicht verankert) anzuzeigen.

Ihre Bildschirmanzeige sollte nun etwa wie in Abbildung 1.5 aussehen.

Das Eigenschaftenfenster zeigt alle Eigenschafteneinstellungen der im Formular enthaltenen Befehlsschaltfläche *Beenden* an. Für Befehlsschaltflächen sind insgesamt 33 Eigenschaften verfügbar. Die Namen der Eigenschaften werden in der linken Spalte, die aktuellen Einstellungen der Eigenschaften werden in der rechten Spalte angezeigt. Auf der Registerkarte *Alphabetisch* werden die Eigenschaften in alphabetischer Reihenfolge angezeigt.

❹ Führen Sie im Listenfeld einen Bildlauf zur Eigenschaft *Caption* durch.

Abbildung 1.5
Das Eigenschaftenfenster.

Lektion 1 ⋮ **Ein Visual Basic-Programm öffnen und ausführen**

Bildläufe werden im Eigenschaftenfenster auf die gleiche Weise wie in normalen Listenfeldern durchgeführt.

⑤ Doppelklicken Sie auf die Eigenschaft *Caption* (in der linken Spalte).

Die aktuelle Einstellung *(Beenden)* wird in der rechten Spalte hervorgehoben, und rechts davon wird ein blinkender Cursor angezeigt.

⑥ Drücken Sie `Entf`, geben Sie **Verlassen** ein, und drücken Sie dann `←`.

Die Einstellung der Eigenschaft *Caption* wird damit von *Beenden* in *Verlassen* geändert. Der geänderte Text wird im Formular angezeigt, und wenn das Programm jetzt ausgeführt wird, trägt die Befehlsschaltfläche die Beschriftung *Verlassen*.

⑦ Ziehen Sie das Eigenschaftenfenster, und verankern Sie es wieder über dem Projekt-Explorer.

Dies ist eine gute Gelegenheit, das Verankern von Fenstern zu üben. Durch Doppelklicken auf die Titelleiste lassen sich Fenster am schnellsten verankern. Sie können die Fensterposition genauer bestimmen, indem Sie das Fenster über den Fensterrand des Projekt-Explorers ziehen. Da sich so viele Fenster eng nebeneinander befinden, erfordert das manuelle Verankern eine gewisse Routine im Umgang mit Fenstern. Es lohnt sich jedoch, diesen Vorgang zu üben, damit Sie beim späteren Einsatz der Programmierwerkzeuge eine übersichtliche Arbeitsumgebung einrichten können.

Anmerkungen zu Eigenschaften

In Visual Basic verfügt jedes Benutzeroberflächenelement eines Programms (inklusive dem eigentlichen Formular) über verschiedene definierbare Eigenschaften. Diese Eigenschaften können beim Entwurf des Programms über das Eigenschaftenfenster oder, sofern der Programmcode entsprechende Anweisungen enthält, während der Programmausführung definiert werden. (Bei Benutzeroberflächenelementen, die während der Programmausführung Eingaben erhalten, werden oft Eigenschaften zur Übertragung der eingegebenen Daten verwendet.) Für Anfänger können Eigenschaften und deren Funktionen allerdings verwirrend sein. Im Folgenden wollen wir versuchen, Ihnen das Konzept der Eigenschaften anhand eines Beispiels aus dem täglichen Leben zu erklären.

Nehmen wir zum Beispiel ein Fahrrad: Ein Fahrrad ist ein Objekt, mit dem Sie von einem Ort zum anderen fahren können. Da ein Fahrrad ein physisches Objekt ist, verfügt es über verschiedene typische Merkmale bzw. Eigenschaften. Es hat einen Markennamen, eine Farbe, eine Gangschaltung, Bremsen und Räder und einen bestimmten Typ ▶

48

Lektion 1 | Ein Visual Basic-Programm öffnen und ausführen

(z. B. Tourenfahrrad, Mountain Bike oder Tandem). In der Visual Basic-Terminologie sind diese Merkmale die Eigenschaften des Objekts Fahrrad. Die Gussform, mit der der Fahrradrahmen hergestellt wurde, würde in Visual Basic als Fahrrad-Steuerelement bezeichnet werden. Die meisten Merkmale des Fahrrads werden während der Fertigung des Fahrrads definiert. Einige andere Merkmale (Reifen, Geschwindigkeit und Alter) sind Eigenschaften, die sich durch den Gebrauch des Fahrrads ändern können. Während der Arbeit mit Visual Basic werden Ihnen ebenfalls diese beiden Typen von Objekteigenschaften begegnen.

Der Projekt-Explorer

Ein Visual Basic-Programm besteht aus verschiedenen Dateien, die zusammengesetzt bzw. *kompiliert* werden, sobald der Entwurf des Programms abgeschlossen ist. Damit Sie während der Bearbeitung eines Projekts zwischen diesen Komponenten rasch wechseln können, wurde die Visual Basic-Programmierumgebung mit dem *Projekt-Explorer* ausgestattet. Im Projekt-Explorer werden alle Dateien angezeigt, die während der Programmerstellung verwendet werden. Über die beiden Schaltflächen *Code anzeigen* und *Objekt anzeigen* können Sie auf diese Dateien zugreifen. Mit den Befehlen aus den Menüs *Datei* und *Projekt* können Sie einzelne Dateien in ein Projekt einfügen, daraus löschen, zwischen Projekten verschieben und speichern. Alle Änderungen an einem Projekt werden im Projekt-Explorer sofort widergespiegelt.

Die Datei, in der alle zu einem Programmierprojekt gehörigen Dateien aufgeführt werden, nennt man *Visual Basic-Projektdatei* (*.vbp*). In Visual Basic 5.0 und Visual Basic 6.0 können Sie mehrere Projektdateien gleichzeitig in den Projekt-Explorer laden. Sie können durch Klicken auf den Projektnamen zwischen den Projektdateien wechseln. Der Projekt-Explorer zeigt unter dem Projektnamen die Komponenten jedes Projekts in einer Baumstruktur an (ähnlich wie der Windows-Explorer). Sie können die „Äste" dieser Struktur – Formulare, Module und andere Komponentenkategorien – erweitern oder ausblenden, indem Sie auf die Plus- bzw. Minuszeichen neben den Ordnern klicken.

In der folgenden Übung werden Sie sich den Projekt-Explorer und das Programm *Schritt* näher ansehen.

Den Projekt-Explorer anzeigen

❶ Klicken Sie in der Symbolleiste auf die Schaltfläche *Projekt-Explorer*.

Der Projekt-Explorer wird in der Programmierumgebung hervorgehoben. (Falls das Fenster nicht geöffnet war, wird es jetzt geöffnet und angezeigt.)

49

Lektion 1 Ein Visual Basic-Programm öffnen und ausführen

❷ Doppelklicken Sie auf die Titelleiste des Projekt-Explorers, um dieses Fenster als frei bewegliches (nicht verankertes) Fenster anzuzeigen.

Der Projekt-Explorer sollte nun etwa wie in Abbildung 1.6 aussehen.

Abbildung 1.6
Der Projekt-Explorer.

Klicken Sie auf die Schaltfläche *Code anzeigen*, um den im aktiven Formular enthaltenen Programmcode anzuzeigen.

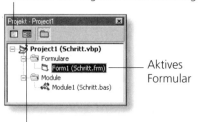

Aktives Formular

Klicken Sie auf die Schaltfläche *Objekt anzeigen*, um das aktive Formular anzuzeigen.

❸ Klicken Sie auf die Pluszeichen neben den Ordnern *Formulare* und *Module* (falls nicht bereits geschehen), um alle Komponenten des Projekts anzuzeigen.

Die Projektdatei dieses Programmierprojekts trägt den Namen *Schritt*. Im Projekt *Schritt* werden die Dateien *Schritt.frm* und *Schritt.bas* angezeigt. *Schritt.frm* enthält das Benutzeroberflächenformular und den Programmcode, der zu den Objekten im Formular gehört. *Schritt.bas* enthält Programmcode, der von allen Teilen des Programms verwendet wird. Wenn das Programm in eine ausführbare Datei kompiliert oder zur Ausführung unter Windows vorbereitet wird, werden diese Dateien in eine einzige .exe-Datei eingebunden.

❹ Doppelklicken Sie auf die Titelleiste des Projekt-Explorers, um das Fenster wieder an seiner ursprünglichen Position zu verankern.

So erhalten Sie Hilfe

Visual Basic umfasst eine Online-Referenz, die ausführliche Informationen zur Verwendung der Programmierumgebung, zu den Entwicklungswerkzeugen und zur Programmiersprache Visual Basic enthält. Im Folgenden wollen wir diese Informationsquellen näher betrachten, bevor wir mit der nächsten Lektion fortfahren und das erste Programm erstellen.

Die Online-Hilfe zu Visual Basic wird in Form von zwei Microsoft Developer Network (MSDN) Library-CDs zur Verfügung gestellt. Sie können die gesamte Visual Basic-Dokumentation von diesen CDs auf Ihr System kopieren, sofern Sie 95 MB Festplattenspeicher erübrigen können. Anson-

Lektion 1   Ein Visual Basic-Programm öffnen und ausführen

sten müssen Sie die betreffende CD in Ihr CD-ROM-Laufwerk einlegen, sobald Sie auf die Online-Hilfe von Visual Basic zugreifen.

Sie können auf verschiedene Weise auf die Informationen der Online-Hilfe zugreifen.

Um Hilfe zu erhalten,	tun Sie Folgendes:
zu einem bestimmten Thema oder einer bestimmten Aktivität,	klicken Sie im Menü *Hilfe* von Visual Basic auf den Befehl *Inhalt*, um die MSDN Library zu öffnen.
während der Arbeit im Code-fenster,	klicken Sie auf das Schlüsselwort oder die Programmanweisung und drücken F1.
während der Arbeit in einem Dialogfeld,	klicken Sie auf die Schaltfläche *Hilfe* des Dialogfelds.
zu einem bestimmten Thema, Programmierwerkzeug, Sprach-element oder zu einer bestimmten Eigenschaft,	klicken Sie im Menü *Hilfe* von Visual Basic auf *Suchen*, wählen im Fenster *MSDN Library Visual Studio 6.0* die Registerkarte *Suchen* und geben in das Textfeld den Begriff ein, zu dem Sie weitere Informationen benötigen.
über eine Webseite, die Informa-tionen zu Visual Basic oder Pro-grammiertechniken enthält,	zeigen Sie im Menü *Hilfe* auf den Befehl *Microsoft im Web* und wählen aus dem Untermenü eine der verfügbaren Web-seiten zu Visual Basic aus.
zum Software-Service und Pro-dukt-Support der Firma Microsoft,	klicken Sie im Menü *Hilfe* von Visual Basic auf den Befehl *Software-Service*.

Im Folgenden wird beschrieben, wie Sie in der Visual Basic-Hilfe Infor-mationen zu bestimmten Themen erhalten. In dieser Übung suchen wir nach Informationen zum Projekt-Explorer. Sie können natürlich auch nach einem anderen Thema suchen.

Hilfe zu einem bestimmten Thema suchen

Über das Menü Hilfe greifen Sie auf das Visual Basic-Hilfesystem zu.

❶ Klicken Sie in der Menüleiste auf das Menü *Hilfe*.

Daraufhin werden die Befehle dieses Menüs angezeigt.

❷ Klicken Sie im Menü *Hilfe* auf den Befehl *Inhalt*.

Visual Basic lädt die MSDN Library. (Legen Sie die entsprechende MSDN Library-CD ein, wenn eine Meldung Sie dazu auffordert.)

❸ Maximieren Sie das Fenster *MSDN Library Visual Studio 6.0*.

Lektion 1 Ein Visual Basic-Programm öffnen und ausführen

Die MSDN Library enthält Hilfedateien im HTML-Format. Wenn Sie die MSDN Library zum ersten Mal öffnen, werden im rechten Fensterabschnitt einige einführenden Themen angezeigt, die für Softwareentwickler von Interesse sind. Im linken Fensterabschnitt können Sie ein bestimmtes Thema auswählen. Wenn Sie ein Thema markieren, wird im rechten Fensterabschnitt die zugehörige Hilfedatei angezeigt.

❹ Klicken Sie im Fenster *MSDN Library Visual Studio 6.0* auf die Registerkarte *Index*.

❺ Geben Sie in das Textfeld den Begriff **Projekt-Explorer** ein (oder einen anderen Suchbegriff).

Während Sie das Wort *Projekt-Explorer* eingeben, werden alle Hilfethemen angezeigt, die mit einem „p" beginnen, dann all jene, mit „pr" beginnen usw. Fahren Sie mit der Eingabe fort, bis das Thema *Projekt-Explorer* angezeigt wird.

❻ Doppelklicken Sie im Listenfeld auf das Thema *Projekt-Explorer*.

Die MSDN Library wird nach allen Vorkommen des Begriffs Projekt-Explorer durchsucht und die Suchergebnisse werden im Listenfeld in der linken Fensterhälfte angezeigt.

Abbildung 1.7
Das Fenster
*MSDN Library
Visual Basic 6.0.*

52

Lektion 1   Ein Visual Basic-Programm öffnen und ausführen

❼ Doppelklicken Sie auf das Thema *Projekt-Explorer*.

Im rechten Abschnitt des Fensters *MSDN Library Visual Studio 6.0* werden Informationen zum Projekt-Explorer von Visual Basic angezeigt (siehe Abbildung 1.7). Wenn nicht alle verfügbaren Informationen in das Fenster passen, werden Bildlaufleisten angezeigt, mit denen Sie den Fensterinhalt verschieben können. Nehmen Sie sich etwas Zeit, um diesen Hilfeabschnitt zu lesen und sich über andere Themen der MSDN Library zu informieren.

❽ Klicken Sie im Menü *Datei* des Fensters *MSDN Library Visual Studio 6.0* auf den Befehl *Beenden*, um das Hilfesystem zu verlassen.

Die MSDN Library ist eine ausgezeichnete Quelle für Informationen zur Programmierumgebung und für die Programmierung in Visual Basic relevante Themen. Falls Sie Fragen haben, sollten Sie unbedingt zuerst die MSDN Library konsultieren.

Einen Schritt weiter: Visual Basic beenden

Wenn Sie Visual Basic vorerst beenden möchten, speichern Sie alle geöffneten Projekte und schließen das Programmiersystem.

Visual Basic beenden

❶ Speichern Sie die Änderungen, die Sie an Ihrem Programm vorgenommen haben, indem Sie in der Symbolleiste auf die Schaltfläche *Speichern* klicken. (Falls Sie zur Eingabe eines Dateinamens und Speicherorts für Ihre Projektkomponenten aufgefordert werden, geben Sie die erforderlichen Daten ein.)

❷ Klicken Sie im Menü *Datei* auf den Befehl *Beenden*.

Daraufhin wird das Programm Visual Basic beendet.

Wenn Sie mit der nächsten Lektion fortfahren möchten

● Lassen Sie Visual Basic geladen, und schlagen Sie Lektion 2 auf.

Wenn Sie Visual Basic vorerst beenden möchten

● Stehen Sie einfach auf und verlassen Sie Ihren Schreibtisch. Falls Sie Visual Basic noch nicht beendet haben, klicken Sie im Menü *Datei* auf den Befehl *Beenden*.

Falls daraufhin das Dialogfenster *Speichern* angezeigt wird, klicken Sie auf *Ja*.

Lektion 1 • Ein Visual Basic-Programm öffnen und ausführen

Zusammenfassung der Lektion

Möchten Sie	dann
Visual Basic starten,	klicken Sie in der Task-Leiste auf die Schaltfläche *Start*. Zeigen Sie auf *Programme*, dann auf den Ordner *Microsoft Visual Basic 6.0*, und klicken Sie auf das Programmsymbol *Microsoft Visual Basic 6.0*.
die Funktion einer Schaltfläche anzeigen,	halten Sie den Mauszeiger einige Sekunden lang über die Schaltfläche.
ein vorhandenes Projekt öffnen,	klicken Sie im Menü *Datei* auf den Befehl *Projekt öffnen*.
ein neues Projekt beginnen,	klicken Sie im Menü *Datei* auf den Befehl *Neues Projekt*.
ein Programm ausführen,	klicken Sie in der Symbolleiste auf die Schaltfläche *Starten* oder drücken [F5].
ein Programmierwerkzeug verankern,	klicken Sie auf die Titelleiste und ziehen das Werkzeug an den Rand eines anderen Werkzeugs, bis es dort verankert wird. Um ein verankertes Werkzeug zu vergrößern, doppelklicken Sie auf dessen Titelleiste oder vergrößern es mit der Maus.
die Werkzeugsammlung verschieben,	ziehen Sie die Werkzeugsammlung mit der Maus.
Eigenschaften festlegen,	klicken Sie in der Symbolleiste auf die Schaltfläche *Eigenschaftenfenster*, um das Eigenschaftenfenster anzuzeigen (sofern es nicht angezeigt wird) und doppelklicken dann auf die Titelleiste des Eigenschaftenfensters. Öffnen Sie das Dropdown-Listenfeld *Objekt*, um die Benutzeroberflächenelemente im Formular anzuzeigen, klicken Sie auf das Objekt, dessen Eigenschaften angezeigt werden sollen, und klicken Sie dann im Eigenschaftenlistenfeld auf die gewünschten Eigenschafteneinstellungen.
den Projekt-Explorer anzeigen,	klicken Sie in der Symbolleiste auf die Schaltfläche *Projekt-Explorer* (sofern der Projekt-Explorer nicht geöffnet ist) und doppelklicken auf die Titelleiste des Projekt-Explorers.
Visual Basic beenden,	klicken Sie im Menü *Datei* auf *Beenden*.

2 Das erste Programm schreiben

Geschätzte Dauer:
35 Minuten

In dieser Lektion lernen Sie

- wie Sie die Benutzeroberfläche eines neuen Programms erstellen.
- wie Sie die Eigenschaften der Benutzeroberflächenelemente festlegen.
- wie Sie Programmcode schreiben.
- wie Sie das Programm speichern und ausführen.
- wie Sie eine ausführbare Datei generieren.

Wie Sie in Lektion 1 erfahren haben, bietet die Programmierumgebung Microsoft Visual Basic einige leistungsfähige Werkzeuge, mit denen Sie Programme verwalten und ausführen können. Visual Basic stellt auch alle Hilfsmittel zur Verfügung, die Sie benötigen, um eigene Windows-Anwendungen zu entwickeln. In dieser Lektion lernen Sie, wie Sie mit Hilfe der Steuerelemente aus der Werkzeugsammlung eine einfache, aber ansprechende Benutzeroberfläche erstellen. Anschließend wird erläutert, wie Sie das Verhalten dieser Steuerelemente durch besondere Attribute, die sogenannten Eigenschafteneinstellungen, verändern. Danach erfahren Sie, wie Sie durch Programmcode definieren, was das Programm ausführen soll. Schließlich lernen Sie, wie Sie das neue Programm (ein Spiel) speichern und ausführen und wie Sie es zu einer ausführbaren Datei kompilieren.

Lucky Seven: Ihr erstes Visual Basic-Programm

Sie werden eine Windows-Anwendung namens *Lucky Seven* erstellen, ein Spiel, das einen „einarmigen Banditen" simuliert. Es hat eine relativ einfache Benutzeroberfläche und lässt sich mit Visual Basic in wenigen Minuten anlegen und kompilieren. (Falls Sie die kompilierte Datei *Lucky.exe* ausführen möchten, bevor Sie mit dieser Übung beginnen, finden Sie die Programmdatei im Übungsordner *\VB6SfS\Lekt02* auf der Festplatte Ihres

Lektion 2   Das erste Programm schreiben

Abbildung 2.1
Die Benutzeroberfläche des Beispielprogramms *Lucky Seven*.

Systems.) Das Programm *Lucky Seven* sieht während der Ausführung etwa wie Abbildung 2.1 aus.

Programmierschritte

Die Benutzeroberfläche des Programms *Lucky Seven* besteht aus zwei Befehlsschaltflächen, drei Feldern für die „Glückszahlen", einer Grafik (ein Stapel Münzen) und der Bezeichnung *Lucky Seven*. Sie erstellen für das Programm im Formular *Lucky Seven* sieben Objekte. Danach ändern Sie verschiedene Eigenschaften der Objekte. Zuerst entwerfen Sie die Benutzeroberfläche, dann fügen Sie den Programmcode für die Befehlsschaltflächen *Neues Spiel* und *Beenden* hinzu, damit die Zufallszahlen erzeugt werden, wenn der Anwender auf die Schaltflächen klickt. Die Erstellung des Programms *Lucky Seven* erfolgt in Visual Basic in drei Programmierschritten: Benutzeroberfläche erstellen, Eigenschaften festlegen und Programmcode schreiben. In der folgenden Tabelle wird dieser Prozess für das Programm *Lucky Seven* zusammengefasst:

Programmierschritt	Anzahl der Elemente
1. Benutzeroberfläche erstellen	7 Objekte
2. Eigenschaften festlegen	10 Eigenschaften
3. Programmcode schreiben	2 Objekte

Eine andere Möglichkeit, das Programm *Lucky Seven* zu konzipieren, bestünde darin, ein Konzept bzw. eine Liste von Programmierschritten zu verwenden. Die Erstellung eines Konzepts kann bei der Programmierung äußerst hilfreich sein.

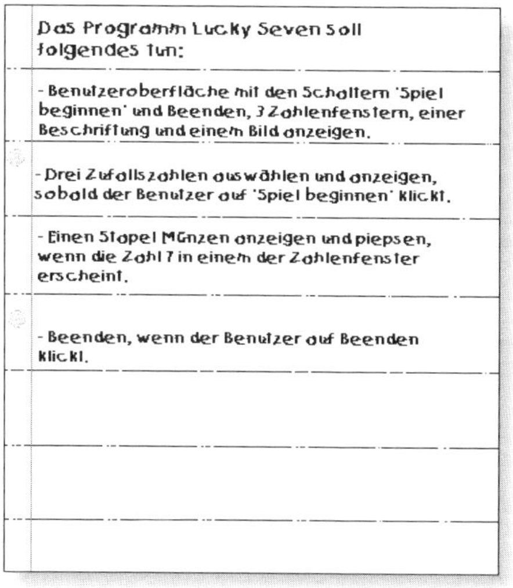

Lektion 2   **Das erste Programm schreiben**

Abbildung 2.2
Konzept für
das Programm
Lucky Seven.

> Das Programm Lucky Seven soll
> folgendes tun:
>
> - Benutzeroberfläche mit den Schaltern 'Spiel
> beginnen' und Beenden, 3 Zahlenfenstern, einer
> Beschriftung und einem Bild anzeigen.
>
> - Drei Zufallszahlen auswählen und anzeigen,
> sobald der Benutzer auf 'Spiel beginnen' klickt.
>
> - Einen Stapel Münzen anzeigen und piepsen,
> wenn die Zahl 7 in einem der Zahlenfenster
> erscheint.
>
> - Beenden, wenn der Benutzer auf Beenden
> klickt.

Die Benutzeroberfläche erstellen

Wir beginnen die Erstellung des Programms *Lucky Seven* in dieser Übung
mit der Definition eines neuen Projekts und legen dann die Benutzeroberfläche mit Hilfe einiger Steuerelemente aus der Werkzeugsammlung an.

Die Benutzeroberfläche anlegen

Sie beginnen ein
neues Programmier-
projekt, indem Sie
im Menü *Datei* auf
den Befehl *Neues
Projekt* klicken.

❶ Klicken Sie im Menü *Datei* auf den Befehl *Neues Projekt*.

Falls eine Meldung mit der Frage eingeblendet wird, ob die Änderungen
am Programm *Schritt* aus Lektion 1 gespeichert werden sollen, klicken
Sie auf *Nein*. Das Projekt *Schritt* wird nun aus dem Speicher entfernt.

❷ Klicken Sie auf *OK*, um eine Standard-32-Bit-Anwendung *(Standard-EXE)*
zu erstellen.

Daraufhin bereitet Visual Basic die Arbeitsfläche für ein neues Programmierprojekt vor und zeigt in der Bildschirmmitte ein leeres Formular an,
das Sie zur Erstellung der Benutzeroberfläche verwenden können.

Sie werden das Formular nun vergrößern und zwei Schaltflächen in die
Benutzeroberfläche einfügen.

❸ Bewegen Sie den Mauszeiger über die untere rechten Ecke des Formularfensters (nicht des umschließenden Projektfensters), bis der Mauszeiger die Form eines Größenänderungszeiger annimmt. Vergrößern Sie
das Formular, um Platz für die Programmobjekte zu schaffen.

Während Sie das Formular vergrößern, werden Bildlaufleisten in das
Projektfenster eingefügt (siehe Abbildung 2.3).

57

Lektion 2   **Das erste Programm schreiben**

Abbildung 2.3
Die Programmierumgebung mit einem neuen Projekt.

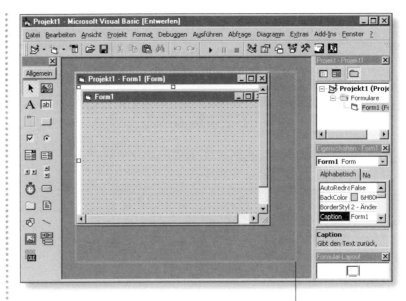

Hier ziehen, um die Größe
des Formulars zu ändern.

Damit das gesamte Formular sichtbar ist, ändern Sie die Größe des umschließenden Projektfensters, um die Bildlaufleisten zu entfernen, und verschieben bzw. schließen das Eigenschaftenfenster, den Projekt-Explorer und das Formular-Layout-Fenster.

Nun werden Sie eine Befehlsschaltfläche im Formular erstellen.

Sie arbeiten hier mit zwei Fenstern, nämlich dem Projektfenster und dem Formularfenster, das sich innerhalb des Projektfensters befindet. Schwierigkeiten bei der Größenänderung dieser Fenster können daraus resultieren, dass Sie zum Ändern der Fenstergröße die rechte untere Fensterecke ziehen und sich die beiden Fenster überlappen können. Um etwas mehr Raum zum Entwurf von Formularen zu gewinnen, sollten Sie Windows im Anzeigemodus 800 x 600 ausführen. Sie stellen diesen Anzeigemodus ein, indem Sie auf den Windows-Desktop zeigen, die rechte Maustaste drücken, im Kontextmenü *Eigenschaften* wählen, auf die Registerkarte *Einstellungen* klicken und den Schieberegler unter *Bildschirmbereich* auf 800 x 600 einstellen.

❹ Klicken Sie in der Werkzeugsammlung auf das Steuerelement *Befehlsschaltfläche (CommandButton)*, und bewegen Sie den Mauszeiger in das Formular.

Das Steuerelement *Befehlsschaltfläche (CommandButton)* ist nun ausgewählt, und der Mauszeiger ändert sich zu einem Fadenkreuz, sobald er sich über dem Formular befindet. Das Fadenkreuz soll Ihnen beim Zeich-

58

Lektion 2 Das erste Programm schreiben

nen der rechteckigen Befehlsschaltfläche helfen. Wenn Sie die linke Maustaste gedrückt halten und ziehen, wird eine rechteckige Befehlsschaltfläche gezeichnet, die an den Rasterpunkten des Formulars ausgerichtet wird. Sie werden nun Ihre erste Befehlsschaltfläche erstellen.

❺ Bewegen Sie den Mauszeiger in die obere linke Ecke des Formulars, halten Sie die linke Maustaste gedrückt, und ziehen Sie das Rechteck nach rechts. Lassen Sie die Maustaste los, wenn die Befehlsschaltfläche etwa wie in Abbildung 2.4 aussieht.

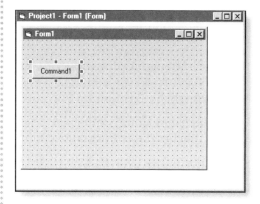

Abbildung 2.4
Das Formular mit der neuen Befehlsschaltfläche Command1.

Die erste Befehlsschaltfläche erhält den Namen Command1.

Daraufhin wird eine Befehlsschaltfläche mit Ziehpunkten im Formular angezeigt. Die Schaltfläche trägt den Namen *Command1*, da es sich um die erste Befehlsschaltfläche des Programms handelt. (Merken Sie sich diesen Schaltflächennamen. Wir werden später beim Verfassen des Programmcodes darauf Bezug nehmen.)

Befehlsschaltflächen können mit der Maus verschoben werden. Sie können ihre Größe im *Entwurfsmodus* (solange die Visual Basic-Programmierumgebung aktiviert ist) mit Hilfe der Ziehpunkte verändern. Während der Programmausführung kann der Anwender die Benutzeroberflächenelemente nur dann verschieben, wenn Sie eine spezielle Eigenschaft, die dies erlaubt, im Programm entsprechend eingestellt haben. Sie werden die Befehlsschaltfläche nun verschieben und ihre Größe ändern.

Eine Befehlsschaltfläche verschieben und ihre Größe verändern

❶ Ziehen Sie die Befehlsschaltfläche mit der Maus nach rechts.

Das Raster hilft Ihnen beim Entwurf der Benutzeroberfläche.

Wenn Sie die Maustaste loslassen, wird die Befehlsschaltfläche automatisch am Raster ausgerichtet. Das Raster erleichtert das Bearbeiten und Ausrichten der verschiedenen Benutzeroberflächenelemente. Sie können den Rasterabstand ändern, indem Sie im Menü *Extras* auf den Befehl *Optionen* und dann auf die Registerkarte *Allgemein* klicken.

Lektion 2   Das erste Programm schreiben

❷ Bewegen Sie den Mauszeiger zur unteren rechten Ecke der Befehlsschaltfläche.

Wenn sich der Mauszeiger über einer Ecke oder einer Rahmenlinie des ausgewählten Objekts befindet, ändert er sich zu einem Größenänderungszeiger. Mit dem Größenänderungszeiger können Sie die Größe bzw. Form von Objekten ändern.

❸ Vergrößern Sie das Objekt, indem Sie die linke Maustaste gedrückt halten und den Zeiger nach rechts unten ziehen.

Wenn Sie die Maustaste loslassen, wird der Größe der Befehlsschaltfläche entsprechend geändert und die Befehlsschaltfläche am nächsten Rasterpunkt ausgerichtet.

❹ Verwenden Sie den Größenänderungszeiger, um die Befehlsschaltfläche auf ihre Originalgröße zurückzusetzen, und verschieben Sie die Schaltfläche an ihre ursprüngliche Position im Formular.

Sie werden in der nächsten Übung unter der ersten Schaltfläche eine zweite Befehlsschaltfläche in das Formular einfügen.

Eine zweite Befehlsschaltfläche einfügen

❶ Klicken Sie in der Werkzeugsammlung auf das Steuerelement *Befehlsschaltfläche (CommandButton)*.

❷ Zeichnen Sie im Formular unter der ersten Befehlsschaltfläche eine zweite Schaltfläche. Die zweite Befehlsschaltfläche sollte etwa so groß sein wie die erste.

Sie löschen ein Objekt, indem Sie es im Formular auswählen und dann [Entf] drücken.

❸ Falls erforderlich, verschieben Sie die Schaltfläche oder ändern deren Größe. Wenn Sie einen Fehler machen, können Sie die Befehlsschaltfläche löschen und einfach eine neue zeichnen.

Bezeichnungsfelder einfügen

Nun werden Sie die Bezeichnungsfelder erstellen, die die „Glückzahlen" im Programm anzeigen. Ein *Bezeichnungsfeld* ist ein spezielles Benutzeroberflächenelement, das zur Anzeige von Text, Zahlen oder Symbolen dient. Wenn der Anwender auf die Schaltfläche *Neues Spiel* klickt, erscheinen in den Bezeichnungsfeldern drei Zufallszahlen. Ist eine der angezeigten Zahlen eine 7, hat der Anwender gewonnen.

❶ Klicken Sie in der Werkzeugsammlung auf das Steuerelement *Bezeichnungsfeld (Label)*, und setzen Sie dann den Mauszeiger über das Formular.

Das Bezeichnungsfeld-Steuerelement ist nun ausgewählt. Wenn sich der Mauszeiger über einem Formular befindet, ändert er sich zu einem Fadenkreuz.

Lektion 2 **Das erste Programm schreiben**

Abbildung 2.5
Das Formular mit dem Bezeichnungsfeld *Label1*.

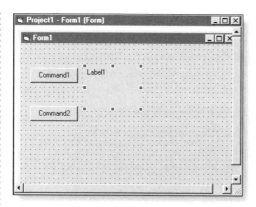

❷ Erstellen Sie ein kleines Rechteck, das etwa so wie in Abbildung 2.5 aussieht.

Das erstellte Bezeichnungsfeld trägt den Namen *Label1*, da es das erste Bezeichnungsfeld in diesem Programm ist. Erstellen Sie nun zwei weitere Bezeichnungsfelder, die die Bezeichnung *Label2* und *Label3* erhalten.

❸ Klicken Sie in der Werkzeugsammlung auf das Steuerelement *Bezeichnungsfeld (Label)*, und zeichnen Sie dann rechts neben dem ersten Bezeichnungsfeld ein weiteres Bezeichnungsfeld.

Zeichnen Sie das zweite Bezeichnungsfeld, das den Namen *Label2* erhält, etwa so groß wie das erste.

❹ Klicken Sie noch einmal auf das Steuerelement *Bezeichnungsfeld (Label)*, und fügen Sie ein drittes Bezeichnungsfeld rechts vom zweiten Bezeichnungsfeld ein.

Die Bezeichnung *Label3* wird im dritten Bezeichnungsfeld angezeigt. Nun werden Sie mit dem Steuerelement *Bezeichnungsfeld (Label)* ein weiteres Bezeichnungsfeld zur Beschreibung des Formulars einfügen. Dies ist das vierte und letzte Bezeichnungsfeld des Programms.

Beachten Sie das Popup-Feld, das beim Zeichnen neben den Bezeichnungsfeldern angezeigt wird. Dieses Feld zeigt die horizontale und vertikale Abmessung des Objekts an und wird auch Größenänderungsfeld genannt. Der Werte werden in der Einheit Twips angegeben (ein Twips entspricht einem Zwanzigstel Punkt; da ein Punkt gleich 1/72 Zoll ist, entspricht ein Twip also 1/1440 Zoll). Das Größenänderungsfeld kann zum Positionieren und zum Vergleich der relativen Größe der erstellten Objekte verwendet werden.

❺ Klicken Sie in der Werkzeugsammlung auf das Steuerelement *Bezeichnungsfeld (Label)*.

Lektion 2 Das erste Programm schreiben

❻ Erstellen Sie unter den beiden Befehlsschaltflächen ein größeres Rechteck.

Wenn Sie diese Arbeitsgänge abgeschlossen haben, sollten die vier Bezeichnungsfelder etwa wie in Abbildung 2.6 angeordnet sein. Die Größe der Bezeichnungsfelder kann gegebenenfalls geändert werden.

Abbildung 2.6
Das Formular mit den vier Bezeichnungsfeldern.

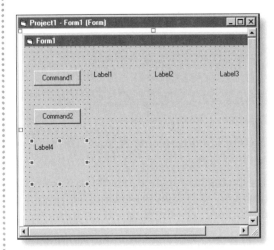

Nun werden Sie ein Anzeigefeld in das Formular einfügen, in dem ein Stapel Münzen angezeigt wird, den der Anwender „gewinnt", falls eines der Bezeichnungsfelder eine 7 enthält. Anzeigefelder dienen zur Anzeige von Bitmap-Grafiken, Symbolen oder anderen Grafiken in einem Programm. Anzeigefelder eignen sich besonders gut zur Anzeige von Visual Basic-Clipart.

Ein Anzeigefeld einfügen

❶ Klicken Sie in der Werkzeugsammlung auf das Steuerelement *Anzeigefeld (Image)*.

❷ Zeichnen Sie mit dem Steuerelement *Anzeigefeld (Image)* direkt unter den drei Bezeichnungsfeldern ein großes Rechteck.

Wenn Sie diesen Arbeitsgang abgeschlossen haben, sollte das Anzeigefeld etwa wie in Abbildung 2.7 aussehen.

Dieses Objekt erhält den Namen *Image1*. Sie werden diesen Namen später im Programmcode verwenden.

Nun werden Sie die Benutzeroberfläche des Programms verändern, indem Sie verschiedene Eigenschaften einstellen.

Lektion 2 Das erste Programm schreiben

Abbildung 2.7
Das Formular mit dem neuen Anzeigefeld.

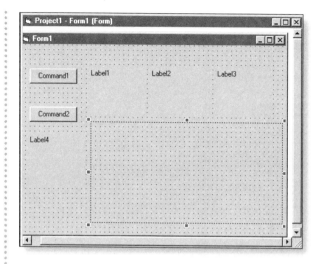

Eigenschaften definieren

Wie Sie schon im Programm *Schritt* gesehen haben, können Sie Eigenschaften einstellen, indem Sie das entsprechende Objekt im Formular auswählen und im Eigenschaftenfenster die gewünschte Eigenschafteneinstellung festlegen. In den folgenden Übungen werden Sie die Eigenschaften des Programms *Lucky Seven* definieren. Dazu beginnen Sie mit den Beschriftungen für die beiden Befehlsschaltflächen.

Die Eigenschaften der Befehlsschaltflächen festlegen

Um mehrere Objekte in einem Formular auszuwählen, halten Sie ⇧ gedrückt und klicken auf die Objekte.

❶ Klicken Sie im Formular auf die erste Befehlsschaltfläche *(Command1)*.

Die Befehlsschaltfläche wird nun von Ziehpunkten umgeben.

❷ Doppelklicken Sie auf die Titelleiste des Eigenschaftenfensters.

Das Eigenschaftenfenster wird in voller Größe angezeigt (siehe Abbildung 2.8).

Das Eigenschaftenfenster zeigt die für die erste Befehlsschaltfläche gültigen Einstellungen. Diese umfassen die Einstellungen für die Hintergrundfarbe *(BackColor)*, Beschriftung *(Caption)*, die Schriftart *(Font)* und die Breite der Befehlsschaltfläche *(Width)*.

❸ Doppelklicken Sie auf die Eigenschaft *Caption* in der linken Spalte des Eigenschaftenfensters.

Daraufhin wird die aktuelle Einstellung *(Command1)* der Eigenschaft *Caption* im Eigenschaftenfenster hervorgehoben.

❹ Geben Sie **Neues Spiel** ein, und drücken Sie ⏎.

Lektion 2 Das erste Programm schreiben

Abbildung 2.8
Das Eigenschaftenfenster.

Der Wert der Eigenschaft *Caption* wird im Eigenschaftenfenster und im Formular zu *Neues Spiel* geändert. Nun werden Sie die Beschriftung der zweiten Schaltfläche in *Beenden* ändern. Dabei verwenden Sie eine andere Methode zur Auswahl der zweiten Schaltfläche.

❺ Öffnen Sie das Dropdown-Listenfeld *Objekt* im oberen Bereich des Eigenschaftenfensters.

Das Listenfeld enthält eine Liste der Benutzeroberflächenobjekte des Programms (siehe Abb. 2.9).

❻ Klicken Sie im Listenfeld auf *Command2* (die zweite Befehlsschaltfläche).

Die Eigenschaftseinstellungen für die zweite Befehlsschaltfläche werden im Eigenschaftenfenster angezeigt.

❼ Doppelklicken Sie auf den aktuellen Wert der Eigenschaft *Caption (Command2)*, geben Sie **Beenden** ein, und drücken Sie dann ⏎.

Die Beschriftung der zweiten Befehlsschaltfläche wird zu *Beenden* geändert.

Mit Hilfe des Dropdown-Listenfelds *Objekt* lassen sich die verschiedenen Objekte eines Programms besonders einfach auswählen. Sie können natürlich auch im Formular auf die Objekte klicken, um sie auszuwählen.

In der folgenden Übung werden Sie die Eigenschaften der Bezeichnungsfelder einstellen. Die ersten drei Bezeichnungsfelder enthalten die Zufallszahlen, die das Programm anzeigt, und haben identische Eigenschaften-

Lektion 2 Das erste Programm schreiben

Abbildung 2.9
Das Eigenschaften-
fenster für die
Befehlsschaltfläche
Command1.

Über das Dropdown-Listenfeld *Objekt* können Sie das Formular oder eines der darin enthaltenen Objekte auswählen, um dessen Eigenschaften einzustellen.

einstellungen (die meisten dieser Eigenschaften werden in einem Arbeitsgang für die gesamte Gruppe eingestellt). Die Einstellungen für das Bezeichnungsfeld mit der Formularbeschreibung müssen jedoch getrennt festgelegt werden.

Die Eigenschaften der Bezeichnungsfelder festlegen

Sie müssen das Eigenschaftenfenster verankern, bevor Sie die Eigenschaft *Font* für mehrere Bezeichnungsfelder gleichzeitig festlegen.

❶ Doppelklicken Sie auf die Titelleiste des Eigenschaftenfensters, um es zu verankern. Klicken Sie dann auf das erste Bezeichnungsfeld für die Zahlenanzeige, halten Sie ⓞ gedrückt, und klicken Sie auf das zweite und dritte Bezeichnungsfeld, das Zahlen anzeigen soll.

Daraufhin werden Ziehpunkte um das angeklickte Bezeichnungsfelder angezeigt. Wenn alle drei Bezeichnungsfelder ausgewählt sind, lassen Sie ⓞ los.

Da mehrere Objekte ausgewählt sind, werden im Eigenschaftenfenster nur die Eigenschaften angezeigt, die für die gesamte Gruppe geändert werden können. Wir werden die Eigenschaften für Ausrichtung *(Alignment)*, Rahmenstil *(BorderStyle)* und Schriftart *(Font)* ändern, so dass die Zahlen in den Bezeichnungsfeldern zentriert, umrahmt und in der gewünschten Schriftart und mit dem gewünschten Schriftgrad angezeigt werden.

Lektion 2   Das erste Programm schreiben

❷ Klicken Sie auf die Eigenschaft *Alignment* und dann auf den nach unten gerichteten Pfeil, der rechts neben dem Eigenschaftenwert erscheint.

Nun wird eine Liste der verfügbaren Ausrichtungsoptionen angezeigt.

❸ Klicken Sie auf die Option *2 - Zentriert*.

Damit wird die Eigenschaft *Alignment* für alle ausgewählten Bezeichnungsfelder zu *2 - Zentriert* geändert. Nun werden Sie die Eigenschaft *BorderStyle* (Rahmenstil) ändern.

❹ Klicken Sie auf die Eigenschaft *BorderStyle* und dann auf den nach unten gerichteten Pfeil, der rechts davon erscheint.

Damit wird eine Liste der verfügbaren Eigenschafteneinstellungen (*0 - Kein* und *1 - Fest Einfach*) angezeigt.

❺ Klicken Sie auf *1 - Fest Einfach*. Damit wird um jedes Bezeichnungsfeld ein dünner Rahmen gezogen.

Ändern Sie nun die Schriftart für die Bezeichnungsfelder, indem Sie eine andere Einstellung für die Eigenschaft *Font* (Schriftart) wählen.

❻ Doppelklicken Sie im Eigenschaftenfenster auf die Eigenschaft *Font*.

Daraufhin wird das Dialogfeld *Schriftart* eingeblendet (siehe Abbildung 2.10).

Abbildung 2.10
Das Dialogfeld *Schriftart*.

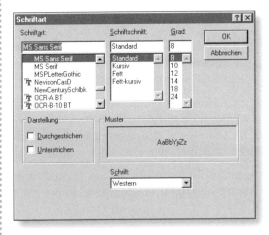

❼ Ändern Sie die Schriftart zu *Times New Roman*, den Schriftschnitt zu *Fett*, den Schriftgrad zu *24*, und klicken Sie dann auf *OK*.

Die Beschriftungen der Bezeichnungsfelder werden daraufhin in der angegebenen Formatierung angezeigt. Sie werden nun die Werte der Eigenschaft *Caption* der drei Felder löschen, damit die Felder beim Programmstart leer sind. (Die Einstellungen der Schriftart bleibt für die

Lektion 2 | **Das erste Programm schreiben**

Bezeichnungsfelder erhalten, da sie als separate Eigenschaften gespeichert werden.) Damit Sie diesen Arbeitsgang abschließen können, müssen Sie jedes Bezeichnungsfeld einzeln auswählen.

8 Klicken Sie auf das Formular, um die Auswahl der drei Bezeichnungsfeldern aufzuheben (die Ziehpunkte werden ausgeblendet), und klicken Sie dann auf das erste Bezeichnungsfeld.

9 Doppelklicken Sie auf die Eigenschaft *Caption*, und drücken Sie Entf.

Damit wird die Beschriftung des Objekts *Label1* gelöscht. Später in dieser Lektion werden wir über den Programmcode die Einstellung dieser Eigenschaft in eine „Glückszahl" ändern.

10 Löschen Sie die Beschriftungen des zweiten und dritten Bezeichnungsfelds.

Damit sind die Arbeiten an den ersten drei Bezeichnungsfeldern abgeschlossen. Nun werden Sie die Eigenschaften für Beschriftung *(Caption)*, Schriftart *(Font)* und Vordergrundfarbe *(ForeColor)* des letzten Bezeichnungsfelds ändern.

Die Eigenschaften des vierten Bezeichnungsfelds ändern

1 Klicken Sie auf das vierte Bezeichnungsfeld im Formular.

2 Ändern Sie die Eigenschaft *Caption* zu **Lucky Seven**.

3 Doppelklicken Sie auf die Eigenschaft *Font*, und verwenden Sie das Dialogfeld *Schriftart*, um die Schriftart zu *Arial*, den Schriftschnitt zu *Fett* und den Schriftgrad zu *20* zu ändern. Klicken Sie auf *OK*.

Die Schriftart im Bezeichnungsfeld wird entsprechend aktualisiert. Beachten Sie, dass der Text im Feld in eine zweite Zeile umbrochen wird, da er nicht mehr in eine Zeile passt. Dies ist ein wichtiger Punkt: der Inhalt eines Objekts muss in das Objekt passen. Wenn er nicht hineinpasst, wird der Inhalt umbrochen oder abgeschnitten. Ändern Sie nun die Vordergrundfarbe des Texts.

4 Doppelklicken Sie im Eigenschaftenfenster auf die Eigenschaft *ForeColor*.

Daraufhin wird ein Dialogfeld mit den Registerkarten *System* und *Palette* angezeigt, den beiden zum Ändern der Farbe dieses Objekts verfügbaren Optionen. Auf der Registerkarte *System* werden die Farben angezeigt, die aktuell in Ihrem System für Benutzeroberflächenelemente verwendet werden. (Diese Liste entspricht den aktuellen Einstellungen auf der Registerkarte *Darstellung* unter *Einstellungen/Systemsteuerung/Anzeige*.) Die Registerkarte *Palette* zeigt alle Farben, die auf Ihrem System verfügbar sind.

Lektion 2 | **Das erste Programm schreiben**

❺ Klicken Sie auf die Registerkarte *Palette* und dann auf das Farbfeld, das ein dunkles Lila enthält.

Der Text im Bezeichnungsfeld wird in einem dunklen Lila angezeigt. Diese Farbe wird im Eigenschaftenfenster durch einen Hexadezimalwert (Basis 16) bezeichnet. Für die meisten Programmierer sind diese Formatinformation nicht sehr relevant. Es ist jedoch interessant, sich anzusehen, wie Visual Basic diese Informationen in einem Programm speichert. In der folgenden Übung stellen Sie nun die Eigenschaften des Anzeigefelds ein.

Die Eigenschaften des Anzeigefelds

Im Anzeigefeld soll die Grafik mit dem Münzstapel angezeigt werden. Diese Grafik wird im Fall eines Gewinns angezeigt, also wenn eines oder mehrere der zur Anzeige der Glückszahlen vorgesehenen Bezeichnungs-felder die Zahl 7 enthalten. Sie müssen hierzu die Eigenschaft *Stretch* einstellen, damit die Grafik genau in den Rahmen passt, sowie die Eigen-schaft *Picture*, die den Namen der Grafikdatei definiert, die ins Anzeige-feld geladen werden soll. Zudem müssen Sie über die Eigenschaft *Visible* den Status der Grafik beim Programmstart festlegen.

Die Eigenschaften des Anzeigefelds definieren

❶ Klicken Sie im Formular auf das Anzeigefeld.

❷ Klicken Sie im Eigenschaftenfenster auf die Eigenschaft *Stretch*, dann auf den nach unten gerichteten Pfeil, und wählen Sie *True*.

Die Einstellung *True* der Eigenschaft *Stretch* bewirkt, dass Visual Basic die Größe der Grafik an die exakten Abmessungen des Anzeigefelds anpasst. (Diese Eigenschaft wird normalerweise vor der *Picture*-Eigen-schaft eingestellt.)

❸ Doppelklicken Sie im Eigenschaftenfenster auf die Eigenschaft *Picture*.

Daraufhin wird das Dialogfeld *Bild laden* eingeblendet (Abbildung 2.11).

❹ Wählen Sie im Dialogfeld *Bild laden* mit Hilfe der Schaltfläche *Übergeord-neter Ordner* den Ordner *\VB6SfS* aus.

Die untergeordneten Ordner des Ordners *\VB6SfS* werden angezeigt.

❺ Doppelklicken Sie auf den Ordner *Lekt02*.

Im Dialogfeld *Bild laden* wird die Windows-Metadatei *Münzen.wmf* ange-zeigt. Windows-Metadateien enthalten Grafikobjekte, die in verschiede-nen Größen angezeigt werden können und sowohl in kleinen wie auch in großen Feldern gut aussehen.

❻ Wählen Sie im Dialogfeld die Datei *Münzen.wmf*, und klicken Sie dann auf *Öffnen*.

Lektion 2 Das erste Programm schreiben

Abbildung 2.11
Das Dialogfeld
Bild laden.

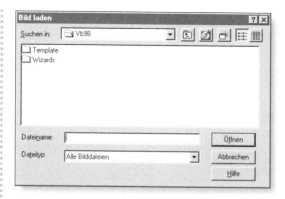

Die Windows-Metadatei *Münzen.wmf* wird in das Anzeigefeld des Formulars geladen.

Nun werden Sie die Eigenschaft *Visible* zu *False* ändern, so dass die Münzen beim Programmstart nicht sichtbar sind. (Später werden wir im Programmcode definieren, wann die Grafik angezeigt werden soll.)

❼ Klicken Sie auf die Eigenschaft *Visible* und dann auf den nach unten gerichteten Pfeil neben der Eigenschaft *Visible*.

Im Listenfeld werden die zulässigen Einstellungen für die Eigenschaft *Visible* angezeigt.

❽ Klicken Sie auf *False*, um zu definieren, dass das Anzeigefeld beim Programmstart unsichtbar ist.

Die *Visible*-Eigenschaft hat die Einstellung *False*. Diese Einstellung betrifft die Anzeige des Anzeigefelds während der Programmausführung, hat

Abbildung 2.12
Das fertig gestellte Formular des Programms *Lucky Seven*.

Lektion 2   Das erste Programm schreiben

Tabellen mit Eigenschafteneinstellungen

In dieser Lektion haben Sie Schritt für Schritt die Eigenschaften für das Programm *Lucky Seven* eingestellt. In den folgenden Lektionen werden die Anweisungen zur Einstellung der jeweiligen Eigenschaften in Tabellenform gegeben, sofern die Einstellungen nicht besonders kompliziert sind. Die folgende Tabelle stellt die Eigenschaften, die Sie bisher für das Programm *Lucky Seven* eingestellt haben, in dem Tabellenformat dar, das in den nachfolgenden Kapiteln verwendet wird.

Objekt	Eigenschaft	Einstellung
Command1	Caption	„Neues Spiel"
Command2	Caption	„Beenden"
Label1, Label2, Label3	BorderStyle	1 - Fest Einfach
	Alignment	2 - Zentriert
	Font	Times New Roman, Fett, Schriftgrad 24
	Caption	(leer)
Label4	Caption	„Lucky Seven"
	Font	Arial, Fett, Schriftgrad 20
	ForeColor	Dunkellila (&H008000808)
Image1	Picture	\VB6SfS\Lekt02\Münzen.wmf
	Stretch	True
	Visible	False

jedoch keine Auswirkungen auf den Entwurfsprozess. Ihr Formular sollte nun etwa wie in Abbildung 2.12 aussehen.

Den Programmcode schreiben

Programmcode wird in das Codefenster eingegeben.

Nun können Sie beginnen, den Code für das Programm *Lucky Seven* zu schreiben. Da die meisten erstellten Objekte bereits „wissen", wie sie funktionieren sollen, wenn das Programm ausgeführt wird, sind sie bereit, Eingaben vom Anwender zu erhalten und automatisch zu verarbeiten. Die inhärente Funktionalität von Objekten ist eine der wesentlichen Stärken von Visual Basic. Sobald Objekte in ein Formular eingefügt und ihre Eigenschaften eingestellt worden sind, kann das Programm ohne weitere Programmierung ausgeführt werden. Der Kern des Programms *Lucky Seven* – der Code, der die Zufallszahlen berechnet, die Zahlen in den Feldern anzeigt und „Gewinne" feststellt – fehlt aber noch. Diese

Lektion 2   **Das erste Programm schreiben**

Funktionen können nur durch Programmanweisungen erzeugt werden, also als Code, der klar definiert, was das Programm jeweils tun soll. Da das Programm über die Schaltflächen *Neues Spiel* und *Beenden* bedient wird, muss der Code für das Spiel diesen Schaltflächen zugeordnet werden. Das *Codefenster* ist das Fenster in der Programmierumgebung, in dem Visual Basic-Programmanweisungen geschrieben und geändert werden können.

Sie werden nun mit der Eingabe des Programmcodes für das Programm *Lucky Seven* im Codefenster beginnen.

Das Codefenster verwenden

❶ Doppelklicken Sie im Formular auf die Befehlsschaltfläche *Beenden*.

Das Codefenster wird angezeigt (siehe Abbildung 2.13).

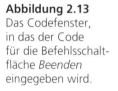

Abbildung 2.13
Das Codefenster, in das der Code für die Befehlsschaltfläche *Beenden* eingegeben wird.

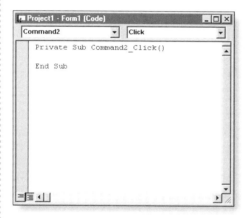

Wenn Ihr Fenster kleiner ist als das in Abbildung 2.13 gezeigte Fenster, ändern Sie dessen Größe mit der Maus. (Dabei ist die exakte Größe nicht entscheidend, da das Codefenster über Bildlaufleisten verfügt, mit denen längere Programmanweisungen geblättert und angezeigt werden können.)

Das Codefenster enthält die Programmanweisungen, die den Beginn und das Ende dieser speziellen Visual Basic-Subroutine bzw. *Ereignisprozedur* markieren. Dieser Codeblock einem bestimmten Objekt der Benutzeroberfläche zugeordnet:

Private Sub Command2_Click()

End Sub

Der Inhalt einer Prozedur befindet sich immer zwischen diesen beiden Zeilen und wird ausgeführt, sobald der Anwender das Benutzeroberflächenelement aktiviert, zu dem diese Prozedur gehört. In unserem Bei-

Lektion 2 Das erste Programm schreiben

spiel ist das Ereignis ein Mausklick. Wie Sie in späteren Kapiteln noch sehen werden, gibt es viele verschiedene Ereignistypen.

❷ Geben Sie **End** ein, und drücken Sie ⏎.

Mit der *End*-Anweisung wird die Ausführung eines Programms beendet.

Wenn Sie die Anweisung eingeben, erscheinen die Buchstaben im Codefenster in schwarzer Schrift. Wenn Sie ⏎ drücken (oder ⌫ drücken oder einfach auf eine andere Zeile klicken), ändert sich die Farbe der Programmanweisung zu Blau, womit angezeigt wird, dass Visual Basic die Anweisung als gültig bzw. als *Schlüsselwort* im Programm erkennt. *End* ist die Programmanweisung, mit der das Programm beendet und vom Bildschirm gelöscht wird. Das Visual Basic-Programmiersystem enthält mehrere Hundert eindeutige Schlüsselwörter sowie zugehörige Operatoren und Symbole. Die Schreibung und der Abstand zwischen Elementen im Programmcode ist äußerst wichtig, damit diese vom Visual Basic-Compiler korrekt erkannt werden können.

Eine weitere Bezeichnung für die korrekte Schreibung, Reihenfolge und den korrekten Abstand der Schlüsselwörter in einem Programm ist *Befehlssyntax*.

❸ Bewegen Sie den Cursor an den Beginn der Zeile mit der *End*-Anweisung, und drücken Sie viermal [Leer].

Die *End*-Anweisung wird um vier Leerzeichen nach rechts verschoben, damit sie sich von den *Private Sub-* und *End Sub*-Anweisungen absetzt. Solche Einzüge sind eine der Programmierkonventionen, die in diesem Buch verwendet werden, um die Programme möglichst klar zu gliedern und lesbar zu machen. Diese Konventionen zur Strukturierung von Programmcode werden oft auch als *Programmierstil* bezeichnet.

Sie haben damit den Code geschrieben, der zur Schaltfläche *Beenden* gehört. Schreiben Sie nun den Code für die Schaltfläche *Neues Spiel*. Diese Programmieranweisungen sind relativ ausführlich und geben Ihnen die Gelegenheit, mehr über das Thema Programmsyntax zu erfahren. Die Programmanweisungen werden im Verlauf des Buches noch detaillierter beschrieben. Sie müssen also jetzt nicht alle Einzelheiten dazu erlernen. Konzentrieren Sie sich auf die allgemeine Struktur des Programmcodes und auf die exakte Eingabe der Programmanweisungen. (Visual Basic ist relativ unnachsichtig, was die Schreibung und der Reihenfolge von Schlüsselwörtern und Operatoren angeht.)

Den Programmcode für die Schaltfläche Neues Spiel schreiben

❶ Öffnen Sie im Codefenster das Dropdown-Listenfeld *Objekt*.

Im Listenfeld werden die Benutzeroberflächenobjekte des Programms *Lucky Seven* angezeigt (siehe Abbildung 2.14).

Lektion 2 Das erste Programm schreiben

Abbildung 2.14
Das Dropdown-Listenfeld *Objekt* im Codefenster.

Schaltfläche *Vollständige Modulansicht*
Schaltfläche *Prozeduransicht*

❷ Klicken Sie im Listenfeld auf *Command1*.

Daraufhin wird die zur Schaltfläche *Command1* gehörige Prozedur über der ersten Prozedur eingefügt. Per Voreinstellung zeigt Visual Basic alle Ereignisprozeduren für ein Formular in einem Fenster an, so dass schnell zwischen ihnen hin- und hergeschaltet werden kann. (Zwischen den Prozeduren wird eine Linie angezeigt, damit Sie sie leichter auseinander halten können.) Sie können auch nur eine Prozedur pro Fenster anzeigen lassen, indem Sie auf die Schaltfläche *Prozeduransicht* in der linken unteren Ecke des Codefensters klicken. Um alle Prozeduren in einem Fenster anzuzeigen, klicken Sie auf die Schaltfläche *Vollständige Modulansicht* (rechts neben der Schaltfläche *Prozeduransicht*).

Obwohl die Beschriftung dieser Schaltfläche zu *Neues Spiel* geändert wurde, heißt sie im Programmcode nach wie vor *Command1*. (Name und Beschriftung eines Benutzeroberflächenelements können gleich oder unterschiedlich sein, ganz nach Belieben des Programmierers.) Jedes Objekt kann über mehrere Prozeduren verfügen, die jeweils einem unterstützten Ereignis zugeordnet sind. Wir sind im Augenblick besonders am Click-Ereignis interessiert, da der Anwender auf die Schaltflächen *Neues Spiel* und *Beenden* klickt, um das Programm *Lucky Seven* zu bedienen.

❸ Geben Sie die auf der Folgeseite abgedruckten Programmzeilen zwischen die *Private Sub-* und *End Sub-*Anweisungen ein, drücken Sie ↵ nach jeder Zeile, und vergewissern Sie sich, dass Sie die Programmanweisungen exakt wie hier angezeigt eingegeben haben. (Der Inhalt des Codefensters wird nach links verschoben, wenn längere Zeilen eingegeben werden.) Machen Sie einen Fehler (was normalerweise in roter Schrift angezeigt wird), löschen Sie die fehlerhafte Anweisung und geben diese erneut ein.

Lektion 2 Das erste Programm schreiben

Der Programmcode wird während der Eingabe von Visual Basic formatiert. Verschiedene Teile des Programms werden farbig angezeigt, damit Sie die verschiedenen Elemente leichter unterscheiden können. Wenn Sie eine Eigenschaft eingeben, zeigt Visual Basic die verfügbaren Eigenschaften für das entsprechende Objekt in einem Listenfeld an. Sie können dann einfach auf die gewünschte Eigenschaft doppelklicken oder mit der Eingabe fortfahren. Falls Visual Basic eine Fehlermeldung anzeigt, haben Sie sich eventuell in einer Programmanweisung vertippt. Vergleichen Sie die entsprechende Zeile mit dem Text in diesem Buch, führen Sie gegebenenfalls die notwendigen Korrekturen durch, und fahren Sie dann mit der Eingabe fort. (Sie können eine fehlerhafte Zeile natürlich auch komplett löschen und erneut eingeben.)

```
Image1.Visible = False        'Münzen verdecken
Label1.Caption = Int(Rnd * 10) 'Zahlen wählen
Label2.Caption = Int(Rnd * 10)
Label3.Caption = Int(Rnd * 10)
'falls eine der Zahlen 7 ist, Münzen anzeigen
If (Label1.Caption = 7) Or (Label2.Caption = 7) _
  Or (Label3.Caption = 7) Then
    Image1.Visible = True
    Beep
End If
```

Abbildung 2.15
Das Codefenster mit dem Code für die Befehlsschaltfläche *Command1*.

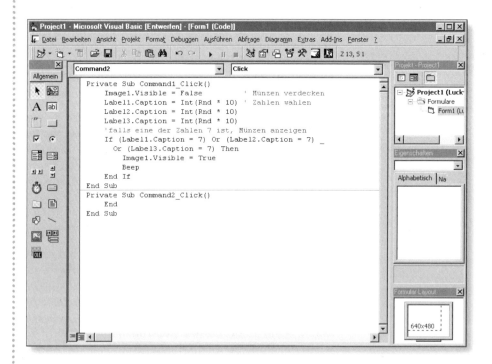

Lektion 2 | **Das erste Programm schreiben**

Wenn Sie die Eingabe abgeschlossen haben, sollte das Codefenster wie in Abbildung 2.15 aussehen.

Die Prozedur Command1_Click

Die Prozedur *Command1_Click* wird ausgeführt, sobald der Anwender im Formular auf die Schaltfläche *Neues Spiel* klickt. Diese Prozedur verwendet einige recht komplizierte Anweisungen. Da diese hier noch nicht erklärt wurden, mag die Prozedur etwas verwirrend aussehen. Wenn Sie sich diese Prozedur jedoch genauer ansehen, werden Ihnen wahrscheinlich einige bekannte Elemente auffallen. Der Inhalt dieser Prozeduren gibt Ihnen einen Eindruck von dem Programmcode, den Sie im Verlauf dieses Buches selbst erstellen werden. (Falls Sie sich die Programmieranweisungen nicht genauer ansehen möchten, können diesen Abschnitt überspringen und mit dem Abschnitt *Das Programm speichern* fortfahren.)

Die Prozedur *Command1_Click* erledigt drei Aufgaben: sie „verbirgt" den Münzstapel, erzeugt drei Zufallszahlen für die Bezeichnungsfelder und zeigt den Münzstapel an, wenn eine 7 erscheint. Betrachten wir diese Aufgaben einmal genauer.

Die erste Aufgabe in der Prozedur wird von folgender Zeile erledigt:

```
Image1.Visible = False          ' Münzen verdecken
```

Diese Zeile besteht aus zwei Teilen, nämlich aus einer Programmanweisung und einem Kommentar. Die Programmanweisung (`Image1.Visible = False`) stellt die *Visible*-Eigenschaft des ersten Bezeichnungsfelds *(Label1)* auf *False* (eine der zwei möglichen Einstellungen) ein. Wie Sie sich sicher erinnern, haben wir diese Eigenschaft schon einmal im Eigenschaftenfenster auf *False* eingestellt. Wir tun jetzt hier dasselbe im Programmcode, da der erste Arbeitsschritt im Beginn eines neuen Spiel besteht und deswegen alle Münzen, die eventuell vom vorherigen Spiel noch angezeigt werden, ausgeblendet werden sollen. Da diese Eigenschaft während der Laufzeit und nicht während der Entwurfsphase geändert wird, muss die Eigenschaft im Programmcode eingestellt werden. Dies ist eine äußerst nützliche Funktion von Visual Basic, die in Lektion 3 näher erläutert wird.

Der zweite Teil der ersten Zeile (der Text wird grün angezeigt) ist ein sogenannter *Kommentar*. Kommentare erläutern den Programmcode und werden vom Programmierer beginnend mit einem halben Anführungszeichen (') eingegeben. Programmierer verwenden Kommentare, um zu beschreiben, wie bestimmte Anweisungen im Programm funktionieren. Die Kommentare werden von Visual Basic während der Ausführung und Kompilierung des Programms weder beachtet noch verarbeitet. Sie dienen lediglich zur Dokumentation der Funktionen des Programm. Kommentare können zum Beispiel verwendet werden, um in „verständlichem Deutsch" die Arbeitsweise eines Visual Basic-Programms beschreiben.

Die Prozedur Command1_Click ist die Kernfunktion des Programms Lucky Seven.

Kommentare beschreiben die Funktion von Programmanweisungen.

75

Lektion 2   Das erste Programm schreiben

Die nächsten drei Zeilen dienen zur Berechnung der Zufallszahlen. Die Funktion in jeder Zeile enthaltene Funktion *Rnd* erzeugt eine Zufallszahl zwischen 0 und 1 (eine Zahl mit einer Dezimalstelle). Die Funktion *Int* multipliziert diese Zahlen mit 10 und rundet sie auf die nächsten Dezimalstelle auf. Diese Berechnung erzeugt im Programm Zufallszahlen zwischen 0 und 9. Diese Zahlen werden dann den *Caption*-Eigenschaften der ersten drei Bezeichnungsfelder des Formulars zugewiesen. Die Zuweisung bewirkt, dass die Zahlen mit der definierten Formatierung (Times New Roman, Fett, 24) in den drei Bezeichnungsfeldern angezeigt werden.

Die letzte Gruppe von Anweisungen des Programms überprüft, ob eine der berechneten Zufallszahlen gleich 7 ist. Wenn eine oder mehrere Zahlen den Wert 7 haben, wird der Münzstapel im Formular angezeigt und ein Piepton generiert. Jedes Mal, wenn der Anwender auf die Schaltfläche *Neues Spiel* klickt, wird die Prozedur *Command1_Click* aufgerufen, und die Programmanweisungen der Prozedur werden ausgeführt.

Das Programm speichern

Die Erstellung des Programms *Lucky Seven* ist damit abgeschlossen, und Sie sollten das Programm nun speichern. Visual Basic speichert den Code des Formulars und die Objekte in einer Datei und die „Inventarliste" der Projektkomponenten in einer zweiten Datei. (Die Projektkomponenten werden im Projekt-Explorer angezeigt.) Sie können einzelne Komponentendateien mit dem Befehl *Datei hinzufügen* aus dem Menü *Projekt* in andere Programmierprojekte übernehmen. Um das Programm in Visual Basic zu speichern, klicken Sie im Menü *Datei* auf den Befehl *Projekt speichern unter* oder in der Symbolleiste auf die Schaltfläche *Projekt speichern*.

Das Programm Lucky Seven speichern

Sie können Programme jederzeit während des Programmierens speichern.

❶ Im Menü *Datei* klicken Sie auf den Befehl *Projekt speichern unter*.

Das Dialogfeld *Datei speichern unter* wird angezeigt, und Sie müssen einen Namen und einen Speicherort für das Formular angeben.

❷ Wählen Sie den Ordner *Lekt02*, sofern dieser nicht schon ausgewählt ist.

Sie speichern die Projektdateien in dem Übungsordner ab, den das Setup-Programm für die Übungen zu *Microsoft Visual Basic 6.0 Schritt für Schritt* auf der Festplatte angelegt hat. (Sie können auch einen anderen Ordner angeben.)

❸ Geben Sie in das Textfeld *Dateiname* **NeuLucky** ein, und drücken Sie ⏎.

Sie sollten die Projekte in diesem Buch beim Abspeichern umbenennen (z.B. mit dem Präfix *Neu* oder einem anderen Namen), damit Sie die von Ihnen erstellten Dateien von den Übungsdateien, die zusammen mit die-

Lektion 2   Das erste Programm schreiben

sem Buch ausgeliefert werden, unterscheiden können. Falls Probleme auftreten, können Sie dann jederzeit auf die Originaldateien zurückgreifen.

Das Formular wird unter dem Namen *NeuLucky.frm* abgespeichert. Das Dialogfeld *Projekt speichern unter* wird angezeigt (siehe Abbildung 2.16).

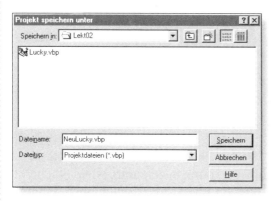

Abbildung 2.16
Das Dialogfeld *Projekt speichern unter*.

❹ Geben Sie **NeuLucky** ein, und drücken Sie ⏎.

Das Projekt *Lucky Seven* wird nun unter dem Namen *NeuLucky.vbp* abgespeichert. Um dieses Projekt später erneut zu laden, klicken Sie einfach im Menü *Datei* auf den Befehl *Projekt öffnen* und im Dialogfeld *Projekt öffnen* auf *NeuLucky*. Außerdem können Sie die zuletzt geladenen Projekte auch aufrufen, indem Sie im unteren Bereich des Menüs *Datei* von Visual Basic auf den entsprechenden Projektnamen klicken.

Sie finden das vollständige Programm *Lucky Seven* im Ordner *\VB6SfS\Lekt02*.

Gratulation! Sie sind nun in der Lage, Ihr erstes echtes Programm auszuführen. Um ein Visual Basic-Programm in der Programmierumgebung auszuführen, können Sie entweder im Menü *Ausführen* den Befehl *Starten* wählen, in der Symbolleiste auf die Schaltfläche *Starten* klicken oder F5 drücken. Sie führen das Programm *Lucky Seven* jetzt aus. Falls Visual Basic eine Fehlermeldung anzeigt, haben Sie sich möglicherweise bei der Eingabe des Programmcodes vertippt. Vergleichen Sie in diesem Fall das Programmlisting in dieser Lektion mit Ihrer Eingabe, korrigieren Sie den Fehler, und versuchen Sie es erneut.

Das Programm ausführen

❶ Klicken Sie in der Symbolleiste auf die Schaltfläche *Starten*.

Das Programm *Lucky Seven* wird dann in der Programmierumgebung ausgeführt. Die Benutzeroberfläche erscheint so, wie Sie sie entworfen haben.

❷ Klicken Sie auf die Schaltfläche *Neues Spiel*.

Lektion 2 Das erste Programm schreiben

Abbildung 2.17
Das Programm *Lucky Seven* zeigt einen Gewinn an.

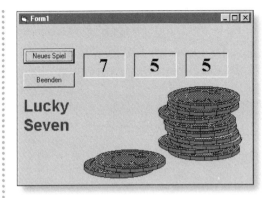

Das Programm generiert drei Zufallszahlen und zeigt sie in den Bezeichnungsfeldern an (siehe Abbildung 2.17).

Da die Zahl 7 im ersten Bezeichnungsfeld erscheint, wird der Münzstapel angezeigt und der Computer erzeugt einen Piepton. (Höhe und Länge dieses Tons hängen von den Einstellungen in der Windows 95-Systemsteuerung ab.) Sie haben gewonnen!

❸ Klicken Sie weitere 15 oder 16 Mal auf die Schaltfläche *Neues Spiel*, und sehen Sie sich die Ergebnisse des jeweiligen Spiels in den Zahlenfeldern an.

Etwa bei der Hälfte aller Spiele werden Gewinne angezeigt – eine recht gute Quote. (Die tatsächlichen Gewinnchancen liegen bei etwa 3 Gewinnen in 10 Spielen.) Eine denkbare Erweiterung diese Spiels wäre, nur dann einen Gewinn anzuzeigen, wenn die Zahl 7 zwei- oder dreimal erscheint. (Dies wird in Lektion 10 beschrieben, in dem Module und Public-Variablen behandelt werden.)

❹ Wenn Sie Ihr neues Programm genügend lange ausprobiert haben, klicken Sie auf die Schaltfläche *Beenden*.

Das Programm wird beendet, und die Programmierumgebung wird wieder auf dem Bildschirm angezeigt.

Ausführbare Dateien (.exe-Dateien) erstellen

Eine .exe-Datei kann unter jeder neuen Version von Microsoft Windows ausgeführt werden.

Die letzte Aufgabe in dieser Lektion ist der Abschluss des Entwicklungsprozesses und die Erstellung eines Windows-Programms bzw. einer *ausführbaren* Datei. Windows-Programme, die mit Visual Basic erstellt werden, haben die Dateinamenserweiterung .exe und können auf jedem System ausgeführt werden, das unter Windows 95, Windows 98, Windows NT 3.51 oder 4.0 betrieben wird und über die notwendigen unterstützenden Dateien verfügt. (Visual Basic installiert automatisch diese unterstützenden Dateien, wie beispielsweise DLL-Dateien und ActiveX-Steuerele-

Lektion 2 Das erste Programm schreiben

mente. Wenn Sie Ihr Programm vertreiben möchten, finden Sie im Microsoft Press-Titel *Microsoft Visual Basic 6.0 Programmierhandbuch* weitere Informationen hierzu.)

Versuchen Sie nun, *NeuLucky.exe* zu erstellen.

Eine ausführbare Datei erstellen

❶ Im Menü *Datei* klicken Sie auf den Befehl *NeuLucky.exe erstellen*. (Visual Basic nimmt automatisch den Programmnamen in den Menübefehl auf.)

Das Dialogfeld *Projekt erstellen* wird angezeigt (siehe Abbildung 2.18).

Abbildung 2.18
Das Dialogfeld *Projekt erstellen*.

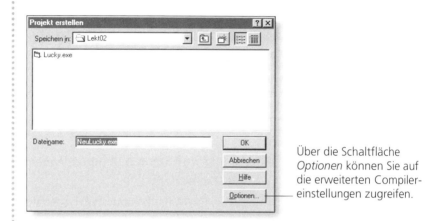

Über die Schaltfläche *Optionen* können Sie auf die erweiterten Compilereinstellungen zugreifen.

Dieses Dialogfeld enthält Text- und Listenfelder, in denen Sie den Namen und den Speicherort der ausführbaren Datei auf der Festplatte angeben. Es enthält außerdem die Schaltfläche *Optionen*, mit der das Dialogfeld *Projekteigenschaften* aufgerufen wird. Im Dialogfeld *Projekteigenschaften* können Sie das Programmsymbol und die Versionsinformationen für die Datei festlegen. Per Voreinstellung schlägt Visual Basic als Speicherort den Ordner *Lekt02* vor.

Das Dialogfeld *Projekteigenschaften* (das über das Menü *Projekt* aufgerufen wird) enthält die Registerkarte *Kompilieren*, über die erweiterte Einstellungen der Kompilierung gesteuert werden können. Dazu gehören die Optimierung für schnellen, effizienten Code, für die Fehlersuche und andere spezielle Ausführungsbedingungen. Durch die Bereitstellung dieser fortgeschrittenen Funktionen für die Kompilierung gibt Visual Basic dem professionellen Entwickler jetzt Werkzeuge an die Hand, die früher lediglich den effizientesten Compilern wie Microsoft Visual C++ vorbehalten waren.

❷ Klicken Sie auf *OK*, um den vorgegebenen Dateinamen und Speicherort für die Datei zu akzeptieren.

Lektion 2 Das erste Programm schreiben

Visual Basic erstellt dann die ausführbare Datei an der angegebenen Position auf der Festplatte.

Um das Programm unter Windows auszuführen, verwenden Sie den Befehl *Ausführen* im *Start*-Menü oder doppelklicken im Windows-Explorer auf den Dateinamen. Sie können zudem auf dem Windows Desktop ein Verknüpfungssymbol für das Programm *NeuLucky* erstellen, indem Sie mit der rechten Maustaste auf den Windows-Desktop klicken, auf *Neu* zeigen und dann auf *Verknüpfung* klicken. Wenn Sie aufgefordert werden, die Programmdatei anzugeben, klicken Sie auf *Durchsuchen* und wählen die ausführbare Datei für *NeuLucky* aus dem Ordner *\VB6SfS\Lekt02*. Klicken Sie nacheinander auf die Schaltflächen *Öffnen*, *Nächster* und *Weiter*. Windows zeigt dann ein Symbol auf dem Desktop an, auf das Sie doppelklicken können, um das Programm aufzurufen. Das Verknüpfungssymbol sollte etwa wie in Abbildung 2.19 aussehen.

Abbildung 2.19
Das Verknüpfungssymbol für das Programm *NeuLucky*.

❸ Klicken Sie im Menü *Datei* auf den Befehl *Beenden*, um Visual Basic und das Projekt *NeuLucky* zu schließen

Das Programmiersystem Visual Basic wird geschlossen.

Einen Schritt weiter: Das Programm erweitern

Sie können Visual Basic jederzeit erneut laden und ein auf der Festplatte gespeichertes Programmierprojekt bearbeiten. In den folgenden Abschnitten werden Sie Visual Basic erneut starten und die Anweisung Randomize in das Programm *Lucky Seven* einfügen.

Das Programm Lucky Seven erneut laden

❶ Klicken Sie in der Windows-Task-Leiste auf die Schaltfläche *Start*, zeigen Sie auf *Programme*, zeigen Sie auf Visual Basic 6.0 (oder Visual Studio 6.0), und klicken Sie dann auf das Programmsymbol von Visual Basic 6.0.

❷ Klicken Sie im Dialogfeld *Neues Projekt* auf die Registerkarte *Aktuell*.

Daraufhin wird eine Liste der zuletzt bearbeiteten Projekte angezeigt. Da Sie zuletzt das Programm *Lucky Seven* bearbeitet haben, sollte das Projekt *NeuLucky* den ersten Listeneintrag bilden.

❸ Doppelklicken Sie auf *NeuLucky*, um das Programm *Lucky Seven* von der Festplatte zu laden.

Lektion 2   Das erste Programm schreiben

Das Programm *Lucky Seven* wird von der Festplatte geladen, und das Formular *NeuLucky* wird in einem eigenen Fenster angezeigt. (Falls dieses Fenster nicht angezeigt wird, klicken Sie im Projekt-Explorer auf das Formular *NeuLucky* und dann auf die Schaltfläche *Objekt anzeigen*.)

Nun werden Sie die Anweisung *Randomize* in die Prozedur *Form_Load* einfügen. Diese spezielle Prozedur ist dem Formular zugeordnet und wird bei jedem Programmstart ausgeführt.

❹ Doppelklicken Sie auf das Formular (nicht auf eines der Objekte), um die Prozedur *Form_Load* einzufügen.

Die Prozedur *Form_Load* wird im Codefenster angezeigt (siehe Abbildung 2.20):

Abbildung 2.20
Das Codefenster mit der Prozedur *Form_Load*.

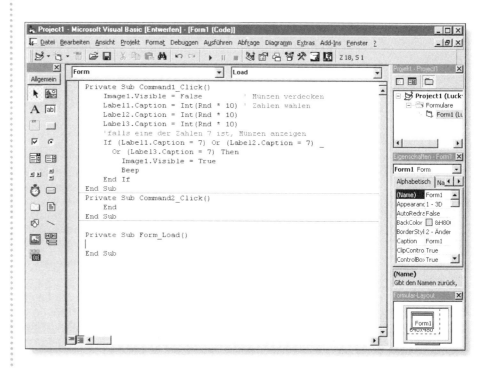

❺ Drücken Sie viermal [Leer], geben Sie **Randomize** ein, und drücken Sie [↓].

Die *Randomize*-Anweisung wird in das Programm eingefügt und jedes Mal ausgeführt, wenn das Programm gestartet wird. *Randomize* verwendet die Systemuhr Ihres Computers, um einen tatsächlich zufälligen Startwert für die in der Prozedur *Command1_Click* verwendete *Rnd*-Anweisung zu erzeugen. Wie Sie eventuell bemerkt haben, erzeugt das Programm *Lucky Seven* bislang bei jedem Programmstart dieselbe Gruppe

81

Lektion 2 Das erste Programm schreiben

von Zufallszahlen. Mit *Randomize* wird jedes Mal eine wirklich zufällige Zahlengruppe angezeigt, so dass die Gewinnzahlen keinem erkennbaren Muster folgen.

❻ Führen Sie die neue Version von *Lucky Seven* aus, und speichern Sie das Projekt auf der Festplatte. Wenn Sie planen, die neue Version häufiger zu verwenden, können Sie eine neue .exe-Datei erzeugen. Visual Basic aktualisiert die zugehörige .exe-Datei nicht automatisch, wenn Sie den Quellcode ändern.

Wenn Sie mit der nächsten Lektion fortfahren möchten

● Lassen Sie Visual Basic geladen, und schlagen Sie Lektion 3 auf.

Wenn Sie Visual Basic vorerst beenden möchten

● Klicken Sie im Menü *Datei* auf den Befehl *Beenden*.

Falls daraufhin das Dialogfenster *Speichern* angezeigt wird, klicken Sie auf *Ja*.

Zusammenfassung der Lektion

Möchten Sie	dann
eine Benutzeroberfläche erstellen,	verwenden Sie die Steuerelemente aus der Werkzeugsammlung, um Objekte im Formular zu platzieren, und stellen Sie dann die notwendigen Eigenschaften ein. Ändern Sie bei Bedarf die Größe des Formulars und der Objekte.
ein Objekt verschieben,	ziehen Sie das Objekt im Formular mit der Maus.
die Größe eines Objekts verändern,	markieren Sie das Objekt und ziehen den Ziehpunkt an dem Teil des Objekts, der in der Größe verändert werden soll.
ein Objekt löschen,	markieren Sie das Objekt und drücken `Entf`.
das Codefenster öffnen,	doppelklicken Sie im Formular auf ein Objekt (oder auf das Formular selbst), *oder* klicken im Projekt-Explorer auf die Schaltfläche *Code anzeigen*, wenn der Formular- oder Modulname im Projekt-Explorer hervorgehoben ist. ▶

Lektion 2 Das erste Programm schreiben

Möchten Sie	dann
Programmcode schreiben,	geben Sie die zum Objekt gehörige Visual Basic-Programmanweisungen in das Codefenster ein.
ein Programm speichern,	klicken Sie im Menü *Datei* auf den Befehl *Projekt speichern unter*, *oder* klicken in der Symbolleiste auf die Schaltfläche *Projekt speichern*.
eine .EXE-Datei erstellen,	klicken Sie im Menü *Datei* auf *[Dateiname].exe erstellen*.
Visual Basic beenden,	klicken Sie im Menü *Datei* auf *Beenden*.
ein Projekt erneut laden,	klicken Sie im Menü *Datei* auf den Befehl *Projekt öffnen*, *oder* doppelklicken Sie im Dialogfeld *Neues Projekt* auf der Registerkarte *Aktuell* auf die Datei.

3 Mit Steuerelementen arbeiten

Geschätzte Dauer:
55 Minuten

In dieser Lektion lernen Sie

- wie Sie Textfelder und Befehlsschaltflächen verwenden, um ein *„Hello World"*-Programm zu erstellen.

- wie Sie Dateilistenfelder und Anzeigefelder verwenden, um Grafikdateien auf einem Laufwerk zu finden und anzeigen.

- wie Optionsfelder, Kontrollkästchen und Listenfelder zur Verarbeitung von Benutzereingaben verwendet werden.

- wie Sie mit Hilfe von OLE-Container-Objekten Microsoft Windows-Programme aus einem Programm heraus laden.

- wie Sie ein Datenobjekt verwenden, um Datensätze in einer Microsoft Access-Datenbank anzuzeigen.

- wie Sie ActiveX-Steuerelemente installieren.

Wie Sie in den Lektion 1 und 2 gelernt haben, sind die Microsoft Visual Basic-Steuerelemente die grafischen Werkzeuge, mit denen Sie die Benutzeroberfläche eines Visual Basic-Programms aufbauen. Diese Steuerelemente befinden sich in der Werkzeugsammlung der Programmierumgebung. Mit ihnen können Sie auf einem Formular mit wenigen Mausklicks und Ziehoperationen verschiedene Objekte erstellen. In dieser Lektion werden Sie lernen, Informationen in einem Textfeld anzuzeigen, Laufwerke und Ordner auf einem Computer zu durchsuchen, Benutzereingaben zu verarbeiten, Windows-Anwendungen aus einem Visual Basic-Programm heraus aufzurufen und Datensätze aus einer Datenbank in einem Visual Basic-Programm anzuzeigen. Die Übungen dieser Lektion werden Ihnen später bei der Entwicklung eigener Visual Basic-Anwendungen helfen und Ihnen Kenntnisse über Objekte, Eigenschaften und Programmcode vermitteln. Außerdem werden Sie lernen, wie Sie ActiveX-Steuerelemente in die Werkzeugsammlung aufnehmen, um die Funktionalität von Visual Basic zu erweitern.

Lektion 3

Mit Steuerelementen arbeiten

Die grundlegende Verwendung von Steuerelementen: Das „Hello World"-Programm

In der Programmierliteratur hat das Programm „*Hello World*" eine lange Tradition. Es handelt sich dabei um ein kurzes Programm, das in der Literatur zu vielen Programmiersprachen verwendet wird, um die Entwicklung eines einfachen Programms zu demonstrieren. In der Tagen der textorientierten Programmierung bestand der Programmcode für „Hello World" aus zwei oder drei Zeilen, die in einen Programmeditor eingetippt und dann mit einem separaten Compiler kompiliert wurden. Mit der Einführung grafischer Programmierwerkzeuge wuchs „Hello World" zu einem komplexen Programm mit mehreren Dutzend Zeilen Programmcode und zu seiner Erstellung wurden verschiedene Programmierwerkzeuge erforderlich. Glücklicherweise lässt sich das Programm „*Hello World*" mit Visual Basic recht einfach schreiben. Die komplette Benutzeroberfläche kann mit Hilfe von zwei Objekten, der Einstellung

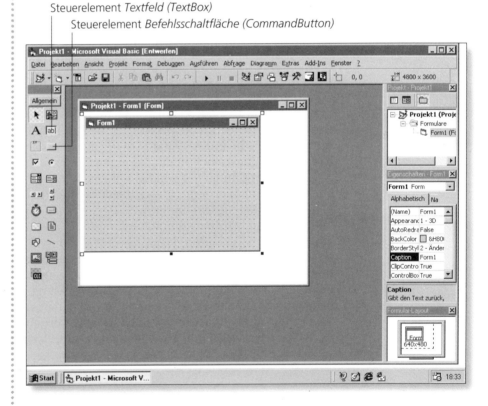

Abbildung 3.1
Die Programmierumgebung von Visual Basic.

Steuerelement *Textfeld (TextBox)*
Steuerelement *Befehlsschaltfläche (CommandButton)*

Lektion 3 Mit Steuerelementen arbeiten

von zwei Eigenschaften und der Eingabe einer einzigen Zeile Programmcode angelegt werden. Lassen Sie uns das jetzt ausprobieren!

Das Programm Hello erstellen

❶ Starten Sie Visual Basic, klicken Sie auf die Schaltfläche *Öffnen*, und erstellen Sie eine neues Projekt vom Typ *Standard-EXE*.

Die Visual Basic-Programmierumgebung wird angezeigt (siehe Abbildung 3.1). Die beiden Steuerelemente, die wir in dieser Übung verwenden werden, *Textfeld (TextBox)* und *Befehlsschaltfläche (CommandButton)*, befinden sich in der Werkzeugsammlung.

❷ Klicken Sie in der Werkzeugsammlung auf das Steuerelement *Textfeld (TextBox)*.

❸ Bewegen Sie den Mauszeiger zur Mitte des Formulars (der Mauszeiger ändert sich zu einem Fadenkreuz, wenn er sich über dem Formular befindet), und zeichnen Sie das Textfeld etwa so wie in Abbildung 3.2 gezeigt.

Abbildung 3.2
Das Formular mit einem Textfeld.

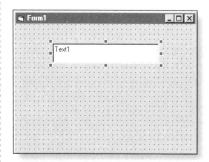

Textfelder werden in Formularen verwendet, um Text anzuzeigen oder während der Programmausführung Eingaben vom Anwender entgegenzunehmen. Die Funktion eines Textfelds hängt von der Einstellung seiner Eigenschaften und den im Programmcode für das Textfeld enthaltenen Anweisungen ab. In unserem Beispielprogramm wird ein Textfeld verwendet, um die Meldung „Hello, World!" anzuzeigen, wenn der Anwender im Formular auf eine Befehlsschaltfläche klickt.

Sie fügen diese Befehlsschaltfläche jetzt ein.

❹ Klicken Sie in der Werkzeugsammlung auf das Steuerelement *Befehlsschaltfläche (CommandButton)*.

❺ Bewegen Sie den Mauszeiger im Formular unter das Textfeld, und zeichnen Sie eine Befehlsschaltfläche.

Ihr Formular sollte jetzt etwa wie in Abbildung 3.3 aussehen.

Lektion 3   Mit Steuerelementen arbeiten

Abbildung 3.3
Das Formular mit einem Textfeld und einer Befehlsschaltfläche.

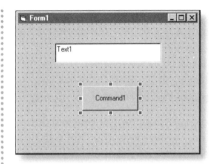

Befehlsschaltflächen dienen zur einfachsten Form von Benutzereingaben. Wenn der Anwender auf eine Befehlsschaltfläche klickt, verlangt er damit, dass das Programm einen bestimmten Arbeitsgang erledigt. In der Visual Basic-Terminologie verwendet der Anwender eine Befehlsschaltfläche, „um ein *Ereignis* auszulösen", das vom Programm verarbeitet werden soll. Typische Befehlsschaltflächen sind die Schaltflächen *OK*, die der Anwender z. B. anklickt, um die eingestellten Optionen zu akzeptieren oder um anzugeben, dass er bereit ist fortzufahren. Eine weitere typische Schaltfläche ist *Abbrechen*, die der Anwender anklickt, um die angebotenen Optionen abzulehnen. Häufig findet man in Programmen außerdem die Schaltfläche *Beenden*, die der Anwender z. B. anklickt, um ein Programm zu verlassen. In beiden Fällen muss der Entwickler des Programms die Befehlsschaltfläche erstellen und klar beschriften, damit der Anwender die gewünschten Vorgänge (Ereignisse) auslösen kann.

Die Merkmale einer Befehlsschaltfläche (ebenso wie die aller anderen Objekte) werden über die Eigenschaften und auf das Befehlsschaltflächenobjekt bezogene Anweisungen im Programmcode eingestellt.

Weitere Informationen zur Einstellung von Eigenschaften finden Sie in Lektion 1.

❻ Stellen Sie nun im Eigenschaftenfenster die Eigenschaften für die Textfelder und Befehlsschaltflächen ein. Die Einstellung *(leer)* bedeutet, dass die aktuelle Einstellung gelöscht und die betreffende Eigenschafteneinstellung leer gelassen werden soll. Einstellungen, die von Hand eingegeben werden müssen, werden in Anführungszeichen angezeigt. Sie dürfen die Anführungszeichen allerdings nicht eingeben.

Steuerelement	Eigenschaft	Einstellung
Text1	Text	(leer)
Command1	Caption	„OK"

| Lektion 3 | Mit Steuerelementen arbeiten |

Sie finden das vollständige Programm *Hello.vbp* im Ordner *\VB6SfS\Lekt03*.

❼ Doppelklicken Sie auf die Befehlsschaltfläche *OK,* und geben Sie im Codefenster folgende Programmanweisung zwischen die Anweisungen *Private Sub* und *End Sub* ein:

```
Text1.Text = "Hello, World!"
```

Nachdem Sie den Objektnamen *Text1* und den Punkt eingegeben haben, zeigt Visual Basic ein Listenfeld an, das alle für das Textfeldobjekt zulässigen Eigenschaften enthält. Falls Sie bestimmte Einstellungen vergessen haben, können Sie die gewünschte Einstellung einfach aus dieser Liste wählen. Sie können eine Eigenschaft aus der Liste auswählen, indem Sie darauf doppelklicken, oder aber einfach weiter Werte von Hand eingeben. (Ich bevorzuge die Auswahl aus der Liste, wenn ich neue Funktionen ausprobieren möchte.)

Mit der eingegebenen Anweisung wird der Eigenschaft Text des Textfelds der Wert *Hello, World!* zugewiesen. Dieser Text wird angezeigt, wenn der Anwender während der Programmausführung auf die Befehlsschaltfläche klickt. (Das Gleichheitszeichen weist den zwischen den Anführungszeichen angegebenen Text der Eigenschaft *Text* des Objekts *Text1* zu.) Dies ist ein gutes Beispiel für die Änderung einer Eigenschaft zur Laufzeit (d. h. während das Programm ausgeführt wird) und eine der häufigsten Anwendungen für Programmcode in einem Visual Basic-Programm. Da die Anweisung eine *Ereignisprozedur* ist, die ausgeführt wird, wenn auf die Befehlsschaltfläche *Command1* geklickt wird, ändert sich die Eigenschafteneinstellung (und damit der Inhalt des Textfelds) sofort, sobald der Anwender auf die Befehlsschaltfläche klickt.

Im Formular-Layout-Fenster können Sie definieren, an welcher Position das Formular während der Programmausführung angezeigt wird.

❽ Im Formular-Layout-Fenster definieren Sie nun, an welcher Position das Formulars beim Programmstart angezeigt wird. (Falls das Formular-Layout-Fenster nicht angezeigt wird, klicken Sie im Menü *Ansicht* auf den Befehl *Formular-Layout-Fenster.*)

Per Voreinstellung wird das Formular in der oberen linken Ecke des Bildschirms angezeigt. Diese Einstellung kann aber durch Ziehen des Formularsymbols im Formular-Layout-Fenster geändert werden. Diese Funktion ist besonders nützlich, wenn in einem Programm mehrere Fenster angezeigt werden.

Damit sind wir nun bereit, unser Programm *Hello* auszuführen und abzuspeichern.

Das Programm Hello ausführen

❶ Klicken Sie in der Symbolleiste auf die Schaltfläche *Starten*.

Das Programm *Hello* wird in der Visual Basic-Programmierumgebung ausgeführt.

❷ Klicken Sie auf die Befehlsschaltfläche *OK*.

Lektion 3 | Mit Steuerelementen arbeiten

Abbildung 3.4
Anzeige des Programms *Hello* während der Ausführung.

Das Programm zeigt im Textfeld die Meldung *Hello, World!* an (siehe Abbildung 3.4).

Wenn Sie auf die Befehlsschaltfläche *OK* klicken, wird durch den Programmcode die *Text*-Eigenschaft des Textfelds *Text1* zu *Hello, World!* geändert, und dieser Text wird im Feld angezeigt. Falls dem nicht so ist, wiederholen Sie die Arbeitsschritte im Abschnitt *Das Programm Hello erstellen*. Sie haben möglicherweise eine Eigenschaft falsch eingestellt oder sich bei der Eingabe des Programmcodes vertippt. (Syntaxfehler werden auf dem Bildschirm rot angezeigt.)

❸ Klicken Sie in der Symbolleiste auf die Schaltfläche *Beenden*, um das Programm zu beenden.

Sie können ebenfalls auf die Schaltfläche *Schließen* in der rechten oberen Ecke des Programmformulars klicken.

❹ Klicken Sie im Menü *Datei* auf den Befehl *Projekt speichern unter*.

❺ Wählen Sie den Ordner *\VB6SfS\Lekt03*, geben Sie **NeuHello** ein, und klicken Sie auf *Speichern*.

Visual Basic speichert das Formular dann unter dem Namen *NeuHello.frm*. Visual Basic speichert Formulare getrennt von Projektdateien, so dass einzelne Formulare und Prozeduren in späteren Programmierprojekten wieder verwendet werden können und nicht neu erstellt werden müssen.

Nachdem Sie den Formularnamen eingegeben haben, werden Sie zur Eingabe eines Projektnamens aufgefordert (ein Name für die Datei, die Visual Basic verwendet, um das Programm zu erstellen). Es wird nun die Visual Basic-Projektdatei gespeichert, die die Dateinamenserweiterung .vbp erhält.

❻ Geben Sie noch einmal **NeuHello** ein, und klicken Sie auf *Speichern*.

Visual Basic speichert das Projekt unter dem Namen *NeuHello.vbp*. Wenn Sie später das Programm wieder öffnen möchten, wählen Sie im Menü *Datei* den Befehl *Projekt öffnen* und klicken auf diesen Dateinamen. Visual Basic lädt dann die in der Projektliste verzeichneten Dateien.

Lektion 3 Mit Steuerelementen arbeiten

Gratulation, Sie gehören nun zur Gemeinde der Programmierer, die ein „Hello World"-Programm geschrieben haben! Im Folgenden wollen wir uns mit einigen anderen Programmobjekten näher befassen.

Dateisystemobjekte verwenden

Visual Basic verfügt über drei nützliche Objekte für den Zugriff auf das Dateisystem, nämlich *Laufwerkslistenfelder,* mit denen die gültigen Laufwerke eines Systems durchsucht werden können, *Verzeichnislistenfelder (DirListBox),* mit denen die Ordner in einem Laufwerk geöffnet werden können, und *Dateilistenfelder,* mit denen eine bestimmte Datei in einem Ordner ausgewählt werden kann. In der folgenden Übung werden Sie diese drei Dateisystemobjekte einsetzen, um ein Programm namens *Diaschau* zu erstellen, mit dem Grafikdateien in einem Dateisystem gesucht und angezeigt werden können.

In diesem Programm wird ein Anzeigefeld verwendet. In einem Anzeigefeld können sechs Arten von Grafikformaten angezeigt werden: Bitmaps (.bmp-Dateien), Windows-Metadateien (.wmf-Dateien, enthalten skalierbare Grafiken), Symbole (.ico-Dateien), Cursor (.cur-Dateien), Grafiken im JPEG-Format (.jpg-Dateien) und im GIF-Format (.gif-Datcien).

Das Programm Diaschau

Im Programm *Diaschau* wird mit Hilfe von drei Dateisystemobjekten, einem Anzeigefeld und einigen Zeilen Programmcode ein Grafikdatei-Browser erstellt. Mit diesem Browser können Grafikdateien auf Disketten, Festplatten, Netzwerklaufwerken und CD-ROM-Laufwerken gesucht und angezeigt werden. Die Dateisystemobjekte unterstützen beliebige Laufwerkstypen.

Das Programm Diaschau erstellen

❶ Klicken Sie im Menü *Datei* auf *Neues Projekt* und dann auf *OK*, um eine neue Standardanwendung zu erstellen.

Das Programm *Hello* wird entfernt, und auf dem Bildschirm erscheint ein leeres Formular. (Bevor das Projekt *Hello* geschlossen wird, werden Sie gefragt, ob die Änderungen gespeichert werden sollen.)

❷ Klicken Sie im Menü *Extras* auf *Optionen* und dann auf die Registerkarte *Editor*. Falls das Kontrollkästchen *Variablendeklaration erforderlich* aktiviert ist, klicken Sie darauf, um es zu deaktivieren. (Diese Option wird in Lektion 4 näher beschrieben.) Klicken Sie auf *OK*.

❸ Vergrößern Sie das Formular, so dass genügend Platz für die Dateisystemobjekte und die Anzeige der Grafiken vorhanden ist.

Daraufhin werden Bildlaufleisten in das Formular eingefügt, mit denen die nicht sichtbaren Teile des Formulars angezeigt werden können.

Lektion 3   Mit Steuerelementen arbeiten

❹ Klicken Sie in der Werkzeugsammlung auf das Steuerelement *Laufwerkslistenfeld (DriveListBox)*.

❺ Bewegen Sie den Mauszeiger in die obere linke Ecke des Formulars, und zeichnen Sie ein Laufwerkslistenfeld (siehe Abbildung 3.5).

Abbildung 3.5
Ein Formular mit einem Laufwerkslistenfeld.

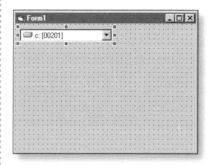

Visual Basic zeigt während des Entwurfs das aktuelle Laufwerk und die Datenträgerbezeichnung im Objekt an. Anhand dieser Informationen kann während der Programmausführung festgestellt werden, welches das aktuelle Laufwerk ist. Außerdem wird damit auch die exakte Dimensionierung des Objekts erleichtert. Wenn die Laufwerks- und Datenträgerbezeichnungen nicht vollständig angezeigt werden, vergrößern Sie das Laufwerkslistenfeld entsprechend.

❻ Klicken Sie in der Werkzeugsammlung auf das Steuerelement *Verzeichnislistenfeld (DirListBox)*, und fügen Sie unter dem Laufwerkslistenfeld ein Verzeichnislistenfeld ein. Stellen Sie die Größe so ein, dass mindestens vier oder fünf Ordner in diesem Listenfeld angezeigt werden können.

Verzeichnislistenfelder ermöglichen den Zugriff auf die Ordner eines Dateisystems. Wenn dieses Objekt in einem Visual Basic-Formular angelegt wird, wird der Ordner so angezeigt, wie später während der Ausführung des Programms. Wenn Sie jetzt auf den Ordner klicken, passiert nichts, da das Listenfeld nicht aktiv ist. Die Ordnerbezeichnung wird jetzt nur angezeigt, damit die Größe des Objekts im Formular eingestellt werden kann.

❼ Klicken Sie in der Werkzeugsammlung auf das Steuerelement *Dateilistenfeld (FileListBox)*, und fügen Sie unter dem Verzeichnislistenfeld ein Dateilistenfeld ein. Stellen Sie die Größe so ein, dass mindestens vier oder fünf Dateinamen in diesem Listenfeld angezeigt werden können.

Dateilistenfelder ermöglichen dem Anwender die Auswahl einer bestimmten Datei im Dateisystem. Wenn der Anwender eine Datei auswählt, trägt Visual Basic den entsprechenden Dateiname in die Eigenschaft *FileName* des Dateilistenfelds ein. Entsprechend erhalten die Eigenschaft *Drive* des

Lektion 3   Mit Steuerelementen arbeiten

Laufwerkslistenfelds und die Eigenschaft *Path* des Verzeichnislistenfelds die Angaben zu Laufwerk und Ordner, die der Anwender in den Laufwerk- und Verzeichnislistenfeldern auswählt. Diese drei Eigenschaften werden im Programm *Diaschau* verwendet, um die vom Anwender ausgewählte Grafikdatei zu öffnen.

Dies ist ein typisches Beispiel für die Verwendung von Objekten und Eigenschaften in einem Programm. Während der Programmausführung ändert der Anwender durch seine Eingabe eine Einstellung in einem Objekt, die Änderung spiegelt sich in einer Eigenschaft wider, und die Eigenschaft wird im Programmcode verarbeitet.

Die Eigenschaften *Drive (Laufwerk)*, *Path (Pfad)* und *Filename (Dateiname)* sind nur während der Laufzeit verfügbar. (Sie enthalten Werte, die zugewiesen werden, wenn die Dateisystemobjekte verwendet werden.) Diese Eigenschaften können nicht im Eigenschaftenfenster eingestellt werden.

❽ Klicken Sie in der Werkzeugsammlung auf das Steuerelement *Anzeigefeld (Image)*, und fügen Sie ein großes Anzeigefeld rechts neben den Laufwerks-, Verzeichnis- und Dateilistenfeldern in das Formular ein.

Nachdem Sie das Anzeigefeld eingefügt haben, sollte Ihr Bildschirm etwa wie in Abbildung 3.6 aussehen:

Abbildung 3.6
Der Formularentwurf für das Programm *Diaschau*.

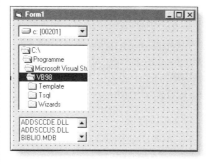

❾ Stellen Sie nun die Eigenschaften folgendermaßen ein:

Objekt	Eigenschaft	Einstellung
File1	Pattern	*.bmp;*.wmf;*.ico
Image1	Stretch	True
Image1	BorderStyle	1 - Fest Einfach

93

Lektion 3 | **Mit Steuerelementen arbeiten**

In diesem Beispiel ist die Einstellung der Dateilistenfeldeigenschaft *Pattern* besonders wichtig. Hier werden die Grafikformate angegeben, die Visual Basic im Anzeigefeld des Programms anzeigen kann. Wenn Sie dieser Eigenschaft keinen Wert zuweisen, werden alle in einem Ordner enthaltenen Dateitypen angezeigt. Falls der Anwender dann ein Grafikformat auswählt, das von Visual Basic nicht unterstützt wird (z. B. TIFF), führt diese Auswahl zu einem Laufzeitfehler oder einem nicht behebbaren Anwendungsfehler. Solche Probleme sollten möglichst im Vorhinein ausgeklammert werden.

Nun werden Sie einige Zeilen Programmcode für die Prozeduren eingeben, die den Dateisystemobjekten zugeordnet sind. Diese Prozeduren heißen *Ereignisprozeduren,* da sie ausgeführt werden, wenn ein auf das Objekt bezogenes Ereignis ausgelöst wird, z. B. das Objekt angeklickt wird.

Wenn Sie auf ein Objekt doppelklikken, wird dessen Standardereignisprozedur angezeigt.

❿ Doppelklicken Sie im Formular auf das Laufwerkslistenfeld, und geben Sie die folgende Programmanweisung zwischen die Anweisungen *Private Sub* und *End Sub* der Ereignisprozedur *Drive1_Change* ein:

```
Dir1.Path = Drive1.drive
```

Diese Anweisung bewirkt, dass die *Path*-Eigenschaft des Verzeichnislistenfelds aktualisiert wird, sobald der Anwender ein Laufwerk im Laufwerkslistenfeld auswählt. Die Anweisung verknüpft die beiden Objekte (Verzeichnis und Laufwerk), damit das Verzeichnislistenfeld die Ordner des korrekten Laufwerks anzeigt.

⓫ Schließen Sie das Codefenster. (Klicken Sie auf die Schaltfläche *Schließen* in der oberen rechten Fensterecke.) Doppelklicken Sie im Formular auf das Verzeichnislistenfeld, und fügen Sie folgende Programmanweisung in die Ereignisprozedur *Dir1_Change* ein:

```
File1.Path = Dir1.Path
```

Diese Anweisung verknüpft das Dateilistenfeld mit dem Verzeichnislistenfeld, damit im Listenfeld die Dateien aus dem ausgewählten Ordner angezeigt werden.

⓬ Schließen Sie das Codefenster, doppelklicken Sie auf das Dateilistenfeld, und geben Sie folgenden Code in die Ereignisprozedur *File1_Click* ein:

```
SelectedFile = File1.Path & "\" & File1.Filename
Image1.Picture = LoadPicture(SelectedFile)
```

Weitere Informationen zur Operatoren, Variablen und Funktionen finden Sie in Lektion 4.

Diese beiden Zeilen bilden das Herzstück des Programms. In der ersten Zeile wird der Operator & verwendet, um die *Path*-Eigenschaft von *File1*, das Zeichen \ und die *Filename*-Eigenschaft von *File1* miteinander zu verknüpfen und den resultierenden Pfadnamen in der Variablen *SelectedFile* zu speichern. Eine *Variable* fungiert in einem Programm als temporärer

Lektion 3 | Mit Steuerelementen arbeiten

Speicherort für Daten. In diesem Fall enthält die Variable *SelectedFile* den kompletten Namen der Datei, die vom Anwender ausgewählt worden ist (inklusive Laufwerks- und Ordnernamen). Die zweite Anweisung in der Ereignisprozedur verwendet die Variable *SelectedFile*, um die Datei mit Hilfe der Funktion *LoadPicture* und der *Picture*-Eigenschaft in das Anzeigefeld *(Image1)* zu laden.

Nachdem Sie den Code für die Ereignisprozedur *File1_Click* eingegeben haben, sollte das Codefenster etwa wie in Abbildung 3.7 aussehen. (Abbildung 3.7 zeigt ein vergrößertes Codefenster.)

Abbildung 3.7
Das Codefenster mit den Ereignisprozeduren für die Dateisystemobjekte.

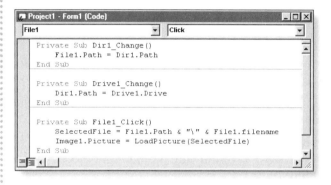

Das vollständige Programm *Diaschau.vbp* finden Sie im Ordner *\VB6SfS\Lekt03*.

Nun können Sie das Programm *Diaschau* ausführen und abspeichern.

Das Programm Diaschau ausführen

❶ Klicken Sie in der Symbolleiste auf die Schaltfläche *Starten*.

Das Programm *Diaschau* wird gestartet und in der Programmierumgebung ausgeführt.

❷ Öffnen Sie im Verzeichnislistenfeld den Ordner *\VB6SfS\Lekt03*.

Die im ausgewählten Ordner enthaltenen Windows-Metadateien werden im Dateilistenfeld angezeigt.

❸ Klicken Sie auf den Dateinamen *anrufbea.wmf*.

Die ausgewählte Datei (das Bild eines Anrufbeantworters) erscheint im Anzeigefeld (siehe Abbildung 3.8).

❹ Blättern Sie in der Liste nach unten, und klicken Sie auf den Dateinamen *pfund.wmf*.

Im Anzeigefeld wird eine Grafik mit einem Geldsack angezeigt.

❺ Verwenden Sie nun die Laufwerks-, Verzeichnis- und Dateilistenfelder, um andere im Dateisystem vorhandene Bitmaps, Windows-Metadateien und Symbole anzuzeigen.

Lektion 3   Mit Steuerelementen arbeiten

Abbildung 3.8
Das Programm *Diaschau* während der Ausführung.

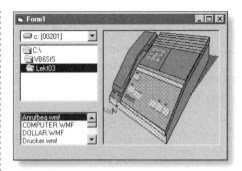

Zum Beispiel enthält der Ordner *Windows* einige interessante Grafikdateien.

Wenn Sie das Programm genügend lange ausprobiert haben, beenden und speichern Sie es.

❻ Klicken Sie im Formular auf die Schaltfläche *Schließen* (in der rechten oberen Fensterecke).

❼ Klicken Sie im Menü *Datei* auf *Projekt speichern unter*. Speichern Sie zuerst das Formular und dann das Projekt unter dem Namen **NeuDiaschau**.

Was tun, wenn mein Programm abstürzt?

Wenn Sie das Programm *Diaschau* häufiger verwenden, werden Sie feststellen, dass in zwei Situationen regelmäßig ein Laufzeitfehler bzw. ein *Programmabsturz* auftritt. Da dieses Programm schnell zu Demonstrationszwecken erstellt wurde, enthält es keinen Programmcode, der es vor unvorhergesehenen Problemen schützt. Bei der Erstellung komplexerer Programme sollte der Code jedoch immer gründlich getestet werden, um sicherzustellen, dass er normalen oder extremen Bedingungen standhält.

Eine Situation, in der das Programm *Diaschau* versagt, tritt ein, wenn der Anwender ein Laufwerk im Laufwerkslistenfeld auswählt, das keine Diskette enthält oder anderweitig nicht funktionstüchtig ist. (Ein Beispiel wäre ein Diskettenlaufwerk, das eine unformatierte Diskette enthält, oder ein nicht betriebsbereites Netzwerklaufwerk.) Um diese Situation zu simulieren, vergewissern Sie sich, dass Laufwerk A: Ihres Systems keine Diskette enthält und wählen dann im Laufwerkslistenfeld des Programms *Diaschau* den Eintrag *A:* aus. Das Programm bricht sofort ab, und Visual Basic zeigt die Meldung „Laufzeitfehler '68': Gerät nicht verfügbar" an. Dies bedeutet, dass Visual Basic keine Diskette vorgefunden hat und das Programm beendet, da es nicht weiß, wie ▶

es fortfahren soll. Das Programm *Diaschau* verlässt sich ganz darauf, dass der Anwender keine Fehler macht – eine etwas gewagte Annahme.

Das zweite Problem besteht in der Anzeige von Grafikdateien im Stammordner. Da die Dateien im Stammordner als Pfadnamen nur einen umgekehrten Schrägstrich (\) haben, verursacht folgende Programmanweisung einen Laufzeitfehler, da sie einen Pfadnamen mit zwei umgekehrten Schrägstrichen erzeugt:

```
SelectedFile = File1.Path & "\" & File1.Filename
```

(Die Datei Dodge.wmf aus dem Stammordner würde beispielsweise gemäß dieser Anweisung mit der Zeichenfolge C:\\Dodge.wmf beschrieben.) Wenn Visual Basic versucht, eine Datei zu laden, deren Name zwei aufeinander folgende umgekehrte Schrägstriche enthält, wird ein Laufzeitfehler ausgelöst, und das Programm wird abgebrochen.

Zur Behebung dieser Probleme muss eine Programmanweisung eingesetzt werden, die die Fehlerbedingung abfängt (diese Vorgehensweise kann für das Pfadnamenproblem herangezogen werden), oder es können besondere Routinen, sogenannte *Fehlerbehandlungsroutinen*, erstellt werden, die es dem Programm ermöglichen, mit solchen Fehlern umzugehen und weiterzuarbeiten. Fehlerbehandlungsroutinen gehören aber nicht zum Lehrstoff dieser Lektion, und es ist im Augenblick nur wichtig zu wissen, dass Visual Basic die meisten derartigen Fehlerbedingungen abfangen kann. Fehlersuche und -behebung werden in den Lektionen 6 und 8 beschrieben.

Objekte zur Erfassung von Eingaben

Visual Basic verfügt über verschiedene Objekte zur Erfassung von Eingaben in einem Programm. Textfelder akzeptieren von Hand getippte Eingaben, Menüs enthalten Befehle, auf die geklickt werden kann, und Dialogfelder bieten verschiedene Elemente, die einzeln oder als Gruppe ausgewählt bzw. aktiviert werden können. In dieser Übung werden Sie lernen, vier wichtige Objekte – Optionsfelder, Kontrollkästchen, Listenfelder und Kombinationsfelder – einzusetzen, um in verschiedenen Situationen Eingaben erfassen zu können. Sie werden diese Objekte während der Arbeit mit dem Visual Basic-Programm *Online* genau betrachten und verwenden. Das Programm *Online* ist eine Benutzeroberfläche für ein Internet-Programm, mit dem Computer und Bürobedarf bestellt werden kann.

Während der Ausführung des Programms werden Sie Erfahrungen mit Objekten zur Erfassung von Eingaben, kurz Eingabeobjekte genannt, sammeln. In der nächsten Lektion wird beschrieben, wie Sie diese Objekte zusammen mit Menüs in einem Programm einsetzen können.

Lektion 3   Mit Steuerelementen arbeiten

Das Programm Online

Das Programm *Online* simuliert ein elektronisches Bestellsystem, in dem die bestellten Produkte grafisch dargestellt werden. Wenn Sie in einem Unternehmen arbeiten, in dem viele Bestellungen erfasst werden, können Sie dieses Programm zu einem intelligenten, grafischen Bestellannahmesystem erweitern. (Ähnliche grafische Werkzeuge sind besonders im WWW sehr beliebt.) Achten Sie beim Experimentieren mit dem Programm *Online* besonders auf die Funktion der Optionsfelder, Kontrollkästchen, Listenfelder und Kombinationsfelder. Diese sehr nützlichen Objekte können in Visual Basic mit wenigen Arbeitsschritten erstellt werden.

Das Programm Online ausführen

❶ Im Visual Basic-Menü *Datei* klicken Sie auf den Befehl *Projekt öffnen*.

Das Dialogfeld *Projekt öffnen* wird angezeigt.

❷ Öffnen Sie die Datei *Online.vbp* aus dem Ordner *\VB6SfS\Lekt03*.

❸ Im Projekt-Explorer wählen Sie das Formular *Online*, und klicken auf die Schaltfläche *Objekt anzeigen*.

❹ Schließen Sie das Eigenschaften-, das Projekt- und das Formular-Layout-Fenster, damit mehr Platz zur Anzeige des Formulars *Online Shopper* verfügbar ist. Falls das Direktfenster geöffnet ist (ein Werkzeug, das in der Regel zur Fehlersuche verwendet wird), schließen Sie es jetzt. Diese Werkzeuge werden in dieser Übung nicht mehr benötigt.

Das Formular mit dem Titel *Online Shopper* wird angezeigt (siehe Abbildung 3.9).

Abbildung 3.9
Das Formular
Online Shopper.

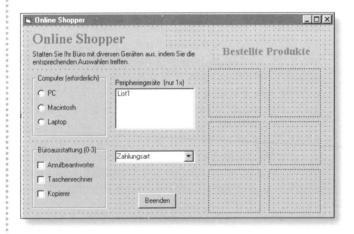

Lektion 3   **Mit Steuerelementen arbeiten**

Das Formular *Online Shopper* enthält Optionsfelder, Kontrollkästchen, Listenfelder, Kombinationsfelder, Anzeigefelder, Befehlsschaltflächen und Bezeichnungsfelder. Mit diesen Objekten wird ein einfaches Bestellannahmeprogramm erstellt, das zeigt, wie die Eingabeobjekte von Visual Basic funktionieren. Wenn das Programm *Online* ausgeführt wird, lädt es Windows-Metadateien aus dem Ordner *\VB6SfS\Lekt03* von Laufwerk C und zeigt die entsprechenden Grafiken in den sechs Anzeigefeldern des Formulars an.

Wenn Sie die Übungsdateien in einem anderen Pfad als *C:\VB6SfS* installiert haben, enthalten die Anweisungen im Programm, mit denen die Grafiken geladen werden, den falschen Pfadnamen. (Diese Anweisung beginnen jeweils mit *c:\VB6SfS\Lekt03*, wie Sie sehen werden.) Ist dies der Fall, können Sie entweder den Ordner mit den Übungsdateien auf Laufwerk C: verschieben und/oder ihren Übungsordner in *\VB6SfS* umbenennen oder die Pfadnamen im Codefenster mit den Bearbeitungstasten oder dem Befehl *Ersetzen* aus dem Menü *Bearbeiten* ändern.

❺ Klicken Sie in der Symbolleiste auf die Schaltfläche *Starten*.

Das Programm wird in der Programmierumgebung ausgeführt.

❻ Klicken Sie im Bereich *Computer (erforderlich)* auf das Optionsfeld *Laptop*.

Optionsfelder ermöglichen dem Anwender die Auswahl eines Eintrags aus einer Liste.

Daraufhin wird im Bereich *Bestellte Produkte* auf der rechten Seite des Formulars die Grafik eines Laptop-Computers angezeigt. Der Bereich *Computer (erforderlich)* enthält eine Gruppe von *Optionsfeldern,* mit denen Angaben zum Computertyp vom Anwender abgefragt werden. Optionsfelder erfordern die Auswahl einer (und tatsächlich nur einer) der angebotenen Optionen durch den Anwender. Der Anwender kann wiederholt auf die verschiedenen Optionsfelder klicken, wobei jeweils die zur aktuellen Option gehörende Grafik im Bereich *Bestellte Produkte* angezeigt wird.

❼ Klicken Sie im Bereich *Büroausstattung* auf die Kontrollkästchen *Anrufbeantworter*, *Taschenrechner* und *Kopierer*.

Kontrollkästchen ermöglichen die Auswahl einer beliebigen Anzahl von Optionen.

Kontrollkästchen werden in einem Programm verwendet, wenn der Anwender mehrere Optionen aus einer Liste auswählen können soll. Klicken Sie noch einmal auf das Kontrollkästchen *Taschenrechner*, und beachten Sie, dass das Bild des Taschenrechners aus dem Bestellbereich verschwindet. Da jedes Benutzeroberflächenelement aktiv ist und sofort auf Click-Ereignisse reagiert, wird Ihre Auswahl sofort widergespiegelt.

❽ Klicken Sie im Listenfeld *Peripheriegeräte* auf *Satellitenschüssel*.

Listenfelder ermöglichen es dem Anwender, einen Eintrag aus einer Liste mit variabler Länge auszuwählen.

Daraufhin wird im Bereich *Produkte* die Grafik einer Satellitenschüssel angezeigt. Das *Listenfeld* wird verwendet, um die Auswahl einer Option aus einer Auswahlliste anzufordern. Listenfelder können mehrere Auswahlelemente enthalten. (Bildlaufleisten werden automatisch angezeigt,

Lektion 3 — Mit Steuerelementen arbeiten

wenn die Liste länger als das Listenfeld ist.) Im Gegensatz zu Optionsfeldern muss hier keine Standardeinstellung festgelegt werden. In einem Visual Basic-Programm können Listenfeldeinträge während der Ausführung eines Programms ergänzt, entfernt und sortiert werden.

❾ Wählen Sie nun aus der Liste im Kombinationsfeld *Zahlungsart* (unter dem Feld *Peripheriegeräte*) den Eintrag *U.S. Dollar*.

> Kombinationsfelder nehmen weniger Platz in Anspruch als Listenfelder.

Ein *Kombinationsfeld* bzw. ein Dropdown-Listenfeld funktioniert ähnlich wie ein normales Listenfeld, nimmt aber weniger Platz in Anspruch. Visual Basic verwaltet automatisch das Öffnen, Schließen und Blättern des Listenfelds. Der Programmierer muss lediglich die Elemente des Listenfelds definieren und angeben, wie Eingaben bzw. die Auswahl von Listeneinträgen verarbeitet werden sollen, bevor das Programm ausgeführt wird. Der Code des Programms *Online* enthält entsprechende Beispiele.

Nachdem Sie die oben angegebenen Produkte ausgewählt haben, sollte Ihr Bildschirm etwa wie in Abbildung 3.10 aussehen.

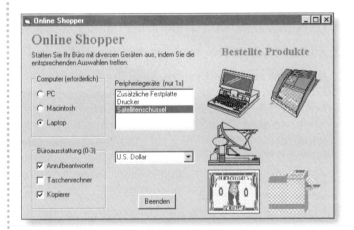

Abbildung 3.10
Das ausgefüllte Formular *Online Shopper*.

❿ Nehmen Sie übungshalber einige Änderungen an Ihrer Bestellung vor (probieren Sie die verschiedenen Computertypen, Peripheriegeräte und Zahlungsarten aus), und klicken Sie dann auf die Schaltfläche *Beenden*, um das Programm zu beenden.

Das Programm wird geschlossen, und die Programmierumgebung wird wieder angezeigt.

Der Code des Programms Online

> In den Lektionen 5, 6 und 7 wird Visual-Basic-Programmcode detailliert beschrieben.

Obwohl Sie noch nicht viel Erfahrung mit der Erstellung von Programmcode haben, wollen wir uns dennoch einige Ereignisprozeduren aus dem Programm *Online* genauer ansehen, um herauszufinden, wie das Pro-

| Lektion 3 | Mit Steuerelementen arbeiten |

gramm die Eingaben von den Benutzeroberflächenelementen verarbeitet. In diesen Prozeduren werden Sie auf die Anweisungen *If...Then...Else* und *Select Case* stoßen. Weitere Informationen zu diesen und ähnlichen Kontrollstrukturen finden Sie in Lektion 6. Für den Augenblick konzentrieren wir uns auf die Eigenschaft *Value*, die sich ändert, wenn ein Kontrollkästchen ausgewählt wird, und auf die Eigenschaft *ListIndex*, die sich ändert, wenn ein Eintrag aus dem Listenfeld gewählt wird.

Der Programmcode für die Kontrollkästchen und das Listenfeld

❶ Stellen Sie sicher, dass das Programm nicht mehr ausgeführt wird, und doppelklicken Sie im Bereich *Büroausstattung* auf das Kontrollkästchen *Anrufbeantworter*. Daraufhin wird die Ereignisprozedur *Check1_Click* im Codefenster angezeigt.

❷ Passen Sie die Größe des Codefensters so an, dass der folgende Programmcode sichtbar ist.

Ein Unterstrich (_) am Ende einer Zeile Programmcode bedeutet, dass die Programmanweisung in der nächsten Zeile fortgesetzt wird.

```
Private Sub Check1_Click()
    If Check1.Value = 1 Then
        Image2.Picture = _
          LoadPicture("c:\VB6SfS\Lekt03\anrufbea.wmf")
        Image2.Visible = True
    Else
        Image2.Visible = False
    End If
End Sub
```

Die Ereignisprozedur *Check1_Click* enthält den Programmcode, der ausgeführt wird, wenn der Anwender auf das Kontrollkästchen *Anrufbeantworter* klickt. Das entscheidende Schlüsselwort ist hier *Check1.Value*, das eigentlich steht für „die Eigenschaft *Value* des ersten Kontrollkästchens namens *Check1*". *Check1* ist der Name des ersten Kontrollkästchens, das im Formular erstellt wurde. Die anderen Kontrollkästchen heißen entsprechend *Check2*, *Check3* usw. Der Wert der Eigenschaft *Value* ändert sich, wenn der Anwender auf das Kontrollkästchen klickt. Wenn ein „x" oder ein Häkchen im Kontrollkästchen angezeigt wird, hat die *Value*-Eigenschaft den Wert 1. Enthält das Kontrollkästchen keine Markierung, hat die *Value*-Eigenschaft den Wert 0 (Null).

Die Eigenschaft *Value* kann bei der Erstellung des Kontrollkästchen im Eigenschaftenfenster eingestellt werden (wenn das Kontrollkästchen eine Voreinstellung enthalten soll), oder sie kann vom Anwender während der Programmausführung eingestellt werden (wenn er auf ein Kontrollkästchen klickt). Im obigen Programmcode wird die *Value*-Eigenschaft von einer *If...Then...Else*-Kontrollstruktur verarbeitet. Wenn die Eigen-

Lektion 3 | **Mit Steuerelementen arbeiten**

schaft den Wert 1 erhält, lädt das Programm die Anrufbeantwortergrafik in das zweite Anzeigefeld des Formulars und zeigt das Bild an. Ansonsten (wenn die *Value*-Eigenschaft gleich 0 ist), wird die Anrufbeantwortergrafik nicht angezeigt. Falls Ihnen das etwas merkwürdig vorkommt, machen Sie sich weiter keine Gedanken. Kontrollstrukturen werden in Lektion 6 detailliert beschrieben.

❸ Schließen Sie das Codefenster, und doppelklicken Sie im Formular auf das Listenfeld *Peripheriegeräte*.

Die Ereignisprozedur *List1_Click* wird im Codefenster angezeigt und enthält folgende Anweisungen:

```
Private Sub List1_Click()
    Select Case List1.ListIndex
    Case 0
        Image3.Picture = LoadPicture("c:\VB6SfS\Lekt03\Harddisk.wmf")
    Case 1
        Image3.Picture = LoadPicture("c:\VB6SfS\Lekt03\Drucker.wmf")
    Case 2
        Image3.Picture = LoadPicture("c:\VB6SfS\Lekt03\Satellit.wmf")
    End Select
    Image3.Visible = True
End Sub
```

Wenn der Anwender auf einen Eintrag in einem Listenfeld klickt, weist Visual Basic den Namen des Listeneintrags der Eigenschaft *Text* zu.

Der oben gezeigte Code wird ausgeführt, wenn der Anwender auf einen Eintrag im Listenfeld *Peripheriegeräte* klickt. In diesem Fall ist das entscheidende Schlüsselwort *List1.ListIndex*, das übersetzt so viel bedeutet wie „die Eigenschaft *ListIndex* des ersten Listenfeldobjekts namens *List1*". Wenn der Anwender auf einen Eintrag des Listenfelds klickt, gibt die *ListIndex*-Eigenschaft eine Zahl zurück, die der Position des angeklickten Eintrags entspricht (Der erste Eintrag der Liste hat den Wert 0, die zweite Option hat den Wert 1 usw.).

Der eigentliche Text des Eintrags (der Name der Eintrags) wird der *Text*-Eigenschaft von *List1* übergeben. Diese Vorgehensweise wird häufig in Visual Basic-Programmen eingesetzt. Im obigen Programmcode wird *List1.ListIndex* durch die *Select Case*-Kontrollstruktur verarbeitet, und es wird die Windows-Metadatei geladen, die dem Wert der *ListIndex*-Eigenschaft entspricht. Wenn der Wert 0 ist, wird die Festplattengrafik geladen, wenn der Wert 1, wird die Druckergrafik geladen, wenn der Wert 2 ist, wird die Satellitenschüsselgrafik geladen. Die *Select Case*-Kontrollstruktur wird in Lektion 6 eingehend beschrieben.

❹ Schließen Sie das Codefenster, und doppelklicken Sie auf das Formular (nicht auf eines der Objekte), um den Code anzuzeigen, der zum eigentlichen Formular gehört.

Lektion 3   **Mit Steuerelementen arbeiten**

Die Anweisungen in der Ereignisprozedur *Form_Load* werden beim Programmstart ausgeführt.

Im Codefenster wird die Ereignisprozedur *Form_Load* angezeigt. Diese Prozedur wird jedes Mal ausgeführt, wenn das Programm *Online* gestartet bzw. *geladen* wird. Programmierer fügen in diese spezielle Prozedur Programmanweisungen ein, die bei jedem Programmstart ausgeführt werden sollen. Oft, wie auch im Programm *Online*, definieren die Anweisungen einen Aspekt der Benutzeroberfläche, der nicht mit einem Steuerelement der Werkzeugsammlung oder dem Eigenschaftenfenster erzeugt werden kann. Der Programmcode für *Form_Load* lautet wie folgt:

```
Image1.Picture = LoadPicture("c:\VB6SfS\Lekt03\pcomputr.wmf")
List1.AddItem "Zusätzliche Festplatte"
List1.AddItem "Drucker"
List1.AddItem "Satellitenschüssel"

Combo1.AddItem "U.S. Dollar"
Combo1.AddItem "Scheck"
Combo1.AddItem "Englische Pfund"
```

Mit der ersten Zeile wird die Windows-Metadatei mit der PC-Grafik in das erste Anzeigefeld geladen. Dies ist die Voreinstellung für das Optionsfeld Computer. Die nächsten drei Zeilen fügen Einträge in das Listenfeld *Peripheriegeräte* (List1) ein. Die Begriffe in Anführungszeichen erscheinen im Listenfeld, wenn dieses im Formular angezeigt wird. Unter den Programmanweisungen für das Listenfeld werden die Einträge für das Kombinationsfeld *Zahlungsart* (Combo1) definiert. Der Schlüsselbegriff in beiden Abschnitten ist *AddItem*. Dies ist eine spezielle Funktion bzw. *Methode* von Listenfeldern und Kombinationsfeldern.

Methoden sind spezielle Anweisungen, die einen Arbeitsgang oder eine Dienstleistung für ein bestimmtes Objekt erledigen, zum Beispiel das Hinzufügen von Einträgen in ein Listenfeld. Methoden unterscheiden sich von Eigenschaften (diese enthalten Werte) und Ereignisprozeduren (diese werden ausgeführt werden, wenn der Anwender das betreffende Objekt aufruft). Methoden können außerdem von mehreren Objekten benutzt werden. Wenn Sie lernen, wie Sie eine Methode verwenden, können Sie diese sehr wahrscheinlich später in einem anderen Programm nutzbringend einsetzen. Im Verlauf dieses Buches werden mehrere wichtige Methoden beschrieben, die Sie später in anderen Programmierprojekten einsetzen können.

Damit haben Sie die Arbeit am Programm *Online* abgeschlossen. Wenn Sie Interesse haben, können Sie nun die anderen Bestandteile des Programms untersuchen und dann mit der nächsten Übung fortfahren.

103

Anmerkungen zur Terminologie

In den vergangenen Abschnitten und Kapiteln wurden verschiedene Begriffe verwendet, um die Elemente eines Visual Basic-Programms zu beschreiben. Obwohl ich nicht jeden Begriffe formal definiert habe, möchte ich im Folgenden einige dieser Begriffe kurz erklären, um etwaige Missverständnisse zu vermeiden.

Steuerelement Ein Steuerelement ist ein Werkzeug, mit dem Objekte in einem Visual Basic-Formular erstellt werden. Steuerelemente werden in der Werkzeugsammlung ausgewählt. Dann werden mit der Maus entsprechende Objekte im Formular gezeichnet. Mit den meisten Steuerelementen werden Benutzeroberflächenelemente wie Befehlsschaltflächen, Anzeigefelder und Listenfelder erzeugt.

Objekt Als Objekte werden Benutzeroberflächenelemente bezeichnet, die mit einem Steuerelement aus der Werkzeugsammlung in einem Visual Basic-Formular erzeugt werden. Objekte können verschoben werden, ihre Größe kann verändert werden, und ihre Eigenschaften können eingestellt werden. Objekte haben auch eine sogenannte inhärente Funktionalität: sie „wissen", wie sie in bestimmten Situationen funktionieren müssen. (Ein Listenfeld „weiß" beispielsweise, wie es die in ihm enthaltenen Einträge blättert.) Visual Basic-Objekte können mit Ereignisprozeduren programmiert werden, die ganz gezielt für bestimmte Situationen in einem Programm entwickelt wurden. In Visual Basic ist auch ein Formular ein Objekt.

Eigenschaft Eine Eigenschaft ist ein Wert oder Merkmal eines Visual Basic-Objekts, z. B. *Caption* oder *ForeColor*. Eigenschaften können während der Erstellung eines Programm im Eigenschaftenfenster oder während der Programmausführung durch Anweisungen im Programmcode eingestellt werden. Die Einstellung von Eigenschaften über den Programmcode erfolgt mit folgender Syntax:

```
Objekt.Eigenschaft = Wert
```

Hierbei steht *Objekt* für den Name des Objekts, dessen Eigenschaft eingestellt werden soll. *Eigenschaft* ist das Merkmal, das geändert werden soll. *Wert* ist die neue Eigenschafteneinstellung. Zum Beispiel wird mit folgender Anweisung im Programmcode der Eigenschaft *Caption* des Objekts *Command1* der Wert „Hallo" zugewiesen.

```
Command1.Caption = "Hallo"
```

Ereignisprozedur Eine Ereignisprozedur ist ein Codeblock, der ausgeführt wird, wenn ein Objekt in einem Programm aufgerufen oder verändert wird. Wird beispielsweise die erste Befehlsschaltfläche in einem Programm angeklickt, wird die Ereignisprozedur *Command1_Click* ▶

Lektion 3 Mit Steuerelementen arbeiten

ausgeführt. Ereignisprozeduren werten Eigenschaften aus, stellen diese ein und verwenden andere Programmanweisungen, um die Funktionen des Programms auszuführen.

Programmanweisung Eine Programmanweisung ist ein Schlüsselwort im Programmcode, das eine Funktion des Programms ausführt. Visual Basic-Programmanweisungen erzeugen unter anderem Speicherplatz für Daten, öffnen Dateien, führen Berechnungen durch und erledigen verschiedene andere wichtige Aufgaben.

Variable Eine Variable ist ein besonderer Container, der verwendet wird, um Daten eines Programms temporär zu speichern. Der Programmierer definiert Variablen unter anderem, um das Ergebnis einer Berechnung zu speichern, um Dateinamen zu erzeugen, um Eingaben zu verarbeiten usw. Zahlen, Namen und Eigenschaftswerte können in Variablen gespeichert werden.

Methode Eine Methode ist eine besondere Anweisung, die eine Aktion oder eine Dienstleistung für ein bestimmtes Objekt in einem Programm durchführt. Im Programmcode gilt für die Verwendung von Methoden folgende Syntax:

```
Objekt.Methode Wert
```

Hierbei ist *Objekt* der Name des Objekts, das geändert werden soll. *Methode* steht für den Befehl, der verwendet werden soll, um das Objekt zu verändern. *Wert* ist ein optionales Argument, das von der Methode verwendet wird. Folgende Anweisung verwendet beispielsweise die Methode AddItem, um das Wort *Scheck* in das Listenfeld *List1* einzutragen.

```
List1.AddItem "Scheck"
```

Mit OLE-Container-Objekten Anwendungen starten

Eine der besonders nützlichen Funktionen von Visual Basic ist seine Fähigkeit, eng mit anderen Windows-Programmen zusammenzuarbeiten. Mit Hilfe von OLE-Container-Objekten können aus einem Visual Basic-Programm heraus andere Windows-Anwendungen oder Komponenten aufgerufen und somit die unterschiedlichsten Datentypen verarbeitet werden. Außerdem kann ein OLE-Objekt verwendet werden, um lediglich Teile anderer Anwendungen zu laden (zum Beispiel nur die Rechtschreibprüfung von Microsoft Word). Dazu wird eine spezielle Technologie namens *Automatisierung* (früher als OLE-Automatisierung bezeichnet) verwendet. OLE-Container-Objekte und die Automatisierung werden in

105

Lektion 3 Mit Steuerelementen arbeiten

Lektion 14 detailliert beschrieben. In der nächsten Übung werden Sie mehr darüber erfahren, wie OLE-Container-Objekte funktionieren und eingesetzt werden (und zwar ohne Programmcode), um eine Anwendung namens *OLE* zu erstellen, die Word-, Microsoft Excel- und Microsoft Paint-Dokumente aufruft. Der Anwender kann mit Hilfe dieser Anwendung einen Kostenvoranschlag, Angebotsinformationen und eine Skizze für ein Bauprojekt eingeben.

Mit einem OLE-Container-Objekt können Windows-Anwendungen aus einem Visual Basic-Programm heraus gestartet werden.

Um das Programm *OLE* ausführen zu können, müssen auf Ihrem System die Programme Word, Excel und Paint 6 installiert sein. (Paint gehört zum Lieferumfang von Microsoft Windows.) Wenn Sie ein OLE-Objekt in ein Formular einfügen, wird zuerst das Dialogfeld *Objekt einfügen* angezeigt, in dem die verfügbaren Anwendungsobjekte aufgeführt werden, die Sie in Ihrem Programm verwenden können. Wenn Word, Excel oder Paint nicht auf Ihrem System installiert sind, werden sie im Dialogfeld *Objekt einfügen* nicht aufgeführt. Sie können stattdessen ein anderes Objekt wählen. Der Zweck dieser Übung ist es, eine andere Anwendung aus einem Visual Basic-Programm heraus aufzurufen. Das Programm *OLE* sieht während der Ausführung etwa wie Abbildung 3.11 aus.

Abbildung 3.11
Die Anzeige des Programms *OLE* während der Ausführung.

Das Programm OLE erstellen

❶ Klicken Sie im Menü *Datei* auf Neues Projekt und dann auf *OK*, um eine Standaranwendung zu erstellen.

Es wird ein neues leeres Formular in der Programmierumgebung angezeigt.

❷ Erstellen Sie in der oberen linken Ecke des Formulars ein *Bezeichnungsfeld (Label)* mit der Beschriftung **Kostenvoranschläge erstellen**. Unter dem Bezeichnungsfeld erstellen Sie ein zweites Bezeichnungsfeld mit der Beschriftung **OLE-Frontend zur Erstellung von Kostenvoranschlägen mit Word, Excel und Paint in Visual Basic**.

Lektion 3 Mit Steuerelementen arbeiten

Lassen im ersten Bezeichnungsfeld etwas Platz, später werden wir im Eigenschaftenfenster die Schrift vergrößern.

❸ Unter dem zweiten Bezeichnungsfeld erstellen Sie in gleichmäßigen Abständen (siehe Abbildung 3.11) drei weitere Bezeichnungsfelder mit den Beschriftungen **Notizen**, **Kalkulation** und **Zeichnung**.

Mit diesen drei Bezeichnungsfeldern werden die OLE-Container-Objekte bezeichnet, über die Word, Excel und Paint gestartet werden. Fügen Sie diese OLE-Container-Objekte nun in das Formular ein.

❹ Klicken Sie in der Werkzeugsammlung auf das Steuerelement *OLE-Container*.

❺ Unter dem Bezeichnungsfeld *Notizen* zeichnen Sie mit dem Steuerelement *OLE-Container* ein etwa briefmarkengroßes Rechteck.

Wenn Sie die Maustaste loslassen, zeigt Visual Basic das Dialogfeld *Objekt einfügen* an (siehe Abbildung 3.12), das eine Liste aller Anwendungsobjekte enthält, die im Programm verwendet werden können. (Dies kann einen Moment dauern, da Visual Basic Daten aus der Systemregistrierung abfragen muss.) Der Inhalt der Liste hängt jeweils von den auf Ihrem System installierten Anwendungen ab.

Abbildung 3.12
Das Dialogfeld
Objekt einfügen.

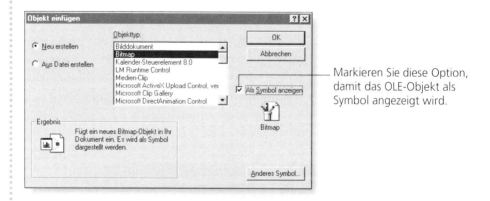

❻ Blättern Sie in der Objektliste nach unten, und klicken Sie auf den Objekttyp *Microsoft Word-Dokument* (sofern Microsoft Word auf Ihrem Computer installiert ist).

Falls Microsoft Word nicht auf Ihrem Computer installiert ist, wählen Sie im Dialogfeld ein anderes Windows-Textverarbeitungsprogramm oder eine ähnliche Anwendung aus.

❼ Klicken Sie im Dialogfeld *Objekt einfügen* auf das Kontrollkästchen *Als Symbol anzeigen*, damit die Anwendung in Ihrem Visual Basic-Programm als Symbol angezeigt wird.

Lektion 3   Mit Steuerelementen arbeiten

Wenn Sie dieses Kontrollkästchen nicht aktivieren, wird das Anwendungsobjekt (normalerweise ein Dokument) in einem Fenster in Ihrer Anwendung angezeigt. Diese Funktion wird im Verlauf dieses Buches noch häufiger eingesetzt. Aktivieren Sie jetzt also die Option *Als Symbol anzeigen*.

❽ Klicken Sie auf *OK*, um das Dialogfeld *Objekt einfügen* zu schließen und Word zu öffnen.

Word wird geöffnet, und es wird ein leeres Textverarbeitungsdokument angezeigt. Dieses Dokument wird in unserem OLE-Programm als sogenannte *Vorlage* verwendet. Es sollte Informationen enthalten, die für den Einsatz des Programms nützlich sind, z. B. Firmenname, Adresse, Preise, Materialien usw.

❾ Geben Sie jetzt nur **Notizen** ein. Dann verwenden Sie in Word den Befehl *Datum und Uhrzeit* aus dem Menü *Einfügen*, um das aktuelle Datum in die Vorlage einzutragen.

Der Text wird im Word-Dokument so dargestellt, wie er während der Programmausführung erscheinen wird.

❿ Klicken Sie im Word-Menü *Datei* auf *Beenden*.

Beantworten Sie die Frage, ob das Quelldokument aktualisiert werden soll, mit *Ja*. Diese Frage wird eingeblendet, wenn bestimmte Anwendungsobjekte geschlossen werden.

Wenn Sie Ihre Arbeiten am ersten Objekt abgeschlossen haben, sollte Ihr Formular jetzt etwa wie in Abbildung 3.13 aussehen. Verändern Sie die Größe der Objekte bzw. Bezeichnungsfelder falls Text verdeckt wird.

Das dreidimensionale Erscheinungsbild von OLE-Container-Objekten wird über die Eigenschaft *Appearance* gesteuert, die die Einstellungen *3D* und *2D* zulässt. In Arbeitsschritt 13 wird die Eigenschaft *Appearance*

Abbildung 3.13
Der Formularentwurf für das Programm *OLE*.

Lektion 3 | **Mit Steuerelementen arbeiten**

aller OLE-Container-Objekte auf *2D* und die *BackColor*-Eigenschaft aller OLE-Container-Objekte auf Hellgrau eingestellt, damit die Objekte zum Erscheinungsbild des Formulars passen.

⑪ Wiederholen Sie die Arbeitsschritte 4 bis 10, um unter dem Bezeichnungsfeld *Kalkulation* ein Microsoft Excel Tabellenobjekt (oder etwas entsprechendes) und unter dem Bezeichnungsfeld *Zeichnung* ein Bitmap-Objekt in das Formular einzufügen.

Stellen Sie jeweils sicher, dass im Dialogfeld *Objekt einfügen* das Kontrollkästchen *Als Symbol anzeigen* aktiviert ist, und geben Sie Beispieldaten in die Excel-Tabelle und die Paint-Zeichenfläche ein, wenn Sie mit diesen Programmen schon gearbeitet haben. In die Excel-Tabelle können beispielsweise Preise für verschiedene Materialien und Stundensätze eingegeben werden. Wenn Sie andere Window-Anwendungen in Ihrem Programm verwenden, hat dies den großen Vorteil, dass Sie automatisch auf die Funktionen dieser Anwendungen zugreifen können – Sie müssen das Rad also nicht neu erfinden!

⑫ Fügen Sie im unteren Bereich des Formulars eine Befehlsschaltfläche ein. Doppelklicken Sie auf diese Schaltfläche, und geben Sie die Anweisung **End** in die Ereignisprozedur *Command1_Click* ein.

Die *End*-Programmanweisung beendet das Programm, wenn der Anwender auf diese Schaltfläche klickt.

⑬ Wählen Sie im Eigenschaftenfenster für die Objekte dieses Formulars folgende Eigenschafteneinstellungen:

Objekt	Eigenschaft	Einstellung
Command1	Caption	„Beenden"
Label1	Font	Times New Roman, Fett, Schriftgrad 18
OLE1	BorderStyle	0 - Kein
	Appearance	0 - 2D
	BackColor	Hellgrau
OLE2	BorderStyle	0 - Kein
	Appearance	0 - 2D
	BackColor	Hellgrau
OLE3	BorderStyle	0 - Kein
	Appearance	0 - 2D
	BackColor	Hellgrau

Lektion 3   Mit Steuerelementen arbeiten

⓮ Klicken Sie im Menü *Datei* auf *Projekt speichern unter*, und speichern Sie das Formular unter dem Namen **NeuOle**. Speichern Sie das Projekt unter dem Namen **NeuOLE**.

Wenn Sie diese Arbeitsschritte ausgeführt haben, sollte das Formular *NeuOLE* etwa wie in Abbildung 3.14 aussehen:

Abbildung 3.14
Das fertig gestellte Formular für das Programm *NeuOLE*.

Sie finden das vollständige Programm *Ole.vbp* im Ordner *\VB6SfS\Lekt03*.

Im folgenden Abschnitt werden Sie das Programm ausführen, um zu sehen, wie die OLE-Container-Objekte während der Laufzeit funktionieren.

Das Programm NeuOLE ausführen

❶ Klicken Sie in der Symbolleiste auf die Schaltfläche *Starten*.

Das Programm wird in der Programmierumgebung ausgeführt. Das Objekt *OLE1* (das Dokumentsymbol) ist von einer gestrichelten Linie umgeben, womit angezeigt wird, das es „die volle Aufmerksamkeit des Programms genießt" bzw. den *Fokus* besitzt.

Der Fokus ist besonders für Tastatureingaben wichtig. Wenn der Anwender ⏎ drückt, wird das Objekt, das den Fokus hält, im Programm ausgewählt bzw. aktiviert. Der Anwender kann den Fokus durch Drücken von ⇆ oder durch Klicken auf ein Objekt auf ein anderes Objekt im Programm richten. Die Reihenfolge, in der die Objekte den Fokus erhalten, kann mit der Eigenschaft *TabIndex* der Objekte eingestellt werden.

❷ Doppelklicken Sie auf das Word-Dokumentsymbol im Programm.

Daraufhin wird das Textverarbeitungsprogramm gestartet und das Vorlagendokument in einem Fenster angezeigt.

❸ Geben Sie einige Zeilen Text ein, und klicken Sie dann im Menü *Datei* auf *Beenden*, um wieder zum Programm *NeuOLE* zurückzukehren.

❹ Doppelklicken Sie im Programm auf das Excel-Tabellensymbol.

Lektion 3 Mit Steuerelementen arbeiten

Daraufhin wird das Tabellenkalkulationsprogramm gestartet, und die Excel-Vorlage wird in einem Fenster angezeigt.

❺ Geben Sie Beispieldaten in die Zeilen und Spalten der Tabelle ein (verwenden Sie gegebenenfalls die Excel-Funktionen und -Formatierungsoptionen), und klicken Sie dann im Menü *Datei* auf *Beenden*, um zum Programm *NeuOLE* zurückzukehren.

❻ Doppelklicken Sie auf das Bitmap-Symbol.

Daraufhin wird das Programm *Paint* gestartet. Paint ist ein einfaches Zeichenprogramm mit Malwerkzeugen und Farbpaletten zur Erstellung einfacher Grafiken.

❼ Erstellen Sie eine einfache Zeichnung (oder tun Sie so, als ob), und klicken Sie dann im Menü *Datei* auf *Beenden und zurück zu*, um zum Programm *NeuOLE* zurückkehren.

❽ Klicken Sie auf die Schaltfläche *Beenden*, um das Programm *NeuOLE* zu verlassen.

Gratulation! Sie haben nun ein Programm erstellt, das externe Microsoft Office-Anwendungsobjekte nutzt. Sie können dasselbe Prinzip verwenden, um beliebige, auf Ihrem System installierte Anwendungsobjekte in Ihre Programme einzubinden. Im folgenden Abschnitt werden wir mit einem anderen Windows-Dateityp arbeiten, und zwar mit einer Datenbank, die Namen und Adressen enthält.

Mit Hilfe eines Datenobjekts eine Microsoft Access-Datenbank anzeigen

In Unternehmen, in denen verschiedene Mitarbeiter Daten gemeinsam nutzen, werden Datenbanken beispielsweise häufig verwendet, um wichtige Informationen zu verwalten, wie Kundenadressen, Mitarbeiterdaten und aktuelle Projekte. Ein *Datenbank* ist eine strukturierte Sammlung von Informationen, die in einer Datei gespeichert werden. Datenbankanwendungen wie Microsoft Access, dBASE und Paradox sind Programme, die speziell zur Erstellung und Verwaltung von Informationen in Datenbanken entwickelt wurden. Diese Programme enthalten Werkzeuge zum Aufbau einer Datenbank, zur Verwaltung der darin enthaltene Informationen und zur Suche nach bestimmten Datensätzen. Um die Arbeit mit Datenbanken zu optimieren, verfügt Visual Basic über drei Objekte, mit denen Informationen aus Datenbankdateien angezeigt und modifiziert werden können. Am wichtigsten ist hierbei das Daten-Steuerelement, das den direkten Zugriff auf die Felder und Datensätze einer Datenbankdatei ermöglicht. In der folgenden Übung wird ein Datenfeld verwendet, um Informationen aus einer Access-Datenbank namens *Students.mdb* anzuzeigen.

111

Lektion 3   Mit Steuerelementen arbeiten

Die in dieser Übung verwendete Access-Datei befindet sich im Ordner *Lekt03*, damit Sie diese Übung auch dann bearbeiten können, wenn Access nicht auf Ihrem System installiert ist. Sie können statt dieser Access-Datei aber auch eine andere Datenbankdatei verwenden.

Felder und Datensätze

Die wichtigsten Begriffe zur Beschreibung der in Datenbanken enthaltenen Daten sind *Felder* und *Datensätze*. Felder sind die Informationskategorien, die in einer Datenbank gespeichert werden. In einer Adressdatenbank sind normalerweise Felder bzw. Kategorien wie Name, Adresse, Telefonnummer und Anmerkungen enthalten. Die Adressdaten zu einer bestimmten Person werden in einem sogenannten Datensatz gespeichert. Sie können sich einen Datensatz als Karteikarte vorstellen, die die Adressdaten zu einer Person enthält. Bei der Erstellung von Datenbanken werden die Informationen in tabellarisch angeordnete Felder (die Spalten der Tabelle) und Datensätze (die Zeilen der Tabelle) eingegeben.

Abbildung 3.15
Die Datenbanktabelle *Instructors*.

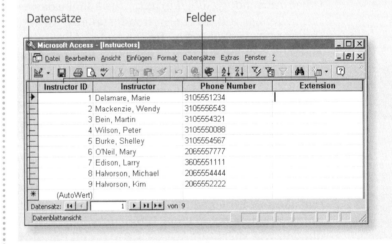

Ein Daten-Steuerelement erstellen

❶ Klicken Sie im Menü *Datei* auf *Neues Projekt* und anschließend auf *OK*, um ein Projekt vom Typ *Standard-EXE* anzulegen.

Das Programm *NeuOle* wird geschlossen, und in der Programmierumgebung wird ein neues Formular angezeigt. Speichern Sie die Änderungen am Programm *NeuOle*, falls eine diesbezügliche Eingabeaufforderung erscheint.

Lektion 3   Mit Steuerelementen arbeiten

❷ Klicken Sie in der Werkzeugsammlung auf das Steuerelement *Daten (Data)*.

❸ Bewegen Sie den Mauszeiger in die Mitte des unteren Drittels des Formulars, und zeichnen Sie mit dem Steuerelement ein Rechteck.

Daraufhin wird ein Datenobjekt namens *Data1* im Formular angezeigt (siehe Abbildung 3.16).

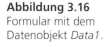

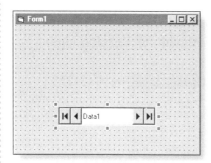

Abbildung 3.16
Formular mit dem Datenobjekt *Data1*.

Das Objekt enthält Pfeilschaltflächen, mit denen Sie während der Programmausführung durch die Datensätze der Datenbank blättern können. Das Objekt weist außerdem eine Beschriftung *(Data1)* auf, die Sie zur Beschreibung der Datenbank, auf die mit dem Objekt zugegriffen wird, verwenden können. Normalerweise enthält die Beschriftung den Namen der Datenbank. Die Pfeilschaltflächen ganz rechts und links außen werden verwendet, um den ersten bzw. letzten Datensatz der Datenbank auszuwählen.

In Visual Basic können verschiedene Operationen an einer Datenbank aufgeführt werden. In der folgenden Übung wird das Feld *Instructor* aus der Datenbank *Students.mdb* angezeigt. (Sie werden durch die Datenbank blättern und aus jedem Datensatz den im Feld *Instructor* enthaltenen Namen anzeigen). Damit das Feld *Instructor* im Formular angezeigt werden kann, ist ein weiteres Objekt notwendig, das die Daten aufnimmt. Da es sich bei den anzuzeigenden Daten um Text handelt, muss also ein Textfeld in das Formular eingefügt werden. (Zudem fügen wir ein Bezeichnungsfeld über dem Textfeld ein, um das angezeigte Datenbankfeld zu bezeichnen.) Abschließend werden Sie über verschiedene Eigenschafteneinstellungen eine Verbindung zwischen dem Datenobjekt und dem Textfeldobjekt herstellen, d.h. diese beiden Objekte *verknüpfen*.

Das Textfeld und das Bezeichnungsfeld erstellen

❶ Klicken Sie in der Werkzeugsammlung auf das Steuerelement *Textfeld (TextBox)*.

Lektion 3   Mit Steuerelementen arbeiten

❷ Erstellen Sie über dem Daten-Steuerelement ein Textfeld.

Das Textfeld sollte etwa so groß wie das Daten-Steuerelement und breit genug sein, um Vor- und Nachnamen anzuzeigen, die bis zu 20 Zeichen lang sein können.

❸ Klicken Sie in der Werkzeugsammlung auf das Steuerelement *Bezeichnungsfeld (Label)*.

❹ Fügen Sie das Bezeichnungsfeld über dem Textfeld ein.

Wenn Sie diese Arbeitsschritte abgeschlossen haben, sollte Ihr Bildschirm etwa wie in Abbildung 3.17 aussehen.

Abbildung 3.17
Das Formular mit Daten-, Textfeld- und Bezeichnungsfeldobjekten.

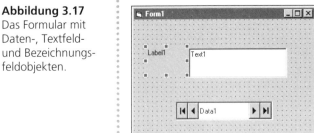

Nun werden Sie die Eigenschaften dieser Objekte festlegen.

Objekteigenschaften definieren

❶ Klicken Sie auf das Datenobjekt und dann in der Symbolleiste auf die Schaltfläche *Eigenschaftenfenster*.

❷ Stellen Sie sicher, dass im Eigenschaftenfenster die Eigenschaft *Connect* die Einstellung *Access* zeigt. (Das Datenbankformat Microsoft Access ist die Voreinstellung.)

Die Eigenschaft *Connect* legt das Datenbank- oder Tabellenformat fest, das verwendet wird. Zu den Formaten, die Visual Basic verarbeiten kann, gehören unter anderem Access, Excel, Lotus 1-2-3, dBASE, FoxPro und Paradox.

❸ Stellen Sie im Eigenschaftenfenster die Eigenschaft *DatabaseName* auf *C:\VB6SfS\Lekt03\students.mdb* ein, indem Sie diese Datei im Dialogfeld *DatenbaseName* auswählen.

Students.mdb ist eine Beispieldatenbank, die mit dem Datenbankprogramm Microsoft Access erstellt wurde. Sie enthält verschiedene Tabellen, Felder und Datensätze, die Kursleiter oder Administratoren zur Verwaltung von Studiendaten verwenden können, wie z.B. Namen von

| Lektion 3 | Mit Steuerelementen arbeiten |

Studenten und Lehrern, Klassenzimmer, Noten und verschiedenen Planungsdaten. Ich habe diese Datenbank recht anspruchsvoll aufgebaut, damit Sie damit experimentieren können.

❹ Klicken Sie im Eigenschaftenfenster auf die Eigenschaft *RecordSource*, und klicken Sie dann auf den nach unten gerichteten Pfeil des Dropdown-Listenfelds. Klicken Sie in der Liste mit den Datenbanktabellen auf den Eintrag *Instructors*.

Mit der Eigenschaft *RecordSource* wird die Tabelle (die Datensammlung) festgelegt, die in der Datenbank geöffnet werden soll.

❺ Geben Sie im Eigenschaftenfenster für die Eigenschaft *Caption* des Datenobjekts **Students.mdb** ein.

Nun ändert sich die Beschriftung im Steuerelement zu *Students. mdb*, um die Datenbank für den Anwender zu identifizieren. Ändern Sie nun die Eigenschaft *DataSource* des Textfelds, um das Textfeld mit dem Datenobjekt zu verknüpfen.

❻ Klicken Sie auf das Textfeld und dann in der Symbolleiste auf die Schaltfläche *Eigenschaftenfenster*.

❼ Klicken Sie im Eigenschaftenfenster auf die Eigenschaft *DataSource*, dann auf den nach unten gerichteten Pfeil des Dropdown-Listenfelds und in der Liste auf den Eintrag *Data1* (das erste Datenobjekt).

❽ Klicken Sie im Eigenschaftenfenster auf die Eigenschaft *DataField*, dann auf den nach unten gerichteten Pfeil des Dropdown-Listenfelds und in der Liste auf *Instructor* (das Feld, das angezeigt werden soll).

❾ Klicken Sie auf das Bezeichnungsfeld, klicken Sie in der Symbolleiste auf die Schaltfläche *Eigenschaftenfenster*, und geben Sie für die Eigenschaft *Caption* **Instructor** ein.

Dadurch wird während der Programmausführung das im Textfeld angezeigte Datenbankfeld bezeichnet. Bezeichnungsfelder einzufügen, die die Funktionen der Formularobjekte beschreiben, ist sehr hilfreich, insbesondere wenn Sie mit Datenbankfeldern arbeiten.

❿ Speichern Sie das Formular nun unter dem Namen **NeuDaten** und das Projekt unter dem Namen **NeuDaten**.

Das war alles! Sie können das Programm nun ausführen.

Das Programm NeuDaten ausführen

Sie finden das vollständige Programm *Daten.vbp* im Ordner *\VB6SfS\Lekt03*.

❶ Klicken Sie in der Symbolleiste auf die Schaltfläche *Starten*.

Das Programm wird in der Programmierumgebung ausgeführt (siehe Abbildung 3.18).

115

Lektion 3   Mit Steuerelementen arbeiten

Abbildung 3.18
Anzeige des Programms *Daten* während der Ausführung.

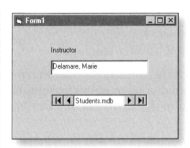

Visual Basic lädt die Datenbank *Students.mdb* und zeigt im Textfeld den Wert des Feldes *Instructor* (einen Namen) aus dem ersten Datensatz der Datenbank an. Klicken auf die Pfeilschaltflächen, um sich die anderen Feldwerte anzusehen.

❷ Klicken Sie im Datenobjekt auf die rechte innere Pfeilschaltfläche.

Daraufhin wird der zweite Name aus der Datenbank im Textfenster angezeigt.

❸ Klicken Sie im Datenobjekt auf die rechte äußere Pfeilschaltfläche.

Damit wird der letzte Name aus der Datenbank im Textfenster angezeigt.

❹ Klicken Sie im Datenobjekt auf die linke äußere Pfeilschaltfläche.

Nun wird wieder der erste Name aus der Datenbank im Textfenster angezeigt.

❺ Klicken Sie auf die Schaltfläche *Schließen* in der rechten oberen Fensterecke, um das Programm zu beenden.

Datenbankeinträge ändern

Mit einem Datenobjekt können die Informationen in Datenbanken nicht nur angezeigt, sondern auch verändert werden. Um einen Namen in der Datenbank *Students.mdb* zu ändern, laden Sie das Programm *NeuDaten* und blättern zu dem Namen, den Sie ändern möchten. Dann klicken Sie auf das Textfeld und ändern den Namen. Wenn Sie anschließend zu einem anderen Datensatz blättern, wird der geänderte Name in die Datenbank kopiert.

Einen Feldwert der Datenbank ändern

❶ Klicken Sie in der Symbolleiste auf *Starten*, um das Programm *NeuDaten* auszuführen.

Daraufhin wird der erste Name aus der Datenbank im Textfeld angezeigt.

❷ Markieren Sie den ersten Namen mit der Maus, drücken Sie [Entf], und geben Sie dann **Burghard, Peter** ein.

Lektion 3 | **Mit Steuerelementen arbeiten**

❸ Klicken Sie auf die innere rechte Pfeilschaltfläche des Datenobjekts, um zum nächsten Datensatz zu blättern.

Der erste Name in der Datenbank wird daraufhin in *Burghard, Peter* geändert.

❹ Klicken Sie im Datenobjekt auf die innere linke Pfeilschaltfläche, um zurück zum ersten Datensatz zu blättern.

Der erste Name wird angezeigt und lautet nun *Burghard, Peter*.

❺ Klicken Sie auf die Schaltfläche *Schließen*, um das Programm zu beenden.

Wie Sie sehen, gibt Ihnen ein Datenobjekt schnellen Zugriff auf bereits vorhandene Datenbanken. Sie können in Datenobjekten jedes Feld der Datenbank anzeigen und die Daten in verschiedener Weise bearbeiten. Weitere Informationen zu Datenobjekten und zur Verwaltung von Dateien finden Sie in nachfolgenden Lektionen.

Einen Schritt weiter: ActiveX-Steuerelemente installieren

Sie können die Funktionalität von Visual Basic erheblich erweitern, indem Sie die ActiveX-Steuerelemente installieren, die im Lieferumfang von Visual Basic enthalten sind, oder indem Sie von Ihnen selbst entwickelte oder von Drittanbietern erworbene ActiveX-Steuerelemente installieren. Um nicht unnötig Systemressourcen und Raum auf dem Desktop zu belegen, enthält die Werkzeugsammlung von Visual Basic nur eine Standardmenge von Benutzeroberflächen-Steuerelementen, wenn Sie ein neues Projekt öffnen. Sie können die Werkzeugsammlung jedoch für jedes Projekt anpassen und über den Befehl *Komponenten* aus dem Menü *Projekt* durch ActiveX-Steuerelemente erweitern. Die ActiveX-Steuerelemente, die Sie auf diese Weise installieren, nutzen die 32-Bit-ActiveX-Technologie, ein Microsoft-Standard für programmierbare Objekte in Anwendungsprogrammen, Betriebssystemen und Internet-Werkzeugen. Sie erkennen ActiveX-Steuerelemente an der Dateinamenserweiterung .ocx. Sobald Sie ein neues Anwendungsprogramm installieren, werden die darin enthaltenen ActiveX-Steuerelemente automatisch dem Betriebssystem hinzugefügt. (Visual Basic „erfährt" von neuen ActiveX-Steuerelementen, indem es die Windows-Systemregistrierung nach den Steuerelementen abfragt, die bestimmten Programmen zugeordnet sind.)

Die ActiveX-Steuerelemente FlexGrid und CommonDialog installieren

Jede Version von Visual Basic umfasst zusätzliche ActiveX-Steuerelemente, die Sie in Ihren Projekten einsetzen können. (Falls Sie mit der Professional Edition oder der Enterprise Edition von Visual Basic arbeiten,

Lektion 3   Mit Steuerelementen arbeiten

stehen Ihnen eine Vielzahl interessanter ActiveX-Steuerelemente zur Verfügung.) Wenn Sie beispielsweise ein Programm schreiben, das Daten in einer Tabelle anzeigen soll, können Sie das Steuerelement *FlexGrid* installieren, das in der Datei Msflxgrd.ocx enthalten ist. Mit Hilfe dieses Steuerelements können Sie in einem Formular ein Raster von Tabellenzellen erstellen. (Ein FlexGrid-Objekt, auch Flex-Tabelle genannt, sieht einer Excel-Tabelle sehr ähnlich.) Ein weiteres nützliches ActiveX-Steuerelement, mit dem Sie Standarddialogfelder für Operationen wie *Öffnen* und *Speichern unter* erstellen können, ist das Steuerelement *Standarddialog (CommonDialog)*, das sich in der Datei Comdlg32.ocx befindet.

So installieren Sie diese ActiveX-Steuerelemente:

❶ Klicken Sie im Menü *Datei* auf *Neues Projekt* und dann auf *OK*, um eine Standard-EXE-Datei zu erstellen.

Speichern Sie die Änderungen, die Sie am Programm *NeuDaten* vorgenommen haben, falls Sie dazu aufgefordert werden.

❷ Klicken Sie im Menü *Projekt* auf den Befehl *Komponenten*, und klicken Sie dann auf die Registerkarte *Steuerelemente*.

Daraufhin wird das Dialogfeld *Komponenten* angezeigt.

Die Registerkarte *Steuerelemente* zeigt eine alphabetische Liste der in Ihrem System verfügbaren ActiveX-Steuerelemente, die in die Werkzeugsammlung des Projekts eingefügt werden können. Um eine größtmögliche Flexibilität bei der Erstellung von Programmen zu gewährleisten, verfügt jedes Projekt über seine eigene Werkzeugsammlung, die die Standardsteuerelemente von Visual Basic und die von Ihnen ausgewählten ActiveX-Steuerelemente enthält. Infolgedessen werden die Steuerelemente, die Sie für ein Projekt installieren, nur in der Werkzeugsammlung dieses Projekts angezeigt. In der folgenden Übung werden Sie das FlexGrid-Steuerelement (Msflxgrd.ocx) und das Standarddialog-Steuerelement (Comdlg32.ocx) in die Werkzeugsammlung aufnehmen.

Das Dialogfeld *Komponenten* enthält außerdem die Registerkarte *Einfügbare Objekte*, die es Ihnen ermöglicht, Anwendungsobjekte in die Werkzeugsammlung des Projekts einzufügen. Ein *einfügbares Objekt* ist eine Programmkomponente einer anderen Windows-Anwendung, wie z.B. ein Word-Dokument oder eine Excel-Tabelle. Diese Werkzeuge sind ebenso nützlich wie ActiveX-Steuerelemente.

❸ Klicken Sie auf das Kontrollkästchen neben dem Eintrag *Microsoft Common Dialog Control 6.0*.

Damit wird das ActiveX-Steuerelement ausgewählt. Die Position der .ocx-Datei wird im unteren Bereich des Dialogfelds angezeigt.

Lektion 3 Mit Steuerelementen arbeiten

❹ Klicken Sie auf das Kontrollkästchen neben dem Eintrag *Microsoft Flex-Grid Control 6.0*. Im Dialogfeld *Komponenten* sollten nun, wie in Abbildung 3.19 gezeigt, diese beiden Komponenten ausgewählt sein.

Abbildung 3.19
Das Dialogfeld *Komponenten*.

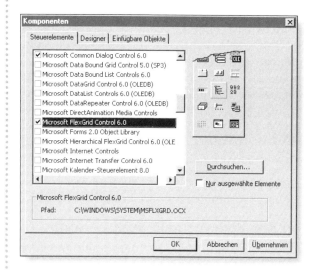

❺ Klicken Sie auf *OK*, um die ausgewählten ActiveX-Steuerelemente in die Werkzeugsammlung des Projekts aufzunehmen.

Die beiden neuen Steuerelemente werden nun in der Werkzeugsammlung angezeigt (siehe Abbildung 3.20).

Abbildung 3.20
Die Werkzeugsammlung mit den ActiveX-Steuerelementen *FlexGrid* und *Standarddialog*.

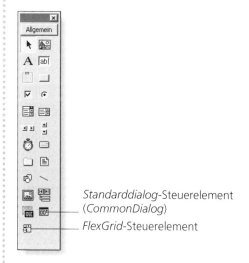

119

Lektion 3 — Mit Steuerelementen arbeiten

Die Steuerelemente *FlexGrid* und *Standarddialog (CommonDialog)* funktionieren genauso wie die anderen Visual Basic-Steuerelemente der Werkzeugsammlung. Wenn Sie nicht wüssten, dass es sich um ActiveX-Steuerelemente handelt, könnten Sie sie von den Standardsteuerelementen der Werkzeugsammlung kaum unterscheiden. Die ActiveX-Steuerelemente werden ebenso wie die anderen Steuerelemente durch Klicken ausgewählt und in der gleichen Weise wie die anderen Steuerelemente in Formularen zur Erstellung von Objekten verwendet. ActiveX-Steuerelemente haben ebenfalls veränderbare Eigenschaften und können ebenso wie die anderen Steuerelemente, die Sie in dieser Lektion verwendet haben, über den Programmcode angesprochen werden.

Wenn Sie mit der nächsten Lektion fortfahren möchten

- Lassen Sie Visual Basic geladen, und schlagen Sie Lektion 4 auf.

Beantworten Sie die Frage, ob die Änderungen am aktuellen Projekt gespeichert werden sollen, mit *Nein*.

Wenn Sie Visual Basic jetzt beenden möchten

- Klicken Sie im Menü *Datei* auf den Befehl *Beenden*.

Wenn daraufhin das Dialogfenster *Speichern* angezeigt wird, klicken Sie auf *Nein*. Sie müssen dieses Projekt und seine Liste der ActiveX-Steuerelemente nicht abspeichern.

Zusammenfassung der Lektion

Möchten Sie	dann
ein Textfeld erstellen,	klicken Sie auf das Steuerelement *Textfeld (TextBox)* und zeichnen das Feld.
eine Befehlsschaltfläche erstellen,	klicken Sie auf das Steuerelement *Befehlsschaltfläche (CommandButton)* und zeichnen die Schaltfläche.
eine Eigenschaft zur Laufzeit ändern,	ändern Sie der Wert der Eigenschaft über den Programmcode. Beispiel: `Text1.Text = "Hallo!"`
ein Laufwerkslistenfeld erstellen,	klicken Sie auf das Steuerelement *Laufwerkslistenfeld (DriveListBox)* und zeichnen das Feld.
ein Verzeichnislistenfeld erstellen,	klicken Sie auf das Steuerelement *Verzeichnislistenfeld (DirListBox)* und zeichnen das Feld. ▶

Lektion 3   Mit Steuerelementen arbeiten

Möchten Sie	dann
ein Dateilistenfeld erstellen,	klicken Sie auf das Steuerelement *Dateilistenfeld (FileListBox)* und zeichnen das Feld.
einen nicht behebbaren Anwendungsfehler verhindern,	fügen Sie eine entsprechende Ereignisprozedur in den Programmcode ein (siehe Lektion 8).

eine Grafik zur Laufzeit laden,	rufen Sie die Funktion *LoadPicture* auf und weisen das Ergebnis der *Picture*-Eigenschaft eines Anzeigefelds (*Image*) oder Bildfelds (*Picture*) zu. Verwenden Sie folgende Syntax:
	
	`Objekt.Picture = LoadPicture(Ausgewählte Datei)`
	
	Hierbei steht *Objekt* für den Namen des Objekts und *AusgewählteDatei* ist eine Variable, die den Dateinamen der Grafik enthält. Beispiel:
	
	`AusgewählteDatei = "c:\Dodge.bmp"`
	`Image1.Picture = LoadPicture(Ausgewählte Datei)`

ein Optionsfeld erstellen,	verwenden Sie das Steuerelement *Optionsfeld (OptionButton)*. Um mehrere Optionsfelder zu gruppieren, fügen Sie die Optionsfelder in einen Rahmen ein, den Sie mit dem Steuerelement *Rahmen (Frame)* zeichnen.
ein Kontrollkästchen erstellen,	klicken Sie auf das Steuerelement *Kontrollkästchen (CheckBox)* und zeichnen ein Kontrollkästchen.
ein Listenfeld erstellen,	klicken Sie auf das Steuerelement *Listenfeld (ListBox)* und zeichnen ein Listenfeld.
ein Dropdown-Listenfeld erstellen,	klicken Sie auf das Steuerelement *Kombinationsfeld (ComboBox)* und zeichnen ein Dropdown-Listenfeld.
einen Eintrag in ein Listenfeld einfügen,	fügen Sie Anweisungen für die AddItem-Methode in die Prozedur *Form_Load* Ihres Programms ein. Beispiel: `List1.AddItem "Drucker"`
Windows-Anwendungen starten,	verwenden Sie das *OLE-Container*-Steuerelement, um im Formular ein Feld für das Anwendungsobjekt zu ▶

Lektion 3 Mit Steuerelementen arbeiten

Möchten Sie	dann
	zeichnen, und wählen das gewünschte Anwendungsobjekt aus dem Dialogfeld *Objekt einfügen* aus.
Daten aus einer vorhandenen Datenbank in Ihrem Programm anzeigen,	verwenden Sie das Steuerelement *Datenobjekt (Data)*, um ein Objekt zu erstellen, mit dem auf den Inhalt der Datenbank zugegriffen werden kann. Dann verknüpfen Sie das Datenobjekt mit einem Objekt, das die Datensätze anzeigen kann (normalerweise ein Textfeld).
die Datensätze in einer Datenbank ändern,	zeigen Sie den Datensatz im Programm an. Bearbeiten Sie den Datensatz im Textfeld, und klicken Sie dann auf eine der Pfeilschaltflächen des Datenobjekts, um die Änderung zu speichern.
ActiveX-Steuerelemente installieren,	klicken Sie im Menü *Projekt* auf den Befehl *Komponenten* und dann auf die Registerkarte *Steuerelemente*. Wählen Sie die gewünschten ActiveX-Steuerelemente, die in die Werkzeugsammlung des Projekts eingefügt werden sollen, und klicken Sie dann auf die Schaltfläche *OK*.

4 Menüs und Dialogfelder

Geschätzte Dauer:
45 Minuten

In dieser Lektion lernen Sie

- wie Sie mit dem Menü-Editor Menüs für Ihre Programme erstellen.
- wie Menübefehle mit Hilfe von Programmcode verarbeitet werden.
- wie Sie CommonDialog-Objekte verwenden, um Standarddialogfelder anzuzeigen.

In Lektion 3 wurden verschiedene Microsoft Visual Basic-Objekte verwendet, um Benutzereingaben während der Programmausführung zu erfassen. In dieser Lektion werden Sie lernen, wie professionell gestaltete Menüs und Dialogfelder zur Auswahl von Befehlen und Optionen erstellt werden. Ein *Menü* befindet sich in der Menüleiste und enthält eine Liste zusammengehöriger Befehle. Wenn Sie auf den Menütitel klicken, wird die Liste mit den Menübefehlen angezeigt. Die meisten Menübefehle werden sofort ausgeführt, nachdem sie angeklickt wurden. Wenn der Anwender beispielsweise im Menü *Bearbeiten* auf den Befehl *Kopieren* klickt, werden die markierten Daten sofort in die Zwischenablage kopiert. Falls dem Menübefehl jedoch drei Punkte (...) folgen, zeigt Visual Basic erst ein Dialogfeld an, in dem weitere Informationen abgefragt werden, bevor dieser Befehl ausgeführt wird. In dieser Lektion lernen Sie, wie Sie den Menü-Editor und das Standarddialog-Steuerelement (CommonDialog) verwenden, um Menüs und Standarddialogfelder in ein Programm einzufügen.

Menüs mit dem Menü-Editor erstellen

Der Menü-Editor ist ein grafisches Werkzeug, das die in einem Programm enthaltenen Menüs verwaltet. Sie können damit neue Menüs einfügen und verändern, bereits vorhandene Menüs neu anordnen und gegebenenfalls alte Menüs löschen. Außerdem können Sie die Menüs mit Spezialeffekten wie Zugriffstasten, Häkchenmarkierungen und Tastenkombinationen ausstatten. Nachdem Sie Menüs in ein Formular eingefügt haben, können die Menübefehle mit Hilfe von Ereignisprozeduren verarbeitet werden. In der folgenden Übung werden Sie den Menü-Editor

Lektion 4 — Menüs und Dialogfelder

verwenden, um das Menü *Uhr* zu erstellen, das zwei Befehle enthält, mit denen das aktuelle Datum und die Uhrzeit angezeigt werden.

Ein Menü erstellen

❶ Starten Sie Visual Basic, und öffnen Sie ein neues Standardprojekt.

Falls die Programmierumgebung bereits geladen ist, klicken Sie im Menü *Datei* auf *Neues Projekt*, um ein neues Projekt vom Typ *Standard-EXE* zu erstellen.

❷ Klicken Sie in der Symbolleiste auf die Schaltfläche *Menü-Editor*.

Der Menü-Editor wird angezeigt (siehe Abbildung 4.1).

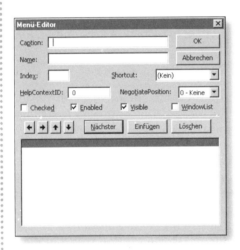

Abbildung 4.1
Der Menü-Editor.

Der Menü-Editor erleichtert es, Menüs zu erstellen und zu verändern.

Der Menü-Editor ist ein Dialogfeld, das Befehle und Optionen zur Erstellung von Menüs enthält. Der Menütitel (der Name, der auf dem Bildschirm erscheint) wird in das Feld *Caption* eingegeben. Der Name des Menüs (der Name, den es im Programmcode hat) wird in das Feld *Name* eingegeben. Dies sind die beiden wichtigsten Einstellungen für ein Menü. Zusätzliche Einstellungen wie *Index*, *HelpContextID*, *Shortcut* und *Checked* sind optional. Am Ende dieser Lektion werden Sie mehr über das Feld *Shortcut* erfahren.

Wenn Sie im Dialogfeld *Menü-Editor* auf die Schaltfläche *Nächster* klicken, werden die Einträge aus dem Dialogfeld gelöscht, damit es den nächsten Menüeintrag aufnehmen kann. Im Menülistenfeld im unteren Bereich des Dialogfelds werden während der Erstellung des Menüs die Menübefehle und die gesamte Struktur des Menüs angezeigt. Nun werden Sie mit dem Menü-Editor das Menü *Uhr* anlegen.

❸ Geben Sie in das Feld *Caption* Uhr ein, und drücken Sie ⇥.

Lektion 4 Menüs und Dialogfelder

Das Wort *Uhr* wird als Titel Ihres erstes Menüs übernommen, und die Einfügemarke wird in das Feld *Name* bewegt. Während Sie den Menütitel eingeben, wird dieser ebenfalls im Menülistenfeld im unteren Bereich des Dialogfelds angezeigt.

❹ Geben Sie in das Feld *Name* **mnuClock** ein.

Gemäß Konvention werden Menüs durch das Präfix mnu identifiziert.

mnuClock ist der Name, über den im Programmcode auf das Menü Bezug genommen wird. Gemäß Konvention wird das Präfix *mnu* zur Kennzeichnung von Menüs im Programmcode verwendet. Wenn Sie Benutzeroberflächenelemente mit einem drei Buchstaben umfassen Präfix auszeichnen, können Sie in umfangreichen Programmen die Ereignisprozeduren leichter unterscheiden und auf den ersten Blick erkennen, welche Benutzeroberflächenelemente im Codefenster angezeigt werden.

Im Abschnitt *Einen Schritt weiter* in Lektion 9 finden Sie die Namenskonventionen für alle Visual Basic-Objekte.

❺ Klicken Sie auf die Schaltfläche *Nächster*, um den Menütitel *Uhr* in das Programm aufzunehmen.

Das Menü *Uhr* wird daraufhin in die Menüleiste eingefügt, und der Menü-Editor löscht den Inhalt des Dialogfelds, damit es den nächsten Menüeintrag aufnehmen kann. Der Menütitel wird jedoch im Menülistenfeld im unteren Bereich des Dialogfelds weiterhin aufgeführt. Während der Erstellung eines Menüs werden alle Einträge im Menülistenfeld angezeigt, so dass Sie einen Überblick über die Struktur des Menüs erhalten.

❻ Geben Sie in das Feld *Caption* **Datum** ein, drücken Sie ⭾, und geben Sie dann **mnuDateItem** ein.

Der Befehl *Datum* erscheint im Menülistenfeld. Da *Datum* ein Befehl und kein Menütitel ist, wurde eine weitere Namenskonvention verwendet: Das Wort *Item* wurde an das Ende des Eintrags im Feld *Name* angehängt. Auf diese Weise können Sie Menübefehle und Menütitel im Codefenster leichter unterscheiden.

❼ Wenn der Menübefehl *Datum* im Menülistenfeld hervorgehoben ist, klicken Sie im Menü-Editor auf die Schaltfläche mit dem nach rechts gerichteten Pfeil.

Der Befehl *Datum* wird im Menülistenfeld eingerückt, d. h. um vier Leerzeichen nach rechts verschoben. Damit wird angegeben, dass der Eintrag einen Menübefehl repräsentiert. Die Position eines Eintrags im Listenfeld legt fest, ob es sich um einen Menütitel (linksbündig), einen Menübefehl (ein Einzug), einen Untermenütitel (zwei Einzüge) oder einen Untermenübefehl (drei Einzüge) handelt. Wenn Sie im Dialogfeld *Menü-Editor* auf die Schaltfläche mit dem nach rechts gerichteten Pfeil klicken, wird ein Eintrag nach rechts verschoben. Durch Klicken auf die Schaltfläche mit

Lektion 4   Menüs und Dialogfelder

dem nach links gerichteten Pfeil wird ein Eintrag nach links verschoben. Fügen Sie nun den Menübefehl *Zeit* in das Menü *Uhr* ein.

❽ Klicken Sie auf die Schaltfläche *Nächster*, geben Sie **Zeit** ein, drücken Sie ⭾, und geben Sie dann **mnuTimeItem** ein.

Der Befehl *Zeit* wird im Menülistenfeld angezeigt (siehe Abbildung 4.2).

Abbildung 4.2
Der Menü-Editor mit dem Menü *Uhr*.

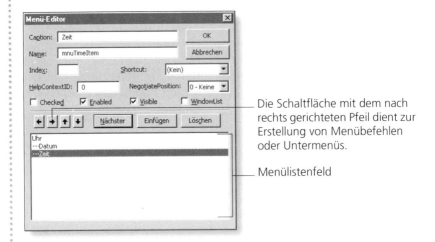

Beachten Sie, dass der Menü-Editor davon ausgeht, dass der nächste Eintrag ein Menübefehl ist und daher *Zeit* automatisch um eine Ebene einrückt. Damit haben Sie alle Befehle in das Menü *Uhr* eingetragen und können den Menü-Editor jetzt schließen.

❾ Klicken Sie auf *OK*, um den Menü-Editor zu schließen.

Der Menü-Editor wird geschlossen, und das Formular wird in der Programmierumgebung angezeigt. Die Menüleiste enthält das Menü *Uhr*. Sie öffnen nun das Menü *Uhr*, um dessen Inhalt anzuzeigen.

❿ Klicken Sie auf das Menü *Uhr*.

Die Befehle *Datum* und *Zeit* werden angezeigt.

Wenn Sie in der Programmierumgebung auf einen Menübefehl klicken, wird die Ereignisprozedur angezeigt, die bei der Auswahl dieses Menübefehls ausgeführt wird. Im Verlauf dieser Lektion werden Sie die Ereignisprozeduren für die Menübefehle *Datum* und *Uhrzeit* erstellen. Zuerst werden Sie die Unterstützung von Tastatureingaben für die Menübefehle implementieren.

⓫ Klicken Sie auf das Formular (oder drücken Sie zweimal (Esc)), um das Menü *Uhr* zu schließen.

Lektion 4 | **Menüs und Dialogfelder**

Zugriffstasten für Menübefehle definieren

Sie definieren eine Zugriffstaste, indem Sie ein Et-Zeichen (&) vor einen Buchstaben des Menütextes setzen.

In Visual Basic ist es denkbar einfach, Zugriffstasten für Menüs und Menübefehle zu definieren. Bei der Zugriffstaste für einen Befehl handelt es sich um die Taste, die der Anwender zur Auswahl dieses Menübefehls auf der Tastatur betätigen kann. Wenn der Anwender während der Programmausführung das Menü öffnet, wird die Zugriffstaste durch den unterstrichenen Buchstaben im Befehlsnamen bezeichnet. Um eine Zugriffstaste für einen Menüeintrag zu definieren, müssen Sie lediglich im Menü-Editor dem Buchstaben für die Zugriffstaste im Feld *Caption* des Menüeintrags ein Et-Zeichen (&) voranstellen. Das Programm unterstützt ab diesem Zeitpunkt die definierte Zugriffstaste.

Für Menüs geltende Konventionen

Gemäß Konvention beginnt jeder Menütitel und Menübefehl in einer Microsoft Windows-Anwendung mit einem Großbuchstaben. *Datei* und *Bearbeiten* sind meist die ersten beiden Menütitel, und *Hilfe* bzw. *?* ist in der Regel der letzte Menütitel der Menüleiste. Andere häufig verwendete Menütitel sind *Ansicht*, *Format* und *Fenster*. Bei der Wahl der Menü- und Befehlsnamen sollten Sie besonders auf Klarheit und Konsistenz achten. Menüs und Befehle sollten einfach zu verwenden sein und weitgehend der Terminologie und Struktur anderer Windows-Anwendungen entsprechen. Beachten Sie bei der Erstellung von Menüs folgende Richtlinien:

Verwenden Sie prägnante Befehlsnamen, die aus einem oder maximal zwei Wörtern bestehen.

Weisen Sie jedem Menüeintrag im Programm eine eindeutige Zugriffstaste zu. Falls möglich, verwenden Sie dazu den ersten Buchstaben des Eintrags.

Wenn ein Befehl als Ein/Aus-Schalter verwendet wird, sollte ein Häkchen neben dem Eintrag angezeigt werden, wenn dieser aktiv ist. Damit ein Häkchen neben einem Menübefehl angezeigt wird, klicken Sie im Menü-Editor auf das Kontrollkästchen *Checked* oder weisen der *Checked*-Eigenschaft des Menüeintrags die Einstellung *True* zu.

Fügen Sie ein Auslassungszeichen oder drei Punkte (...) hinter Menübefehle ein, die weitere Benutzereingaben erfordern, bevor der Befehl ausgeführt werden kann.

Verwenden Sie bei der Zuweisung von Menünamen und -befehlen gebräuchliche Namenskonventionen wie das Präfix *mnu* und das Suffix *Item*.

Lektion 4 Menüs und Dialogfelder

In der folgenden Übung werden Sie die Zugriffstasten für das Menü *Uhr* definieren.

Die Zugriffstasten für das Menü Uhr definieren

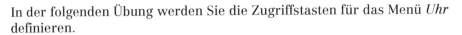

❶ Klicken Sie in der Symbolleiste auf die Schaltfläche *Menü-Editor*.

Der Menü-Editor wird angezeigt, und das Menülistenfeld enthält die Menüeinträge des Programms. Das Dialogfeld zeigt in den Feldern *Caption* und *Name* die Einträge für das Menü *Uhr* an.

❷ Klicken Sie im Feld *Caption* vor das Wort *Uhr*.

Vor dem Buchstaben „U" in *Uhr* wird eine blinkende Einfügemarke angezeigt.

❸ Geben Sie & ein, um den Buchstaben „U" als Zugriffstaste für das Menü *Uhr* zu definieren.

Das Et-Zeichen erscheint im Textfeld.

❹ Klicken Sie in der Menüliste auf den Befehl *Datum*.

Das Dialogfeld zeigt nun die Einträge für den Befehl *Datum* in den Feldern *Caption* und *Name* an.

❺ Geben Sie im Feld *Caption* ein Et-Zeichen (&) vor dem Buchstaben „D" ein.

Der Buchstabe „D" ist damit als Zugriffstaste für den Befehl *Datum* definiert.

❻ Klicken Sie in der Menüliste auf den Befehl *Zeit*.

Das Dialogfeld zeigt nun in den Feldern *Caption* und *Name* die Einträge für den Befehl *Zeit* an.

❼ Setzen Sie im Feld *Caption* ein Et-Zeichen (&) vor den Buchstaben „Z".

Der Buchstabe „Z" ist damit als Zugriffstaste für den Befehl *Zeit* definiert.

❽ Klicken Sie im Dialogfeld auf *OK*, um den Menü-Editor zu schließen.

Sie führen das Programm jetzt aus, und sehen sich an, wie die Zugriffstasten zur Laufzeit aussehen.

❾ Klicken Sie auf die Schaltfläche *Starten*.

❿ Klicken Sie auf das Menü *Uhr*.

Im Menü *Uhr* und den darin enthaltenen Menübefehle werden die Zugriffstasten durch unterstrichene Buchstaben angezeigt (siehe Abbildung 4.3).

⓫ Klicken Sie in der Symbolleiste auf die Schaltfläche *Beenden*, um das Programm zu verlassen.

Lektion 4 Menüs und Dialogfelder

Abbildung 4.3
Das Menü *Uhr* nach der Definition von Zugriffstasten.

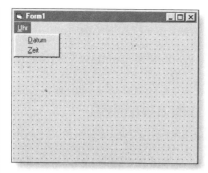

In der folgenden Übung werden Sie mit Hilfe des Menü-Editors die Reihenfolge der Befehle *Datum* und *Zeit* im Menü *Uhr* vertauschen. Die Fähigkeit, die Reihenfolge von Menüeinträgen ändern zu können, ist äußerst wichtig, um im Verlauf der Programmentwicklung zuvor getroffene Entscheidungen revidieren zu können.

Die Reihenfolge von Menübefehlen ändern

❶ Klicken Sie in der Symbolleiste auf die Schaltfläche *Menü-Editor*.

Der Menü-Editor wird angezeigt.

❷ Klicken Sie in der Menüliste auf den Befehl *Zeit*.

Das Dialogfeld enthält nun in den Feldern *Caption* und *Name* die Einträge für den Befehl *Zeit*.

❸ Klicken Sie im Dialogfeld auf die Schaltfläche mit dem nach oben gerichteten Pfeil.

Der Menübefehl *Zeit* wird daraufhin über den Menübefehl *Datum* geschoben.

❹ Klicken Sie auf die Schaltfläche *OK*.

Der Menü-Editor wird geschlossen. Die Reihenfolge der Befehle *Datum* und *Zeit* im Menü *Uhr* wurde vertauscht. Entsprechend kann auch die Schaltfläche mit dem nach unten gerichteten Pfeil im Menü-Editor verwendet werden, um Menübefehle in der Liste nach unten zu verschieben.

Damit haben Sie die Erstellung der Benutzeroberfläche des Menüs *Uhr* abgeschlossen. In den nachfolgenden Übungen werden Sie Ereignisprozeduren für Menübefehle definieren, um die Menüauswahl des Anwenders zu verarbeiten.

Mit dem Menü-Editor können Sie ebenfalls neue Menübefehle einfügen und unerwünschte Menübefehle löschen. Um einen neuen Menübefehl einzufügen, klicken Sie in der Menüliste auf den Eintrag, über dem der neue Befehl eingefügt werden soll. Dann klicken Sie auf die Schaltfläche

Lektion 4 Menüs und Dialogfelder

Einfügen. Der Menü-Editor fügt einen leeren Eintrag in die Liste ein, dessen Titel und Name über die Felder *Caption* und *Name* definiert werden kann. Um einen nicht mehr benötigten Menübefehl zu löschen, klicken Sie in der Menüliste auf den betreffenden Eintrag und klicken dann auf die Schaltfläche *Löschen*.

Menübefehle verarbeiten

Menübefehle werden von einer zum Befehl gehörenden Ereignisprozedur verarbeitet.

Sobald die Menübefehle in die Menüleiste eingefügt werden, werden sie zu Programmobjekten. Damit diese Menüobjekte sinnvolle Funktionen erfüllen können, müssen Sie Ereignisprozeduren für sie schreiben. Ereignisprozeduren für Menübefehle bestehen normalerweise aus Programmanweisungen, die Informationen im Formular anzeigen oder verarbeiten und eine oder mehrere Menüeigenschaften verändern. Falls zur Verarbeitung des gewählten Befehls vom Anwender zusätzliche Informationen benötigt werden, zeigt eine Ereignisprozedur oft unter Verwendung eines sogenannten Standarddialog-Objekts oder eines Eingabeobjekts ein Dialogfeld an.

In der folgenden Übung werden Sie ein Bezeichnungsfeld in das Formular einfügen, um die Ausgabe der Menübefehle *Zeit* und *Datum* im Formular anzuzeigen.

Ein Bezeichnungsfeld in das Formular einfügen

❶ Klicken Sie in der Werkzeugsammlung auf das Steuerelement *Bezeichnungsfeld (Label)*.

❷ Erstellen Sie in der oberen Mitte des Formulars ein kleines Bezeichnungsfeld.

Das Bezeichnungsfeld wird im Formular angezeigt. Es trägt im Programmcode den Namen *Label1*. Ihre Bildschirmanzeige sollte jetzt etwa wie in Abbildung 4.4 aussehen:

Abbildung 4.4
Der Fomularentwurf, nachdem ein Bezeichnungsfeld eingefügt worden ist.

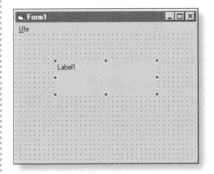

130

Lektion 4 Menüs und Dialogfelder

Stellen Sie die Eigenschaften von *Label1* im Eigenschaftenfenster ein.

❸ Legen Sie die Eigenschaften von *Label1* wie folgt fest:

Objekt	Eigenschaft	Einstellung
Label1	Alignment	2 - Zentriert
	BorderStyle	1 - Fest Einfach
	Caption	(keine)
	Font	MS Sans Serif, Fett, Schriftgrad 14

In der folgenden Übung geben Sie die Programmanweisungen für die Ereignisprozeduren der Menübefehle *Zeit* und *Datum* ein, damit diese Menübefehle verarbeitet werden und eine entsprechende Ausgabe (eine Datums- bzw. Zeitanzeige) generiert wird.

In der folgenden Übungen werden Sie den Programmcode eingeben, mit dem die Menübefehle verarbeitet werden. Geben Sie die Programmanweisungen exakt wie angezeigt ein. Die genaue Funktion der Programmanweisungen wird hier nicht beschrieben, lediglich ihre Einbindung zur Unterstützung der Benutzeroberfläche. Die Funktion von Programmanweisungen wird in den Lektionen 5 bis 7 erklärt.

Die Ereignisprozeduren der Menübefehle bearbeiten

❶ Klicken Sie im Projekt-Explorer auf die Schaltfläche *Code anzeigen*, um das Codefenster zu öffnen.

❷ Klicken Sie auf das Dropdown-Listenfeld *Objekt* und dann auf den Eintrag *mnuTimeItem* (siehe Abbildung 4.5).

Abbildung 4.5
Das Codefenster mit dem Dropdown-Listenfeld *Objekt*.

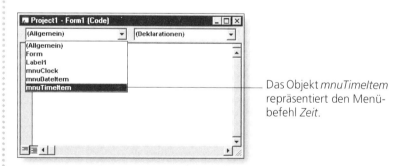

Das Objekt *mnuTimeItem* repräsentiert den Menübefehl *Zeit*.

Die Ereignisprozedur *mnuTimeItem_Click* wird im Codefenster angezeigt. Der Name *mnuTimeItem* wurde im Menü-Editor dem Befehl *Zeit* zugewiesen. Wenn der Anwender im Programm auf den Befehl *Zeit* klickt, wird die Ereignisprozedur *mnuTimeItem_Click* ausgeführt.

Lektion 4 Menüs und Dialogfelder

❸ Drücken Sie viermal [Leer], und geben Sie dann die folgende Anweisung ein:

```
Label1.Caption = Time
```

Mit dieser Programmanweisung wird die aktuelle Zeit (die von der Systemuhr abgefragt wird) als Beschriftung des Objekts *Label1* angezeigt. Die vorherige Beschriftung *Label1* wird dadurch ersetzt. Sie können die Funktion *Time* jederzeit in Programmen verwenden, um die genaue Uhrzeit anzuzeigen.

Die Funktion *Time* von Visual Basic liefert die aktuelle Systemzeit. Die Systemzeit wird in der Systemsteuerung über den Befehl *Datum/Uhrzeit* eingestellt. Das Format der Zeitanzeige kann in der Systemsteuerung über den Befehl *Ländereinstellungen* festgelegt werden.

❹ Drücken Sie [↓].

Visual Basic wertet die Zeile aus und paßt die Klein- und Großschreibung und die Abstände gegebenenfalls an. Visual Basic überprüft während der Eingabe jede Zeile auf Syntaxfehler. Sie können mit [←], [↓] oder [↑] eine neue Zeile einfügen.

❺ Klicken Sie im Dropdown-Listenfeld *Objekt* auf das Objekt *mnuDateItem*.

Die Ereignisprozedur *mnuDateItem_Click* wird im Codefenster angezeigt. Diese Ereignisprozedur wird ausgeführt, sobald der Anwender im Menü *Uhr* auf den Befehl *Datum* klickt.

❻ Drücken Sie viermal [Leer], und geben Sie dann folgende Zeile ein:

```
Label1.Caption = Date
```

Mit dieser Programmanweisung das aktuelle Datum (wird von der Systemuhr abgefragt) als Beschriftung des Objekts *Label1* angezeigt und die vorherige Beschriftung ersetzt. Sie können die Funktion *Date* jederzeit in Programmen verwenden, um das aktuelle Datum anzuzeigen.

Die Funktion *Date* von Visual Basic gibt das aktuelle Datum aus. Das Datum wird in der Systemsteuerung über den Befehl *Datum/Uhrzeit* eingestellt. Das Format der Datumsanzeige kann in der Systemsteuerung über den Befehl *Ländereinstellungen* festgelegt werden.

❼ Drücken Sie [↓], um die Einfügemarke in eine neue Zeile zu bewegen.

Ihre Bildschirmanzeige sollte jetzt etwa wie in Abbildung 4.6 aussehen.

❽ Schließen Sie das Codefenster.

Damit haben Sie sämtliche Eingaben für das Beispielsprogramm vorgenommen. In der folgenden Übung werden Sie das Formular und das Projekt unter dem Namen *NeuMenü* speichern.

Lektion 4   Menüs und Dialogfelder

Abbildung 4.6
Das Codefenster
mit der Prozedur
mnuTimeItem_Click.

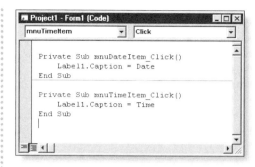

Das Programm NeuMenü speichern

❶ Klicken Sie in der Symbolleiste auf die Schaltfläche *Projekt speichern*.

Die Schaltfläche *Projekt speichern* der Symbolleiste bewirkt dasselbe wie der Befehl *Projekt speichern* aus dem Menü *Datei*.

❷ Um das Formular zu benennen und abzuspeichern, wählen Sie den Ordner *\VB6SfS\Lekt04*, geben dann **NeuMenü** ein und drücken ↵.

Das Formular wird auf der Festplatte unter dem Namen *NeuMenü.frm* gespeichert. Nun wird das Dialogfeld *Projekt speichern unter* angezeigt.

❸ Geben Sie als Namen für das Projekt **NeuMenü** ein, und drücken Sie ↵.

Das Projekt wird auf der Festplatte unter dem Namen *NeuMenü.vbp* gespeichert.

Sie können das Programm nun ausführen.

Das Programm NeuMenü ausführen

❶ Klicken Sie in der Symbolleiste auf die Schaltfläche *Starten*.

Das Programm *NeuMenü* wird in der Programmierumgebung ausgeführt.

❷ Klicken Sie in der Menüleiste des Programms *NeuMenü* auf das Menü *Uhr*.

Der Inhalt des Menüs *Uhr* wird angezeigt.

Sie finden das vollständige Programm *Menü.vbp* im Ordner *\VB6SfS\Lekt04*.

❸ Klicken Sie auf den Befehl *Zeit*.

Die aktuelle Systemzeit wird im Bezeichnungsfeld angezeigt (siehe Abbildung 4.7).

Nun werden Sie das aktuelle Datum über die Zugriffstasten des Menüs abrufen und anzeigen.

❹ Drücken Sie Alt.

In der Menüleiste wird das Menü *Uhr* hervorgehoben.

Lektion 4   Menüs und Dialogfelder

Abbildung 4.7
Das Programm *Menü* während der Ausführung.

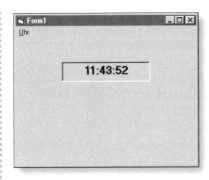

❺ Drücken Sie ⓤ, um das Menü *Uhr* aufzurufen.

Der Inhalt des Menüs *Uhr* wird angezeigt.

❻ Drücken Sie ⒟, um das aktuelle Datum anzuzeigen.

Das aktuelle Datum wird im Bezeichnungsfeld angezeigt.

❼ Klicken Sie in der Visual Basic-Symbolleiste auf die Schaltfläche *Beenden*, um das Programm zu verlassen.

Gratulation! Sie haben ein funktionsfähiges Programm mit Menüs und Zugriffstasten erstellt. In der nächsten Übung werden Sie lernen, wie Sie Menüs verwenden, um Standarddialogfelder anzuzeigen.

Systemzeit-Funktionen

In Visual Basic stehen zehn Funktionen zur Verfügung, um chronologische Werte von der Systemuhr abzufragen. Diese Werte können verwendet werden, um Kalender, Uhren und Weckfunktionen in Programme zu integrieren. Die folgende Tabelle enthält alle verfügbaren Systemzeit-Funktionen. Weitere Informationen hierzu finden Sie in der Online-Hilfe zu Visual Basic.

Funktion	Beschreibung
Time	Gibt die aktuelle Uhrzeit von der Systemuhr zurück.
Date	Gibt das aktuelle Datum von der Systemuhr zurück.
Now	Gibt einen kodierten Wert zurück, der das aktuelle Datum und die Uhrzeit repräsentiert. Diese Funktion ist besonders als Argument für andere Systemzeit-Funktionen nützlich. ▶

Lektion 4 | Menüs und Dialogfelder

Funktion	Beschreibung
Hour(*Zeitangabe*)	Gibt den Stundenteil der *Zeitangabe* zurück (0 bis 23).
Minute(*Zeitangabe*)	Gibt den Minutenteil der *Zeitangabe* zurück (0 bis 59).
Second(*Zeitangabe*)	Gibt den Sekundenteil der *Zeitangabe* zurück (0 bis 59).
Day(*Datumsangabe*)	Gibt eine Ganzzahl für den Tag des Monats der *Datumsangabe* zurück (1 bis 31).
Month(*Datumsangabe*)	Gibt eine Ganzzahl für den Monat (1 bis 12) der *Datumsangabe* zurück.
Year(*Datumsangabe*)	Gibt die Jahreszahl der *Datumsangabe* zurück.
Weekday(*Datumsangabe*)	Gibt eine Ganzzahl für den Wochentag (1 für Sonntag, 2 für Montag usw.) der *Datumsangabe* zurück.

Mit Standarddialog-Objekten arbeiten

Ein Standarddialog-Objekt (auch *CommonDialog-Objekt* genannt) ermöglicht es Ihnen, eines von fünf Standarddialogfeldern in Ihren Programmen aufzurufen. Diese fünf Standarddialogfelder können mit Hilfe eines einzigen Standarddialog-Objekts angezeigt werden. Das jeweilige Standarddialogfeld wird mit der entsprechenden Standarddialog-Objektmethode angegeben. (Wie bereits erwähnt, ist eine Methode ein Befehl, der einen Arbeitsgang oder eine Dienstleistung für ein Objekt erledigt.) Der Inhalt des Standarddialogfelds wird durch die Einstellung der entsprechenden Eigenschaften gesteuert. Wenn der Anwender in einem Standarddialogfeld Optionen auswählt und Eingaben vornimmt, werden die Ergebnisse über eine oder mehrere Eigenschaften des Standarddialog-Objekts zurückgeliefert. Diese Ergebnisse können dann im Programm zur Ausführung bestimmter Funktionen verwendet werden.

Mit einem Standarddialog-Objekt können die folgenden fünf Dialogfelder erstellt werden. Die nachfolgende Tabelle gibt einen Überblick über die Standarddialogfelder und die Methoden, mit denen diese aufgerufen werden.

In den folgenden Übungen werden Sie ein weiteres Menü für das Programm *NeuMenü* erstellen und die Verwendung der Standarddialogfelder *Öffnen* und *Farbe* üben. Damit eine Fassung des ursprünglichen Programms *NeuMenü* erhalten bleibt, speichern Sie das Formular *NeuMenü*

Wenn Sie ein Projekt umbenennen möchten, müssen Sie das Formular und das Projekt unter einem anderen Namen speichern. Speichern Sie immer zuerst das Formular ab.

135

Lektion 4 Menüs und Dialogfelder

Dialogfeld	Zweck	Methode
Öffnen	Abfrage von Laufwerk, Ordnername und Dateiname einer vorhandenen Datei.	ShowOpen
Speichern unter	Abfrage von Laufwerk, Ordnername und Dateiname einer neuen Datei.	ShowSave
Drucken	Der Anwender kann Druckoptionen einstellen.	ShowPrinter
Schriftart	Der Anwender kann Schrifttyp und Schriftschnitt wählen.	ShowFont
Farbe	Der Anwender kann eine Farbe aus der Palette wählen.	ShowColor

und das Projekt unter dem Namen *NeuDialog*, bevor Sie mit der nächsten Übung beginnen.

Das Projekt NeuMenü unter dem Namen NeuDialog speichern

❶ Falls das Projekt *NeuMenü.vbp* nicht geöffnet ist, laden Sie es. Dazu klicken Sie im Menü *Datei* auf den Befehl *Projekt öffnen*.

Falls Sie im letzten Abschnitt das Programm *NeuMenü* nicht erstellt haben, öffnen Sie das Projekt *Menü.vbp* aus dem Ordner *\VB6SfS\Lekt04*. Dieses Programm entspricht dem Programm *NeuMenü*.

❷ Klicken Sie im Menü *Datei* auf den Befehl *Speichern von NeuMenü.frm unter*.

Daraufhin wird das Dialogfeld *Datei speichern unter* angezeigt.

❸ Wählen Sie den Ordner *\VB6SfS\Lekt04*, geben Sie **NeuDialog.frm** ein, und drücken Sie dann ⏎.

Eine Kopie des Formulars *NeuMenü* wird nun unter dem Namen *NeuDialog.frm* gespeichert.

Wenn Sie das Formular nicht unter einem anderen Namen speichern, verwenden die Programme *NeuMenü* und *NeuDialog* dasselbe Formular.

❹ Klicken Sie im Menü *Datei* auf den Befehl Projekt *speichern unter*.

Damit wird das Dialogfeld *Projekt speichern unter* angezeigt.

❺ Wählen Sie hier den Ordner *\VB6SfS\Lekt04*, geben Sie **NeuDialog.vbp** ein, und drücken Sie dann ⏎.

Eine Kopie der Projektdatei *NeuMenü.vbp* wird nun unter dem Namen *NeuDialog.vbp* gespeichert.

Lektion 4 Menüs und Dialogfelder

Ein Standarddialog-Objekt verwenden

Standarddialog-Objekte sind während der Programmausführung nicht sichtbar.

Nun werden Sie das Steuerelement *Standarddialog (CommonDialog)* verwenden, um ein Standarddialog-Objekt in das Formular einzufügen. Das Standarddialog-Objekt wird nur in einer Größe angezeigt und ist während der Programmausführung nicht sichtbar. (Da das Objekt nicht sichtbar ist, kann es im Formular an einer beliebigen Position platziert werden.) Nachdem das Objekt in das Formular eingefügt worden ist, stehen nun fünf Standarddialogfelder zu Auswahl.

Das Steuerelement Standarddialog (CommonDialog) in die Werkzeugsammlung einfügen

Falls das Steuerelement *Standarddialog (CommonDialog)* nicht in der Werkzeugsammlung angezeigt wird, können Sie es über den Befehl *Komponenten* aus dem Menü *Projekt* in die Werkzeugsammlung einfügen. Gehen Sie dazu folgendermaßen vor:

❶ Klicken Sie im Menü *Projekt* auf den Befehl *Komponenten*.

❷ Klicken Sie auf die Registerkarte *Steuerelemente*, und wählen Sie den Eintrag *Microsoft Common Dialog Control 6.0* (siehe Abbildung 4.8).

Abbildung 4.8
Das Dialogfeld *Komponenten*.

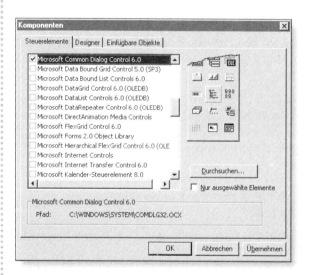

❸ Klicken Sie auf *OK*.

Das Steuerelement *Standarddialog (CommonDialog)* wird in der Werkzeugsammlung angezeigt (siehe Abbildung 4.9).

Lektion 4 Menüs und Dialogfelder

Abbildung 4.9
Die Werkzeugsammlung mit dem Steuerelement *Standarddialog (CommonDialog)*.

Das Steuerelement *Standarddialog (CommonDialog)*

Ein Standarddialog-Objekt einfügen

❶ Klicken Sie in der Werkzeugsammlung auf das Steuerelement *Standarddialog (CommonDialog)*.

❷ Zeichnen Sie in der unteren linken Ecke des Formulars ein Standarddialog-Objekt.

Die Größe des Objekts spielt keine Rolle, da es seine Größe selbst einstellt. Das Standarddialog-Objekt kann nun im Programm verwendet werden.

In der folgenden Übung werden Sie ein Anzeigefeld mit dem Steuerelement *Anzeigefeld (Image)* erstellen. In diesem Anzeigefeld soll die Grafik angezeigt werden, die der Anwender im Programm über das Standarddialogfeld *Öffnen* auswählt.

Ein Anzeigefeld einfügen

❶ Klicken Sie in der Werkzeugsammlung auf das Steuerelement *Anzeigefeld (Image)*.

❷ Fügen Sie im Formular unter dem Bezeichnungsfeld ein Anzeigefeld ein.

❸ Stellen Sie im Eigenschaftenfenster die Eigenschaft *Stretch* des Anzeigefelds auf *True* ein.

Ihre Bildschirmanzeige sollte jetzt etwa wie in Abbildung 4.10 aussehen.

In der folgenden Übung werden Sie das Menü *Datei* mit dem Menü-Editor in das Programm einfügen.

Das Menü Datei hinzufügen

❶ Klicken Sie auf das Formular, um es auszuwählen.

Lektion 4   **Menüs und Dialogfelder**

Abbildung 4.10
Formular mit Standarddialog-Objekt und Anzeigefeld.

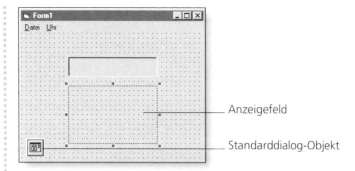

Das Formular muss ausgewählt sein, damit Menüeinträge ergänzt oder geändert werden können.

❷ Klicken Sie in der Symbolleiste auf die Schaltfläche *Menü-Editor*.

Der Menü-Editor wird eingeblendet, und die aktuelle Menüstruktur des Programms *NeuDialog* wird im Dialogfeld angezeigt. Sie werden nun das Menü *Datei* hinzufügen, das die Befehle *Öffnen*, *Schließen* und *Beenden* enthält.

❸ Klicken Sie viermal auf die Schaltfläche *Einfügen*.

Im oberen Bereich der Liste mit den Menüeinträgen erscheinen vier leere Zeilen. Hier werden Sie die Befehle für das Menü *Datei* eingeben.

❹ Klicken Sie auf das Texteingabefeld *Caption*, geben Sie **&Datei** ein, und drücken Sie ⮐. Geben Sie in das Feld *Name* **mnuFile** ein, und klicken Sie dann auf die Schaltfläche *Nächster*.

Damit wir das Menü *Datei* in das Programm eingefügt. Der Buchstabe „D" ist als Zugriffstaste definiert.

❺ Geben Sie **Ö&ffnen...** ein, und drücken Sie ⮐, geben Sie **mnuOpenItem**, klicken Sie auf die Schaltfläche mit dem nach rechts gerichteten Pfeil und dann auf *Nächster*.

Der Menüeintrag *Öffnen* – der Befehl, mit dem Windows-Metadateien geöffnet werden sollen – wird in die Menüliste eingefügt und um eine Ebene eingerückt. Da mit diesem Befehl ein Dialogfeld aufgerufen wird, werden dem Befehl drei aufeinander folgende Punkte (...) nachgestellt.

❻ Geben Sie **&Schließen** ein, und drücken Sie ⮐, geben Sie **mnuCloseItem**, klicken Sie auf die Schaltfläche mit dem nach rechts gerichteten Pfeil und dann auf *Nächster*.

Der Menübefehl *Schließen* (mit dem eine geöffnete Grafikdatei geschlossen wird) wird in die Menüliste eingefügt.

Lektion 4   Menüs und Dialogfelder

Abbildung 4.11
Das neu hinzu-
gefügte Menü
Datei im Dialogfeld
Menü-Editor.

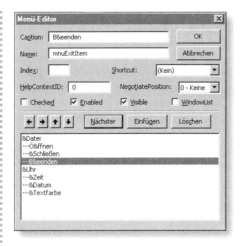

❼ Geben Sie **B&eenden** ein, und drücken Sie ⇥, geben Sie **mnuExitItem**, klicken Sie auf die Schaltfläche mit dem nach rechts gerichteten Pfeil, und klicken Sie dann auf *Nächster*.

Der Menüeintrag *Beenden* – der Befehl, mit dem die Anwendung *NeuDialog* geschlossen wird – wird in die Menüliste eingefügt. Ihre Bildschirmanzeige sollte jetzt etwa wie in Abbildung 4.11 aussehen.

Menübefehle deaktivieren

In einer typischen Windows-Anwendung sind in der Regel nicht alle Menübefehle gleichzeitig verfügbar. Zum Beispiel ist im Menü *Bearbeiten* der Befehl *Einfügen* nur dann verfügbar, wenn sich Daten in der Zwischenablage befinden. Menübefehle können durch Deaktivieren des Kontrollkästchens *Enabled* im Menü-Editor deaktiviert werden. Wenn ein Befehl deaktiviert ist, erscheint er in der Menüleiste grau schraffiert.

In der folgenden Übung werden Sie den Befehl *Schließen* deaktivieren (der Befehl *Schließen* ist nur dann verfügbar, wenn vorher eine Datei im Programm geöffnet worden ist). Später in dieser Lektion werden Sie eine Anweisung in die Ereignisprozedur für den Befehl *Öffnen* einfügen, die den Befehl *Schließen* zum richtigen Zeitpunkt aktiviert (wenn eine Grafikdatei geöffnet ist).

Den Befehl Schließen deaktivieren

❶ Klicken Sie in der Menüliste auf den Befehl *Schließen*.

Das Dialogfeld enthält in den Feldern *Caption* und *Name* die Einträge für den Befehl *Schließen*.

❷ Klicken Sie im Menü-Editor auf das Kontrollkästchen *Enabled*, um das Häkchen zu entfernen.

Lektion 4   **Menüs und Dialogfelder**

Das Häkchen wird aus dem Kontrollkästchen entfernt, und die Einstellung wird deaktiviert.

In der nächsten Übung werden Sie den Befehl *Textfarbe* in das Menü *Uhr* einfügen, um das Standarddialogfeld *Farbe* aufzurufen. Das Standarddialogfeld *Farbe* liefert dem Programm über die Eigenschaft *CommonDialog1.Color* eine Farbeinstellung zurück. Wir werden diese Eigenschaft verwenden, um die Farbe der Textanzeige im Bezeichnungsfeld zu ändern.

Den Befehl Textfarbe in das Menü Uhr einfügen

❶ Klicken Sie auf *Datum*, den letzten Menübefehl in der Menüliste.

Der Befehl *Textfarbe* soll an das Menü *Uhr* angehängt werden.

❷ Klicken Sie auf die Schaltfläche *Nächster*.

Im unteren Bereich der Menüliste erscheint eine leere Zeile.

❸ Geben in das Feld *Caption* **&Textfarbe...** ein, drücken Sie ⇥, und geben Sie in das Feld *Name* **mnuTextColorItem** ein.

Der Befehl *Textfarbe* wird dem Menü *Uhr* hinzugefügt. Diesem Befehl ist eine Ellipse (drei aufeinander folgende Punkte) nachgestellt. Damit wird angezeigt, dass durch Anklicken dieses Befehls ein Dialogfeld aufgerufen wird. Für den Befehl wurde die Zugriffstaste „T" definiert. Zugriffstasten funktionieren nur dann korrekt, wenn sie innerhalb einer Menüebene eindeutig sind. Sie dürfen also nicht zwei oder mehr Befehlen derselben Ebene die gleiche Zugriffstaste zuordnen.

❹ Klicken Sie auf *OK*, um den Menü-Editor zu schließen.

Ereignisprozeduren zur Verwaltung von Standarddialogfeldern

Um ein Standarddialogfeld in einem Programm anzuzeigen, muss das Standarddialog-Objekt mit der entsprechenden Objektmethode in einer Ereignisprozedur aufgerufen werden.

Gegebenenfalls müssen Sie auch eine oder mehrere Eigenschaften des Standarddialog-Objekts vor dem Aufruf über den Programmcode einstellen. Nachdem der Anwender die gewünschten Auswahl im Standarddialogfeld getroffen hat, wird diese Auswahl durch den Programmcode der Ereignisprozedur verarbeitet.

In der folgenden Übung werden Sie den Programmcode für die Ereignisprozedur *mnuOpenItem_Click* eingeben. Diese Prozedur wird ausgeführt, wenn der Anwender auf den Befehl *Öffnen* klickt. Sie stellen die Eigenschaft *Filter* des Objekts *CommonDialog1* ein, um den Dateityp im Stan-

141

Lektion 4 Menüs und Dialogfelder

darddialogfeld *Öffnen* zu definieren. (Wir werden hier Windows-Metadateien angegeben.) Dann werden Sie die Methode *ShowOpen* verwenden, um das Standarddialogfeld *Öffnen* aufzurufen. Nachdem der Anwender eine Datei ausgewählt und das Standarddialogfeld geschlossen hat, wird die Datei im Anzeigefeld angezeigt, indem der *Picture*-Eigenschaft des Objekts *Image1* der Name der ausgewählten Datei zugewiesen wird. Schließlich wird der bis dahin deaktivierte Befehl *Schließen* aktiviert, damit der Anwender die Grafik, falls gewünscht, schließen bzw. aus der Anzeige löschen kann.

Die Ereignisprozedur des Befehls Öffnen bearbeiten

❶ Klicken Sie im Projekt-Explorer auf die Schaltfläche *Code anzeigen*.

❷ Klicken Sie auf das Dropdown-Listenfeld *Objekt* und in der Liste auf das Objekt *mnuOpenItem*.

Die Ereignisprozedur *mnuOpenItem_Click* wird im Codefenster angezeigt.

❸ Geben Sie folgende Programmanweisungen zwischen den Anweisungen *Private Sub* und *End Sub* in die Ereignisprozedur ein. Rücken Sie jede Zeile um vier Leerzeichen ein, um sie als Text der Ereignisprozedur zu kennzeichnen. Geben Sie jede Zeile genau wie hier angezeigt ein, und drücken Sie nach der letzten Zeile ↓.

```
CommonDialog1.Filter = "Metadateien (*.WMF)|*.WMF"
CommonDialog1.ShowOpen
Image1.Picture = LoadPicture(CommonDialog1.FileName)
mnuCloseItem.Enabled = True
```

Ihre Bildschirmanzeige sollte jetzt etwa wie Abbildung 4.12 aussehen.

Abbildung 4.12
Die Ereignisprozedur *mnuOpenItem_Click()* im Codefenster.

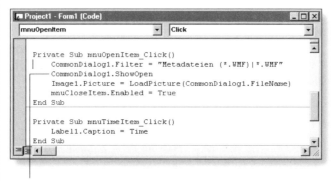

Mit dieser Anweisung wird das Dialogfeld *Öffnen* aufgerufen.

Lektion 4   **Menüs und Dialogfelder**

Die ersten drei Zeilen der Ereignisprozedur beziehen sich auf drei verschiedene Eigenschaften des Objekts *CommonDialog1*. In der ersten Zeile wird die *Filter*-Eigenschaft dazu verwendet, eine Liste der gewünschten Dateien zu definieren. In diesem Beispiel umfasst die Liste nur den Dateityp *.WMF. Dies ist für das Dialogfeld *Öffnen* wichtig, da (wie Sie in Lektion 3 gelernt haben) in einem Anzeigefeld sechs Dateitypen angezeigt werden können: Bitmaps (.bmp-Dateien), Windows-Metadateien (.wmf-Dateien), Symbole (.ico-Dateien), Cursor (.cur-Dateien), Grafiken im JPEG-Format (.jpg-Dateien) und im GIF-Format (.gif-Dateien). Wenn Sie beispielsweise versuchen würden, eine .txt-Datei in einem Anzeigefeld anzuzeigen, kann dies zu einem Laufzeitfehler führen.

Mit der *Filter*-Eigenschaft werden die Dateitypen definiert, die im Dialogfeld *Öffnen* aufgeführt werden.

Um weitere Einträge in die Filterliste aufzunehmen, trennen Sie die Einträge durch ein Pipe-Symbol (|, [Alt] [1] [2] [4]). Zum Beispiel werden mit dem Eintrag

```
CommonDialog1.Filter = "Bitmaps (*.BMP)|*.BMP|Metadateien (*.WMF)|*.WMF"
```

sowohl Bitmap- als auch Windows-Metadateien im Dialogfeld *Öffnen* zur Auswahl gestellt.

Mit der zweiten Zeile der Ereignisprozedur wird das Standarddialogfeld *Öffnen* im Programm anzeigt. Jedes Standarddialogfeld wird mit einer anderen Objektmethode angezeigt. Die Methode zur Anzeige des Standarddialogfelds *Öffnen* heißt ShowOpen. (Sie können der vorstehenden Tabelle die Methoden zur Anzeige der anderen Standarddialogfelder entnehmen.) Dies ist die wichtigste Anweisung in der Ereignisprozedur. Da der zugehörige Befehl *Öffnen* lautet, muss diese Prozedur das Standarddialogfeld *Öffnen* anzeigen und die darin vorgenommenen Eingaben verarbeiten.

Die dritte Zeile verarbeitet den Dateinamen, den der Anwender im Dialogfeld ausgewählt hat. Wenn der Anwender ein Laufwerk, einen Ordner und einen Dateinamen auswählt und abschließend auf *OK* klickt, wird der komplette Pfadname über die Eigenschaft *CommonDialog1.FileName* an das Programm weitergeleitet. Dann wird die Funktion *LoadPicture* (eine Routine zum Laden von Grafiken) verwendet, um die angegebene Windows-Metadatei in das Objekt *Image1* zu laden.

Die letzte Zeile in der Prozedur aktiviert den Befehl *Schließen* im Menü *Datei*. Da eine Datei im Programm geöffnet wurde, sollte der Befehl *Schließen* verfügbar sein, um die Datei wieder schließen zu können.

Geben Sie jetzt den Programmcode der Ereignisprozedur *mnuTextColorItem_Click* ein. Diese Routine wird ausgeführt, wenn im Menü *Uhr* der Befehl *Textfarbe* angeklickt wird.

Lektion 4 | **Menüs und Dialogfelder**

Die Ereignisprozedur des Befehls Textfarbe bearbeiten

❶ Klicken Sie im Dropdown-Listenfeld *Objekt* auf das Objekt *mnuTextColor-Item*.

Die Ereignisprozedur für den Befehl *Textfarbe* wird im Codefenster angezeigt.

❷ Geben Sie folgende Programmanweisungen (um vier Leerzeichen eingerückt) zwischen den Anweisungen *Private Sub* und *End Sub* in die Ereignisprozedur ein.

```
CommonDialog1.Flags = &H1&
CommonDialog1.ShowColor
Label1.ForeColor = CommonDialog1.Color
```

Die Farbauswahl mit der Eigenschaft Flags festlegen

Mit der *Flags*-Eigenschaft wird der definiert, wie das angezeigte Standarddialogfeld *Farbe* aussieht.

Die Ereignisprozedur *mnuTextColorItem_Click* nutzt die Eigenschaften und Methoden des Standarddialog-Objekts. Mit der ersten Zeile wird die Eigenschaft *Flags* auf *&H1&* eingestellt. Dies ist ein Hexadezimalwert, der das Standarddialogfeld *Farbe* anweist, eine Liste mit den verfügbaren Standardfarben anzuzeigen. Im Dialogfeld *Farbe* wird die Standardfarbauswahl hervorgehoben angezeigt und die Möglichkeit zur Auswahl und Definition benutzerdefinierter Farben gegeben. Die folgende Tabelle zeigt die vier möglichen Werte für die Eigenschaft *Flags*.

Flag	Bedeutung
&H1&	Anzeige des Standarddialogfelds *Farbe* (mit der Option *Benutzerdefinierte Farben*) und Markierung der aktuellen Farbe als Voreinstellung.
&H2&	Anzeige eines Standarddialogfelds mit Standard- und benutzerdefinierten Farben.
&H4&	Anzeige eines Standarddialogfelds mit Standardfarben, in dem die Schaltfläche *Farben definieren* deaktiviert ist.
&H8&	Anzeige der Schaltfläche *Hilfe* im Standarddialogfeld *Farbe*.

Es können beliebige Kombination dieser Werte verwendet werden, um das Standarddialogfeld *Farbe* einzurichten, bevor es geöffnet wird. Verwenden Sie den Operator Or, um zwei oder mehr Werte zu kombinieren. Beispiel:

```
CommonDialog1.Flags = &H1& Or &H8&
```

144

Lektion 4 Menüs und Dialogfelder

Mit dieser Einstellung wird das gleiche Standarddialogfeld *Farbe* wie vorher angezeigt. Es verfügt jedoch zusätzlich über die Schaltfläche *Hilfe*.

In der zweiten Zeile der Ereignisprozedur wird über die Methode *Show-Color* das Standarddialogfeld *Farbe* geöffnet. In der dritten Zeile wird die ausgewählte Farbe der Eigenschaft *ForeColor* des Objekts *Label1* zugewiesen. Sie erinnern sich vielleicht noch an das Objekt *Label1* aus dem Programm *NeuMenü* am Anfang dieser Lektion. Dieses Bezeichnungsfeld wurde verwendet, um die aktuelle Zeit und das Datum im Formular anzuzeigen. Die aus dem Standarddialogfeld *Farbe* ausgewählte Farbe wird dem Vordergrundtext in diesem Bezeichnungsfeld zugewiesen.

Das Standarddialogfeld *Farbe* kann verwendet werden, um die Farben beliebiger Benutzeroberflächenelemente einzustellen, die Farben unterstützen. Außerdem können die Hintergrundfarbe des Formulars, die Farbe bestimmter Formularbereiche und die Vordergrund- und Hintergrundfarben von Objekten definiert werden.

Im nächsten Abschnitt geben Sie den Programmcode für die Ereignisprozedur *mnuCloseItem_Click* ein. Mit dieser Routine wird die im Anzeigefeld angezeigte Datei geschlossen, sobald im Menü *Datei* der Befehl *Schließen* angeklickt wird.

Die Ereignisprozedur des Befehls Schließen bearbeiten

❶ Klicken Sie im Codefenster auf das Dropdown-Listenfeld *Objekt* und in der Liste auf das Objekt *mnuCloseItem*.

Die Ereignisprozedur für den Befehl *Schließen* aus dem Menü *Datei* wird im Codefenster angezeigt.

❷ Geben Sie folgende Programmanweisungen (um vier Leerzeichen eingezogen) zwischen den Anweisungen *Private Sub* und *End Sub* in die Ereignisprozedur ein.

```
Image1.Picture = LoadPicture("")
mnuCloseItem.Enabled = False
```

Verwenden Sie die Funktion *Load-Picture* mit leeren Anführungszeichen, um den Inhalt eines Anzeigefelds oder eines Bildfelds zu löschen.

Mit der ersten Zeile wird die geöffnete Windows-Metadatei geschlossen, indem eine leere Grafik in das Objekt *Image1* geladen wird. (Auf diese Weise wird der Inhalt von Anzeigefeldern und Bildfeldern gelöscht.) Mit der zweiten Zeile wird der Befehl *Schließen* im Menü *Datei* deaktiviert, da keine Datei mehr geöffnet ist, die geschlossen werden könnte.

Geben Sie nun den Programmcode für die Ereignisprozedur *mnuExitItem_Click* ein. Diese Routine beendet das Programm, wenn im Menü *Datei* auf den Befehl *Beenden* geklickt wird. Dies ist die letzte Ereignisprozedur des Programms.

Lektion 4   Menüs und Dialogfelder

Die Ereignisprozedur des Befehls Beenden bearbeiten

❶ Klicken Sie im Dropdown-Listenfeld *Objekt* auf das Objekt *mnuExitItem*.

Die Ereignisprozedur für den Befehl *Beenden* aus dem Menü *Datei* wird im Codefenster angezeigt.

❷ Geben Sie folgende Programmanweisungen (um vier Leerzeichen eingezogen) zwischen den Anweisungen *Private Sub* und *End Sub* in die Ereignisprozedur ein.

```
End
```

Mit dieser Anweisung wird das Programm beendet, sobald der Anwender den Befehl *Beenden* wählt.

❸ Schließen Sie das Codefenster.

❹ Klicken Sie in der Symbolleiste auf die Schaltfläche *Projekt speichern*, um das komplette Projekt auf der Festplatte zu speichern.

Visual Basic speichert die Änderungen, die Sie an den Formular- und Projektdateien vorgenommen haben.

Sie starten nun das Programm *NeuDialog* und probieren die erstellten Menüs und Dialogfelder aus.

Das Programm NeuDialog ausführen

❶ Klicken Sie in der Symbolleiste auf die Schaltfläche *Starten*.

Das Programm wird ausgeführt und die Menüs *Datei* und *Uhr* werden in der Menüleiste angezeigt.

Sie finden das vollständige Programm Dialog.vbp im Ordner \VB6SfS\Lekt04.

❷ Klicken Sie im Menü *Datei* auf *Öffnen*.

Das Standarddialogfeld *Öffnen* wird angezeigt. Beachten Sie den Eintrag *Metadateien (*.WMF)* im Feld *Dateityp*. Dieser Eintrag wurde mit folgender Anweisung in der Ereignisprozedur *mnuOpenItem_Click* definiert:

```
CommonDialog1.Filter = "Metadateien (*.WMF)|*.WMF"
```

Der erste Textteil in Anführungszeichen – Metadateien (*.WMF) – definiert, welcher Dateityp im Feld *Dateityp* angezeigt wird. Der zweite Teil – *.WMF – definiert die Dateinamenserweiterung der Dateien, die im Dialogfeld angezeigt werden sollen.

❸ Öffnen Sie den Ordner *\VB6SfS\Lekt03*.

Die im Ordner *Lekt03* enthaltenen Windows-Metadateien werden im Dateilistenfeld angezeigt (siehe Abbildung 4.13).

❹ Doppelklicken Sie auf die Datei *pcomputr.wmf*.

Daraufhin wird die Grafik eines Computers im Anzeigefeld angezeigt.

Lektion 4   Menüs und Dialogfelder

Abbildung 4.13
Das Programm
Dialog während
der Ausführung.

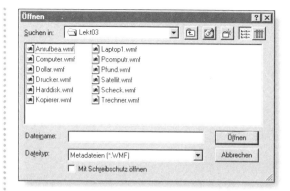

Üben Sie nun die Verwendung des Menüs *Uhr*.

❺ Klicken Sie im Menü *Uhr* auf den Befehl *Zeit*.

Die aktuelle Uhrzeit wird im Bezeichnungsfeld angezeigt.

❻ Klicken Sie im Menü *Uhr* auf den Befehl *Textfarbe*.

Das Standarddialogfeld *Farbe* wird angezeigt (siehe Abbildung 4.14).

Abbildung 4.14
Das Standard-
dialogfeld *Farbe*.

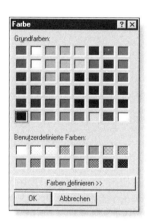

Im Standarddialogfeld *Farbe* können Sie die Farbe des Textes ändern, mit dem die Uhrzeit im Programm angezeigt wird. Die aktuelle Farbeinstellung ist Schwarz.

❼ Klicken Sie auf das Feld Hellblau und anschließend auf die Schaltfläche *OK*.

Das Standarddialogfeld *Farbe* wird geschlossen, und die Uhrzeit wird in Hellblau angezeigt (siehe Abbildung 4.15).

❽ Klicken Sie im Menü *Uhr* auf den Befehl *Datum*.

Lektion 4   Menüs und Dialogfelder

Abbildung 4.15
Die Uhrzeitanzeige.

Das aktuelle Datum wird in hellblauer Schrift angezeigt. Der Text bleibt hellblau, bis die Farbe geändert oder das Programm geschlossen wird.

❾ Klicken Sie auf das Menü *Datei*.

Beachten Sie, dass der Befehl *Schließen* jetzt aktiviert und verfügbar ist. (Er wurde in der Ereignisprozedur *mnuOpenItem_Click* mit der Anweisung `mnuCloseItem.Enabled = True` aktiviert.)

❿ Drücken Sie `S`, um die Grafikdatei zu schließen.

Die Datei wird geschlossen, und die Windows-Metadatei wird aus der Anzeige gelöscht.

⓫ Klicken Sie auf das Menü *Datei*.

Der Befehl *Schließen* ist nun deaktiviert und nicht mehr verfügbar, da keine Grafik angezeigt wird, die geschlossen werden könnte.

⓬ Klicken Sie auf den Befehl *Beenden*.

Das Programm *NeuDialog* wird geschlossen und die Visual Basic-Programmierumgebung wieder angezeigt.

Sie haben gelernt, wie verschiedene wichtige Befehle und Techniken zur Erstellung von Menüs und Dialogfeldern in Programmen eingesetzt werden. Nachdem Sie mehr über das Schreiben von Programmcode gelernt haben, können Sie diese Fertigkeiten nutzbringend in Ihren Programmen einsetzen.

Benutzerdefinierte Dialogfelder in Programme einfügen

Gesetzt den Fall, Sie möchten ein Dialogfeld in ein Programm einfügen, das nicht zu den fünf Standarddialogfeldtypen gehört. Das ist kein Problem – es erfordert lediglich einen etwas größeren Programmieraufwand. ▶

Lektion 4 **Menüs und Dialogfelder**

In die nächsten Lektionen werden Sie sehen, dass Visual Basic-Programme mehrere Formulare verwenden können, um Informationen abzufragen und anzuzeigen. Zur Erstellung eines benutzerdefinierten Dialogfelds müssen neue Formulare in das Programm aufgenommen werden, Ein- und Ausgabeobjekte eingefügt und die Click-Ereignisse im Programmcode verarbeitet werden. (Diese Techniken werden in Lektion 8 beschrieben.) In der nächsten Lektion werden Sie lernen, zwei nützliche Dialogfelder einzusetzen, die speziell für den Empfang von Texteingaben (InputBox) und die Anzeige von Textausgaben (MsgBox) konzipiert wurden. Sie können diese Dialogfelder verwenden, wenn die Standarddialogfelder für Ihre Zwecke nicht ausreichen, und damit unter Umständen die aufwendige Erstellung spezieller Dialogfelder vermeiden.

Einen Schritt weiter: Menübefehlen Tastenkombinationen zuweisen

Mit dem Menü-Editor können Sie den Menübefehlen sogenannte Tastenkombinationen zuweisen. Als Tastenkombination bezeichnet man eine Gruppe von Tasten der Tastatur, die gleichzeitig gedrückt werden können, um einen Befehl aufzurufen, ohne die Menüleiste des Programms verwenden zu müssen. Beispielsweise können Sie in einer typischen Windows-Anwendung (wie Visual Basic) markierten Text durch Drücken von (Strg)+(C) in die Zwischenablage kopieren, statt umständlich zuerst das Menü *Bearbeiten* und dann den Befehl *Kopieren* auswählen zu müssen. Die Verwendung der Tastenkombination verkürzt diesen Arbeitsgang also um 50%.

Im folgenden Abschnitt werden Sie im Programm *NeuDialog* den Befehlen des Menüs *Uhr* Tastenkombinationen zuweisen.

Den Befehlen des Menüs Uhr Tatenkombinationen zuweisen

❶ Klicken Sie in der Symbolleiste auf die Schaltfläche *Menü-Editor*.

Der Menü-Editor wird eingeblendet.

❷ Klicken Sie im Menülistenfeld auf den Befehl *Zeit*.

Im Dialogfeld werden in den Feldern *Caption* und *Name* die Einträge für den Befehl *Zeit* angezeigt. Die Tastenkombination wird durch Auswahl der gewünschten Tastenkombination aus dem Dropdown-Listenfeld *Shortcut* getroffen. Sie weisen hier dem Befehl *Zeit* die Tastenkombination (Strg)+(Z) zu.

Lektion 4 — Menüs und Dialogfelder

Menütiteln kann keine Tastenkombination zugewiesen werden.

❸ Klicken Sie auf das Dropdown-Listenfeld *Shortcut*, blättern Sie in diesem Listenfeld nach unten, und klicken Sie dann auf [Strg]+[Z].

Damit wird dem Menübefehl *Zeit* die Tastenkombination [Strg]+[Z] zugewiesen und im Menülistenfeld angezeigt.

❹ Klicken Sie auf die Schaltfläche *Nächster*.

Das Dialogfeld zeigt in den Feldern *Caption* und *Name* die Einträge für den Befehl *Datum* an. Weisen Sie diesem Befehl nun die Tastenkombination [Strg]+[D] zu.

❺ Klicken Sie auf das Dropdown-Listenfeld *Shortcut*, und klicken Sie dann auf [Strg]+[D].

Ihre Bildschirmanzeige sollte jetzt etwa wie in Abbildung 4.16 aussehen.

Abbildung 4.16
Das Menü *Uhr* mit den zugewiesenen Tastenkombinationen.

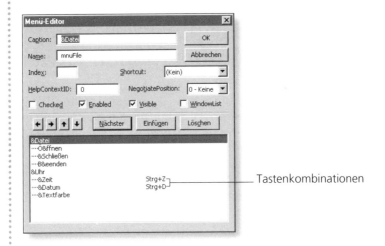

❻ Klicken Sie auf *OK*, um den Menü-Editor zu schließen.

Nun starten Sie das Programm und probieren die Tastenkombinationen aus.

❼ Klicken Sie in der Symbolleiste auf die Schaltfläche *Starten*.

❽ Drücken Sie [Strg]+[Z], um den Befehl *Zeit* auszuwählen.

Die aktuelle Uhrzeit wird im Programm angezeigt.

❾ Drücken Sie [Strg]+[D], um den Befehl *Datum* auszuwählen.

Das aktuelle Datum wird im Programm angezeigt.

❿ Klicken Sie auf das Menü *Uhr*.

Lektion 4　Menüs und Dialogfelder

Die Tastenkombinationen werden neben den Befehlen *Zeit* und *Datum* angezeigt. Visual Basic fügt diese Tastenbezeichnungen ein, nachdem die Tastenkombinationen im Menü-Editor definiert worden sind.

⓫ Klicken Sie im Menü *Datei* auf den Befehl *Beenden*.

Das Programm wird beendet, und die Programmierumgebung wird wieder angezeigt.

⓬ Klicken Sie auf die Schaltfläche *Projekt speichern*, um die Tastenkombinationen zu speichern.

Wenn Sie mit der nächsten Lektion fortfahren möchten
● Lassen Sie Visual Basic geladen, und schlagen Sie Lektion 5 auf.

Wenn Sie Visual Basic jetzt beenden möchten
● Klicken Sie im Menü *Datei* auf den Befehl *Beenden*.

Wenn daraufhin das Dialogfenster *Speichern* angezeigt wird, klicken Sie auf *Ja*.

Zusammenfassung der Lektion

Möchten Sie	dann
einen Menübefehl erstellen,	klicken Sie auf die Schaltfläche *Menü-Editor* und definieren im Feld *Caption* den Titel, im Feld *Name* den Namen und in der Menüliste die Position des Menübefehl.
einem Menübefehl eine Zugriffstaste zuordnen,	starten Sie den Menü-Editor, klicken auf den gewünschten Menübefehl und dann auf das Feld *Caption*. Geben Sie vor dem Buchstaben, der als Zugriffstaste verwendet werden soll, ein Et-Zeichen (&) ein.
einem Menübefehl eine Tastenkombination zuordnen,	starten Sie den Menü-Editor und klicken auf den gewünschten Menübefehl. Wählen Sie im Dropdown-Listenfeld *Shortcut* die Tastenkombination aus.
die Reihenfolge von Menübefehlen ändern,	starten Sie den Menü-Editor. Klicken Sie auf den Menübefehl, der verschoben werden soll, und dann auf die Schaltfläche mit dem nach oben oder dem nach unten gerichteten Pfeil, um den Befehl entsprechend zu verschieben. ▶

151

Lektion 4   Menüs und Dialogfelder

Möchten Sie	dann
ein Standarddialogfeld in einem Programm verwenden,	fügen Sie ein Standarddialog-Objekt in das Formular ein und verwenden im Programmcode eine der fünf Standarddialog-Methoden, um das Dialogfeld anzuzeigen.
einen Menübefehl deaktivieren,	löschen Sie im Menü-Editor das Häkchen aus dem Kontrollkästchen *Enabled*, das zum Menübefehl gehört.
einen Menübefehl über den Programmcode aktivieren,	verwenden Sie die Programmanweisung `mnuCloseItem.Enabled = True` und ersetzen *mnuCloseItem* durch den Namen des gewünschten Befehls.

Programmier-
grundlagen

5 Variablen und Operatoren

Geschätzte Dauer:
50 Minuten

In dieser Lektion lernen Sie

- wie Sie Variablen verwenden, um Daten in Programmen zu speichern.
- wie Benutzereingaben mit der Funktion *InputBox* abgefragt werden.
- wie Meldungen mit der Funktion *MsgBox* angezeigt werden.
- wie mathematische Operatoren und Funktionen in Formeln eingesetzt werden.

In Teil A haben Sie gelernt, wie eine Benutzeroberfläche für ein Microsoft Visual Basic-Programm aufgebaut und wie ein Programm in der Visual Basic-Programmierumgebung erstellt und ausgeführt wird. In den nächsten drei Lektionen werden Sie lernen, wie Sie Visual Basic-Programmcode – die Anweisungen und Schlüsselwörter, die den funktionalen Kern eines Visual Basic-Programms bilden – erstellen. Wenn Sie Teil B abgeschlossen haben, sind Sie für anspruchsvollere Themen gerüstet.

In dieser Lektion werden Sie Variablen einsetzen, um Daten temporär in einem Programm zu speichern, und mathematische Operatoren verwenden, um mathematische Berechnungen, wie Addition und Multiplikation, anzustellen. Außerdem wird beschrieben, wie Sie mit mathematischen Funktionen Berechnungen mit Zahlen durchführen und wie Sie die Funktionen *InputBox* und *MsgBox* verwenden, um mit Hilfe von Dialogfeldern Informationen zu sammeln und anzuzeigen.

Die Anatomie einer Visual Basic-Programmanweisung

Eine Programmanweisung ist eine für den Visual Basic-Compiler gültige Instruktion.

Wie Sie in Lektion 1 gelernt haben, wird eine Programmcodezeile in einem Visual Basic-Programm als *Programmanweisung* bezeichnet. Eine Programmanweisung ist eine beliebige Kombination von Visual Basic Schlüsselwörtern, Eigenschaften, Funktionen, Operatoren und Symbolen, die zusammen eine gültige Instruktion bilden, die vom Visual Basic-Compiler erkannt wird. Eine Programmanweisung kann aus einem einzigen Schlüsselwort bestehen, zum Beispiel:

Beep

Diese Anweisung bewirkt, daß der Lautsprecher des Computers einen Signalton ausgibt.

Anweisungen können ebenfalls aus einer Kombination von Elementen bestehen. Mit der in Abbildung 5.1 dargestellten Anweisung wird der Eigenschaft *Caption* eines Bezeichnungsfelds die aktuelle Systemzeit zugewiesen.

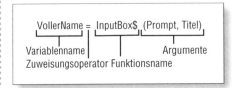

Abbildung 5.1
Eine Programmanweisung in Visual Basic.

Die Regeln zum Aufbau einer solchen Programmanweisung werden auch als *Syntax* bezeichnet. In Visual Basic gelten viele Syntaxregeln, die auch schon in früheren Versionen der Programmiersprache Basic sowie in anderen Sprachcompilern verwendet wurden. Entscheidend für das Schreiben effizienter Programmanweisungen ist es, die Syntax der nützlichsten Elemente einer Programmiersprache und die korrekte Verwendung dieser Elemente zu kennen. Glücklicherweise erledigt Visual Basic einen großen Teil der Kleinarbeit für Sie, so dass Sie relativ wenig Zeit zum Schreiben von Programmcode aufwenden müssen. Einmal erstellter Programmcode kann problemlos in anderen Visual Basic-Programmen wiederverwendet werden.

In den folgenden Lektionen lernen Sie einige der wichtigsten Visual Basic-Schlüsselwörter und -Programmanweisungen kennen. Wie Sie sehen werden, ergänzen diese Schlüsselwörter und Programmanweisungen Ihre bereits erworbenen Programmierkenntnisse und werden Ihnen helfen, leistungsfähige Programme zu erstellen. Variablen und Datentypen, das Thema dieser Lektion, sind Kernelemente nahezu jeden Programms.

Informationen in Variablen speichern

Eine *Variable* ist ein temporärer Speicherort in einem Programm. Sie können im Programmcode eine oder mehrere Variablen verwenden. Variablen können Wörter, Zahlen, Datumsangaben oder Eigenschaftseinstellungen enthalten. Variablen geben Ihnen die Möglichkeit, einem Datenelement, das später verarbeitet werden soll, einen einfachen, leicht merkbaren Namen zuzuordnen. Variablen können Informationen enthal-

Lektion 5 | Variablen und Operatoren

ten, die der Anwender während der Programmausführung eingibt, Ergebnisse aus programminternen Berechnungen und Daten, die im Formular angezeigt werden sollen. Variablen sind nützliche Hilfsmittel, die Sie verwenden können, um (fast) beliebige Typen von Informationen zwischenzuspeichern und später anderen Programmfunktionen bereitzustellen.

Man kann den Einsatz von Variablen in einem Visual Basic-Programm mit Tischreservierungen in einem stark frequentierten Restaurant vergleichen. Die Tische sind jederzeit verfügbar, es ist aber bequemer und einfacher, frühzeitig einen Tisch zu reservieren. In den nächsten beiden Abschnitten wird diese „Reservierung" oder *Deklaration* von Variablen beschrieben.

Variablen reservieren: Die Dim-Anweisung

Dim reserviert Speicherplatz für eine Variable.

Um eine Variable vor ihrem Einsatz im Programm (normalerweise am Anfang einer Ereignisprozedur) explizit zu deklarieren, geben Sie nach der Dim-Anweisung (Dim steht für *Dimension*) den Variablennamen ein. Dadurch wird während der Programmausführung im Speicher der „Tisch" bzw. Speicherplatz für die Variable reserviert. Außerdem erfährt Visual Basic, welchen Datentyp es von der Variablen zu erwarten hat. Folgende Anweisung reserviert beispielsweise Speicherplatz für eine Variable namens *Nachname*:

```
Dim Nachname
```

Nach dem Variablennamen kann der Variablentyp angegeben werden. (Im Verlauf dieser Lektion werden verschiedene grundlegende Datentypen für Variablen beschrieben.) In Visual Basic kann der Datentyp vorab definiert werden. Damit können Sie unter anderem steuern, wie viel Speicher die betreffende Funktion und damit das Programm in Anspruch nimmt. Wenn eine Variable zum Beispiel eine niedrige Zahl ohne Kommastellen (eine Ganzzahl) speichern soll, können Sie sie als Variable vom Typ Integer deklarieren und somit Speicherplatz sparen. Per Voreinstellung reserviert Visual Basic Speicherplatz für einen Variablentyp namens Variant, so dass eine Variable Daten beliebigen Typs und beliebiger Größe aufnehmen kann. Der Allzweckvariablentyp Variant ist extrem flexibel. Oft muß in Programmen kein anderer Variablentyp eingesetzt werden.

Daten werden mit dem Zuweisungsoperator (=) in einer Variable gespeichert.

Nachdem Sie eine Variable deklariert haben, können Sie ihr im Programmcode bestimmte Informationen zuordnen. Mit folgender Programmanweisung wird der Variablen *Nachname* der Wert „Jäger" zugewiesen:

```
Nachname = "Jäger"
```

Nach dieser Zuweisung, kann die Variable *Nachname* im Programmcode anstatt des Namens „Jäger" verwendet werden. Folgende Zuweisungs-

157

anweisung zeigt den Namen „Jäger" im ersten Bezeichnungsfeld (*Label1*) des Formulars an.

```
Label1.Caption = Nachname
```

Variablen implizit deklarieren

Variablen können auch ohne die Dim-Anweisung deklariert werden. Dieser Vorgang wird auch *implizite Deklaration* genannt. Um eine Variable auf diese Weise zu deklarieren, verwenden Sie einfach die Variable, ohne eine Dim-Anweisung vorauszuschicken:

```
Vorname = "Manfred"
```

Die *implizite Deklaration* geht schneller von der Hand, da die Dim-Anweisung hier nicht extra eingegeben werden muss. Wir empfehlen diese Art der Deklaration jedoch nicht, da sie Sie nicht zwingt, die Variablen im Vorhinein zu strukturieren und aufzuführen. Außerdem verhindert die implizite Deklaration, dass Visual Basic eine Fehlermeldung anzeigt, falls der Variablenname falsch eingegeben wird (siehe folgenden Tipp). In diesen Übungen werden Variablen unter Verwendung beider Methoden deklariert.

Falls Sie sich dazu entschließen, die Variablen immer mit der Dim-Anweisung zu deklarieren, sollten Sie in Ihrem Start-Formular in den Deklarationsabschnitt die Anweisung *Option Explicit* einfügen. Damit diese Einstellung automatisch für jedes neue Projekt verwendet wird, klicken Sie im Menü *Extras* auf den Befehl *Optionen*, klicken auf die Registerkarte *Editor* und aktivieren das Kontrollkästchen *Variablendeklaration erforderlich*.

Wenn die Anweisung *Option Explicit* verwendet wird, erzeugt Visual Basic eine Fehlermeldung, wenn es eine Variable findet, die nicht explizit im Programmcode deklariert worden ist (sehr wahrscheinlich aufgrund eines Tippfehlers im Variablennamen).

Variablen in einem Programm verwenden

Variablen können ganz nach Wunsch während der gesamten Programmausführung denselben Wert enthalten oder ihren Wert mehrmals wechseln. In der folgenden Übung wird gezeigt, wie die Variable *Nachname* sowohl Text als auch eine Zahl aufnehmen kann und wie diese Variable einer Objekteigenschaft zugewiesen wird.

Den Wert einer Variablen ändern

❶ Starten Sie Visual Basic.

❷ Klicken Sie im Menü *Datei* auf den Befehl *Projekt öffnen*.

Das Dialogfeld *Projekt öffnen* erscheint.

Lektion 5 Variablen und Operatoren

❸ Öffnen Sie das Übungsprojekt *VarTest* aus dem Ordner *\VB6SfS\Lekt05*.

Das Projekt *VarTest* wird in der Programmierumgebung geöffnet. Dieses Projekt stellt lediglich ein „Programmgerüst" bereit. Es enthält ein Formular mit Schaltflächen und Bezeichnungsfeldern, mit denen Ausgaben angezeigt werden können, es enthält aber fast keinen Programmcode. In dieser Übung werden Sie den notwendigen Programmcode einfügen.

❹ Markieren Sie den Formularnamen im Projekt-Explorer, und klicken Sie auf die Schaltfläche *Objekt anzeigen*.

Das Formular *Variablen testen* wird nun auf dem Bildschirm angezeigt (siehe Abbildung 5.2).

Abbildung 5.2
Das Formular
Variablen testen
aus dem Programm
VarTest.

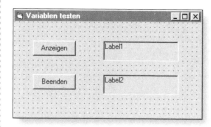

Das Formular enthält zwei Bezeichnungsfelder und zwei Befehlsschaltflächen. Sie werden die Variablen deklarieren, die zur Anzeige der Informationen in den Bezeichnungsfeldern verwendet werden.

❺ Doppelklicken Sie auf die Befehlsschaltfläche *Anzeigen*.

Die Ereignisprozedur *Command1_Click* wird im Codefenster angezeigt.

❻ Geben Sie folgende Programmanweisungen zur Deklaration und Verwendung der Variablen *Nachname* ein:

```
Dim Nachname

Nachname = "Klein"
Label1.Caption = Nachname

Nachname = 99
Label2.Caption = Nachname
```

Mit Hilfe von Variablen können Eigenschaften Werte zugewiesen werden.

Die Programmanweisungen sind in drei Gruppen unterteilt. Die erste Anweisung deklariert die Variable *Nachname* mit der Dim-Anweisung. Da kein Typ angegeben wird, wird die Variable mit dem Datentyp Variant deklariert – diese Variable kann also Text und Zahlen enthalten. In der zweiten und dritten Zeile wird der Variablen *Nachname* der Namen „Klein" zugewiesen, und dieser Namen wird im ersten Bezeichnungsfeld des Formulars angezeigt. Dies ist einer der häufigsten Einsatzbereiche

Lektion 5 Variablen und Operatoren

von Variablen in einem Programm – die Übergabe von Informationen an eine Eigenschaft (in diesem Fall die Eigenschaft *Caption* von *Label1*).

In der vierten Zeile wird der Variablen *Nachname* die Zahl 99 zugewiesen. Mit dieser Operation wird der Text aus der Variablen entfernt und durch eine Zahl ersetzt. Die Zahl wurde nicht in Anführungszeichen gesetzt. Texteingaben müssen in Anführungszeichen gesetzt werden, Zahlen dagegen nicht. (Wenn eine Zahl in Anführungszeichen gesetzt wird, wird sie als Text behandelt und kann nicht in mathematischen Formeln verwendet werden.)

Ihre Bildschirmanzeige sollte nun etwa wie in Abbildung 5.3 aussehen.

Abbildung 5.3
Die Ereignisprozedur für die Befehlsschaltfläche *Anzeigen* aus dem Programm *VarTest*.

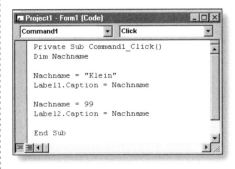

❼ Klicken Sie in der Symbolleiste auf die Schaltfläche *Starten*, um das Programm auszuführen.

Das Programm wird in der Programmierumgebung ausgeführt.

❽ Klicken Sie auf die Befehlsschaltfläche *Anzeigen*.

Das Programm deklariert die Variable, weist ihr zweimal Daten zu und kopiert sie in die zwei Bezeichnungsfelder des Formulars. Das Programm erzeugt dann die in Abbildung 5.4 dargestellte Ausgabe.

❾ Klicken Sie auf die Schaltfläche *Beenden*, um das Programm zu verlassen.

Das Programm wird beendet, und die Programmierumgebung wird wieder aktiviert.

Abbildung 5.4
Die Programmausgabe von *VarTest*.

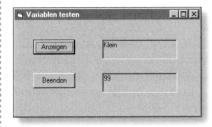

160

Lektion 5 | Variablen und Operatoren

Namenskonventionen für Variablen

Variablen sollten so benannt werden, dass ihre Namen kurz, prägnant und leicht zu behalten sind. Beachten Sie die folgenden Richtlinien bei der Benennung von Variablen:

Jeder Variablenname muss mit einem Buchstaben beginnen. Dies ist eine Visual Basic-Vorgabe. Variablennamen können maximal 256 Zeichen lang sein und dürfen keine Punkte enthalten.

Wählen Sie Namen, die die Variablen klar beschreiben. Verwenden Sie gegebenenfalls mehrere Wörter in einem Variablennamen. Beispielsweise ist der Variablenname *SteuerSatz* viel klarer als nur *Steuer* oder *Satz*.

Verwenden Sie bei Bedarf Groß- und Kleinschreibung und Zahlen. In der Regel wird der erste Buchstabe jedes in einem Variablennamen enthaltenen Wortes großgeschrieben, z.B. *GeburtstagDesAnwenders*.

Verwenden Sie keine Visual Basic-Schlüsselwörter, Objekt- oder Eigenschaftennamen als Variablennamen.

Optional: Beginnen Sie Variablennamen mit einer zwei oder drei Buchstaben umfassenden Abkürzung, die den Datentyp der Variablen bezeichnet. Verwenden Sie beispielsweise den Namen *strName* um anzuzeigen, dass die Variable *Name* Daten vom Typ String enthält. Sie brauchen sich im Moment um diese Konvention nicht zu kümmern, werden ihr aber in der Online-Hilfe zu Visual Basic und in Büchern zur Programmierung mit Visual Basic begegnen. (Nähere Informationen zu Datentypen enthält Abschnitt *Bestimmte Datentypen verwenden* weiter hinten in diesem Kapitel.)

⑩ Speichern Sie das Formular mit dem Befehl *Speichern von Vartest.frm unter* unter dem Namen **NeuVarTest.frm**. Speichern Sie die Änderungen am Projekt mit dem Befehl *Projekt speichern unter* unter dem Namen **NeuVarTest.vbp**.

Variablen zum Speichern von Eingaben verwenden

Benutzereingaben können mit Hilfe der Funktion *InputBox* und einer Variablen abgefragt werden.

Variablen werden häufig zum Speichern von Informationen verwendet, die der Anwender während der Programmausführung in das Programm eingibt. Obwohl Sie meist ein Objekt zum Erfassen von Benutzereingaben verwenden können (z.B. ein Dateilistenfeld oder ein Textfeld), ist es gelegentlich vorteilhafter, direkt mit dem Anwender zu kommunizieren und

Lektion 5 · Variablen und Operatoren

die Benutzereingaben in einer Variablen statt einer Eigenschaft zu speichern. Hierzu können Sie beispielsweise die Funktion *InputBox* einsetzen,
um ein Dialogfeld anzuzeigen und den vom Anwender in das Dialogfeld
eingegebenen Text in einer Variablen zu speichern. In der folgenden
Übung wollen wir diesen Ansatz einmal ausprobieren.

Eingaben mit der Funktion InputBox abfragen

❶ Klicken Sie im Menü *Datei* auf den Befehl *Projekt öffnen*.

Das Dialogfeld *Projekt öffnen* wird angezeigt.

❷ Öffnen Sie das Projekt *Eingabe* aus dem Ordner *\VB6SfS\Lekt05*.

Das Projekt *Eingabe* wird in der Programmierumgebung geöffnet. Das
Projekt *Eingabe* ist ein Programmgerüst, das ein Formular mit Schaltflächen und ein Bezeichnungsfeld zur Anzeige von Ausgaben, jedoch
sehr wenig Programmcode enthält.

❸ Markieren Sie das Formular im Projekt-Explorer, und klicken Sie auf die
Schaltfläche *Objekt anzeigen*.

Das Formular *Dateneingabe* wird auf dem Bildschirm angezeigt. Es enthält ein Bezeichnungsfeld und zwei Befehlsschaltflächen. Sie werden die
Funktion *InputBox* verwenden, um Eingaben vom Anwender abzufragen
und diese dann im Bezeichnungsfeld anzuzeigen.

❹ Doppelklicken Sie auf die Befehlsschaltfläche *Dateneingabe*.

Die Ereignisprozedur *Command1_Click* wird im Codefenster angezeigt.

❺ Geben Sie folgende Programmanweisungen zur Deklaration der beiden
Variablen und zum Aufruf der *InputBox*-Funktion ein:

```
Dim Prompt, VollerName
Prompt = "Bitte geben Sie Ihren Namen ein."

VollerName = InputBox$(Prompt)
Label1.Caption = VollerName
```

Hier werden mit der *Dim*-Anweisung zwei Variablen deklariert: *Prompt*
und *VollerName*. In der zweiten Zeile der Ereignisprozedur wird der
Variablen *Prompt* Text bzw. eine *Zeichenfolge* zugewiesen. Diese Meldung wird als Textargument für die Funktion *InputBox* verwendet. (Ein
Argument ist ein Wert bzw. ein Ausdruck, der einer Unterprozedur bzw.
einer Funktion zugewiesen wird.) In der nächsten Zeile wird die Funktion
InputBox aufgerufen und das Ergebnis des Aufrufs (die Zeichenfolge, die
der Anwender eingegeben hat) der Variablen *VollerName* zugewiesen.
InputBox ist eine spezielle Visual Basic-Funktion, mit der ein Dialogfeld
auf dem Bildschirm angezeigt wird, in dem der Anwender Eingaben vornehmen kann. Zusätzlich zum Text für die Eingabeaufforderung (hier die

162

Lektion 5   Variablen und Operatoren

Variable *Prompt*) können der Funktion *InputBox* weitere Argumente übergeben werden. Weitere Informationen hierzu finden Sie in der Visual Basic Online-Hilfe.

Nachdem die Funktion *InputBox* die Zeichenfolge an das Programm zurückgeliefert hat, wird der eingegebene Name mit der vierten Anweisung der Prozedur in die *Caption*-Eigenschaft des Objekts *Label1* kopiert, das ihn im Formular anzeigt.

In früheren Versionen von BASIC wurde der Namen der Funktion *InputBox* anders geschrieben; er endete mit dem Zeichen $, das Programmierer daran erinnern sollte, dass diese Funktionen Daten vom Typ String ($) zurückgab. Visual Basic lässt beide Schreibweisen zu, und in diesem Buch werden auch beide Schreibweisen verwendet.

❻ Klicken Sie in der Symbolleiste auf die Schaltfläche *Starten*, um das Programm auszuführen.

Das Programm wird in der Programmierumgebung ausgeführt.

❼ Klicken Sie auf die Schaltfläche *Dateneingabe*.

Visual Basic führt die Ereignisprozedur *Command1_Click* aus und zeigt das Dialogfeld *Eingabe* auf dem Bildschirm an (siehe Abbildung 5.5).

Abbildung 5.5
Das von der Funktion *InputBox* erzeugte Dialogfeld *Eingabe*.

❽ Geben Sie Ihren Namen ein, und klicken Sie auf *OK*.

Die Funktion *InputBox* übergibt Ihren Namen dem Programm und speichern ihn in der Variablen *VollerName*. Das Programm verwendet dann den Inhalt dieser Variablen, um den Namen im Formular anzuzeigen (siehe Abbildung 5.6).

Abbildung 5.6
Die Programmausgabe von *VarTest*.

163

Lektion 5 — Variablen und Operatoren

Sie können die Funktion *InputBox* jederzeit in einem Programm einsetzen, um dem Anwender die Eingabe von Informationen zu ermöglichen. Die Funktion kann zusammen mit anderen Eingabesteuerelementen verwendet werden, um den Datenfluss in ein und aus einem Programm zu steuern. In der nächsten Übung werden Sie lernen, wie Sie mit einer ähnlichen Funktion in einem Dialogfeld Text anzeigen können.

9 Klicken Sie auf die Schaltfläche *Beenden*, um das Programm zu verlassen.

Das Programm wird beendet und die Programmierumgebung wird wieder aktiviert.

10 Speichern Sie die Änderungen am Formular und am Projekt unter dem Namen **NeuEingabe**.

Was ist eine Funktion?

InputBox ist ein besonderes Visual Basic-Schlüsselwort, mit dem eine sogenannte Funktion bezeichnet wird. Eine *Funktion* ist eine Anweisung, die eine bestimmte Aufgabe erledigt (z.B. Informationen vom Anwender abfragt oder eine Gleichung berechnet) und das Ergebnis an das Programm zurückgibt. Der von einer Funktion gelieferte Wert kann einer Variablen zugewiesen werden (wie im Programm *NeuEingabe*). Er kann ebenfalls einer Eigenschaft oder einer anderen Anweisung oder Funktion zugewiesen werden. Visual Basic-Funktionen weisen oft eines oder mehrere Argumente auf, die ihre Funktionalität definieren. Beispielsweise wurde in der letzten Übung in der Funktion *InputBox* die Variable *Prompt* verwendet, um die Anweisung (z.B. „Geben Sie Ihren Namen ein.") festzulegen, die im Dialogfeld angezeigt werden soll. Wenn eine Funktion mehrere Argumente verwendet, werden diese Argumente durch Kommas voneinander getrennt, und die gesamte Argumentgruppe wird in Klammern gesetzt. Die folgende Anweisung zeigt einen Funktionsaufruf, der über zwei Argumente verfügt:

Abbildung 5.7
Aufruf der Funktion *InputBox* mit zwei Argumenten.

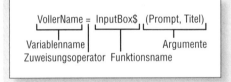

Lektion 5 Variablen und Operatoren

Variablen für Programmausgaben verwenden

Die Funktion *MsgBox* verwendet Zeichenfolgen, um Ausgaben in einem Dialogfeld anzuzeigen. Sie unterstützt verschiedene optionale Argumente.

Zur Anzeige des Inhalts einer Variablen kann die Variable einer Eigenschaft (z.B. der *Caption*-Eigenschaft eines Bezeichnungsfelds) zugewiesen oder als Argument an eine Dialogfeldfunktion übergeben werden. Eine nützliche Dialogfeldfunktion zur Anzeige von Ausgaben ist die Funktion *MsgBox*. Ähnlich wie der Funktion *InputBox* werden dieser Funktion ein oder mehrere Argumente übergeben, und die Ergebnisse des Funktionsaufrufs können einer Variablen zugewiesen werden. Aufrufe der Funktion *MsgBox* haben folgende Syntax:

```
AngeklickteSchaltfläche = MsgBox(Meldung, Schaltflächenkennung, Titel)
```

Hierbei steht *Meldung* für den auf dem Bildschirm angezeigten Text. *Schaltflächenkennung* ist eine Kennung für die Art der Schaltfläche (1 bis 5) und *Titel* ist der Text, der in der Titelzeile des Dialogfelds angezeigt wird. Das von der Funktion zurückgelieferte Ergebnis wird der Variablen *AngeklickteSchaltfläche* zugewiesen, die angibt, welche Schaltfläche im Dialogfeld angeklickt wurde.

Wenn mit der Funktion *MsgBox* lediglich eine Meldung angezeigt werden soll, sind der Zuweisungsoperator (=), die Variable (*AngeklickteSchaltfläche*) und das Argument (*Schaltflächenkennung*) nicht notwendig. In der folgenden Übung werden diese Bestandteile nicht verwendet. Informationen dazu (und zu den verschiedenen Schaltflächen, die mit der Funktion *MsgBox* verwendet werden können), finden Sie in der Online-Hilfe zu Visual Basic unter dem Stichwort *MsgBox*.

Im folgenden Abschnitt fügen Sie die Funktion *MsgBox* in das Programm *NeuEingabe* ein, um den vom Anwender in das *InputBox*-Dialogfeld *Eingabe* eingegebenen Namen anzuzeigen.

Eine Meldung mit der Funktion MsgBox anzeigen

❶ Doppelklicken Sie im Formular *NeuEingabe* auf die Schaltfläche *Dateneingabe*.

Die Ereignisprozedur für die Prozedur *Command1_Click* wird im Codefenster angezeigt. (Dies ist der Programmcode, den Sie in der letzten Übung eingegeben haben.)

❷ Markieren Sie mit der Maus folgende Anweisung in der Ereignisprozedur (der letzten Zeile):

```
Label1.Caption = VollerName
```

Mit dieser Anweisung wird der Inhalt der Variablen *VollerName* im Bezeichnungsfeld *Label1* angezeigt.

165

Lektion 5 Variablen und Operatoren

❸ Drücken Sie `Entf`, um die Zeile zu löschen.

Die Anweisung wird aus dem Codefenster entfernt.

❹ Geben Sie die folgende Zeile in die Ereignisprozedur ein:

```
MsgBox (VollerName), , "Eingabe"
```

Diese neue Anweisung ruft die Funktion *MsgBox* auf, zeigt den Inhalt der Variablen *VollerName* im Dialogfeld an und trägt das Wort *Eingabe* in die Titelzeile des Meldungsfelds ein (das optionale Argument *Schaltflächenkennung* und die Variable *AngeklickteSchaltfläche* wurden weggelassen). Die Ereignisprozedur sollte nun etwa wie in Abbildung 5.8 aussehen.

Abbildung 5.8
Die um die Funktion *MsgBox* ergänzte Ereignisprozedur *Command1_Click*.

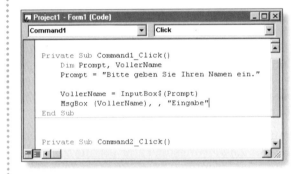

Wenn keine Variable (*AngeklickteSchaltfläche*) verwendet wird, müssen Sie nur das erste Argument (*VollerName*) in Klammern setzen.

❺ Klicken Sie in der Symbolleiste auf die Schaltfläche *Starten*.

❻ Klicken Sie auf die Schaltfläche *Dateneingabe*, geben Sie Ihren Namen in das Eingabefeld ein, und klicken Sie dann auf *OK*.

Die Eingabe wird im Programm in der Variablen *VollerName* gespeichert und in einem Meldungsfeld anzeigt. Ihre Bildschirmanzeige sollte nun etwa wie in Abbildung 5.9 aussehen.

Abbildung 5.9
Das von der Funktion *MsgBox* generierte Dialogfeld *Eingabe*.

❼ Klicken Sie auf *OK*, um das Meldungsfeld zu schließen. Dann klicken Sie auf *Beenden*, um das Programm zu verlassen.

Das Programm wird beendet und die Programmierumgebung wieder aktiviert.

Lektion 5 | **Variablen und Operatoren**

❽ Speichern Sie das Formular und das Projekt jeweils unter dem Namen **NeuAusgabe**.

Bestimmte Datentypen verwenden

Wenn eine Variable immer denselben Datentyp enthält, können Sie die Leistungsfähigkeit des Programms steigern, indem Sie die Variable mit diesem Datentyp definieren.

Für die meisten Programme ist der Variablendatentyp Variant völlig ausreichend. Variant-Variablen können alle vordefinierten Visual Basic-Datentypen speichern und automatisch die Formate konvertieren. Variant-Variablen sind einfach einzusetzen, und bei der Deklaration muss die endgültige Größe der Variablen nicht berücksichtigt werden. Wenn Sie aber gezielt schnellen und effiziente Programmcode erstellen möchten, sollten Sie in den entsprechenden Deklarationen den Datentyp festlegen.

Wenn eine Variable beispielsweise nur kleine Ganzzahlen (niedrige Zahlen ohne Kommastellen) enthält, kann bei der Programmausführung Speicherplatz gespart werden, indem der Datentyp der Variable als Integer statt als Variant definiert wird. Eine Integer-Variable beschleunigt außerdem arithmetische Operationen. Damit wird die Ausführung der entsprechenden Funktion und folglich des gesamten Programms beschleunigt.

Die nachfolgende Tabelle 5.1 zeigt die grundlegenden Datentypen von Visual Basic. Bitte beachten Sie, dass die in Klammern angegebenen deutschen Datentypbezeichnungen im Programmcode nicht zulässig sind. In der nächsten Übung werden wir einige dieser Datentypen verwenden.

Einigen Grunddatentypen sind Typdeklarationszeichen zugeordnet. Sie können in diesen Fällen den Datentyp der Variablen deklarieren, indem Sie das entsprechende Typdeklarationszeichen an den Variablennamen anhängen. Beispielsweise können Sie eine Variable vom Typ Integer definieren, indem Sie das Zeichen % an den Variablennamen anhängen. In Visual Basic sind daher die folgenden beiden Deklarationsanweisungen gleichbedeutend:

```
Dim I As Integer
Dim I%
```

Es handelt sich hierbei um eine ältere Programmierkonvention, die aber noch von vielen Programmierern verwendet wird.

Tabelle 5.1
Vordefinierte Datentypen von Visual Basic.

Datentyp	Größe	Bereich	Beispiel
Integer (Ganzzahl)	2 Byte	–32768 bis 32767	Dim Pflanzen% Pflanzen% = 37 ▶

Lektion 5   Variablen und Operatoren

Datentyp	Größe	Bereich	Beispiel
Long Integer (lange Ganzzahl)	4 Byte	-2147483648 bis 2147483647	Dim Kredit& Kredit& = 350000
Single (Gleitkommazahl mit einfacher Genauigkeit)	4 Byte	-3.402823E38 bis 3.402823E38	Dim Preis! Preis! = 899,99
Double (Gleitkommazahl mit doppelter Genauigkeit)	8 Byte	-1,79769313486232D308 bis 1,79769313486232D308	Dim Pi# Pi# = 3,1415926535
Currency (skalierte Ganzzahl)	8 Byte	-922337203685477,5808 bis 922337203685477,5807	Dim Schulden@ Schulden@ = _ 7600300,50
String (Zeichenfolge)	1 Byte pro Zeichen	0 bis 65535 Zeichen	Dim Hund$ Hund$ = "Dackel"
Boolean (Boolescher Wert)	2 Byte	True oder False	Dim Flag as Boolean Flag = True
Date (Datum)	8 Byte	1. Januar 100, bis 31. Dezember 9999	Dim Geburtstag as Date Geburtstag = _ #10-06-60#
Variant	16 Byte (für Zahlen); 22 Byte + 1 Byte pro Zeichen (für Zeichenfolgen)	Alle Datentypbereiche	Dim Gesamt Gesamt = 289,13

Der Speicherplatz für Variablen wird in Byte gemessen – der Speicherplatz, der zum Speichern von 8 Bits (etwa 1 Zeichen) benötigt wird.

Grundlegende Datentypen im Programmcode verwenden

Das Programm Datentyp veranschaulicht die grundlegenden Datentypen in Programmcode.

❶ Klicken Sie im Menü *Datei* auf den Befehl *Projekt öffnen*.

Das Dialogfeld *Projekt öffnen* wird angezeigt.

❷ Öffnen Sie das Projekt *Datentyp* aus dem Ordner *\VB6SfS\Lekt05*.

Das Projekt *Datentyp* wird in der Programmierumgebung geöffnet. *Datentyp* ist ein komplettes Visual Basic-Programm, mit dem die Funktion einiger grundlegender Datentypen demonstriert wird. Sie werden

Lektion 5   Variablen und Operatoren

Abbildung 5.10
Das Anwendungsfenster des Beispielprogramms *Datentyp*.

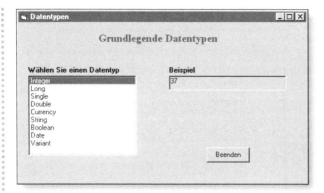

das Programm ausführen und sich ansehen, wie die verschiedenen Datentypen während der Programmausführung aussehen. Anschließend werden Sie erfahren, wie die Variablen deklariert und im Programmcode verwendet werden.

❸ Klicken Sie in der Symbolleiste auf die Schaltfläche *Starten*.

Daraufhin wird das in Abbildung 5.10 dargestellte Anwendungsfenster angezeigt.

Mit dem Programm *Datentyp* können Sie neun Datentypen ausprobieren, inklusive Integer, Single (Gleitkommazahl mit einfacher Genauigkeit) und Date (Datum). Wenn Sie im Listenfeld auf den Namen eines Datentyps klicken, zeigt das Programm einen Beispielwert dieses Datentyps an.

❹ Klicken Sie im Listenfeld auf den Datentyp *Integer*.

Die Zahl 37 wird im Beispielfeld angezeigt.

❺ Klicken Sie im Listenfeld auf den Datentyp *Date*.

Das Datum *Dienstag, 19. November 1963* erscheint im Beispielfeld.

❻ Klicken Sie auf jeden Datentyp im Listenfeld, und beobachten Sie, wie Visual Basic diesen Datentyp im Beispielfeld darstellt.

❼ Klicken Sie auf die Schaltfläche *Beenden*, um das Programm zu verlassen.

In den folgenden Schritten werden Sie untersuchen, wie grundlegende Datentypen deklariert und in der Ereignisprozedur *List1_Click* eingesetzt werden.

❽ Markieren Sie das Formular im Projekt-Explorer, und klicken Sie auf die Schaltfläche *Objekt anzeigen*.

❾ Doppelklicken Sie im Formular auf das Listenfeld, und vergrößern Sie das Codefenster, um möglichst viel vom Programmcode sehen zu können.

Die Ereignisprozedur *List1_Click* wird angezeigt (siehe Abbildung 5.11).

Lektion 5 Variablen und Operatoren

Abbildung 5.11
Die Ereignisprozedur *List1_Click* des Programms *Datentyp*.

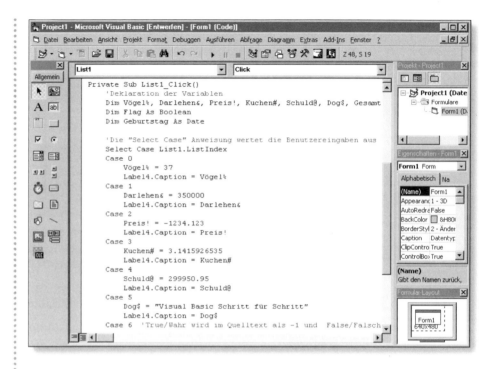

In den ersten Zeilen der Prozedur werden Variablen mit bestimmten Datentypen deklariert. Diese Variablen sind *lokal* zu dieser Prozedur, d. h. sie haben für die anderen Ereignisprozeduren im Programm keine Bedeutung. Einige dieser Variablen werden mit speziellen Datentypzeichen wie %, # und @ deklariert. Diese Zeichen identifizieren den Datentyp der Variable als einen grundlegenden Datentyp, markieren die Variablen für den Visual Basic-Compiler und erleichtern das Lesen des Programmcodes.

Der nächste Abschnitt der Ereignisprozedur wird auch als *Select Case*-Kontrollstruktur bezeichnet. In der nächsten Lektion wird beschrieben, wie mit dieser Gruppe von Programmanweisungen eine von mehreren Optionen ausgewählt wird. Für den Augenblick beachten Sie nur, dass in jedem Abschnitt des *Select Case*-Blocks einer der Variablen ein Beispielwert zuordnet und dann die Variable der *Caption*-Eigenschaft des Objekts *Label4* zugewiesen wird, damit der Wert im Formular angezeigt wird.

Zur Verarbeitung von Datums- und Zeitangaben eignet sich besonders der Datentyp Date. Das Datum wird einer Variablen (*Geburtstag*) zugewiesen, wobei das Datum in Nummernzeichen (#) gesetzt und mit der Funktion *Format* formatiert wird.

Lektion 5 Variablen und Operatoren

Variablen können zudem *öffentlich* sein, d. h. allen Formularprozeduren und Modulen eines Programms zur Verfügung stehen. Öffentliche Variablen (gelegentlich auch globale Variablen genannt) werden mit dem Schlüsselwort *Public* deklariert. *Module* sind spezielle Dateien, die Deklarationen und Prozeduren enthalten, die nicht an ein bestimmtes Formular gebunden sind. Damit eine Variable diesen globalen Gültigkeitsbereich erhält, muss sie in einem Standardmodul deklariert werden. Informationen zur Erstellung von öffentlichen Variablen in Standardmodulen finden Sie in Lektion 10 *Module und Prozeduren*.

⑩ Blättern Sie im Codefenster nach unten, und sehen Sie sich die einzelnen Variablenzuweisungen einmal näher an.

Wenn Sie möchten, können Sie die Daten in einigen der Variablenzuweisungen ändern und dann das Programm ausführen, um zu sehen, wie die Daten angezeigt werden.

⑪ Nachdem Sie den Programmcode eingehend studiert haben, schließen Sie das Codefenster.

Falls Sie Änderungen vorgenommen haben und diese speichern möchten, klicken Sie in der Symbolleiste auf die Schaltfläche *Projekt speichern*.

Benutzerdefinierte Datentypen

Sie können in Visual Basic selbst Datentypen definieren. Dies ist besonders nützlich, wenn eine Gruppe von Daten bearbeitet wird, die naturgemäß zusammengehören, aber in verschiedene Datenkategorien fallen. Ein benutzerdefinierter Datentyp kann mit einer Type-Anweisung definiert werden. Die entsprechenden Variablen können mit der Dim-Anweisung deklariert werden. (Die Type-Anweisung muss sich im Deklarationsabschnitt eines Standardmoduls befinden. Weitere Informationen zu Standardmodulen finden Sie in der Visual Basic Online-Hilfe unter dem Stichwort *Modul*.) Mit der folgenden Deklaration wird beispielsweise ein benutzerdefinierter Datentyp namens Mitarbeiter definiert, mit dem Name, Geburtstag und Einstellungsdatum der Mitarbeiter einer Firma gespeichert werden können:

```
Type Mitarbeiter
    Name As String
    Geburtstag As Date
    Einstellungsdatum As Date
End Type
```

Nachdem der Datentyp erstellt worden ist, kann er im Programmcode eingesetzt werden. Die folgenden Anweisungen verwenden den neuen Datentyp Mitarbeiter. Die erste Anweisung erstellt eine Variable ▶

Lektion 5 — Variablen und Operatoren

namens *ProduktManager* mit dem Datentyp *Mitarbeiter*. Die zweite Anweisung weist den Namen „Manfred Jäger" der Variablenkomponente *Name* zu:

```
Dim ProduktManager As Mitarbeiter
ProduktManager.Name = "Manfred Jäger"
```

Das sieht doch genauso aus, wie das Einstellen einer Eigenschaft, nicht? In Visual Basic wird zur Darstellung der Beziehung zwischen benutzerdefinierten Datentypen und Komponentenvariablen die gleiche Notation wie für die Beziehung zwischen Objekten und Eigenschaften verwendet.

Konstanten: Variablen, die sich nicht ändern

Wenn eine Variable einen Wert enthält, der sich nie ändert (z.B. π, eine feste mathematische Größe), kann dieser Wert als Konstante anstatt als Variable gespeichert werden. Eine *Konstante* ist ein Name, der eine Zahl oder Zeichenfolge repräsentiert, die sich nicht ändert. Mit Konstanten erhöhen Sie die Lesbarkeit und Verständlichkeit des Programmcodes. Ihre Verwendung kann Speicher einsparen, und umfassende Änderungen am Programmcode werden wesentlich erleichtert. Konstanten funktionieren weitgehend wie Variablen, ihre Werte können während der Ausführung des Programms jedoch nicht geändert werden. Konstanten werden mit dem Schlüsselwort *Const* deklariert (siehe folgendes Beispiel):

```
Const Pi = 3.14159265
```

Die obige Anweisung erzeugt eine Konstante namens Pi, die im Programmcode anstatt des Wertes von π verwendet werden kann. Wenn eine Konstante allen Prozeduren eines Programms zur Verfügung stehen soll, müssen Sie sie in einem Standardmodul definieren und der Definition das Schlüsselwort Public voranstellen. Ein Beispiel:

```
Public Const Pi = 3.14159265
```

Weitere Informationen zu Standardmodulen finden Sie in Lektion 9.

Im folgenden Abschnitt wird gezeigt, wie eine Konstante in einer Ereignisprozedur eingesetzt werden kann.

Eine Konstante in einer Ereignisprozedur verwenden

❶ Klicken Sie im Menü *Datei* auf den Befehl *Projekt öffnen*.

Das Dialogfeld *Projekt öffnen* wird angezeigt.

❷ Öffnen Sie das Projekt *Konstanten* aus dem Ordner *\VB6SfS\Lekt05*.

❸ Klicken Sie im Projekt-Explorer auf die Schaltfläche *Objekt anzeigen*.

172

Lektion 5   Variablen und Operatoren

Das Formular des Programms *Konstanten* wird auf dem Bildschirm angezeigt. Das Projekt *Konstanten* enthält lediglich ein Programmgerüst. Die Benutzeroberfläche ist vorhanden, aber der Programmcode muss noch eingegeben werden.

❹ Doppelklicken Sie auf die Befehlsschaltfläche *Konstante anzeigen* im Formular.

Die Ereignisprozedur *Command1_Click* wird im Codefenster angezeigt.

❺ Geben Sie folgende Anweisungen in die Ereignisprozedur ein:

```
Const Pi = 3.14159265
Label1.Caption = Pi
```

❻ Klicken Sie auf die Schaltfläche *Starten*, um das Programm auszuführen.

❼ Klicken Sie im Programm auf die Befehlsschaltfläche *Konstante anzeigen*.

Die Konstante Pi wird im Bezeichnungsfeld angezeigt (Abbildung 5.12).

Abbildung 5.12
Die Ausgabe des Beispielprogramms *Konstanten*.

❽ Klicken Sie auf die Schaltfläche *Beenden*, um das Programm zu verlassen.

Wenn Sie die Änderungen im Programm Konstanten speichern möchten, speichern Sie das Formular und das Projekt jeweils unter dem Namen **NeuKonstanten**.

Konstanten sind im Programmcode sehr hilfreich, besonders in mathematischen Formeln wie Fläche = $2\pi r^2$. Im nächsten Abschnitt wird beschrieben, wie Operatoren und Variablen zur Erstellung ähnlicher Formeln eingesetzt werden können.

Die Visual Basic-Operatoren verwenden

Formeln werden mit Hilfe der Visual Basic-Operatoren gebildet.

Eine *Formel* ist eine Anweisung, die Zahlen, Variablen, Operatoren und Schlüsselwörter oder eine Kombination dieser Elemente verwendet, um einen Wert zu berechnen. Visual Basic verfügt über verschiedene Sprachelemente, die in Formeln verwendet werden können. In diesem Abschnitt werden Sie mathematische Operatoren einsetzen. Operatoren sind Symbole, mit denen die Teile einer Formel verknüpft werden. Mit wenigen

Lektion 5 | **Variablen und Operatoren**

Ausnahmen entsprechen diese Symbole den mathematischen Symbolen, die Sie im täglichen Leben verwenden. Ihre Funktion erklärt sich oft von selbst. In den nachfolgenden Übungen wird die Funktion dieser Operatoren veranschaulicht.

Visual Basic verfügt über die in Tabelle 5.2 aufgeführten Operatoren:

Tabelle 5.2
In Visual Basic verfügbare Operatoren.

Operator	Mathematische Operation
+	Addition
-	Subtraktion
*	Multiplikation
/	Division
\	Integer-Division
Mod	Restwert-Division
^	Potenzierung
&	Zeichenfolgenverkettung (Kombination)

Mathematische Grundoperationen: Die Operatoren +, −, * und /

Die Operatoren für Addition, Subtraktion, Multiplikation und Division sind relativ leicht verständlich und können in jeder Formel eingesetzt werden, die zur Berechnung von Zahlen oder numerischen Variablen dient. Die folgende Übung zeigt, wie Sie diese Operatoren in einem Programm verwenden.

Mit einfachen Operatoren arbeiten

❶ Klicken Sie im Menü *Datei* auf den Befehl *Projekt öffnen*.

❷ Öffnen Sie das Projekt *Operatoren* aus dem Ordner *\VB6SfS\Lekt05*.

Das Formular des Programms *Operatoren* wird auf dem Bildschirm angezeigt. Dieses Programm veranschaulicht, wie die Additions-, Subtraktions-, Multiplikations- und Divisionsoperatoren Zahlen verarbeiten, die über die Tastatur eingegeben werden. Außerdem wird gezeigt, wie Textfelder, Optionsfelder und Befehlsschaltflächen verwendet werden können, um Benutzereingaben in einem Programm zu verarbeiten.

Textfelder eignen sich gut zur Abfrage von Tastatureingaben vom Anwender.

❸ Klicken Sie in der Symbolleiste auf die Schaltfläche *Starten*.

Das Programm *Operatoren* wird in der Programmierumgebung ausgeführt. Es umfasst zwei Textfelder, in die der Anwender numerische Werte

Lektion 5 Variablen und Operatoren

eingeben kann, sowie verschiedene Operator-Optionsfelder, ein Feld, das die Ergebnisse anzeigt, und zwei Befehlsschaltflächen.

❹ Geben Sie in das Textfeld *Variable 1* die Zahl **100** ein, und drücken Sie ⇥.

Die Einfügemarke wird in das zweite Textfeld bewegt.

❺ Geben Sie **17** in das Textfeld *Variable 2* ein.

Auf die Werte dieser Textfelder kann nun jeder der angezeigten mathematischen Operatoren angewendet werden.

❻ Klicken Sie auf das Optionsfeld *Addition* und dann auf die Befehlsschaltfläche *Auswerten*.

Der Operator wird auf die beiden Werte angewendet und die Zahl 117 im Feld *Ergebnis* ausgegeben (siehe Abbildung 5.13).

Abbildung 5.13
Die Werte 100 und 17 wurden vom Programm *Operatoren* addiert.

❼ Probieren Sie die Subtraktions-, Multiplikations- und Divisionsoperatoren mit den beiden Werten aus. (Klicken Sie jeweils auf *Auswerten*, um das Ergebnis zu berechnen.)

Die Ergebnisse werden im Feld *Ergebnis* angezeigt. Sie können natürlich auch andere Zahlen in die Textfelder eingeben (z .B. Zahlen mit Kommastellen).

❽ Wenn Sie Ihre Berechnungen abgeschlossen haben, klicken Sie auf die Schaltfläche *Beenden*.

Das Programm wird beendet und die Programmierumgebung wieder aktiviert.

Im folgenden Abschnitt werden Sie den Programmcode unter die Lupe nehmen, um herauszufinden, wie die Ergebnisse berechnet werden. Visual Basic-Operatoren verwenden einige der Standardeingabesteuerelemente, die Sie in Lektion 3 kennen gelernt haben, sowie eine Ereignisprozedur, die unter Verwendung von Variablen und Operatoren einfache mathematische Formeln berechnet. Die Prozedur verwendet ebenfalls die Funktion *Val*, um Textzeichen, die in die Textfelder eingegeben wurden, in Zahlen umzuwandeln.

| Lektion 5 | Variablen und Operatoren |

Der Programmcode des Programms Operatoren

❶ Doppelklicken Sie im Formular auf die Befehlsschaltfläche *Auswerten*.

Die Ereignisprozedur *Command1_Click* wird im Codefenster angezeigt (siehe Abbildung 5.14).

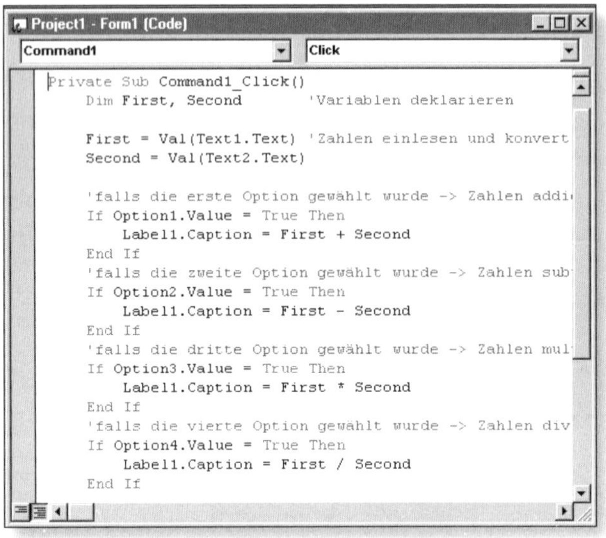

Abbildung 5.14
Die Ereignisprozedur *Command1_Click* aus dem Programm *Operatoren*.

```
Private Sub Command1_Click()
    Dim First, Second        'Variablen deklarieren

    First = Val(Text1.Text) 'Zahlen einlesen und konvert
    Second = Val(Text2.Text)

    'falls die erste Option gewählt wurde -> Zahlen addi
    If Option1.Value = True Then
        Label1.Caption = First + Second
    End If
    'falls die zweite Option gewählt wurde -> Zahlen sub
    If Option2.Value = True Then
        Label1.Caption = First - Second
    End If
    'falls die dritte Option gewählt wurde -> Zahlen mul
    If Option3.Value = True Then
        Label1.Caption = First * Second
    End If
    'falls die vierte Option gewählt wurde -> Zahlen div
    If Option4.Value = True Then
        Label1.Caption = First / Second
    End If
```

Die erste Anweisung der Prozedur deklariert zwei Allzweckvariablen vom Typ Variant. Die Variant-Variablen dienen zum Speichern der Werte, die vom Anwender in die beiden Textfelder eingegeben werden. Sie sind flexibel genug, um beliebige numerische Datentypen zu verarbeiten. Mit den nächsten beiden Anweisungen werden die Daten aus den Textfeldern in die Variablen geladen und die Zeichenfolgen mit Hilfe der Funktion *Val* in Zahlen konvertieren:

```
First = Val(Text1.Text)    'Zeichen einlesen und in Zahlen konvertieren
Second = Val(Text2.Text)
```

Die Funktion *Val* konvertiert Textwerte in numerische Werte.

Die Funktion *Val* ist eine spezielle Routine, die ein Textargument in einen numerischen Wert umwandelt. Die Konvertierung ist notwendig, damit die Addition korrekt ausgeführt wird. Per Voreinstellung liefert ein Textfeld einen Textwert zurück. Bei drei der vier Operatoren ist dies nicht problematisch. Die Operatoren –, * und / können nur Zahlen berechnen. Wenn der Anwender einen dieser drei Operatoren im Programm auswählt, wandelt Visual Basic daher automatisch die Werte, die von den Variablen *First* und *Second* zurückgegeben werden, in Zahlen um.

Der Operator + kann sowohl mit Zeichenfolgen als auch mit Zahlen eingesetzt werden. Da per Voreinstellung von Textfeldobjekten der Datentyp

Lektion 5 · Variablen und Operatoren

String zurückgegeben wird, würde Visual Basic die Werte der Variablen *First* und *Second* als Text behandeln, wenn der Operator + verwendet wird. Visual Basic würde die beiden Werte kombinieren oder *verketten*, statt sie mathematisch zu berechnen (z.B. würde „100" + „17" den Wert „10017" ergeben).

In der nächsten Übung werden Sie mehr über die Verkettung von Zeichenfolgen erfahren. Für den Augenblick merken Sie sich nur, dass Sie, obwohl der Datentyp Variant alle grundlegenden Datentypen aufnehmen kann,

Mathematische Funktionen in Visual Basic

Je nach Zielsetzung des Programms sind oft kompliziertere Berechnungen notwendig. Zum Beispiel muss unter Umständen ein Wert in einen anderen Datentyp konvertiert oder ein komplexer mathematischer Ausdruck berechnet werden, oder Sie möchten in einem Programm Zufallszahlen berechnen. Die folgenden Visual Basic-Funktionen erleichtern die Berechnung von Zahlen in Formeln. Wie jede Funktion muss eine mathematische Funktion in einer Programmanweisung verwendet werden, und sie gibt dem Programm einen Wert zurück. In der folgenden Tabelle 5.3 steht das Argument n für die Zahl, Variable bzw. den Ausdruck, der von der Funktion berechnet werden soll.

Tabelle 5.3
In Visual Basic verfügbare mathematische Funktionen.

Funktion	Zweck
Abs(n)	Gibt den absoluten Wert von n zurück.
Atn(n)	Gibt den Arkustangens von n zurück (in Radianten).
Cos(n)	Gibt den Kosinus des Winkels n zurück. Der Winkel n wird in Radianten angegeben.
Exp(n)	Gibt die Konstante e hoch n zurück.
Rnd(n)	Erzeugt eine Zufallszahl zwischen 0 und 1.
Sgn(n)	Gibt -1 zurück, wenn n kleiner 0. Gibt 0 zurück, wenn n gleich 0. Gibt +1 zurück, wenn n größer 0.
Sin(n)	Gibt den Sinus des Winkels n zurück. Der Winkel n wird in Radianten ausgedrückt.
Sqr(n)	Gibt die Quadratwurzel von n zurück.
Str(n)	Konvertiert einen numerischen Wert in eine Zeichenfolge.
Tan(n)	Gibt den Tangens des Winkels n zurück. Der Winkel n wird in Radianten angegeben.
Val(n)	Konvertiert eine Zeichenfolge in eine Zahl.

Lektion 5 Variablen und Operatoren

trotzdem darauf achten müssen, wie er in einem Programm eingesetzt wird. Per Voreinstellung könnte unter Umständen ein unerwünschter Datentyp gewählt werden.

Jede Berechnung in einem Programm sollte gründlich getestet werden, um sicherzustellen, dass das gesamte Programm korrekt funktioniert. Es reicht nicht aus, nur einen Teil eines Programms zu testen.

❷ Blättern Sie im Codefenster nach unten, und überprüfen Sie die vier Formeln, die die mathematischen Operatoren verwenden.

Die erste Formel in der Prozedur verwendet den Additionsoperator (+) in einer *If...Then*-Kontrollstruktur:

```
'falls die erste Option gewählt wurde -> Zahlen addieren
If Option1.Value = True Then
    Label1.Caption = First + Second
End If
```

Wenn die *Value*-Eigenschaft des ersten Optionsfelds auf *True* gesetzt wird (d.h. wenn das Optionsfeld angeklickt worden ist), werden die beiden Variablen mit dem Operator + addiert. Das Ergebnis wird dem Bezeichnungsfeld zugewiesen. Die drei anderen Formeln funktionieren ähnlich und verwenden jeweils eine *If...Then*-Kontrollstruktur und die Caption-Eigenschaft des Objekts *Label1*. Kontrollstrukturen wie *If...Then* sind extrem nützlich, wenn man feststellen möchte, welche Option ein Anwender aus einer Gruppe von Optionen ausgewählt hat. Weitere Informationen zur *If...Then*-Kontrollstruktur erhalten Sie in der nächsten Lektion.

❸ Schließen Sie das Codefenster.

Damit haben Sie Ihre Arbeiten mit dem Programm *Operatoren* abgeschlossen.

Weitere Operatoren: \, Mod, ^ und &

Zusätzlich zu den vier grundlegenden mathematischen Operatoren verfügt Visual Basic über vier weitere Operatoren für die Integer-Division (\), Restwert-Division (Mod), Potenzierung (^) und Zeichenfolgenverkettung (&). Diese Operatoren können in speziellen mathematischen Formeln und Textverarbeitungsanwendungen eingesetzt werden. Das folgende Programm (eine Variante des Programms *Operatoren*) zeigt, wie Sie diese Operatoren in einem Programm einsetzen können.

Mit weiteren Operatoren arbeiten

❶ Klicken Sie im Menü *Datei* auf den Befehl *Projekt öffnen*.

❷ Öffnen Sie das Projekt *Operatoren2* aus dem Ordner \VB6SfS\Lekt05.

Lektion 5   **Variablen und Operatoren**

Das Formular für das Programm *Operatoren2* wird angezeigt. Das Programm *Operatoren2* unterscheidet sich vom Programm *Operatoren* nur durch die Operatoren, die angezeigt und in den Berechnungen verwendet werden.

❸ Klicken Sie in der Symbolleiste auf die Schaltfläche *Starten*.

Das Programm enthält zwei Textfelder, in die Sie numerische Werte eingeben können, vier Optionsfelder zur Auswahl der Operatoren, ein Feld für die Anzeige der Ergebnisse und zwei Befehlsschaltflächen.

❹ Geben Sie in das Textfeld *Variable 1* den Wert **9** ein, und drücken 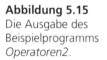.

❺ Geben Sie **2** in das Textfeld *Variable 2* ein.

Verwenden Sie nun einen der angezeigten Operatoren zur Berechnung der Werte, die Sie in die Textfelder eingegeben haben.

❻ Klicken Sie auf das Optionsfeld *Integer-Division (\)* und dann auf die Befehlsschaltfläche *Auswerten*.

Der Operator wird auf die beiden Werte angewendet, und im Feld *Ergebnis* wird die Zahl 4 angezeigt (siehe Abbildung 5.15).

Abbildung 5.15
Die Ausgabe des Beispielprogramms *Operatoren2*.

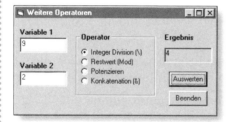

Die Integer-Division liefert nur ganzzahlige Ergebnisse. Obwohl 9 geteilt durch 2 eigentlich 4,5 ergibt, liefert die Integer-Division nur den ersten Teil dieses Ergebnisses zurück, die Ganzzahl 4. Diese Art von Berechnungen ist sinnvoll, wenn mit Einheiten gearbeitet wird, die nicht zerteilt werden können, wie z.B. die Anzahl von Erwachsenen, die in einem Auto Platz haben.

❼ Klicken Sie auf das Optionsfeld *Restwert (Mod)* und dann auf die Befehlsschaltfläche *Auswerten*.

Im Feld *Ergebnis* wird die Zahl 1 angezeigt. Dieser Operator gibt den Restwert einer ganzzahligen Division zurück (der Rest, der nach der Division zweier ganzer Zahlen bleibt). Da 9 geteilt durch 2 das Ergebnis 4 mit dem Rest 1 hat (2 x 4 + 1 = 9), liefert der Operator Mod das Ergebnis 1. Der Operator Mod hilft bei der Verwaltung von Restwertberechnungen, wie z.B. das restliche Wechselgeld nach einer finanziellen Transaktion.

| Lektion 5 | Variablen und Operatoren |

❽ Klicken Sie auf das Optionsfeld *Potenz (^)* und dann auf die Befehlsschaltfläche *Auswerten*.

Im Feld *Ergebnis* wird die Zahl 81 angezeigt. Der Potenzierungsoperator (^) potenziert die Zahl aus dem Feld *Variable 1* mit dem Wert aus dem Feld *Variable 2*. Da 9^2 gleich 81 ist, liefert der ^-Operator das Ergebnis 81. In einer Visual Basic-Formel wird 9^2 als 9 ^ 2 geschrieben.

❾ Klicken Sie auf das Optionsfeld *Verkettung (&)* und dann auf die Befehlsschaltfläche *Auswerten*.

Im Feld *Ergebnis* wird die Zeichenfolge „92" angezeigt. Der Verkettungsoperator (&) kombiniert die beiden Zeichenfolgen einer Formel. Das Ergebnis (in unserem Beispiel „92") ist keine Zahl. Es ist eine Kombination aus den Zeichen „9" und „2". Zeichenfolgenverkettungen können nur mit Textvariablen (Zeichenfolgen, die durch Anführungszeichen begrenzt sind) und mit Variant-Variablen durchgeführt werden. Da in diesem Programm Variant-Variablen verwendet werden, wurden sie automatisch für die Operation in Text konvertiert. Um zu sehen, wie Buchstaben verkettet werden, geben Sie in die Variablenfelder einige Wörter ein und klicken dann auf die Befehlsschaltfläche *Auswerten*.

❿ Klicken Sie auf die Schaltfläche *Beenden*, um das Programm zu verlassen.

Das Programm wird beendet und die Programmierumgebung wieder aktiviert.

Nun werden Sie die Ereignisprozedur *Command1_Click* untersuchen, um festzustellen, wie die Operatoren eingesetzt werden.

⓫ Doppelklicken Sie im Formular auf die Befehlsschaltfläche *Auswerten*.

Die Ereignisprozedur wird im Codefenster angezeigt (Abbildung 5.16).

Die Prozedur *Command1_Click* ähnelt der Prozedur *Command1_Click* aus dem Programm *Operatoren*. Mit diesem Programmcode werden zwei Variant-Variablen deklariert, den Variablen die Daten aus den Textfeldern zugewiesen und die gewählte Formel mit den *If...Then*-Kontrollstrukturen berechnet.

Es besteht jedoch ein wichtiger Unterschied: Diese Ereignisprozedur verwendet nicht die Funktion *Val*, um die Daten beim Einlesen aus den Textfeldern in einen numerischen Datentyp umzuwandeln. Diese Konvertierung ist bei diesen Operatoren nicht erforderlich, da sie im Gegensatz zum Operator + nur mit einen Datentyp unterstützen. Die Operatoren \, Mod und ^ verarbeiten nur Zahlen; der Operator & verarbeitet nur Text. Da es keine Zweifel bezüglich des Datentyps gibt, können die Variant-Variablen die Zeichenfolgen, die von den Textfelder zurückgegeben werden, problemlos für die Operationen, die Zahlen benötigen, in Zahlen konvertieren.

Lektion 5 — Variablen und Operatoren

Abbildung 5.16
Die Ereignisprozedur für die Befehlsschaltfläche *Auswerten*.

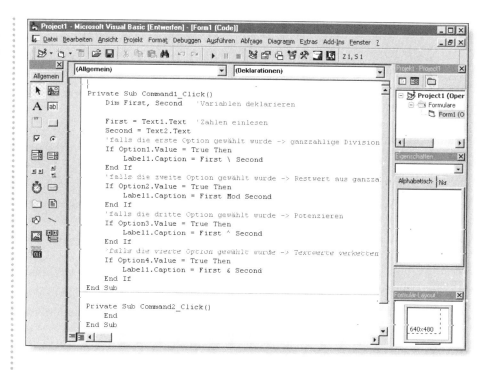

⓬ Schließen Sie das Codefenster.

Damit haben Sie Ihre Arbeit mit dem Programm *Operatoren2* abgeschlossen.

Operatorrangfolge

In den letzten beiden Übungen haben Sie mit sieben mathematischen Operatoren und einem Verkettungsoperator für Zeichenfolgen experimentiert. In Visual Basic können mehrere mathematische Operatoren in einer Formel kombiniert werden. Dabei ist nur zu beachten, dass die numerischen Variablen bzw. Ausdrücke durch einen Operator voneinander getrennt sind. Beispielsweise wird folgende Formel von Visual Basic akzeptiert:

```
Gesamt = 10 + 15 * 2 / 4 ^ 2
```

Mit der Formel wird ein Wert berechnet und das Ergebnis einer Variablen namens *Gesamt* zugewiesen. Wie wird ein solcher Ausdruck von Visual Basic ausgewertet? Welche mathematischen Operatoren verwendet Visual Basic zuerst, um die Formel zu lösen? Wie Sie gleich sehen werden, wirkt sich die Auswertungsreihenfolge deutlich auf das Ergebnis aus.

Visual Basic löst dieses Problem, indem es eine bestimmte *Rangfolge* für die Berechnung mathematischer Operationen festlegt. Die folgende

Die Rangfolge der Operatoren darf beim Erstellen mathematischer Formeln nie außer Acht gelassen werden.

Lektion 5 ⋮ Variablen und Operatoren

Tabelle zeigt diese Operatorrangfolge, wobei die Operatoren absteigend von der höchsten zur niedrigsten Priorität angeordnet sind. Operatoren mit derselben Priorität werden von links nach rechts in der Reihenfolge, in der sie in einem Ausdruck stehen, berechnet.

Tabelle 5.4
Die Rangfolge, in der Operatoren ausgewertet werden.

Operator(en)	Rangfolge
( )	In Klammern gesetzte Werte werden immer zuerst berechnet.
^	Potenzen werden im zweiten Schritt berechnet.
-	Negationen (Erzeugung einer negativen Zahl) werden im dritten Schritt berechnet.
* /	Multiplikationen und Divisionen werden im vierten Schritt berechnet.
\	Integer-Divisionen werden im fünften Schritt berechnet.
Mod	Restwert-Divisionen werden im sechsten Schritt berechnet.
+ -	Additionen und Subtraktionen werden zuletzt berechnet.

Aufgrund der in obiger Tabelle 5.4 beschriebenen Operatorrangfolge wird der Ausdruck:

```
Total = 10 + 15 * 2 / 4 ^ 2
```

wie folgt berechnet. (Die fettgesetzten Zahlen zeigen die Reihenfolge der Berechnung und das Ergebnis.)

```
Insgesamt = 10 + 15 * 2 / 4 ^ 2
Insgesamt = 10 + 15 * 2 / 16
Insgesamt = 10 + 30 / 16
Insgesamt = 10 + 1,875
Insgesamt = 11,875
```

Einen Schritt weiter: In Ausdrücken Klammern verwenden

Klammern gliedern Ausdrücke und beeinflussen Sie Auswertungsreihenfolge.

Sie können in Formeln ein oder mehrere Klammerpaare verwenden, um die Reihenfolge der Berechnung klar festzulegen. Beispiel:

```
Anzahl = (8 - 5 * 3) ^ 2
```

In der obigen Formel berechnet Visual Basic zuerst den Ausdruck in der Klammer (Ergebnis: -7), und dann die Potenz, obwohl die Potenzierung eine höhere Priorität hat als Subtraktion und Multiplikation.

Zudem können verschachtelte Klammern in Formeln eingesetzt werden:

Lektion 5 | **Variablen und Operatoren**

```
Anzahl = ((8 - 5) * 3) ^ 2
```

Hier berechnet Visual Basic zuerst die Subtraktion in der innersten Klammer, dann die äußere Klammer und dann die Potenz. Die beiden Formeln haben unterschiedliche Ergebnisse: Die erste Formel hat das Ergebnis 49 und die zweite das Ergebnis 81. Klammern können das Ergebnis mathematischer Operationen dramatisch verändern, erleichtern aber auch das Lesen von Formeln.

Wenn Sie mit der nächsten Lektion fortfahren möchten

● Lassen Sie Visual Basic geladen, und schlagen Sie Lektion 6 auf.

Wenn Sie Visual Basic jetzt beenden möchten

● Klicken Sie im Menü *Datei* auf den Befehl *Beenden*.

Wenn *daraufhin* das Dialogfenster *Speichern* angezeigt wird, klicken Sie auf *Ja*.

Zusammenfassung der Lektion

Möchten Sie	dann

eine Variable deklarieren,	geben Sie im Programmcode das Schlüsselwort *Dim* gefolgt vom Variablennamen ein. (Sie können auch einen Datentyp angeben; Voreinstellung ist der Datentyp Variant.) Beispiel:
	`Dim Temp%        'Variablentyp Integer`
	`Dim Speichern    'Variablentyp Variant`

den Wert einer Variablen ändern,	weisen Sie der Variablen mit dem Zuweisungsoperator (=) einen anderen Wert zu. Beispiel: `Land = "Japan"`
Eingaben mit einem Dialogfeld abfragen,	verwenden Sie die Funktion *InputBox* und weisen das Ergebnis einer Variable zu. Beispiel: `Name = InputBox("Bitte geben Sie Ihren Namen ein.")`
Ausgaben in einem Dialogfeld anzeigen,	verwenden Sie die Funktion *MsgBox*. (Die im Dialogfeld anzuzeigende Zeichenfolge kann in einer Variablen gespeichert werden.) Beispiel: `Vorhersage = "Regen in den Bergen."` `MsgBox(Vorhersage),,"Das Wetter"` ▶

Lektion 5   Variablen und Operatoren

Möchten Sie	dann
eine Variable mit einem bestimmten Datentyp deklarieren,	geben Sie *Dim* gefolgt vom Variablennamen und einem Typdeklarationszeichen ein, *oder* geben Sie Dim gefolgt vom Variablennamen, dem Schlüsselwort *As* und einem der acht grundlegenden Datentypen ein. Beispiel:

```
Dim Geburtstag As Date    'Typ Datum
Dim Preis!                'Gleitkommazahl
                           mit einfacher
                           Genauigkeit
```

eine Konstante definieren,	geben Sie das Schlüsselwort *Const* gefolgt vom Konstantennamen, dem Zuweisungsoperator (=) und dem festen Wert ein. Beispiel:

```
Const MeinAlter = 35
```

eine Formel erstellen,	verknüpfen Sie numerische Variablen oder Werte mit einem der sieben mathematischen Operatoren und weisen das Ergebnis einer Variablen oder einer Eigenschaft zu. Beispiel:

```
Ergebnis = 1 ^ 2 * 3 \ 4 'gleich 0
```

Zeichenfolgen kombinieren,	verwenden Sie den Zeichenfolgenverkettungsoperator (&). Beispiel:

```
Msg = "Hello" & "," & "World!"
```

Textzeichen in numerische Werte konvertieren,	verwenden Sie die Funktion *Val*. Beispiel:

```
Pi = Val ("3,1415926535897932")
```

eine mathematische Funktion verwenden,	fügen Sie die Funktion und eventuell notwendige Argumente in die Formel ein. Beispiel:

```
Hypotenuse = Sqr(x ^ 2 + y ^ 2)
```

die Berechnungsreihenfolge einer Formel festlegen,	verwenden Sie Klammern in der Formel. Beispiel:

```
Wert1 = 1 + 2 ^ 3 \ 4        'Ergebnis: 3
Wert1 = (1 + 2) ^ ( 3 \ 4)   'Ergebnis: 1
```

6 Kontrollstrukturen

Geschätzte Dauer:
45 Minuten

In dieser Lektion lernen Sie

- wie Sie bedingte Ausdrücke schreiben.
- wie Sie eine *If...Then*-Anweisung verwenden, um in Abhängigkeit von einer Bedingung eine Reihe von Programmanweisungen auszuführen.
- wie Sie mit einer *Select Case*-Anweisung im Programmcode eine von mehreren Optionen auswählen.
- wie Sie Fehler in Ihrem Programmcode finden und korrigieren.

In den vergangenen Lektionen haben Sie verschiedene Microsoft Visual Basic-Werkzeuge verwendet, um Benutzereingaben zu verarbeiten. Sie haben Menüs, Objekte und Dialogfelder eingesetzt, um den Anwendern die zur Auswahl stehenden Optionen zu präsentieren, und die Eingaben mit Hilfe von Eigenschaften und Variablen verarbeitet. In dieser Lektion lernen Sie, wie man den Verlauf der Programmausführung mit Bedingungen verknüpft und, abhängig von Benutzereingaben, zu einer bestimmten Programmanweisung verzweigt. Sie erfahren hier, wie Sie eine oder mehrere Eigenschaften oder Variablen mit Hilfe von bedingen Ausdrücken auswerten und die weitere Programmausführung vom Ergebnis dieser Auswertung abhängig machen. Darüber hinaus lernen Sie, wie Sie mit Hilfe des Haltemodus Programmierfehler aufspüren und korrigieren können.

Ereignisgesteuerte Programmierung

Visual-Basic-Programme sind ereignisgesteuert.

Die Programme, die wir im Verlauf der bisherigen Übungen geschrieben haben, haben Menüs, Objekte und Dialogfelder auf dem Bildschirm angezeigt und die Anwender aufgefordert, die angezeigten Elemente in verschiedener Weise zu bearbeiten. Diese Programme haben dem Anwender die Steuerung übergeben, geduldig auf Eingaben gewartet und die Eingaben in vorhersehbarer Weise verarbeitet. In Programmiererkreisen bezeichnet man diese Methodik als *ereignisgesteuerte Programmierung*. Hier werden Programme mit Hilfe von „intelligenten" Objekten entwickelt, die wissen, wie sie mit dem Anwender kommunizieren müssen,

Lektion 6

Kontrollstrukturen

und die Benutzereingaben mit Hilfe der Ereignisprozeduren, die diesen Objekten zugeordnet sind, verarbeiten. Abbildung 6.1 veranschaulicht die Arbeitsweise ereignisgesteuerter Programme in Visual Basic.

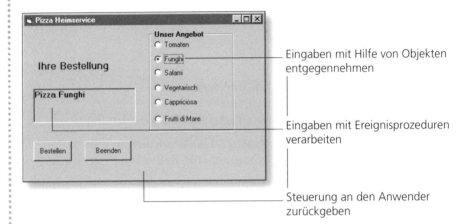

Abbildung 6.1
Arbeitsweise eines ereignisgesteuerten Programms.

Programmeingaben können auch vom Rechnersystem stammen. Zum Beispiel kann ein Programm darüber benachrichtigt werden, dass eine elektronische Nachricht eingegangen oder eine bestimmte Zeitspanne auf der Systemuhr verstrichen ist. Diese Ereignisse werden vom Computer ausgelöst und nicht vom Anwender. Visual Basic reagiert auf Ereignisse in jedem Fall mit dem Aufruf der Ereignisprozedur, die dem Objekt, das das Ereignis empfangen hat, zugeordnet ist. Obwohl Sie sich bislang vor allem mit den Ereignissen Click und Change beschäftigt haben, können Visual-Basic-Objekte auf eine Vielzahl von Ereignistypen reagieren.

Da Visual Basic die ereignisgesteuerte Programmierung unterstützt, werden die meisten Verarbeitungsschritte in Ihren Programmen von Ereignisprozeduren erledigt. Ereignisprozeduren sind Codeblöcke, die jeweils einem bestimmten Ereignis zugeordnet sind und Eingaben verarbeiten, neue Werte berechnen, Ausgaben anzeigen und andere Aufgaben erledigen können. In der vorigen Lektion haben Sie gelernt, wie Sie Variablen, Operatoren und mathematische Formeln einsetzen, um in Ereignisprozeduren Berechnungen durchzuführen. In dieser Lektion lernen Sie, wie Sie mit Hilfe von Kontrollstrukturen Variablen, Eigenschaften und Werte vergleichen und die Ausführung von Anweisungen vom Ergebnis dieses Vergleichs abhängig machen. In der nächsten Lektion werden Sie Schleifenanweisungen verwenden, um eine Gruppe von Anweisungen so lange wiederholt auszuführen, bis eine bestimmte Bedingung erfüllt ist. Diese mächtigen Kontrollstrukturen ermöglichen es Ihnen, Prozeduren zu schreiben, die fast jeder Situation gerecht werden.

Lektion 6 Kontrollstrukturen

Von Visual Basic-Objekten unterstützte Ereignisse

Jedes Visual Basic-Objekt kann auf eine vordefinierte Menge von Ereignissen reagieren. Diese Ereignisse werden im Dropdown-Listenfeld *Prozedur* des Codefensters für jedes Objekt anzeigt. Sie können für jedes dieser Ereignisse eine Ereignisprozedur schreiben, und wenn eines dieser Ereignisse ausgelöst wird, führt Visual Basic die zugehörige Prozedur aus. Zum Beispiel unterstützen Listenfeldobjekte die Ereignisse Click, DblClick, DragDrop, DragOver, GotFocus, ItemCheck, KeyDown, KeyPress, KeyUp, LostFocus, MouseDown, MouseMove, MouseUp, OLECompleteDrag, OLEDragDrop, OLEDragOver, OLE-GiveFeedback, OLESetData, OLEStartDrag und Scroll. Sie werden in Ihren Anwendungen wahrscheinlich für höchstens zwei oder drei dieser Ereignisse Prozeduren schreiben müssen. Beim Erstellen einer Benutzeroberfläche ist es jedoch ganz hilfreich zu wissen, daß man so viele Auswahlmöglichkeiten hat. Abbildung 6.2 zeigt einen Ausschnitt der Ereignisliste, die im Codefenster für Listenfeldobjekte angezeigt wird.

Abbildung 6.2
Das Codefenster mit dem Listenfeld *Prozedur* für Listenfeldobjekte.

Mit bedingten Ausdrücken arbeiten

Bedingte Ausdrücke erfordern Ja-/Nein-Antworten.

Bedingte Ausdrücke stellen eines der hilfreichsten Werkzeuge zur Verarbeitung von Daten innerhalb einer Ereignisprozedur dar. Ein *bedingter Ausdruck* ist Teil einer Programmanweisung und stellt eine Frage zu einer Eigenschaft, einem Wert oder einer anderen Information, die nur mit Wahr (True) oder Falsch (False) beantwortet werden kann. Ein Beispiel:

```
Preis < 100
```

Lektion 6

Kontrollstrukturen

Dieser bedingte Ausdruck wird zu True ausgewertet, falls die Variable *Preis* einen Wert kleiner 100 enthält, und zu False, falls der Wert der Variablen *Preis* größer oder gleich 100 ist. Sie können die in nachfolgender Tabelle 6.1 aufgeführten Vergleichsoperatoren in bedingten Ausdrücken verwenden.

Tabelle 6.1
In Visual Basic verfügbare Vergleichsoperatoren.

Vergleichsoperator	Bedeutung
=	Gleich
<>	Ungleich
>	Größer als
>=	Größer gleich
<=	Kleiner gleich

Ausdrücke, die zu Wahrheitswerten (True und False) ausgewertet werden, werden auch *Boolesche Ausdrücke* genannt, und das Ergebnis dieser Ausdrücke kann einer Variablen oder Eigenschaft vom Datentyp Boolean zugewiesen werden. Sie können Boolesche Werte (Typ Boolean) bestimmten Objekteigenschaften, Variablen vom Typ Variant oder Boolean zuweisen, die mit der Anweisung *Dim* und den Schlüsselwörtern *As Boolean* deklariert worden sind.

Die nachfolgende Tabelle 6.2 enthält einige Beispiele für bedingte Ausdrücke und deren Ergebnisse. In der nächsten Übung werden Sie die Operatoren aus dieser Tabelle verwenden.

Tabelle 6.2
Beispiele für bedingte Ausdrücke.

Bedingter Ausdruck	Ergebnis
10 < > 20	True (10 ist nicht gleich 20)
Temperatur < 20	True, falls Temperatur kleiner als 20 ist; andernfalls False
Temperatur = Label1.Caption	True, falls die Eigenschaft Caption des Objekts *Label1* den gleichen Wert wie die Variable *Temperatur* enthält; andernfalls False
Text1.Text = "Udo"	True, falls das erste Textfeld den Eintrag *Udo* enthält, andernfalls False

Lektion 6 | **Kontrollstrukturen**

Mit If...Then-Strukturen können Sie Ihre Programme mit Entscheidungslogik ausstatten.

If...Then-Kontrollstrukturen

Mit bedingten Ausdrücken kann die Reihenfolge gesteuert werden, in der Anweisungen ausgeführt werden, wenn man sie in einem besonderen Anweisungsblock, einer sogenannten *Kontrollstruktur*, verwendet. Mit Hilfe einer *If...Then*-Kontrollstruktur können Sie eine Bedingung im Programm auswerten und das weitere Vorgehen von dem Ergebnis dieser Auswertung abhängig machen. Die einfachste Variante einer *If...Then*-Kontrollstruktur stellt eine einzeilige Anweisung folgender Form dar:

```
If Bedingung Then Anweisung
```

wobei *Bedingung* für einen bedingten Ausdruck und *Anweisung* für eine gültige Visual Basic-Programmanweisung steht. Zum Beispiel ist

```
If Punktzahl >= 20 Then Label1.Caption = "Sie haben gewonnen!"
```

eine *If...Then*-Kontrollstruktur, die mit Hilfe des bedingten Ausdrucks

```
Punktzahl >= 20
```

festlegt, ob das Programm der Eigenschaft *Caption* des Objekts *Label1* den Wert *Sie haben gewonnen!* zuweist. Falls die Variable *Punktzahl* einen Wert größer oder gleich 20 enthält, weist Visual Basic der Eigenschaft diesen Wert zu. Andernfalls wird diese Zuweisung übergangen und die nächste Zeile der Ereignisprozedur ausgeführt. Diese Art von Vergleich ergibt immer einen Booleschen Wert, d. h. True oder False. Das Ergebnis bedingter Ausdrücke ist nie „vielleicht".

Mehrere Bedingungen in einer If...Then-Kontrollstruktur überprüfen

Mit ElseIf- und Else-Klauseln können Sie in einer If...Then-Struktur zusätzliche Fragen stellen.

Visual Basic unterstützt zudem *If...Then*-Kontrollstrukturen, die es Ihnen ermöglichen, mehrere bedingte Ausdrücke zu verwenden. Dieser Anweisungsblock kann mehrere Zeilen umfassen und enthält die wichtigen Schlüsselwörter *ElseIf*, *Else* und *End If*.

```
If  Bedingung 1 Then
    Anweisungen ausführen, falls Bedingung1 True ergibt
ElseIf Bedingung2 Then
    Anweisungen ausführen, falls Bedingung2 True ergibt
[weitere ElseIf-Klauseln und Anweisungen]
Else
    Anweisungen ausführen, falls keine Bedingung True ergibt
End If
```

Hier wird zuerst *Bedingung1* ausgewertet. Falls dieser bedingte Ausdruck True ergibt, werden die Anweisungen des nachfolgenden Anweisungsblocks nacheinander ausgeführt. (Sie können eine oder mehrere

Lektion 6 — Kontrollstrukturen

Programmanweisungen angeben.) Ergibt die erste Bedingung nicht True, wird der zweite bedingte Ausdruck *(Bedingung2)* ausgewertet. Falls die zweite Bedingung True ergibt, wird der zweite Anweisungsblock ausgeführt. (Sie können weitere *ElseIf*-Bedingungen und -Anweisungen einfügen, wenn mehrere Bedingungen überprüft werden sollen.) Ergibt keiner der Bedingungsausdrücke True, werden die Anweisungen nach dem Schlüsselwort *Else* ausgeführt. Die Struktur wird durch die Schlüsselwörter *End If* abgeschlossen.

Das folgende Codebeispiel zeigt, wie mit Hilfe einer mehrzeiligen *If...Then*-Struktur die fällige Einkommenssteuer, die nach einer hypothetischen, progressiven Einkommenssteuertabelle berechnet wird, ermittelt werden kann. (Die Angaben zu Einkommensgrenzen und Steuersätzen stammen aus der Steuertabelle der US-Finanzbehörde (United States Internal Revenue Service), die 1997 für alleinstehende Personen galt.)

> Mehrzeilige *If...Then*-Strukturen eignen sich hervorragend zur Berechnung von Werten, die in bestimmte Bereiche fallen, wie Einkommensgruppen in Steuerberechnungen.

```
If Einkommen <= 23350 Then         'Steuersatz 15%
    Steuerschuld = Einkommen * 0.15
ElseIf Einkommen <= 56550 Then     'Steuersatz 28%
    Steuerschuld = 3502 + ((Einkommen - 23350) * 0.28)
ElseIf Einkommen <= 117950 Then    'Steuersatz 31%
    Steuerschuld = 12798 + ((Einkommen - 56550) * 0.31)
ElseIf Einkommen <= 256500 Then    'Steuersatz 36%
    Steuerschuld = 31832 + ((Einkommen - 117950) * 0.36)
Else                               'Steuersatz 39,6%
    Steuerschuld = 81710 + ((Einkommen - 256500) * 0.396)
End If
```

In dieser Kontrollstruktur wird überprüft, ob der Wert der Variablen *Einkommen* in die erste, zweite, dritte oder vierte Einkommensgruppe fällt. Sobald die entsprechende Einkommensgruppe ermittelt worden ist, d. h. ein bedingter Ausdruck True ergeben hat, wird die Steuerschuld berechnet. Diese Struktur könnte zur Berechnung der Steuerschuld jedes Einkommensteuerpflichtigen in einem progressiven Steuersystem (wie in den USA oder Deutschland) verwendet werden, sofern korrekte und aktuelle Steuersätze eingesetzt und die Variable *Einkommen* das korrekte zu versteuernde Einkommen enthält. Wenn sich die Steuersätze ändern, müssen nur die bedingten Ausdrücke geändert werden.

Die Reihenfolge der bedingten Ausdrücke in *If...Then*- und *Else*-Klauseln ist von entscheidender Bedeutung. Wenn Sie die Reihenfolge der bedingten Ausdrücke im Einkommenssteuerbeispiel umkehren (zuerst den höchsten und zuletzt den niedrigsten Steuersatz angeben), dann würden die Steuerpflichtigen, die in die Einkommensgruppen mit einem Steuersatz von 15 %, 28 % und 31 % fallen, der Einkommensgruppe mit dem Steuersatz von 36 % zugeordnet, da ihr Einkommen kleiner oder gleich 256.500 ist. (Visual Basic beendet die Auswertung mit dem ersten bedingten Aus-

Lektion 6 Kontrollstrukturen

druck, der True ergibt, auch wenn nachfolgende Ausdrücke True ergeben.) Da alle bedingten Ausdrücke in diesem Beispiel dieselbe Variable überprüfen, müssen sie in aufsteigender Reihenfolge angegeben werden, damit die Einkommensgruppen dem richtigen Steuersatz zugeordnet werden. Daraus folgt: Wenn Sie mit mehreren bedingten Ausdrücken arbeiten, müssen Sie unbedingt auf deren Reihenfolge achten.

In der nächsten Übung werden Sie mit Hilfe einer *If...Then*-Kontrollstruktur die Namen überprüfen, die Anwender eingeben, um sich bei einem Programm anzumelden. Sie können eine ähnliche Programmlogik verwenden, wenn Sie eine Netzwerkanwendung schreiben.

Benutzeranmeldungen mit einer If...Then-Anweisung überprüfen

❶ Starten Sie Visual Basic.

Falls Visual Basic bereits ausgeführt wird, öffnen Sie ein neues Projekt.

❷ Zeichnen Sie mit Hilfe des Steuerelements *Befehlsschaltfläche (CommandButton)* eine Befehlsschaltfläche in die linke obere Ecke des Formulars.

❸ Geben Sie für die Eigenschaft *Caption* der Befehlsschaltfläche das Wort **Anmelden** ein.

❹ Doppelklicken Sie auf die Schaltfläche *Anmelden*.

Die Ereignisprozedur *Command1_Click* wird im Codefenster angezeigt.

Es ist eine übliche Konvention, die Anweisungen unter den *If...Then-*, *ElseIf-* und *Else*-Klauseln einzurücken.

❺ Geben Sie die folgenden Programmanweisungen in diese Prozedur ein:

```
Dim UserName As String
UserName = InputBox("Bitte geben Sie Ihren Vornamen ein.")
If UserName = "Laura" Then
    MsgBox("Hallo Laura!  Möchten Sie Ihren PC starten?")
    Form1.Picture = _
      LoadPicture("c:\Vb6SbS\lekt06\pcomputr.wmf")
ElseIf UserName = "Marc" Then
    MsgBox("Hallo Marc!  Soll Ihre Rolodex-Kartei angezeigt werden?")
    Form1.Picture = _
      LoadPicture("c:\Vb6SbS\lekt06\rolodex.wmf")
Else
    MsgBox("Tut mir leid, ich kenne Sie nicht!")
    End    'Programm beenden
End If
```

Mit den Zeilenfortsetzungszeichen (_), die jeweils nach der Eigenschaft *Form1.Picture* eingefügt worden sind, wurden zwei lange Programmanweisungen auf vier Zeilen umbrochen, damit sie in diesem Buch korrekt gedruckt werden können. Sie können diese Anweisungen auch in eine

Lektion 6   Kontrollstrukturen

Zeile eingeben. Im Codefenster wird dann automatisch ein Bildlauf nach rechts durchgeführt.

Programmzeilen können im Codefenster von Visual Basic zwar bis zu 1023 Zeichen umfassen, aber es ist einfacher, mit Zeilen zu arbeiten, die 80 oder weniger Zeichen enthalten. Sie können lange Programmanweisungen mit Hilfe des Zeilenfortsetzungszeichens (_) in mehrere Zeilen umbrechen. Das Zeilenfortsetzungszeichen kann am Ende jeder Zeile, mit Ausnahme der letzten Zeile, stehen. (Allerdings können Sie eine in Anführungszeichen gesetzte Zeichenfolge nicht mit dem Zeilenfortsetzungszeichen auf mehrere Zeilen umbrechen.)

Nach Abschluß der Eingabe sollte Ihr Bildschirm wie Abbildung 6.3 aussehen.

Abbildung 6.3
Die Programmanweisungen der Anwendung *Anmelden*.

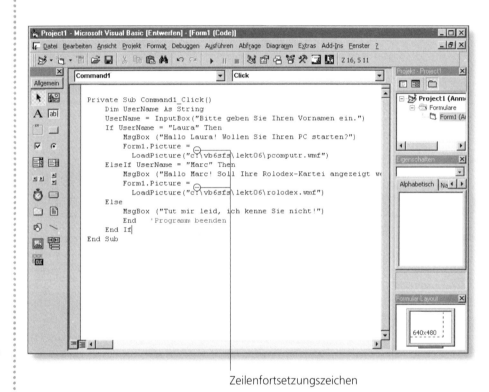

Sie finden das vollständige Programm *Anmelden* im Ordner *\Vb6SbS\Lekt06*.

Zeilenfortsetzungszeichen

❻ Klicken Sie in der Symbolleiste auf die Schaltfläche *Starten*.

Das Programm wird in der Programmierumgebung ausgeführt. Auf dem Bildschirm wird ein Formular angezeigt, das nur die Schaltfläche *Anmelden* in der linken oberen Ecke enthält.

❼ Klicken Sie auf die Schaltfläche *Anmelden*.

Lektion 6 Kontrollstrukturen

Die Funktion *InputBox* der Ereignisprozedur *Command1_Click* zeigt ein Dialogfeld an, in dem Sie zur Eingabe Ihres Vornamens aufgefordert werden.

❽ Geben Sie **Laura** ein, und drücken Sie ⏎.

Die *If...Then*-Kontrollstruktur vergleicht den eingegebenen Namen mit dem Texteintrag des ersten bedingten Ausdrucks (*Laura*). Wenn Sie *Laura* eingegeben haben, ergibt die Auswertung dieses Ausdrucks den Wert True, und die *If...Then*-Kontrollstruktur zeigt mit Hilfe der Funktion *MsgBox* eine Begrüßungsmeldung an.

❾ Klicken im Meldungsfenster auf *OK*.

Das Meldungsfenster wird geschlossen, und eine Windows-Metadatei mit einer PC-Grafik wird geladen und im Formular angezeigt (siehe Abbildung 6.4).

Abbildung 6.4
Das Anmeldeformular nach erfolgreicher Anmeldung.

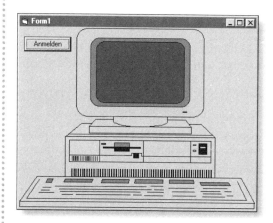

In diesem Programm wird die Windows-Metadatei über die Eigenschaft *Picture* direkt in das Formular geladen. (Formulare verfügen ebenso wie Anzeigefeld- und Bildfeldobjekte über die Eigenschaft *Picture*.) Grafiken, die in ein Formular geladen werden, werden im Hintergrund angezeigt. Steuerelemente, die im Formular sichtbar sind, werden über der Grafik angezeigt.

❿ Klicken Sie auf die Schaltfläche *Anmelden*, geben Sie **Marc** ein, und klicken Sie auf *OK*.

Diesmal verzweigt die Kontrollstruktur zur *ElseIf*-Klausel und stellt fest, daß Marc zur Anmeldung berechtigt ist. Es wird wieder über die Funktion *MsgBox* eine Begrüßungsmeldung auf dem Bildschirm angezeigt.

⓫ Klicken Sie auf *OK*, um die Rolodex-Grafik anzuzeigen.

Lektion 6 Kontrollstrukturen

Die Windows-Metadatei rolodex.wmf wird in das Formular geladen.

⑫ Klicken Sie auf die Schaltfläche *Anmelden*, geben Sie **Hans** ein, und klicken Sie auf *OK*.

Jetzt wird die *Else*-Klausel der Kontrollstruktur ausgeführt und die in Abbildung 6.5 dargestellte Meldung in einem Meldungsfeld angezeigt.

Abbildung 6.5
Die Meldung, die durch die *Else*-Klausel generiert wird.

⑬ Klicken Sie auf *OK*, um das Meldungsfenster zu schließen.

Das Meldungsfenster wird geschlossen, und das Programm wird beendet. Dem unbefugten Anwender wurde der Zugriff auf das Programm verwehrt.

⑭ Speichern Sie das Formular unter dem Namen **NeuAnmelden.frm** und das Projekt unter dem Namen **NeuAnmelden.vbp**.

Logische Operatoren in bedingten Ausdrücken

Mit Hilfe logischer Operatoren können Sie Tests in Ausdrücke einfügen.

Sie können in Visual Basic mehrere bedingte Ausdrücke in eine *If...Then*- und *ElseIf*-Klausel einfügen, falls Sie in der Kontrollstruktur mehrere Bedingungen auswerten möchten. Diese zusätzlichen Bedingungen werden mit Hilfe von einem oder mehreren der in nachfolgender Tabelle 6.3 aufgeführten logischen Operatoren verknüpft.

Tabelle 6.3
In Visual Basic verfügbare logische Operatoren.

Logischer Operator	Bedeutung
And	Falls beide bedingte Ausdrücke True ergeben, ist das Ergebnis True.
Or	Falls eine der bedingten Ausdrücke True ergibt, ist das Ergebnis True.
Not	Falls der bedingte Ausdruck False ergibt, ist das Ergebnis True. Falls der bedingte Ausdruck True ergibt, ist das Ergebnis False.
Xor	Falls ein oder mehrere bedingte Ausdrücke True ergeben, ist das Ergebnis True. Falls alle bedingten Ausdrücke True oder alle False ergeben, ist das Ergebnis False.

Lektion 6 Kontrollstrukturen

Wenn Ihr Programm komplexe Ausdrücke mit unterschiedlichen Operatortypen enthält, werden zuerst die mathematischen Operatoren, dann die Vergleichsoperatoren und anschließend die logischen Operatoren ausgewertet.

Die nachfolgende Tabelle 6.4 enthält Beispiele für Ausdrücke mit logischen Operatoren und deren Ergebnisse. In diesen Beispielen wird vorausgesetzt, daß die Variable *Fahrzeug* den Wert „Fahrrad" und die Variable *Preis* den Wert 200 enthält.

Tabelle 6.4
Beispiele für Ausdrücke mit logischen Operatoren.

Logischer Ausdruck	Ergebnis
Fahrzeug = „Fahrrad" And Preis < 300	True (beide Ausdrücke ergeben True)
Fahrzeug = „Auto" Or Preis < 500	True (ein Ausdruck ergibt True)
Not Preis < 100	True (Ausdruck ergibt False)
Fahrzeug = „Fahrrad" Xor Preis < 300	False (beide Ausdrücke ergeben True)

In der folgenden Übung ändern Sie das Programm *NeuAnmeldung* dahingehend ab, daß der Anwender während der Anmeldung zur Eingabe eines Kennworts aufgefordert wird. Sie fügen ein Textfeld ein, in das der Anwender das Kennwort eingibt, und verwenden den logischen Operator And in den *If...Then*- und *ElseIf*-Klauseln der Kontrollstruktur, damit Benutzername und Kennwort überprüft werden.

Mit dem Operator AND einen Kennwortschutz einrichten

❶ Öffnen Sie die Ereignisprozedur *Command1_Click* im Codefenster.

❷ Fügen Sie die folgende Anweisung zwischen die *InputBox*-Anweisung und die *If...Then*-Anweisung der Prozedur ein (zwischen die erste und die zweite Codezeile):

```
Pass = InputBox("Bitte geben Sie Ihr Kennwort ein.")
```

❸ Modifizieren Sie die *If...Then*-Anweisung in der folgenden Weise:

```
If UserName = "Laura" And Pass = "17Mai" Then
```

Die Anweisung enthält nun den logischen Operator And, damit Benutzername und Kennwort überprüft werden, bevor Laura der Zugriff auf das Programm gewährt wird.

Sie finden die vollständige Anwendung *Kennwort* im Ordner *\Vb6SbS\Lekt06*.

❹ Modifizieren Sie die *ElseIf*-Anweisung in der folgenden Weise:

Lektion 6 Kontrollstrukturen

```
ElseIf UserName = "Marc" And Pass = "trek" Then
```

Durch den Einsatz des logischen Operators And wird zusätzlich zum Benutzernamen „Marc" auch das Kennwort „trek" überprüft.

❺ Speichern Sie das Formular unter dem Namen **NeuKennwort.frm** und das Projekt unter dem Namen **NeuKennwort.vbp**.

❻ Klicken Sie in der Symbolleiste auf die Schaltfläche *Starten*.

Das Programm wird in der Programmierumgebung ausgeführt.

❼ Klicken Sie auf die Schaltfläche *Anmelden*, geben Sie **Laura** ein, und klicken Sie dann auf *OK*.

Das Programm fordert Sie nun zur Eingabe eines Kennworts auf.

❽ Geben Sie **17Mai** ein, und klicken Sie auf *OK*.

Der bedingte Ausdruck mit dem logischen Operator And wird ausgewertet und ergibt True, und das Programm zeigt eine Begrüßungsmeldung für Laura an.

❾ Klicken Sie auf *OK*, um das Meldungsfenster zu schließen.

❿ Klicken Sie in der Symbolleiste auf die Schaltfläche *Beenden*, um das Programm zu beenden.

Das Programm wird beendet und die Programmierumgebung wieder aktiviert.

Wenn Sie eine mit umfangreichen Funktionen ausgestattete Version des Programms *NeuKennwort* schreiben, sollten Sie ein Textfeld verwenden, um die Kennworteingabe entgegenzunehmen. Textfeldobjekte verfügen über die Eigenschaft *PasswordChar*, mit der Sie Platzhalterzeichen wie Sterne (*) anstelle der Benutzereingabe anzeigen können, und die Eigenschaft *MaxLength*, mit der Sie die in der Eingabe zulässige Anzahl von Zeichen festlegen können.

Select Case-Kontrollstrukturen

In *Select Case*-Kontrollstrukturen wird der weitere Programmverlauf anhand einer Schlüsselvariablen entschieden.

Sie können in Visual Basic die Ausführung von Anweisungen zudem mit Hilfe von *Select Case*-Kontrollstrukturen steuern. Sie haben *Select Case*-Strukturen in diesem Buch bereits verwendet, um eine in Listenfeldern, Kombinationsfeldern und Menüs getroffene Auswahl zu verarbeiten. *Select Case*-Strukturen ähneln *If...Then...ElseIf*-Strukturen, sind jedoch effizienter, wenn der weitere Programmverlauf vom Wert einer Schlüsselvariablen abhängig ist. Wenn Sie *Select Case*-Strukturen verwenden, wird Ihr Programmcode zudem lesbarer und effizienter.

Select Case-Strukturen haben folgende Syntax:

Lektion 6   **Kontrollstrukturen**

```
Select Case Variable
Case Wert1
    Anweisungen ausführen, falls Wert1 mit Variablenwert übereinstimmt
Case Wert2
    Anweisungen ausführen, falls Wert2 mit Variablenwert übereinstimmt
Case Wert3
    Anweisungen ausführen, falls Wert3 mit Variablenwert übereinstimmt
 .
 .
 .
End Select
```

Mit *Select Case*-Strukturen läßt sich der Programmverlauf häufig klarer ausdrücken als mit entsprechenden *If...Then*-Strukturen.

Select Case-Strukturen beginnen mit den Schlüsselwörtern *Select Case* und enden mit den Schlüsselwörtern *End Select*. Für *Variable* setzen Sie die Variable, die Eigenschaft oder einen anderen Ausdruck ein, die bzw. der den Schlüsselwert bilden soll. Sie setzen für *Wert1*, *Wert2* und *Wert3* Zahlen, Zeichenfolgen oder andere Werte ein, die mit dem Schlüsselwert verglichen werden sollen. Falls einer dieser Werte mit dem Wert von *Variable* übereinstimmt, werden die Anweisungen der unmittelbar folgenden *Case*-Klausel ausgeführt, und Visual Basic setzt die Programmausführung mit dem Programmcode fort, der auf die *End Select*-Anweisung folgt. Sie können in einer *Select Case*-Struktur eine beliebige Anzahl von *Case*-Klauseln verwenden, und Sie können mehrere Werte in einer *Case*-Klausel angeben. Falls Sie in einer *Case*-Klausel mehrere Werte verwenden, müssen diese durch Kommas voneinander getrennt sein.

Das folgende Beispiel zeigt, wie mit Hilfe einer *Select Case*-Struktur eine „altersgerechte" Meldung in einem Programm ausgegeben wird. Wenn der Wert der Variablen *Alter* mit einem der *Case*-Werte übereinstimmt, wird die zugehörige Meldung in einem Bezeichnungsfeld angezeigt.

```
Select Case Alter
Case 16
    Label1.Caption = "Sie dürfen nun Moped fahren!"
Case 18
    Label1.Caption = "Sie dürfen nun wählen!"
Case 21
    Label1.Caption = "Sie dürfen jetzt für den Bundestag kandidieren."
Case 65
    Label1.Caption = "Zeit sich zur Ruhe zu setzen!"
End Select
```

Sie können in *Select Case*-Strukturen auch eine *Case Else*-Klausel als Auffangbedingung für den Fall einsetzen, daß keine der angegebenen *Case*-Klauseln True ergibt. Nachfolgend wird die Verwendung einer *Case Else*-Klausel anhand des obigen Beispiels zur Ausgabe von Meldungen, die auf bestimmte Altersgruppen zugeschnitten sind, gezeigt:

197

Lektion 6 | **Kontrollstrukturen**

```
Select Case Alter
Case 16
    Label1.Caption = "Sie dürfen nun Moped fahren!"
Case 18
    Label1.Caption = "Sie dürfen nun wählen!"
Case 21
    Label1.Caption = "Sie dürfen jetzt für den Bundestag kandidieren."
Case 65
    Label1.Caption = "Zeit sich zur Ruhe zu setzen!"
Case Else
    Label1.Caption = "Sie haben das richtige Alter! Genießen Sie es!"
End Select
```

Vergleichsoperatoren in Select Case-Strukturen verwenden

In *Select Case*-Strukturen sind ebenso wie in *If...Then*-Strukturen Vergleichsoperatoren einsetzbar.

Sie können mit Hilfe von Vergleichsoperatoren einen Bereich von Testwerten in eine *Select Case*-Struktur aufnehmen. Dazu können Sie die Vergleichsoperatoren =, < >, >, <, >= und <= von Visual Basic verwenden. Falls Sie Vergleichsoperatoren einsetzen möchten, müssen Sie im Ausdruck mit dem Schlüsselwort *Is* oder dem Schlüsselwort *To* angeben, welche Wert miteinander verglichen werden sollen. Mit dem Schlüsselwort *Is* wird der Compiler angewiesen, die Testvariable mit dem Ausdruck zu vergleichen, der dem Schlüsselwort *Is* folgt. Mit dem Schlüsselwort *To* wird der Wertebereich bezeichnet. In der folgenden Struktur werden die Schlüsselwörter *Is* und *To* sowie verschiedene Vergleichsoperatoren verwendet, um die Variable *Alter* zu überprüfen und eine passende Meldung auszugeben:

```
Select Case Alter
Case Is < 13
    Label1.Caption = "Geh spielen!"
Case 13 To 19
    Label1.Caption = "Genieße die Jugend!"
Case 21
    Label1.Caption = "Sie können jetzt alle Ämter bekleiden."
Case Is > 100
    Label1.Caption = "Alles steht zum Besten!"
Case Else
    Label1.Caption = "Das ist ein schönes Alter."
End Select
```

Falls die Variable *Alter* einen Wert hat, der kleiner als 13 ist, wird die Meldung „Geh spielen!" angezeigt. Hat die Variable einen Wert zwischen 13 und 19, wird die Meldung „Genieße die Jugend!" angezeigt und so weiter.

Lektion 6   **Kontrollstrukturen**

Select Case-Kontrollstrukturen sind in der Regel viel klarer als *If...Then*-Strukturen und effizienter, wenn Sie drei oder mehr Ausdrücke auswerten und, abhängig vom Wert einer Variablen oder Eigenschaft, zu einer bestimmten Anweisung verzweigen wollen. Werden zwei oder weniger Vergleiche angestellt, empfiehlt sich allerdings die Verwendung einer *If...Then*-Kontrollstruktur.

In folgender Übung werden Sie mit Hilfe einer *Select Case*-Struktur Eingaben verarbeiten, die der Anwender in einem Listenfeld vornimmt. Sie werden mit Hilfe der Eigenschaften *List1.Text* und *List1.ListIndex* die Eingabe einlesen und eine *Select Case*-Struktur nutzen, um eine Begrüßungsformel in einer der vier zur Auswahl stehenden Sprachen anzuzeigen.

Mit Hilfe einer Select Case-Struktur ein Listenfeld auswerten

❶ Klicken Sie im Menü *Datei* auf den Befehl *Neues Projekt*, und erstellen Sie eine Standardanwendung.

In der Programmierumgebung wird ein leeres Formular angezeigt.

❷ Klicken Sie in der Werkzeugsammlung auf das Steuerelement *Bezeichnungsfeld (Label)*, und zeichnen Sie eine großes, schmales Rechteck mittig in den oberen Bereich des Formulars.

❸ Klicken Sie in der Werkzeugsammlung auf das Steuerelement *Listenfeld (ListBox)*, und erstellen Sie unterhalb des Bezeichnungsfelds ein Listenfeld.

❹ Fügen Sie ein kleines Bezeichnungsfeld über dem Listenfeld und zwei kleine Bezeichnungsfelder unter dem Listenfeld ein. In den Bezeichnungsfeldern unter dem Listenfeld werden die Programmausgaben angezeigt.

❺ Klicken Sie in der Werkzeugsammlung auf das Steuerelement *Befehlsschaltfläche (CommandButton)*, und erstellen Sie am unteren Formularrand eine kleine Befehlsschaltfläche.

❻ Klicken Sie in der Symbolleiste auf die Schaltfläche *Eigenschaftenfenster*, und legen Sie für die Formularobjekte die folgenden Eigenschaften fest.

Objekt	Eigenschaft	Einstellung
Label1	Caption	„Internationales Begrüßungsprogramm"
	Font	Times New Roman, Fett, 14 Punkt
Label2	Caption	„Wählen Sie ein Land" ▶

Lektion 6

Kontrollstrukturen

Objekt	Eigenschaft	Einstellung
Label3	Caption	(Leer)
Label4	Caption	(Leer)
	BorderStyle	1 - Fest Einfach
	ForeColor	Dunkelrot (&H00000080&)
Command1	Caption	„Beenden"

Wenn Sie die Eigenschaften definiert haben, sollte Ihr Formular in etwa wie Abbildung 6.6 aussehen.

Abbildung 6.6
Der Formularentwurf für das Programm *Case*.

Sie geben nun den Programmcode zur Initialisierung des Listenfelds ein.

❼ Doppelklicken Sie auf das Formular.

Die Ereignisprozedur *Form_Load* wird im Codefenster angezeigt.

Werte werden mit Hilfe der Methode *AddItem* in ein Listenfeld geladen.

❽ Geben Sie den folgenden Programmcode zur Initialisierung des Listenfelds ein:

```
List1.AddItem "England"
List1.AddItem "Deutschland"
List1.AddItem "Spanien"
List1.AddItem "Italien"
```

Hier wird die Methode *AddItem* des Listenfeldobjekts verwendet, um Einträge in das Listenfeld Ihres Formulars einzufügen.

❾ Öffnen Sie das Dropdown-Listenfeld *Objekt*, und klicken Sie hier auf den Eintrag *List1*.

Die Ereignisprozedur *List1_Click* wird im Codefenster angezeigt.

Lektion 6 Kontrollstrukturen

Die Eigenschaft *ListIndex* enthält die Nummer des ausgewählten Listeneintrags.

❿ Geben Sie die folgenden Codezeilen ein, die zur Verarbeitung der im Listenfeld erfolgten Eingabe des Anwenders dienen:

```
Label3.Caption = List1.Text
Select Case List1.ListIndex
Case 0
    Label4.Caption = "Hello, programmer"
Case 1
    Label4.Caption = "Hallo, Programmierer"
Case 2
    Label4.Caption = "Hola, programador"
Case 3
    Label4.Caption = "Ciao, programmatori"
End Select
```

Mit der ersten Zeile wird der Name des gewählten Listenfeldeintrags in die Eigenschaft *Caption* des dritten Bezeichnungsfelds des Formulars kopiert. In diesen Anweisungen ist die Eigenschaft *List1.Text* am wichtigsten, die den genauen Wortlaut des Eintrags enthält, der im Listenfeld ausgewählt worden ist. Die übrigen Anweisungen sind Bestandteil der *Select Case*-Kontrollstruktur. In dieser Struktur wird die Eigenschaft *List1.ListIndex* als Testvariable eingesetzt und mit verschiedenen Werten verglichen. Die Eigenschaft *ListIndex* enthält immer die Nummer des Listeneintrags, der im Listenfeld ausgewählt worden ist. Der oberste Eintrag wird durch den Wert 0 (Null), der zweite Eintrag durch den Wert 1, der folgende durch den Wert 2 bezeichnet, etc. Mit Hilfe der Eigenschaft *ListIndex* kann die *Select Case*-Struktur rasch die vom Anwender getroffene Auswahl erkennen und die entsprechende Begrüßungsformel im Formular anzeigen.

⓫ Öffnen Sie das Dropdown-Listenfeld *Objekt*, und wählen Sie das Objekt *Command1* aus der Liste.

Die Ereignisprozedur *Command1_Click* wird im Codefenster angezeigt.

⓬ Geben Sie **End** in die Ereignisprozedur ein, und schließen Sie dann das Codefenster.

⓭ Speichern Sie das Formular unter dem Namen **NeuCase.frm** und anschließend das Projekt unter dem Namen **NeuCase.vbp** ab.

⓮ Klicken Sie auf die Schaltfläche *Starten*, um das Programm *NeuCase* auszuführen.

⓯ Klicken Sie im Listenfeld *Wählen Sie ein Land* nacheinander auf die Ländernamen.

Das Programm zeigt jeweils eine Begrüßungsformel in der Landessprache des gewählten Landes an. Abbildung 6.7 zeigt die Begrüßungsformel für Italien.

Lektion 6 — Kontrollstrukturen

Abbildung 6.7
Die Begrüßungsformel, die das Programm *NeuCase* bei der Auswahl von *Italien* anzeigt.

Sie finden das vollständige Projekt *Case* im Ordner *\Vb6SbS\Lekt06*.

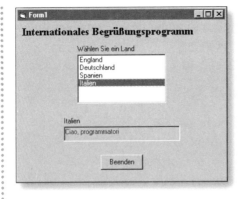

⓰ Klicken Sie auf die Schaltfläche *Beenden*, um das Programm zu verlassen.

Die Programmausführung wird beendet und die Programmierumgebung wieder aktiviert. Sie haben damit die Übungen mit *Select Case*-Strukturen in dieser Lektion abgeschlossen.

Fehler finden und korrigieren

Die Fehlersuche und -korrektur wird auch *Debuggen* genannt.

Bei den Fehlern, die bislang in Ihren Programmen aufgetreten sind, hat es sich wahrscheinlich um einfache Tippfehler oder Syntaxfehler gehandelt. Was tun Sie jedoch, wenn Sie in Ihrem Programm ein ernsteres Problem auftritt – ein Problem, das Sie nicht dadurch beheben können, daß Sie sich einfach die Objekte, Eigenschaften und Anweisungen Ihres Programms noch einmal genau ansehen? Die Visual Basic-Programmierumgebung enthält verschiedene Werkzeuge, mit denen Sie Fehler (sogenannte *Bugs*) in Ihren Programmen aufspüren und korrigieren können. Diese Werkzeuge können nicht verhindern, daß Sie Fehler machen, aber sie helfen, den Schaden zu begrenzen und erleichtern die Fehlersuche und -korrektur.

Betrachten Sie die folgende *If...Then*-Kontrollstruktur, die zwei bedingte Ausdrücke auswertet und dann, abhängig vom Ergebnis dieser Auswertung, eine von zwei möglichen Meldungen ausgibt:

```
If Alter > 13 AND Alter < 20 Then
    Text2.Text = "Sie sind ein Teenager."
Else
    Text2.Text = "Sie sind kein Teenager."
End If
```

Finden Sie den in dieser Kontrollstruktur enthaltenen Fehler? Ein Teenager ist eine Person im Alter zwischen 13 und 19 Jahren. Die Kontrollstruktur identifiziert allerdings Personen, die genau 13 Jahre alt sind, nicht als Teenager. (Bei der Eingabe 13 wird die unzutreffende Meldung

„Sie sind kein Teenager." angezeigt.) Es handelt sich hier nicht um einen Syntaxfehler (die Anweisungen entsprechen den Regeln von Visual Basic), sondern um einen Denkfehler oder *logischen Fehler*. Die korrekte Kontrollstruktur enthält den Operator >= (größer gleich) im ersten bedingten Ausdruck nach der *If...Then*-Anweisung:

```
If Alter >= 13 AND Alter < 20 Then
```

Ob Sie es glauben oder nicht, diese Art von Fehlern tritt in Visual Basic-Programmen am häufigsten auf. Code, der meistens – aber nicht immer – die richtigen Ergebnisse liefert, ist am schwersten zu testen und zu korrigieren.

Die drei Fehlerarten

In Visual Basic-Programmen treten drei Arten von Fehlern auf: Syntaxfehler, Laufzeitfehler und logische Fehler.

Syntaxfehler (oder *Compilerfehler*) werden durch Anweisungen bedingt, die gegen die Syntaxregeln von Visual Basic verstoßen (beispielsweise Fehler, die durch einen Tippfehler in einem Schlüsselwort oder einer Eigenschaft bedingt sind). Visual Basic weist Sie während der Eingabe von Programmanweisungen auf verschiedene Arten von Syntaxfehlern hin und führt Programme erst dann aus, wenn alle Syntaxfehler korrigiert worden sind.

Laufzeitfehler sind Fehler, die während der Programmausführung auftreten und zu einem unerwarteten Abbruch der Programmausführung führen. Laufzeitfehler werden durch externe Ereignisse oder durch nicht erkannte Syntaxfehler bedingt, die einen vorzeitigen Programmabbruch erzwingen. Bedingungen, die zu Laufzeitfehlern führen können, sind beispielsweise eine falsche Dateiangabe in einer LoadPicture-Funktion oder ein nicht betriebsbereites Diskettenlaufwerk.

Logische Fehler sind auf menschliches Versagen zurückzuführen – Programmierfehler, aufgrund derer der Programmcode falsche Ergebnisse produziert. Die meisten Programmtests konzentrieren sich auf das Auffinden von logischen Fehlern der Programmierer.

Schlagen Sie in der Online-Hilfe zu Visual Basic nach, wenn Sie Fehlermeldungen erhalten, die durch Syntaxfehler oder Laufzeitfehler bedingt sind. Falls ein Dialogfeld mit einer Laufzeitfehlermeldung angezeigt wird, klicken Sie dort auf die Schaltfläche *Hilfe*.

Lektion 6 Kontrollstrukturen

Den Haltemodus zur Fehlersuche verwenden

Im Haltemodus können Sie verfolgen, wie Ihr Programm ausgeführt wird.

Eine Möglichkeit, logische Fehler zu erkennen, besteht darin, das Programm zeilenweise auszuführen und die Werte von Variablen und Eigenschaften während der Ausführung zu überwachen. Sie können zu diesem Zweck den *Haltemodus* aktivieren, während Ihr Programm ausgeführt wird, und sich den Programmcode im Codefenster ansehen. Der Haltemodus gibt Ihnen die Möglichkeit, das Programm aus der Nähe zu betrachten, während es vom Visual Basic-Compiler ausgeführt wird – so als würden Sie im Cockpit eines Flugzeugs dem Piloten und Copiloten über die Schulter schauen und zusehen, wie sie das Flugzeug steuern. Hier können Sie jedoch das Steuerruder übernehmen.

Sie sollten beim Testen Ihrer Anwendungen die Symbolleiste *Debuggen* einblenden, die spezielle Schaltflächen für die Fehlersuche enthält. Sie sollten zudem das *Überwachungsfenster* öffnen, in dem die Werte kritischer Variablen, die Sie überwachen möchten, angezeigt werden können. Zudem steht Ihnen das *Direktfenster* zur Verfügung, in das Sie Programmanweisungen eingeben können und sofort sehen, wie sich diese Anweisungen auswirken.

Abbildung 6.8 zeigt die Symbolleiste *Debuggen*, die Sie einblenden, indem Sie im Menü *Ansicht* auf den Befehl *Symbolleisten* zeigen und auf *Debuggen* klicken.

Abbildung 6.8
Die Symbolleiste *Debuggen*.

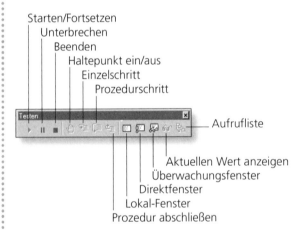

In der folgenden Übung werden Sie mit dem Haltemodus arbeiten, um den logischen Fehler, den wir oben bereits in der *If...Then*-Struktur entdeckt haben, aufzuspüren und zu korrigieren. (Dieser Fehler ist tatsächlich in einem Programm enthalten.) Um den Fehler zu isolieren, verwenden Sie die Schaltfläche *Einzelschritt* der Symbolleiste *Debuggen*, um die einzelnen Programmanweisungen schrittweise ausführen zu lassen, und

Lektion 6 Kontrollstrukturen

die Schaltfläche *Aktuellen Wert anzeigen* der Symbolleiste *Debuggen*, um zu verfolgen, wie sich der Wert der Variablen *Alter* ändert. Merken Sie sich diese Teststrategie. Sie können mit dieser Strategie viele Arten von Programmfehlern aufspüren und korrigieren.

Das Programm IfFehler testen und korrigieren

❶ Klicken Sie in der Symbolleiste auf die Schaltfläche *Projekt öffnen*.

❷ Öffnen Sie das Projekt *IfFehler* aus dem Ordner *\Vb6SbS\Lekt06*.

❸ Falls das Formular nicht angezeigt wird, markieren Sie im Projekt-Explorer das Formular *IfFehler* und klicken auf die Schaltfläche *Objekt anzeigen*.

Das Formular des Programms *IfFehler* wird angezeigt. Dieses Programm fordert die Anwender auf, ihr Alter anzugeben. Wenn der Anwender auf die Schaltfläche *Testen* klickt, teilt das Programm ihm mit, ob er ein Teenager ist oder nicht. Das Programm weist immer noch den Fehler auf, den wir weiter oben in dieser Lektion bereits erkannt haben, nämlich daß 13-jährige nicht korrekt behandelt werden. Sie werden nun die Symbolleiste *Debuggen* öffnen und den Haltemodus aktivieren, um dem Fehler auf die Spur zu kommen.

❹ Zeigen Sie im Menü *Ansicht* auf den Befehl *Symbolleisten*, und klicken Sie dann auf *Debuggen*, sofern diese Symbolleiste nicht bereits ausgewählt ist.

Die Symbolleiste *Debuggen* wird eingeblendet. (Unter Umständen wird sie rechts neben der Standardsymbolleiste verankert.)

❺ Ziehen Sie die Symbolleiste *Debuggen* unter das Formular *IfFehler*, damit Sie während der nachfolgenden Arbeitsschritte leichter darauf zugreifen können.

❻ Klicken Sie in der Symbolleiste *Debuggen* auf die Schaltfläche *Starten*.

❼ Das Programm wird ausgeführt. Löschen Sie die 0 aus dem Textfeld *Alter*, geben Sie **14** ein, und klicken Sie auf die Schaltfläche *Testen*.

Das Programm zeigt die Meldung „Sie sind ein Teenager." an. Für diesen Wert zeigt das Programm das korrekte Ergebnis an.

❽ Geben Sie **13** in das Textfeld *Alter* ein, und klicken Sie dann auf die Schaltfläche *Testen*.

Das Programm zeigt die Meldung „Sie sind kein Teenager." an (siehe Abbildung 6.9).

Diese Aussage ist falsch, und Sie müssen sich den Programmcode näher ansehen, um den Fehler zu beheben. Statt das Programm zu beenden und den Code selbst zu überprüfen, lassen Sie sich nun von Visual Basic bei der Fehlersuche helfen.

Lektion 6 Kontrollstrukturen

Abbildung 6.9
Die Meldung, die vom Programm *IfFehler* nach der Eingabe 13 angezeigt wird.

Dieses Ergebnis ist falsch.

❾ Klicken Sie in der Symbolleiste *Debuggen* auf die Schaltfläche *Unterbrechen*. (Die Schaltfläche *Unterbrechen* befindet sich rechts neben der Schaltfläche *Starten*.)

Das Programm wird angehalten, und Visual Basic blendet das Codefenster ein, in dem der Programmcode während der weiteren Programmausführung angezeigt wird. Ihr Bildschirm sollte nun etwa wie Abbildung 6.10 aussehen.

❿ Klicken Sie in der Symbolleiste *Debuggen* auf die Schaltfläche *Einzelschritt*, um die nächste Programmanweisung ausführen zu lassen.

Abbildung 6.10
Die Programmierumgebung, nachdem das Programm *IfFehler* zu Testzwecken unterbrochen worden ist.

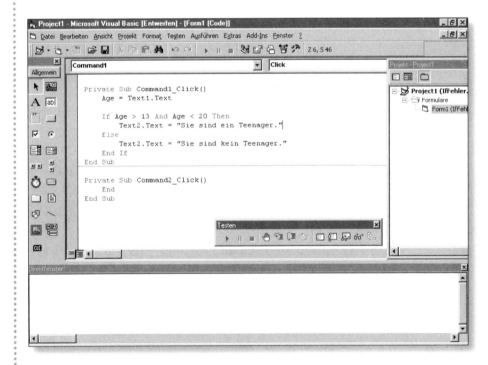

Lektion 6   Kontrollstrukturen

Visual Basic gibt die Kontrolle an das Formular zurück und wartet auf Eingaben.

⓫ Klicken Sie in der Windows-Task-Leiste auf das Formular *IfFehler*, überprüfen Sie, ob das Textfeld noch den Wert *13* enthält, und klicken Sie auf die Schaltfläche *Testen*.

Da Visual Basic im Haltemodus ausgeführt wird, passiert nun etwas Ungewöhnliches. Visual Basic öffnet das Codefenster und zeigt die Ereignisprozedur *Command1_Click* an – den Programmcode, den der Compiler nun als nächstes ausführen wird. Die erste Anweisung in dieser Prozedur ist durch einen gelben Balken hervorgehoben. Sie können genau beobachten, wie die Programmlogik ausgewertet wird.

⓬ Klicken Sie auf die Schaltfläche *Einzelschritt*, um die erste Anweisung dieser Prozedur ausführen zu lassen.

Die *Sub*-Anweisung wird ausgeführt, und nun wird die Anweisung mit der Variablen *Alter* hervorgehoben. *Alter* ist in diesem Programm die kritische Testvariable, und daher fügen Sie sie jetzt in das Überwachungsfenster ein, um beobachten zu können, wie sich ihr Wert während der Programmausführung verändert.

Wenn Programme im Haltemodus ausgeführt werden, können Sie den Wert einer Variablen im Codefenster überprüfen, indem Sie den Mauszeiger einen Moment lang über die Variable halten.

⓭ Markieren Sie die Variable *Alter* mit der Maus, und klicken Sie dann in der Symbolleiste *Debuggen* auf die Schaltfläche *Aktuellen Wert anzeigen*.

Es wird ein Dialogfeld eingeblendet, das den aktuellen Kontext, den Namen und den aktuellen Wert der Variablen *Alter* enthält. Sie können dieses Dialogfeld auch öffnen, indem Sie im Menü *Debuggen* auf den Befehl *Aktuellen Wert anzeigen* klicken.

Das Überwachungsfenster zeigt Variablen an, die mit dem Befehl *Aktuellen Wert anzeigen* hinzugefügt worden sind.

⓮ Klicken Sie im Dialogfeld *Aktuellen Wert anzeigen* auf die Schaltfläche *Hinzufügen*. Das Überwachungsfenster wird nun eingeblendet und am unteren Bildschirmrand verankert (siehe Abbildung 6.11). (Sie müssen gegebenenfalls die Fenstergröße ändern, damit das gesamte Fenster sichtbar ist.)

Die Variable *Alter* hat gegenwärtig noch keinen Wert, da sie in der Ereignisprozedur bislang noch nicht verwendet worden ist. (Da die Variable *Alter* nicht als globale Variable deklariert worden ist, wird sie in dieser Prozedur als lokale Variable verwendet und bei jedem Aufruf dieser Prozedur neu initialisiert.)

Wenn Sie eine Variable aus dem Überwachungsfenster löschen möchten, klicken Sie im Überwachungsfenster auf die Variable und drücken [Entf].

Lektion 6   Kontrollstrukturen

Abbildung 6.11
Programmierumgebung mit Codefenster und Überwachungsfenster.

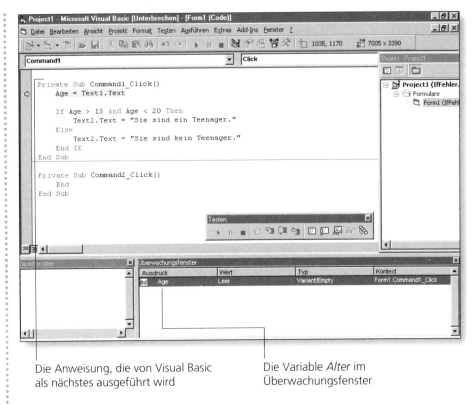

Die Anweisung, die von Visual Basic als nächstes ausgeführt wird

Die Variable *Alter* im Überwachungsfenster

⓯ Klicken Sie auf die Schaltfläche *Einzelschritt*, um die nächste Anweisung ausführen zu lassen.

Wenn eine Kontrollstruktur nicht korrekt verzweigt, überprüfen Sie die bedingten Ausdrücke und korrigieren Sie diese gegebenenfalls.

Visual Basic kopiert den Wert 13 aus dem Textfeld in die Variable *Alter* und aktualisiert die Variable *Alter* im Überwachungsfenster entsprechend. Visual Basic hebt nun die erste Anweisung in der *If...Then*-Struktur, die wichtigste (und fehlerhafte) Anweisung des Programms, hervor. Da 13-jährige Teenager sind, sollte Visual Basic die *Then*-Klausel ausführen, nachdem es diese Anweisung ausgewertet hat.

⓰ Klicken Sie nochmals auf die Schaltfläche *Einzelschritt*.

Visual Basic hebt die *Else*-Klausel in der *If...Then*-Stuktur hervor. Der Test ergibt bei diesem Wert False, und Sie müssen nun möglichst den Fehler finden und korrigieren. (Visual Basic hilft Ihnen, den Fehler zu finden, aber es ist Ihre Aufgabe, ihn zu erkennen und zu korrigieren.) In diesem Fall kennen Sie bereits die Lösung. In den ersten bedingten Ausdruck muß der Operator >= eingefügt werden.

⓱ Klicken Sie in der *If...Then*-Anweisung hinter den Operator >, und geben Sie ein Gleichzeichen (=) ein. Ihr Bildschirm sollte nun etwa wie Abbildung 6.12 aussehen.

Lektion 6   Kontrollstrukturen

Abbildung 6.12
Der Fehler wurde im Programm *IfFehler* korrigiert.

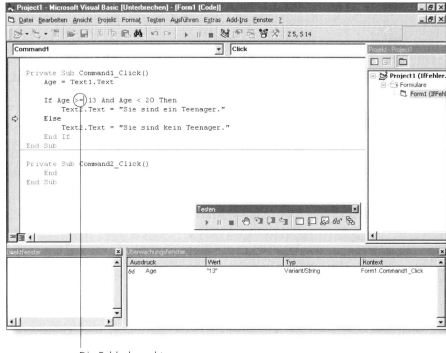

Die Fehlerkorrektur

Sie können den Fehler korrigieren, während der Haltemodus aktiv ist. Wenn Sie jedoch Änderungen an Anweisungen vornehmen, die bereits ausgeführt worden sind, kommen Ihre Korrekturen erst bei der nächsten Programmausführung zum Tragen. Um die Korrektur, die Sie in dieser Kontrollstruktur vorgenommen haben, zu testen, müssen nochmals auf die Schaltfläche *Testen* klicken.

⑱ Klicken Sie dreimal auf die Schaltfläche *Einzelschritt*.

Visual Basic beendet die Ausführung der Kontrollstruktur.

⑲ Klicken Sie in der Symbolleiste *Debuggen* auf die Schaltfläche *Starten* (für die nun die Bezeichnung *Fortsetzen* angezeigt wird), um die Programmausführung normal fortzusetzen.

Das Formular *IfFehler* wird erneut angezeigt.

⑳ Klicken Sie auf die Schaltfläche *Testen*, um Ihre Fehlerkorrektur zu testen. Überprüfen Sie, ob die Meldung „Sie sind ein Teenager." im Feld *Ausgabe* angezeigt wird, und klicken Sie auf die Schaltfläche *Beenden*, um das Programm zu verlassen.

| Lektion 6 | Kontrollstrukturen |

㉑ Schließen Sie die Symbolleiste *Debuggen* und das Überwachungsfenster, indem Sie auf deren Schaltfläche *Schließen* klicken (sofern diese noch angezeigt werden).

Gratulation! Sie haben gelernt, wie man den Haltemodus verwendet, um einen logischen Programmfehler zu finden und zu korrigieren. In Ihrer weiteren Arbeit mit Visual Basic können Sie nun den Haltemodus und die Symbolleiste *Debuggen* zur Überprüfung Ihres Programmcodes einsetzen.

Einen Schritt weiter: Mit einer Stop-Anweisung den Haltemodus aktivieren

Sie können den Haltemodus auch mit Hilfe einer Stop-Anweisung aktivieren.

Wenn Sie genau wissen, an welcher Stelle in Ihrem Programmcode der Haltemodus aktiviert und die Fehlersuche begonnen werden soll, können Sie an dieser Stelle eine *Stop*-Anweisung in Ihren Code einfügen, um das Programm anzuhalten und das Codefenster zu öffnen. Statt auf die Schaltfläche *Unterbrechen* zu klicken, hätten wir in der vorigen Übung auch eine *Stop*-Anweisung am Anfang der Ereignisprozedur *Command1_Click* einfügen können (siehe nachstehendes Beispiel).

```
Private Sub Command1_Click()
    Stop     'Haltemodus aktivieren
    Alter = Text1.Text
    If Alter > 13 And Alter < 20 Then
        Text2.Text = "Sie sind ein Teenager."
    Else
        Text2.Text = "Sie sind kein Teenager."
    End If
End Sub
```

Wenn Sie ein Programm ausführen, das eine *Stop*-Anweisung enthält, aktiviert Visual Basic den Haltemodus, sobald es auf die *Stop*-Anweisung trifft. Sie können das Codefenster und die Symbolleiste *Testen* dann genauso verwenden, wie wenn Sie den Haltemodus von Hand aktiviert hätten. Wenn Sie die Fehlerkorrektur abgeschlossen haben, löschen Sie die *Stop*-Anweisung.

Wenn Sie mit der nächsten Lektion fortfahren möchten

● Lassen Sie Visual Basic geöffnet, und blättern Sie zu Lektion 7 weiter.

Wenn Sie Visual Basic vorerst beenden möchten

● Klicken Sie im Menü *Datei* auf *Beenden*.

Falls das Dialogfeld *Speichern* angezeigt wird, klicken Sie auf *Ja*, um das Projekt zu speichern.

Lektion 6 — Kontrollstrukturen

Zusammenfassung der Lektion

Möchten Sie	dann
einen bedingten Ausdruck schreiben,	verknüpfen Sie zwei Werte mit einem Vergleichsoperator.
eine Kontrollstruktur verwenden,	verwenden Sie eine *If...Then*- oder *Select Case*-Anweisung und die zugehörigen Anweisungen und Schlüsselwörter.
in einem bedingten Ausdruck zwei Vergleiche anstellen,	verknüpfen Sie die Testkriterien durch einen logischen Operator (And, Or, Not oder Xor).
die Symbolleiste *Debuggen* anzeigen,	zeigen Sie im Menü *Ansicht* auf den Befehl *Symbolleisten* und klicken auf den Befehl *Debuggen*.
den Haltemodus zur Fehlersuche aktivieren,	klicken Sie in der Symbolleiste *Debuggen* auf die Schaltfläche *Unterbrechen*, *oder* fügen eine *Stop*-Anweisung an der Stelle ein, an der der Haltemodus aktiviert werden soll.
nur eine Codezeile ausführen,	klicken Sie im Codefenster auf die Schaltfläche *Einzelschritt*, *oder* klicken im Menü *Debuggen* auf den Befehl *Einzelschritt*.
eine Variable im Codefenster überprüfen,	markieren Sie die zu überprüfende Variable und klicken dann in der Symbolleiste *Debuggen* auf die Schaltfläche *Aktuellen Wert anzeigen*, *oder* klicken im Menü *Debuggen* auf den Befehl *Aktuellen Wert anzeigen*.
einen Überwachungsausdruck entfernen,	klicken Sie im Überwachungsfenster auf den Ausdruck und anschließend auf ⌊Entf⌋.

7 Schleifen und Zeitgeber

Geschätzte Dauer:
50 Minuten

In dieser Lektion lernen Sie

- wie Sie mit einer *For...Next*-Schleife Anweisungen wiederholt ausführen können.
- wie Sie mit Hilfe der Methode *Print* Daten in ein Formular ausgeben.
- wie Sie mit einer *Do*-Schleife Anweisungen so lange ausführen lassen, bis eine Bedingung erfüllt ist.
- wie Sie Schleifenweisungen mit Hilfe von Zeitgeberobjekten über einen bestimmten Zeitraum hinweg ausführen lassen.
- wie Sie ein Programm erstellen, das die Uhrzeit anzeigt und Sie an Termine erinnert.

In Lektion 6 haben Sie gelernt, wie Sie mit Hilfe von *If...Then*- und *Select Case*-Kontrollstrukturen festlegen, welche Programmanweisungen ausgeführt werden sollen. In dieser Lektion erfahren Sie, wie Sie einen Anweisungsblock mit Hilfe einer Schleifenanweisung wiederholt ausführen lassen. Sie werden eine *For...Next*-Schleife verwenden, um Anweisungen eine bestimmte Anzahl von Malen ausführen zu lassen. Mit Hilfe einer *Do*-Schleife werden Sie Anweisungen so lange ausführen lassen, bis ein bedingter Ausdruck mit dem Ergebnis True ausgewertet wird. Sie werden darüber hinaus lernen, die Methode *Print* einzusetzen, um Text und Zahlen in einem Formular anzuzeigen, und wie Sie Zeitgeberobjekte verwenden, um Anweisungen in bestimmten Zeitintervallen in Ihrem Programm auszuführen.

For...Next-Schleifen schreiben

Mit Hilfe einer *For...Next*-Schleife können Sie festlegen, wie oft ein Anweisungsblock in einer Ereignisprozedur ausgeführt werden soll. Dies kann hilfreich sein, wenn Sie mehrere verwandte Berechnungen ausführen, mit Anzeigeelementen arbeiten oder verschiedene Benutzereingaben verarbeiten. Eine *For...Next*-Schleife ist eigentlich eine abgekürzte Schreibweise für eine lange Liste von Programmanweisungen. Da jede Anweisungsgruppe der Liste im Grunde genommen dasselbe tut, gibt

Lektion 7 | Schleifen und Zeitgeber

Ihnen Visual Basic die Möglichkeit, eine Anweisungsgruppe zu definieren und anzugeben, wie oft diese ausgeführt werden soll.

Für *For...Next*-Schleifen gilt folgende Syntax:

```
For Variable = Start To Ende
    wiederholt auszuführende Anweisungen
Next Variable
```

In einer *For...Next*-Schleife legen die Parameter *Start* und *Ende* fest, wie lange die Schleife ausgeführt wird.

In dieser Syntaxanweisung sind die Schlüsselwörter *For*, *To* und *Next* sowie der Zuweisungsoperator (=) zwingend erforderlich. Sie ersetzen *Variable* durch den Namen einer numerischen Variablen, die die aktuelle Anzahl der Schleifendurchläufe speichert und *Start* und *Ende* durch numerische Werte, die den Start- bzw. Endpunkt der Schleife bezeichnen. Zwischen der *For*- und der *Next*-Anweisung stehen die Anweisungen, die bei jedem Schleifendurchlauf ausgeführt werden sollen.

Mit folgender *For...Next*-Schleife werden beispielsweise vier rasch aufeinander folgende Signaltöne erzeugt:

```
For i = 1 To 4
    Beep
Next i
```

Diese Schleifenanweisung ist gleichbedeutend mit vier in einer Prozedur enthaltenen Beep-Anweisungen. Für den Compiler besteht funktional kein Unterschied gegenüber den folgenden Zeilen:

```
Beep
Beep
Beep
Beep
```

In der Schleife wird die Variable *i* verwendet, ein einzelner Buchstabe, der gemäß Konvention für den ersten ganzzahligen Schleifendurchlauf einer *For...Next*-Schleife steht. Mit jedem Schleifendurchlauf wird diese Zählervariable um eins erhöht. (Wenn die Schleife das erste Mal ausgeführt wird, hat die Variable den Wert 1, den Startwert; nach dem letzten Schleifendurchlauf hat sie den Wert 4, den Endwert.) Wie Sie in den folgenden Beispielen sehen werden, können Sie diese Zählervariable verwenden, um Schleifen nutzbringend einzusetzen.

Eine Zählervariable mit der Methode Print anzeigen

Die Methode *Print* sendet Ausgaben an ein Formular oder einen Drucker.

Zählervariablen unterscheiden sich nicht von anderen Variablen, die in Ereignisprozeduren verwendet werden. Man kann die Zählervariable einer Eigenschaft zuweisen, sie in Berechnungen verwenden und in Programmen ausgeben. Eine der bequemsten Techniken zur Ausgabe von

214

Lektion 7   Schleifen und Zeitgeber

Zählervariablen ist der Einsatz der Methode *Print*, einer besonderen Anweisung, die Ausgaben in einem Formular anzeigt oder an einen an den Rechner angeschlossenen Drucker sendet. Die Methode *Print* hat folgende Syntax:

`Print Ausdruck`

wobei *Ausdruck* für eine Variable, eine Eigenschaft, einen Textwert oder einen numerischen Wert der Prozedur steht. In der folgenden Übung werden Sie mit Hilfe der Methode *Print* die Ausgaben einer *For...Next*-Schleife in einem Formular anzeigen.

Falls Sie das Formular, das die Ausgaben der *Print*-Methode aufnehmen soll, minimieren möchten, müssen Sie der Formulareigenschaft *Auto-Redraw* den Wert *True* zuweisen, damit Visual Basic die Ausgaben automatisch neu zeichnet, wenn Sie das Formular erneut anzeigen. Im Gegensatz zu anderen Formularobjekten, die automatisch neu gezeichnet werden, wird von der *Print*-Methode angezeigter Text nur dann erneut dargestellt, wenn die Eigenschaft AutoRedraw die Einstellung True aufweist.

Daten mit Hilfe einer For...Next-Schleife ausgeben

1. Öffnen Sie in Microsoft Visual Basic ein neues Standard-EXE-Projekt.
2. Verlängern Sie das Formular mit Hilfe des Größenänderungszeigers, damit für die Ausgaben etwas mehr Platz zur Verfügung steht.

3. Erstellen Sie mit Hilfe des Steuerelements *Befehlsschaltfläche (Command-Button)* in der rechten Hälfte des Formulars eine Befehlsschaltfläche.
4. Öffnen Sie das Eigenschaftenfenster, und geben Sie für die Eigenschaft *Caption* der Befehlsschaltfläche den Wert **Ausführen** ein.
5. Öffnen Sie das Dropdown-Listenfeld *Objekt* am oberen Rand des Eigenschaftenfensters, und klicken Sie auf den Objektnamen *Form1*.

Die Eigenschaften des Formulars werden nun im Eigenschaftenfenster angezeigt.

6. Stellen Sie bei der Eigenschaft *Font* die Schriftart *Times New Roman* ein.

Mit der Eigenschaft *Font* wird festgelegt, wie Text im Formular angezeigt wird. Sie können alle auf Ihrem System verfügbaren Schriftarten in Formularen verwenden. TrueType-Schriften eignen sich zu diesem Zweck jedoch besonders gut, da sie in vielen verschiedenen Schriftgrößen angezeigt werden können und auf dem Bildschirm genauso aussehen wie im Ausdruck.

7. Verändern Sie die Einstellung der Eigenschaft *AutoRedraw* zu *True*.

Lektion 7   Schleifen und Zeitgeber

Wenn das Formular minimiert worden ist, sorgt die Eigenschaft *AutoRedraw* dafür, dass alle Ausgaben der Methode *Print* neu gezeichnet werden.

❽ Doppelklicken Sie im Formular auf die Schaltfläche *Ausführen*.

Die Ereignisprozedur *Command1_Click* wird im Codefenster angezeigt.

❾ Geben Sie die folgende Programmanweisung in die Prozedur ein:

```
For i = 1 To 10
    Print "Zeile" ; i
Next i
```

In dieser *For...Next*-Schleife werden mit Hilfe der Methode *Print* das Wort *Zeile* und der Wert der Zählervariablen zehnmal in das Formular ausgegeben. Das Semikolon (;) in der *Print*-Anweisung weist Visual Basic an, die Zählervariable neben der Zeichenfolge „Zeile" auszugeben und diese Ausgaben nicht durch Leerzeichen voneinander zu trennen. (Wenn Sie das Programm ausführen, erscheint allerdings ein Leerzeichen zwischen *Zeile* und der Zählervariablen. Bei der Ausgabe numerischer Werte reserviert die Methode *Print* stets Platz für ein Minuszeichen, auch dann, wenn kein Minuszeichen gebraucht wird.)

In der *Print*-Methode können die Zeichen Semikolon (;) und Komma (,) zur Trennung von Ausdrücken verwendet werden. Wird ein Semikolon als Trennzeichen angegeben, werden die Elemente nebeneinander gestellt; wird ein Komma verwendet, werden die Elemente durch Tabulatoren getrennt. Sie können eine beliebige Kombination dieser Trennzeichen zur Trennung von Listenelementen verwenden.

Sie finden das vollständige Programm *ForSchleife* im Ordner *\Vb6SfS\Lekt07*.

Jetzt können Sie das Programm ausführen.

❿ Klicken Sie in der Symbolleiste auf die Schaltfläche *Starten*.

⓫ Klicken Sie auf die Schaltfläche *Ausführen*.

Die *For...Next*-Schleife gibt zehn Textzeilen im Formular aus (siehe Abbildung 7.1).

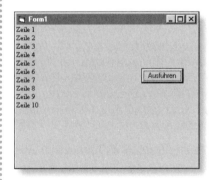

Abbildung 7.1
Die mit der *For...Next*-Schleife generierte Ausgabe.

216

Lektion 7   Schleifen und Zeitgeber

⑫ Klicken Sie nochmals auf die Schaltfläche *Ausführen*.

Die *For...Next*-Schleife gibt zehn weitere Zeilen in das Formular aus (oder so viele Zeilen, wie darin Platz haben). Nachdem eine Zeile angezeigt worden ist, wird der Zeiger um eine Zeile nach unten bewegt, bis er den unteren Formularrand erreicht hat.

⑬ Klicken Sie in der Symbolleiste auf die Schaltfläche *Beenden*, um das Programm zu verlassen.

⑭ Klicken Sie in der Symbolleiste auf die Schaltfläche *Projekt speichern*. Speichern Sie das Formular unter dem Namen **NeuForSchleife.frm** und anschließend das Projekt unter dem Namen **NeuForSchleife.vbp**.

Speichern Sie die Dateien im Ordner *\Vb6SfS\Lekt07*.

Eine Eigenschaft in einer For...Next-Schleife ändern

Mit der Eigenschaft FontSize können Sie die Schriftgröße im Formular ändern.

Sie können in Visual Basic in einer Schleifenanweisung Eigenschaften ändern und Schlüsselvariablen aktualisieren. In der folgenden Übung werden Sie das Programm *NeuForSchleife* modifizieren, so dass in der *For...Next*-Schleife die Eigenschaft *FontSize* geändert wird. Mit der Eigenschaft *FontSize* wird die Punktgröße von Texten festgelegt, die im Formular angezeigt werden. Die Einstellung der Schriftgröße über diese Eigenschaft stellt eine Alternative zur Eigenschaft *Font* dar, mit der ebenfalls die Schriftgröße definiert werden kann.

Die Eigenschaft FontSize ändern

① Öffnen Sie die Ereignisprozedur *Command1_Click*, sofern sie nicht bereits angezeigt wird.

Die *For...Next*-Schleife wird im Codefenster angezeigt.

② Fügen Sie die folgende Anweisung direkt unter der *For*-Anweisung ein:

```
FontSize = 10 + i
```

Mit dieser Anweisung wird festgelegt, dass der Wert der Eigenschaft *FontSize* um 10 (Punkte) höher ist als der Wert der Zählervariablen. Wenn die Schleife das erst Mal durchlaufen wird, wird daher die Schriftgröße 10 Punkt eingestellt, beim nächsten Durchlauf die Schriftgröße 11 Punkt, beim nachfolgenden Durchlauf die Schriftgröße 12 Punkt und so weiter, bis zum letzten Schleifendurchlauf, bei dem die Schriftgröße auf 20 Punkt erhöht wird. Wenn Sie sämtliche Eingaben vorgenommen haben, sollte Ihre *For...Next*-Schleife wie in Abbildung 7.2 aussehen.

③ Klicken Sie in der Symbolleiste auf die Schaltfläche *Starten*, um das Programm auszuführen.

Lektion 7   Schleifen und Zeitgeber

Abbildung 7.2
Die *For...Next*-Schleife des Programms *Schriftgröße*.

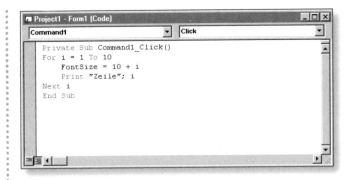

❹ Klicken Sie auf die Schaltfläche *Ausführen*.

Die *For...Next*-Schleife zeigt die in Abbildung 7.3 dargestellte Ausgabe im Formular an.

Abbildung 7.3
Die Ausgabe der *For...Next*-Schleife im Programm *SchriftGröße*.

Mit jeder Erhöhung des Schleifenzählers wurde auch die Schriftgröße im Formular vergrößert.

❺ Klicken Sie auf die Schaltfläche *Beenden*, um die Programmausführung zu stoppen.

Das Programm wird beendet und die Programmierumgebung wieder aktiviert.

Sie finden das vollständige Programm *Schriftgröße* im Ordner *\Vb6SfS\Lekt07*.

❻ Klicken Sie im Menü *Datei* auf den Befehl *Speichern von NeuForSchleife speichern unter*. Speichern Sie das Formular unter dem Namen **NeuSchriftgröße.frm**.

❼ Klicken Sie im Menü *Datei* auf den Befehl *Projekt speichern unter*. Speichern Sie das Projekt unter dem Namen **NeuSchriftgröße.vbp**.

Mit einer *For...Next*-Schleife können Sie in einem Programm sehr viel Platz sparen. Im vorigen Beispiel wären zwanzig Programmanweisungen

Lektion 7 | Schleifen und Zeitgeber

erforderlich, wollte man dasselbe Ergebnis wie mit dieser vier Zeilen umfassenden *For...Next*-Schleife erzielen.

Komplexe For...Next-Schleifen erstellen

Mit Hilfe des Schlüsselworts Step können Sie verschiedene Zahlenfolgen für die Zählervariable einer For...Next-Schleife erzeugen.

Die Zählervariable einer *For...Next*-Schleife kann in Ihren Programmen ein mächtiges Hilfsmittel sein. Mit etwas Phantasie können Sie diese Variable einsetzen, um in Schleifen verschiedene hilfreiche Zahlenfolgen zu erzeugen. Wenn Sie eine Schleife mit einem anderen Zählmuster als 1, 2, 3, 4, etc. erstellen möchten, müssen Sie einen anderen Startwert definieren und dann mit Hilfe des Schlüsselworts *Step* die Zählervariable in unterschiedlichen Intervallen erhöhen. Beispielsweise würde mit der folgenden Schleife

```
For i = 5 To 25 Step 5
    Print i
Next i
```

die folgende Zahlenfolge in ein Formular ausgegeben:

```
5
10
15
20
25
```

Mit dem Schlüsselwort Step können Sie Dezimalwerte angeben.

Sie können auch Dezimalwerte in einer Schleife als Start- oder Endwert angeben. Zum Beispiel werden mit dieser *For...Next*-Schleife

```
For i = 1 To 2.5 Step 0.5
    Print i
Next i
```

die folgenden Zahlen ausgegeben:

```
1
1.5
2
2.5
```

Die Zählervariable kann nicht nur angezeigt, sondern auch zur Einstellung von Eigenschaften, zur Berechnung von Werten und zur Verarbeitung von Dateien eingesetzt werden. Die folgende Übung zeigt, wie Sie die Zählervariable verwenden, um Visual Basic-Symbole anzeigen, die auf der Festplatte in Dateien gespeichert sind und deren Namen Zahlen enthalten. Mit diesem Programm wird auch demonstriert, wie Sie mit Hilfe einer *For...Next*-Schleife verschiedene Anzeigefeldobjekte als Gruppe bearbeiten können. Um die Anzeigefeldobjekte besser bearbeiten zu können, fügen Sie sie in einen Container ein, der als *Steuerelementefeld* bezeichnet wird.

Lektion 7   Schleifen und Zeitgeber

Mit Hilfe einer For...Next-Schleife Dateien öffnen

❶ Klicken Sie im Menü *Datei* auf den Befehl *Neues Projekt* und dann auf *OK*.

❷ Klicken Sie in der Symbolleiste auf das Steuerelement *Bild (Image)*, und zeichnen Sie ein kleines, rechteckiges Anzeigefeld in die linke obere Ecke des Formulars.

❸ Klicken Sie im Menü *Bearbeiten* auf den Befehl *Kopieren*.

Eine Kopie des Anzeigefelds wird in der Microsoft Windows-Zwischenablage abgelegt. Sie werden mit Hilfe dieser Kopie drei weitere Anzeigefelder im Formular erstellen.

❹ Klicken Sie im Menü *Bearbeiten* auf den Befehl *Einfügen*.

Sie erstellen Steuerelementefelder, indem Sie Objekte kopieren und einfügen.

Visual Basic zeigt eine Meldung an, in der Sie gefragt werden, ob Sie ein Steuerelementefeld erstellen möchten. Ein *Steuerelementefeld* ist eine Auslistung identischer Oberflächenobjekte. Jedes Objekt dieser Gruppe erhält den gleichen Objektnamen, so dass die Gruppe als ganzes ausgewählt und näher definiert werden kann. Auf die Elemente eines Steuerelementefelds kann jedoch auch einzeln Bezug genommen werden. Sie können daher sämtliche Oberflächenelemente nach Belieben definieren und bearbeiten.

❺ Klicken Sie auf *Ja*, um ein Steuerelementefeld anlegen zu lassen.

Visual Basic erstellt ein Steuerelementefeld mit Anzeigefeldern und fügt das zweite Anzeigefeld in die linke obere Ecke des Formulars ein. Dieses Anzeigefeld ist ausgewählt.

❻ Ziehen Sie dieses Anzeigefeld rechts neben das erste Anzeigefeld.

Nachdem Sie ein Objekt markiert haben, können Sie es im Formular an eine beliebige Position ziehen.

❼ Klicken Sie im Menü *Bearbeiten* auf den Befehl *Einfügen*, und ziehen Sie das dritte Anzeigefeld rechts neben das zweite Anzeigefeld.

❽ Klicken Sie nochmals im Menü *Bearbeiten* auf den Befehl *Einfügen*, und ziehen Sie das vierte Anzeigefeld rechts neben das dritte Anzeigefeld.

Nachdem Sie alle Anzeigefelder eingefügt haben, sollte Ihr Bildschirm etwa wie Abbildung 7.4 aussehen.

❾ Klicken Sie in der Werkzeugsammlung auf das Steuerelement *Befehlsschaltfläche (CommandButton)*, und erstellen Sie am unteren Formularrand eine Befehlsschaltfläche.

Legen Sie nun die Eigenschaften der Formularobjekte fest. Sie stellen zuerst die Eigenschaften sämtlicher Anzeigefelder des Steuerelementefelds ein.

Lektion 7   Schleifen und Zeitgeber

Abbildung 7.4
Der Formularentwurf mit den eingefügten Anzeigefeldern.

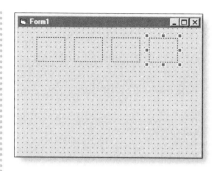

Sie können sämtliche Elemente eines Steuerelementefelds gleichzeitig bearbeiten, indem Sie sie als Gruppe markieren.

❿ Klicken Sie auf das erste Anzeigefeld, halten Sie ⇧ gedrückt, und klicken Sie dann auf das zweite, dritte und vierte Anzeigefeld. Lassen Sie die Taste ⇧ los.

Die Anzeigefelder des Steuerelementefelds werden im Formular markiert.

⓫ Öffnen Sie das Eigenschaftenfenster, und stellen Sie die folgenden Eigenschaftenwerte ein. (Nachdem Sie die Eigenschaften der Anzeigefelder definiert haben, klicken Sie auf die Befehlsschaltfläche, um deren Eigenschaften einzustellen.)

Objekt	Eigenschaft	Einstellung
Image1 (Steuerelementefeld)	BorderStyle	1 - Fest Einfach
	Stretch	True
Command1	Caption	„Symbole anzeigen"

⓬ Doppelklicken Sie im Formular auf die Schaltfläche *Symbole anzeigen*, um die Ereignisprozedur dieses Befehlsschaltflächen-Objekts anzuzeigen.

Die Ereignisprozedur *Command1_Click* wird im Codefenster angezeigt.

⓭ Vergrößern Sie das Codefenster, und geben Sie die folgende *For...Next*-Anweisung ein:

```
For i = 1 To 4
    Image1(i - 1).Picture = _
      LoadPicture("c:\Vb6SfS\lekt06\misc0" & i & ".ico")
Next i
```

Da die *LoadPicture*-Funktion dieser Ereignisprozedur innerhalb des Satzspiegels dieses Buches nicht dargestellt werden kann, habe ich sie mit Hilfe des Zeilenfortsetzungszeichens (_) von Visual Basic in zwei Zeilen aufgeteilt. Sie können dieses Zeichen, außer innerhalb von String-Variablen oder String-Konstanten, überall in Ihren Programmen verwenden.

In dieser Schleife werden mit Hilfe der Funktion *LoadPicture* Dateien mit Symbolen aus dem Ordner *\Vb6Sfs\Lekt06* von Ihrer Festplatte geladen. Der interessanteste Teil dieser Schleife ist die Anweisung

```
Image1(i - 1).Picture = _
    LoadPicture("c:\Vb6Sfs\lekt06\misc0" & i & ".ico")
```

mit dem die Dateien von Ihrer Festplatte geladen werden. Mit der ersten Zeile der Anweisung

```
Image1(i - 1).Picture
```

wird auf die Eigenschaft *Picture*, der im Steuerelementefeld enthaltenen Anzeigefelder zugegriffen. Auf Elemente von Steuerelementefeldern wird über ihren Index Bezug genommen, und daher würden Sie auf die einzelnen Anzeigefelder dieses Beispiels in der Form *Image1(0)*, *Image1(1)*, *Image1(2)* und *Image1(3)* verweisen. Die in Klammern gesetzten Zahlen geben den Index im Datenfeld an. In unserem Beispiel wird der Index berechnet, indem 1 von der Zählervariablen subtrahiert wird.

Der Dateiname wird mit Hilfe der Zählervariablen und dem Verkettungsoperator, den Sie in der vorigen Lektion kennen gelernt haben, erstellt. Mit der Anweisung

```
LoadPicture( c:\Vb6Sfs\lekt06\misc0" & i & ".ico")
```

werden ein Pfadname, ein Dateiname und die Dateinamenerweiterung .ico zu gültigen Dateinamen von auf der Festplatte gespeicherten Symbolen verkettet. In diesem Beispiel laden Sie die Dateien Misc01.ico, Misc02.ico, Misc03.ico und Misc04.ico in die Anzeigefelder. Diese Anweisung wird fehlerfrei ausgeführt, da der Name mehrerer Dateien im Ordner *\Vb6SfS\Lekt06* dem Muster Misc*xx*.ico entspricht. Wenn ein Muster erkennbar ist, können Sie die Dateinamen innerhalb einer *For...Next*-Schleife verarbeiten.

⓮ Klicken Sie in der Symbolleiste auf die Schaltfläche *Projekt speichern*.

Speichern Sie das Formular unter dem Namen **NeuCtlArray.frm** und anschließend das Projekt unter dem Namen **NeuCtlArray.vbp** auf der Festplatte.

⓯ Klicken Sie in der Symbolleiste auf die Schaltfläche *Starten*, um das Programm zu starten, und klicken Sie dann auf die Schaltfläche *Symbole anzeigen*.

Die *For...Next*-Schleife lädt die Dateien von der Festplatte in die Anzeigefelder.

Lektion 7　　Schleifen und Zeitgeber

Abbildung 7.5
Die Ausgaben des Programms *NeuCtlArray*.

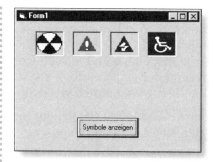

Sie finden das vollständige Programm *CtlArray* im Ordner *\Vb6SfS\Lekt07*.

Falls Visual Basic eine Fehlermeldung ausgibt, überprüfen Sie Ihren Programmcode auf Tippfehler, und überprüfen Sie, ob das angegebene Verzeichnis die Dateien enthält. Falls Sie die Übungsdateien in einem anderen Order installiert haben, müssen Sie die Pfadangaben in der Ereignisprozedur ändern.

Das Programm zeigt die in Abbildung 7.5 dargestellten Ausgaben an.

16 Klicken Sie in der Titelleiste auf die Schaltfläche *Schließen*, um das Programm zu verlassen.

Das Programm wird beendet und die Programmierumgebung wieder aktiviert.

Das Schlüsselwort Step im Programm NeuCtlArray verwenden

Stellen Sie sich vor, der Ordner *\Vb6SfS\Lekt06* enthält eine Unmenge von Dateien, deren Namen dem Muster Misc*xx*.ico entspricht. Sie möchten nun mit Hilfe des Schlüsselworts *Step* andere Symbole in den Anzeigefeldern anzeigen. Um Dateien zu laden, deren Dateinamen sich anders zusammensetzen, müssen Sie lediglich die Zahlen in der *For*-Anweisung ändern und den Code überarbeiten, mit dem der Index des Steuerelementefelds und der Dateiname erzeugt wird. Sie müssen auch die Indizes der Anzeigefelder ändern, damit diese der neuen Zählervariablen, die Sie verwenden werden, entsprechen.

Das Programm NeuCtlArray abändern

1 Klicken Sie im Formular auf das erste Anzeigefeld, und öffnen Sie dann das Eigenschaftenfenster.

Die Eigenschaften des Anzeigefelds *Image1(0)* werden im Eigenschaftenfenster angezeigt.

2 Ändern Sie den Wert der Eigenschaft *Index* zu 22.

Lektion 7 ⋮ Schleifen und Zeitgeber

Das erste Element eines Steuerelementefelds hat für gewöhnlich den Index 0, Sie können diesen Wert jedoch ändern, falls das Feld dadurch einfacher zu verarbeiten ist. In dieser Übung möchten Sie die Dateien Misc22.ico, Misc24.ico, Misc26.ico und Misc28.ico öffnen, und daher kann durch die Änderung der Objektindizes zu 22, 24, 26 und 28 einfacher auf die Objekte Bezug genommen werden.

③ Öffnen Sie das Dropdown-Listenfeld *Objekte* im Eigenschaftenfenster, und klicken Sie auf den Objektnamen *Image1(1)*.

④ Ändern Sie den Wert der Eigenschaft *Index* des zweiten Objekts zu **24**.

⑤ Öffnen Sie das Dropdown-Listenfeld *Objekte* im Eigenschaftenfenster, und klicken Sie auf den Objektnamen *Image1(2)*.

⑥ Ändern Sie den Wert der Eigenschaft *Index* des dritten Objekts zu **26**.

⑦ Öffnen Sie das Dropdown-Listenfeld *Objekte* im Eigenschaftenfenster, und klicken Sie auf den Objektnamen *Image1(3)*.

⑧ Ändern Sie den Wert der Eigenschaft *Index* des dritten Objekts zu **28**.

Nun verändern Sie die Anweisungen in der *For...Next*-Schleife.

⑨ Doppelklicken Sie im Formular auf die Schaltfläche *Symbole anzeigen*.

Die Ereignisprozedur *Command1_Click* wird im Codefenster angezeigt.

⑩ Ändern Sie die *For*-Anweisung wie folgt ab:

```
For i = 22 To 28 Step 2
```

Mit dieser Anweisung wird der Zählervariablen im ersten Schleifendurchlauf der Wert 22, im zweiten Schleifendurchlauf der Wert 24 und in den nachfolgenden Durchläufen der Wert 26 bzw. 28 zugewiesen. Nun aktualisieren Sie die Funktion *LoadPicture*.

⑪ Ändern Sie den Index des Steuerelementefelds von *Image1(i − 1)* zu **Image1(i)**.

Da der Index nun dem Objektnamen der Schleife genau entspricht, sind keine Berechnungen zur Bestimmung des Indexwertes erforderlich.

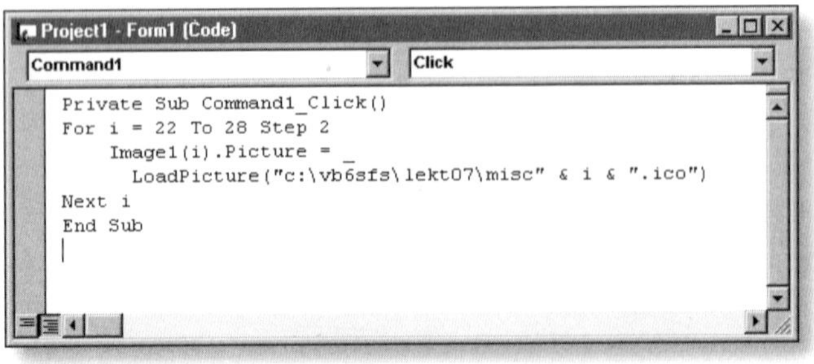

Abbildung 7.6
Die veränderte
For...Next-Schleife
des Programms
NeuCtlArray.

```
Private Sub Command1_Click()
For i = 22 To 28 Step 2
    Image1(i).Picture = _
        LoadPicture("c:\vb6sfs\lekt07\misc" & i & ".ico")
Next i
End Sub
```

Lektion 7   Schleifen und Zeitgeber

⑫ Löschen Sie die zweite 0 (Null) aus der Pfadangabe in der *LoadPicture*-Funktion.

Die Dateinamen Misc*xx*.ico enthalten keine Nullen mehr. Nachdem Sie Ihre Eingaben abgeschlossen haben, sollte die Ereignisprozedur wie in Abbildung 7.6 aussehen.

⑬ Klicken Sie in der Symbolleiste auf die Schaltfläche *Starten* und anschließend auf die Schaltfläche *Symbole anzeigen*.

Die *For...Next*-Schleife lädt nun die neuen Bilder in die Anzeigefelder. Ihr Bildschirm sollte nun in etwa wie Abbildung 7.7 aussehen.

Abbildung 7.7
Die Programmausgabe der modifizierten *For...Next*-Schleife.

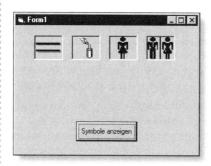

⑭ Klicken Sie in der Titelleiste auf die Schaltfläche *Schließen*.

Das Programm wird beendet und die Programmierumgebung wieder aktiviert.

Sie finden das vollständige Programm *StepSchleife* im Ordner \Vb6SfS\Lekt07.

⑮ Speichern Sie das überarbeitete Formular und das Projekt jeweils unter dem Namen **NeuStepSchleife**.

Exit For-Anweisungen

Mit Hilfe einer *Exit For*-Anweisung können Sie die Ausführung einer *For...Next*-Schleife vorzeitig beenden. Sie können damit auf ein bestimmtes Ereignis reagieren, das ausgelöst wurde, bevor die Schleife die festgelegte Anzahl von Malen ausgeführt worden ist. Zum Beispiel wird mit der folgenden *For...Next*-Schleife

```
For i = 1 To 10
  InpName =_
InputBox("Geben Sie Ihren Namen ein oder Fertig, um zu beenden.")
  If InpName = "Fertig" Then Exit For
  Print InpName
Next i
```
▶

Lektion 7   Schleifen und Zeitgeber

der Anwender zehn Mal aufgefordert, Namen einzugeben, und der eingegebene Name wird jeweils im Formular angezeigt, sofern der Anwender nicht das Wort *Fertig* eingibt. Wenn der Anwender *Fertig* eingibt, wird die Programmausführung mit der ersten Anweisung, die auf die *Next*-Anweisung folgt, fortgesetzt. *Exit For*-Anweisungen werden für gewöhnlich in Kombination mit If-Anweisungen verwendet. Sie eignen sich zur Bearbeitung von Sonderfällen, die in einer Schleife auftreten können, beispielsweise wenn ein vordefinierter Grenzwert erreicht worden ist.

Do-Schleifen schreiben

Mit *Do*-Schleifen werden Anweisungen solange ausgeführt, bis eine bestimmte Bedingung erfüllt ist.

Statt einer *For...Next*-Schleife können Sie auch eine *Do*-Schleife schreiben, mit der eine Gruppe von Anweisungen so lange ausgeführt wird, bis eine bestimmte Bedingung True ergibt. *Do*-Schleifen sind hilfreich, da Sie häufig im Vorhinein gar nicht wissen, wie oft eine Schleife ausgeführt werden soll. Zum Beispiel können Sie die Anwender solange Namen in eine Datenbank eingeben lassen, bis Sie das Wort *Fertig* in ein Eingabefeld eingeben. In diesem Fall könnten Sie mit Hilfe einer *Do*-Schleife unbegrenzt viele Eingaben verarbeiten und die Verarbeitung stoppen, wenn die Zeichenfolge „Fertig" eingelesen wird.

Do-Schleifen können verschiedene Formate haben, je nachdem, wo und wie die Schleifenbedingung ausgewertet werden soll. Am gebräuchlichsten ist folgende Syntax:

```
Do While Bedingung
    Block auzuführender Anweisungen
Loop
```

Die nachfolgende *Do*-Schleife wird beispielsweise so lange ausgeführt, bis das Wort *Fertig* eingegeben wird:

```
Do While InpName <> "Fertig"
    InpName = _
InputBox("Geben Sie Ihren Namen ein oder Fertig, um zu beenden.")
    If InpName <> "Fertig" Then Print InpName
Loop
```

Die Position der Schleifenbedingung bestimmt, wie eine *Do*-Schleife ausgeführt wird.

In dieser Schleife wird der bedingte Ausdruck $InpName <> "Fertig"$ verwendet, mit dem der Visual Basic-Compiler angewiesen wird, die Schleife so lange wiederholt auszuführen, wie die Variable *InpName* nicht den Wert *Fertig* hat. Eine wichtige Eigenschaft von *Do*-Schleifen wird hier deutlich: Falls die Bedingung am Anfang der Schleife bei der ersten Auswertung der *Do*-Anweisung nicht True ergibt, wird die *Do*-Schleife nie ausgeführt. Falls die Variable *InpName* in unserem Beispiel die Zeichen-

Lektion 7 · Schleifen und Zeitgeber

folge „Fertig" enthält, bevor die Schleifenausführung begonnen wird (beispielsweise aufgrund einer vorhergehenden Zuweisung in der Ereignisprozedur), dann würde Visual Basic die gesamte Schleife übergehen und mit der Zeile fortfahren, die auf das Schlüsselwort *Loop* folgt. Beachten Sie, dass Sie bei dieser Art von Schleife eine zusätzliche *If...Then*-Struktur definieren müssen, damit der Wert, der zum Beenden der Schleife dient, nach seiner Eingabe nicht auf dem Bildschirm angezeigt wird.

Falls die Schleife mindestens einmal im Programm ausgeführt werden soll, geben Sie die Bedingung am Ende der Schleife an. Zum Beispiel erfüllt die Schleife

```
Do
InpName("Geben Sie Ihren Namen ein oder Fertig, um zu beenden.")
    If InpName <> "Fertig" Then Print InpName
Loop While InpName <> "Fertig"
```

im Wesentlichen den gleichen Zweck wie die vorherige *Do*-Schleife. Hier wird die Schleifenbedingung allerdings erst ausgewertet, nachdem die Funktion *InputBox* einen Namen übergeben hat. Vorteilhaft ist hier, dass die Variable *InpName* vor der Auswertung der Schleifenbedingung aktualisiert ist, so dass die Schleife nicht übergangen wird, falls die Variable den Wert „Fertig" noch aus vorherigen Zuweisungen enthält. Wenn die Auswertung der Schleifenanweisung am Ende der Schleife erfolgt, wird zudem sichergestellt, dass die Schleife mindestens einmal ausgeführt wird. Sie müssen bei diesem Vorgehen aber häufig zusätzliche Anweisungen einfügen, damit die Daten richtig verarbeitet werden.

Endlosschleifen vermeiden

Stellen Sie sicher, dass jede Schleife über eine gültige Austrittsbedingung verfügt.

Da *Do*-Schleifen unendlich lange ausgeführt werden können, müssen Sie Ihre Schleifenbedingungen so gestalten, dass jede Schleife über einen gültigen Austrittspunkt verfügt. Falls die Schleifenbedingung nie den Wert False ergibt, wird die Schleife unendlich oft durchlaufen, und das Programm kann dann nicht mehr auf Eingaben reagieren. Betrachten Sie folgendes Beispiel:

```
Do
   Zahl = InputBox("Geben Sie eine Zahl ein. Mit -1 beenden Sie.")
   Zahl = Zahl * Zahl
   Print Zahl
Loop While Zahl >= 0
```

In dieser Schleife gibt der Anwender eine Zahl nach der anderen ein, und das Programm berechnet das Quadrat und gibt das Ergebnis im Formular aus. Allerdings kann der Anwender das Programm leider nicht beenden, da die Austrittsbedingung nicht ihren Zweck erfüllt. Wenn der

Lektion 7   Schleifen und Zeitgeber

Anwender den Wert -1 eingibt, wird dieser vom Programm mit sich selbst multipliziert und der Variablen *Zahl* der Wert 1 zugewiesen. (Das Problem kann durch den Einsatz einer anderen Austrittsbedingung behoben werden.) Sie sollten beim Schreiben von *Do*-Schleifen, unbedingt Endlosschleifen vermeiden. Glücklicherweise sind Endlosschleifen leicht zu finden, sofern Sie Ihre Programm gründlich testen.

Die folgende Übung zeigt, wie Sie mit Hilfe einer *Do*-Schleife Temperaturangaben der Einheit Celsius in die Einheit Fahrenheit umwandeln. Dieses einfache Programm fordert den Anwender mit Hilfe der Funktion *Input-Box* zur Eingabe eines Werts auf, führt die Umrechnung aus und gibt den Wert in einem Meldungsfenster aus. Das Programm zeigt auch, wie Sie ein Formular verbergen können, indem sie der Formulareigenschaft *Visible* den Wert *False* zuweisen.

Temperaturen mit Hilfe einer Do-Schleife umrechnen

❶ Klicken Sie im Menü *Datei* auf den Befehl *Neues Projekt* und anschließend auf *OK*.

Visual Basic zeigt ein leeres Formular in der Programmierumgebung an.

❷ Öffnen Sie das Eigenschaftenfenster, und stellen Sie die Formulareigenschaft *Visible* auf *False* ein.

Formulare werden während der Programmausführung nicht angezeigt, wenn Sie der Formulareigenschaft Visible den Wert False zuweisen.

Wenn Sie der Formulareigenschaft *Visible* den Wert *False* zuweisen, zeigt Visual Basic das Formular während der Programmausführung nicht an. Im Grunde genommen wird damit die Benutzeroberfläche während der Programmausführung verborgen – es können keine Objekte angezeigt werden. Sie werden diese Technik wahrscheinlich nicht allzu häufig einsetzen, sie ist aber hilfreich, wenn eine Aufgabe im Hintergrund ausgeführt werden soll. Da dieses Programm Temperaturangaben in Celsius einliest und die entsprechenden Fahrenheit-Werte berechnet und ausgibt, ist es sinnvoll, das Formular auszublenden. Sie können die Eingaben mit Hilfe der Funktion *InputBox* entgegennehmen und die Ausgaben mit der *MsgBox*-Funktion anzeigen.

❸ Doppelklicken Sie auf das Formular.

Die Ereignisprozedur Form_Load wird beim Programmstart ausgeführt.

Die Ereignisprozedur *Form_Load* wird im Codefenster angezeigt. Alle Routinen dieses Programms werden in dieser Prozedur definiert.

❹ Geben Sie die folgenden Programmanweisungen ein:

```
Prompt = "Bitte geben Sie eine Temperatur in Celsius ein."
Do
    CTemp = InputBox(Prompt, "Celsius nach Fahrenheit")
    If CTemp <> "" Then
        Fahrenheit = Int(CTemp * 9 / 5 + 32)
        MsgBox (Fahrenheit), , "Temperatur in Fahrenheit"
```

228

Lektion 7   Schleifen und Zeitgeber

```
    End If
Loop While CTemp <> ""
End
```

Mit diesen neuen Codezeilen wird die auszuführende Umrechnung definiert. In der ersten Zeile wird der Variablen *Prompt* eine Zeichenfolge zugewiesen, die als Eingabeaufforderung im Meldungsfenster der *InputBox*-Funktion angezeigt wird. Die *Do*-Schleife fordert den Anwender wiederholt zur Eingabe von Temperaturwerten in Celsius auf, rechnet den eingegebenen Wert in Fahrenheit um und zeigt das Ergebnis mit Hilfe der Funktion *MsgBox* auf dem Bildschirm an. Die Schleife wird solange ausgeführt, bis der Anwender auf die Schaltfläche *Abbrechen* klickt. In diesem Fall wird der Variablen *Ftemp* ein Nullwert übergeben. Die Schleife überprüft die Variable *Ftemp* mit Hilfe einer *While*-Anweisung auf Nullwerte. Schließlich erfolgt mit der Anweisung

```
Fahrenheit = Int(CTemp * 9 / 5 + 32)
```

die Umrechnung von Celsius in Fahrenheit. In dieser Anweisung wird eine Standardumrechnungsformel sowie die Funktion *Int* verwendet, damit der Variablen *Fahrenheit* nur ganzzahlige Werte übergeben werden. (Die Dezimalstellen werden abgeschnitten.) Aufgrund dieser Kürzung werden zwar weniger genaue Werte ausgegeben, aber auch lange, unleserliche Zahlenausgaben vermieden.

Führen Sie das Programm jetzt aus.

❺ Klicken Sie in der Symbolleiste auf die Schaltfläche *Starten*.

Das Programm wird gestartet, und die Funktion *InputBox* fordert Sie zur Eingabe eines Temperaturwerts in Celsius auf. (Das Formular ist nicht sichtbar.) Ihr Bildschirm sollte nun etwa wie Abbildung 7.8 aussehen.

Abbildung 7.8
Die Funktion *InputBox* zeigt die Eingabeaufforderung an.

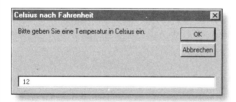

❻ Geben Sie **12** ein, und klicken Sie auf *OK*.

Sie finden das Programm *Fahrenheit* im Ordner *\Vb6SfS\Lekt07*.

Die Temperatur 12 Grad Celsius wird in Fahrenheit umgerechnet und ergibt 53 Grad Fahrenheit (siehe Abbildung 7.9).

❼ Klicken Sie auf *OK*. Geben **22** ein, und klicken Sie auf *OK*.

Die Temperaturangabe 22 Grad Celsius entspricht dem Wert von 72 Grad Fahrenheit.

Lektion 7 Schleifen und Zeitgeber

Abbildung 7.9
Die Funktion *MsgBox* gibt das Umrechnungsergebnis aus.

❽ Klicken Sie auf *OK*, und beenden Sie das Programm, indem Sie im Eingabefeld auf die Schaltfläche *Abbrechen* klicken.

Das Programm wird beendet und die Programmierumgebung wieder aktiviert.

 ❾ Klicken Sie auf die Schaltfläche *Projekt speichern*, und speichern Sie Formular und Projekt jeweils unter dem Namen **NeuFahrenheit** auf der Festplatte.

Das Schlüsselwort Until in Do-Schleifen verwenden

In den *Do*-Schleifen, mit denen wir bislang gearbeitet haben, wurde mit dem Schlüsselwort *While* die Anweisungsgruppe eingeleitet, die ausgeführt werden sollte, solange die Bedingung True ergab. Sie können in Visual Basic auch das Schlüsselwort *Until* in *Do*-Schleifen verwenden, um die Schleifenausführung zu beenden, wenn eine bestimmte Bedingung True ergibt. Das Schlüsselwort *Until* kann ebenso wie das Schlüsselwort *While* am Anfang oder am Ende einer *Do*-Schleife zur Prüfung einer Bedingung eingesetzt werden. Die folgende *Do*-Schleife wird beispielsweise so lange ausgeführt, bis der Anwender das Wort *Fertig* in das Eingabefeld eingibt:

```
Do
InpName("Geben Sie Ihren Namen ein oder Fertig, um zu beenden.")
    If InpName <> "Fertig" Then Print InpName
Loop Until InpName = "Fertig"
```

Wie Sie sehen, ähnelt diese *Do*-Schleife mit dem Schlüsselwort *Until* der Schleife mit dem Schlüsselwort *While*. Sie unterscheidet sich von dieser nur dadurch, dass der bedingte Ausdruck statt des Operators = (gleich) den Operator <> (ungleich) enthält. Sie können das Schlüsselwort *Until* jederzeit in *Do*-Schleifen verwenden.

Mit Zeitgeberobjekten arbeiten

Ein Zeitgeberobjekt lässt sich mit einer in ein Programm integrierten unsichtbaren Stoppuhr vergleichen.

Sie können in Visual Basic mit Hilfe eines Zeitgeberobjekts eine Gruppe von Anweisungen über einen bestimmten *Zeitraum* hinweg ausführen lassen. Ein Zeitgeberobjekt lässt sich mit einer unsichtbaren Stoppuhr

Lektion 7   Schleifen und Zeitgeber

vergleichen. Es gibt Ihnen die Möglichkeit, aus Ihren Programmen heraus auf die Systemuhr zuzugreifen. Sie können Zeitgeberobjekte wie eine Eieruhr verwenden, um den Ablauf einer Zeitspanne zu messen. Sie können es einsetzen, um Programmverzögerungen zu bewirken und um eine bestimmte Operation in bestimmten Zeitabständen wiederholen zu lassen.

Zeitgeberobjekte können mit einer Genauigkeit von 1 Millisekunde oder 1/1000 Sekunde eingestellt werden. Obwohl sie während der Programmausführung nicht sichtbar sind, ist jedem Zeitgeberobjekt eine Ereignisprozedur zugeordnet, die immer dann ausgeführt wird, wenn die vorgegebene Zeitspanne oder das *Zeitgeber-Intervall* abgelaufen ist. Sie können das Zeitgeber-Intervall mit Hilfe der Eigenschaft *Interval* festlegen. Sie aktivieren ein Zeitgeberobjekt, indem Sie seiner Eigenschaft *Enabled* den Wert True zuweisen. Sobald das Zeitgeberobjekt aktiviert worden ist, wird es so lange ausgeführt (die Ereignisprozedur wird in den vorgegebenen Intervallen ausgeführt), bis der Anwender das Programm beendet oder das Zeitgeberobjekt deaktiviert wird.

Mit Hilfe eines Zeitgeberobjekts eine digitale Uhr erstellen

Mit der Eigenschaft Interval wird das Zeitintervall des Zeitgeberobjekts eingestellt.

Einer der nützlichsten Verwendungsmöglichkeiten von Zeitgeberobjekten stellt eine digitale Uhr dar. In der folgenden Übung werden Sie eine einfache digitale Uhr erstellen, die die aktuelle Uhrzeit auf die Sekunde genau anzeigt. In diesem Beispiel werden Sie der Eigenschaft *Interval* den Wert 1000 zuweisen, damit die Uhrzeit nach 1000 Millisekunden – also einer Sekunde – jeweils aktualisiert wird. Da das Betriebssystem Windows eine Multitasking-Umgebung ist und auch andere Programme Rechenzeit beanspruchen, kann Visual Basic die Uhrzeit unter Umständen nicht jede Sekunde aktualisieren, aber es holt etwaige Rückstände auf. Wenn die Uhrzeit in anderen Intervallen aktualisiert werden soll (zum Beispiel jede Zehntelsekunde), weisen Sie einfach der Eigenschaft *Interval* den entsprechenden Wert zu.

Das Programm DigitalUhr erstellen

❶ Klicken Sie im Menü *Datei* auf den Befehl *Neues Projekt* und anschließend auf *OK*.

❷ Verkleinern Sie das Formular zu einem kleinen Rechteck.

Die Uhr soll auf dem Bildschirm nicht allzu viel Platz einnehmen.

Zeitgeberobjekte haben immer die gleiche Größe.

❸ Klicken Sie in der Werkzeugsammlung auf das Steuerelement *Zeitgeber (Timer)*.

❹ Erstellen Sie in der linken Hälfte des Formulars ein kleines Zeitgeberobjekt.

Lektion 7   Schleifen und Zeitgeber

Nachdem Sie das Zeitgeberobjekt eingefügt haben, weist ihm Visual Basic eine Standardgröße zu.

❺ Klicken Sie in der Werkzeugsammlung auf das Steuerelement *Bezeichnungsfeld (Label)*.

❻ Zeichnen Sie in der Mitte des Formulars ein Bezeichnungsfeld, das fast das gesamte Formular ausfüllt.

In diesem Bezeichnungsfeld wird die Uhrzeit angezeigt. Ihr Formular sollte nun etwa wie in Abbildung 7.10 aussehen.

Abbildung 7.10
Das Formular für das Programm *DigitalUhr*.

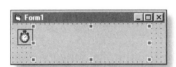

Mit der Eigenschaft *Caption* legen Sie die Bezeichnung fest, die in der Titelleiste eines Formulars angezeigt wird.

❼ Öffnen Sie das Eigenschaftenfenster, und stellen Sie die folgenden Eigenschaften ein. Damit in der Titelleiste des Programms eine andere Bezeichnung als *DigitalUhr* angezeigt wird, weisen Sie der Eigenschaft *Caption* des Objekts *Form1* die Zeichenfolge *Digitale Uhr* zu.

Objekt	Eigenschaft	Einstellung
Label1	Caption	(Leer)
	Font	Times New Roman, Fett, 24 Punkt
	Alignment	2 - Zentriert
Timer1	Interval	1000
	Enabled	True
Form1	Caption	„Digitale Uhr"

Wenn Sie den Hintergrund Ihrer Uhr mit einer Grafik ausschmücken möchten, geben Sie bei der Eigenschaft *Picture* des Objekts *Form1* den Pfadnamen einer Grafikdatei an.

Nun schreiben Sie den Programmcode für das Zeitgeberobjekt.

❽ Doppelklicken Sie im Formular auf das Zeitgeberobjekt.

Die Ereignisprozedur *Timer1_Timer* wird im Codefenster angezeigt.

Sie finden das Programm *DigitalUhr* im Ordner *\Vb6SfS\Lekt07*.

❾ Geben Sie die folgende Anweisung ein:

```
Label1.Caption = Time
```

232

Lektion 7   Schleifen und Zeitgeber

Mit dieser Anweisung wird die aktuelle Uhrzeit von der Systemuhr abgefragt und der Eigenschaft *Caption* des Objekts *Label1* zugewiesen. Für dieses Programm ist nur eine Anweisung erforderlich, da die *Interval*-Eigenschaft des Zeitgeberobjekts über das Eigenschaftenfenster eingestellt wird. Alles Übrige erledigen die Routinen des Zeitgeberobjekts.

❿ Schließen Sie das Codefenster, und klicken Sie dann in der Symbolleiste auf die Schaltfläche *Starten*, um das Programm auszuführen.

Die Uhr wird angezeigt (siehe Abbildung 7.11).

Abbildung 7.11
Die digitale Uhr zeigt die aktuelle Uhrzeit an.

⓫ Beobachten Sie die Uhr einige Sekunden lang.

Die Zeitanzeige wird jede Sekunde aktualisiert.

⓬ Klicken Sie in der Titelleiste auf die Schaltfläche *Schließen*, um das Programm zu beenden.

Sie können Programme auch mit Hilfe der Schaltfläche *Schließen* statt mit der Schaltfläche *Beenden* beenden. Anwender würden diese Methode wählen, um das Programm zu beenden, wenn dieses als unabhängiges Programm ausgeführt wird.

⓭ Klicken Sie auf die Schaltfläche *Projekt speichern*, und speichern Sie Formular und Projekt jeweils unter dem Namen **NeuDigitalUhr** auf der Festplatte.

Diese Uhr ist recht praktisch, und Sie können das Programm *NeuDigitalUhr* zu einer ausführbaren Datei kompilieren, damit Sie sie hin und wieder auf Ihrem Rechner verwenden können. Sie können sie nach Ihrem Geschmack verändern und Grafiken oder Texte einfügen oder andere Farben wählen.

Einen Schritt weiter: Mit Hilfe eines Zeitgeberobjekts ein Zeitlimit setzen

Eine andere interessante Einsatzmöglichkeit von Zeitgeberobjekten besteht darin, ein bestimmtes Zeitlimit zu setzen, nach dessen Ablauf eine Aktion untersagt oder ausgeführt wird. Dieses Vorgehen lässt sich mit dem Einstellen einer Eieruhr vergleichen. Sie legen mit der Eigenschaft *Interval* die Zeitspanne fest, die abgewartet werden soll, und starten dann die Uhr, indem Sie der Eigenschaft *Enable* den Wert True zuweisen.

Lektion 7 Schleifen und Zeitgeber

Die folgende Übung zeigt, wie Sie mit Hilfe eines Zeitgeberobjekts ein Zeitlimit für die Kennworteingabe setzen. (In diesem Programm wird das Kennwort *geheim* verwendet.) Das Programm verwendet das Zeitgeberobjekt, um seine Ausführung zu beenden, falls nach 15 Sekunden kein gültiges Kennwort eingegeben worden ist. (Normalerweise wäre solch ein Programm Teil einer größeren Anwendung.) Sie können diese Technik auch einsetzen, um eine Begrüßungsmeldung oder einen Urheberhinweis auf dem Bildschirm anzuzeigen oder um eine bestimmte Operation in bestimmten Zeitabständen zu wiederholen, beispielsweise um eine Datei alle zehn Minuten auf der Festplatte zu speichern.

Ein Zeitlimit für die Kennworteingabe setzen

❶ Klicken Sie im Menü *Datei* auf den Befehl *Neues Projekt* und dann auf *OK*.

❷ Verkleinern Sie das Formular zu einem kleinen rechteckigen Fenster mit der Größe eines Eingabefelds.

❸ Klicken Sie in der Werkzeugsammlung auf das Steuerelement *Textfeld (TextBox)*.

❹ Zeichnen Sie in der Mitte des Formulars ein rechteckiges Textfeld.

❺ Klicken Sie in der Werkzeugsammlung auf das Steuerelement *Bezeichnungsfeld (Label)*, und erstellen Sie über dem Textfeld ein langes Bezeichnungsfeld.

❻ Klicken Sie in der Werkzeugsammlung auf das Steuerelement *Befehlsschaltfläche (CommandButton)*, und fügen Sie unter dem Textfeld eine Befehlsschaltfläche ein.

❼ Klicken Sie in der Werkzeugsammlung auf das Steuerelement *Zeitgeber (Timer)*.

❽ Erstellen Sie in der linken unteren Ecke des Formulars ein Zeitgeberobjekt.

❾ Stellen Sie im Programm die nachfolgend aufgeführten Eigenschaften ein.

Objekt	Eigenschaft	Einstellung
Text1	Text	(Leer)
	PasswordChar	*
Label1	Caption	„Geben Sie Ihr Kennwort innerhalb von 15 Sekunden ein."
Command1	Caption	„Überprüfen" ▶

Lektion 7   Schleifen und Zeitgeber

Objekt	Eigenschaft	Einstellung
Timer1	Interval	15000
	Enabled	True
Form1	Caption	„Kennwort"

Die Einstellung der Eigenschaft *PasswordChar* bewirkt, dass statt des Kennworts, das der Anwender in das Textfeld eingibt, Sterne (∗) angezeigt werden. Mit der Einstellung der Zeitgeber-Eigenschaft *Interval* von 15000 wird dem Anwender 15 Sekunden lang Zeit gegeben, das Kennwort einzugeben und die Schaltfläche *Überprüfen* anzuklicken. Die Einstellung True der Eigenschaft *Enabled* (der Vorgabewert) bewirkt, dass das Zeitgeberobjekt beim Programmstart aktiviert wird. (Sie können den Zeitgeber über diese Eigenschaft auch deaktivieren (False) und innerhalb einer Ereignisprozedur aktivieren, falls der Zeitgeber erst zu einem späteren Zeitpunkt während der Programmausführung benötigt wird.)

Ihr Formular sollte nun etwa wie in Abbildung 7.12 aussehen.

Abbildung 7.12
Der Formularentwurf für das Programm *Kennwort*.

❿ Doppelklicken Sie im Formular auf das Zeitgeberobjekt, und geben Sie die folgenden Anweisungen ein:

```
MsgBox ("Tut mir leid, die Zeit ist abgelaufen.")
End
```

Mit der ersten Anweisung wird die Meldung ausgegeben, die den Anwender darauf hinweist, dass das Zeitlimit abgelaufen ist. Mit der zweiten Anweisung wird die Programmausführung gestoppt. Visual Basic führt diese Ereignisprozedur aus, wenn das Zeitgeber-Intervall von 15 Sekunden abgelaufen und kein gültiges Kennwort eingegeben worden ist.

⓫ Klicken Sie im Dropdown-Listenfeld *Objekt* des Codefensters auf das Objekt *Command1*, und geben Sie die folgenden Anweisungen in die Ereignisprozedur *Command1_Click* ein:

```
If Text1.Text = "geheim" Then
    Timer1.Enabled = False
```

Lektion 7   Schleifen und Zeitgeber

```
    MsgBox ("Willkommen im System!")
    End
Else
    MsgBox ("Tut mir leid, ich kenne Sie nicht.")
End If
```

Mit diesen Anweisungen wird überprüft, ob in das Textfeld das Kennwort *geheim* eingegeben worden ist. Falls das richtige Kennwort eingegeben wurde, wird der Zeitgeber deaktiviert, eine Begrüßungsmeldung angezeigt und das Programm beendet. (Ein sinnvolleres Programm würde hier weitere Anweisungen ausführen, statt seine Arbeit zu beenden.) Falls das eingegebene Kennwort nicht der Vorgabe entspricht, wird der Anwender durch eine Meldung darauf hingewiesen und ihm erneut die Möglichkeit gegeben, das Kennwort einzugeben. Der Anwender muß dies aber innerhalb von 15 Sekunden erledigen!

⓬ Schließen Sie das Codefenster, und klicken Sie auf die Schaltfläche *Starten*, um das Programm auszuführen.

Das Programm wird ausgeführt und die Stoppuhr läuft.

Sie finden das Programm *Kennwort* im Ordner *\Vb6SfS\Lekt07*.

⓭ Geben Sie **Sesam öffne Dich** in das Textfeld ein, und klicken Sie auf die Schaltfläche *Überprüfen*.

Auf dem Bildschirm erscheint eine Meldung, die Sie auf die falsche Kennworteingabe aufmerksam macht (siehe Abbildung 7.13).

Abbildung 7.13
Die Meldung, die bei einer falschen Kennworteingabe angezeigt wird.

⓮ Klicken Sie auf *OK*, und warten Sie, bis die Anmeldezeit abgelaufen ist.

Das Programm zeigt die in Abbildung 7.14 dargestellte Meldung an.

Abbildung 7.14
Die Meldung, die nach Ablauf des Zeitlimits angezeigt wird.

⓯ Klicken Sie auf *OK*, um das Programm zu beenden.

Die Visual Basic-Programmierumgebung wird wieder angezeigt.

⓰ Klicken Sie auf die Schaltfläche *Projekt speichern*, und speichern Sie Formular und Projekt jeweils unter dem Namen **MeinKennwort**.

Lektion 7 Schleifen und Zeitgeber

Wenn Sie Ihre Programmierkenntnisse vertiefen möchten

- Nehmen Sie sich etwas Zeit, und sehen Sie sich das Programm *Alarm (alarm.vbp)* aus dem Ordner *\Vb6SfS\Extras* an. Dieses Programm stellt eine Erweiterung des Programms *DigitalUhr* dar und soll die in dieser Lektion behandelten Ansätze zur Verwendung von Zeitgeberobjekten weiter vertiefen. Es handelt sich um ein Programm, das Sie an Termine erinnert, indem es einen Signalton erzeugt und eine Meldung anzeigt. Ich verwende dieses Programm, wenn ich zu Hause oder im Büro am Computer arbeite (und es funktioniert besser als diese kleinen gelben Haftzettel, die nie kleben bleiben wollen). Da das Programm *Alarm* die aktuelle Uhrzeit von der Systemuhr des Rechners übernimmt, sollten Sie in der Systemsteuerung prüfen, ob die korrekte Uhrzeit eingestellt ist, bevor Sie dieses Programm ausführen. Wie Sie sehen werden, kann das Programm *Alarm* in einem Fenster oder minimiert in der Windows-Task-Leiste ausgeführt werden, wo es geduldig wartet, bis Sie Ihren Termin haben. Wenn Sie möchten, können Sie das Programm verändern oder einfach in Ihrer täglichen Arbeit verwenden.

Abbildung 7.15
Das Programm *Alarm*.

Wenn Sie mit der nächsten Lektion fortfahren möchten

- Lassen Sie Visual Basic geladen, und schlagen Sie Lektion 8 auf.

Wenn Sie Visual Basic jetzt beenden möchten

- Klicken Sie im Menü *Datei* auf den Befehl *Beenden*.

Wenn daraufhin das Dialogfenster *Speichern* angezeigt wird, klicken Sie auf *Ja*.

Lektion 7 · Schleifen und Zeitgeber

Zusammenfassung der Lektion

Möchten Sie	dann
eine Gruppe von Programmanweisungen eine festgelegte Anzahl von Malen wiederholt ausführen,	fügen Sie die betreffenden Anweisungen zwischen die Schlüsselwörter *For* und *Next* ein und geben an, wie oft diese Anweisungen ausgeführt werden sollen. Zum Beispiel: ```For i = 1 To 10`` `` MsgBox ("Klicken Sie auf OK!")`` ``Next i```
eine oder mehrere Zeilen in einem Formular ausgeben,	verwenden Sie die Methode *Print*: ```For Cnt = 1To 5`` `` Print "Aktueller Zählerstand"; Cnt`` `` Print "So weit, so gut."`` ``Next Cnt```
eine bestimmte Zahlenfolge definieren,	fügen Sie die Anweisungen in eine *For...Next*-Schleife ein und definieren mit Hilfe der Schlüsselwörter *To* und *Step* die Zahlenfolge. Zum Beispiel: ```For i = 2 To 8 Step 2`` `` Print i; "...";`` `` Next I`` ``Print "Was mögen wir?"```
eine *For...Next*-Schleife vorzeitig beenden,	verwenden Sie die Anweisung *Exit For*. Zum Beispiel: ```For i = 1 To 10`` `` InpName = InputBox("Name?")`` `` If InpName = "Trotzki" Then Exit For`` `` Print InpName`` ``Next i```
eine Gruppe von Programmanweisungen ausführen, bis eine bestimmte Bedingung erfüllt wird,	fügen Sie die Anweisungen zwischen *Do*- und *Loop*-Anweisungen ein. Zum Beispiel: ```Do While Query <> "Ja"`` `` Query = InputBox("Trotzki?")`` `` If Query <> "Ja" Then Print Query Loop```
eine Endlosschleife vermeiden,	stellen Sie sicher, dass eine Schleifenbedingung zu False ausgewertet wird. ▶

238

Lektion 7 Schleifen und Zeitgeber

Möchten Sie	dann
eine Schleife ausführen, bis eine bestimmte Bedingung erfüllt ist, also True ergibt,	definieren Sie eine *Do*-Schleife mit dem Schlüsselwort *Until*. Zum Beispiel: ``` Do GiveIn = InputBox("Sag 'Onkel'") Loop Until GiveIn = "Onkel" ```
Programmanweisungen in Zeitintervallen periodisch ausführen lassen,	verwenden Sie ein Zeitgeberobjekt.
den Namen der Anwendung in der Titelleiste anzeigen,	weisen Sie der Eigenschaft *Caption* des Objekts *Form1* den Namen zu, der angezeigt werden soll.

Benutzeroberflächen erstellen

8 Formulare, Drucker und Fehlerbehandlungsroutinen

Geschätzte Dauer:
45 Minuten

In dieser Lektion lernen Sie

- wie Sie neue Formulare zu einem Programm hinzufügen.
- wie Sie Ausgaben an einen Drucker senden.
- wie Sie Laufzeitfehler mit Hilfe von Fehlerbehandlungsroutinen verarbeiten.

In Teil B dieses Buches haben Sie gelernt, eine Reihe von Anweisungen, Funktionen und Kontrollstrukturen von Visual Basic sinnvoll einzusetzen. In Teil C konzentrieren wir uns wieder auf die Benutzeroberfläche. Sie erfahren hier, wie Sie beeindruckende Effekte erstellen und sichere Anwendungen entwickeln. In dieser Lektion lernen Sie, wie Sie weitere Formulare in eine Benutzeroberfläche einfügen, um Eingaben, Ausgaben und spezielle Meldungen zu verarbeiten. Darüber hinaus erfahren Sie, wie Sie Programmausgaben an einen angeschlossenen Drucker senden und mit Fehlerbehandlungsroutinen unerwartete Ergebnisse verarbeiten.

Neue Formulare zu einem Programm hinzufügen

Jedes neue Formular hat einen eindeutigen Namen und verfügt über eigene Objekte, Eigenschaften und Ereignisprozeduren.

In allen Programmen, die Sie bis jetzt geschrieben haben, wurde nur ein Formular für Eingaben und Ausgaben verwendet. In vielen Fällen reicht ein Formular zur Kommunikation mit den Anwender aus. Wenn Sie jedoch in einem Programm mehrere Fenster mit Informationen anzeigen (oder mehr Daten vom Anwender abfragen) möchten, können Sie in Visual Basic zusätzliche Formulare in das Programm einfügen. Jedes neue Formular gilt als eigenständiges Objekt und verwaltet seine eigenen Objekte, Eigenschaften und Ereignisprozeduren. Das erste Formular eines Programms erhält den Namen *Form1*, und zusätzliche Formulare werden *Form2*, *Form3* und so weiter genannt. In der folgenden Tabelle 8.1 werden einige Anwendungsmöglichkeiten für zusätzliche Formulare beschrieben.

Lektion 8 Formulare, Drucker und Fehlerbehandlungsroutinen

Tabelle 8.1
Verwendungs-
möglichkeiten
für Formulare in
Programmen.

Formular	Beschreibung
Begrüßungsbildschirm	Ein Fenster, in dem beim Programmstart eine Begrüßungsmeldung, eine Grafik oder Angaben zum Urheberrecht angezeigt werden.
Info-Dialogfeld	Ein Fenster mit Informationen und Tipps zur Arbeitsweise des Programms.
Dialog	Benutzerdefinierte Dialogfelder für Ein- und Ausgaben des Programms.
Dokumentinhalte und Grafik	Ein Fenster, das den Inhalt einer oder mehrerer Dateien anzeigt, die im Programm verwendet werden.

Leere und vordefinierte Formulare

Sie erstellen ein neues Formular, indem Sie im Menü *Projekt* den Befehl *Formular hinzufügen* auswählen. Daraufhin wird ein Dialogfeld angezeigt, in dem Sie den Typ des zu erstellenden Formulars angeben (jede Version von Visual Basic verfügt über eine andere Sammlung vordefinierter Formulare). Sie haben die Möglichkeit, ein neues, leeres Formular anzulegen, oder ein Formular zu verwenden, das bereits für eine bestimmte Aufgabe vorbereitet worden ist.

Formulare verwenden

Formulare können
gebunden oder
ungebunden sein.

In Visual Basic können Formulare sehr flexibel verwendet werden. Sie können alle Formulare eines Programms gleichzeitig anzeigen oder die Formulare laden und freigeben, wenn sie gerade benötigt werden. Wenn Ihr Programm mehrere Formulare gleichzeitig anzeigt, können Sie dem Anwender die Möglichkeit geben, zwischen den Formularen zu wechseln oder selbst zu steuern, in welcher Reihenfolge er die Formulare verwendet. Man bezeichnet ein Formular, in das etwas eingegeben werden muss, sobald es auf dem Bildschirm angezeigt wird, als *gebundenes* Formular: Das Formular behält solange den Fokus, bis der Anwender auf *OK* oder *Abbrechen* klickt oder das Formular auf andere Weise schließt.

Formulare, aus denen der Anwender zu einem anderen Formular wechseln kann, werden *ungebunden* genannt. In den meisten Anwendungen für Microsoft Windows werden zur Anzeige von Informationen ungebundene Formulare verwendet, weil diese dem Anwender mehr Flexibilität geben. Deshalb sind neue Formulare per Voreinstellung ungebunden. Sie können zudem die Eigenschaften eines Formulars festlegen, beispielsweise den Titel, die Größe, den Rahmenstil, Vorder- und Hintergrundfarben, die Schriftart für die Textanzeige und ein Hintergrundbild.

Lektion 8 Formulare, Drucker und Fehlerbehandlungsroutinen

Formularanweisungen im Programm

Nachdem Sie in der Programmierumgebung ein neues Formular erstellt haben, können Sie es in den Arbeitsspeicher laden und über bestimmte Anweisungen in Ereignisprozeduren darauf zugreifen. Die Anweisung, mit der ein neues Formular geladen wird, hat die folgende Syntax:

```
Load Formularname
```

Dabei repräsentiert *Formularname* den Namen des zu ladenden Formulars. Wenn beispielsweise die folgende Anweisung in Visual Basic ausgeführt wird, wird das zweite Formular eines Programms geladen:

```
Load Form2
```

Mit der Anweisung Load wird ein neues Formular geladen.

Nachdem das Formular geladen worden ist, können Sie es in jeder Ereignisprozedur des Programms benutzen und auf jede seiner Eigenschaften oder Methoden zugreifen. Um beispielsweise der Eigenschaft *Caption* des zweiten Formulars im Programm den Wert *Sortierergebnisse* zuzuweisen, brauchen Sie nur in einer Ereignisprozedur die folgende Anweisung zu geben:

```
Form2.Caption = "Sortierergebnisse"
```

Mit der Methode Show wird ein geladenes Formular angezeigt.

Wenn ein geladenes Formular angezeigt werden soll, rufen Sie es mit der Methode *Show* auf und geben dabei an, ob es gebunden oder ungebunden sein soll. Die Methode *Show* wird mit folgender Syntax aufgerufen:

```
Formularname.Show Modus
```

Neue Formulare sind gemäß Voreinstellung ungebunden.

Hierbei steht *Formularname* für den Namen des anzuzeigenden Formulars. *Modus* kann den Wert 0 für ungebundene Formulare (Voreinstellung) oder 1 für gebundene Formulare haben. Um etwa das Formular *Form2* als ungebundenes Formular anzuzeigen, können Sie die Methode *Show* auch ohne Angabe des Modusparameters aufrufen:

```
Form2.Show
```

Um *Form2* als gebundenes Formular anzuzeigen, würden Sie folgende Anweisung verwenden:

```
Form2.Show 1
```

Wenn Sie die Methode *Show* aufrufen, ohne eine *Load*-Anweisung angegeben zu haben, lädt Visual Basic das angegebene Formular automatisch und zeigt es an. Mit der *Load*-Anweisung von Visual Basic können Programmierer Formulare im Voraus laden, damit die Methode *Show* schneller ausgeführt wird und die Anwender keine Verzögerungen bemerken. Es empfiehlt sich insbesondere dann, Formulare im Voraus zu laden, wenn diese mehrere Objekte oder Grafiken enthalten.

Lektion 8 ⋮ Formulare, Drucker und Fehlerbehandlungsroutinen

Mit der Methode Hide wird ein Formular ausgeblendet.

Formulare verbergen und entfernen

Mit Hilfe der Methode *Hide* können Sie Formulare verbergen und mit Hilfe der Anweisung *Unload* aus dem Speicher entfernen. Diese Schlüsselwörter stellen also die Gegenstücke zu *Show* beziehungsweise *Load* dar. Wenn Sie ein Formular verbergen, ist es nicht mehr sichtbar, verbleibt aber im Arbeitsspeicher und kann später im Programm wieder verwendet werden. (Wenn Sie ein Formular mit *Hide* verbergen, hat das dieselbe Wirkung, als ob Sie es mit Hilfe der Eigenschaft *Visible* ausblenden würden.) Mit der Anweisung *Unload* wird ein Formular aus dem Arbeitsspeicher entfernt. Dabei wird der Speicher freigegeben, in dem die Objekte und Grafiken des Formulars gespeichert wurden, nicht jedoch der Speicherbereich für die Ereignisprozeduren des Formulars. Um beispielsweise *Form2* auszublenden und aus dem Speicher zu entfernen, würden Sie folgende Anweisungen verwenden:

```
Form2.Hide
Unload Form2
```

Vorhandene Formulare zu einem Programm hinzufügen

In Visual Basic können Sie Ihre Formulare in anderen Projekten wieder verwenden. Aus diesem Grund sollten Sie die Formulare, die Sie während der Bearbeitung der Übungen erstellen, immer als separate .frm-Dateien speichern. Um ein vorhandenes Formular zu einem Projekt hinzuzufügen, wählen Sie im Menü *Projekt* den Befehl *Formular hinzufügen* und klicken anschließend auf die Registerkarte *Vorhanden*. Diese Registerkarte enthält ein Dialogfeld, in dem alle Formulare aus dem aktuellen Verzeichnis (d.h. das Verzeichnis, das Sie in Visual Basic zuletzt verwendet haben) aufgelistet werden. Um ein Formular hinzuzufügen, doppelklicken Sie in diesem Dialogfeld auf den Dateinamen. Visual Basic fügt das angegebene Formular in das Projekt ein. Sie können es anzeigen und seine Ereignisprozeduren bearbeiten, indem Sie im Projekt-Explorer auf die Schaltflächen *Objekt anzeigen* bzw. *Code anzeigen* klicken. Das Startformular Ihres Programms (das Formular, das zuerst geladen wird) legen Sie fest, indem Sie im Menü *Projekt* den Befehl *Eigenschaften* wählen, auf die Registerkarte *Allgemein* klicken und das betreffende Formular im Dropdown-Listenfeld *Startobjekt* auswählen. Wenn Sie ein vorhandenes Formular in einem neuen Projekt verändern, sollten Sie es sofort unter einem anderen Namen speichern. Andernfalls würden andere Programme, die dieses Formular verwenden, nicht mehr richtig funktionieren.

Lektion 8: Formulare, Drucker und Fehlerbehandlungsroutinen

Wenn Sie ein Formular aus dem Arbeitsspeicher entfernen, gehen seine Laufzeitwerte und -eigenschaften verloren. Beim nächsten Laden enthält das Formular wieder die ursprünglichen Werte, die im Programmcode festgelegt sind.

Formulare auf Symbolgröße verkleinern

Mit Hilfe der Eigenschaft *WindowState* können Sie Formulare minimieren (auf der Task-Leiste ablegen) oder maximieren (auf volle Bildschirmgröße vergrößern). Beispielsweise wird mit der folgenden Anweisung *Form1* minimiert:

```
Form1.WindowState = 1
```

Um *Form1* zu maximieren, verwendet man folgende Anweisung:

```
Form1.WindowState = 2
```

Mit folgender Anweisung wird *Form1* wieder in seiner üblichen, Standardgröße wiederhergestellt:

```
Form1.WindowState = 0
```

Das Programm Alarm aus dem Ordner *\Vb6SfS\Extras* veranschaulicht die Verwendung der Eigenschaft *WindowState*.

Mit mehreren Formularen arbeiten: Das Programm Italienisch

Die folgende Übung zeigt anhand des Programms *Italienisch*, wie Sie mit Hilfe eines zweiten Formulars Grafik und Text anzeigen können. Derzeit verwendet das Programm noch die Funktion *MsgBox*, um die Beschreibungen zu den einzelnen Wörtern anzuzeigen, aber Sie werden es so modifizieren, dass diese Informationen in einem zweiten Formular angezeigt werden.

Das Programm Italienisch ausführen

1. Starten Sie Visual Basic.
2. Klicken Sie im Dialogfeld *Projekt öffnen* auf die Registerkarte *Vorhanden*.
3. Öffnen Sie das Projekt *Italienisch* aus dem Verzeichnis *\VB6SfS\Lekt08*.
4. Wenn das Formular *Italienisch Schritt für Schritt* nicht geöffnet ist, klicken Sie im Projekt-Explorer zuerst auf das Formular *Italienisch* und anschließend auf die Schaltfläche *Objekt anzeigen*.

Die Benutzeroberfläche des Programms wird angezeigt. Versuchen Sie, das Programm jetzt auszuführen.

Lektion 8   Formulare, Drucker und Fehlerbehandlungsroutinen

❺ Klicken Sie in der Symbolleiste auf die Schaltfläche *Starten*.

Im Listenfeld des Formulars wird eine Reihe italienischer Verben angezeigt (siehe Abbildung 8.1). Wenn Sie die Definition eines Worts sehen möchten, doppelklicken Sie im Listenfeld auf das betreffende Wort.

Abbildung 8.1
Die Benutzeroberfläche des Programms *Italienisch*.

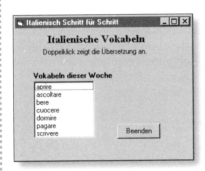

❻ Doppelklicken Sie auf *dormire*.

In einem Meldungsfeld wird daraufhin eine Definition des Wortes *dormire* angezeigt (siehe Abbildung 8.2).

Abbildung 8.2
Das Meldungsfeld mit den Wortdefinitionen im Programm *Italienisch*.

Die Informationen werden mit Hilfe der Funktion *MsgBox* angezeigt. Diese Funktion erzeugt ein funktionierendes, aber recht einfaches Dialogfeld.

❼ Klicken Sie auf *OK*, um das Dialogfeld zu schließen.

Das Dialogfeld wird geschlossen, und das Hauptformular wird wieder angezeigt.

❽ Klicken Sie auf *Beenden*, um das Programm zu verlassen.

Sie werden nun den Aufruf der Funktion *MsgBox* entfernen und die Informationen stattdessen mit Hilfe eines weiteren Formulars anzeigen. Zur Erstellung des neuen Formulars werden Sie die Schaltfläche *Formular hinzufügen* aus der Symbolleiste verwenden.

Ein zweites Formular erstellen

❶ Wählen Sie den Befehl *Formular hinzufügen* aus dem Menü *Projekt*.

Das Dialogfeld *Formular hinzufügen* wird geöffnet, dessen Registerkarte *Neu* mehrere vordefinierte Formulare enthält.

Lektion 8 — Formulare, Drucker und Fehlerbehandlungsroutinen

❷ Klicken Sie auf die Schaltfläche *Öffnen*, um ein neues, leeres Formular zu öffnen und in das Projekt einzufügen.

In der Programmierumgebung wird ein leeres Formular namens *Form2* angezeigt.

❸ Verändern Sie die Größe des zweiten Formulars, so dass es die Ausmaße eines kleinen, rechteckigen Dialogfelds erhält.

Ändern Sie die Größe des Fensters *Form2*, nicht des Fensters *Projekt1 - Form2*, das das Formular umgibt.

❹ Klicken Sie in der Werkzeugsammlung auf das Steuerelement *Anzeigefeld (Image)*, und erstellen Sie ein mittelgroßes Anzeigefeld im linken Teil des Formulars.

Dieses Anzeigefeld wird eine Bitmap-Grafik mit der italienischen Flagge aufnehmen.

❺ Klicken Sie auf das Steuerelement *Bezeichnungsfeld (Label)*, und erstellen Sie ein Bezeichnungsfeld in der Mitte der oberen Formularhälfte.

❻ Klicken Sie auf das Steuerelement *Textfeld (TextBox)*, und erstellen Sie unter dem Bezeichnungsfeld ein großes Textfeld in der Mitte des Formulars.

❼ Klicken Sie auf das Steuerelement *Befehlsschaltfläche (CommandButton)*, und fügen Sie auf der rechten Seite des Formulars eine Befehlsschaltfläche ein.

❽ Legen Sie für die Objekte des neuen Formulars die folgenden Eigenschaften fest:

Objekt	Eigenschaft	Einstellung
Image1	Stretch	True
	Picture	c:\VB6SfS\lekt08\flgitaly.ico
Label1	Font	Times New Roman, fett, 14 Punkt
Text1	TabStop	False
Command1	Caption	„Schließen"
Form2	Caption	„Definition"

Mit der Einstellung *False* für die Textfeldeigenschaft *TabStop* wird verhindert, dass das Textfeld den Fokus erhält, wenn der Anwender die Taste ⇥ betätigt. Wenn Sie diese Einstellung nicht wählen, enthält das Textfeld nach dem Öffnen des Formulars einen blinkenden Cursor.

Lektion 8 — Formulare, Drucker und Fehlerbehandlungsroutinen

Abbildung 8.3
Form2 aus dem Programm *Italienisch*.

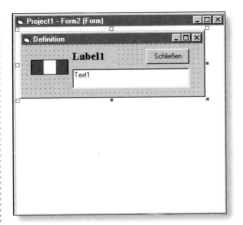

Wenn Sie alle Eigenschaften festgelegt haben, müsste Ihr Formular etwa wie in Abbildung 8.3 aussehen.

Speichern Sie jetzt das neue Projekt und das neue Formular. Wie Sie wissen, muss in Visual Basic jedes Formular unter einem eigenen Dateinamen gespeichert werden. Andererseits kann ein und dasselbe Formular in mehreren Projekten verwendet werden. Achten Sie vor dem Speichern darauf, dass *Form2* das aktive (ausgewählte) Formular ist. (Das müsste jetzt der Fall sein.)

❾ Wählen Sie im Menü *Datei* den Befehl *Speichern von Form2 unter*.

Das Dialogfeld *Datei speichern unter* wird angezeigt.

❿ Speichern Sie das Formular *Form2* unter dem Namen **NeuDef.frm** im Verzeichnis *\VB6SfS\Lekt08*.

Das zweite Formular wird auf der Festplatte gespeichert und im Projekt-Explorer registriert. Sie können zwischen den einzelnen Formularen wechseln, indem Sie eines anklicken oder den Formularnamen im Projekt-Explorer markieren und auf die Schaltfläche *Objekt anzeigen* klicken.

⓫ Klicken Sie auf *Form1*, und wählen Sie *Italienisch.frm speichern unter* aus dem Menü *Datei*, um *Form1* zu speichern. Geben Sie den Namen **NeuWortListe.frm** ein, und drücken Sie ⏎.

Änderungen, die Sie jetzt an *Form1* vornehmen, wirken sich nicht mehr auf das Projekt *Italienisch* aus.

⓬ Wählen Sie *Projekt speichern unter* aus dem Menü *Datei*, und speichern Sie das Projekt unter dem Namen **NeuItalienisch2.vbp**.

In der nächsten Übung bearbeiten Sie die Ereignisprozedur *List1_Dbl-Click*, um das neue Formular anzuzeigen.

Lektion 8 ⋮ **Formulare, Drucker und Fehlerbehandlungsroutinen**

Über eine Ereignisprozedur auf das zweite Formular zugreifen

❶ Klicken Sie auf das erste Formular *(NeuWortListe)*, und doppelklicken Sie anschließend im Formular auf das Objekt *List1*.

Die Ereignisprozedur *List1_DblClick* wird im Codefenster angezeigt. Diese Ereignisprozedur enthält eine *Select Case*-Anweisung, in der mit Hilfe der Funktion *MsgBox* die Definition des ausgewählten italienischen Worts angezeigt wird. In dieser Kontrollstruktur wird ermittelt, welches Wort der Anwender im Listenfeld ausgewählt hat, und der Variablen *Def* die entsprechende Definition zugewiesen. Nehmen Sie sich ruhig etwas Zeit, um sich die Kontrollstruktur näher anzusehen, und fahren Sie dann mit dem nächsten Schritt fort.

❷ Blättern Sie im Codefenster zum Ende der Ereignisprozedur. Dort finden Sie den folgenden Aufruf der Funktion *MsgBox*:

```
MsgBox (Def), , List1.Text
```

❸ Löschen Sie den Aufruf der Funktion *MsgBox*, und geben Sie stattdessen die folgenden Anweisungen ein:

Der Objektname *Form2* bezeichnet das neue Formular des Programms.

```
Load Form2
Form2.Label1 = List1.Text
Form2.Text1 = Def
Form2.Show
```

Die erste Anweisung lädt das Formular *Form2* in den Arbeitsspeicher. (Sie könnten mit Hilfe der Ereignisprozedur *Form_Load* das Formular auch im Voraus laden.) Anschließend können Sie die Eigenschaften des Formulars ändern und es für die Anzeige vorbereiten. In der zweiten Zeile wird das ausgewählte italienische Wort in das erste Bezeichnungsfeld von *Form2* kopiert. In der dritten Zeile wird die Variable *Def* mit der Worterklärung dem Textfeld des neuen Formulars zugewiesen. Wir verwenden ein Textfeld, damit auch längere Definitionen angezeigt werden können. Falls die Definition das gesamte Textfeld ausfüllt, werden Bildlaufleisten eingeblendet, mit deren Hilfe die gesamte Zeichenfolge angezeigt werden kann. Schließlich wird das vervollständigte Formular mit der Methode *Show* auf dem Bildschirm ausgegeben.

Nun werden Sie die Schaltfläche *Schließen* von *Form2* mit einer Anweisung zum Schließen des Formulars verknüpfen.

❹ Schließen Sie das Codefenster, klicken Sie auf *Form2* (oder öffnen Sie es mit Hilfe des Projekt-Explorers), und doppelklicken Sie auf die Schaltfläche *Schließen*.

Objekte unterschiedlicher Formulare können denselben Namen haben.

Die Ereignisprozedur *Command1_Click* wird im Codefenster angezeigt. Diese Ereignisprozedur ist der ersten Schaltfläche von *Form2* (und nicht

251

Lektion 8   Formulare, Drucker und Fehlerbehandlungsroutinen

der Schaltfläche von *Form1*) zugeordnet. In unterschiedlichen Formularen enthaltene Objekte können denselben Namen haben, und Visual Basic kann sie jederzeit auseinander halten. Wenn Sie jedoch Schwierigkeiten haben, Objekte mit ähnlichen oder gleich lautenden Namen zu unterscheiden, sollten Sie die Namen im Eigenschaftenfenster ändern.

Wenn Sie den Namen eines Objekts ändern möchten, markieren Sie das Objekt auf dem Formular und ändern dann im Eigenschaftenfenster den Wert der Eigenschaft *Name*. Diese Eigenschaft enthält den Namen, mit dem Visual Basic das Objekt identifiziert. Wenn Sie den Namen ändern, sollten Sie dies also auch im Programmcode tun. Aus dem Objektnamen sollte hervorgehen, welche Aufgabe das Objekt hat. Wie Variablennamen sollten Sie auch Objektnamen ein Präfix zur näheren Bezeichnung des Objekts voranstellen. Eine Befehlsschaltfläche, die zum Verlassen des Programms dient, könnte zum Beispiel *cmdBeenden* heißen.

❺ Fügen Sie die folgende Anweisung in die Ereignisprozedur ein:

Die Methode *Hide* blendet das neue Formular aus, wenn der Anwender auf *Schließen* klickt.

```
Form2.Hide
```

In dieser Anweisung wird mit Hilfe der Methode *Hide* das Formular ausgeblendet, wenn der Anwender auf die Schaltfläche *Schließen* klickt. Weil das Formular *Form2* als ungebundenes Dialogfeld angezeigt wird, kann der Anwender während der Programmausführung jederzeit zwischen den Formularen *Form1* und *Form2* wechseln. Er kann das Formular *Form2* schließen, indem er auf *Schließen* klickt.

❻ Klicken Sie auf die Schaltfläche *Projekt speichern*, um das überarbeitete Projekt zu speichern.

❼ Klicken Sie auf die Schaltfläche *Starten*, um das Programm auszuführen.

❽ Doppelklicken Sie im Listenfeld auf das Verb *cuocere*.

Das Programm zeigt die Worterklärung im zweiten Formular an (siehe Abbildung 8.4).

Abbildung 8.4
Das Dialogfeld mit der Wortdefinition.

Versuchen Sie jetzt, zwischen den beiden Formularen hin- und herzuschalten.

❾ Klicken Sie auf das erste Formular, und doppelklicken Sie dort auf das Wort *scrivere*.

Lektion 8   Formulare, Drucker und Fehlerbehandlungsroutinen

Das Programm zeigt die Übersetzung von *scrivere* (schreiben) auf dem zweiten Formular an. Weil beide Formulare ungebunden sind, können Sie zwischen ihnen nach Belieben wechseln.

Sie finden das Programm Italienisch2 im Ordner \VB6SfS\ Lekt08.

❿ Klicken Sie auf dem zweiten Formular auf die Schaltfläche *Schließen*.

Das zweite Formular wird ausgeblendet.

⓫ Klicken Sie auf dem ersten Formular auf *Beenden*.

Das Programm wird beendet, und Visual Basic entfernt beide Formulare aus dem Speicher. Die Programmierumgebung wird wieder aktiviert.

MDI-Formulare

In den meisten Programmen werden Sie wahrscheinlich ein Standardformular festlegen, in dem der Anwender den Großteil seiner Arbeit erledigt, und dann weitere, spezielle Formulare hinzufügen, um Ein- und Ausgaben des Programms zu bearbeiten. Sie können zudem in Visual Basic für Formulare, die als Gruppe eingesetzt werden sollen, eine Hierarchie definieren. Solche Formulare nennt man MDI-Formulare (MDI: Multiple Document Interface – Mehrfach-Dokumentenschnittstelle), und sie zeichnen sich dadurch aus, dass sie als übergeordnete und untergeordnete Formulare fungieren. Sie erstellen ein übergeordnetes MDI-Formular, indem Sie im Menü *Projekt* den Befehl *MDI-Formular hinzufügen* wählen. Wenn Sie ein untergeordnetes MDI-Formular erstellen möchten, setzen Sie zusätzlich die Eigenschaft *MDI-Child* des neu erstellten Formulars auf *True*. Abgesehen von den unten aufgeführten Besonderheiten, unterscheiden sich MDI-Formulare zur Laufzeit nicht von gewöhnlichen Formularen.

Alle untergeordneten Formulare werden innerhalb des Fensters ihres übergeordneten Formulars angezeigt.

Wenn ein untergeordnetes Formular minimiert wird, wird es im MDI-Formular zu einer kleinen Titelleiste verkleinert und nicht als Schaltfläche in der Task-Leiste angezeigt.

Wenn das übergeordnete Formular minimiert wird, werden auch seine untergeordneten Formulare minimiert, und sämtliche Formulare werden durch eine Schaltfläche in der Task-Leiste repräsentiert.

Die Menüs der untergeordneten Formulare werden in der Menüleiste des übergeordneten Fensters angezeigt. Wird ein untergeordnetes Formular maximiert, erscheint sein Titel in der Titelleiste des übergeordneten Fensters. ▶

253

Lektion 8 Formulare, Drucker und Fehlerbehandlungsroutinen

> Sie können alle untergeordneten Formulare anzeigen, indem Sie die Eigenschaft *AutoShowChildren* des übergeordneten Formulars auf *True* setzen.
>
> Über- und untergeordnete Formulare sind besonders in sogenannten *dokumentenorientierten Anwendungen* nützlich, in denen viele Fenster zur Anzeige oder Bearbeitung von Dokumenten verwendet werden. Weitere Informationen über MDI-Formulare und entsprechende Anwendungen finden Sie in der Online-Hilfe zu Visual Basic.

Programmausgaben an einen Drucker senden

Das Objekt *Printer* ist für das Drucken zuständig.

In Visual Basic können Sie mit Hilfe der Methode *Print* Ausgaben an einen angeschlossenen Drucker senden. Sie haben diese Methode in Lektion 7 zum ersten Mal benutzt, als Sie sie in einer Schleife aufgerufen haben, um Text in einem Formular anzuzeigen. Wenn Sie Ausgaben an einen angeschlossenen Drucker senden möchten, verwenden Sie die Methode *Print* zusammen mit dem Objekt *Printer*. Beispielsweise wird in der folgenden Programmzeile die Zeichenfolge *Seefahrer* an den Standarddrucker von Windows gesendet:

```
Printer.Print "Seefahrer"
```

Vor dem Drucken können Sie mit Hilfe des Objekts *Printer* bestimmte Schrifteigenschaften festlegen. Beispielsweise wird mit den folgenden Anweisungen die Zeichenfolge *Seefahrer* in der Schriftgröße 14 Punkt ausgegeben:

```
Printer.FontSize = 14
Printer.Print "Seefahrer"
```

Das Objekt *Printer* verfügt über mehrere Dutzend Eigenschaften und Methoden, mit denen Sie verschiedene Aspekte des Druckens steuern können. Im Unterschied zu den Formularen und Objekten, die Sie mit Hilfe der Steuerelemente aus der Werkzeugsammlung erstellt haben, können Sie die Eigenschaften des *Printer*-Objekts nicht über das Eigenschaftenfenster einstellen. Seine Eigenschaften müssen über den Programmcode zur Laufzeit festgelegt werden.

(Standardeinstellungen, die Sie in Ihrem Programm immer verwenden möchten, nehmen Sie am besten in der Ereignisprozedur *Form_Load* vor.) Viele Eigenschaften des *Printer*-Objekts werden Ihnen von anderen Formularen und Objekten, die Sie mit Hilfe der Werkzeugsammlung erstellt haben, bekannt vorkommen. Einige der wichtigsten Eigenschaften und Methoden des Objekts *Printer* werden in den nachfolgenden Tabellen 8.2 und 8.3 aufgeführt.

254

Lektion 8 Formulare, Drucker und Fehlerbehandlungsroutinen

Eine vollständige Aufstellung der Eigenschaften und Methoden des Objekts *Printer* finden Sie unter *Printer-Objekt* in der Online-Hilfe. Mit Hilfe von Eigenschaften können Sie auch die ermitteln, welche Leistungsmerkmale Ihr Drucker unterstützt.

Tabelle 8.2
Eigenschaften des *Printer*-Objekts.

Eigenschaft	Beschreibung
FontName	Legt den Schriftnamen fest.
FontSize	Legt die Schriftgröße fest.
FontBold	Wenn True, wird in fetter Schrift gedruckt.
FontItalic	Wenn True, wird in kursiver Schrift gedruckt.
Page	Enthält die Nummer der Seite, die gedruckt wird.

Tabelle 8.3
Methoden des *Printer*-Objekts.

Methode	Beschreibung
Print	Gibt den angegebenen Text auf dem Drucker aus.
Newpage	Beginnt eine neue Seite.
EndDoc	Signalisiert das Ende des Druckauftrags.
KillDoc	Bricht den aktuellen Druckauftrag ab.

In der folgenden Übung werden Sie das Programm *NeuItalienisch2*, das Sie weiter vorne in diesem Kapitel erstellt haben, mit einer Reihe grundlegender Druckerfunktionen versehen. Sie werden mit Hilfe der Eigenschaften *FontName*, *FontSize* und *FontBold* die Schriftart des Texts verändern, mit der Methode *Print* Definitionen ausdrucken und mit der Methode *EndDoc* den Druckauftrag abschließen.

Druckerunterstützung für das Programm Italienisch2

Für diese Übung müssen Sie das Projekt *NeuItalienisch2* aus dem Verzeichnis *\VB6SfS\Lekt08* öffnen.

❶ Öffnen Sie die Projektdatei *NeuItalienisch2*, falls diese nicht bereits geöffnet ist.

Falls Sie *NeuItalienisch2.vbp* nicht erstellt haben, können Sie stattdessen *Italienisch2* von Ihrer Festplatte laden.

❷ Zeigen Sie das zweite Formular des Projekts an (*NeuDef.frm* bzw. *Def.frm*, wenn Sie *Italienisch2* geladen haben).

In diesem Formular wird die Definition des italienischen Worts angezeigt, das der Anwender im Listenfeld per Doppelklick ausgewählt hat. Sie werden zu diesem Formular eine Schaltfläche mit der Bezeichnung

Lektion 8

Formulare, Drucker und Fehlerbehandlungsroutinen

Abbildung 8.5
Die überarbeitete Version von *NeuDef.frm*.

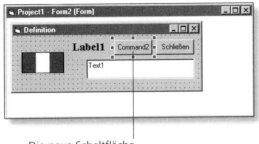

Die neue Schaltfläche *Drucken*

Drucken hinzufügen, um dem Anwender die Möglichkeit zu geben, die Definition auszudrucken.

❸ Klicken Sie in der Werkzeugsammlung auf das Steuerelement *Befehlsschaltfläche (CommandButton)*, und fügen Sie links von der Schaltfläche *Schließen* eine weitere Befehlsschaltfläche ein.

Unter Umständen müssen Sie für die neue Schaltfläche erst Platz schaffen, indem Sie das Formular vergrößern und die Schaltfläche *Schließen* nach rechts verschieben oder indem Sie das Objekt *Label1* etwas verkleinern. Schließlich sollte das überarbeitete Formular so aussehen wie in Abbildung 8.5.

❹ Geben Sie im Eigenschaftenfenster für die Eigenschaft *Caption* der neuen Schaltfläche **Drucken** ein.

❺ Doppelklicken Sie auf die Schaltfläche, um ihre Ereignisprozedur zu bearbeiten.

Die Ereignisprozedur *Command2_Click* wird im Codefenster angezeigt.

❻ Geben Sie die folgenden Anweisungen in die Ereignisprozedur ein:

```
Printer.Print ""
Printer.FontName = "Arial"
Printer.FontSize = 18
Printer.FontBold = True
Printer.Print Label1.Caption
Printer.FontBold = False
Printer.Print Text1.Text
Printer.EndDoc
```

Wenn Sie eine der TrueType-Schriften verwenden, die zum Lieferumfang von Windows gehören, ist Ihr Programm mit den meisten Druckern kompatibel.

Einige Anmerkungen zu dieser Druckroutine:

- Mit der ersten Anweisung wird das *Printer*-Objekt initialisiert und für die Ausgabe vorbereitet.

- In der Eigenschaft *FontName* wird als Druckerschrift Arial festgelegt, eine TrueType-Schrift.

256

Lektion 8　　Formulare, Drucker und Fehlerbehandlungsroutinen

- In *FontSize* wird die Schriftgröße auf 18 Punkt eingestellt.
- Der Wert *True* für *FontBold* bewirkt, dass in Fettschrift gedruckt wird.
- In der fünften und siebten Zeile werden mit Hilfe der Methode *Print* das italienische Wort und seine Übersetzung ausgedruckt.
- Mit der letzten Zeile wird der Druckauftrag abgeschlossen und zum Drucker gesendet.

Wenn Sie dem Anwender die Möglichkeit geben wollen, mehrere Wortdefinitionen auf eine Seite zu drucken, können Sie den Aufruf der Methode *EndDoc* solange aufschieben, bis der Anwender auf *Beenden* klickt, um das Programm zu verlassen.

❼ Wählen Sie im Menü *Datei* den Befehl *Speichern von NeuDef.frm unter*, und speichern Sie das zweite Formular unter dem Namen **NeuDrucker.frm**. Dadurch bleibt die ursprüngliche Fassung von *NeuDef.frm* auf der Festplatte erhalten.

❽ Wählen Sie *Projekt speichern unter* aus dem Menü *Datei*, und speichern Sie das neue Projekt unter dem Namen **NeuDrucker.vbp**.

Alle zum Projekt Drucker.vbp gehörenden Dateien finden Sie im Verzeichnis \VB6SfS\ Lekt08.

Weil Sie die Datei *NeuWortliste.frm* nicht unter einem anderen Namen gespeichert haben, werden das Formular und der Code sowohl in *NeuDrucker.frm* als auch in *NeuWortliste.frm* benutzt. Wenn Sie die Datei *NeuWortliste.frm* ändern (sei es im Formular oder in den Ereignisprozeduren), wirken sich die Änderungen auf beide Projekte aus.

Das Programm NeuDrucker ausführen

Wenn an Ihren Rechner ein Drucker angeschlossen ist, können Sie das Programm jetzt ausführen. Ihre Anwendung wird den Standarddrucker verwenden, der im Druckerordner von Windows angegeben ist. Es kann sich dabei also um einen lokalen Drucker, einen Netzwerkdrucker oder ein Faxprogramm handeln. Stellen Sie sicher, dass der Drucker eingeschaltet und betriebsbereit ist.

❶ Klicken Sie in der Symbolleiste auf die Schaltfläche *Starten*.

Das Programm wird in der Programmierumgebung ausgeführt.

❷ Doppelklicken Sie im Listenfeld auf das italienische Wort *ascoltare*.

Die Definition wird wie in Abbildung 8.6 angezeigt.

❸ Klicken Sie auf die Schaltfläche *Drucken*, um die angezeigte Definition zu drucken.

Visual Basic sendet daraufhin das Dokument zum Drucker.

Lektion 8 Formulare, Drucker und Fehlerbehandlungsroutinen

Abbildung 8.6
Das Programm *NeuDrucker*.

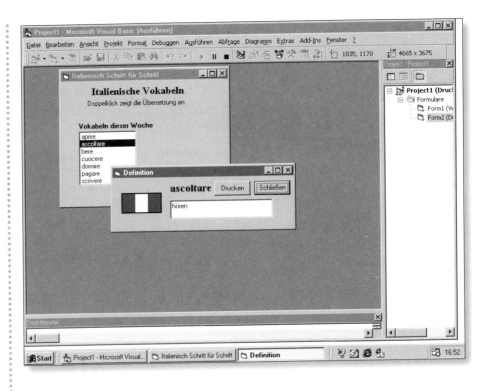

Wenn der Drucker nicht betriebsbereit ist, gibt Windows unter Umständen eine Fehlermeldung an Visual Basic zurück, die Ihr Programm nicht verarbeiten kann. Dies kann zu einem Laufzeitfehler oder einem nicht behebbaren Programmfehler führen. Wie man mit Laufzeitfehlern, die von Laufwerken, Druckern und anderen Geräten ausgelöst werden, umgehen kann, erfahren Sie weiter hinten in dieser Lektion.

❹ Klicken Sie auf *Schließen*, um das Fenster *Definition* auszublenden, und klicken Sie dann auf *Beenden*, um das Programm zu verlassen.

Das Programm wird beendet, und die Programmierumgebung wird wieder aktiviert.

Mit Hilfe der Methode PrintForm ein gesamtes Formular ausdrucken

Anstatt mit Hilfe der Methode *Print* einzelne Zeilen auszudrucken, können Sie mit der Methode *PrintForm* den gesamten Inhalt eines oder mehrerer Formulare ausdrucken. Bei diesem Verfahren ordnen Sie Text, Grafiken und Elemente der Benutzeroberfläche nach Belieben im Formular an und senden dann das gesamte Formular zum Drucker. Wenn Sie nur das Schlüsselwort *PrintForm* verwenden, wird nur das aktuelle Formular

Lektion 8   Formulare, Drucker und Fehlerbehandlungsroutinen

gedruckt. Soll ein anderes Formular gedruckt werden, geben Sie zusätzlich den Formularnamen an. Wenn Sie in Ihrem Programm beispielsweise den Inhalt des zweiten Formulars drucken möchten, geben Sie in einer Ereignisprozedur des Programms die Anweisung:

```
Form2.PrintForm
```

Das folgende Beispiel illustriert, wie Sie mit Hilfe der Methode *PrintForm* ein Formular drucken, das sowohl Text als auch Grafik enthält. In den meisten Fällen stellt *PrintForm* den einfachsten Weg dar, Grafiken auszudrucken.

Die Methode *PrintForm* druckt Formulare in der aktuellen Auflösung der Grafikkarte. Üblicherweise sind dies 96 dpi.

Mit PrintForm Texte und Grafiken drucken

❶ Wählen Sie den Befehl *Neues Projekt* aus dem Menü *Datei*, und klicken Sie auf *OK*, um eine neue Standardanwendung zu erstellen.

❷ Klicken Sie auf das Steuerelement *Bezeichnungsfeld (Label)*, und erstellen Sie ein mittelgroßes Bezeichnungsfeld etwa in der Mitte des Formulars.

❸ Klicken Sie auf das Steuerelement *Befehlsschaltfläche (CommandButton)*, und erstellen Sie eine Schaltfläche in der unteren rechten Ecke des Formulars.

❹ Legen Sie für die Programmobjekte die folgenden Eigenschaften fest:

Objekt	Eigenschaft	Einstellung
Label1	Caption	„Quartalsbericht"
	BackStyle	0 - Transparent
	Font	MS Sans Serif, fett, 14 Punkt
Command1	Caption	„Drucken"
Form1	Picture	C:\VB6SfS\Lekt08\WMFDruck.wmf

❺ Doppelklicken Sie auf die Befehlsschaltfläche *Drucken*, um deren Ereignisprozedur anzuzeigen.

❻ Geben Sie die folgende Anweisung ein:

```
Form1.PrintForm
```

❼ Klicken Sie in der Symbolleiste auf die Schaltfläche *Projekt speichern*. Geben Sie für den Namen des Formulars und des Projekts jeweils **NeuWMFDruck** ein.

Lektion 8 Formulare, Drucker und Fehlerbehandlungsroutinen

❽ Klicken Sie in der Symbolleiste auf die Schaltfläche *Starten*, um das Programm auszuführen.

Das Programm zeigt das in Abbildung 8.7 dargestellte Dialogfeld an.

Abbildung 8.7
Das Hauptformular des Programms *WMFDruck*.

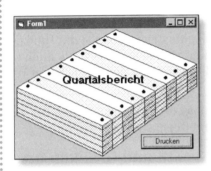

❾ Klicken Sie auf die Schaltfläche *Drucken*, um den Inhalt des Formulars auszudrucken.

Alle zum Projekt *WMFDruck.vbp* gehörenden Dateien finden Sie im Verzeichnis *\VB6SfS\Lekt08*.

Visual Basic sendet den gesamten Inhalt des Formulars (Bezeichnungsfeld, Windows-Metadatei und Befehlsschaltfläche) zum Drucker. Während das Dokument gedruckt wird, wird kurz das Visual Basic-Dialogfeld aus Abbildung 8.8 angezeigt:

Abbildung 8.8
Das Dialogfeld, das Visual Basic während des Druckvorgangs anzeigt.

Nach wenigen Augenblicken werden die Ausgaben des Programms auf dem Drucker ausgegeben.

❿ Klicken Sie auf die Schaltfläche *Schließen*, um das Programm zu beenden.

Die Methode *Print-Form* druckt alle sichtbaren Objekte des Formulars.

Die Methode *PrintForm* druckt nur diejenigen Objekte des Formulars, die gerade sichtbar sind. Wenn Sie verhindern möchten, dass bestimmte Objekte auf dem Ausdruck erscheinen (beispielsweise die Befehlsschaltfläche *Drucken* aus dem letzten Beispiel), dann setzen Sie vor dem Aufruf von *PrintForm* die Eigenschaft *Visible* dieser Objekte auf *False*. Nachdem Sie das Formular an den Drucker gesendet haben, können Sie diese Objekte wieder sichtbar machen, indem Sie die Eigenschaft *Visible* auf *True* setzen.

Lektion 8 Formulare, Drucker und Fehlerbehandlungsroutinen

Fehler mit Fehlerbehandlungsroutinen verarbeiten

Sind Sie in einem Visual Basic-Programm schon einmal mit einem Laufzeitfehler konfrontiert worden? *Laufzeitfehler* treten auf, wenn während der Programmausführung ein unvorhergesehenes Ereignis eintritt. Sie haben Ihren ersten Laufzeitfehler möglicherweise erlebt, als Sie eben versucht haben, das Formular zu drucken. (Vielleicht war kein Papier im Drucker oder der Drucker war nicht angeschaltet, und Sie haben eine Fehlermeldung von Visual Basic oder Windows erhalten.) Ein Laufzeitfehler tritt immer dann auf, wenn Visual Basic eine Anweisung ausführt, die aus irgendeinem Grund nicht wie vorgesehen abgearbeitet werden kann. Der Grund dafür ist nicht, dass Visual Basic nicht in der Lage wäre, mit solchen Situationen umzugehen, sondern dass der Compiler keine Anweisungen für den Fall erhalten hat, dass etwas nicht funktioniert.

> Mit Hilfe von Fehlerbehandlungsroutinen kann ein Programm Laufzeitfehler verarbeiten.

Glücklicherweise müssen Sie sich nicht damit zufrieden geben, dass gelegentliche Fehler Ihr Programm lahm legen. In Visual Basic können Sie spezielle Routinen schreiben, die sogenannten *Fehlerbehandlungsroutinen*, die für Laufzeitfehler zuständig sind. Wenn ein Laufzeitfehler auftritt, weil eine Anweisung im Programm nicht wie vorgesehen funktioniert, sorgt die Fehlerbehandlungsroutine dafür, dass die Programmausführung fortgesetzt werden kann. Fehlerbehandlungsroutinen werden in denselben Ereignisprozeduren untergebracht, in denen sich die potentiell unsicheren Anweisungen befinden. Für die eigentliche Fehlerbehandlung (das *Abfangen* des Fehlers) greifen Sie auf ein spezielles Objekt namens *Err* zurück. Das *Err*-Objekt enthält eine Eigenschaft namens *Number*, die einen Fehler eindeutig identifiziert, so dass das Programm darauf reagieren kann. Hat beispielsweise ein Diskettenlaufwerk einen Fehler verursacht, könnte Ihre Fehlerbehandlungsroutine eine Fehlermeldung anzeigen und alle Diskettenoperationen solange unterbinden, bis der Anwender das Problem beseitigt hat.

Wann Fehlerbehandlungsroutinen eingesetzt werden sollen

> Die meisten Laufzeitfehler werden von externen Ereignisse hervorgerufen.

Fehlerbehandlungsroutinen sollten immer dann verwendet werden, wenn eine unerwartete Operation einen Laufzeitfehler verursachen könnte. Normalerweise dienen Fehlerbehandlungsroutinen dazu, externe Ereignisse, die das Programm beeinflussen, zu verarbeiten. Beispiele für solche Ereignisse sind etwa Fehler auf einem Netzlaufwerk, ein nicht verriegeltes Diskettenlaufwerk oder ein nicht betriebsbereiter Drucker. Die folgende Tabelle 8.4 enthält eine Liste von potentiellen Problemen, auf die mit Fehlerbehandlungsroutinen eingegangen werden kann.

Lektion 8 Formulare, Drucker und Fehlerbehandlungsroutinen

Tabelle 8.4
Problemen, die mit
Fehlerbehandlungs-
routinen abgefan-
gen werden können.

Problemursache	Beschreibung
Netzwerk	Der Zugriff auf Netzwerklaufwerke oder Netzwerk-ressourcen ist wider Erwarten nicht möglich.
Diskettenlaufwerk	Nicht oder falsch formatierte Disketten, Laufwerk nicht verriegelt, schadhafte Sektoren.
Drucker	Der Drucker ist nicht betriebsbereit oder hat kein Papier.
Überlauf	Es sollen zu viele Daten gedruckt oder gezeichnet werden.
Speichermangel	Windows verfügt nicht über genügend Speicher für eine Anwendung oder für Ressourcen.
Zwischenablage	Probleme mit dem Datentransfer oder der Windows-Zwischenablage.
Logische Fehler	Syntaxfehler oder logische Fehler, die weder vom Compiler noch durch vorhergehende Tests entdeckt worden sind (beispielsweise falsch geschriebene Dateinamen).

Fehler abfangen: Die Anweisung On Error

Die Anweisung
On Error bestimmt,
welche Fehlerbe-
handlungsroutine
ausgeführt wird.

Die Programmanweisung, mit der Laufzeitfehler abgefangen werden, heißt *On Error*. Sie fügen die *On Error*-Anweisung unmittelbar vor der Anweisung, die Probleme verursachten könnte, in eine Ereignisprozedur ein. Diese *On Error*-Anweisung fungiert als Auffangroutine ein, d.h. sie legt fest, an welcher Stelle Visual Basic die Programmausführung fortsetzen soll, falls ein Fehler auftritt. *On Error* hat folgende Syntax:

```
On Error GoTo Sprungmarke
```

Sprungmarke steht hier für die Fehlerbehandlungsroutine.

Fehlerbehandlungsroutinen werden normalerweise am Ende von Ereignisprozeduren eingefügt, unterhalb der *On Error*-Anweisung. Jede Fehlerbehandlungsroutine wird durch eine Sprungmarke identifiziert, auf die ein Doppelpunkt (:) folgt, wie etwa in *UngueltigerDateiname:* oder *DruckerNichtBereit:*. Normalerweise besteht eine Fehlerbehandlungsroutine aus zwei Teilen. Im ersten Teil wird in einer Kontrollstruktur (einer *If...Then*- oder *Select Case*-Anweisung) die Eigenschaft *Err.Number* ausgewertet und je nach Fehler eine Meldung angezeigt oder eine Eigenschaft gesetzt. Der zweite Teil besteht aus einer *Resume*-Anweisung, die die Ablaufsteuerung an das Programm zurückgibt, so dass dieses weiter ausgeführt werden kann.

Lektion 8 — Formulare, Drucker und Fehlerbehandlungsroutinen

Resume

Mit den Anweisungen *Resume*, *Resume Next* und *Resume Sprungmarke* wird die Ablaufsteuerung an das eigentliche Programm zurückgegeben.

Die *Resume*-Anweisung ist in drei Varianten zulässig. Sie können das Schlüsselwort *Resume* allein, zusammen mit dem Schlüsselwort *Next* oder mit einer Sprungmarke verwenden, je nachdem, an welcher Stelle das Programm fortgesetzt werden soll.

Die Anweisung *Resume* bewirkt, dass das Programm mit der Anweisung fortgesetzt wird, die den Fehler verursacht hat (in der Hoffnung, dass die Fehlerursache beseitigt worden ist oder der Fehler kein zweites Mal auftreten kann). Dieses Vorgehen empfiehlt sich, wenn der Anwender aufgefordert worden ist, das Problem zu beheben, also beispielsweise eine Diskette einzulegen oder den Drucker zu überprüfen.

Die Anweisung *Resume Next* bewirkt, dass das Programm mit der Anweisung fortgesetzt wird, die auf die fehlerverursachende Anweisung *folgt*. Sie sollten diese Variante wählen, wenn der fehlerverursachende Befehl übergangen und die weiteren Programmteile verarbeitet werden sollen. Sie können die *Resume*-Anweisung auch mit einer Sprungmarke kombinieren. Sie gewinnen dadurch die zusätzliche Flexibilität, weil Sie das Programm an jeder beliebigen Stelle innerhalb der aktuellen Ereignisprozedur (beispielsweise in der letzten Zeile) fortsetzen können.

Eine Fehlerbehandlungsroutine für Diskettenlaufwerksfehler

Das folgende Beispiel zeigt, wie Sie eine Behandlungsroutine für Fehler schreiben können, die von Diskettenlaufwerken verursacht werden. Sie werden diese Fehlerbehandlungsroutine in ein Programm einfügen, das versucht, eine Windows-Metadatei von der Diskette in Laufwerk A: zu lesen. Mit demselben Verfahren können Sie jedes beliebige Visual Basic-Programm mit einer Fehlerbehandlungsroutine ausstatten – Sie brauchen dazu nur die Fehlernummern und Meldungen zu ändern.

Das folgende Programm verwendet eine Fehlernummer (die Eigenschaft *Err.Number*), um einen Laufzeitfehler zu identifizieren. Eine vollständige Liste aller Fehlernummern erhalten Sie, wenn Sie in der Online-Hilfe zu Visual Basic nach dem Begriff *Fehlernummer* suchen.

Eine Behandlungsroutine für Diskettenlaufwerksfehler erstellen

❶ Öffnen Sie die Projektdatei *LWFehler*.

Das Formular *LWFehler* wird im Projekt-Explorer angezeigt.

❷ Wenn das Formular nicht sichtbar ist, klicken Sie im Projekt-Explorer auf das Formular und anschließend auf die Schaltfläche *Objekt anzeigen*.

Lektion 8   Formulare, Drucker und Fehlerbehandlungsroutinen

❸ Doppelklicken Sie auf die Schaltfläche *Laufwerk testen* auf diesem Formular.

Im Codefenster wird die Ereignisprozedur *Command1_Click* angezeigt. Diese Routine lädt eine Windows-Metadatei namens *wmfdruck.wmf* aus dem Stammverzeichnis von Laufwerk A:. Wenn die Datei nicht vorhanden oder das Diskettenlaufwerk nicht verriegelt ist, generiert die Routine einen Fehler.

Diese Fehlerbehandlungsroutine ist für Fehler zuständig, die von Diskettenlaufwerken ausgelöst werden.

❹ Geben Sie am Anfang der Ereignisprozedur die folgende Anweisung ein:

```
On Error GoTo DiskError
```

Mit dieser Anweisung wird die Fehlerbehandlungsroutine in dieser Prozedur aktiviert und die Stelle festgelegt, an der Visual Basic das Programm fortsetzen soll, falls ein Laufwerksfehler auftritt. Als Nächstes geben Sie am Ende der Ereignisprozedur die Fehlerbehandlungsroutine *DiskError* ein.

❺ Geben Sie unter der Zeile mit der *LoadPicture*-Anweisung folgenden Code ein:

```
Exit Sub   'Prozedur verlassen
DiskError:
  If Err.Number = 71 Then   'falls LAUFWERK NICHT BEREIT
    MsgBox ("Bitte legen Sie eine Diskette ein"), , _
      "Laufwerk nicht bereit"
    Resume
  Else
    MsgBox ("Die Datei wmfdruck.wmf befindet sich nicht auf der Diskette " _
          & "in Laufwerk A:\."), , _
      "Datei nicht vorhanden"
    Resume StopTrying
  End If
StopTrying:
```

Mit dem Bedingungsausdruck in der *If...Then*-Anweisung der Fehlerbehandlungsroutine wird überprüft, ob die Eigenschaft *Err.Number* den Wert 71 enthält. Das ist der Fehlercode, der zurückgegeben wird, wenn ein Laufwerk nicht betriebsbereit ist. Falls ein Laufwerksfehler vorliegt, gibt das Programm dem Anwender Gelegenheit, das Problem zu beheben (indem er entweder das Laufwerk schließt oder eine andere Diskette einlegt), um anschließend erneut zu versuchen, die Datei einzulesen. (Das Schlüsselwort *Resume* bewirkt, dass die Funktion *LoadPicture* nochmals ausgeführt wird.)

Falls der Fehler nicht mit dem Laufwerk zusammenhängt, geht das Programm davon aus, dass die Diskette lesbar, aber die Datei nicht im Stammverzeichnis vorhanden ist. Dann verzweigt die Fehlerbehandlungsroutine

Lektion 8 Formulare, Drucker und Fehlerbehandlungsroutinen

zur Sprungmarke *StopTrying* am Ende der Prozedur. In beiden Fällen gibt die Fehlerbehandlungsroutine eine Meldung aus und verhindert, dass das Programm vorzeitig beendet wird. Sie könnten weitere *ElseIf*-Anweisungen und Fehlernummern in die Fehlerbehandlungsroutine einfügen, um dem Anwender genauere Informationen über den Fehler zu geben.

Mit der Anweisung Exit Sub können Sie die Fehlerbehandlungsroutine in einer Prozedur überspringen.

Falls das Laufwerk keine Fehler meldet oder der Anwender einen auftretenden Fehler beheben kann, wird das Programm solange fortgesetzt, bis die Ereignisprozedur mit der Anweisung *Exit Sub* beendet wird. *Exit Sub* ist eine vielseitig verwendbare Anweisung, mit der Sie jede Visual Basic-Prozedur vor Erreichen der *End Sub*-Anweisung beenden können. Im vorliegenden Fall verhindert *Exit Sub*, dass die Fehlerbehandlungsroutine ausgeführt wird, wenn das Programm die Windows-Metadatei laden konnte.

❻ Wählen Sie im Menü *Datei* den Befehl *Speichern von LWFehler.frm unter*, und speichern Sie das Formular unter dem Namen **NeuLWFehler2**.

❼ Wählen Sie im Menü *Datei* den Befehl *Projekt speichern unter*, und speichern Sie das Projekt unter dem Namen **NeuLWFehler2**.

Abbildung 8.9
Die Fehlermeldung, die *LWFehler2* bei einem Laufwerksfehler anzeigt.

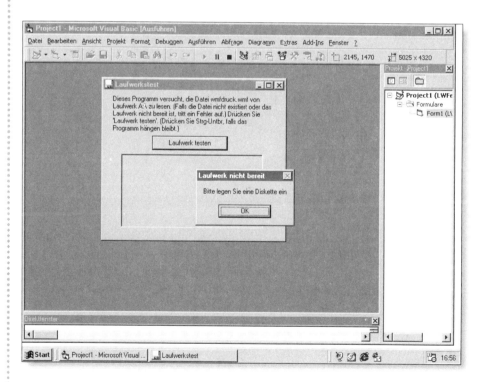

265

Lektion 8   Formulare, Drucker und Fehlerbehandlungsroutinen

❽ Kopieren Sie mit Hilfe des Windows-Explorers die Datei *wmfdruck.wmf* auf eine Diskette in Laufwerk A:. (Sie brauchen hierzu eine leere Diskette.)

Achten Sie darauf, dass Sie die Datei ins Stammverzeichnis der Diskette (A:\) kopieren.

❾ Entfernen Sie die Diskette aus Laufwerk A:, oder öffnen Sie die Laufwerksverriegelung.

Sie finden eine lauffähige Version von *LWFehler2* im Verzeichnis *\VB6SfS\Lekt08*.

❿ Klicken Sie auf die Schaltfläche *Starten*, um das Programm zu starten.

⓫ Klicken Sie im Formular auf die Schaltfläche *Laufwerk testen*.

Visual Basic generiert einen Laufzeitfehler, und die Fehlerbehandlungsroutine blendet die in Abbildung 8.9 gezeigte Fehlermeldung ein.

⓬ Legen Sie die Diskette mit der Windows-Metadatei in das Laufwerk ein, oder schließen Sie die Laufwerksverriegelung wieder.

⓭ Klicken Sie auf *OK*, um die Fehlerbehandlungsroutine zu beenden, und versuchen Sie erneut, die Datei zu laden.

Nach wenigen Augenblicken wird die Windows-Metadatei *wmfdruck.wmf* im Formular angezeigt (siehe Abbildung 8.10).

Abbildung 8.10
Das Formular mit der geladenen Metadatei.

Falls noch immer eine Fehlermeldung angezeigt wird, enthält Ihr Programm möglicherweise einen anderen Fehler. Führen Sie Ihr Programm schrittweise aus. Mit Hilfe von Überwachungsausdrücken können Sie Fehler rasch auffinden, und Sie können sehen, wie Ihre Fehlerbehandlungsroutine funktioniert.

⓮ Klicken Sie auf die Schaltfläche *Schließen* des Formulars, um das Programm zu beenden.

266

Lektion 8　　Formulare, Drucker und Fehlerbehandlungsroutinen

Einen Schritt weiter: Weitere Techniken zur Fehlerbehandlung

Die Eigenschaft *Err.Description* enthält die Beschreibung des aufgetretenen Laufzeitfehlers.

Das Objekt *Err* verfügt über eine Reihe weiterer Eigenschaften, auf die Sie zurückgreifen können, um in Ihren Fehlerbehandlungsroutinen zusätzliche Informationen anzuzeigen. Die Eigenschaft *Err.Description* enthält die Fehlermeldung, die Visual Basic beim Auftreten des Laufzeitfehlers übergeben worden ist. Unabhängig davon, ob Sie im Programm auf den Fehler reagieren, können Sie diese Meldung als zusätzliche Informationsquelle für den Anwender nutzen. Zum Beispiel benutzt die folgende Fehlerbehandlungsroutine die Eigenschaft *Description*, um eine Fehlermeldung anzuzeigen, wenn beim Laden einer Grafik von Diskette ein Fehler auftritt:

```
On Error GoTo DiskError
Image1.Picture = LoadPicture("a:\wmfdruck.wmf")
Exit Sub                  'Prozedur verlassen

DiskError:
MsgBox (Err.Description), ,"Fehler beim Laden"
Resume                    'LoadPicture erneut aufrufen
```

Mit Hilfe dieser Technik lassen sich eine Reihe von Laufwerksproblemen abfangen, beispielsweise unformatierte Disketten, fehlende Dateien oder nicht verriegelte Laufwerke. Die Fehlerbehandlungsroutine versucht mit Hilfe einer *Resume*-Anweisung, die Ladeoperation zu wiederholen, nachdem der Anwender das Problem beseitigt und im Meldungsfeld auf *OK* geklickt hat. Wenn die Datei schließlich geladen wird, wird die Ereignisprozedur mit *Exit Sub* beendet.

Wenn Sie in einer Fehlerabfrage hängen bleiben, können Sie die Routine mit [Strg]+[Pause] beenden.

Ein Wiederholungsintervall angeben

Eine weitere Strategie für Fehlerbehandlungsroutinen besteht darin, eine Operation mehrmals zu versuchen und sie zu überspringen, wenn das Problem nicht gelöst werden kann. In der folgenden Fehlerbehandlungsroutine beispielsweise hält die Zählervariable *Retries* fest, wie oft eine Fehlermeldung bereits angezeigt worden ist. Wenn die Ladeoperation das zweite Mal fehlgeschlagen ist, wird die entsprechende Anweisung übersprungen:

```
Retries = 0               'Zählervariable initialisieren
On Error GoTo DiskError
Image1.Picture = LoadPicture("a:\ wmfdruck.wmf")
Exit Sub                  'Prozedur verlassen
```

Lektion 8 Formulare, Drucker und Fehlerbehandlungsroutinen

```
DiskError:
MsgBox (Err.Description), , "Fehler beim Laden"
Retries = Retries + 1        'bei Fehler Zähler erhöhen
If Retries >= 2 Then
    Resume Next
Else
    Resume
End If
```

Diese Technik ist sinnvoll, wenn Sie es mit einem Fehler zu tun haben, dessen Ursache nicht immer vom Anwender beseitigt werden kann. Dabei ist wichtig zu wissen, dass *Resume* versucht, die fehlerverursachende Anweisung nochmals auszuführen, während *Resume Next* diese Anweisung überspringt und das Programm mit der nächsten Zeile in der Ereignisprozedur fortsetzt. Wenn Sie *Resume Next* verwenden, sollten Sie sich vergewissern, ob Sie tatsächlich die nächste Anweisung ausführen wollen und bei der Fortsetzung des Programms nicht die Fehlerbehandlungsroutine aus Versehen nochmals ausführen. Die Anweisung *Exit Sub* stellt eine günstige Möglichkeit dar, die Fehlerbehandlungsroutine zu überspringen. Sie können aber auch eine *Resume*-Anweisung mit einer Sprungmarke kombinieren, deren Sprungziel unterhalb der Fehlerbehandlungsroutine liegt.

Wenn Sie mit der nächsten Lektion fortfahren möchten

● Beenden Sie Visual Basic nicht, und fahren Sie mit Lektion 9 fort.

Wenn Sie Visual Basic vorerst beenden möchten

● Wählen Sie *Beenden* aus dem Menü *Datei*.

Wenn Sie aufgefordert werden zu speichern, klicken Sie auf *Ja*.

Zusammenfassung der Lektion

Möchten Sie	dann
neue Formulare zu einem Programm hinzufügen,	klicken Sie in der Symbolleiste auf die Schaltfläche *Formular hinzufügen* und anschließend auf *Formular*, oder wählen Sie im Menü *Projekt* den Befehl *Formular hinzufügen*, und klicken Sie anschließend auf *Öffnen*.
ein Formular laden,	verwenden Sie die Anweisung *Load*, wie in `Load Form2` ▶

Lektion 8 Formulare, Drucker und Fehlerbehandlungsroutinen

Möchten Sie	dann
ein geladenes Formular anzeigen,	verwenden Sie die Methode *Show*, wie in `Form2.Show`
ein gebundenes Formular erstellen,	geben Sie beim Anzeigen des Formulars zusätzlich eine 1 an, wie in `Form2.Show 1`
ein Formular ausblenden,	verwenden Sie die Methode *Hide*, wie in `Form2.Hide`
ein Formular aus dem Speicher entfernen,	verwenden Sie die Anweisung *Unload*, wie in `Unload Form2`
den Namen eines Objekts ändern,	ändern Sie die Eigenschaft *Name* im Eigenschaftenfenster des Objekts.
ein übergeordnetes MDI-Formular erstellen,	wählen Sie *MDI-Formular hinzufügen* aus dem Menü *Projekt*.
ein untergeordnetes MDI-Formular erstellen,	wählen Sie *Formular hinzufügen* aus dem Menü *Projekt* und setzen anschließend die Eigenschaft *MDIChild* des Formulars auf *True*.
eine Textzeile ausdrucken,	verwenden Sie das Objekt *Printer* und die Methode *Print*, wie in `Printer.Print "Seefahrer"`
Druckoptionen ändern,	legen Sie die Eigenschaften des Objekts *Printer* zur Laufzeit fest.
einen Druckauftrag beenden,	rufen Sie die Methode *EndDoc* auf, wie in `Printer.EndDoc`
ein ganzes Formular drucken,	rufen Sie die Methode *PrintForm* auf, wie in `Form2.PrintForm`
Laufzeitfehler in Ihren Programmen aufspüren,	aktivieren Sie die Fehlerbehandlung mit der Anweisung `On Error GoTo Sprungmarke` Dabei steht *Sprungmarke* für die Fehlerbehandlungsroutine. ▶

Lektion 8 | **Formulare, Drucker und Fehlerbehandlungsroutinen**

Möchten Sie	dann
Laufzeitfehler abfangen,	erstellen Sie eine (normalerweise aus *If...Then-* oder *Select Case*-Anweisungen bestehende) Fehlerbehandlungsroutine. Vor der Routine muss ein entsprechender Sprungmarkenbezeichner stehen. Die Fehlerbehandlung besteht normalerweise darin, Eigenschaften zu ändern und mit Hilfe der Funktion *MsgBox* Meldungen an den Anwender auszugeben.
das Programm nach einem Fehler fortsetzen,	verwenden Sie die Anweisung *Resume*, *Resume Next* oder *Resume Sprungmarke*.
Eine Prozedur beenden, bevor die Anweisung *End Sub* erreicht wird,	verwenden Sie die Anweisung *Exit Sub*.

9 Grafiken und Spezialeffekte

Geschätzte Dauer:
55 Minuten

In dieser Lektion lernen Sie

- wie Sie mit Hilfe der Steuerelemente *Linien (Line)* und *Figur (Shape)* ein Formular mit grafischen Elementen versehen.
- wie Sie mit dem Steuerelement *Anzeigefeld (Image)* grafische Befehlsschaltflächen erstellen.
- wie Sie Drag-&-Drop-Unterstützung in Ihrem Programm implementieren.
- wie Sie die Form des Mauszeigers ändern.
- wie Sie Spezialeffekte mit Animationen erstellen.

Für die meisten Entwickler besteht der aufregendste und fesselndste Teil ihrer Arbeit darin, ihre Anwendungen mit grafischen Elementen und Spezialeffekten auszustatten. Glücklicherweise ist es in Microsoft Visual Basic einfach, beeindruckende und sinnvolle Grafikeffekte zu erzeugen.

In dieser Lektion werden Sie lernen, Ihre Programme durch Grafikeffekte interessanter zu gestalten. Sie werden lernen, wie man attraktive Grafiken in ein Formular einfügt, grafische Befehlsschaltflächen erstellt und die Form des Mauszeigers ändert. Schließlich erfahren Sie noch, wie Sie Drag-&-Drop-Operationen unterstützen und mit Hilfe von Anzeigefeld- und Zeitgeberobjekten eine einfache Animation erstellen. Wenn Sie die Lektion beendet haben, werden Sie in der Lage sein, eine perfekte Benutzeroberfläche anzulegen.

Mit den Linien- und Figursteuerelementen Grafiken erstellen

Mit den Steuerelementen *Linien (Line)* und *Figur (Shape)* können Sie geometrische Formen erstellen.

Sie haben bereits gelernt, wie man mit Hilfe der Steuerelemente *Bildfeld (PictureBox)* und *Anzeigefeld (Image)* Bitmaps, Symbole und Windows-Metadateien in ein Formular einfügt. In Visual Basic ist es einfach, vorgefertigte Grafikelemente in ein Programm zu integrieren, und Sie hatten in fast jeder Lektion Gelegenheit, dies zu üben. Nun werden Sie lernen,

Lektion 9 Grafiken und Spezialeffekte

mit den Steuerelementen *Linien (Line)* und *Figur (Shape)* selbst Grafiken in Ihren Formularen zu erstellen. Diese praktischen Werkzeuge, mit denen Sie Grafiken mit den unterschiedlichsten Formen, Größen und Farben konstruieren können, befinden sich in der Werkzeugsammlung. Die damit erstellten Objekte unterliegen einigen Einschränkungen: Sie können zur Laufzeit nicht den Fokus erhalten, und sie können nicht über anderen Objekten angezeigt werden. Andererseits sind diese Werkzeuge leistungsfähig, schnell und leicht zu bedienen.

Das Liniensteuerelement

Mit dem Steuerelement *Linien (Line)* können Sie auf einem Formular gerade Linien zeichnen. Anschließend können Sie wie bei anderen Objekten auch eine Reihe von Eigenschaften einstellen, um das Erscheinungsbild des erstellten Linienobjekts zu verändern. Die wichtigsten Eigenschaften von Linienobjekten sind *BorderWidth*, *BorderStyle*, *BorderColor* und *Visible*.

Die Eigenschaft *BorderWidth* legt die Linienstärke fest. Sie ist besonders nützlich, wenn Sie eine Unterstreichung einfügen oder Objekte durch eine Linie voneinander trennen möchten. Die Eigenschaft *BorderStyle* legt fest, ob die Linie durchgezogen, gepunktet oder gestrichelt ist, und mit der Eigenschaft *BorderColor* wird definiert, in welcher Standardfarbe von Visual Basic die Linie dargestellt wird. Mit Hilfe der Eigenschaft *Visible* können Sie die Linie nach Wunsch ein- und ausblenden.

Sie werden Gelegenheit erhalten, mit dem Steuerelement *Linien (Line)* zu arbeiten, nachdem wir uns ein wenig mit dem Steuerelement *Figur (Shape)* befasst haben.

Das Figursteuerelement

Mit dem Steuerelement *Figur (Shape)* können Sie Rechtecke, Quadrate, Ellipsen und Kreise zeichnen. Sie zeichnen zuerst mit dem Werkzeug die gewünschte Figur und definieren anschließend im Eigenschaftenfenster deren Eigenschaften. Die Eigenschaft *Shape* legt die Form der Figur fest. Nachdem Sie die Figur erstellt haben, können Sie ihr über die Eigenschaft Shape die Form *Rechteck, gerundetes Rechteck, Quadrat, gerundetes Quadrat, Oval* oder *Kreis* zuweisen. Sie können komplexe Grafiken aufbauen, indem Sie mehrere Figuren und Linien zeichnen.

Andere wichtige Eigenschaften von Figurobjekten sind *FillColor*, die Farbe des Objekts festlegt, *FillStyle*, die das Muster für die Füllfarbe definiert, und *BorderColor*, mit der Sie für den Objektrand eine andere Farbe festlegen können. Figurobjekte haben außerdem die Eigenschaft *Visible*, mit der Sie das Objekt nach Belieben ein- und ausblenden können.

Lektion 9 — Grafiken und Spezialeffekte

In der folgenden Übung werden Sie die Steuerelemente *Linien (Line)* und *Figur (Shape)* verwenden, um einen Begrüßungsbildschirm für ein fiktives Unternehmen namens *Nordwest-Fenster* zu erstellen. Der Begrüßungsbildschirm soll so aussehen wie in Abbildung 9.1:

Abbildung 9.1
Der Begrüßungsbildschirm des Programms *StartFrm*.

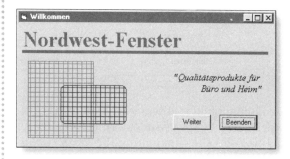

Die Linien- und Figursteuerelemente einsetzen

❶ Starten Sie Visual Basic, und öffnen Sie ein neues Projekt vom Typ *Standard-EXE*.

Wenn Visual Basic bereits ausgeführt wird, wählen Sie im Menü *Datei* den Befehl *Neues Projekt*, und öffnen ein neues Standardprojekt.

❷ Vergrößern Sie das Formular so weit, dass es genügend Platz für eine große Überschrift, die Figurobjekte und Befehlsschaltflächen bietet.

❸ Klicken Sie auf das Steuerelement *Bezeichnungsfeld (Label)* in der Werkzeugsammlung, und erstellen Sie ein breites Bezeichnungsfeld am oberen Rand des Formulars.

❹ Öffnen Sie das Eigenschaftenfenster, und geben Sie für die Eigenschaft *Caption* des Bezeichnungsfelds **Nordwest-Fenster** ein.

❺ Geben Sie für die Eigenschaft *Font* des Bezeichnungsfelds die Schrift **Times New Roman, fett, 26 Punkt** an. Wählen Sie für die Eigenschaft *ForeColor* die Farbe Dunkelblau aus der Palette.

Das Bezeichnungsfeld sollte jetzt fast die gesamte Breite des Fensters einnehmen. Korrigieren Sie gegebenenfalls die Breite und Höhe der Beschriftung, so dass der Firmenname in eine Zeile paßt.

❻ Klicken Sie in der Werkzeugsammlung auf das Steuerelement *Linien (Line)*, und ziehen Sie unter dem Firmennamen eine Linie. Wie das Bezeichnungsfeld sollte die Linie fast die gesamte Breite des Formulars einnehmen.

Nach dem Zeichnen werden an beiden beiden Enden der Linie Ziehpunkte angezeigt. Wenn nötig, können Sie damit die Länge der Linie verändern.

273

Lektion 9 Grafiken und Spezialeffekte

❼ Klicken Sie auf die Schaltfläche *Eigenschaftenfenster*, um das Eigenschaftenfenster einzublenden, und stellen Sie dort für das Linienobjekt die folgenden Eigenschaften ein:

Objekt	Einstellung	Eigenschaft
Line1	BorderWidth	5
	BorderColor	Dunkelblau

Das neue Linienobjekt heißt *Line1*. Mit dem Wert für *BorderWidth* wird die Linienstärke zu 5 Twips geändert. (Ein Twip entspricht einem 1/20 Punkt oder 1/1440 Zoll.) Die Einstellung für *BorderColor* ergibt eine dunkelblaue Linie.

Sie erstellen jetzt die beiden Figurobjekte im Formular.

❽ Klicken Sie in der Werkzeugsammlung auf das Steuerelement *Figur (Shape)*, und zeichnen Sie im linken Teil des Formulars ein Rechteck.

Dieses Rechteck bildet den Umriss des ersten Figurobjekts. Sie werden gleich noch die Eigenschaft *FillStyle* des Objekts ändern, damit es wie ein Fenstergitter aussieht.

❾ Klicken Sie nochmals auf das Steuerelement *Figur (Shape)*, und zeichnen Sie in den linken Teil des Formulars ein weiteres Rechteck, das das erste Rechteck teilweise überlappt.

Das Steuerelement *Figur (Shape)* funktioniert weitgehend wie ein Universal-Zeichenwerkzeug in einem Grafikprogramm. Das Steuerelement erstellt die Grundform, und Sie definieren über die Eigenschaften das genaue Erscheinungsbild.

❿ Klicken Sie auf die Schaltfläche *Eigenschaftenfenster*, und legen Sie für die beiden Figurobjekte die folgenden Eigenschaften fest:

Objekt	Eigenschaft	Einstellung
Shape1	Shape	0 – Rechteck
	FillColor	Oliv
	FillStyle	6 - Kreuz
	BorderColor	Oliv
Shape2	Shape	4 - Gerundetes Rechteck
	FillColor	Hellblau ▶

Lektion 9   Grafiken und Spezialeffekte

Objekt	Eigenschaft	Einstellung
	FillStyle	6 - Kreuz
	BorderColor	Hellblau

⓫ Erstellen Sie im rechten Teil des Formulars ein Bezeichnungsfeld. Das Feld sollte relativ schmal ausfallen, damit der Text auf zwei Zeilen umbrochen wird. Stellen Sie dann die folgenden Eigenschaften ein:

Objekt	Eigenschaft	Einstellung
Label2	Caption	„Qualitätsprodukte für Büro und Heim"
	Font	Times New Roman, kursiv, 12 Punkt
	Alignment	1 - Rechts

⓬ Klicken Sie in der Werkzeugsammlung auf das Steuerelement *Befehlsschaltfläche (CommandButton)*, und erstellen Sie in der rechten unteren Ecke des Formulars eine Befehlsschaltfläche. Fügen Sie links von der ersten Befehlsschaltfläche eine zweite ein.

⓭ Stellen Sie für die beiden Befehlsschaltflächen die folgenden Eigenschaften ein:

Objekt	Eigenschaft	Einstellung
Command1	Caption	„Beenden"
Command2	Caption	„Weiter"

⓮ Doppelklicken Sie auf die Schaltfläche *Beenden*, geben Sie in die Ereignisprozedur *Command1_Click* die Anweisung **End** ein, und schließen Sie das Codefenster wieder.

Das Begrüßungsformular, das Sie gerade erstellen, soll den Zugang zum Programm ermöglichen. Falls der Anwender das Programm jedoch gleich wieder verlassen möchte, gibt ihm diese Schaltfläche hierzu Gelegenheit. Weil der Begrüßungsbildschirm der einzige bisher vorhandene Programmteil ist, werden Sie die Schaltfläche *Beenden* auch zum Beenden des Programms verwenden.

275

Lektion 9 — Grafiken und Spezialeffekte

⑮ Ändern Sie die *Caption*-Eigenschaft des Formulars zu **Willkommen**, und Sie anschließend die Größe des Formulars und der einzelnen Objekte so ein, dass das Fenster wohlproportioniert wirkt.

Schließlich sollte Ihr Formular wie in Abbildung 9.2 aussehen.

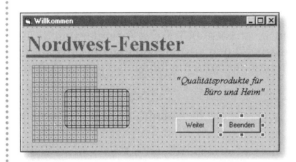

Abbildung 9.2
Das Begrüßungsformular des Programms *StartFrm*.

Sie können für jedes von Ihnen geschriebene Programm solch ein Begrüßungsformular verwenden. Sein Zweck besteht darin, den Anwender freundlich zu begrüßen und es ihm zu ermöglichen, das Programm fortzusetzen oder gleich wieder zu verlassen. Wenn der Anwender auf die Schaltfläche *Weiter* klickt, sollte das Programm das Begrüßungsformular ausblenden und das Hauptformular anzeigen.

Das Programm StartFrm ausführen

❶ Klicken Sie in der Symbolleiste auf die Schaltfläche *Starten*.

Das Begrüßungsformular wird angezeigt und sieht so wie in Abbildung 9.3 aus.

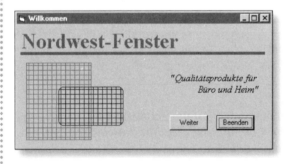

Abbildung 9.3
Das Begrüßungsformular des Programms *StartFrm* während der Programmausführung.

Sie finden alle zum Programm *StartFrm* gehörenden Dateien im Verzeichnis *\Vb6SfS\Lekt09*.

Die Linien- und Figurobjekte werden sofort angezeigt und tragen zum Gesamteindruck des Begrüßungsfensters bei. Linien- und Figurobjekte werden immer schneller angezeigt als Grafiken, die von der Festplatte geladen werden.

Lektion 9 — Grafiken und Spezialeffekte

❷ Klicken Sie auf die Schaltfläche *Beenden*, um das Programm zu verlassen.

❸ Klicken Sie auf die Schaltfläche *Projekt speichern*, und speichern Sie Ihr Formular im Verzeichnis *Lekt09* unter dem Namen **NeuStartFrm.frm**. Speichern Sie das Projekt unter dem Namen **NeuStartFrm.vbp**.

Mit Grafikmethoden Figuren zeichnen

Visual Basic verfügt über verschiedene Methoden, die Sie zum Erstellen von grafischen Elementen und speziellen Grafikeffekten verwenden können. Diese Grafikmethoden sind Befehle, die Sie in Ereignisprozeduren verwenden, um Grafiken auf einem Formular zu erstellen oder an einen Drucker zu senden.

Der Nachteil der Grafikmethoden besteht darin, dass sie einen beträchtlichen Aufwand für Konzeption und Programmierung erfordern. Sie müssen die Syntax dieser Befehle lernen, das Koordinatensystem Ihres Formulars verstehen und die Grafiken aktualisieren, wenn sie zwischenzeitlich von einem anderen Fenster verdeckt worden sind. Andererseits können Sie mit den Grafikmethoden Effekte erzielen, die sich mit dem Steuerelement *Linien (Line)* oder *Figur (Shape)* nicht realisieren lassen, beispielsweise Bögen oder einzeln gezeichnete Pixel.

Die wichtigsten Grafikmethoden sind *Line*, mit der Linien und Rechtecke (als Umriss und ausgefüllt) gezeichnet werden, *Circle*, die Kreise, Ellipsen und Kreisausschnitte erzeugt, und *PSet*, die die Farbe einzelner Bildschirmpixel festlegt.

Die folgende Anweisung zeichnet beispielsweise einen Kreis mit einem Radius von 750 Twips und den Koordinaten (1500;1500) auf ein Formular:

```
Circle (1500, 1500), 750
```

Weitere Informationen über die verfügbaren Grafikmethoden finden Sie unter den Stichworten *Line*, *Circle* oder *PSet* in der Online-Hilfe zu Visual Basic.

Grafische Befehlsschaltflächen erstellen

Sie haben in diesem Buch Befehlsschaltflächen bereits verwendet, um dem Anwender die Möglichkeit zu geben, Befehle auf intuitive Weise einzugeben. Wie Sie gelernt haben, werden Befehlsschaltflächen mit Hilfe des Steuerelements *Befehlsschaltfläche (CommandButton)* erstellt. Anschließend geben Sie für die Eigenschaft *Caption* der Schaltfläche einen Begriff an, der den Befehl beschreibt, den die Schaltfläche ausführt.

Lektion 9   **Grafiken und Spezialeffekte**

Mit Hilfe des Steuerelements *Anzeigefeld (Image)* können Sie Schaltflächen erstellen, die wie die Schaltflächen von Symbolleisten aussehen.

Anstelle von Textschaltflächen können Sie mit dem Steuerelement *Anzeigefeld (Image)* auch grafische Schaltflächen in Visual Basic erstellen. Eine grafische Schaltfläche enthält eine grafische Darstellung ihrer Funktion. Eine Schaltfläche, die beispielsweise ein Diskettensymbol enthält, könnte einen Befehl repräsentieren, mit dem Informationen auf den Datenträger geschrieben werden. Grafische Schaltflächen können einzeln oder in Gruppen, in sogenannten *Symbolleisten*, angeordnet werden. Die Symbolleiste von Visual Basic ist ein Beispiel für eine solche Gruppe. In diesem Abschnitt lernen Sie, wie man echte grafische Befehlsschaltflächen erstellt, die durch Anklicken „gedrückt" werden können, wie die Schaltflächen, die Sie aus anderen Anwendungen für Microsoft Windows kennen.

Das MouseDown-Ereignis erkennen

Das *MouseDown*-Ereignis wird schon in der ersten Phase eines Mausklicks ausgelöst.

Damit grafische Schaltflächen ein realistisches Aussehen erhalten, sollte das Programm sofort reagieren, wenn der Anwender eine Schaltfläche mit der Maus anklickt. In ähnlichen Fällen haben Sie bisher das *Click*-Ereignis verwendet, das aber den Anforderungen dieser Situation nicht genügt. Ihr Programm muss bereits reagieren, wenn der Anwender die Maustaste drückt, nicht erst, wenn er sie wieder loslässt. In Visual Basic können Sie alle Mausaktionen mit Hilfe des Ereignisses *MouseDown* verfolgen.

MouseDown ist ein spezielles Ereignis, dessen Ereignisprozedur ausgelöst wird, sobald der Anwender den Mauszeiger über ein Objekt des Formulars bewegt und dann die Maustaste drückt. Wenn Sie eine spezielle Ereignisprozedur für das *MouseDown*-Ereignis schreiben (beispielsweise wie im nächsten Abschnitt die Prozedur *Image1_MouseDown*), kann Ihr Programm immer dann, wenn diese Situation eintritt, Maßnahmen einleiten. Bei grafischen Befehlsschaltflächen soll das Programm die angeklickte Schaltfläche so verändern, dass es so aussieht, als sei die Schaltfläche gedrückt worden, und anschließend den entsprechenden Befehl ausführen.

Ihre Programme können nicht nur *MouseDown*-Ereignisse erkennen, sondern auch *MouseUp*- und *MouseMove*-Ereignisse. Diese Ereignisse werden generiert, wenn der Anwender die Maustaste loslässt bzw. die Maus bewegt.

Schaltflächen austauschen

Wie erreichen Sie, dass grafische Befehlsschaltflächen so aussehen, als würden sie gedrückt und losgelassen? Wie Sie vielleicht schon vermuten, werden die Symbole nicht direkt auf dem Bildschirm verändert, wenn der Anwender die Schaltfläche anklickt. Die Symbole werden vielmehr in der *MouseDown*-Ereignisprozedur durch andere Symbole ersetzt. Wie Abbildung 9.4 zeigt, hat jede grafische Befehlsschaltfläche drei Zustände: nicht gedrückt, gedrückt und deaktiviert.

Abbildung 9.4
Die drei Zustände einer grafischen Befehlsschaltfläche.

„Nicht gedrückt" ist der Normalzustand; er repräsentiert das Erscheinungsbild der Schaltfläche im Ruhezustand bzw. in der Standardeinstellung. Der gedrückte Zustand bildet das Erscheinungsbild der Schaltfläche, wenn diese ausgewählt (angeklickt) worden ist oder aktiv ist. Der deaktivierte Zustand ist optional. Er wird verwendet, wenn eine Schaltfläche im Programm gerade nicht verfügbar ist und daher nicht betätigt werden kann. Manche grafischen Befehlsschaltflächen nehmen diesen Status nie an.

Mit Hilfe der *MouseDown*-Ereignisprozedur können Sie den Status der Schaltfläche aktualisieren.

In einem Visual Basic-Programm werden die Schaltflächenzustände dadurch wiedergegeben, dass das Symbol in dem Grafikobjekt, das die Darstellung der Schaltfläche enthält, durch ein anderes ersetzt wird. Dieser Austausch wird in der *MouseDown*-Ereignisprozedur für dieses Grafikobjekt vorgenommen. Die Ereignisprozedur muss den aktuellen Zustand der Schaltfläche ermitteln (nicht gedrückt, gedrückt oder deaktiviert), den angeforderten Zustand herstellen und den entsprechenden Befehl ausführen (beispielsweise Text an den Drucker senden). Die Schaltflächensymbole können mit Hilfe der Funktion *LoadPicture* zur Laufzeit geladen oder durch Zuweisungen innerhalb des Formulars ausgetauscht werden. Manche Programmierer speichern die Symbole für alle drei Schaltflächenzustände im Formular, um die Aktualisierung zu beschleunigen.

Sie können den Schaltflächenzustand über die *MouseDown*-Ereignisprozedur aktualisieren.

Sie können jedes Visual Basic-Formular mit grafischen Schaltflächen und Symbolleisten ausstatten. MDI-Formulare verfügen aber über spezielle Eigenschaften, die die Verwaltung von Gruppen von Schaltflächen vereinfachen. Darüber hinaus erleichtert das ActiveX-Steuerelement *Symbolleiste (Toolbar)*, das mit der Professional Edition und der Enterprise Edition von Visual Basic ausgeliefert wird, das Erstellen und Verwalten von Symbolleisten in MDI-Formularen.

Lektion 9 Grafiken und Spezialeffekte

In der folgenden Übung werden Sie ein Programm erstellen, in dem drei grafische Befehlsschaltflächen verwendet werden, um Text in einem Formular zu formatieren (*Fett*, *Kursiv* und *Unterstrichen*). Zur Darstellung der Schaltflächen benutzt das Programm sechs Symbole aus dem Verzeichnis *Lekt09*. Die Aktualisierung der Schaltflächen und die Formatierung des Textes erfolgt in drei *MouseDown*-Ereignisprozeduren. Abbildung 9.5 zeigt das Formular, das Sie erstellen werden.

Abbildung 9.5
Das Formular der Beispielanwendung *Schalter*.

Schaltflächen für Symbolleisten erstellen

❶ Wählen Sie im Menü *Datei* den Befehl *Neues Projekt*, und klicken Sie auf *OK*, um eine neue Standardanwendung zu erstellen.

❷ Stellen Sie die Größe des Formulars so ein, dass sie einem mittelgroßen Dialogfeld entspricht.

❸ Klicken Sie auf das Steuerelement *Bezeichnungsfeld (Label)*, und fügen Sie am oberen Rand des Formulars ein breites Bezeichnungsfeld ein.

❹ Erstellen Sie mit dem Steuerelement *Anzeigefeld (Image)* drei kleine Anzeigefelder, die unter dem Bezeichnungsfeld mittig ausgerichtet sein sollen.

Diese Anzeigefelder werden drei Schaltflächen für Fettschrift, Kursivschrift und Unterstreichung aufnehmen, die Sie im Programm verwenden werden.

❺ Fügen Sie im linken Teil des Formulars sechs weitere Anzeigefelder hinzu. Abbildung 9.5 können Sie entnehmen, wo sich diese Objekte befinden sollen.

280

Lektion 9   Grafiken und Spezialeffekte

Diese Anzeigefelder nehmen die Bitmaps für die sechs Schaltflächenzustände auf. Diese Bitmaps werden nach Bedarf in die drei ersten Anzeigefelder kopiert. (Sie können diese Schaltflächen stattdessen von der Festplatte laden oder sie in globalen Variablen speichern. In diesem Beispiel ist es aber am schnellsten und bequemsten, sie im Formular selbst zu speichern.)

Hier üben Sie, wie Schaltflächen für die Schriftauszeichnungen Fettschrift, Kursivschrift und Unterstreichung erstellt werden.

❻ Erstellen Sie ein großes Bezeichnungsfeld in der Mitte des Formulars, das den Beispieltext aufnehmen wird.

Dieses Bezeichnungsfeld werden Sie mit Hilfe der Schaltflächen in der Symbolleiste formatieren. Zu diesem Zweck werden Sie seine Eigenschaften *FontBold*, *FontItalic* und *FontUnderline* in den entsprechenden *MouseDown*-Ereignisprozeduren ändern.

Mit Hilfe der Eigenschaft *Tag* können Sie einen Identifikationshinweis, ein *Tag*, in einem Objekt speichern.

Nun werden Sie die Eigenschaften der Objekte des Formulars bearbeiten. Zuerst blenden Sie die sechs Symbole, die die verschiedenen Schalterzustände darstellen, aus dem Formular aus. Dann ändern Sie den Text in den Bezeichnungsfeldern. Anschließend vermerken Sie den Anfangszustand jeder Schaltfläche in einer speziellen Eigenschaft von Anzeigefeldern, der Eigenschaft *Tag*. In dieser Eigenschaft können Sie Anmerkungen zu dem Objekt, das Sie bearbeiten, speichern. Häufig wird in der Eigenschaft *Tag* der Objektname gespeichert, aber in diesem Fall werden wir darin den Schalterzustand aufzeichnen, d. h. den Wert „Oben" bzw. „Unten".

❼ Weisen Sie den Objekten folgende Eigenschafteneinstellungen zu:

Objekt	Eigenschaft	Einstellung
Label1	Caption	„Klicken Sie auf die verschiedenen Schaltflächen, um den Beispieltext zu formatieren."
Label2	Caption	„Beispieltext"
	Font	Times New Roman, 28 Punkt
Form1	Caption	„Grafische Schaltflächen"
Image1	Picture	c:\vb6SfS\Lekt09\fett_inakt.bmp
	Tag	„Oben"
Image2	Picture	c:\vb6SfS\Lekt09\kurs_inakt.bmp
	Tag	„Oben"
Image3	Picture	c:\vb6SfS\Lekt09\ustr_inakt.bmp
	Tag	„Oben"
Image4	Picture	c:\vb6SfS\Lekt09\fett_gedr.bmp
	Visible	False ▶

281

Lektion 9   Grafiken und Spezialeffekte

Objekt	Eigenschaft	Einstellung
Image5	Picture	c:\vb6SfS\Lekt09\kurs_gedr.bmp
	Visible	False
Image6	Picture	c:\vb6SfS\Lekt09\ustr_gedr.bmp
	Visible	False
Image7	Picture	c:\vb6SfS\Lekt09\fett_inakt.bmp
	Visible	False
Image8	Picture	c:\vb6SfS\Lekt09\kurs_inakt.bmp
	Visible	False
Image9	Picture	c:\vb6SfS\Lekt09\ustr_inakt.bmp
	Visible	False

Wenn Sie für die Eigenschaft *Picture* einen Wert angeben, wird die Größe der Anzeigefelder automatisch an die Größe der Symbolleistenschaltflächen angepasst.

Wenn Sie alle Objekteigenschaften eingestellt haben, sollte Ihr Formular etwa wie in Abbildung 9.6 aussehen.

Abbildung 9.6
Das Formular der Anwendung *Schalter*.

Nun geben Sie den Code für die drei *MouseDown*-Ereignisprozeduren ein.

❽ Doppelklicken Sie auf das Objekt *Image1* (die Schaltfläche *F* über dem Beispieltext).

Die Ereignisprozedur *Image1_Click* wird im Codefenster angezeigt. Sie möchten aber die Ereignisprozedur für das *MouseDown*-Ereignis bearbeiten, nicht die für das *Click*-Ereignis. Um eine andere Ereignisprozedur des Objekts zu öffnen, wählen Sie das Ereignis in der Dropdown-Liste *Prozedur* aus.

❾ Öffnen Sie im Codefenster die Dropdown-Liste *Prozedur*.

Lektion 9 Grafiken und Spezialeffekte

Abbildung 9.7
Die Dropdown-Liste *Prozedur* im Codefenster.

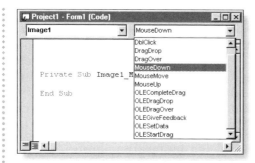

In dieser Liste werden die Ereignisse angezeigt, die das Anzeigefeld verarbeitet.

Die *MouseDown*-Ereignisprozedur stellt vier Variablen bereit, die Sie in Ihren Programmen verwenden können.

❿ Klicken Sie in der Liste auf das Ereignis *MouseDown*.

Die Ereignisprozedur *Image1_MouseDown* wird im Codefenster angezeigt. Dieser Ereignisprozedur werden vier Informationen über das *MouseDown*-Ereignis übergeben: welche Maustaste betätigt wurde, die Tastenkombination mit den Tasten [Alt], [Strg] und [0], die gegebenenfalls gedrückt wurde, die x-Koordinate des Mauszeigers auf dem Bildschirm (die horizontale Koordinate) und die y-Koordinate (die vertikale Koordinate) des Mauszeigers. Diese Werte werden der Ereignisprozedur in Variablen *übergeben*, die Sie in Ihrem Code verwenden können. In diesem Programm werden Sie keine Ereignisprozedurvariablen, sogenannte *Parameter*, verwenden. Grundsätzlich können Parameter aber sehr nützlich sein, und in vielen Ereignisprozeduren stehen sie zur Verfügung. Wie man Parameter verwendet, werden Sie im Programm *DragDrop* später in dieser Lektion erfahren.

⓫ Geben Sie die folgenden Anweisungen in die Ereignisprozedur *Image1_MouseDown* ein:

Die Eigenschaft *FontBold* legt fest, ob Text in Fettschrift dargestellt wird.

```
If Image1.Tag = "Oben" Then
  Image1.Picture = Image4.Picture
  Label2.FontBold = True
  Image1.Tag = "Unten"
Else
  Image1.Picture = Image7.Picture
  Label2.FontBold = False
  Image1.Tag = "Oben"
End If
```

Mit dieser einfachen *If*-Kontrollstruktur werden die beiden Fälle unterschieden, die sich durch das Anklicken der Schaltfläche zum Umschalten auf Fettschrift ergeben. Wenn die Schaltfläche den Status „nicht gedrückt" hat und angeklickt wird, wird das Symbol *Fett_inakt.bmp* gegen das Sym-

Lektion 9   Grafiken und Spezialeffekte

bol *Fett_gedr.bmp* ausgetauscht, der Text in Fettschrift dargestellt und der Eigenschaft *Tag* des Anzeigefelds der Wert *Unten* zugewiesen. Falls sich die Schaltfläche im gedrückten Zustand befindet, wird das Symbol *Fett_gedr.bmp* durch das Symbol *Fett_inakt.bmp* ersetzt, die Auszeichnung in Fettschrift aufgehoben und der Eigenschaft *Tag* der Wert *Oben* zugewiesen, sobald der Anwender die Schaltfläche anklickt. In dieser Kontrollstruktur wird der Schaltfläche also der jeweils gegenteilige der beiden möglichen Zustände zugewiesen.

⑫ Öffnen Sie im Codefenster das Dropdown-Listenfeld *Objekt*, und wählen Sie das Objekt *Image2* aus. Öffnen Sie das Listenfeld *Prozedur*, und klicken Sie auf das Ereignis *MouseDown*.

Die Ereignisprozedur *Image2_MouseDown* wird angezeigt.

⑬ Geben Sie die folgenden Anweisungen ein:

> Anhand der Eigenschaft *Tag* wird der aktuelle Zustand der Schaltfläche ermittelt.

```
If Image2.Tag = "Oben" Then
  Image2.Picture = Image5.Picture
  Label2.FontItalic = True
  Image2.Tag = "Unten"
Else
  Image2.Picture = Image8.Picture
  Label2.FontItalic = False
  Image2.Tag = "Oben"
End If
```

Diese Kontrollstruktur steuert die Funktion der Schaltfläche für Kursivschrift. Der Code unterscheidet sich von *Image1_MouseDown* nur in wenigen Punkten: Die Anzeigefelder haben andere Namen, und statt der Eigenschaft *FontBold* wird die Eigenschaft *FontItalic* verwendet.

⑭ Öffnen Sie das Dropdown-Listenfeld *Objekt*, und wählen Sie das Objekt *Image3* aus. Öffnen Sie das Dropdown-Listenfeld *Prozedur*, und klicken Sie auf das Ereignis *MouseDown*. Wenn die Ereignisprozedur *Image3_ MouseDown* angezeigt wird, geben Sie die folgenden Anweisungen ein:

> Die Eigenschaft *Picture* wird zum Austauschen der Schaltflächendarstellung verwendet.

```
If Image3.Tag = "Oben" Then
  Image3.Picture = Image6.Picture
  Label2.FontUnderline = True
  Image3.Tag = "Unten"
Else
  Image3.Picture = Image9.Picture
  Label2.FontUnderline = False
  Image3.Tag = "Oben"
End If
```

Diese Kontrollstruktur steuert die Funktion der Schaltfläche zum Einschalten der Unterstreichung. Sie ist mit den beiden vorangegangenen

Lektion 9 : Grafiken und Spezialeffekte

Ereignisprozeduren weitgehend identisch. Sie haben das Programm nunmehr fertig gestellt und sollten es speichern.

15 Klicken Sie in der Symbolleiste auf die Schaltfläche *Projekt speichern*. Wählen Sie das Verzeichnis *\Vb6SfS\Lekt09* aus, und speichern Sie das Formular unter dem Namen **NeuSchalter.frm**. Speichern Sie das Projekt im selben Ordner unter dem Namen **NeuSchalter.vbp**.

Sie werden das Programm nun ausführen.

Das Programm ausführen und die Schaltflächen testen

1 Klicken Sie in der Symbolleiste auf die Schaltfläche *Starten*.

Das Programm *NeuSchalter* wird ausgeführt und das Fenster aus Abbildung 9.8 angezeigt.

Abbildung 9.8
Das Fenster des Programms *Schalter*.

Sie finden alle zum Programm *Schalter* gehörenden Dateien im Verzeichnis *\Vb6SfS\Lekt09*.

Im Fenster werden die Anleitung, die Symbolleistenschaltflächen und der Beispieltext angezeigt. Sie können die drei Schaltflächen in beliebiger Reihenfolge und so oft wie Sie wollen anklicken.

2 Klicken Sie auf die Schaltfläche für Kursivschrift.

Sobald Sie die Maustaste klicken, wird die Schaltfläche „gedrückt", und der Beispieltext wird kursiv gesetzt.

Wenn Sie mit dem Formatieren des Textes lieber warten möchten, bis der Anwender die Maustaste loslässt, können Sie den Austausch des Symbols nach wie vor in der *MouseDown*-Ereignisprozedur vornehmen, aber zum Ändern der Schriftart das *MouseUp*-Ereignis verwenden. Als Programmierer können Sie festlegen, wie die Schaltflächen den Text beeinflussen.

3 Klicken Sie auf die Schaltfläche für Unterstreichung.

Das Fenster sollte nun so aussehen wie in Abbildung 9.9.

4 Klicken Sie nochmals auf die Schaltflächen für Kursivschrift und Unterstreichung.

Lektion 9 Grafiken und Spezialeffekte

Abbildung 9.9
Das Fenster des Programms *Schalter*, nachdem die Schaltflächen für Kursivschrift und Unterstreichung gedrückt worden sind.

Die Schaltflächen scheinen „herauszuspringen", und der Text wird wieder ohne Auszeichnung angezeigt.

❺ Experimentieren Sie mit der Schaltfläche für Fettschrift. Testen Sie die einzelnen Schaltflächen in unterschiedlichen Kombinationen.

❻ Wenn Sie die Schaltflächen genügend getestet haben, klicken Sie in der Symbolleiste von Visual Basic auf die Schaltfläche *Beenden*.

Das Programm wird angehalten, und die Programmierumgebung wird wieder aktiviert.

Programm mit Drag-&-Drop-Unterstützung ausstatten

Drag-&-Drop-Unterstützung kann zu einer verständlichen und einfach zu bedienenden Benutzeroberfläche beitragen.

In Windows-Anwendungen führen die Anwender viele Befehle aus, indem sie Menübefehle und Schaltflächen mit der Maus anklicken. Visual Basic stellt eine weitere Möglichkeit der Interaktion mit dem Anwender bereit: Drag & Drop (Ziehen und Ablegen). Hier drückt der Anwender die Maustaste, zieht ein Objekt an eine andere Position und lässt die Maustaste los, um das Objekt zu verschieben oder einen Befehl auszuführen. Eine mögliche Anwendung von Drag & Drop besteht beispielsweise darin, Text in einem Textverarbeitungsprogramm an eine andere Stelle zu verschieben. Ein weiteres Anwendungsbeispiel wäre, unerwünschte Elemente in einen „Papierkorb" zu ziehen, um sie vom Bildschirm zu entfernen.

Die *DragDrop*-Ereignisprozedur erkennt, wenn ein Objekt per Drag & Drop abgelegt worden ist.

Drag-&-Drop-Operationen werden über mehrere Eigenschaften und zwei Ereignisprozeduren gesteuert. Wenn Sie die Eigenschaft *DragMode* eines Objekts auf 1 setzen, kann der Anwender Drag-&-Drop-Operationen mit dem Objekt ausführen. Die Eigenschaft *DragIcon* entscheidet darüber, ob während der Drag-&-Drop-Operation der Mauszeiger durch ein Bild des gezogenen Objekts ersetzt wird. Wenn der Anwender ein Objekt im Formular ablegt, führt Visual Basic die *DragDrop*-Ereignisprozedur des Objekts aus, auf dem das gezogene Objekt abgelegt worden ist. Wird ein Objekt über ein anderes Objekt gezogen, führt Visual Basic die *DragOver*-Ereignisprozedur des Objekts aus, über das das gezogene Objekt bewegt worden ist.

Lektion 9 Grafiken und Spezialeffekte

Drag & Drop Schritt für Schritt

Damit ein Programm Drag-&-Drop-Operationen unterstützt, müssen Sie die folgenden drei Schritte ausführen:

❶ Aktivieren Sie die Drag-&-Drop-Unterstützung für das Objekt.

In Visual Basic müssen Sie für jedes Objekt auf Ihrem Formular Drag & Drop gesondert aktivieren. Setzen Sie dazu die Eigenschaft *DragMode* des jeweiligen Objekts auf 1. Dies können Sie im Programmcode oder mit Hilfe des Eigenschaftenfensters erledigen.

❷ Legen Sie ein Drag-Symbol fest.

Visual Basic stellt gezogene Objekte als Rechteck dar. Wenn Sie möchten, können Sie aber ein anderes Symbol verwenden. Geben Sie für die Eigenschaft *DragIcon* des Objekts das Symbol oder Bitmap an, das Sie verwenden möchten. Dies können Sie im Programmcode oder mit Hilfe des Eigenschaftenfensters erledigen.

❸ Schreiben Sie eine *DragDrop*- oder *DragOver*-Ereignisprozedur für das Zielobjekt.

Schreiben Sie eine Ereignisprozedur für das Objekt, das als *Ziel* der Drag-&-Drop-Operation fungiert. Visual Basic führt die Ereignisprozedur des Objekts aus, auf dem das gezogene Objekt abgelegt bzw. über das es gezogen wird. Die Ereignisprozedur sollte geeignete Maßnahmen durchführen, beispielsweise das gezogene Objekt verschieben oder ausblenden, einen Befehl ausführen oder das Zielobjekt in irgendeiner Weise verändern. Um die Ereignisprozedur anzuzeigen, klicken Sie auf das Zielobjekt

Abbildung 9.10
Die einzelnen Arbeitsschritte zur Drag-&-Drop-Unterstützung.

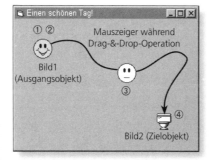

Form_Load
① Image1.Picture = LoadPicture("c:\vb6sfs\lekt09\gesicht3.ico")
② Image1.DragMode = 1
③ Image1.DragIcon = LoadPicture("c:\vb6sfs\lekt09\gesicht1.ico")

Image2_DragDrop
④ Image1.Visible = False

Lektion 9 — Grafiken und Spezialeffekte

im Formular, öffnen das Codefenster und klicken in der Dropdown-Liste *Prozedur* auf das Ereignis *DragDrop* bzw. *DragOver*.

Abbildung 9.10 illustriert die drei Programmierschritte.

Das Programm DragDrop

Die Mülltonne im Programm *DragDrop* bietet eine Entsorgungsmöglichkeit für unerwünschte Objekte.

Das folgende Programm zeigt, wie Sie Ihre Anwendungen mit Drag-&-Drop-Funktionalität ausstatten können. In diesem Programm kann der Anwender drei Objekte in eine Mülltonne im Formular ziehen, anschließend ein Streichholz in die Mülltonne hineinwerfen und die Objekte anzünden. Diese Mülltonne ähnelt in gewisser Weise dem Papierkorb von Microsoft Windows oder dem Macintosh. Wenn Sie Ihre Programme mit dieser Mülltonne ausstatten, können die Anwender nicht mehr benötigte Objekte entsorgen, beispielsweise Dokumente, Dateien, Grafiken, E-Mail-Nachrichten, Netzwerkverbindungen, Bildschirmelemente usw. Das Programm speichert die Bildschirmelemente in Anzeigefeldern, und es verbirgt die Objekte, indem es deren Eigenschaft *Visible* auf *False* setzt.

Eine Mülltonne mit Drag-&-Drop-Funktionalität

❶ Wählen Sie im Menü *Datei* den Befehl *Neues Projekt*, und klicken Sie auf *OK*, um eine neue Standardanwendung zu erstellen.

❷ Stellen Sie die Größe des Formulars so ein, dass sie einem mittelgroßen Dialogfeld entspricht.

❸ Klicken Sie in der Werkzeugsammlung auf das Steuerelement *Bezeichnungsfeld (Label)*, und erstellen Sie am oberen Formularrand ein breites Bezeichnungsfeld.

Abbildung 9.11
Die korrekte Reihenfolge der Anzeigefelder im Programm *DragDrop*.

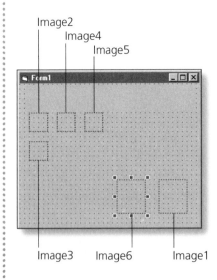

288

Lektion 9 : Grafiken und Spezialeffekte

Dieses Bezeichnungsfeld wird die Bedienungsanweisung für den Anwender aufnehmen.

❹ Erstellen Sie mit dem Steuerelement *Anzeigefeld (Image)* die sechs Anzeigefelder, die in Abbildung 9.11 gezeigt werden. Halten Sie dabei unbedingt dieselbe Reihenfolge ein. (Als erstes erstellen Sie also *Image1*, danach *Image2* usw.) Dadurch wird sichergestellt, dass Sie im nächsten Schritt den Anzeigefeldern die richtigen Symbole zuordnen.

Mit dem Wert „Feuer" in der Eigenschaft *Tag* wird das Streichholz gekennzeichnet.

❺ Legen Sie für die Eigenschaften der Programmobjekte die in der folgenden Tabelle beschriebenen Werte fest. Beachten Sie dabei den Wert „Feuer" für die Eigenschaft *Tag* von *Image3*. Mit Hilfe dieser Eigenschaft wird ermittelt, ob der Anwender das Streichholz in die Mülltonne geworfen hat.

Sie müssen die Eigenschaft *Stretch* vor der Eigenschaft *Picture* einstellen, damit die Symbole in der richtigen Größe angezeigt werden.

Objekt	Eigenschaft	Einstellung
Label1	Caption	„Ziehen Sie alle Objekte in die Tonne, und werfen Sie dann das Streichholz hinein."
	Font	Times New Roman, Fett, 10 Punkt
Form1	Caption	„Müllverbrennung"
Image1	Stretch	True
	Picture	c:\vb6SfS\Lekt09\eimer2a.ico
Image2	Picture	c:\vb6SfS\Lekt09\cdrom02.ico
	DragIcon	c:\vb6SfS\Lekt09\cdrom02.ico
	DragMode	1 - Automatisch
Image3	Picture	c:\vb6SfS\Lekt09\feuer.ico
	DragIcon	c:\vb6SfS\Lekt09\feuer.ico
	DragMode	1 - Automatisch
	Tag	„Feuer"
Image4	Picture	c:\vb6SfS\Lekt09\zsäule.ico
	DragIcon	c:\vb6SfS\Lekt09\zsäule.ico
	DragMode	1 - Automatisch
Image5	Picture	c:\vb6SfS\Lekt09\banane.ico
	DragIcon	c:\vb6SfS\Lekt09\banane.ico
	DragMode	1 - Automatisch ▶

Lektion 9 Grafiken und Spezialeffekte

Objekt	Eigenschaft	Einstellung
Image6	Stretch	True
	Picture	c:\vb6SfS\Lekt09\eimer2b.ico
	Visible	False

Wenn Sie alle Eigenschaften festgelegt haben, sollte Ihr Formular ungefähr wie in Abbildung 9.12 aussehen.

Abbildung 9.12
Das Formular der Anwendung *DragDrop* nach dem Festlegen der Eigenschaften.

❻ Doppelklicken Sie im Formular auf das Objekt *Image1* (die leere Mülltonne).

Im Codefenster wird die Ereignisprozedur *Image1_Click* angezeigt.

❼ Öffnen Sie die Dropdown-Liste *Prozedur*, und klicken Sie auf das Ereignis *DragDrop*.

Die *DragDrop*-Ereignisprozedur unterstützt drei Parameter, die Sie in Ihrem Programm verwenden können: *Source*, *X* und *Y*.

Die Ereignisprozedur *Image1_DragDrop* wird angezeigt. Wie aus der Sub-Anweisung im Kopf der Prozedur hervorgeht, werden der Prozedur drei Parameter übergeben, wenn ein Objekt per Drag & Drop abgelegt wird: *Source*, *X* und *Y*. *Source* bezeichnet das Quellobjekt, also das gezogene Objekt. Mit Hilfe dieses Parameters werden Sie das Quellobjekt aus dem Formular ausblenden, damit es so aussieht, als sei das Objekt weggeworfen worden. Die Parameter *X* und *Y* werden Sie in dieser Prozedur nicht verwenden.

❽ Geben die folgenden Anweisungen in die Ereignisprozedur ein:

```
Source.Visible = False
If Source.Tag = "Feuer" Then
   Image1.Picture = Image6.Picture
End If
```

| Lektion 9 | Grafiken und Spezialeffekte |

Anhand des Parameters *Source* kann man feststellen, welches Objekt in die Tonne geworfen worden ist.

Dies sind die einzigen Anweisungen im Programm. In der ersten Zeile wird mit Hilfe des Parameters *Source* und der Eigenschaft *Visible* das Objekt ausgeblendet, das per Drag & Drop abgelegt worden ist. Dadurch sieht es so aus, als sei das Objekt in die Mülltonne geworfen worden. In den restlichen Zeilen wird überprüft, ob es sich bei dem weggeworfenen Objekt um das Streichholz handelt.

Sie erinnern sich, dass Sie beim Festlegen der Eigenschaften der *Tag*-Eigenschaft des Objekts *Image3* den Wert „Feuer" zugewiesen haben, um das Objekt zu kennzeichnen, das den Inhalt der Mülltonne in Brand setzt. In der *If...Then*-Kontrollstruktur wird anhand dieser Eigenschaft festgestellt, ob das Streichholz in die Tonne geworfen worden ist. War dies der Fall, wird die Tonne „in Brand gesteckt", indem das Symbol mit der leeren Tonne durch das Symbol mit der brennenden Tonne ersetzt wird.

❾ Klicken Sie in der Symbolleiste auf die Schaltfläche *Projekt speichern*. Wählen Sie das Verzeichnis *\Vb6SfS\Lekt09*, und speichern Sie das Formular unter dem Namen **NeuDragDrop.frm**. Speichern Sie das Projekt unter dem Namen **NeuDragDrop.vbp** im selben Verzeichnis.

Das Programm NeuDragDrop ausführen

❶ Klicken Sie in der Symbolleiste auf die Schaltfläche *Starten*.

Das Fenster des Programms *NeuDragDrop* wird eingeblendet. Es sollte so aussehen wie in Abbildung 9.13.

Abbildung 9.13
Das Fenster des Programms *DragDrop*.

Sie finden alle zum Programm *DragDrop* gehörenden Dateien im Verzeichnis *\Vb6SfS\Lekt09*.

❷ Ziehen Sie das CD-Symbol auf die Mülltonne, und lassen Sie die Maustaste los.

Während des Ziehens wird das *DragIcon*-Symbol als Mauszeigerdarstellung verwendet.

Während des Ziehens wird die reguläre Mauszeigerdarstellung durch das CD-Symbol ersetzt (das Sie in der Eigenschaft *DragIcon* angegeben haben). Sobald Sie die Maustaste über der Mülltonne wieder loslassen, nimmt der Mauszeiger wieder seine ursprüngliche Form an, und das ursprüngliche CD-Symbol wird ausgeblendet.

Lektion 9   Grafiken und Spezialeffekte

❸ Werfen Sie die Zapfsäule und die Banane per Drag & Drop in die Mülltonne.

Beim Ziehen wird der Mauszeiger wieder durch das entsprechende Symbol ersetzt. (Die Zapfsäule garantiert, dass es ein ordentliches Feuer gibt.)

❹ Werfen Sie jetzt das Streichholz in die Mülltonne.

Sobald Sie die Maustaste loslassen, beginnt die Mülltonne zu brennen (siehe Abbildung 9.14).

Abbildung 9.14
Das Programm *DragDrop* mit der brennenden Mülltonne.

Diese universelle Drag-&-Drop-Technik kann in verschiedenen Situationen verwendet werden. Sie sollten ihren Einsatz erwägen, wenn Sie dem Anwender ein visuelle Rückmeldung geben wollen, während das Programm ein Objekt verarbeitet oder löscht. Sie könnten beispielsweise dem Mülltonnensymbol eine andere Form geben. Drag & Drop eignet sich auch zur Grafikbearbeitung, zum Drucken von Dateien, zum Versenden von Fax- und E-Mail-Nachrichten, zur Arbeit mit Datenbanken oder zum Verwalten von Netzwerkressourcen.

❺ Klicken Sie auf die Schaltfläche *Schließen*, um das Programm zu beenden.

Die Mauszeigerdarstellung ändern

Im Programm *DragDrop* haben Sie gesehen, wie man mit Hilfe der Eigenschaft *DragIcon* die Mauszeigerdarstellung während einer Drag-&-Drop-Operation ändern kann. Außerdem haben Sie die Möglichkeit, mit Hilfe der Eigenschaft *MousePointer* ein Mauszeigersymbol aus zwölf vordefinierten Zeigerformen auszuwählen, und schließlich können Sie mit Hilfe der Eigenschaft *MouseIcon* ein benutzerdefiniertes Zeigersymbol laden.

Die vordefinierten Mauszeigersymbole signalisieren dem Anwender, wie die Maus verwendet werden sollte. Wenn Sie der *MousePointer*-Eigenschaft eines Objekts einen Wert zuweisen, nimmt der Maus-   ▶

Lektion 9 : Grafiken und Spezialeffekte

zeiger die entsprechende Form an, sobald er sich über diesem Objekt befindet. Wenn Sie die *MousePointer*-Eigenschaft des Formulars einstellen, nimmt der Mauszeiger die hier definierte Form an, sofern er sich nicht über einem Objekt befindet, für das ein vordefiniertes oder benutzerdefiniertes Mauszeigersymbol angegeben worden ist.

In der folgenden Tabelle sind einige Mauszeigerformen aufgeführt, die Ihnen als Einstellung der Eigenschaft *MousePointer* zur Auswahl stehen. (Sie können sich im Eigenschaftenfenster die vollständige Liste ansehen.) Wenn Sie den Wert 99 angeben (*Benutzerdefiniert*), verwendet Visual Basic als Mauszeiger den Wert der Eigenschaft *MouseIcon*.

Mauszeiger-symbol	Wert von MousePointer	Beschreibung
┼	2	*Fadenkreuz* dient zum Zeichnen.
I	3	*Einfügemarke* für Textanwendungen.
↖	5	*Größenänderungszeiger* (Es gibt auch Zeiger mit Pfeilen, die in andere Richtungen weisen.)
⧗	11	*Sanduhr* signalisiert dem Anwender, dass er warten muss.
⊘	12	*Nicht ablegen* Zeigt an, dass die Operation, die der Anwender ausführen möchte, nicht ausgeführt werden kann.

Programme mit Animationen

Animationen vermitteln den Eindruck beweglicher Objekte.

Durch das Austauschen von Symbolen und das Ziehen von Objekten gewinnen Programme an visueller Attraktivität. Für Programmierer stellten Animationen aber schon immer die interessantesten Grafikeffekte dar. Unter einer *Animation* versteht man eine vorgetäuschte Bewegung, die dadurch zustande kommt, dass eine Folge von zusammengehörigen Bildern rasch hintereinander auf dem Bildschirm angezeigt wird. Man könnte Drag & Drop als „Arme-Leute-Version" einer Animation betrachten, weil hier Bilder im Formular von einem Ort zu einem anderen bewegt werden können. Bei echten Animationen erfolgt die Bewegung der Objekte programmgesteuert, und häufig werden dabei auch die Größe oder die Gestalt der Bilder verändert.

Lektion 9   Grafiken und Spezialeffekte

In diesem Abschnitt erfahren Sie, wie Sie Ihre Programme um einfache Animationen bereichern können. Sie werden lernen, die Methode *Move* zu verwenden, die Eigenschaften *Top* und *Left* eines Anzeigefelds zu aktualisieren und die Geschwindigkeit der Animation mit Hilfe eines Zeitgeberobjekts zu steuern.

Das Koordinatensystem eines Formulars

Eine Gemeinsamkeit vieler Animationsroutinen besteht darin, dass Bilder in Relation zu einem vordefinierten Koordinatensystem auf dem Bildschirm bewegt werden. In Visual Basic hat jedes Formular sein eigenes Koordinatensystem. Der Ausgangspunkt oder *Ursprung* des Koordinatensystems befindet sich in der oberen linken Ecke des Formulars. Im Standardkoordinatensystem basieren die Zeilen und Spalten auf einer geräteunabhängigen Einheit, den Twips. (Ein Twip entspricht 1/20 Punkt oder 1/1440 Zoll.)

Das Koordinatensystem von Visual Basic besteht aus einem Zeilen- und Spaltenraster, das über das Formular gelegt wird.

Im Koordinatensystem von Visual Basic verlaufen die Zeilen parallel zur x-Achse (der Horizontalen) und die Spalten parallel zur y-Achse (der Vertikalen), jeweils im Abstand von 1 Twip. Jede Position im Koordinatensystem wird in der Notation *(x, y)* als Schnittpunkt einer Zeile und einer Spalte angegeben. Unabhängig davon, ob Sie für das Koordinatensystem eine andere Einheit als Twips wählen, betragen die Koordinaten der oberen linken Ecke des Formulars immer (0, 0). Abbildung 9.15 illustriert, wie die Position eines Objekts im Koordinatensystem von Visual Basic angegeben wird:

Abbildung 9.15
Das Koordinatensystem von Visual Basic.

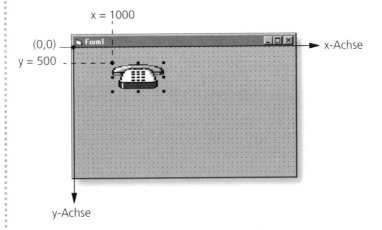

Objekte im Koordinatensystem verschieben

Mit der Methode *Move* können Sie Objekte verschieben.

Visual Basic unterstützt eine spezielle Methode namens *Move*, mit der Sie Objekte im Koordinatensystem verschieben können. Die Methode *Move* hat folgende Syntax:

Lektion 9   Grafiken und Spezialeffekte

```
Objekt.Move links, oben
```

Dabei steht *Objekt* für den Namen des zu verschiebenden Formularobjekts. *links* und *oben* sind die Koordinaten der neuen Position des Objekts; sie werden in Twips angegeben. *links* gibt den Abstand des Objekts vom linken Rand des Formulars an, *oben* den Abstand vom oberen Rand. (Mit der Methode *Move* können Sie auch die Höhe und Breite eines Objekts einstellen. Im Abschnitt *Einen Schritt weiter* weiter hinten in diesem Kapitel finden Sie ein Beispiel dazu.)

```
Picture1.Move 567, 567
```

Mit dieser Visual Basic-Anweisung wird das Objekt *Picture1* zur Bildschirmposition (567,567) verschoben, also an eine Position, die sich genau 1 cm vom linken und 1 cm vom oberen Rand entfernt befindet.

Relative Verschiebungen werden mit Hilfe der Objekteigenschaften Left *und* Top *angegeben.*

Mit der Methode *Move* können Sie auch relative Verschiebungen angeben. Unter einer relativen Verschiebung versteht man die Entfernung, um die das Objekt von seiner *aktuellen Position* verschoben werden soll. Wenn Sie eine relative Verschiebung vornehmen möchten, geben Sie die Eigenschaften *Left* und *Top* des Objekts an (die die aktuelle Objektposition enthalten) und addieren oder subtrahieren einen bestimmten Betrag.

```
Picture1.Move Picture1.Left - 50, Picture1.Top -75
```

Mit obiger Anweisung wird das Objekt *Picture1* ausgehend von seiner aktuellen Position im Formular um 50 Twips näher an den linken Rand und um 75 Twips näher an den oberen Rand bewegt.

Die Methode *Move* wird normalerweise auf Bildfelder (*PictureBox*-Objekte) angewandt, weil sie hier weniger Bildschirmflimmern verursacht als bei Anzeigefeldern (*ImageBox*-Objekten).

Mit der Methode Move und einem Zeitgeberobjekt eine Animation erstellen

Ein Zeitgeberobjekt regelt die Geschwindigkeit der Bewegung.

Ein Animationseffekt wird erzeugt, indem in der Ereignisprozedur eines Zeitgeberobjekts die Methode *Move* ein oder mehrere Male aufgerufen wird. Auf diese Weise sorgt das Zeitgeberobjekt dafür, dass die Objekte in festgelegten Intervallen über den Bildschirm bewegt werden. In Lektion 7 haben Sie gelernt, mit Hilfe eines Zeitgeberobjekts eine Uhr einmal pro Sekunde zu aktualisieren, so dass diese immer die richtige Zeit anzeigt. Für Animationen weisen Sie der Eigenschaft *Interval* einen wesentlich kleinen Wert zu – eine Fünftelsekunde (200 Millisekunden), eine Zehntelsekunde (100 Millisekunden) oder einen noch kleineren Wert. Der exakte Wert hängt davon ab, wie schnell die Animation ablaufen soll.

Ein weiterer Trick besteht darin, mit Hilfe der Eigenschaften *Top* und *Left* festzustellen, ob der obere und den linke Rand des Formulars erreicht

Lektion 9 Grafiken und Spezialeffekte

worden sind. Mit Hilfe dieser Werte können Sie die Animation anhalten (den Zeitgeber deaktivieren), sobald das Objekt den Rand des Formulars erreicht hat. Wenn Sie diese Werte in einer *If...Then*- oder *Select Case*-Kontrollstruktur verwenden, können Sie außerdem erreichen, dass das Objekt vom Rand des Formulars abzuprallen scheint.

Eine Rauchwolke für das Programm DragDrop

Mit Hilfe der Methode *Move* können Sie Animationen erstellen.

Die folgende Übung zeigt, wie Sie mit Hilfe der Methode *Move* und einem Zeitgeberobjekt ein Bildfeld animieren können. In dieser Übung werden Sie das Programm *DragDrop* um eine Animation erweitern, die eine Rauchwolke darstellt. Diese Rauchwolke wird angezeigt, sobald der Anwender das Streichholz in die Mülltonne wirft. Anschließend scheint sie im Wind zu treiben und wird schließlich vom Formular geweht.

Die Rauchwolkenanimation erstellen

❶ Wählen Sie im Menü *Datei* den Befehl *Speichern von NeuDragDrop.frm unter*, und speichern Sie das Formular unter dem Namen **NeuRauch.frm**.

❷ Wählen Sie im Menü *Datei* den Befehl *Projekt speichern unter*, und speichern Sie das Projekt *NeuDragDrop* unter dem Namen **NeuRauch.vbp**.

Weil Sie das Formular und das Projekt unter anderen Dateinamen gespeichert haben, bleibt das ursprüngliche Projekt auf der Festplatte erhalten.

❸ Klicken Sie in der Werkzeugsammlung auf das Steuerelement *Bildfeld (PictureBox)*, und zeichnen Sie damit ein kleines Rechteck über der leeren Mülltonne.

In dieses Bildfeld werden Sie beim Festlegen der Eigenschaften ein Wolkensymbol einfügen.

❹ Klicken Sie in der Werkzeugsammlung auf das Steuerelement *Zeitgeber (Timer)*, und fügen Sie in die untere linke Ecke des Formulars ein Zeitgeberobjekt ein.

Das Zeitgeberobjekt (*Timer1*) stellt seine Größe im Formular selbst ein.

❺ Weisen Sie den Eigenschaften des Bildfelds und des Zeitgebers die folgenden Werte zu:

Objekt	Eigenschaft	Einstellung
Picture1	Appearance	0 - 3D
	BackColor	Hellgrau
	BorderStyle	0 - Kein

296

Lektion 9 Grafiken und Spezialeffekte

Objekt	Eigenschaft	Einstellung
	Picture	c:\vb6SfS\Lekt09\wolke.ico
	Visible	False
Timer	Enabled	False
	Interval	65

Nachdem Sie diese Eigenschaften eingestellt haben, sollte Ihr Formular so wie in Abbildung 9.16 aussehen.

Abbildung 9.16
Das Formular des Programms *Rauch*.

❻ Doppelklicken Sie auf die leere Mülltonne (das Objekt *Image1*), um seine Ereignisprozedur zu bearbeiten.

Die Ereignisprozedur *Image1_DragDrop* wird im Codefenster angezeigt.

❼ Bearbeiten Sie die Ereignisprozedur, so dass sie wie unten angegeben aussieht. (Die vierte und fünfte Zeile wurden hinzugefügt.)

```
Source.Visible = False
If Source.Tag = "Feuer" Then
  Image1.Picture = Image6.Picture
  Picture1.Visible = True
  Timer1.Enabled = True
End If
```

Die neuen Anweisungen bewirken, dass nach dem Entzünden der Mülltonne das Wolkensymbol sichtbar und der Zeitgeber, der für die Bewegung der Wolke zuständig ist, gestartet wird. Weil Sie das Zeitgeberintervall bereits auf 65 Millisekunden eingestellt haben, ist der Zeitgeber schon vorbereitet. Sie müssen lediglich einen Aufruf der Methode *Move* hinzufügen.

Lektion 9 — Grafiken und Spezialeffekte

❽ Öffnen Sie im Codefenster das Dropdown-Listenfeld *Objekt*, und klicken Sie auf das Objekt *Timer1*.

Die Ereignisprozedur *Timer1_Timer* wird im Codefenster angezeigt.

❾ Geben Sie die folgenden Anweisungen ein:

```
If Picture1.Top > 0 Then
  Picture1.Move Picture1.Left - 50, Picture1.Top - 75
Else
  Picture1.Visible = False
  Timer1.Enabled = False
End If
```

Wenn Sie möchten, dass sich die Rauchwolke nach rechts oder unten bewegt, vergrößern Sie die jeweiligen Parameter der Methode *Move*.

Solange der Zeitgeber aktiviert ist, wird diese *If...Then*-Kontrollstruktur alle 65 Millisekunden aufgerufen. In der ersten Zeile der Prozedur wird überprüft, ob die Rauchwolke bereits den oberen Rand des Formulars erreicht hat. Wenn das nicht der Fall ist (wenn die Eigenschaft *Top* noch größer Null ist), wird die Rauchwolke mit der Methode *Move* um 50 Twips nach links und um 75 Twips nach oben verschoben.

Wie Sie während der Programmausführung sehen werden, entsteht auf diese Weise der Eindruck, die animierte Rauchwolke würde leicht im Wind treiben. Wenn die Rauchwolke nach rechts treiben soll, addieren Sie zur Eigenschaft *Left* einfach einen positiven Wert. Soll die Rauchwolke nach unten sinken, addieren Sie zur Eigenschaft *Top* einen positiven Wert. Sobald die Rauchwolke den oberen Formularrand erreicht hat, tritt die *Else*-Klausel der Prozedur *Timer1_Timer* in Kraft, blendet die Wolke aus und deaktiviert den Zeitgeber. Mit der Deaktivierung des Zeitgebers endet die Animation.

❿ Schließen Sie das Codefenster, und klicken Sie auf die Schaltfläche *Projekt speichern*, um Ihre Änderungen zu sichern.

Starten Sie jetzt das Programm.

⓫ Klicken Sie in der Symbolleiste auf die Schaltfläche *Starten*.

⓬ Das Programm *NeuRauch* wird in der Programmierumgebung ausgeführt.

Sie finden alle zum Programm *Rauch* gehörenden Dateien im Verzeichnis *\Vb6SfS\Lekt09*.

Die Animation wird beendet, sobald die Rauchwolke den oberen Formularrand erreicht hat.

⓭ Ziehen Sie die CD-ROM, die Zapfsäule und die Banane auf die Mülltonne, und legen Sie sie dort ab. Anschließend legen Sie das Streichholz über der Mülltonne ab.

Der Inhalt der Mülltonne entzündet sich, und die Rauchwolke beginnt sich zu bewegen (siehe Abbildung 9.17).

Nach wenigen Augenblicken hat die Rauchwolke den oberen Formularrand erreicht, und die Animation wird beendet.

⓮ Klicken Sie auf die Schaltfläche *Beenden*, um das Programm zu verlassen.

Lektion 9　　Grafiken und Spezialeffekte

Abbildung 9.17
Das Fenster des Programms *Rauch*, nachdem das Streichholz in die Mülltonne geworfen wurde.

Herzlichen Glückwunsch! Sie haben Ihr Repertoire an Grafiktechniken um Animationen und andere nützliche Programmiertechniken bereichert. Experimentieren Sie ruhig weiter mit den Grafikfunktionen von Visual Basic. Sie werden dabei viel über die Programmierung lernen, und Ihre Anwender werden dies zu schätzen wissen.

Wenn Sie sich für ein weiteres Beispiel für Animationen mit der Methode *Move* interessieren, führen Sie das Programm *Schritt* aus dem Verzeichnis *\Vb6SfS\Lekt01* aus. In diesem Programm fällt eine Stange Dynamit eine Treppe hinunter und explodiert, woraufhin eine Rauchwolke angezeigt wird. (Der Code für die Animation befindet sich in den Ereignisprozeduren des Zeitgeberobjekts.) Sie erinnern sich sicherlich noch an dieses Programm; es ist das Willkommensprogramm aus der ersten Lektion. Inzwischen haben Sie eine Menge gelernt!

Objekte während der Programmausführung vergrößern und verkleinern

Mit Hilfe der Eigenschaften *Height* und *Width* können Sie Objekte vergrößern und verkleinern.

Sind Sie an weiteren Spezialeffekten interessiert? Neben den Eigenschaften *Top* und *Left* verwaltet Visual Basic für die meisten Objekte von Formularen die Eigenschaften *Height* und *Width*. Wenn Sie diese Eigenschaften intelligent einsetzen, können Sie Objekte während der Programmausführung vergrößern und verkleinern. Die folgende Übung zeigt, wie Sie dazu vorgehen.

Ein Anzeigefeld zur Laufzeit vergrößern

❶ Wählen Sie im Menü *Datei* den Befehl *Neues Projekt*, und klicken Sie auf *OK*, um eine neue Standardanwendung zu erstellen.

❷ Klicken Sie in der Werkzeugsammlung auf das Steuerelement *Anzeigefeld (Image)*, und fügen Sie ein kleines Anzeigefeld in die untere linke Ecke des Formulars ein.

❸ Weisen Sie den Eigenschaften des Anzeigefelds und des Formulars die folgenden Werte zu. Beachten Sie die aktuellen Werte von *Height* und

Lektion 9 Grafiken und Spezialeffekte

Width, wenn Sie die Eigenschaften des Anzeigefelds einstellen. (Sie können diese Werte auch zur Entwurfszeit festlegen.)

Objekt	Eigenschaft	Einstellung
Image1	Stretch	True
	Picture	c:\vb6SfS\Lekt09\erde.ico
Form1	Caption	„Erdanflug"

❹ Doppelklicken Sie im Formular auf das Objekt *Image1*.

Die Ereignisprozedur *Image1_Click* wird im Codefenster angezeigt.

❺ Geben Sie die folgenden Anweisungen in die Ereignisprozedur ein:

```
Image1.Height = Image1.Height + 200
Image1.Width = Image1.Width + 200
```

Wenn Sie die Werte der Eigenschaften *Height* und *Width* des Anzeigefelds mit der Symboldatei *Erde.ico* erhöhen, wird die Grafik vergrößert.

Durch diese beiden Zeilen werden die Höhe und die Breite des Anzeigefelds mit der Abbildung der Erde jedes Mal um 200 Twips vergrößert, wenn der Anwender das Feld anklickt. Mit ein wenig Phantasie kann man sich dann vorstellen, sich in einem Raumschiff im Anflug auf die Erde zu befinden.

❻ Schließen Sie das Codefenster, und klicken Sie auf die Schaltfläche *Starten*, um das Programm auszuführen.

Im Formular ist nur das Anzeigefeld mit der Erde zu sehen (siehe Abbildung 9.18).

Abbildung 9.18
Das Fenster der Anwendung *Anflug* nach dem Programmstart.

Sie finden alle zum Programm *Anflug* gehörenden Dateien im Verzeichnis *\Vb6SfS\Lekt09*.

❼ Klicken Sie mehrmals auf die Abbildung der Erde, um sie zu vergrößern.

Nach zehn oder elf Mausklicks müsste das Fenster etwa so aussehen wie in Abbildung 9.19.

Lektion 9   Grafiken und Spezialeffekte

Abbildung 9.19
Das Fenster der Anwendung *Anflug* nach einigen Mausklicks.

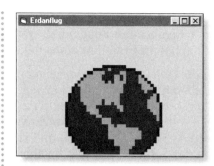

„Standardumlaufbahn einschlagen, Mr. Sulu."

❽ Wenn Sie nahe genug an der Erde sind, um auf die Standardumlaufbahn zu gehen, klicken Sie auf das Feld *Schließen*, um das Programm zu beenden.

Das Programm wird angehalten, und die Programmierumgebung wird wieder aktiviert.

❾ Klicken Sie auf die Schaltfläche *Projekt speichern*, und speichern Sie das Formular unter dem Namen **NeuAnflug.frm**. Speichern Sie das Projekt unter dem Namen **NeuAnflug.vbp**.

Einen Schritt weiter: Programmobjekte benennen

Wenn Sie den Elementen der Benutzeroberfläche eindeutige Namen geben, können Sie sie im Code leichter identifizieren.

Weiter vorne in diesem Kapitel haben Sie das Programm *NeuSchalter* erstellt, das gezeigt hat, wie grafische Befehlsschaltflächen erstellt und in einem Visual Basic-Programm verarbeitet werden. Das Programm enthält neun Anzeigefelder (*Image1* bis *Image9*) und drei Ereignisprozeduren, die die Schaltflächen anzeigen und ihre Befehle verwalten. Dieses Programm hat nicht nur gezeigt, wie grafische Schaltflächen in einem Programm verwendet werden, sondern es hat auch verdeutlicht, dass die vorgegebenen Objektnamen sich zur Verwaltung von Objekten desselben Typs innerhalb eines Programms kaum eignen. Falls Sie (oder ein anderer Programmierer) sich das Programm in einigen Wochen nochmals ansehen, wird es wahrscheinlich eine Weile dauern, bis Sie wieder wissen, welches Objekt welche Aufgabe hat.

Mit Hilfe der Eigenschaft *Name* können Sie verständliche und leicht zu behaltende Objektnamen vergeben. Ein Objektname muss mit einem Buchstaben beginnen und darf nicht länger als 40 Zeichen sein.

Dem Problem der mehrdeutigen Objektnamen kann abgeholfen werden, indem man mit Hilfe der Eigenschaft *Name* jedem Objekt einen eindeutigen Namen zuweist. Aus einem Objektnamen (und Variablennamen) sollte klar hervorgehen, welchen Zweck das Objekt im Programm erfüllt und mit welchem Steuerelement das Objekt erstellt wurde. Objektnamen müssen mit einem Buchstaben beginnen und können maximal 40 Zeichen umfassen. Eindeutige und intuitiv verständliche Objektnamen helfen Ihnen, Objekte auf Formularen und im Programmcode leichter zu verste-

Lektion 9

Grafiken und Spezialeffekte

hen. Weil Objektnamen in jeder Ereignisprozedur enthalten sind und bei jeder Zuweisung einer Eigenschaft angegeben werden, sollten Sie den Objektnamen sofort nach dem Erstellen eines neuen Objekts festlegen.

Abbildung 9.20 zeigt die Objekte mit den vorgegebenen Objektnamen, die im Beispielprogramm *Schalter* verwendet wurden, und mit benutzerdefinierten Namen, die verständlicher und einfacher zu verwenden sind. Den Objektnamen wurde jeweils das Präfix *img* vorangestellt (eine Abkürzung für das Steuerelement *Anzeigefeld (Image)*) und sie wurden so gewählt, dass sie die Funktion der Schaltfläche beschreiben.

Abbildung 9.20
Vorgegebene und benutzerdefinierte Objektnamen im Beispielprogramm *Schalter*.

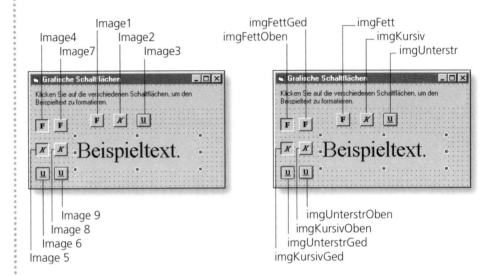

Namenskonventionen für Objekte

Gemäß Konvention verwenden Visual Basic-Programmierer ein aus drei Buchstaben bestehendes Präfix, um den Objekttyp zu bezeichnen.

Die Visual Basic-Entwicklergemeinde hat sich auf eine Reihe von Präfixen geeinigt, die aus drei Buchstaben bestehen und jedem Objektnamen vorangestellt werden können. Diesen standardisierten Präfixen können Programmierer entnehmen, mit welchem Steuerelement ein Objekt erstellt wurde. Wenn Sie diese Namenskonventionen für die Objekte, die Sie erstellen, einhalten, wird Ihr Programmcode für andere Visual Basic-Entwickler lesbarer und verständlicher. Die Kenntnis der Namenskonventionen wird Ihnen auch das Verständnis der Beispielprogramme erleichtern, die mit Visual Basic ausgeliefert werden. Außerdem führt die Einhaltung der Konventionen dazu, dass die Objekte im Listenfeld *Objekte* des Codefensters alphabetisch nach Gruppen aufgeführt werden.

Die folgende Tabelle 9.1 enthält eine Übersicht der Namenskonventionen mit Beispielen. In der nächsten Übung werden Sie Gelegenheit erhalten, diese Konventionen zu anzuwenden.

Lektion 9 — Grafiken und Spezialeffekte

Tabelle 9.1
Namenskonventionen für Visual Basic-Objekte.

Objekt	Präfix	Beispiel
Anzeigefeld	img	imgLeereTonne
Befehlsschaltfläche	cmd	cmdBeenden
Bezeichnungsfeld	lbl	lblAnleitung
Bildfeld	pic	picWolke
Dateilistenfeld	fil	filQuelle
Daten	dat	datBiblio
Datengebundenes Kombinationsfeld	dbc	dbcEnglisch
Datengebundenes Listenfeld	dbl	dblCode
Figur	shp	shpGitter
Formular	frm	frmDrucken
Horizontale Bildlaufleiste	hsb	hsbLaufwerk
Kombinationsfeld	cbo	cboEnglisch
Kontrollkästchen	chk	chkNurLesen
Laufwerkslistenfeld	drv	drvZiel
Linien	lin	linUnterstreichung
Listenfeld	lst	lstGeräte
Menü	mnu	mnuDateiÖffnen
OLE-Container	OLE	oleObject1
Optionsfeld	opt	optFranzösisch
Rahmen	fra	fraSprache
Standarddialog	dlg	dlgÖffnen
Textfeld	txt	txtName
Vertikale Bildlaufleiste	vsb	vsbTemperatur
Verzeichnislistenfeld	dir	dirQuelle
Zeitgeber	tmr	tmrAnimationStarten

Entwickler, die mit Visual Basic für Applikationen, der Programmiersprache von Microsoft Word, Microsoft Excel, Microsoft Access und Microsoft PowerPoint, arbeiten, verwenden ebenfalls Namenskonventionen, um die Variablentypen, die sie verwenden, oder die Herkunft der externen Objekte und Konstanten, wie z.B. ActiveX-Steuerelemente von Fremdherstellern oder Microsoft Office-Anwendungen, zu beschreiben. Zum Beispiel enthält der Variablenname *strDatename* das Präfix *str*, das diese Variable gemäß Konvention als Variable vom Typ String identifiziert. Und der Konstantenname *wdPaperLegal* enthält beispielsweise das Prä-

Lektion 9 — Grafiken und Spezialeffekte

fix *wd*, das diese Konstante gemäß Konvention als Konstante von Microsoft Word kennzeichnet. Sie können diese Namenskonventionen ebenfalls in Ihren Programmen verwenden.

Objektnamen mit Hilfe der Eigenschaft Name ändern

❶ Wählen Sie im Menü *Datei* den Befehl *Neues Projekt*, und klicken auf *OK*.

❷ Erstellen Sie mit Hilfe des Steuerelements *Bezeichnungsfeld (Label)* in der Mitte des Formulars zwei Bezeichnungsfelder. Das eine sollte sich am oberen Rand des Formulars befinden, das andere etwa in halber Höhe.

❸ Klicken Sie in der Symbolleiste auf die Schaltfläche *Eigenschaftenfenster*, und weisen Sie den Eigenschaften der Bezeichnungsfelder und des Formulars die folgenden Werte zu:

Objekt	Eigenschaft	Einstellung
Label1	Caption	„Willkommen!"
	Name	lblWillkommen
Label2	Caption	„Um das Programm zu beenden, klicken Sie auf 'Beenden'."
	Name	lblAnleitung
Form1	Caption	„Namenskonventionen"
	Name	frmHauptformular

Wenn Sie die Eigenschaft *Name* ändern, ändern sich der Name des Objekts sowohl im Eigenschaftenfenster als auch programmintern. Mit dem Präfix *lbl* bzw. *frm* werden die einzelnen Objekte als Bezeichnungsfeld (*Label*) oder Formular gekennzeichnet. Der verbleibende Teil des Objektnamens verdeutlicht, welche Aufgabe das Objekt im Programm erfüllt.

❹ Erstellen Sie mit Hilfe des Steuerelements *Befehlsschaltfläche (CommandButton)* unterhalb des Objekts *lblAnleitung* eine Befehlsschaltfläche.

❺ Klicken Sie in der Symbolleiste auf die Schaltfläche *Eigenschaftenfenster*, und legen Sie für die Eigenschaften der Befehlsschaltfläche die Werte fest:

Objekt	Eigenschaft	Einstellung
Command1	Caption	„Beenden"
	Name	cmdBeenden

Lektion 9   Grafiken und Spezialeffekte

Mit dem Präfix *cmd* wird das Objekt als Befehlsschaltfläche gekennzeichnet, und *Beenden* bezeichnet den Zweck der Schaltfläche im Programm.

❻ Doppelklicken Sie auf die Schaltfläche *cmdBeenden,* um die Ereignisprozedur des Objekts anzuzeigen.

Im Codefenster wird die Ereignisprozedur *cmdBeenden_Click* angezeigt. Visual Basic verwendet den Namen, den Sie als offiziellen Objektnamen angegeben haben.

❼ Öffnen Sie im Codefenster das Dropdown-Listenfeld *Objekt*.

Im Listenfeld wird eine Liste der Objektnamen wie in Abbildung 9.21 angezeigt.

Abbildung 9.21
Das Dropdown-Listenfeld *Objekt* mit den aktualisierten Objektnamen.

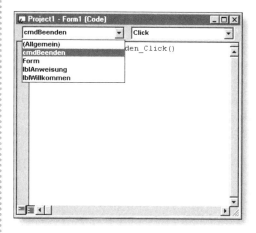

Schon hier wird deutlich, wie gut es war, die Objekte umzubenennen. Es ist sehr leicht zu erkennen, welche Aufgabe jedes einzelne Objekt im Programm übernimmt, und andere Programmierer werden ebenfalls von den neuen Namen profitieren.

❽ Drücken Sie (Esc), um das Listenfeld *Objekt* zu schließen, und fügen Sie in die Ereignisprozedur *cmdBeenden_Click* das Schlüsselwort **End** ein.

❾ Schließen Sie das Codefenster, und klicken Sie anschließend in der Symbolleiste auf die Schaltfläche *Starten*, um das Programm auszuführen.

Der Bildschirm müsste jetzt so aussehen wie Abbildung 9.22.

❿ Klicken Sie auf die Schaltfläche *Beenden*, um das Programm zu verlassen.

Das Programm wird beendet, und die Programmierumgebung wird wieder aktiviert.

Lektion 9 Grafiken und Spezialeffekte

Abbildung 9.22
Das Fenster der Anwendung *NamensK*.

Sie finden alle zum Programm *NamensK* gehörenden Dateien im Verzeichnis *\Vb6SfS\Lekt09*.

⓫ Klicken Sie in der Symbolleiste auf die Schaltfläche *Projekt speichern*, und speichern Sie das Formular unter dem Namen **NeuNamensK.frm** im Verzeichnis *\Vb6SfS\Lekt09*. Speichern Sie die Projektdatei unter dem Namen **NeuNamensK.vbp**.

Intuitiv verständliche Objektnamen zu vergeben zahlt sich besonders dann aus, wenn Sie beginnen, größere Programme zu schreiben oder in einem Team mit anderen Programmierern zu arbeiten. Die Einhaltung der Namenskonventionen empfiehlt sich insbesondere, sobald Sie mehr als zwei Objekte desselben Typs in einem Formular verwenden.

Wenn Sie Ihre Programmierkenntnisse vertiefen möchten

Nehmen Sie sich etwas Zeit, um sich das Beispielprogramm *Browser* (Browser.vbp) aus dem Verzeichnis *\Vb6SfS\Extras* anzusehen. Es handelt sich um eine Weiterentwicklung des Programms *Vergrößern*, das die in Lektionen 8 und 9 vorgestellten Konzepte des Druckens, der Verwendung von Formularen und der Drag-&-Drop-Unterstützung veranschaulichen und vertiefen soll. Dieses Dienstprogramm zeigt Bitmaps vergrößert

Abbildung 9.23
Die Benutzeroberfläche des Beispielprogramms *Browser*.

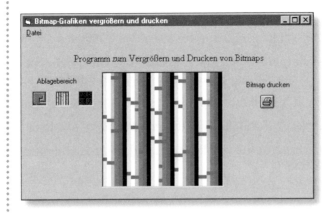

Lektion 9   **Grafiken und Spezialeffekte**

an und Sie können mit ihm Bitmap-Dateien identifizieren, vergleichen und ausdrucken. Ich verwende dieses Programm gern, um die Dutzenden von Bitmap-Dateien, die ich in meinen Programmierprojekten für Symbolleisten und andere grafische Elemente verwende, zu beurteilen. (Sie finden in Ihrem Windows-Ordner einige gute Beispiele für Bitmap-Dateien.) Wenn Sie möchten, können Sie dieses Programm weiter ausbauen oder es einfach in Ihrer täglichen Arbeit verwenden.

Wenn Sie mit der nächsten Lektion fortfahren möchten

- Lassen Sie Visual Basic geöffnet, und fahren Sie mit Lektion 10 fort.

Wenn Sie Visual Basic vorerst beenden möchten

- Wählen Sie im Menü *Datei* den Befehl *Beenden*.

Zusammenfassung der Lektion

Möchten Sie	dann
gerade Linien in ein Formular zeichnen,	verwenden Sie das Steuerelement *Linien (Line)* aus der Werkzeugsammlung.
Rechtecke, Quadrate, Ellipsen und Kreise in einem Formular erstellen,	verwenden Sie das Steuerelement *Figur (Shape)* aus der Werkzeugsammlung. Mit Hilfe der Eigenschaft *Shape* legen Sie die Form und die Charakteristika des Objekts fest.
grafische Befehlsschaltflächen definieren,	fügen Sie ein oder mehrere Anzeigefelder in ein Formular ein. Laden Sie Bitmap-Symbole in die Steuerelemente. Fügen Sie den Code zur Verarbeitung von Mausklicks in die *MouseDown*-Ereignisprozeduren der jeweiligen Anzeigefelder ein.
Drag-&-Drop-Operationen in einem Programm unterstützen,	setzen Sie die Eigenschaft *DragMode* auf 1, um für ein bestimmtes Objekt Drag & Drop zu aktivieren. Schreiben Sie eine *DragDrop*- oder *DragOver*-Ereignisprozedur für das Objekt, auf dem das Quellobjekt abgelegt oder über das es gezogen wird.
eine andere vordefinierte Mauszeigerdarstellung auswählen,	geben Sie für die *MousePointer*-Eigenschaften des Formulars und der weiteren relevanten Objekte einen der zwölf vordefinierten Werte an. ▶

Lektion 9 Grafiken und Spezialeffekte

Möchten Sie	dann
ein benutzerdefiniertes Mauszeigersymbol verwenden,	setzen Sie für die Eigenschaft *MousePointer* auf den Wert 99, und geben Sie in der Eigenschaft *MouseIcon* den gewünschten benutzerdefinierten Mauszeiger an.
ein Objekt im Formular verschieben,	bewegen Sie das Objekt mit Hilfe der Methode *Move*, wie in `Picture1.Move 567, 567`
ein Objekt animieren,	rufen Sie die Methode *Move* in der Ereignisprozedur eines Zeitgeberobjekts auf. Die Geschwindigkeit der Animation wird von der Eigenschaft *Interval* des Zeitgeberobjekts bestimmt.
ein Objekt zur Laufzeit vergrößern oder verkleinern,	ändern Sie die Eigenschaften *Height* und *Width* des Objekts.
ein Objekt umbenennen,	geben Sie für die Eigenschaft *Name* einen eindeutigen Namen an. Halten Sie die Namenskonventionen ein, damit das Objekt leichter identifiziert werden kann.

Unternehmensdaten verwalten

10 Module und Prozeduren

Geschätzte Dauer:
55 Minuten

In dieser Lektion lernen Sie

wie Sie Standardmodule erstellen.

wie Sie eigene globale Variablen und Prozeduren definieren.

wie Sie globale Variablen und Prozeduren aus Ereignisprozeduren heraus aufrufen.

Wenn Sie sich mit den Programmen aus Lektion 1 bis 9 auseinandergesetzt und die Übungen durchgeführt haben, können Sie sich mit Fug und Recht als fortgeschrittenen Visual Basic-Entwickler bezeichnen. Sie beherrschen die Grundlagen der Programmierung in Visual Basic und Techniken, mit denen Sie viele nützliche Dienstprogramme erstellen können. In Teil D werden Sie die nötigen Fertigkeiten erwerben, um komplexere Programme in Visual Basic schreiben zu können. Zuerst werden Sie lernen, wie Standardmodule angelegt werden.

Unter einem Standardmodul versteht man eine eigenständige Einheit in einem Programm, die *globale* Variablen sowie *Function*- und *Sub*-Prozeduren enthält. Im Verlauf dieser Lektion werden Sie lernen, einige globale Variablen und Prozeduren zu definieren und diese aus Ereignisprozeduren heraus aufzurufen. Die Kenntnisse, die Sie dabei erwerben werden, sind besonders bei größeren Entwicklungsprojekten und bei der Entwicklung im Team nützlich.

Standardmodule verwenden

Sobald Sie größere Programme schreiben, werden Sie es vermutlich mit mehreren Formularen und Ereignisprozeduren arbeiten, die auf dieselben Variablen und Routinen zugreifen. Gemäß Vorgabe sind alle Variablen zur jeweiligen Ereignisprozedur *lokal*. Das heißt, dass sie nur in der Ereignisprozedur abgefragt oder verändert werden können, in der sie erstellt worden sind. Ebenso sind Ereignisprozeduren lokal zum Formular, in dem sie erstellt worden sind. Sie können beispielsweise die Ereignisprozedur *cmdBeenden_Click* nicht im Formular *Form2* aufrufen, wenn diese Ereignisprozedur zum Formular *Form1* gehört.

Lektion 10   **Module und Prozeduren**

Standardmodule geben Ihnen die Möglichkeit, Variablen und Prozeduren im gesamten Programm zu nutzen.

Um Variablen und Prozeduren in allen Formularen und Ereignisprozeduren eines Projekts nutzen zu können, müssen Sie sie in einem oder in mehreren *Standardmodulen* deklarieren. Standardmodule oder Codemodule sind spezielle Dateien mit der Namenserweiterung *.bas*. Sie enthalten Variablen und Prozeduren, die in allen Teilen des Programms verwendet werden können. Wie Formulare werden Standardmodule im Projekt-Explorer gesondert aufgeführt. Sie können mit dem Befehl *Speichern von Module1 unter* aus dem Menü *Datei* gespeichert werden. Im Gegensatz zu Formularen enthalten Standardmodule jedoch weder Objekte noch Eigenschaften. Sie enthalten lediglich Code, der im Codefenster angezeigt und bearbeitet werden kann.

Abbildung 10.1 zeigt, wie eine globale Variable, die in einem Standardmodul deklariert wurde, in anderen Ereignisprozeduren eines Visual Basic-Projekts verwendet werden kann.

Abbildung 10.1
Globale Variablen in Ereignisprozeduren verwenden.

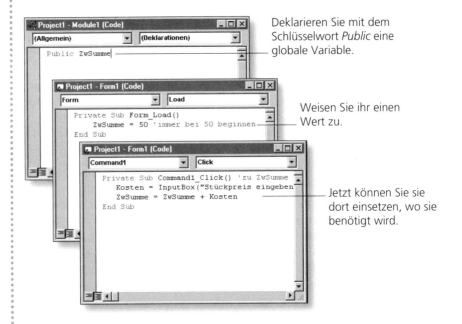

Deklarieren Sie mit dem Schlüsselwort *Public* eine globale Variable.

Weisen Sie ihr einen Wert zu.

Jetzt können Sie sie dort einsetzen, wo sie benötigt wird.

Im Unterschied zu Standardmodulen werden die zu einem Formular gehörenden Objekte und Ereignisprozeduren in einem *Formularmodul* gespeichert, und neue Objekte werden in *Klassenmodulen* abgelegt.

Standardmodule erstellen

Um in einem Programm ein neues Standardmodul zu erstellen, klicken Sie in der Symbolleiste auf den nach unten gerichteten Pfeil neben der Schaltfläche *Formular hinzufügen* und anschließend auf *Modul*, oder Sie wählen im Menü *Projekt* den Befehl *Modul hinzufügen*. Das neue Stan-

Lektion 10 Module und Prozeduren

dardmodul wird sofort im Codefenster angezeigt. Das erste Standardmodul in einem Programm erhält gemäß Vorgabe den Namen *Module1*, aber Sie können beim Speichern des Moduls einen anderen Namen angeben. Versuchen Sie jetzt, ein leeres Standardmodul in Ihrem Projekt anzulegen.

Ein neues Standardmodul erstellen und speichern

❶ Starten Sie Visual Basic, wählen Sie im Menü *Projekt* den Befehl *Modul hinzufügen*, und klicken Sie auf *Öffnen*.

Visual Basic fügt ein Standardmodul mit dem Namen *Module1* in Ihr Projekt ein. Das Modul wird im Codefenster angezeigt (siehe Abbildung 10.2).

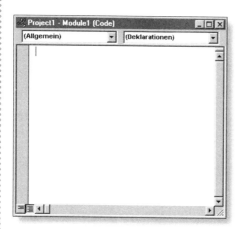

Abbildung 10.2
Ein neues Modul im Codefenster.

Aus den Listenfeldern *Objekt* und *Prozedur* geht hervor, dass der Abschnitt mit den allgemeinen Deklarationen geöffnet ist. Die Variablen und Prozeduren, die Sie hier eingeben, stehen im gesamten Programm zur Verfügung. (Sie werden gleich Variablen und Prozeduren in diesem Abschnitt deklarieren.)

❷ Doppelklicken Sie auf die Titelleiste des Projekt-Explorers, damit das Fenster in voller Größe angezeigt wird. Der Projekt-Explorer wird so angezeigt wie in Abbildung 10.3.

Der Projekt-Explorer zeigt das Standardmodul, das Sie zum Programm hinzugefügt haben, in einem neuen Ordner an. Der in runden Klammern stehende Name *Module1* entspricht dem voreingestellten Dateinamen des Moduls. Der Objektname des Moduls (der Name, unter dem das Modul im Programm erscheint) wird links davon angezeigt. Beide Namen werden Sie in den nächsten Schritten ändern.

❸ Wählen Sie im Menü *Datei* den Befehl *Speichern von Module1 unter*, um das leere Standardmodul auf der Festplatte zu speichern.

Lektion 10   Module und Prozeduren

Abbildung 10.3
Das Modul ist im Projekt-Explorer ausgewählt.

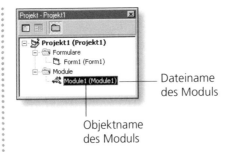

— Dateiname des Moduls

Objektname des Moduls

Standardmodule erhalten die Dateinamenserweiterung *.bas*.

❹ Wählen Sie das Verzeichnis *\VB6SfS\Lekt10*, geben Sie den Namen **NeuTestMod.bas** ein, und drücken Sie ⏎.

Das Standardmodul wird als .bas-Datei gespeichert, und im Projekt-Explorer wird der Dateiname des Moduls aktualisiert.

Sie können die Datei unter diesem Namen in ein anderes Projekt einfügen, indem Sie im Menü *Projekt* den Befehl *Datei hinzufügen* wählen.

❺ Doppelklicken Sie auf die Titelleiste des Eigenschaftenfensters.

Das Eigenschaftenfenster wird in voller Größe angezeigt (siehe Abbildung 10.4).

Abbildung 10.4
Das Eigenschaftenfenster mit der Eigenschaft *Name* von *Modul1*.

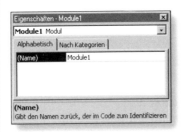

Weil ein Standardmodul keine Objekte enthält, hat es nur eine einzige Eigenschaft, nämlich *Name*. Über diese Eigenschaft können Sie einen Objektnamen für das Modul festlegen, der Ihnen hilft, mehrere Module voneinander zu unterscheiden. Gemäß den Namenskonventionen erhalten Modulnamen das Präfix *mod*.

Mit Hilfe der Eigenschaft *Name* können Sie den Objektnamen des Moduls festlegen.

❻ Ändern Sie den Wert der Eigenschaft *Name* zu **modVariablen**, und drücken Sie ⏎.

Der Objektname des Standardmoduls wird im Eigenschaftenfenster, im Projekt-Explorer und im Codefenster aktualisiert.

Wie Sie sehen, werden Standardmodule fast genauso behandelt wie Formulare. In der nächsten Übung werden Sie im eben erstellten Standardmodul eine Variable definieren.

Lektion 10 | **Module und Prozeduren**

Wenn Sie ein Standardmodul aus einem Projekt entfernen möchten, klicken Sie das Modul im Projekt-Explorer an und wählen anschließend im Menü *Projekt* den Befehl *Entfernen*. Dieser Befehl löscht das angegebene Modul nicht von der Festplatte, sondern er hebt lediglich die Zuordnung des Moduls zum aktuellen Projekt auf.

Mit globalen Variablen arbeiten

Es ist nicht schwer, eine globale Variable in einem Standardmodul zu deklarieren – Sie geben das Schlüsselwort *Public* und anschließend den Variablennamen ein. Nach der Deklaration können Sie die Variable lesen, ändern und in jeder Prozedur Ihres Programms anzeigen. Zum Beispiel wird mit der folgenden Anweisung eine globale Variable mit dem *Namen ZwSumme* in einem Standardmodul deklariert:

```
Public ZwSumme
```

Globale Variablen können in allen Prozeduren eines Programms verwendet werden.

Gemäß Voreinstellung werden globale Variablen in Modulen als Variablen vom Typ Variant deklariert. Sie können mit dem Schlüsselwort *As* jedoch jeden Grunddatentyp angeben. Beispielsweise deklarieren Sie mit der folgenden Anweisung eine globale Variable mit dem Datentyp String und dem Namen *Nachname*.

```
Public Nachname As String
```

Lucky Seven ist der Spielautomat aus Lektion 2.

Die folgende Übung zeigt, wie man eine globale Variable mit den Namen *Gewinne* in einem Standardmodul deklariert und einsetzt. Sie werden dem Programm *Lucky Seven* wieder begegnen. In der Variablen *Gewinne* wird aufgezeichnet, wie oft Sie gegen den Spielautomaten gewonnen haben.

Das Projekt Lucky Seven überarbeiten

❶ Klicken Sie in der Symbolleiste auf die Schaltfläche Projekt öffnen, klicken Sie auf *Nein*, um Ihre Änderungen zu verwerfen, und öffnen Sie dann das Projekt *Lucky.vbp* aus dem Ordner *\VB6SfS\Lekt02*.

❷ Wenn das Formular *Lucky.frm* nicht angezeigt wird, markieren Sie es im Projekt-Explorer und klicken auf die Schaltfläche *Objekt anzeigen*. (Ändern Sie gegebenenfalls die Größe des Formularfensters.)

Das in Abbildung 10.5 dargestellte Formular wird angezeigt.

❸ Klicken Sie in der Symbolleiste auf die Schaltfläche *Starten*, um das Programm auszuführen.

❹ Klicken Sie fünf- oder sechsmal auf die Schaltfläche *Neues Spiel* und anschließend auf die Schaltfläche *Beenden*.

In den ersten fünf Spielen gewinnen Sie (jedes Mal erscheint eine Sieben), aber danach haben Sie eine Pechsträhne. Wie Sie vielleicht noch wissen,

Lektion 10 — Module und Prozeduren

Abbildung 10.5
Das Formular der Anwendung *Lucky Seven*.

generiert das Programm bei jedem Anklicken der Schaltfläche *Neues Spiel* mit Hilfe der Funktion *Rnd* drei Zufallszahlen. Falls eine dieser Zahlen eine Sieben ist, zeigt die Ereignisprozedur der Schaltfläche *Neues Spiel* einen Stapel Münzen an und erzeugt einen Signalton.

Ihre Überarbeitung des Programms wird darin bestehen, ein neues Bezeichnungsfeld in das Formular einzufügen und eine globale Variable zu deklarieren, die speichert, wie oft Sie gewonnen haben.

❺ Wählen Sie im Menü *Datei* den Befehl *Speichern von Lucky.frm unter*. Wählen Sie das Verzeichnis *\VB6SfS\Lekt10*, und speichern Sie das Formular unter dem Namen **NeuGewinne.frm**.

❻ Wählen Sie im Menü *Datei* den Befehl *Projekt speichern unter*. Wählen Sie das Verzeichnis *\VB6SfS\Lekt10*, und speichern Sie das Projekt unter dem Namen **NeuGewinne.vbp**.

Nun werden Sie das Formular *NeuGewinne* bearbeiten und ein Standardmodul hinzufügen.

Ein Standardmodul hinzufügen

❶ Verkleinern Sie das Bezeichnungsfeld mit dem Text *Lucky Seven* etwas, um Platz im Formular zu schaffen. Derzeit nimmt das Feld noch unnötig viel Raum ein.

❷ Klicken Sie auf das Steuerelement *Bezeichnungsfeld (Label)*, und erstellen Sie unterhalb des Bezeichnungsfelds *Lucky Seven* ein weiteres, rechteckiges Bezeichnungsfeld.

❸ Weisen Sie den Eigenschaften des neuen Bezeichnungsfelds die in der nachfolgenden Tabelle genannten Werte zu. Damit Sie das neue Feld im Programmcode leichter identifizieren können, geben Sie ihm den neuen Namen **lblGewinne**.

Lektion 10

Module und Prozeduren

Objekt	Eigenschaft	Einstellung
Label5	Alignment	2 - Zentriert
	Caption	„Gewinne: 0"
	Font	Arial, Fett Kursiv, 12 Punkt
	ForeColor	Grün
	Name	lblGewinne
Form1	Caption	„Lucky Seven"

Wenn Sie fertig sind, sollte das neue Formular folgendermaßen aussehen:

Abbildung 10.6
Das Formular der Anwendung *NeuGewinne*.

Das Bezeichnungsfeld *lblGewinne*

Sie fügen jetzt ein neues Standardmodul zum Projekt hinzu.

❹ Wählen Sie im Menü *Projekt* den Befehl *Modul hinzufügen*, und klicken Sie dann auf *Öffnen*.

Im Codefenster wird ein neues Modul mit dem Namen *Module1* angezeigt.

❺ Geben Sie die Anweisung **Public Gewinne** in das Standardmodul ein, und drücken Sie ⏎.

Mit dieser Anweisung wird eine globale Variable vom Typ Variant deklariert. Während der Programmausführung hat jede Ereignisprozedur Zugriff auf diese Variable. Das Standardmodul sollte nun so aussehen wie in Abbildung 10.7.

❻ Wählen Sie im Menü *Datei* den Befehl *Speichern von Module1 unter*, geben Sie den Namen **NeuGewinne.bas** ein, und drücken Sie ⏎, um das Modul auf der Festplatte zu speichern.

Lektion 10   Module und Prozeduren

Abbildung 10.7
Das neue Standardmodul mit der ersten Deklaration.

❼ Klicken Sie im Projekt-Explorer auf *Form1 (NeuGewinne.frm)*, klicken Sie auf die Schaltfläche *Objekt anzeigen*, und doppelklicken Sie schließlich auf die Schaltfläche *Neues Spiel*.

Im Codefenster wird die zu dieser Schaltfläche gehörende Ereignisprozedur *Command1_Click* angezeigt.

❽ Fügen Sie die folgenden Anweisungen unter der Anweisung *Beep* in die Ereignisprozedur ein:

```
Gewinne = Gewinne + 1
lblGewinne.Caption = "Gewinne: " & Gewinne
```

Die globale Variable *Gewinne* wird in einer Ereignisprozedur aktualisiert.

In diesem Teil des Programms wird der Wert der globalen Variablen *Gewinne* um 1 erhöht, sobald in einem Spiel eine Sieben auftaucht. In der zweiten Anweisung wird mit Hilfe des Verkettungsoperators (&) dem Objekt *lblGewinne* eine Zeichenfolge zugewiesen. Diese Zeichenfolge hat das Format *Gewinne: X*, wobei *X* für die Anzahl der gewonnenen Spiele steht. Die vollständige Ereignisprozedur wird in Abbildung 10.8 dargestellt.

❾ Schließen Sie das Codefenster, und klicken Sie auf die Schaltfläche *Projekt speichern*, um das Projekt auf der Festplatte zu speichern.

Abbildung 10.8
Die Ereignisprozedur *Command1_Click*.

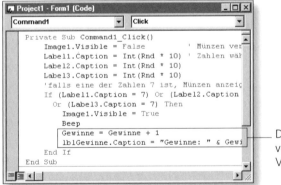

Diese beiden Anweisungen verwenden die globale Variable *Gewinne*.

318

Lektion 10   Module und Prozeduren

⑩ Klicken Sie auf die Schaltfläche *Starten*, um das Programm auszuführen.

⑪ Klicken Sie zehnmal auf die Schaltfläche *Neues Spiel*.

In der Variablen *Gewinne* wird die Anzahl der Gewinne festgehalten.

Im Bezeichnungsfeld *Gewinne* werden Ihre Gewinne protokolliert. Jedes Mal, wenn Sie gewinnen, erhöht sich der Betrag um 1. Nach 10 Spielen haben Sie sechs Mal gewonnen, wie Abbildung 10.9 zeigt.

Abbildung 10.9
Das Fenster der Anwendung *Lucky Seven* nach zehn Spielen.

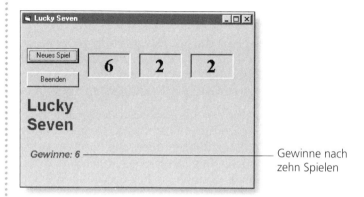

Gewinne nach zehn Spielen

⑫ Klicken Sie auf *Beenden*, um das Programm zu verlassen.

Die globale Variable *Gewinne* hat sich hier als nützlich erwiesen, weil sie ihren Wert über zehn Aufrufe der Ereignisprozedur *Command1_Click* hinweg beibehalten hat. Hätten Sie *Gewinne* als lokale Variable der Ereignisprozedur *Command1_Click* deklariert, wäre die Variable bei jedem Aufruf der Prozedur zurückgesetzt worden, wie beispielsweise der Tageskilometerzähler in einem Auto. Globale Variablen von Standardmodulen werden nicht automatisch zurückgesetzt. Sie ähneln in ihrer Arbeitsweise somit eher dem normalen Kilometerzähler in einem Auto.

Global einsetzbare Prozeduren erstellen

Außer globalen Variablen können Standardmodule auch globale Prozeduren enthalten, die an jeder Stelle des Programms aufgerufen werden können. Eine globale Prozedur unterscheidet sich insofern von einer Ereignisprozedur, als dass sie weder mit einem Laufzeitereignis noch mit einem Objekt, das mit einem Steuerelement aus der Werkzeugsammlung erstellt wurde, verknüpft ist. Allgemein verwendbare Prozeduren ähneln den vordefinierten Visual Basic-Anweisungen und -Funktionen. Sie werden über ihren Namen aufgerufen, man kann ihnen Parameter übergeben, und sie erfüllen jeweils eine spezielle Aufgabe.

Stellen Sie sich beispielsweise ein Programm vor, das drei Befehle zum Ausdrucken einer Bitmap-Grafik unterstützt: einen Menübefehl namens *Drucken*, eine Schaltfläche in der Symbolleiste und ein Drag-&-Drop-taug-

Lektion 10 ⋮ **Module und Prozeduren**

liches Druckersymbol. Sie könnten entweder dieselbe Druckroutine in jede der drei Ereignisprozeduren kopieren, aber auch alle drei Druckbefehle mit einer einzigen Prozedur in einem Standardmodul verarbeiten. Globale Prozeduren sparen Ihnen überflüssige Tipparbeit, reduzieren potentielle Fehlermöglichkeiten, führen zu kleineren und leichter zu wartenden Programmen und verbessern die Lesbarkeit der Ereignisprozeduren.

Sie können in Standardmodulen die folgenden drei Arten von allgemein verwendbaren Prozeduren erstellen:

Indem Sie *Function*- und *Sub*-Prozeduren in Standardmodulen verwenden, können Sie allgemein verwendbare Routinen erstellen.

- **Function-Prozeduren** *Function*-Prozeduren werden in Ereignisprozeduren und anderen Prozeduren über ihren Namen aufgerufen. Sie können Parameter übernehmen und geben im Funktionsnamen immer einen Wert zurück. Sie werden oft für Berechnungen eingesetzt.

- **Sub-Prozeduren** *Sub*-Prozeduren werden in Ereignisprozeduren und anderen Prozeduren über ihren Namen aufgerufen. Sie können ebenfalls Parameter übernehmen. Sie können Aufgaben ausführen und Werte zurückgeben. Anders als *Function*-Prozeduren geben sie keinen Wert in ihrem Namen zurück, sie können jedoch Werte über Variablen zurückgeben. *Sub*-Prozeduren dienen häufig dazu, Eingaben entgegenzunehmen oder zu verarbeiten, Ausgaben anzuzeigen oder die Werte von Eigenschaften zu ändern.

- **Eigenschaftenprozeduren** Eigenschaftsprozeduren dienen zum Erstellen und Bearbeiten von benutzerdefinierten Eigenschaften. Diese Möglichkeit ist nützlich, um vorhandene Visual Basic-Steuerelemente individuell anzupassen und den Sprachumfang von Visual Basic durch neue Objekte, Eigenschaften und Methoden zu erweitern, aber eher für fortgeschrittene Programmierer gedacht. Nähere Informationen zu Eigenschaftsprozeduren finden Sie in der Online-Hilfe unter dem Stichwort *Eigenschaftenprozeduren*.

Vorteile von allgemein einsetzbaren Prozeduren

Allgemein verwendbare Prozeduren ermöglichen es, einer häufig verwendeten Routine in einem Standardmodul einen aussagekräftigen Namen zuzuordnen. Sie haben die folgenden Vorteile:

- Wiederholungen im Code werden vermieden. Eine Prozedur wird einmal definiert und kann dann beliebig oft im Programm aufgerufen werden.

- Programme werden lesbarer. Ein Programm, das in kleine Komponenten untergliedert ist, ist leichter zu verstehen als ein Programm, das aus einer einzigen, großen Komponente besteht. ▶

Lektion 10 Module und Prozeduren

Die Entwicklung wird vereinfacht. Programme, die in logische Einheiten aufgeteilt sind, lassen sich leichter entwerfen, schreiben und testen. Wenn Sie ein Programm im Team entwickeln, können Sie mit Ihren Kollegen statt ganzer Programme einzelne Prozeduren und Module austauschen.

Prozeduren können in anderen Programmen wieder verwendet werden. Prozeduren aus Standardmodulen lassen sich auf einfache Weise in andere Entwicklungsprojekte einbinden.

Der Leistungsumfang von Visual Basic wird erweitert. Prozeduren erfüllen häufig Aufgaben, die von einzelnen Visual Basic-Schlüsselwörtern nicht ausgeführt werden können.

Function-Prozeduren einsetzen

Eine *Function-Prozedur* Eine *Function-Prozedur* oder *Funktion* besteht aus einer Gruppe von
führt eine Anweisungen, die in einem Standardmodul zwischen einer *Function*- und
bestimmte Aufgabe einer *End Function*-Anweisung stehen. Diese Anweisungen erledigen die
aus, beispielsweise eigentliche Arbeit der *Function*-Prozedur – sie verarbeiten beispielsweise
eine Berechnung, Text oder Eingaben oder berechnen einen numerischen Wert. Eine Funk-
und gibt einen Wert tion wird ausgeführt oder *aufgerufen*, indem Sie in einer Anweisung den
zurück. Funktionsnamen und gegebenenfalls die erforderlichen Parameter angeben. (Parameter sind Daten, die die Funktion steuern.) Anders ausgedrückt, *Function*-Prozeduren werden genauso verwendet wie vordefinierte Funktionen (beispielsweise *Time*, *Int* oder *Str*). Wir werden *Function*-Prozeduren im folgenden häufig einfach als Funktionen bezeichnen.

Die in einem Standardmodul deklarierten Funktionen sind gemäß Voreinstellung global und können in beliebigen Ereignisprozeduren aufgerufen werden.

Die Syntax von Function-Prozeduren

Für *Function*-Prozeduren (Funktionen) gilt die folgende Syntax:

```
Function Funktionsname([Parameter]) [As Typ]
    Funktionsanweisungen
End Function
```

Funktionen können Wichtig sind die folgenden Syntaxelemente:
einen Typ haben.
Optionale Syntax- Der *Funktionsname* ist der Name der Funktion, die Sie im Standard-
elemente sind in   modul erstellen.
eckige Klammern
([]) gesetzt. Syntax- Die *Parameter* bilden die Liste der optionalen Parameter, die der
elemente, die nicht   Funktion übergeben werden. Gibt es mehrere Parameter, werden sie
in eckigen Klammern   durch Kommas getrennt.
stehen, sind obligatorisch.

Lektion 10 | **Module und Prozeduren**

> Der Ausdruck As *Typ* ist optional. Er gibt den Rückgabewert der Funktion an. (Die Vorgabe ist Variant.)

> Die *Funktionsanweisungen* bilden einen Anweisungsblock, in dem die eigentliche Arbeit der Funktion erledigt wird.

Funktionen geben in ihrem Namen immer einen Wert an die aufrufende Prozedur zurück. Aus diesem Grund besteht die letzte Anweisung einer Funktion häufig aus einer Zuweisung des Funktionsergebnisses an den Funktionsnamen. So berechnet beispielsweise die unten abgedruckte Funktion *Steuern* die Mehrwert- und die Exportsteuer für ein Produkt. Das Ergebnis der Berechnung wird dem Funktionsnamen zugewiesen.

Steuern ist eine Beispielfunktion mit einem Parameter.

```
Function Steuern(Nettobetrag)
  Mehrwertsteuer = Nettobetrag * 0.16     '16% Mehrwertsteuer
  Importsteuer = Nettobetrag * 0.07       '7% Importsteuer
  Steuern = Mehrwertsteuer + Importsteuer
End Function
```

Sie sollten in jeder Funktion, die Sie schreiben, dem Funktionsnamen explizit einen Wert zuweisen. Auf diese Weise wissen Sie immer, welchen Wert die Funktion an das Programm zurückgibt.

Eine Function-Prozedur aufrufen

Um die Funktion *Steuern* in einer Ereignisprozedur aufzurufen, würden Sie beispielsweise eine Anweisung wie die folgende verwenden:

```
lblSteuern.Caption = Steuern(500)
```

Das Ergebnis einer Funktion wird üblicherweise einer Variablen oder Eigenschaft zugewiesen.

Mit dieser Anweisung wird der Steuerbetrag für einen Posten von 500 DM berechnet und das Ergebnis der Eigenschaft *Caption* des Objekts *lblSteuern* zugewiesen. Die Funktion *Steuern* kann auch eine Variable als Parameter übernehmen, wie das folgende Beispiel zeigt:

```
GesamtKosten = Nettopreis + Steuern(Nettopreis)
```

In dieser Anweisung wird mit Hilfe der Funktion *Steuern* der Steueranteil für die Variable *Nettopreis* berechnet. Das Ergebnis wird zum Wert von *Nettopreis* addiert, um die Gesamtkosten des Produkts zu berechnen. Sie sehen, dass der Code gleich viel klarer wird, wenn Sie eine Funktion verwenden.

Mit einer Funktion eine Berechnung ausführen

In der folgenden Übung werden Sie zum Programm *Lucky Seven* eine Funktion hinzufügen, die die Gewinnquote des Spiels berechnet (den Prozentanteil der Spiele, in denen mindestens eine Sieben angezeigt worden ist). Zu diesem Zweck definieren Sie im Standardmodul eine Funktion mit dem Namen *Quote* und eine globale Variable mit dem Namen *Spiele*. Diese

322

Lektion 10 Module und Prozeduren

Funktion soll jedes Mal aufgerufen werden, wenn die Schaltfläche *Neues Spiel* angeklickt wird. Das Ergebnis wird in einem neuen Bezeichnungsfeld angezeigt, das Sie in das Formular einfügen werden.

Eine Funktion zur Berechnung der Gewinnquote erstellen

❶ Öffnen Sie den Projekt-Explorer.

Im Projekt-Explorer werden die Komponenten des Projekts *NeuGewinne .vbp* angezeigt. Sie werden diese Komponenten unter dem Namen *NeuProzent* speichern, damit das Programm *NeuGewinne* erhalten bleibt.

❷ Klicken Sie auf das Formular *NeuGewinne.frm*. Wählen Sie im Menü *Datei* den Befehl *Speichern von NeuGewinne.frm unter*. Speichern Sie das Formular unter dem Namen **NeuProzent.frm** im Verzeichnis *\VB6SfS\Lekt10*.

❸ Klicken Sie im Projekt-Explorer auf das Standardmodul *NeuGewinne.bas*. Wählen Sie im Menü *Datei* den Befehl *Speichern von NeuGewinne.bas unter*. Speichern Sie das Modul unter dem Namen **NeuProzent.bas** auf der Festplatte.

❹ Wählen Sie im Menü *Datei* den Befehl *Projekt speichern unter*. Speichern Sie das Projekt unter dem Namen **NeuProzent.vbp**.

❺ Wenn das Formular nicht angezeigt wird, klicken Sie im Projekt-Explorer auf *NeuProzent.frm* und dann auf die Schaltfläche *Objekt anzeigen*.

Die Benutzeroberfläche des Programms *Lucky Seven* wird angezeigt.

❻ Schieben Sie das Bezeichnungsfeld *Gewinne* etwas näher an das Feld *Lucky Seven* heran, damit Sie Platz für ein weiteres Bezeichnungsfeld gewinnen. Unter Umständen müssen Sie die vorhandenen Bezeichnungsfelder etwas verkleinern.

❼ Legen Sie mit Hilfe des Steuerelements *Bezeichnungsfeld (Label)* ein neues Bezeichnungsfeld unterhalb des Felds *Gewinne* an. Weisen Sie den Eigenschaften den Bezeichnungsfelds die folgenden Werte zu:

Objekt	Eigenschaft	Einstellung
Label5	Alignment	2 - Zentriert
	Caption	„0,0%"
	Font	Arial, Fett Kursiv, 12 Punkt
	ForeColor	Rot
	Name	lblProzent

323

Lektion 10   Module und Prozeduren

Abbildung 10.10
Das Formular der Anwendung *Prozent*.

Das Bezeichnungsfeld *lblProzent*

Das Formular sollte jetzt so aussehen wie in Abbildung 10.10.

❽ Klicken Sie im Projekt-Explorer auf das Modul *NeuProzent.bas* und anschließend auf die Schaltfläche *Code anzeigen*.

Das Standardmodul *Module1* wird im Codefenster angezeigt.

❾ Deklarieren Sie unterhalb der Anweisung *Public Gewinne* eine zweite globale Variable:

```
Public Spiele
```

Das Standardmodul enthält jetzt zwei globale Variablen namens *Gewinne* und *Spiele*, auf die alle Prozeduren des Programms zugreifen können. In der Variablen *Spiele* wird die Anzahl der Spiele gespeichert.

❿ Fügen Sie nun die folgende Funktionsdeklaration ein:

```
Function Quote(Treffer, Versuche) As String
  Prozent = Treffer / Versuche
  Quote = Format(Prozent, "0,0%")
End Function
```

Die Funktion *Quote* gehört zum Standardmodul *Module1*.

Sobald Sie die erste Codezeile eingegeben haben, fügt Visual Basic eine neue Prozedur in das Standardmodul ein, um die Funktionsdeklaration aufzunehmen. Wenn Sie den restlichen Code eingegeben haben, sollte das Codefenster so aussehen wie in Abbildung 10.11.

Die Funktion *Quote* berechnet den Prozentanteil der gewonnenen Spiele, indem sie den Parameter *Treffer* durch den Parameter *Versuche* teilt. Anschließend formatiert sie das Ergebnis mit Hilfe der Funktion *Format*. Die Funktion *Quote* gibt die von der Funktion *Format* gelieferte Zeichenfolge zurück. Die Parameter *Treffer* und *Versuche* dienen als Platzhalter für die beiden Variablen, die der Funktion beim Aufruf übergeben wer-

Lektion 10   Module und Prozeduren

Abbildung 10.11
Das Codefenster mit der Funktion *Quote* aus dem Standardmodul *Module1*.

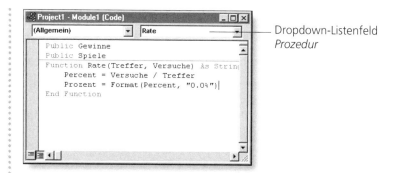

Dropdown-Listenfeld
Prozedur

den. Die Funktion *Quote* wurde so allgemein gehalten, dass sie mit beliebigen Konstanten und Variablen umgehen kann und nicht nur zur Berechnung einer Gewinnquote taugt.

⓫ Schließen Sie das Codefenster, und doppelklicken Sie im Formular *Lucky Seven* auf die Schaltfläche *Neues Spiel*, um nun die Ereignisprozedur *Command1_Click* anzuzeigen.

⓬ Fügen Sie nach der vierten Zeile der Ereignisprozedur (der dritten Anweisung mit der Funktion *Rnd*) folgende Anweisung ein:

```
Spiele = Spiele + 1
```

Durch diese Anweisung wird der Wert der Variablen *Spiele* jeweils um 1 erhöht, sobald der Anwender auf die Schaltfläche *Neues Spiel* klickt und neue Zahlen angezeigt werden.

⓭ Blättern Sie im Codefenster zum Ende der Prozedur *Command1_Click*, und geben Sie die folgende Anweisung als letzte Zeile der Prozedur ein, also zwischen die *End If*- und *End Sub*-Anweisung:

In diesem Funktionsaufruf werden zwei Variablen übergeben.

```
lblProzent.Caption = Quote(Gewinne, Spiele)
```

Beachten Sie beim Eingeben des Funktionsaufrufs von *Quote*, dass Visual Basic automatisch die Parameternamen dieser Funktion, die Sie eben erst erstellt haben, anzeigt.

In dieser Anweisung wird die Funktion *Quote* mit den Variablen *Gewinne* und *Spiele* als Parametern aufgerufen. Die Funktion gibt einen als Zeichenfolge formatierten Prozentwert zurück, und diese Zeichenfolge wird nach jedem Spiel der Eigenschaft *Caption* des Bezeichnungsfelds *lblProzent* zugewiesen. Das war's!

⓮ Schließen Sie das Codefenster, und klicken Sie auf die Schaltfläche *Projekt speichern*, um Ihre Projektdateien zu aktualisieren.

Führen Sie jetzt das Programm aus.

325

Lektion 10 — Module und Prozeduren

Sie finden alle zum Programm *Prozent.vbp* gehörenden Dateien im Verzeichnis *\VB6SfS\Lekt10*.

Abbildung 10.12
Das Fenster des Programms *NeuProzent* nach zehn Spielen.

Die tatsächliche Gewinnquote für *Lucky Seven* liegt bei ca. 28%.

Sub-Prozeduren verarbeiten Informationen.

Das Programm NeuProzent ausführen

❶ Klicken Sie auf die Schaltfläche *Starten*, um das Programm auszuführen.

❷ Klicken Sie zehn Mal auf die Schaltfläche *Neues Spiel*.

Bei den ersten fünf Spielen bleibt die Gewinnquote auf 100,0%. Sie gewinnen jedes Mal den Jackpot. In den folgenden Spielen sinkt die Gewinnquote auf 83,3%, 71,4%, 75,0% (wieder ein Gewinn), 66,7% und 60,0% (insgesamt sechs Gewinne in zehn Spielen). Nach zehn Spielen sieht das Programmfenster so aus wie Abbildung 10.12.

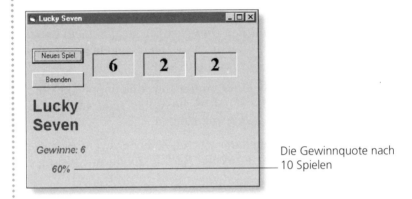

Die Gewinnquote nach 10 Spielen

Wenn Sie weiterspielen, werden Sie feststellen, dass die Gewinnquote bis auf etwa 28% sinkt. Die Funktion *Quote* zeigt Ihnen, dass Sie zu Beginn des Spiels eine ziemliche Glückssträhne hatten, aber nach einer Weile kommt die Wahrscheinlichkeitsrechnung zu ihrem Recht.

❸ Wenn Sie vom Glücksspiel genug haben, klicken Sie auf *Beenden*.

Das Programm wird beendet, und die Programmierumgebung wird wieder aktiviert.

Wenn Sie möchten, dass dieses Programm bei jedem Start eine andere zufällige Abfolge von Spielen erzeugt, fügen Sie in die Ereignisprozedur *Form_Load* einen Aufruf von *Randomize* ein. Eine genauere Anleitung hierzu finden Sie im Abschnitt *Einen Schritt weiter* in Lektion 2.

Sub-Prozeduren schreiben

Sub-Prozeduren unterscheiden sich von *Function*-Prozeduren lediglich dadurch, dass dem Namen einer *Sub*-Prozedur kein Rückgabewert zugeordnet ist. Sie werden häufig dazu verwendet, Benutzereingaben zu verarbeiten, Informationen anzuzeigen oder auszudrucken oder mehrere Eigenschaften in Abhängigkeit von einer Bedingung zu verändern. Oft werden in *Sub*-Prozeduren auch mehrere Variablen gleichzeitig verarbeitet und zurückgegeben. Die meisten Funktionen geben nur einen Wert zurück, *Sub*-Prozeduren können dagegen mehrere Werte zurückgeben.

Die Syntax von Sub-Prozeduren

Für *Sub*-Prozeduren gilt die folgende Syntax:

```
Sub Prozedurname([Parameter])
    Prozeduranweisungen
End Sub
```

Wichtig sind die folgenden Syntaxelemente:

- Der *Prozedurname* ist der Name der *Sub*-Prozedur, die Sie erstellen.

- Die *Parameter* bilden die Liste der optionalen Parameter, die von der Prozedur verwendet werden. Gibt es mehrere Parameter, werden sie durch Kommas voneinander getrennt.

- Die *Prozeduranweisungen* bilden einen Anweisungsblock, in dem die eigentliche Arbeit der *Sub*-Prozedur erledigt wird.

Die Parameter in einem Prozeduraufruf müssen mit den Parametern in der Deklaration der *Sub*-Prozedur übereinstimmen.

In einem Prozeduraufruf müssen die Anzahl und der Typ der Parameter, die an die *Sub*-Prozedur übergeben werden, mit der Deklaration der Prozedur übereinstimmen. Verändert die *Sub*-Prozedur die ihr übergebenen Variablen, werden die aktualisierten Variablen an das Programm zurückgegeben. Gemäß Vorgabe sind *Sub*-Prozeduren, die in einem Standardmodul deklariert werden, global und können somit in jeder beliebigen Ereignisprozedur aufgerufen werden.

Die Übergabe einer Variablen an eine Prozedur bezeichnet man als Parameterübergabe *als Referenz*, weil die Variable von der Prozedur verändert werden kann und der neue Wert an das Programm zurückgegeben wird. Wenn Sie eine Konstante an eine Prozedur übergeben (beispielsweise eine in Anführungszeichen eingeschlossene Zeichenfolge), spricht man von einer Parameterübergabe *als Wert*. Falls die Prozedur den Wert des Parameters ändert, wirkt sich diese Änderung nicht auf das übrige Programm aus. Mit Hilfe einer speziellen Notation können Sie auch Variablen als Wert übergeben. Nähere Informationen dazu finden Sie im Abschnitt *Variablen als Wert übergeben* weiter hinten in dieser Lektion.

Die folgende *Sub*-Prozedur fügt zur Laufzeit Namen in ein Listenfeld ein. Die *Sub*-Prozedur übernimmt eine Variable vom Typ String, die als Referenz übergeben wird. Wenn die Prozedur in einem Standardmodul deklariert wird, kann sie in jeder Ereignisprozedur des Programms aufgerufen werden.

```
NameInListenfeld(Name$)
    If Name$ <> "" Then
        Form1.List1.AddItem Name$
```

Lektion 10   **Module und Prozeduren**

```
        Msg$ = Name$ & "wurde in das Listenfeld eingefügt."
    Else
        Msg$ = "Kein Name angegeben."
    End If
    MsgBox (Msg$), , "Name hinzufügen"
End Sub
```

Diese Sub-Prozedur übernimmt den Parameter Name$.

Die Prozedur *NameInListenfeld* übergibt mit dem Parameter *Name$* den Namen, der in das Listenfeld eingefügt werden soll. In diesem Parameter kann zur Laufzeit eine String-Variable als Referenz übergeben werden. Falls *Name$* nicht leer oder *NULL* ist, wird der angegebene Name mit Hilfe der Methode *AddItem* in das Listenfeld *List1* eingefügt und mit der Funktion *MsgBox* eine Meldung angezeigt, die das Einfügen bestätigt. Wenn der Parameter *NULL* ist, führt die Prozedur die Methode *AddItem* nicht aus, sondern zeigt stattdessen die Meldung „Kein Name angegeben" an.

Wenn Sie mit in einer Prozedur in einem Standardmodul Eigenschaften festlegen, müssen Sie dem Namen des gewünschten Objekts den Namen des Formulars und einen Punkt voranstellen (im Beispiel *Form1*.). Damit machen Sie Visual Basic deutlich, welches Formular Sie meinen.

Sub-Prozeduren aufrufen

Literale werden als Wert übergeben.

Um in einem Programm eine *Sub*-Prozedur aufzurufen, geben Sie zuerst den Namen der Prozedur und dahinter die Parameter an, die die Prozedur benötigt. Mit der folgenden Anweisung rufen Sie die Prozedur *NameInListenfeld* mit einer String-Konstanten als Parameter auf (eine Parameterübergabe als Wert):

```
NameInListenfeld "Carola"
```

Variablen werden normalerweise als Referenz übergeben.

Um einen Parameter als Referenz zu übergeben, rufen Sie die Prozedur mit einer Variablen auf:

```
NameInListenfeld NeuerName$
```

In beiden Fällen fügt die Prozedur *NameInListenfeld* den angegebenen Namen in das Listenfeld ein. In dieser *Sub*-Prozedur ist es gleichgültig, ob die Parameter als Wert oder als Referenz übergeben werden, weil die Prozedur den Parameter nicht verändert.

Wie viel Platz Sie mit einer Prozedur sparen können, wird deutlich, wenn Sie wie im folgenden Beispiel die Prozedur sehr oft aufrufen:

```
NameInListenfeld "Carola"    'Zuerst zwei Namen einfügen
NameInListenfeld "Anton"
Do                           'Dann kann der Anwender weitere Namen angeben
    NeuerName$ = InputBox("Geben Sie einen Namen ein.", _
                    "Name hinzufügen")
```

Lektion 10 Module und Prozeduren

```
    NameInListenfeld NeuerName$
Loop Until NeuerName$ = ""
```

In diesem Beispiel kann der Anwender beliebig viele Namen in das Listenfeld einfügen. In der nächsten Übung werden Sie mit Hilfe einer *Sub*-Prozedur andere Arten von Eingaben verarbeiten.

Eingaben mit einer Sub-Prozedur verarbeiten

Eine häufige Verwendung von *Sub*-Prozeduren besteht darin, Programmeingaben zu verarbeiten, wenn die Informationen aus verschiedenen Quellen stammen und dasselbe Format aufweisen müssen. In der folgenden Übung werden Sie eine *Sub*-Prozedur mit dem Namen *NameHinzufügen* schreiben, die den Anwender zu einer Eingabe auffordert und den Text so formatiert, dass er in einem mehrzeiligen Textfeld angezeigt werden kann. Die Prozedur spart Entwicklungszeit, weil sie in zwei Ereignisprozeduren verwendet wird, die zu zwei verschiedenen Textfeldern gehören. Da die Prozedur in einem Standardmodul deklariert wird, müssen Sie sie nur einmal eingeben.

Eine Sub-Prozedur für ein Textfeld erstellen

❶ Wählen Sie im Menü *Datei* den Befehl *Neues Projekt*, und klicken Sie auf *OK*, um eine neue Standardanwendung zu erstellen.

Es wird ein neues, leeres Formular angezeigt.

❷ Erstellen Sie mit Hilfe des Steuerelements *Textfeld (TextBox)* zwei nebeneinander liegende Textfelder in der Mitte des Formulars. In diese Textfelder werden Sie die Namen von Mitarbeitern eingeben, die Sie zwei Abteilungen zuteilen. Heute können Sie also einmal Personalentscheidungen treffen.

❸ Legen Sie mit Hilfe des Steuerelements *Bezeichnungsfeld (Label)* oberhalb der Textfelder zwei Bezeichnungsfelder an.

Diese Bezeichnungsfelder sollen die Abteilungsnamen aufnehmen.

❹ Erstellen Sie mit Hilfe des Steuerelements *Befehlsschaltfläche (CommandButton)* unter den beiden Textfeldern je eine Befehlsschaltfläche und eine dritte am unteren Rand des Formulars.

Mit Hilfe der ersten beiden Befehlsschaltflächen werden Sie den Abteilungen Mitarbeiter zuteilen. Die dritte Befehlsschaltfläche dient zum Verlassen des Programms.

❺ Weisen Sie den Eigenschaften dieser Objekte die in der folgenden Tabelle genannten Werte zu.

Da die Textfelder mehrere Zeilen aufnehmen sollen, setzen Sie die Eigenschaft *MultiLine* jeweils auf *True* und die Eigenschaft *ScrollBars* auf *Ver-*

Lektion 10	Module und Prozeduren

tikal. Außerdem setzen Sie die Eigenschaft *TabStop* auf *False* und die Eigenschaft *Locked* auf *True*, damit der Inhalt der beiden Textfelder nicht bearbeitet werden kann. Diese Einstellungen sind typisch für Textfelder, in denen mehrere Zeilen Text angezeigt werden sollen.

Diese Einstellungen sind typisch für Textfelder, in denen mehrere Zeilen Text angezeigt werden sollen.

Objekt	Eigenschaft	Einstellung
Text1	Text	(Text)
	MultiLine	True
	ScrollBars	2 - Vertikal
	TabStop	False
	Locked	True
	Name	txtVertrieb
Text2	Text	(Text)
	MultiLine	True
	ScrollBars	2 - Vertikal
	TabStop	False
	Locked	True
	Name	txtMkt
Label1	Caption	„Vertrieb"
	Font	Fett
	Name	lblVertrieb
Label2	Caption	„Marketing"
	Font	Fett
	Name	lblMkt
Command1	Caption	„Neuer Name"
	Name	cmdVertrieb
Command2	Caption	„Neuer Name"
	Name	cmdMkt
Command3	Caption	„Beenden"
	Name	cmdBeenden
Form1	Caption	„Abteilungen zusammenstellen"

Wenn Sie fertig sind, sollte Ihr Formular so aussehen wie in Abbildung 10.13.

Lektion 10 Module und Prozeduren

Abbildung 10.13
Das Formular der
Anwendung *Team*.

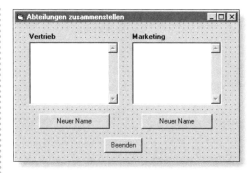

Nun werden Sie ein Standardmodul hinzufügen und eine allgemein verwendbare *Sub*-Prozedur namens *NameHinzufügen* erstellen.

❻ Wählen Sie im Menü *Projekt* den Befehl *Modul hinzufügen*, und klicken Sie auf *Öffnen*.

Im Codefenster wird ein neues Standardmodul angezeigt.

❼ Fügen Sie die Prozedur *NameHinzufügen* in das Standardmodul ein:

Mit der Zeichenkombination Chr(13) und Chr(10) können Sie eine neue Zeile in das Textfeld einfügen.

```
Sub NameHinzufügen(Team$, ReturnString$)
    Prompt$ = "Geben Sie den Namen eines " & Team$ & "Mitarbeiters ein."
    Nm$ = InputBox(Prompt$, "Dateneingabe")
    WrapCharacter$ = Chr(13) + Chr(10)
    ReturnString$ = Nm$ & WrapCharacter$
End Sub
```

Die *Sub*-Prozedur *NameHinzufügen* fordert den Anwender mit Hilfe der Funktion *InputBox* auf, den Namen eines Mitarbeiters einzugeben. Der Prozedur werden beim Aufruf zwei Parameter übergeben: *Team$*, ein String mit dem Namen der Abteilung, und *ReturnString$*, eine leere String-Variable, die den formatierten Mitarbeiternamen an die aufrufende Ereignisprozedur zurückgibt.

Vor der Rückgabe des Mitarbeiternamens werden ein Wagenrücklauf- und ein Zeilenvorschubzeichen an die Zeichenfolge angefügt, damit jeder Name im Textfeld in einer eigenen Zeile steht. Diese universelle Technik können Sie auf jedes beliebigen Textfeld übertragen.

Ihr Codefenster sollte nun so aussehen wie in Abbildung 10.14.

❽ Schließen Sie das Codefenster, und doppelklicken Sie im Formular auf die Schaltfläche *Neuer Name* (die Schaltfläche unter dem Textfeld *Vertrieb*). Geben Sie die folgenden Anweisungen in die Ereignisprozedur *cmdVertrieb_Click* ein:

```
NameHinzufügen "Vertriebs-", VertriebPosition$
txtVertrieb.Text = txtVertrieb.Text & VertriebPosition$
```

Lektion 10   Module und Prozeduren

Abbildung 10.14
Die *Sub*-Prozedur *NameHinzufügen* im Codefenster.

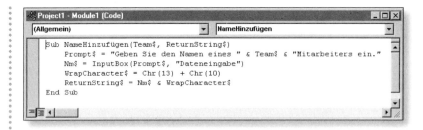

Im Aufruf der *Sub*-Prozedur *NameHinzufügen* wird der eine Parameter *(Vertriebs-)* als Wert und der andere *(VertriebPosition$)* als Referenz übergeben. In der zweiten Zeile wird der im Referenzparameter enthaltene Text mit Hilfe des Verkettungsoperators (&) an das Ende des Textfelds *txtVertrieb* angefügt.

❾ Öffnen Sie im Codefenster die Dropdown-Liste *Objekt*, und klicken Sie auf *cmdMkt*. Geben Sie in die Ereignisprozedur *cmdMkt_Click* die folgenden Anweisungen ein:

```
NameHinzufügen "Marketing-", MktPosition$
txtMkt.Text = txtMkt.Text & MktPosition$
```

Diese Ereignisprozedur unterscheidet sich nur darin *cmdVertrieb_Click*, dass sie der Prozedur *NameHinzufügen* die Zeichenfolge *Marketing-* übergibt und den Rückgabewert in das Textfeld *txtMkt* schreibt. Der besseren Lesbarkeit halber wurde außerdem der Name der lokalen Variablen für den Rückgabewert geändert.

❿ Öffnen Sie das Listenfeld *Objekt*, und klicken Sie auf *cmdBeenden*. Fügen Sie in die Ereignisprozedur *cmdBeenden_Click* die Anweisung **End** ein, und schließen Sie das Codefenster.

⓫ Klicken Sie in der Symbolleiste auf die Schaltfläche *Projekt speichern*. Wählen Sie das Verzeichnis *\VB6SfS\Lekt10* aus, und speichern Sie das Standardmodul unter dem Namen **NeuTeam.bas**. Speichern Sie das Formular unter dem Namen **NeuTeam.frm** und schließlich das Projekt unter dem Namen **NeuTeam.vbp**.

Das war's! Starten Sie jetzt das Programm *NeuTeam*.

Das Programm NeuTeam ausführen

❶ Klicken Sie in der Symbolleiste auf die Schaltfläche *Starten*, um das Programm auszuführen.

Sie finden das komplette Programm *Team.vbp* im Verzeichnis *\VB6SfS\Lekt10*.

❷ Klicken Sie auf die Schaltfläche *Neuer Name* unter dem Textfeld *Vertrieb*, und geben Sie in das Dialogfeld *Dateneingabe* den Namen **Maria Palermo** ein.

Das Dialogfeld *Dateneingabe* sollte nun wie in Abbildung 10.15 aussehen.

Lektion 10   Module und Prozeduren

Abbildung 10.15
Das Dialogfeld *Dateneingabe*.

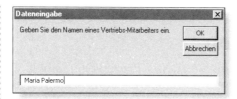

❸ Klicken Sie auf die Schaltfläche *OK*, um den Namen in das Textfeld *Vertrieb* einzufügen.

Der Name wird im Textfeld angezeigt.

❹ Klicken Sie auf die Schaltfläche *Neuer Name* unter dem Textfeld *Marketing*, geben Sie in das Dialogfeld *Dateneingabe* den Namen **Henry James** ein, und drücken Sie ⏎.

Der Name wird im Textfeld *Marketing* angezeigt. Das Programmfenster sollte jetzt so aussehen wie in Abbildung 10.16.

Abbildung 10.16
Das Fenster der Anwendung *NeuTeam* nach der Eingabe von zwei Namen.

❺ Nutzen Sie die einmalige Gelegenheit, Abteilungen ganz nach Ihrem Wunsch zu besetzen, und geben Sie vier oder fünf weitere Namen ein.

Jeder Name in den Textfeldern steht in einer eigenen Zeile. Die Textfelder führen keinen automatischen Bildlauf durch, so dass Sie nicht alle Namen sehen werden, wenn Sie sehr viele Namen eingegeben haben. Mit Hilfe der Bildlaufleisten können Sie auch die Namen anzeigen, die nicht sichtbar sind.

❻ Wenn Sie fertig sind, klicken Sie auf *Beenden*, um das Programm zu verlassen.

Lektion 10 | Module und Prozeduren

Einen Schritt weiter: Parameter als Wert übergeben

In den Erläuterungen zu *Sub*-Prozeduren haben Sie erfahren, dass Parameter als Referenz oder als Wert an Prozeduren übergeben werden können. Wenn eine Variable als Referenz übergeben wird (die Voreinstellung), wirken sich alle Änderungen der Variablen auf die aufrufende Prozedur aus. Sie haben dieses Verhalten ausgenutzt, als Sie im Programm *Neu-Team* mit Hilfe einer als Referenz übergebenen Variablen Namen in ein Textfeld eingefügt haben. Die Übergabe als Wert bringt einige Vorteile mit sich, solange Sie die Variable nicht aus Versehen innerhalb der Prozedur ändern. Betrachten Sie beispielsweise die folgende *Sub*-Prozedur und den anschließenden Aufruf:

```
Sub KostenPlusZins(Kosten, Summe)
    Kosten = Kosten * 1.05      '5% auf die Kosten aufschlagen...
    Summe = Int(Kosten)         'in Integer umwandeln und zurückgeben
End Sub
.
.
.
Preis = 100
Summe = 0
KostenPlusZins Preis, Summe
Print Preis; "ergibt bei 5% Zinsen"; Summe
```

Achten Sie auf die verborgenen Fallstricke bei der Übergabe von Parametern als Referenz.

In diesem Beispiel werden der Prozedur *KostenPlusZins* zwei Variablen als Referenz übergeben, nämlich *Preis* und *Summe*. Der Programmierer möchte den neuen Wert der Variablen *Summe* im anschließenden Aufruf von *Print* verwenden, denkt aber nicht daran, dass die Prozedur die Variable *Preis* in einem Zwischenschritt ebenfalls geändert hat. (Weil *Preis* als Referenz übergeben worden ist, wirken sich Änderungen am Parameter *Kosten* auf die Variable *Preis* aus.) Dadurch kommt das folgende falsche Ergebnis zustande, wenn das Programm ausgeführt wird:

```
105 ergibt bei 5% Zinsen 105
```

Das Schlüsselwort ByVal

Offensichtlich ließe sich das beschriebene Problem umgehen, indem man als Parameter übergebene Variablen grundsätzlich nicht modifiziert. Aber diese Lösung kann den Code aufblähen und ist bei der Entwicklung im Team nicht zuverlässig genug. Ein besseres Verfahren ist es, bei der Deklaration der Prozedur in der Parameterliste das Schlüsselwort *ByVal* anzugeben. Auf diese Weise behält Visual Basic eine Kopie der ursprünglichen Variablen bei, die dem Programm nach Beenden der Prozedur

Lektion 10 ⋮ **Module und Prozeduren**

unverändert zurückgegeben wird – auch wenn die Variable innerhalb der Prozedur geändert worden ist. Wie das Schlüsselwort *ByVal* verwendet wird, sehen Sie im folgenden Beispiel:

```
Sub KostenPlusZins(ByVal Kosten, Summe)
```

Wenn dem Parameter *Kosten* in der Deklaration das Schlüsselwort *ByVal* vorangestellt wird, liefert das Programm korrekte Ergebnisse:

```
100 ergibt bei 5% Zinsen 105
```

Variablen als Wert übergeben

Um eine Variable als Wert zu übergeben, setzen Sie sie in runde Klammern.

Wenn Sie das Schlüsselwort *ByVal* nicht verwenden möchten, können Sie auf andere Weise verhindern, dass eine übergebene Variable verändert wird: Sie können die Variable in eine Konstante umwandeln, indem Sie sie in runde Klammern setzen. Dieser selten genutzte Trick funktioniert in Visual Basic immer, und er verbessert die Verständlichkeit von Prozeduraufrufen. Wenn Sie die Variable explizit als Wert übergeben, weiß jeder, was gemeint ist. Außerdem eröffnet sich damit eine effiziente Möglichkeit, eine Variable *manchmal* als Wert zu übergeben. Die Syntax dieser Art des Aufrufs können Sie dem folgenden Beispiel entnehmen:

```
KostenPlusZins (Preis), Summe
```

Wenn *KostenPlusZins* auf diese Weise aufgerufen wird, gibt das Beispielprogramm das richtige Ergebnis aus:

```
100 ergibt bei 5% Zinsen 105
```

In dieser Lektion haben Sie gelernt, globale Variablen, Funktionen und *Sub*-Prozeduren einzusetzen. Wenn Ihre Programme größer werden, sollten Sie von diesen Konstrukten unbedingt Gebrauch machen. Sie werden feststellen, dass Sie auf diese Weise sehr viel Zeit sparen und den Code in anderen Projekten wieder verwenden können.

Wenn Sie mit der nächsten Lektion fortfahren möchten

Beenden Sie Visual Basic nicht, und fahren Sie mit Lektion 11 fort.

Wenn Sie Visual Basic vorerst beenden möchten

Wählen Sie im Menü *Datei* den Befehl *Beenden*. Wenn Sie aufgefordert werden zu speichern, klicken Sie auf *Ja*.

Lektion 10 Module und Prozeduren

Zusammenfassung der Lektion

Möchten Sie	**dann**
ein Objekt benennen,	geben Sie für die Eigenschaft *Name* einen eindeutigen Namen an. Halten Sie die Namenskonventionen ein, damit das Objekt leichter identifiziert werden kann.
ein neues Modul erstellen,	klicken Sie auf den nach unten gerichteten Pfeil neben der Schaltfläche *Formular hinzufügen* und wählen *Modul* aus der Liste, *oder* wählen Sie im Menü *Projekt* den Befehl *Modul hinzufügen*.
ein neues Modul speichern,	markieren Sie das Modul im Projekt-Explorer und wählen im Menü *Datei* den Befehl *Speichern von Module1 unter*.
ein Modul aus einem Programm entfernen,	markieren Sie das Modul im Projekt-Explorer und wählen im Menü *Projekt* den Befehl *Entfernen*.
ein vorhandenes Modul zu einem Programm hinzufügen,	wählen Sie im Menü *Projekt* den Befehl *Datei hinzufügen*.
eine globale Variable erstellen,	deklarieren Sie die Variable in einem Standardmodul und geben dabei das Schlüsselwort *Public* an, wie in `Public Umsatz As Integer`

eine globale Funktion erstellen,	fügen Sie in ein Standardmodul das Schlüsselwort *Function*, die Funktionsanweisungen und das Schlüsselwort *End Function* ein. Funktionen sind gemäß Voreinstellung global. Ein Beispiel:
	`Function Quote(Treffer, Versuche) As String`
	`    Prozent = Treffer / Versuche`
	`    Quote = Format(Prozent, "0,0%")`
	`End Function`

eine benutzerdefinierte Funktion aufrufen,	geben Sie den Prozedurnamen und alle erforderlichen Parameter als Anweisung in einer Ereignisprozedur an, wie in `lblProzent.Caption = Quote(Treffer, Versuche)` ▶

Lektion 10   **Module und Prozeduren**

Möchten Sie	dann
eine *Sub*-Prozedur erstellen,	fügen Sie in ein Standardmodul das Schlüsselwort *Sub*, die Prozeduranweisungen und das Schlüsselwort *End Sub* ein. Prozeduren sind gemäß Voreinstellung global. Ein Beispiel:

```
Sub KostenPlusZins(Kosten, Summe)
    Kosten = Kosten * 1.05
    Summe = Int(Kosten)
End Sub
```

eine *Sub*-Prozedur aufrufen,	geben Sie den Prozedurnamen und alle erforderlichen Parameter als Anweisung in einer Ereignisprozedur an, wie in

```
KostenPlusZins Netto, Brutto
```

auf eine Objekteigenschaft in einer allgemein verwendbaren Prozedur zugreifen,	stellen Sie dem Namen des Objekts den Formularnamen und einen Punkt (.) voran, wie in

```
Form1.Label1.Caption
```

Parameter als Wert übergeben,	übergeben Sie eine Konstante oder eine in runde Klammern gesetzte Variable, wie in

```
BerechneZins (Preis)
```
oder
```
BerechneZins 500
```

einen Parameter als Referenz übergeben,	geben Sie als Parameter eine Variable an:

```
BerechneZins Preis
```

11 Auflistungen und Datenfelder

Geschätzte Dauer:
45 Minuten

In dieser Lektion lernen Sie

- wie Sie mit Auflistungen arbeiten.
- wie Sie Auflistungen mit *For Each...Next*-Anweisungen verarbeiten.
- wie Sie Variablen in Datenfeldern zusammenfassen.

Die in einem Formular enthaltenen Objekte können zu Gruppen zusammengefasst werden, die man als *Auflistungen* bezeichnet. In dieser Lektion werden Sie die Standardauflistungen in einem Microsoft Visual Basic-Programm kennen lernen und sehen, wie Auflistungen mit einem speziellen Schleifenkonstrukt (*For Each...Next*) verarbeitet werden. Zudem werden Sie erfahren, wie man Variablen in sogenannten *Datenfeldern* oder Arrays zusammenfasst. Datenfelder erleichtern die Verwaltung von Programmdaten, und sie bieten einen guten Einstieg in die Datenbankprogrammierung, mit der wir uns in Lektion 13 auseinander setzen werden.

Objektauflistungen verwenden

Unter einer Auflistung versteht man eine Gruppe von zusammengehörigen Objekten.

Sie wissen bereits, dass die in einem Formular enthaltenen Objekte in derselben Datei gespeichert werden. Aber wussten Sie auch, dass diese Objekte als Mitglieder derselben Gruppe betrachtet werden? In der Terminologie von Visual Basic nennt man die Gruppe der in einem Formular enthaltenen Steuerelemente die Auflistung *Controls*. Diese Auflistung wird beim Öffnen eines neuen Formulars automatisch angelegt und erweitert, sobald Sie neue Objekte in das Formular einfügen. Tatsächlich verwaltet Visual Basic mehrere Standardauflistungen von Objekten, die Sie beim Schreiben Ihrer Programme verwenden können. Im ersten Teil dieser Lektion werden Sie sich die Grundkenntnisse aneignen, die Sie benötigen, um mit beliebigen Auflistungen arbeiten zu können.

Zur Schreibweise von Auflistungen

Jede Auflistung in einem Programm trägt einen eigenen Namen, so dass Sie im Programmcode auf die Auflistung als separate Einheit Bezug neh-

Lektion 11　　**Auflistungen und Datenfelder**

men können. Wie Sie gerade erfahren haben, heißt beispielsweise die Auflistung, die alle Objekte eines Formulars enthält, *Controls*. Weil ein Programm aber mehrere Formulare (und deshalb mehrere *Controls*-Auflistung) enthalten kann, müssen Sie den Formularnamen angeben, wenn Sie in einem Programm, das mehrere Formulare umfasst, auf eine *Controls*-Auflistung zugreifen möchten. Auf die *Controls*-Auflistung von *Form1* würden Sie beispielsweise in folgender Weise Bezug nehmen:

```
Form1.Controls
```

Jedes Formular enthält eine Auflistung namens Controls.

Wegen des Punktes zwischen dem Objektnamen *Form1* und dem Schlüsselwort *Controls* sieht *Controls* in dieser Schreibweise wie eine Eigenschaft aus. Aus der Sicht eines Visual Basic-Programmierers ist die Auflistung *Controls* jedoch ein Objekt, das im Objekt *Form1* enthalten ist. Die Objekte stehen in einer ähnlichen Beziehung oder *Hierarchie* zueinander wie die Verzeichnisse in einem Pfadnamen. Sie werden dieser Schreibweise wieder begegnen, wenn Sie in Lektion 14 mit Anwendungsobjekten zu arbeiten beginnen.

In Visual Basic sind Sie nicht auf die Objekte und Auflistungen aus Ihren eigenen Programmen beschränkt. Sie können vielmehr das System nach anderen Anwendungsobjekten durchsuchen und diese in Ihren Programmen verwenden. Wir werden dieses Thema in Lektion 14 wieder aufgreifen, wenn wir uns mit dem Objektkatalog von Visual Basic befassen werden.

Auf Objekte einer Auflistung verweisen

Auf die einzelnen Objekte oder Elemente einer Auflistung können Sie auf verschiedene Weise Bezug nehmen. Die erste Möglichkeit besteht darin, den Namen des Objekts in einer Zuweisung direkt anzugeben, wie im folgenden Beispiel:

```
Form1.Controls!Label1.Caption = "Mitarbeiter"
```

Mit dieser Anweisung wird der Eigenschaft *Caption* des Objekts *Label1* aus der Auflistung *Controls* der Wert *Mitarbeiter* zugewiesen. Das Ausrufezeichen (!) besagt, dass das Objekt *Label1* zu der Auflistung *Controls* gehört. Obwohl diese Anweisung wie ein Zungenbrecher für den Compiler aussieht, spiegelt sie doch die Hierarchie innerhalb der Auflistung präzise wider.

Auf die Elemente einer Auflistung kann einzeln oder als Gruppe Bezug genommen werden.

Die zweite Möglichkeit, auf ein Element einer Auflistung zuzugreifen, besteht in der Angabe der *Indexposition* des Elements. Visual Basic speichert die Elemente einer Auflistung in der umgekehrten Reihenfolge, in der sie erstellt wurden. Sie können also auf ein bestimmtes Objekt zugreifen, wenn Sie die Reihenfolge kennen, in der die Objekte der Auflistung angelegt wurden. Außerdem können Sie mit Hilfe einer Schleife über die

Lektion 11 ⋮ **Auflistungen und Datenfelder**

Indexposition auf mehrere Objekte zugreifen. Um beispielsweise auf das Objekt zu verweisen, das in einem Formular als letztes erstellt worden ist, geben Sie die Indexposition 0 an, wie im folgenden Beispiel:

```
Form1.Controls(0).Caption = "Büro"
```

Mit dieser Anweisung wird der Eigenschaft *Caption* des letzten Objekts im Formular der Wert *Büro* zugewiesen. (Das vorletzte Objekt hat den Index 1, das drittletzte Objekt den Index 2 usw.)

Schleifen mit For Each...Next

Obwohl man auch auf einzelne Elemente zugreifen kann, ist die Verwendung von Auflistungen am effizientesten, wenn man die darin enthaltenen Objekte als Gruppe verarbeitet. Tatsächlich wurden Auflistungen überhaupt nur deswegen erfunden, damit man Objektgruppen effizient verarbeiten kann. Es ist beispielsweise durchaus denkbar, dass Sie sämtliche Objekte einer Auflistung gleichzeitig anzeigen, verschieben, sortieren oder umbenennen möchten.

For Each...Next-Schleifen dienen zur Verarbeitung von Auflistungen.

Für solche Aufgaben steht ein spezielles Schleifenkonstrukt, die *For Each ...Next*-Schleife zur Verfügung. Sie können damit nacheinander auf sämtliche Objekte der Auflistung zugreifen. Die *For Each...Next*-Schleife ähnelt der *For...Next*-Schleife, die Sie in Lektion 7 kennen gelernt haben. Wenn man die *Controls*-Auflistung mit diesem Schleifenkonstrukt bearbeiten möchte, sieht das wie folgt aus:

```
For Each Steuerelement in Formularname.Controls
  Objekt verarbeiten
Next Steuerelement
```

Die Variable Steuerelement repräsentiert das aktuelle Objekt in einer For Each...Next-Schleife.

Steuerelement ist eine spezielle Variable, die das aktuelle Objekt der Auflistung repräsentiert, und *Formularname* ist der Name des Formulars. Im Anweisungsblock der Schleife werden die einzelnen Objekte der Auflistung verarbeitet. Sie könnten beispielsweise die Eigenschaften *Enabled*, *Left*, *Top*, *Caption* oder *Visible* der Objekte in der Auflistung ändern oder die Namen dieser Objekte in ein Listenfeld eintragen.

Eine Gruppe von Objekten verschieben

In der folgenden Übung werden Sie mit Hilfe der *Controls*-Auflistung eine Gruppe von Objekten gleichzeitig von links nach rechts über das Formular verschieben. Das Programm verwendet eine *For Each...Next*-Schleife, um die Objekte zu verschieben, wenn der Anwender eine Befehlsschaltfläche mit dem Namen *Objekte verschieben* anklickt. Manchmal erfordern bestimmte Elemente einer Auflistung eine Sonderbehandlung, und deshalb werden Sie in der übernächsten Übung lernen, wie das Programm modifiziert werden muss, damit alle Objekte mit Ausnahme der Befehlsschaltfläche verschoben werden.

Lektion 11　　Auflistungen und Datenfelder

Mit einer For Each...Next-Schleife die Controls-Auflistung bearbeiten

❶ Starten Sie Visual Basic.

Das Dialogfeld *Neues Projekt* wird angezeigt.

❷ Klicken Sie auf das Register *Vorhanden*, und öffnen Sie im Ordner *\VB6SfS\Lekt11* das Projekt *Bewegen.vbp*.

❸ Markieren Sie im Projekt-Explorer das Formular *Bewegen.frm*, und klicken Sie auf die Schaltfläche *Objekt anzeigen*.

Das Formular *Mit Auflistungen arbeiten* aus Abbildung 11.1 wird in der Programmierumgebung angezeigt.

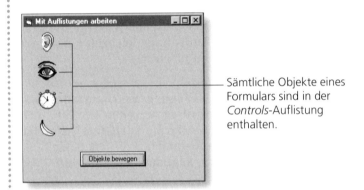

Abbildung 11.1
Das Formular der Anwendung *Bewegen*.

Sämtliche Objekte eines Formulars sind in der *Controls*-Auflistung enthalten.

Dieses Formular enthält fünf Objekte, die alle Elemente der *Controls*-Auflistung sind. Die Eigenschaften *Picture*, *Name* und *Caption* dieser Objekte wurden bereits eingestellt. Sie müssen nur noch den Code beisteuern, mit dem diese Objekte über den Bildschirm bewegt werden.

❹ Doppelklicken Sie im Formular auf die Schaltfläche *Objekte bewegen*.

Im Codefenster wird die Ereignisprozedur *cmdButton_Click* angezeigt.

❺ Fügen Sie folgende Anweisungen ein:

```
For Each Ctrl In Controls
  Ctrl.Left = Ctrl.Left + 200
Next Ctrl
```

Mit Hilfe einer *For Each...Next*-Schleife wird der Wert der Eigenschaft *Left* für jedes Objekt eingestellt, so dass die Objekte gemeinsam verschoben werden.

Bei jedem Anklicken der Schaltfläche *Objekte bewegen* wird in dieser *For Each...Next*-Schleife die *Controls*-Auflistung durchlaufen und jedes Objekt um 200 Twips nach rechts verschoben. (Um die Objekte um 200 Twips nach links zu verschieben, müsste man den entsprechenden Betrag subtrahieren.) Die Variable *Ctrl* dient als Platzhalter für das aktuelle Objekt der Auflistung und hat folglich dieselben Eigenschaften wie

Lektion 11 Auflistungen und Datenfelder

das Objekt, das sie repräsentiert. In dieser Schleife wird der Wert der Eigenschaft *Left* geändert, die die relative Position eines Objekts zum linken Formularrand festlegt.

❻ Wählen Sie im Menü *Datei* den Befehl *Speichern von Bewegen.frm unter*. Speichern Sie das Formular unter dem Namen **NeuBewegen.frm**.

❼ Wählen Sie im Menü *Datei* den Befehl *Projekt speichern unter*. Speichern Sie das Projekt unter dem Namen **NeuBewegen.vbp**.

❽ Schließen Sie das Codefenster, und klicken Sie in der Symbolleiste auf die Schaltfläche *Starten*.

Das Programm wird ausgeführt, und auf der linken Seite des Formulars werden vier Symbole angezeigt. Am unteren Rand des Formulars befindet sich eine Befehlsschaltfläche.

Die Schaltfläche Objekte bewegen wird zusammen mit den anderen Objekten verschoben, wenn sie angeklickt wird.

❾ Klicken Sie mehrmals auf die Schaltfläche *Objekte bewegen*.

Bei jedem Anklicken der Schaltfläche werden die Objekte im Formular nach rechts verschoben. Die Schaltfläche *Objekte bewegen* bewegt sich synchron zu den Anzeigefeldern, weil auch sie ein Element der Auflistung *Controls* ist.

❿ Klicken Sie in der Symbolleiste auf die Schaltfläche *Beenden*, um das Programm zu verlassen.

Es müssen nicht zwangsläufig alle Objekte gemeinsam verschoben werden. In Visual Basic können Sie einzelne Elemente einer Auflistung gesondert behandeln, wenn Sie möchten. In der nächsten Übung werden Sie erfahren, wie Sie erreichen, dass die Schaltfläche *Objekte bewegen* an Ort und Stelle bleibt, während sich die Anzeigefelder nach rechts bewegen.

Die Eigenschaft Tag in einer For Each...Next-Schleife auswerten

Wenn Sie ein oder mehrere Elemente einer Auflistung anders als die übrigen Elemente verarbeiten möchten, können Sie die Eigenschaft *Tag* verwenden. Sie weisen der *Tag*-Eigenschaft der Objekte, die anders behandelt werden sollen, einen Wert zu. Das Programm wertet diese Eigenschaft beim Verarbeiten der Objekte in der *For Each...Next*-Schleife aus. Je nachdem, welchen Wert die *Tag*-Eigenschaft eines bestimmten Objekts hat, verarbeitet das Programm das Objekt in gewohnter Weise oder unterzieht es einer Sonderbehandlung.

Mit Hilfe der Eigenschaft Tag werden die Objekte identifiziert, die in einer Schleife eine Sonderbehandlung erfahren sollen.

Nehmen wir beispielsweise an, Sie haben der Eigenschaft *Tag* des Objekts *imgBanana* im Programm *NeuBewegen* den Wert „langsam" zugewiesen. Dann können Sie in der Schleife mit Hilfe einer *If...Then*-Anweisung die Eigenschaft abfragen und das betreffende Objekt (die Banane) um ein kürzeres Stück verschieben als die anderen Objekte.

Lektion 11   Auflistungen und Datenfelder

Wenn Sie mehrere Objekte in einer *For Each...Next*-Schleife einer Sonderbehandlung unterziehen möchten, können Sie die *If...Then*-Kontrollstruktur durch *ElseIf*-Anweisungen erweitern oder eine *Select Case*-Anweisung verwenden.

In der folgenden Übung werden Sie der Eigenschaft *Tag* des Objekts *cmdButton* den Wert *Schalter* zuweisen, um auf diese Weise zu verhindern, dass die Schaltfläche in der *For Each...Next*-Schleife nach rechts verschoben wird.

Mit Hilfe der Eigenschaft Tag ein einzelnes Auflistungsobjekt gesondert behandeln

❶ Wählen Sie im Menü *Datei* den Befehl *Speichern von NeuBewegen.frm unter*. Speichern Sie das Formular unter dem Namen **NeuTag.frm**.

Sie speichern das Programm vor den kommenden Änderungen unter einem anderen Namen, damit das ursprüngliche Projekt *NeuBewegen* erhalten bleibt.

❷ Wählen Sie im Menü *Datei* den Befehl *Projekt speichern unter*. Speichern Sie das Projekt unter dem Namen **NeuTag.vbp**.

❸ Klicken Sie im Formular auf die Schaltfläche *Objekte bewegen*, und öffnen Sie das Eigenschaftenfenster.

❹ Geben Sie für die Eigenschaft *Tag* des Objekts *cmdButton* den Wert **Schalter** ein.

❺ Doppelklicken Sie im Formular auf die Schaltfläche *Objekte bewegen*.

Im Codefenster wird die Ereignisprozedur *cmdButton_Click* angezeigt (siehe Abbildung 11.2).

Abbildung 11.2
Das Codefenster mit der Ereignisprozedur *cmdButton_Click*.

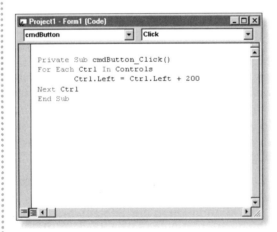

Lektion 11 Auflistungen und Datenfelder

❻ Bearbeiten Sie die Ereignisprozedur, so dass sie schließlich wie folgt aussieht (die dritte und die fünfte Zeile sind neu hinzugekommen, und die vierte Zeile wurde weiter eingerückt):

```
Private Sub cmdButton_Click()
For Each Ctrl In Controls
  If Ctrl.Tag <> "Schalter" Then
    Ctrl.Left = Ctrl.Left + 200
  End If
Next Ctrl
End Sub
```

Die *If...Then*-Anweisung prüft, ob die Eigenschaft *Tag* den Wert *Schalter* enthält.

In die *For Each...Next*-Schleife ist eine *If...Then*-Anweisung eingefügt worden, die jedes Auflistungselement daraufhin prüft, ob die Eigenschaft *Tag* den Wert *Schalter* enthält. Objekte mit dieser Kennung werden nicht verschoben. Der Wert *Schalter* hat in Visual Basic keine besondere Bedeutung. Sie könnten auch einen anderen Wert verwenden, um die Befehlsschaltfläche zu kennzeichnen, beispielsweise „Nicht verschieben" oder „Finger weg".

❼ Schließen Sie das Codefenster, und klicken Sie in der Symbolleiste auf die Schaltfläche *Starten*.

Das Programm wird ausgeführt, und die fünf Benutzeroberflächenelemente werden auf dem Formular angezeigt.

❽ Klicken Sie sieben oder acht Mal auf die Schaltfläche *Objekte bewegen*.

Bei jedem Klick auf die Schaltfläche werden die Symbole im Formular über den Bildschirm verschoben. Die Schaltfläche *Objekte bewegen* bleibt dagegen an Ort und Stelle (siehe Abbildung 11.3).

Abbildung 11.3
Das Fenster der Anwendung *NeuTag* nach einigen Mausklicks.

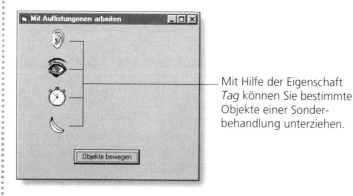

Mit Hilfe der Eigenschaft *Tag* können Sie bestimmte Objekte einer Sonderbehandlung unterziehen.

Sie finden alle zum Programm *Tag.vbp* gehörenden Dateien im Verzeichnis \VB6SfS\Lekt11.

Die Möglichkeit, ein Auflistungsobjekt durch Abfragen der Eigenschaft *Tag* besonders zu behandelt, kann von großem Nutzen sein. In diesem Fall konnte durch die Sonderbehandlung der Schaltfläche letztlich eine

Lektion 11   Auflistungen und Datenfelder

leichter zu bedienende Benutzeroberfläche realisiert werden. Wenn Sie in Visual Basic Auflistungen bearbeiten, sollten Sie immer an diese Möglichkeit denken.

❾ Klicken Sie in der Symbolleiste auf die Schaltfläche *Beenden*.

❿ Klicken Sie in der Symbolleiste auf die Schaltfläche *Projekt speichern*, um Ihre Änderungen an *NeuTag.vbp* zu speichern.

Nützliche Visual Basic-Auflistungen

Neben der Auflistung *Controls* unterstützt Visual Basic weitere Auflistungen, die in der folgenden Tabelle 11.1 aufgeführt sind. Weitere Informationen hierzu finden Sie in der Online-Hilfe zu Visual Basic unter dem Stichwort *Auflistungen*.

Tabelle 11.1
In Visual Basic unterstützte Auflistungstypen.

Auflistung	Beschreibung
Forms	Eine Auflistung aller Formulare, die in einem Programm geladen worden sind. Mit Hilfe einer *For Each...Next*-Schleife können Sie die Eigenschaften dieser Formulare oder der darin enthaltenen Objekte ändern.
Printers	Eine Auflistung aller Drucker, die auf Ihrem Rechner zur Verfügung stehen. Mit Hilfe einer *For Each...Next*-Schleife und der Methode *AddItem* können Sie die Namen der verfügbaren Drucker in einem Listenfeld anzeigen, so dass der Anwender einen Drucker auswählen kann.
Datenbankauflistungen	Eine Reihe von Auflistungen für den Datenzugriff und die Datenbankverwaltung. Besonders nützlich sind die Auflistungen *Columns*, *Containers*, *Indexes* und *Databases*. In der nächsten Lektion werden Sie mehr über Datenbanken erfahren.

Auflistungen in Visual Basic für Applikationen

Wenn Sie später einmal Visual Basic-Makros für Microsoft Office-Anwendungen schreiben, werden Sie herausfinden, dass Auflistungen eine bedeutende Rolle im Objektmodell von Microsoft Word, Microsoft Excel, Microsoft Access, Microsoft PowerPoint und verschiedenen anderen Anwendungen spielen, die die Programmiersprache Visual Basic für Applikationen unterstützen. In Microsoft Word werden beispielsweise alle aktuell geöffneten Dokumente in der Auflistung *Documents* und alle im aktuellen Dokument enthaltenen Absätze in der Auflistung *Paragraphs*

346

Lektion 11 Auflistungen und Datenfelder

gespeichert. Sie können diese Auflistungen ebenso mit einer *For...Each*-Schleife bearbeiten wie die *Controls*-Auslistung aus der vorigen Übung.

Der folgende Beispielcode stammt aus einem Word 97-Makro, das mit Hilfe einer *For...Each*-Schleife jedes geöffnete, in der *Documents*-Auflistung enthaltene Dokument nach dem Namen *Brief.doc* überprüft. Wird diese Datei in der Auflistung gefunden, ernennt das Makro die Datei *Brief.doc* mit Hilfe der Methode *Activate* zu dem in Word aktiven Dokument. Befindet sich die Datei nicht in der Auflistung, lädt das Makro die Datei aus dem Ordner *Beispiele* von Laufwerk C.

```
Dim aDoc, docFound, docLocation
docLocation = "c:\Beispiele\Brief.doc"
For Each aDoc In Documents
    If InStr(1, aDoc.Name, "Brief.doc", 1) Then
        aDoc.Activate
        Exit For
    Else
        docFound = False
    End If
Next aDoc
If docFound = False Then Documents.Open FileName:=docLocation
```

Ich habe dieses Word97-Beispielmakro hier angeführt, um zu zeigen, wie Auflistungen in Visual Basic für Applikationen verwendet werden. Dieses Makro ist allerdings auf Microsoft Word zugeschnitten und nicht auf den Visual Basic-Compiler. Wenn Sie dieses Makro ausprobieren möchten, müssen Sie Microsoft Word 97 öffnen und den Code in den Makro-Editor von Word eingeben. (Wenn Word nicht geöffnet ist, kann der Compiler mit der *Documents*-Auflistung nichts anfangen.) Nähere Informationen und Übungen zu Word-Makros finden Sie in meinem Buch *Microsoft Word 97 Visual Basic Schritt für Schritt*, Michael Halvorson und Chris Kinata (Microsoft Press, 1997).

Zu Beginn des Makros werden drei Variablen vom Typ Variant deklariert. Die Variable *aDoc* repräsentiert das aktuelle Auflistungselement, das in der *For...Each*-Schleife gerade bearbeitet wird. Der Variablen *docFound* wird der Boolesche Wert False zugewiesen, wenn das Dokument in der *Documents*-Auflistung nicht gefunden wird. In der Variablen *docLocation* wird den Pfadnamen der Datei *Brief.doc* gespeichert. (Diese Routine setzt voraus, dass sich die Datei *Brief.doc* in einem Ordner namens *Beispiele* auf Laufwerk C befindet.)

Die *For...Each*-Schleife vergleicht die Namen der in der *Documents*-Auflistung enthaltenen Dokumente nacheinander mit dem gesuchten Dateinamen. Wird der Dateiname von der Funktion *InStr* (die in andere Zeichenfolgen eingebettete Zeichenfolgen erkennt) gefunden, wird diese

Lektion 11 : *Auflistungen und Datenfelder*

Datei zum aktiven Dokument ernannt. Wird die Datei nicht gefunden, öffnet das Makro die Datei unter Verwendung der Methode *Open* des *Document*-Objekts.

Beachten Sie die *Exit For*-Anweisung, die ich verwende, um die *For... Each*-Schleife zu verlassen, sobald die Datei *Brief.doc* gefunden und aktiviert wurde. *Exit For* ist eine spezielle Programmanweisung, mit der Sie die Ausführung einer *For...Next*- oder eine *For...Each*-Schleife beenden können, wenn weitere Schleifendurchläufe zu unerwünschten Ergebnissen führen würden. Zum Beispiel wäre in unserem Beispiel die Fortsetzung der Suche ein sinnloses Unterfangen, nachdem die Datei *Brief.doc* gefunden worden ist. Hier stellt die *Exit For*-Anweisung eine elegante Möglichkeit dar, die Ausführung der Schleife zu beenden, sobald sie ihre Aufgabe erfüllt hat.

Mit Datenfeldern von Variablen arbeiten

In Lektion 7 haben Sie durch Ausschneiden und Einfügen ein Steuerelementefeld erzeugt, in dem mehrere Bildfelder unter demselben Objektnamen gespeichert wurden. Auf diese Weise waren Sie in der Lage, eine ganze Gruppe von Bildfeldern in einer einzigen *For...Next*-Schleife zu verarbeiten.

Ein Datenfeld ist eine Menge von Werten, die unter demselben Namen gespeichert werden.

In diesem Abschnitt werden Sie lernen, mit ähnliche Techniken Variablen in einem Datenfeld zu speichern. Wie Steuerelementefelder und Auflistungen dienen Variablendatenfelder (oder einfach Datenfelder) dazu, eine ganze Gruppe von Werten über einen einzigen Namen anzusprechen und diese Wert einzeln oder als Gruppe in einer *For...Next*- oder *Do*-Schleife zu verarbeiten.

Der Zweck von Datenfeldern besteht hauptsächlich in der Verwaltung großer Datenmengen, die mit gewöhnlichen Variablen nicht in den Griff zu bekommen wären. Stellen Sie sich vor, Sie müssten in einem Programm die Tages- und Nachttemperaturen einer ganzen Woche aufzeichnen. Sie könnten auf die Idee kommen, zwei Gruppen von je sieben Variablen (also insgesamt vierzehn Variablen) zu deklarieren. Damit Sie sie nicht verwechseln, müssten Sie die Variablen eindeutig benennen (beispielsweise *Tag1TagesTemp*, *Tag1NachtTemp*, *Tag2TagesTemp* usw.). Die Verwendung einzelner Variablen würde sowohl viel Zeit als auch viel Platz in Anspruch nehmen. Glücklicherweise haben Sie in Visual Basic die Möglichkeit, solche Variablengruppen in einem Datenfeld unter einem gemeinsamen Namen zusammenzufassen und mit einem einfach zu verwendenden Index darauf zuzugreifen. Sie können beispielsweise ein zweidimensionales Datenfeld mit 2 mal 7 Elementen und dem Namen *Temperaturen* deklarieren. Sehen wir uns an, wie dies funktioniert.

348

Lektion 11 Auflistungen und Datenfelder

Datenfelder anlegen

Bevor Sie ein Datenfeld verwenden können, müssen Sie es deklarieren.

Datenfelder werden genauso erstellt oder *deklariert* wie andere Variablen. Der Ort der Deklaration entscheidet darüber, wo das Datenfeld im Programm verwendet werden kann, welchen *Gültigkeitsbereich* es also hat. Ein lokal deklariertes Datenfeld kann nur in der Prozedur verwendet werden, in der es deklariert worden ist. Ein Datenfeld, das mit dem Schlüsselwort *Public* als globales Datenfeld in einem Standardmodul deklariert worden ist, kann an beliebigen Stellen im Programm verwendet werden. Die Deklaration muss die in Tabelle 11.2 aufgeführten Informationen zum Datenfeld enthalten.

Tabelle 11.2
Die Komponenten einer Datenfelddeklaration.

Angaben in einer Datenfelddeklaration	Beschreibung
Datenfeldname	Der Name, der das Datenfeld im Programm repräsentiert. Im Allgemeinen gelten für Datenfeldnamen dieselben Regeln wie für Variablennamen. (In Lektion 4 finden Sie nähere Informationen zu Variablen.)
Datentyp	Der Typ der Daten, die Sie im Datenfeld speichern möchten. In den meisten Fällen haben alle Variablen in einem Datenfeld denselben Typ. Sie können einen der grundlegenden Datentypen oder den Typ Variant angeben. (Verwenden Sie den Typ Variant, wenn Sie noch nicht genau wissen, welche Daten Sie speichern möchten oder wenn Sie mehrere Datentypen speichern möchten.)
Anzahl der Dimensionen	Die Anzahl der Dimensionen, die das Datenfeld aufweisen soll. Die meisten Datenfelder sind eindimensional (wie eine Werteliste) oder zweidimensional (wie eine Wertetabelle). Sie können aber auch mehr Dimensionen angeben, wenn Sie beispielsweise mit komplexen mathematischen Modellen wie dreidimensionalen Körpern arbeiten.
Anzahl der Elemente	Die Anzahl der Elemente, die das Datenfeld enthält. Die einzelnen Datenfeldelemente sind dem Datenfeldindex direkt zugeordnet. Gemäß Vorgabe ist, ebenso wie bei Steuerelementefeldern, der erste Datenfeldindexwert 0.

Datenfelder mit einer festen Anzahl von Elementen werden als *Datenfelder fester Größe* bezeichnet. Datenfelder mit einer veränderlichen Anzahl von Elementen (Datenfelder, die zur Laufzeit des Programms vergrößert werden können) nennt man *dynamische Datenfelder*.

Lektion 11 Auflistungen und Datenfelder

Datenfelder fester Größe deklarieren

Für öffentliche Datenfelder fester Größe gilt die folgende Syntax:

`Public Datenfeldname(Dim1Elemente, Dim2Elemente, ...) As Datentyp`

Wichtig sind die folgenden Syntaxelemente:

Mit dem Schlüsselwort Public wird ein öffentliches (globales) Datenfeld angelegt.

- Das Schlüsselwort *Public* bewirkt, dass ein öffentliches Datenfeld angelegt wird.
- *Datenfeldname* ist der Variablenname des Datenfelds.
- *Dim1Elemente* ist die Anzahl der Elemente in der ersten Dimension des Datenfelds.
- *Dim2Elemente* ist die Anzahl der Elemente in der zweiten Dimension des Datenfelds (es können weitere Dimensionen angegeben werden).
- *Datentyp* steht für ein Schlüsselwort, das den Typ der Daten, die im Datenfeld gespeichert werden sollen, angibt.

Die Deklaration eines öffentlichen Datenfelder muss in einem Standardmodul erfolgen (dort, wo auch andere öffentliche (globabe) Variablen deklariert werden).

Um ein Datenfeld lokal zu einer Ereignisprozedur zu deklarieren, fügen Sie die Deklaration in die Ereignisprozedur ein und ersetzen das Schlüsselwort *Public* durch das Schlüsselwort *Static*. Lokale Datenfelder können nur innerhalb der Prozedur verwendet werden, in der sie deklariert worden sind.

Um beispielsweise ein eindimensionales Datenfeld mit dem Namen *Mitarbeiter* zu erstellen, das zehn Namen aufnehmen kann, würden Sie die folgende Deklaration in ein Standardmodul einfügen:

`Public Mitarbeiter(9) As String`

Gemäß Vorgabe hat das erste Datenfeldelement den Index 0.

Wenn Sie das Datenfeld erstellen, reserviert Visual Basic den erforderlichen Speicherplatz. Abbildung 11.4 zeigt, wie das Datenfeld grundsätzlich strukturiert ist. Die zehn Datenfeldelemente sind von 0 bis 9 durchnummeriert (nicht von 1 bis 10), weil Datenfeldindizes bei 0 beginnen, sofern Sie nicht mit Hilfe der Anweisung *Option Base* etwas anderes angegeben haben. (Weitere Informationen finden Sie im Einschub mit dem Titel *Die Anweisung Option Base* weiter hinten in dieser Lektion.)

Um ein öffentliches, zweidimensionales Datenfeld mit dem Namen *Mitarbeiter* zu erstellen, das zwei Zeilen und sieben Spalten mit Werten vom Datentyp Variant enthält, würden Sie die folgende Anweisung in ein Standardmodul eingeben:

`Public Temperaturen(1, 6) As Variant`

Lektion 11 — Auflistungen und Datenfelder

Abbildung 11.4
Der schematische Aufbau eines eindimensionalen Datenfelds fester Größe.

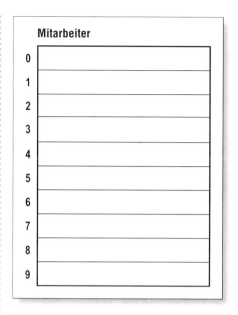

Zweidimensionale Datenfelder erfordern zwei Indizes.

Die Deklaration des zweidimensionalen Datenfelds bewirkt, dass Visual Basic den erforderlichen Speicherplatz reserviert. Anschließend können Sie das Datenfeld in Ihrem Programm wie eine Wertetabelle verwenden (siehe Abbildung 11.5). In diesem Fall sind die Datenfeldelemente von 0 bis 1 und von 0 bis 6 nummeriert.

Abbildung 11.5
Der schematische Aufbau eines zweidimensionalen Datenfelds fester Größe.

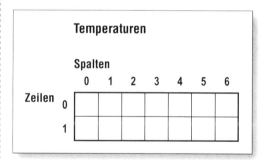

Auf Datenfeldelemente zugreifen

Nachdem Sie das Datenfeld mit dem Schlüsselwort *Static* oder *Public* deklariert haben, können Sie es im Programm verwenden. Um auf ein Datenfeldelement zuzugreifen, geben Sie den Datenfeldnamen und den in runde Klammern eingeschlossenen Datenfeldindex an. Der Index muss ein ganzzahliger Wert sein, beispielsweise eine Konstante oder eine Integer-Variable. (Häufig wird die Zählervariable einer *For...Next*-Schleife

Lektion 11 — Auflistungen und Datenfelder

Datenfelder werden während der Programmausführung im Arbeitsspeicher (RAM) abgelegt.

dafür verwendet.) Mit der folgenden Anweisung beispielsweise wird dem Element 5 des Datenfelds *Mitarbeiter* aus dem letzten Abschnitt der Wert *Laura* zugewiesen:

```
Mitarbeiter(5) = "Laura"
```

Anschließend würde das Datenfeld *Mitarbeiter* wie folgt aussehen:

Abbildung 11.6
Das Datenfeld *Mitarbeiter*, nachdem ein Wert darin gespeichert worden ist.

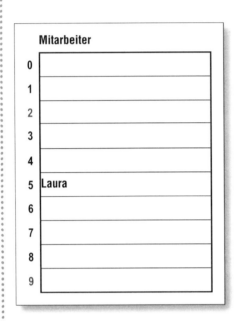

Analog wird mit der folgenden Anweisung dem Element in Zeile 0 und Spalte 2 des Datenfelds *Temperaturen* der Wert 4 zugewiesen:

```
Temperaturen(0, 2) = 4
```

Anschließend sieht das Datenfeld *Temperaturen* wie in Abbildung 11.7 dargestellt aus:

Abbildung 11.7
Das Datenfeld *Temperaturen*, nachdem ein Wert darin gespeichert worden ist.

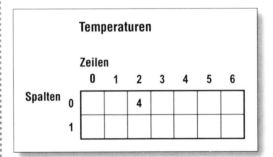

Lektion 11 ⋮ **Auflistungen und Datenfelder**

Die Anweisung Option Base

Falls Sie Ihr Programm für lesbarer halten, wenn das erste Element
jedes Datenfelds den Indexwert 1 statt 0 hat, fügen Sie die folgende
Anweisung in ein Standardmodul ein:

```
Option Base 1
```

Damit wird dem ersten Element (der Basis) aller Datenfelder des Programms der Index 1 zugeordnet. Im folgenden Abschnitt werden Sie
ein Programm erstellen, das von dieser Möglichkeit Gebrauch macht.

Mit Hilfe dieser Indizierungstechnik können Sie auf jedes Datenfeldelement zugreifen.

Ein Datenfeld fester Größe zum Speichern von Temperaturen erstellen

Im Programm FixArray werden mit Hilfe eines eindimensionalen Datenfelds die Temperaturen der Woche gespeichert.

In der folgenden Übung wird ein eindimensionales Datenfeld namens
Temperaturen verwendet, um die täglichen Höchsttemperaturen einer
Woche aufzuzeichnen. Das Programm illustriert, wie man mit Hilfe eines
Datenfelds zusammengehörende Werte speichern und verarbeiten kann.
Die Temperaturen werden mit Hilfe der Funktion *InputBox* und einer
For...Next-Schleife abgefragt und in das Datenfeld eingetragen. Über den
Schleifenzähler dieser Schleife wird hierbei auf die einzelnen Datenfeld-
elemente Bezug genommen. Anschließend wird der Inhalt des Datenfelds
mit Hilfe einer weiteren *For...Next*-Schleife und der Methode *Print* ausgegeben. Außerdem wird die mittlere Tageshöchsttemperatur berechnet
und angezeigt.

Ein Datenfeld fester Größe deklarieren und verwenden

❶ Wählen Sie im Menü *Datei* den Befehl *Neues Projekt*, und klicken Sie auf
OK.

❷ Erstellen Sie mit Hilfe des Steuerelements *Befehlsschaltfläche (Command
Button)* zwei Befehlsschaltflächen am unteren Formularrand.

❸ Legen Sie für die Befehlsschaltflächen und das Formularobjekt die folgenden Eigenschaften fest:

Objekt	Eigenschaft	Einstellung	
Command1	Caption	„Temperaturen eingeben"	
	Name	cmdTempEingabe	▶

353

Lektion 11 Auflistungen und Datenfelder

Objekt	Eigenschaft	Einstellung
Command2	Caption	„Temperturen anzeigen"
	Name	cmdTempAnzeige
Command3	Caption	„Beenden"
	Name	cmdBeenden
Form1	Caption	„Temperaturen dieser Woche"
	AutoRedraw	True

Setzen Sie die Eigenschaft *AutoRedraw* immer auf *True*, wenn Sie mit der Methode *Print* Informationen in das Formular ausgeben. Dadurch erreichen Sie, dass der Bildschirm neu gezeichnet wird, wenn das Formular von einem anderen Fenster verdeckt wird.

❹ Ihr Formular sollte nun wie in Abbildung 11.8 aussehen.

Abbildung 11.8
Das Hauptformular der Anwendung *FixArray*.

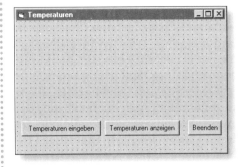

❺ Wählen Sie im Menü *Projekt* den Befehl *Modul hinzufügen*, und klicken Sie anschließend auf *Öffnen*, um ein neues Standardmodul für die Deklaration des Datenfelds anzulegen.

Im Codefenster wird ein Standardmodul angezeigt.

❻ Fügen Sie die folgenden Anweisungen in das Standardmodul ein:

```
Option Base 1
Public Temperaturen(7) As Variant
```

Die Anweisung *Option Base 1* bewirkt, dass alle Datenfeldindizes mit 1 beginnen.

Die *Option Base*-Anweisung bewirkt, dass in allen Datenfeldern des Programms das erste Datenfeldelement den Index 1 statt 0 hat. Die zweite Anweisung erzeugt ein öffentliches Datenfeld namens *Temperaturen*, das sieben Elemente des Typs Variant enthält. Weil das Datenfeld mit dem Schlüsselwort *Public* deklariert worden ist, kann im gesamten Programm darauf zugegriffen werden.

Lektion 11 Auflistungen und Datenfelder

❼ Schließen Sie das Codefenster mit dem Standardmodul, und doppelklicken Sie auf die Schaltfläche *Temperaturen eingeben*.

Im Codefenster wird die Ereignisprozedur *cmdTempEingabe_Click* angezeigt.

❽ Geben Sie die folgenden Programmanweisungen ein, mit denen der Anwender zur Eingabe von Temperaturwerten aufgefordert wird und die Eingaben im Datenfeld gespeichert werden:

```
Cls
Prompt$ = "Geben Sie den Tageshöchstwert ein."
For i% = 1 To 7
    Titel$ = i% & ". Tag"
    Temperaturen(i%) = InputBox(Prompt$, Titel$)
Next i%
```

Der Aufruf der Methode *Cls* zu Beginn der Ereignisprozedur bewirkt, dass alle vorangegangenen *Print*-Ausgaben vom Formular gelöscht werden, so dass Sie mehrere Sätze von Temperaturwerten eingeben können.

Die Zählervariable i% dient als Datenfeldindex.

In der *For...Next*-Schleife werden die Temperaturwerte in die Datenfeldelemente 1 bis 7 geschrieben. Dabei dient die Zählervariable i% als Datenfeldindex. Die Eingaben werden von der Funktion *InputBox* entgegengenommen. Dieser Funktion werden die Variablen *Prompt$* und *Titel$* als Parameter übergeben.

❾ Öffnen Sie im Codefenster das Dropdown-Listenfeld *Objekt*, und klicken Sie auf *cmdTempAnzeige*. Fügen Sie die folgenden Anweisungen in die Ereignisprozedur *cmdTempAnzeige_Click* ein:

```
Print "Temperaturen dieser Woche:"
Print
For i% = 1 To 7
  Print i%; ". Tag", Temperaturen(i%)
  Total! = Total! + Temperaturen(i%)
Next i%
Print
Print "Durchschnittliche Temperatur:  "; Total! / 7
```

Diese Ereignisprozedur zeigt mit Hilfe der Methode *Print* die Informationen aus dem Datenfeld *Temperaturen* im Formular an. Sie verwendet eine *For...Next*-Schleife, um auf die Datenfeldelemente zuzugreifen, und berechnet gleichzeitig mit der Anweisung

```
Total! = Total! + Temperaturen(i%)
```

die laufende Summe der Temperaturwerte.

Lektion 11 Auflistungen und Datenfelder

Sie finden alle zum Programm *FixArray.vbp* gehörenden Dateien im Verzeichnis *\VB6SfS\Lekt11*.

Mit der letzten Zeile der Ereignisprozedur wird die mittlere Tageshöchsttemperatur der Woche berechnet (die Summe der Temperaturwerte wird durch 7 geteilt) und ausgegeben.

⑩ Öffnen Sie im Codefenster das Dropdown-Listenfeld *Objekt*, und klicken Sie auf *cmdBeenden*. Fügen Sie die folgende Anweisung in die Ereignisprozedur *cmdBeenden_Click* ein:

End

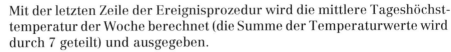

⑪ Klicken Sie in der Symbolleiste auf die Schaltfläche *Projekt speichern*, um das Standardmodul, das Formular und das Projekt auf der Festplatte zu speichern. Wählen Sie dazu das Verzeichnis *\VB6SfS\Lekt11* aus, und speichern Sie die einzelnen Dateien unter dem Namen **NeuFixArray**.

⑫ Klicken Sie auf die Schaltfläche *Starten*, um das Programm auszuführen.

⑬ Klicken Sie auf die Schaltfläche *Temperaturen eingeben*, und geben Sie, wenn Sie die Funktion *InputBox* dazu auffordert, sieben verschiedene Temperaturwerte ein.

Die Funktion *InputBox* zeigt ein Dialogfeld an, das so aussieht wie in Abbildung 11.9.

Abbildung 11.9
Das Dialogfeld, das von der Funktion *InputBox* angezeigt wird.

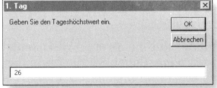

⑭ Wenn Sie alle Temperaturwerte eingegeben haben, klicken Sie auf die Schaltfläche *Temperaturen anzeigen*.

Das Programm gibt mit Hilfe der Methode *Print* sämtliche Temperaturwerte im Formular aus und ergänzt diese Aufstellung um die Angabe der

Abbildung 11.10
Das Fenster der Anwendung *FixArray* nach der Ausgabe der Temperaturwerte.

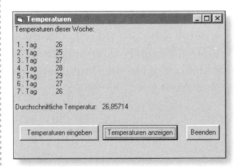

356

Lektion 11 | **Auflistungen und Datenfelder**

Durchschnittstemperatur. Das Programmfenster sollte jetzt etwa so aussehen wie Abbildung 11.10.

⑮ Klicken Sie auf die Schaltfläche *Beenden*, um das Programm zu verlassen.

Ein dynamisches Datenfeld erstellen

Wie Sie sehen, eignen sich Datenfelder sehr gut zur Implementierung von Wertelisten und insbesondere zur Verarbeitung in *For...Next*-Schleifen. Was aber, wenn Sie vor dem Programmstart nicht wissen, wie groß das Datenfeld sein muss, weil Sie es beispielsweise dem Anwender überlassen wollen, wie viele Werte er in das Programm *FixArray* einträgt?

Die Größe dynamischer Datenfelder wird zur Laufzeit festgelegt.

In Visual Basic wird dieses Problem mit Hilfe der sogenannten *dynamischen Datenfelder* gelöst. Die Größe dynamischer Datenfelder wird zur Laufzeit festgelegt, entweder durch die Programmlogik oder durch Benutzereingaben. Die Festlegung der Größe erfolgt in mehreren Schritten, weil schon in der Entwurfsphase eine „Reservierung" für das Datenfeld vorgenommen werden muss, auch wenn die eigentliche Festlegung erst zur Laufzeit erfolgt. Die Erstellung eines dynamisches Datenfelds erfolgt in folgenden Grundschritten:

Geben Sie in der Entwurfsphase den Namen und den Typ des Programms an, aber lassen Sie die Anzahl der Datenfeldelemente weg. Mit der folgenden Anweisung beispielsweise wird ein öffentliches Datenfeld namens *Temperaturen* erstellt:

```
Public Temperaturen() As Variant
```

Fügen Sie Code hinzu, der zur Laufzeit festlegt, wie viele Elemente das Datenfeld enthalten soll. Sie können den Anwender mit Hilfe der Funktion *InputBox* zur Eingabe eines Werts auffordern, oder Sie können den Speicherplatzbedarf anhand von Eigenschaften oder anderer Kriterien berechnen. So wird mit der folgenden Anweisung die Angabe der Datenfeldgröße vom Anwender angefordert und der Variablen *Tage* zugewiesen:

```
Tage = InputBox("Wie viele Tage?", "Array erzeugen")
```

Verwenden Sie diese Variable in einer *ReDim*-Anweisung, um die Größe des Datenfelds festzulegen. Mit der folgenden Anweisung wird die Größe des Datenfelds *Temperaturen* anhand der Variablen *Tage* zur Laufzeit bestimmt:

```
ReDim Temperaturen(Tage)
```

Wenn Sie die einzelnen Datenfeldelemente bearbeiten möchten, verwenden Sie diesen Wert als obere Grenze in einer *For...Next*-Schleife. Gehen Sie dabei nach folgendem Muster vor:

Lektion 11   Auflistungen und Datenfelder

```
For i% = 1 to Tage
  Temperaturen(i%) = InputBox(Prompt$, Titel$)
Next i%
```

In der folgenden Übung werden Sie anhand dieser Anleitung das Programm *NeuFixArray* so überarbeiten, dass es mit Hilfe eines dynamischen Datenfelds eine beliebige Anzahl von Temperaturangaben verarbeiten kann.

Temperaturen in einem dynamischen Datenfeld speichern

❶ Öffnen Sie den Projekt-Explorer, und klicken Sie auf das Formular *NeuFixArray.frm*. Sie werden die Dateien des Projekts *NeuFixArray* unter einem anderen Namen speichern, damit die ursprünglichen Fassungen erhalten bleiben.

❷ Wählen Sie im Menü *Datei* den Befehl *Speichern von NeuFixArray.frm unter*. Geben Sie in das Dialogfeld *Datei speichern unter* den Namen **NeuDynArray.frm** ein, und klicken Sie auf *Speichern*.

❸ Klicken Sie im Projekt-Explorer auf das Modul *NeuFixArray.bas*. Wählen Sie im Menü *Datei* den Befehl *Speichern von NeuFixArray.bas unter*. Geben Sie in das Dialogfeld *Datei speichern unter* den Namen **NeuDynArray.bas** ein, und klicken Sie auf *Speichern*.

❹ Wählen Sie im Menü *Datei* den Befehl *Projekt speichern unter*, geben Sie den Namen **NeuDynArray.vbp** an, und klicken Sie auf *Speichern*.

❺ Klicken Sie im Projektfenster auf *Module1* und danach auf die Schaltfläche *Code anzeigen*, um das Modul im Codefenster zu öffnen.

❻ Entfernen Sie die Zahl 7 aus der Datenfelddeklaration, um das Datenfeld *Temperaturen* in ein dynamisches Array umzuwandeln.

Die Deklaration sollte dann wie folgt aussehen:

```
Public Temperaturen() As Variant
```

❼ Fügen Sie in das Standardmodul die folgende Deklaration einer globalen Variablen ein:

```
Public Tage As Integer
```

Der globale Variablen *Tage* wird ein Wert zugewiesen, den der Anwender eingibt. Anhand dieses Werts wird die Größe des Datenfelds zur Laufzeit festgelegt.

❽ Schließen Sie das Standardmodul. Klicken Sie im Projekt-Explorer auf das Formular *Form1* und danach auf die Schaltfläche *Objekt anzeigen*, und doppelklicken Sie auf die Schaltfläche *Temperaturen eingeben*.

358

Lektion 11   Auflistungen und Datenfelder

Bearbeiten Sie die Ereignisprozedur *cmdTempEingabe_Click* so, dass sie danach wie folgt aussieht (die geänderten Teile sind kursiv gedruckt):

```
Cls
Tage = InputBox("Wie viele Tage?", "Datenfeld anlegen")
If Tage > 0 Then ReDim Temperaturen(Tage)
Prompt$ = "Geben Sie den Tageshöchstwert ein."
For i% = 1 To Tage
   Titel$ = i% & ". Tag "
   Temperaturen(i%) = InputBox(Prompt$, Titel$)
Next i%
```

In der zweiten Zeile wird der Anwender aufgefordert anzugeben, wie viele Temperaturwerte gespeichert werden sollen. Anhand dieser Eingabe wird in der dritten Zeile die Größe des Datenfelds festgelegt. Die *If...Then*-Anweisung prüft, ob die eingegebene Anzahl von Tagen größer als 0 ist. (Wenn Sie in der *ReDim*-Anweisung für die Datenfeldgröße einen Wert kleiner 1 angeben, führt dies zu einem Laufzeitfehler.) Die Variable *Tage* wird auch in der *For...Next*-Schleife als Obergrenze für die Zahl der Schleifendurchläufe verwendet.

❾ Öffnen Sie das Dropdown-Listenfeld *Objekt*, und klicken Sie auf *cmdTempAnzeige*. Bearbeiten Sie die Ereignisprozedur *cmdTempAnzeige_Click* so, dass sie danach wie folgt aussieht (die geänderten Teile sind kursiv gedruckt):

```
Print "Temperaturen:"
Print
For i% = 1 To Tage
   Print i%; ". Tag", Temperaturen(i%)
   Total! = Total! + Temperaturen(i%)
Next i%
Print
Print "Durchschnittliche Temperatur:  "; Total! / Tage
```

In der Ereignisprozedur wurde die Zahl 7 an zwei Stellen durch die Variable *Tage* ersetzt.

❿ Schließen Sie das Codefenster, und klicken Sie auf die Schaltfläche *Projekt speichern*, um Ihre Änderungen zu sichern.

⓫ Klicken Sie in der Symbolleiste auf die Schaltfläche *Starten*, um das Programm auszuführen.

Sie finden alle zum Programm *DynArray.vbp* gehörenden Dateien im Verzeichnis *\VB6SfS\Lekt11*.

⓬ Klicken Sie auf die Schaltfläche *Temperaturen eingeben*. Wenn Sie aufgefordert werden, die Anzahl der Tage zu nennen, für die Sie Werte aufzeichnen möchten, geben Sie **5** ein.

⓭ Geben Sie die fünf Temperaturwerte ein, wenn Sie dazu aufgefordert werden.

Lektion 11 Auflistungen und Datenfelder

⑭ Wenn Sie alle Temperaturwerte eingegeben haben, klicken Sie auf die Schaltfläche *Temperaturen anzeigen*.

Das Programm zeigt die fünf Temperaturwerte und ihren Mittelwert im Formular an. Das Formular sollte etwa so aussehen wie in Abbildung 11.11.

Abbildung 11.11
Das Fenster der Anwendung *DynArray* nach der Ausgabe der Temperaturwerte.

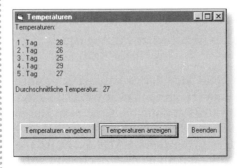

⑮ Klicken Sie in der Symbolleiste auf die Schaltfläche *Beenden*, um das Programm zu verlassen.

Herzlichen Glückwunsch! Sie haben jetzt gelernt, wie Sie in einem Datenfeld eine unbegrenzte Anzahl von Werten speichern und diese Werte in einer *For...Next*-Schleife bearbeiten können. Dieses Wissen wird Ihnen immer dann von Nutzen sein, wenn Sie große Datenmengen im Arbeitsspeicher verwalten müssen. In der nächsten Lektion werden Sie erfahren, wie man unbegrenzte Datenmengen in Textdateien und Datenbanken speichert.

Einen Schritt weiter: Mehrdimensionale Datenfelder verwenden

Mehrdimensionale Datenfelder eignen sich zur Verwaltung von Datentabellen.

Neben eindimensionalen Datenfeldern, bei denen die Daten in Listenform vorliegen, unterstützt Visual Basic auch *mehrdimensionale* Datenfelder, die tabellarisch angeordnete Daten aufnehmen können. Der Umgang mit mehrdimensionalen Datenfeldern kann gerade am Anfang recht schwierig sein, und ihre vielseitigen Anwendungsmöglichkeiten zu beschreiben, würde den Umfang dieses Buches sprengen. Wenn Sie mit großen Datentabellen arbeiten müssen, können Sie mit mehrdimensionalen Datenfeldern jedoch eine Menge Zeit und Arbeit sparen.

In der folgenden Übung werden Sie mit Hilfe eines zweidimensionalen Datenfelds namens *Temperaturen* die Tages- und Nachttemperaturen über eine Woche aufzeichnen. Dieses Datenfeld wird 2 mal 7 Werte enthalten. Wenn Sie den Umgang mit zweidimensionalen Datenfeldern be-

Lektion 11   Auflistungen und Datenfelder

herrschen, können Sie zu drei- und vierdimensionalen Datenfeldern übergehen, um die Grenzen Ihres Vorstellungsvermögens auszuloten. (Datenfelder höherer Dimensionen werden häufig in Grafikprogrammen und in wissenschaftlichen Anwendungen verwendet.)

Eine Tabelle der Tages- und Nachttemperaturen einer Woche erstellen

❶ Klicken Sie in der Symbolleiste auf die Schaltfläche *Projekt öffnen*.

❷ Öffnen Sie das Projekt *Temperatur.vbp* aus dem Ordner *\VB6SfS\Lekt11*.

Das Projekt wird geladen, und die Projektdateien werden im Projekt-Explorer angezeigt.

❸ Klicken Sie auf das Formular *Temperatur.frm* und danach auf die Schaltfläche *Objekt anzeigen*.

Das in Abbildung 11.12 gezeigte Formular *Temperaturen dieser Woche* wird eingeblendet.

Abbildung 11.12
Das Formular der Anwendung *Temperatur*.

Das Formular *Temperaturen dieser Woche* enthält unter anderem zwei Textfelder und zwei Befehlsschaltflächen, um die Tages- und Nachttemperaturen einer Woche aufzuzeichnen. Die aufgezeichneten Daten werden mit Hilfe der Methode *Print* in der Temperaturtabelle angezeigt und im Programm in einem zweidimensionalen Datenfeld namens *Temperaturen* gespeichert.

❹ Klicken Sie auf die Schaltfläche *Starten*, um das Programm auszuführen.

Nach dem Programmstart befindet sich die Einfügemarke im Textfeld *Nacht* im unteren Teil des Formulars.

Das Bezeichnungsfeld über dem Textfeld zeigt an, dass das Programm bereit ist, das erste Temperaturwertepaar aufzuzeichnen.

❺ Geben Sie den Wert **14** ein, und drücken Sie ⇥.

Die Einfügemarke wird in das Textfeld *Tag* bewegt.

Lektion 11 Auflistungen und Datenfelder

❻ Geben Sie den Wert **22** ein, und klicken Sie auf die Schaltfläche *Nächster Tag*.

Das Wertepaar 14/22 wird in die Temperaturtabelle eingetragen.

❼ Geben Sie die Werte für die übrigen Wochentage ein.

Wenn Sie für einen Tag die Werte des Vortags übernehmen wollen, klicken Sie einfach auf die Schaltfläche *Nächster Tag*, ohne neue Werte einzugeben.

Wenn Sie alle Temperaturwerte eingegeben haben, sollte das Programmfenster etwa wie in Abbildung 11.13 aussehen.

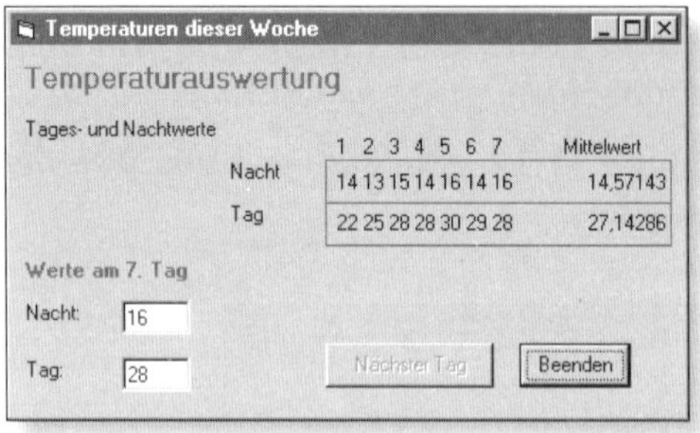

Abbildung 11.13
Das Fenster der Anwendung *Temperatur* nach Abschluss der Eingaben.

❽ Klicken Sie auf die Schaltfläche *Beenden*, um das Programm zu verlassen.

Sehen wir uns nun im Programmcode an, wie das Datenfeld *Temperaturen* angelegt und verwendet wird.

❾ Klicken Sie im Projekt-Explorer auf das Standardmodul *Temperatur.bas* und anschließend auf die Schaltfläche *Code anzeigen*.

Das Codefenster mit dem Deklarationsabschnitt des Standardmoduls und dem ersten Teil der Prozedur *TemperaturenAddieren* wird eingeblendet (siehe Abbildung 11.14).

Ein Standardmodul kann öffentliche Datenfelder, Variablen und Prozeduren enthalten.

In diesem Modul sind vier Komponenten wichtig: die *Option Base*-Anweisung, die Deklaration des öffentlichen, zweidimensionalen Datenfelds namens *Temperaturen*, die Deklaration der öffentlichen Variablen *Tag* und die öffentliche Prozedur *TemperaturenAddieren*. Das Datenfeld *Temperaturen* ist als Wertetabelle deklariert, wobei in den Zeilen die tags und nachts gemessenen Werte stehen und die Spalten den Wochentagen entsprechen. Das Datenfeld ist also ähnlich strukturiert wie ein Arbeitsblatt einer Tabellenkalkulation. Die Variable *Tag* dient zum Zugriff auf die Werte in den Spalten des Datenfelds (die Tageswerte.)

❿ Sehen wir uns den Code der Prozedur *TemperaturenAddieren* näher an.

Lektion 11 Auflistungen und Datenfelder

Abbildung 11.14
Das Codefenster mit dem Standardmodul *Temperatur.bas*.

Temperaturen ist ein öffentliches, zweidimensionales Datenfeld

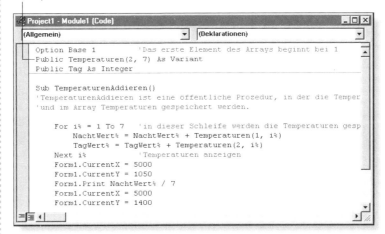

Diese Prozedur addiert die eingegebenen Temperaturwerte der sieben Tage, teilt diese Summe durch 7 und zeigt den Mittelwert an. Da diese Prozedur in einem Standardmodul deklariert worden ist, kann sie an jeder Stelle im Programm aufgerufen werden.

⑪ Schließen Sie jetzt das Standardmodul, und doppelklicken Sie im Formular *Temperatur.frm* auf die Schaltfläche *Nächster Tag*.

Die Eigenschaften *CurrentX* und *CurrentY* bestimmen die aktuelle Cursorposition im Formular.

Die Ereignisprozedur dieser Schaltfläche hat die Aufgabe, die Werte, die in die Textfelder *Tag* und *Nacht* eingegeben wurden, in das Datenfeld *Temperaturen* zu kopieren und in der Temperaturtabelle des Formulars auszugeben. Bei jeder Zuweisung an das Datenfeld *Temperaturen* müssen zwei Indizes angegeben werden, einer für die Zeile und einer für die Spalte. Um die Daten an der richtigen Koordinatenposition in der Temperaturtabelle anzuzeigen, ist ein beträchtlicher Aufwand erforderlich. Die Eigenschaften *CurrentX* und *CurrentY* enthalten die Koordinaten der aktuellen Position der Einfügemarke. Die Koordinaten werden in Twips angegeben, eine Einheit, mit der es sich sehr gut arbeiten lässt, wenn man sich einmal daran gewöhnt hat. 1440 Twips entsprechen einem Zoll (also 567 Twips einem Zentimeter), so dass sich die Einfügemarke sehr genau positionieren lässt.

Wenn die Methode *Print* aufgerufen werden soll, während das Formular noch geladen wird, muss dieser Aufruf durch die Methode *Show* vorbereitet werden.

⑫ Blättern Sie im Codefenster weiter zur Ereignisprozedur *Form_Load*.

Die Ereignisprozedur *Form_Load* initialisiert die Variable *Tag* mit 1 und zeigt die Überschrift der Temperaturtabelle an. In dieser Prozedur muss die Methode *Show* vor der Methode *Print* aufgerufen werden. Normalerweise kann *Print* ohne weitere Vorbereitungen aufgerufen werden. Der vorherige Aufruf der Methode *Show* ist nur deshalb notwendig, weil das Formular noch geladen und das Ereignis *Form_Load* verarbeitet wird.

Lektion 11 · Auflistungen und Datenfelder

⓭ Sehen Sie sich das Programm *Temperatur* ruhig noch eine Weile an. Vielleicht erhalten Sie darin Anregungen, die Sie in Ihren eigenen Programmen verwerten können. Sie können ansonsten mit der nächsten Lektion fortfahren.

Wenn Sie mit der nächsten Lektion fortfahren möchten

● Beenden Sie Visual Basic nicht, und fahren Sie mit Lektion 11 fort.

Wenn Sie Visual Basic vorerst beenden möchten

● Wählen Sie im Menü *Datei* den Befehl *Beenden*. Wenn Sie aufgefordert werden zu speichern, klicken Sie auf *Nein*.

Zusammenfassung der Lektion

Möchten Sie	dann
Objekte einer Auflistung verarbeiten,	schreiben Sie eine *For Each...Next*-Schleife, in der jedes Element der Auflistung angesprochen wird, wie in
| | ```
For Each Ctrl in Controls
   Ctrl.Visible = False
Next Ctrl
``` |
| Objekte aus der *Controls*-Auflistung von links nach rechts über den Bildschirm bewegen, | ändern Sie in einer *For Each...Next*-Schleife die Eigenschaft *Left* jedes Objekts der Auflistung, wie in |
| | ```
For Each Ctrl in Controls
   Ctrl.Left = Ctrl.Left + 200
Next Ctrl
``` |
| ein bestimmtes Objekt in einer Auflistung gesondert behandeln, | weisen Sie der Eigenschaft *Tag* dieses Objekts einen Wert zu, über den es identifiziert werden kann, und prüfen Sie in einer For *Each...Next*-Schleife die Eigenschaft auf diesen Wert: |
| | ```
For Each Ctrl in Controls
   If Ctrl.Tag <> "Schaltfläche" Then
      Ctrl.Left = Ctrl.Left + 200
   End If
Next Ctrl
``` |
| ein öffentliches Datenfeld erstellen, | deklarieren Sie das Datenfeld in einem Standardmodul und stellen das Schlüsselwort *Public* voran, wie in |
| | ```
Public Mitarbeiter (9) As String
``` ▶ |

Lektion 11   Auflistungen und Datenfelder

Möchten Sie	dann
ein lokales Datenfeld erstellen,	deklarieren Sie das Datenfeld in einer Ereignisprozedur und stellen das Schlüsselwort *Static* voran, wie in `Static Mitarbeiter (9) As String`
einem Datenfeld einen Wert zuweisen,	geben Sie den Datenfeldnamen, den Index des Datenfeldelements und den Wert an, wie in `Mitarbeiter (5) = "Hubert"`
den Index aller Datenfelder in einem Programm mit 1 beginnen lassen,	fügen Sie in ein Standardmodul die folgende Anweisung ein: `Option Base 1`
Ausgaben der Methode *Print* aus einem Formular löschen,	rufen Sie die Methode *Cls* auf.
ein dynamisches Datenfeld erstellen,	deklarieren Sie in der Entwurfsphase den Namen und den Typ des Datenfelds, ohne die Anzahl der Elemente anzugeben. Legen Sie die Datenfeldgröße zur Laufzeit mit Hilfe der *ReDim*-Anweisung fest, wie in `ReDim Temperaturen (Tage)`

die Elemente eines Datenfeld verarbeiten,	schreiben Sie eine *For...Next*-Schleife, in der Sie den Schleifenzähler als Datenfeldindex verwenden, wie in
	
	`For i% 1 To 7`
	`  Summe! = Summe! + Temperaturen(i%) Next i%`

die Einfügemarke im Formular positionieren (für *Print* und andere Methoden),	weisen Sie den Eigenschaften *CurrentX* und *CurrentY* des Formulars Werte zu. *CurrentX* und *CurrentY* enthalten die in Twips angegebenen Koordinaten der Einfügemarke.

12

Mit Textdateien und Zeichenfolgen arbeiten

Geschätzte Dauer:
40 Minuten

In dieser Lektion lernen Sie

- wie Sie eine Textdatei mit Hilfe eines Textfelds anzeigen.
- wie Sie Notizen in einer Textdatei speichern.
- wie Sie Zeichenfolgen verarbeiten, um Textdateien zu sortieren und zu verschlüsseln.

In dieser Lektion wird beschrieben, wie Sie Daten verarbeiten, die in einer Textdatei auf Ihrem System gespeichert sind. Sie lernen, wie Sie eine Textdatei öffnen, deren Inhalt mit Hilfe eines Textfeldobjekts anzeigen und eine neue Textdatei erstellen. Außerdem erfahren Sie, wie Sie Textelemente namens *Zeichenfolgen bzw. Variablen vom Datentyp String* in Ihren Programmen verwalten und wie Sie Zeichenfolgen zum Kombinieren, Sortieren, Verschlüsseln und Anzeigen von Wörtern, Absätzen und ganzen Textdateien verwenden können.

Textdateien mit Hilfe eines Textfeldobjekts anzeigen

Am einfachsten lässt sich eine Textdatei mit Hilfe eines Textfeld-Steuerelements (*TextBox*) in einem Programm anzeigen. Sie können Textfelder unterschiedlicher Größe erstellen. Falls der Inhalt der Textdatei im Textfeld nicht ganz angezeigt werden kann, können Sie das Textfeld mit Bildlaufleisten ausstatten, damit der Anwender die gesamte Datei betrachten kann. Sie werden drei Anweisungen und eine Funktion verwenden, um den Inhalt einer Textdatei in ein Textfeld zu laden. Die dazu notwendigen Schlüsselwörter werden in der folgenden Tabelle 12.1 beschrieben. Die erste Übung dieser Lektion veranschaulicht ihre Verwendung.

Tabelle 12.1
Schlüsselwörter und Funktion zur Bearbeitung von Textdateien.

Schlüsselwort	Beschreibung
Open	Öffnet eine Textdatei für Ein- und Ausgaben. ▶

Lektion 12 | Mit Textdateien und Zeichenfolgen arbeiten

Schlüsselwort	Beschreibung
Line Input	Liest eine Zeile mit Eingaben aus einer Textdatei.
EOF	Prüft, ob das Ende der Textdatei erreicht ist.
Close	Schließt die Textdatei.

Eine Textdatei für Eingaben öffnen

Textdateien enthalten druckbare Zeichen.

Eine Textdatei enthält eine oder mehrere Zeilen mit Zahlen, Wörtern oder Zeichen. Textdateien unterscheiden sich von Dokumentendateien, die Formatcodes enthalten, und von ausführbaren Dateien, die Instruktionen für das Betriebssystem enthalten. Eine typische Textdatei wird vom Microsoft Windows-Explorer als „Textdokument" bezeichnet und verfügt über die Dateinamenserweiterung .txt, .ini, .log, .inf, .dat oder .bat. Da Textdateien lediglich gewöhnliche druckbare Zeichen enthalten, können sie einfach mit einem Textfeldobjekt angezeigt werden.

Ein Standarddialogobjekt zeigt das Standarddialogfeld *Öffnen* an.

Sie können dem Anwender die Entscheidung überlassen, welche Textdatei ein Programm öffnen soll, indem Sie ein Standarddialogobjekt *(CommonDialog)* verwenden, um den Anwender zur Eingabe des Dateinamens aufzufordern. Standarddialogobjekte unterstützen die Methode *ShowOpen*, mit der das Standarddialogfeld *Öffnen* aufgerufen und auf dem Bildschirm angezeigt wird. Die Pfadangabe, die der Anwender in diesem Dialogfeld auswählt, wird mit Hilfe der Eigenschaft *FileName* dem Programm übergeben. Sie können diesen Eigenschaftenwert zum Öffnen der Datei verwenden. Das Standarddialogobjekt öffnet die Datei nicht, sondern ermittelt lediglich den Dateinamen.

Die Open-Anweisung

Nachdem der Anwender den Pfadnamen angegeben hat, öffnen Sie die Datei mit Hilfe der Anweisung *Open*. Für die *Open*-Anweisung gilt folgende Syntax:

```
Open Pfadname For Modus Ass #Dateinummer
```

Die folgenden Argumente sind wichtig:

- *Pfadname* steht für einen gültigen Microsoft Windows-Pfadnamen.

- *Modus* steht für ein Schlüsselwort, das angibt, wie die Datei verwendet werden wird (In dieser Lektion arbeiten Sie mit den Modi *Input* und *Output*.)

- *Dateinummer* steht für eine ganze Zahl zwischen 1 und 255.

Lektion 12　　Mit Textdateien und Zeichenfolgen arbeiten

Die Dateinummer wird der Datei beim Öffnen zugeordnet. Sie können diese Dateinummer in Ihrem Programmcode verwenden, um auf die geöffnete Datei Bezug zu nehmen. Microsoft Visual Basic verwaltet mit Hilfe der Dateinummern die verschiedenen Dateien, die Sie in einem Programm öffnen.

Eine typische *Open*-Anweisung zum Öffnen eines Standarddialogobjekts sieht folgendermaßen aus:

```
Open CommonDialog1.FileName For Input As #1
```

Hier repräsentiert die Eigenschaft *CommonDialog1.FileName* den Pfadnamen, *Input* bezeichnet den Modus, und 1 ist die Dateinummer.

Textdateien, die unter Verwendung dieser Syntax geöffnet werden, werden auch *sequentielle Dateien* genannt, da ihr Inhalt in sequentieller Reihenfolge bearbeitet werden muss. Dagegen können Sie auf die Daten einer Datenbank in beliebiger Reihenfolge zugreifen. (Mehr hierzu erfahren Sie in Lektion 13.)

Die folgende Übung zeigt, wie Sie mit Hilfe eines Standarddialogobjekts und der *Open*-Anweisung eine Textdatei öffnen. Diese Übung illustriert auch, wie Sie mit Hilfe der Schlüsselwörter *Line Input* und der Funktion *EOF* den Inhalt einer Textdatei in einem Textfeld anzeigen und mit Hilfe des Schlüsselworts *Close* die Datei schließen.

Das Programm Textanzeige ausführen

❶ Starten Sie Visual Basic, falls es nicht bereits ausgeführt wird.

❷ Klicken Sie im Dialogfeld *Projekt öffnen* auf die Registerkarte *Vorhanden*, oder klicken Sie *in der Symbolleiste* auf die Schaltfläche *Projekt öffnen*.

❸ Wählen Sie den Ordner *\Vb6SfS\Lekt12*, und doppelklicken Sie auf den Dateinamen *Textanzeige*.

Abbildung 12.1
Das Programm
Textanzeige
während der
Ausführung.

369

Lektion 12   Mit Textdateien und Zeichenfolgen arbeiten

Sie finden das Programm *Textanzeige* im Ordner *\Vb6SfS\Lekt12*.

Das Programm *Textanzeige* wird in die Programmierumgebung geladen.

❹ Falls das Formular nicht sichtbar ist, markieren Sie im Projekt-Explorer das Formular *Textanzeige* und klicken dann auf die Schaltfläche *Objekt anzeigen*.

Das Formular *Textanzeige* wird angezeigt, und Ihr Bildschirm sollte etwa wie in Abbildung 12.1 aussehen.

Das Formular enthält ein großes Textfeld mit Bildlaufleisten, ein Standarddialogobjekt, ein Bezeichnungsfeld mit den Bedienungshinweisen für dieses Programm sowie das Menü *Datei* mit den Befehlen *Öffnen*, *Schließen* und *Beenden*. Außerdem wurden die in der nachfolgenden Tabelle aufgeführten Eigenschaften festgelegt. (Beachten Sie insbesondere die Einstellungen für das Textfeld *txtFile*.)

Objekt	Eigenschaft	Einstellung
txtFile	Enabled	False
	Multiline	True
	Name	txtFile
	ScrollBars	3 - Beides
	Text	(Leer)
mnuItemClose	Enabled	False
	Name	mnuItemClose
lblFile	Caption	„Laden Sie mit dem Befehl Öffnen eine Textdatei"
	Name	lblFile
Form1	Caption	„Textanzeige"

❺ Klicken Sie in der Symbolleiste auf die Schaltfläche *Starten*.

Das Programm *Textanzeige* wird ausgeführt.

❻ Klicken Sie im Menü *Datei* des Programms *Textanzeige* auf den Befehl *Öffnen*.

Das Dialogfeld *Öffnen* wird angezeigt (siehe Abbildung 12.2).

❼ Wählen Sie den Ordner *\Vb6SfS\Lekt12*, und doppelklicken Sie im Dialogfeld *Öffnen* auf den Dateinamen *Falschmünzen.txt*.

Die Datei *Falschmünzen.txt* ist eine Textdateien zum Thema Falschmünzerei (siehe Abbildung 12.3).

Lektion 12   Mit Textdateien und Zeichenfolgen arbeiten

Abbildung 12.2
Das Dialogfeld *Öffnen* mit der Datei *Falschmünzen.txt*.

Abbildung 12.3
Die Datei *Falschmünzen.txt* wird im Textfeld angezeigt.

❽ Verwenden Sie die Bildlaufleisten, um das gesamte Dokument zu betrachten.

❾ Wenn Sie die Textdatei gelesen haben, klicken Sie im Menü *Datei* auf den Befehl *Schließen*, um die Datei zu schließen, und dann auf den Befehl *Beenden*, um das Programm zu beenden.

Das Programm wird beendet und die Programmierumgebung wieder aktiviert. Wir wollen uns nun zwei wichtige Ereignisprozeduren des Programms ansehen.

Der Programmcode des Beispielprogramms Textanzeige

❶ Klicken Sie im Formular *Textanzeige* im Menü *Datei* auf den Befehl *Öffnen*.

Die Ereignisprozedur *mnuItemOpen_Click* wird im Codefenster angezeigt.

❷ Vergrößern Sie das Codefenster, um den Programmcode besser betrachten zu können.

Lektion 12   Mit Textdateien und Zeichenfolgen arbeiten

Abbildung 12.4
Das Codefenster mit der Ereignisprozedur *mnuItemOpen_Click*.

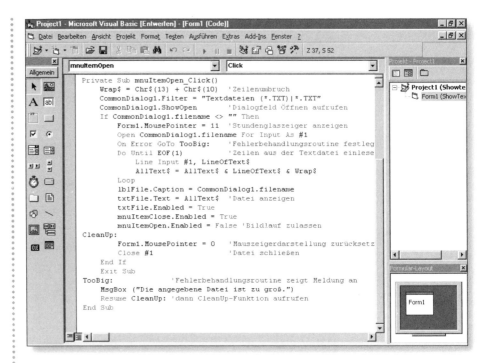

Ein Teil des Programmcodes des Beispielprogramms Textanzeige.

Ihr Bildschirm sollte nun etwa wie in Abbildung 12.4 aussehen.

Diese Ereignisprozedur führt die unten beschriebenen Operationen aus. Die betreffenden Visual Basic-Anweisungen sind jeweils in Klammer angegeben.

- Der Anwender mit Hilfe eines Standarddialogobjekts zur Eingabe eines Pfadnamens aufgefordert.

- Die angegebene Datei wird für Eingaben geöffnet (*Open...For Input*).

- Der Inhalt der Datei wird zeilenweise in String-Variable *AllText$* kopiert (*Line Input*).

- Zeilen werden solange kopiert, bis das Dateiende erreicht (EOF) oder nicht mehr genügend Speicherplatz in der String-Variablen vorhanden ist. Die String-Variable *AllText$* kann 64 KB Zeichen aufnehmen.

- Der Inhalt der Variablen *AllText$* wird in das Textfeld ausgegeben und dann werden die Bildlaufleisten aktiviert.

- Eventuell auftretende Fehler werden aufgefangen (*On Error GoTo*).

- Die Befehle im Menü *Datei* und die Mauszeigerdarstellung werden aktualisiert und die Datei wird geschlossen (*Close*).

372

Lektion 12 | Mit Textdateien und Zeichenfolgen arbeiten

❸ Wir wollen uns jetzt genauer ansehen, welche Bedeutung die einzelnen Anweisungen der Ereignisprozedur *mnuItemOpen_Click* haben – insbesondere die Schlüsselwörter *Open, Line Input, EOF* und *Close*. Weitere Informationen zu diesen Anweisungen finden Sie in der Online-Hilfe zu Visual Basic.

Die Fehlerbehandlungsroutine *TooBig:* zeigt eine Fehlermeldung an und bricht den Ladevorgang ab, falls der Anwender eine Datei gewählt hat, die größer als 64 KB ist. Dies ist erforderlich, da ein Textfeldobjekt nur eine String-Variable mit einer Größe von maximal 64 KB aufnehmen kann (Für Dateien, die größer als 64 KB sind, sollte das RTF-Steuerelement verwendet werden.)

Wenn Sie eine Datei laden, die mehrere Seiten umfasst, dauert der Ladevorgang einige Sekunden. Aus diesem Grund wird hier die Eigenschaft *MousePointer* verwendet, um die Mauszeigerform zu ändern und den Mauszeiger solange in Form eines Stundenglases darzustellen, bis die Datei auf dem Bildschirm angezeigt wird. Es ist immer empfehlenswert, dem Anwender irgendeine Art von Rückmeldung zu geben, wenn er mehrere Sekunden auf die Ausführung einer Operation warten muss.

❹ Öffnen Sie das Dropdown-Listenfeld *Objekt*, und klicken Sie auf den Eintrag *mnuItemClose*, um die Ereignisprozedur *mnuItemClose_Click* anzuzeigen.

Diese Prozedur wird ausgeführt, sobald der Befehl *Schließen* angeklickt worden ist. Mit dieser Prozedur wird der Inhalt des Textfelds gelöscht, der Befehl *Schließen* deaktiviert, der Befehl *Öffnen* aktiviert und schließlich das Textfeld deaktiviert.

❺ Wenn Sie den Programmcode von *Textanzeige* genügend studiert haben, schließen Sie das Codefenster.

Sie können dieses einfache Programm nun als Vorlage für anspruchsvollere Programme zur Verarbeitung von Textdateien verwenden. In der nächsten Übung lernen Sie, wie Sie mit einem Textfeld Eingaben entgegennehmen und den eingegebenen Text sowie den übrigen Inhalt eines Textfelds in einer Datei auf der Festplatte speichern.

Eine neue Textdatei erstellen

Sie verwenden die Schlüsselwörter *For Output* in der *Open*-Anweisung, um eine neue Datei auf einem Datenträger zu erstellen.

Um mit Hilfe von Visual Basic eine neue Textdatei auf der Festplatte oder einer Diskette zu erstellen, verwenden Sie zahlreiche Objekte und Schlüsselwörter aus dem letzten Beispiel. Das Erstellen neuer Dateien und Speichern von Daten darin kann beispielsweise sinnvoll sein, wenn Sie benutzerdefinierte Berichte oder Protokolle erstellen, wichtige Berechnungsergebnisse oder Werte speichern oder ein spezielles Textverarbeitungsprogramm oder einen für besondere Zwecke geeigneten

373

Lektion 12   Mit Textdateien und Zeichenfolgen arbeiten

Texteditor entwickeln möchten. Es folgt ein Überblick über die Arbeitsschritte, die zur Programmerstellung auszuführen sind:

❶ Eingaben vom Anwender entgegennehmen und/oder mathematische Berechnungen ausführen.

❷ Die Ergebnisse dieser Operationen einer oder mehreren Variablen zuweisen. Sie könnten beispielsweise den Inhalt eines Textfelds, in das der Anwender Text eingibt, einer Variablen namens *InputForFile$* zuweisen.

❸ Den Anwender unter Verwendung des Standarddialogfelds *Speichern unter* zur Eingabe eines Pfadnamens auffordern. Sie können dieses Dialogfeld mit Hilfe der Methode *ShowSave* eines Standarddialogobjekts aufrufen.

❹ Den in das Dialogfeld eingegebenen Pfadnamen verwenden, um die Datei für Ausgaben zu öffnen (*Open...For Output*).

Mit der Anweisung *Print #* werden Ausgaben an die genannte Datei gesendet.

❺ Mit Hilfe der Anweisung *Print #* Werte in der geöffneten Datei speichern (*Print #*).

❻ Datei schließen, wenn die Bearbeitung abgeschlossen ist (*Close*).

Die folgende Übung zeigt, wie Sie mit Hilfe eines Textfelds und eines Standarddialogobjekts sowie der Anweisungen *Open*, *Print #* und *Close* ein einfaches Programm zur Erfassung von Notizen erstellen. Sie können mit diesem Programm zu Hause oder im Büro Notizen anfertigen und sie mit einem Vermerk des aktuellen Datums speichern.

Das Programm Notiz ausführen

❶ Klicken Sie in der Symbolleiste auf die Schaltfläche *Projekt öffnen*.

❷ Wählen Sie den Ordner *\Vb6SfS\Lekt12,* und doppelklicken Sie auf das Projekt *Notiz*.

Abbildung 12.5
Das Formular *Notiz*.

Lektion 12 Mit Textdateien und Zeichenfolgen arbeiten

Das Programm *Notiz* wird in die Programmierumgebung geladen.

❸ Falls das Formular nicht sichtbar ist, klicken Sie im Projekt-Explorer auf das Formular *Notiz* und dann auf die Schaltfläche *Objekt anzeigen*.

Das *Formular* Notiz wird angezeigt und sollte wie in Abbildung 12.5 aussehen.

Das Formular enthält ein großes Textfeld mit Bildlaufleisten, ein Standarddialogobjekt, ein Bezeichnungsfeld für die Bedienungshinweise, und das Menü *Datei*, das die Befehle *Speichern unter*, *Datum einfügen* und *Beenden* aufweist. Die Eigenschaften wurden, wie in folgender Tabelle ersichtlich, eingestellt.

Objekt	Eigenschaft	Einstellung
txtNote	Multiline	True
	Name	txtNote
	ScrollBars	3 - Beides
	Text	(Leer)
Label1	Caption	„Geben Sie Ihre Notiz ein, und speichern Sie sie mit 'Datei/Speichern unter'."
Form1	Caption	„Notiz"

❹ Klicken Sie in der Symbolleiste auf die Schaltfläche *Starten*.

❺ Geben Sie den folgenden Text oder einen anderen Text, der Ihnen gerade einfällt, in das Textfeld ein:

Wie man Münzfälschungen erkennt

1. Lassen Sie die Münzen auf eine harte Oberfläche fallen. Echte Münzen haben einen glockenähnlichen Klang, die meisten Falschmünzen klingen hohl.

2. Tasten Sie die Oberfläche der Münzen ab. Die meisten Falschmünzen haben eine schmierige Oberfläche.

3. Versuchen Sie, die fraglichen Münzen durchzuschneiden. Echte Münzen lassen sich nur schwer ein- oder durchschneiden.

Wenn Sie Ihre Eingabe abgeschlossen haben, sollte Ihr Bildschirm in etwa wie Abbildung 12.6 aussehen.

Lektion 12 Mit Textdateien und Zeichenfolgen arbeiten

Abbildung 12.6
Das Textfeld zeigt den eingegebenen Text an.

Wenn Sie Text aus der Windows-Zwischenablage in das Textfeld einfügen möchten, drücken Sie ⇧+Einfg. Um Text aus dem Textfeld in die Windows-Zwischenablage zu kopieren, markieren Sie den Text mit der Maus und drücken Strg+C.

Wir wollen nun die Befehle des Menüs *Datei* ausprobieren.

❻ Klicken Sie im Menü *Datei* auf den Befehl *Datum einfügen*.

Das aktuelle Datum wird in die erste Zeile des Textfelds eingefügt (siehe Abbildung 12.7).

Abbildung 12.7
Das aktuelle Datum wurde in das Textfeld eingefügt.

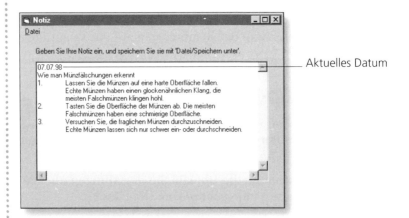

— Aktuelles Datum

Mit dem Befehl *Datum einfügen* lässt sich bequem das aktuelle Datum in eine Datei einfügen. Dies ist hilfreich, wenn Sie ein Protokoll oder ein Tagebuch erstellen.

❼ Klicken Sie im Menü *Datei* auf den Befehl *Speichern unter*.

Lektion 12   Mit Textdateien und Zeichenfolgen arbeiten

❽ Wählen Sie im Dialogfeld *Speichern unter* den Ordner *\Vb6SfS\Lekt12*, falls dieser nicht als aktueller Ordner ausgewählt ist. Geben Sie in das Textfeld *Dateiname* **Falschmünzen.txt** ein, und klicken Sie auf *Speichern*.

Der Text Ihres Dokuments wird damit in der neuen Textdatei *Falschmünzen.txt* gespeichert.

❾ Klicken Sie im Menü *Datei* auf den Befehl *Beenden*.

Das Programm wird beendet und die Programmierumgebung wieder aktiviert.

Wir wollen uns jetzt die Ereignisprozeduren des Programms näher ansehen.

Der Programmcode des Beispielprogramms Notiz

❶ Klicken Sie im Formular *Notiz* im Menü *Datei* auf den Befehl *Datum einfügen*.

Die Ereignisprozedur *mnuItemDate_Click* wird im Codefenster angezeigt (siehe Abbildung 12.8).

Abbildung 12.8
Die Ereignisprozedur *mnuItemDate_Click* wird im Codefenster angezeigt.

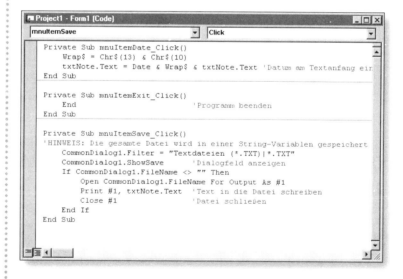

Die Funktion *Date$* ruft das aktuelle Datum ab.

Mit dieser Ereignisprozedur wird das aktuelle Datum in das Textfeld eingefügt, wobei das aktuelle Datum (das von der Funktion *Date$* ermittelt wird), ein Wagenrücklaufzeichen und die Eigenschaft *Text* verkettet werden. Sie können eine ähnliche Technik einsetzen, um die aktuelle Uhrzeit oder andere Daten in den Text des Textfelds einzufügen.

377

| Lektion 12 | Mit Textdateien und Zeichenfolgen arbeiten |

❷ Sehen Sie sich die Verkettungsanweisungen einmal genauer an, und öffnen Sie dann die Ereignisprozedur *mnuItemSave_Click*.

In diesem Anweisungsblock wird mit Hilfe eines Standarddialogobjekts das Standarddialogfeld *Speichern unter* aufgerufen, die Datei für Ausgaben geöffnet und ihr die Dateinummer 1 zugewiesen, der Wert der Eigenschaft *txtNote.Text* mit der *Print #*-Anweisung auf die Festplatte geschrieben und die Datei dann geschlossen. Beachten Sie insbesondere folgende Anweisung:

Der Anweisung
Print # wird als erstes
Argument die Datei-
nummer übergeben.

```
Print #1, txtNote.Text
```

Mit dieser Anweisung wird der gesamte Inhalt des Textfelds der geöffneten Datei zugewiesen. Die Anweisung *Print #* ähnelt der *Print*-Methode. Allerdings werden hier Ausgaben nicht auf dem Bildschirm oder dem Drucker ausgegeben, sondern in eine Datei geschrieben. Besonders zu beachten ist hier, dass der gesamte Inhalt der Datei in der String-Variablen *txtNote.Text* gespeichert wird.

❸ Sehen Sie sich die Anweisungen *Open, Print #* und *Close* an, und schließen Sie dann das Codefenster.

Sie haben damit Ihre Übungen mit dem Programm *Notiz* beendet.

Zeichenfolgen mit Programmcode verarbeiten

Wie Sie in den vorhergehenden Übungen gelernt haben, können Textdateien mit dem Steuerelement *Textfeld (TextBox)* und einigen besonderen Programmanweisungen relativ einfach geöffnet, bearbeitet und gespeichert werden. Visual Basic bietet außerdem verschiedene leistungsfähige Anweisungen und Funktionen, die speziell für die Verarbeitung von Textelementen in Programmen vorgesehen sind. Im folgenden Abschnitt werden Sie lernen, wie nützliche Informationen aus einer Zeichenfolge extrahiert werden können, wie eine Gruppe von Zeichenfolgen in ein Datenfeld kopiert wird, wie der Inhalt eines Textfelds sortiert wird, indem Zeichenfolgen miteinander verglichen werden, und wie wichtige Informationen durch die Verschlüsselung von Zeichenfolgen geschützt werden können.

Text sortieren

Eine besonders nützliche Fertigkeit bei der Arbeit mit Textelementen ist die Sortierung einer Liste von Zeichenfolgen. Das Grundprinzip der Sortierung ist einfach. Es wird eine Liste mit den zu sortierenden Elementen erzeugt, die dann Punkt für Punkt verglichen und so lange verändert wird, bis die Liste in aufsteigender oder absteigender alphabetischer oder numerischer Reihenfolge sortiert ist. In Visual Basic werden solche Elemente unter Verwendung desselben relationalen Operators vergli-

Lektion 12 | **Mit Textdateien und Zeichenfolgen arbeiten**

chen, der auch für numerische Werte verwendet wird. Der etwas komplitziertere Teil (und damit Gegenstand angeregter Diskussionen von Computerfachleuten) ist der Sortieralgorithmus, der zum Vergleich der Elemente verwendet wird. In diesem Abschnitt werden die Vor- und Nachteile bestimmter Sortieralgorithmen nicht näher behandelt, das würde den Rahmen dieses Buches sprengen. (Gegenstand der oben erwähnten Meinungsverschiedenheiten ist die Ausführungsgeschwindigkeit verschiedener Algorithmen, die aber nur dann relevant wird, wenn mehrere Tausend Elemente sortiert werden sollen.) In diesem Abschnitt wollen wir uns vielmehr mit den Grundlagen des Zeichenfolgenvergleichs in Sortierungen beschäftigen. Sie werden lernen, wie Textfelder, Listenfelder und Dateien sortiert werden.

Zeichenfolgen mit Anweisungen und Funktionen bearbeiten

Die Operation, die Sie am häufigsten mit Zeichenfolgen ausführen werden, besteht darin, sie mit dem Operator & zu verketten. Beispielsweise verkettet folgende Programmanweisung drei Literal-Zeichenfolgenausdrücke und übergibt das Ergebnis (*Bavaria, Mon Amour!*) der String-Variablen *slogan$*:

```
slogan$ = "Bavaria" & " Mon " & "Amour!"
```

Außerdem können Zeichenfolgenausdrücke unter Verwendung spezieller Anweisungen, Funktionen und Operatoren im Programmcode verändert werden. In folgender Tabelle sind verschiedene Schlüsselwörter aufgeführt, die dann in Übungen näher beschrieben werden.

Tabelle 12.2
Schlüsselwörter und Funktionen zur Bearbeitung von Zeichenfolgen.

Schlüsselwort	Beschreibung	Beispiel
Ucase	Ändert die Buchstaben einer Zeichenfolge in Großschreibung.	Ucase("isar") *liefert* ISAR
Lcase	Ändert die Buchstaben einer Zeichenfolge in Kleinschreibung.	Lcase("Isar") *liefert* isar
Len	Stellt die Länge (in Zeichen) einer Zeichenfolge fest.	Len("Loisach") *liefert* 7
Right	Liefert eine feste Anzahl von Zeichen von der rechten Seite einer Zeichenfolge.	Right("Beuerberg", 4) *liefert* berg ▶

379

Lektion 12 · Mit Textdateien und Zeichenfolgen arbeiten

Schlüsselwort	Beschreibung	Beispiel
Left	Liefert eine feste Anzahl von Zeichen von der linken Seite einer Zeichenfolge.	`Left("Beuerberg", 5)` *ergibt* Beuer
Mid	Liefert eine feste Anzahl von Zeichen in der Mitte einer Zeichenfolge, ausgehend von einem vorgegebenen Startpunkt.	`Mid("Sommerszeit", 4, 3)` *ergibt* mer
InStr	Sucht den Startpunkt einer Zeichenfolge innerhalb einer längeren Zeichenfolge.	`start% = InStr("bav", "bavaria")` *liefert* 1 an die Variable start%
String	Wiederholt eine Zeichenfolge um den angegebenen Faktor.	`String(8,"*")` *ergibt* ********
Asc	Liefert den ASCII-Code des angegebenen Buchstabens.	`Asc("A")` *liefert* 65
Chr	Liefert das Zeichen für den angegebenen ASCII-Code.	`Chr$(65)` *liefert* A
Xor	Führt eine „Exclusive-Oder"-Operation an zwei Zahlen aus, und liefert einen Wert, der zur Ver- bzw. Entschlüsselung von Text verwendet werden kann.	`65 Xor 50` *liefert* 115 `115 Xor 50` *liefert* 65

Was ist ASCII?

Eine Tabelle der ASCII-Zeichencodes finden Sie über das Stichwort *ASCII* in der Online-Hilfe zu Visual Basic.

Bevor Visual Basic in einer Sortierroutine ein Zeichen mit einem anderen vergleichen kann, muss jedes Zeichen mit Hilfe einer Übersetzungstabelle, dem sogenannten *ASCII-Zeichensatz*, in eine Zahl umgewandelt werden. ASCII ist eine Abkürzung für *American Standard Code (for) Information Interchange*. Jedes Zeichen, das auf einem Computer angezeigt werden kann, hat einen eigenen ASCII-Code. Der ASCII-Zeichensatz umfasst die grundlegenden „Schreibmaschinenzeichen" (Codes 32 bis 127), spezielle „Steuerzeichen" wie *Tab*, *Linefeed* (Zeilenvorschub) und *Carriage Return* (Wagenrücklauf) (Codes 0 bis 31), sowie Zeichen aus anderen Sprachen und Zeichensymbole aus dem *erweiterten IBM-Zeichen-*

380

satz (Codes 128 bis 255). Zum Beispiel hat der Kleinbuchstabe „a" den ASCII-Code 97, der Großbuchstabe „A" hat den ASCII-Code 65. (Aufgrund dieser Tatsache behandelt Visual Basic diese beiden Zeichen bei einer Sortierung bzw. einem Vergleich sehr unterschiedlich.)

In älteren Versionen der Programmiersprache BASIC wiesen Funktionen, die Zeichenfolgen verarbeiteten und Werte vom Typ String (also Zeichenfolgen) zurückgaben, normalerweise das Symbol $ am Namensende auf. *Chr* hieß *Chr$* und *Mid* hieß *Mid$*. Falls gewünscht, können Sie diese alten Namen auch in Visual Basic verwenden, das beide Schreibweisen unterstützt. (Im Verlauf dieses Buches werden beide Formen verwendet.)

Sie können mit Hilfe der *Asc*-Funktion den ASCII-Code eines bestimmten Buchstabens ermitteln. Mit folgender Programmanweisung wird beispielsweise der Integer-Variablen *AscCode%* die Zahl 122 (der ASCII-Code des Kleinbuchstabens „z") zugewiesen:

```
AscCode% = Asc("z")
```

Umgekehrt kann mit der *Chr*-Funktion auch ein ASCII-Code in einen Buchstaben umgewandelt werden. Folgende Programmanweisung weist beispielsweise den Buchstaben „z" der String-Variablen *letter$* zu:

```
letter$ = Chr(122)
```

Dasselbe Ergebnis wird erzielt, wenn die oben definierte Variable *AscCode%* verwendet wird:

```
letter$ = Chr(AscCode%)
```

Wie können eine Zeichenfolge oder ein ASCII-Code mit einem anderen verglichen werden? Sie können hierzu einen der sechs relationalen Operatoren verwenden, die Visual Basic zur Bearbeitung von Text- und numerischen Elementen bereitstellt. In der folgenden Tabelle 12.3 werden diese relationalen Operatoren beschrieben:

Tabelle 12.3
Relationale Operatoren in Visual Basic.

Operator	Bedeutung
<>	Ungleich
=	Gleich
<	Kleiner als
>	Größer als
<=	Kleiner oder gleich
>=	Größer oder gleich

Lektion 12 Mit Textdateien und Zeichenfolgen arbeiten

Ein Zeichen ist „größer als" ein anderes Zeichen, wenn dessen ASCII-Code höher ist. Beispielsweise ist der ASCII-Wert des Buchstabens „B" größer als der ASCII-Wert des Buchstabens „A". Der Ausdruck

```
"A" < "B"
```

wird daher zu *True* ausgewertet und der Ausdruck

```
"A" > "B"
```

entsprechend zu *False*.

Wenn zwei Zeichenfolgen, die jeweils mehrere Zeichen enthalten, verglichen werden, geht Visual Basic zeichenweise vor. Das erste Zeichen der ersten Zeichenfolge wird mit dem ersten Zeichen der zweiten Zeichenfolge verglichen, das zweite Zeichen der ersten Zeichenfolge mit dem zweiten Zeichen der zweiten Zeichenfolge und so weiter; der Vergleich wird so lange fortgesetzt, bis sich die Zeichen der beiden Zeichenfolgen unterscheiden. Beispielsweise sind die Zeichenfolgen Marcus und Markus bis zum vierten Zeichen („c" und „k") identisch. Da der ASCII-Wert von „k" größer ist als der Wert von „c" ergibt der Ausdruck

```
"Markus" > "Marcus"
```

den Wert *True*.

Wird kein Unterschied zwischen den Zeichenfolgen festgestellt, sind sie gleich. Falls zwei Zeichenfolgen die gleichen Zeichen enthalten, aber eine unterschiedliche Länge haben bzw. eine Zeichenfolge eine Teilmenge einer anderen Zeichenfolge darstellt, dann gilt die längere Zeichenfolge als größer als die kürzere Zeichenfolge. Beispielsweise ist der Ausdruck

```
"AAAAA" > "AAA"
```

wahr (*True*).

Zeichenfolgen in einem Textfeld sortieren

Die folgende Übung zeigt, wie Sie relationale Operatoren und verschiedene Zeichenfolgenfunktionen einsetzen, um Textzeilen in einem Visual Basic-Textfeld zu sortieren. Das Programm *SortDemo* ist eine überarbeitete Fassung des Dienstprogramms *Notiz* und verfügt über den Befehl *Öffnen*, mit dem eine vorhandene Textdatei geöffnet werden kann. Außerdem enthält das Menü *Datei* den Befehl *Text sortieren*, mit dem der Text, der gerade im Textfeld angezeigt wird, sortiert werden kann.

Da der gesamte Inhalt eines Visual Basic-Textfelds in einer Zeichenfolge gespeichert wird, muss das Programm zuerst diese lange Zeichenfolge in kleinere Zeichenfolgen zerlegen. Diese Zeichenfolgen können dann mit dem Unterprogramm *ShellSort* sortiert werden. *ShellSort* ist eine Sortierroutine, die auf einem von Donald Shell 1959 entwickelten Algorith-

Lektion 12 Mit Textdateien und Zeichenfolgen arbeiten

mus basiert. Um diese Aufgabe zu vereinfachen, wurde ein Standardmodul erstellt, das ein dynamisches Datenfeld vom Typ String definiert, in dem die einzelnen Zeilen des Textfelds gespeichert werden. Außerdem wurde das Unterprogramm *ShellSort* im Standardmodul untergebracht, so dass es von jeder Ereignisprozedur im Projekt gerufen werden kann. (Weitere Informationen zu Standardmodulen finden Sie in Lektion 11.)

Ein besonders interessanter Teil dieses Programms ist die Routine, die die Anzahl der im Textfeld enthaltenen Zeilen ermittelt. Es existiert leider keine Visual Basic Funktion zur automatischen Berechnung dieses Werts. Das Programm soll beliebig große Textfelder zeilenweise sortieren können. Dazu wurde der im folgenden gezeigte Code erstellt. Hier wird mit Hilfe der *Chr*-Funktion das Wagenrücklaufzeichen (Carriage Return) am Ende jeder Zeile gesucht.

```
'Ermitteln, wie viele Textzeilen das Textfeld(txtNote) enthält
lineCount% = 0   'In dieser Variablen wird die Zeilenanzahl gespeichert.
charsInFile% = Len(txtNote.Text)   'Anzahl der im Textfeld enthaltenen
                                   'Zeichen ermitteln
For i% = 1 To charsInFile%   'Inhalt des Textfelds Zeichen für Zeichen bearbeiten
    letter$ = Mid(txtNote.Text, i%, 1) 'Nächstes Zeichen in letter$ ausgeben
    If letter$ = Chr$(13) Then        'Falls Wagenrücklaufzeichen (Zeilenende!)
                                      'erreicht wird,
        lineCount% = lineCount% + 1   'in die nächste Zeile wechseln
                                      'und Zeilenzahl erhöhen
        i% = i% + 1     'Zeilenvorschubzeichen (das stets dem Wagenrücklaufzeichen
                        'folgt) übergehen
    End If
Next i%
```

Diese Routine gibt die Anzahl der im Textfeld enthaltenen Zeilen an die Variable *lineCount%* aus. Mit diesem Wert kann ein dynamisches Datenfeld im Programm erstellt werden, in dem die einzelnen Zeilen gespeichert werden. Das resultierende Datenfeld mit Zeichenfolgen wird dem Unterprogramm *ShellSort* zum Sortieren übergeben. *ShellSort* sortiert dann das Datenfeld in alphabetischer Reihenfolge zurück. Nachdem das Datenfeld sortiert worden ist, kann es einfach mit einer *For*-Schleife zurück in das Textfeld kopiert werden.

Das Programm SortDemo ausführen

❶ Klicken Sie in der Symbolleiste auf die Schaltfläche *Projekt öffnen* und öffnen Sie das Projekt *SortDemo* aus dem Ordner *\Vb6SfS\Lekt12*.

❷ Klicken Sie in der Symbolleiste auf die Schaltfläche *Starten*, um das Programm auszuführen.

Lektion 12 — Mit Textdateien und Zeichenfolgen arbeiten

❸ Geben Sie entweder folgenden Text oder beliebigen anderen Text in das Textfeld ein:

Zebra
Gorilla
Mond
Banane
Apfel
Vogel

Nach dem letzten Wort müssen Sie ⏎ drücken, damit Visual Basic die Anzahl der Zeilen korrekt berechnen kann.

❹ Klicken Sie im Menü *Datei* auf den Befehl *Text sortieren*.

Der eingegebene Text wird im Textfeld sortiert angezeigt (siehe Abbildung 12.9).

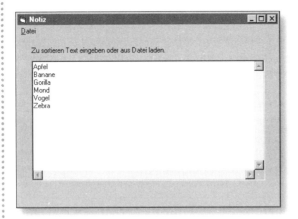

Abbildung 12.9
Der eingegebene Text wurde sortiert.

Abbildung 12.10
Die Datei *abc.txt* wurde in das Textfeld geladen.

Lektion 12 Mit Textdateien und Zeichenfolgen arbeiten

Abbildung 12.11
Die sortierte Datei *abc.txt*.

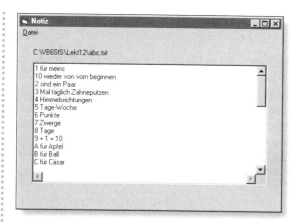

❺ Klicken Sie im Menü *Datei* auf den Befehl *Öffnen,* und öffnen Sie die Datei *abc.txt* aus dem Ordner *\Vb6SfS\Lekt12*. Die Datei wird in das Textfeld geladen (siehe Abbildung 12.10).

Die Datei *abc.txt* enthält 36 Textzeilen. Jede Zeile beginnt entweder mit einem Buchstaben oder einer Zahl (1–10).

❻ Klicken Sie im Menü *Datei* auf den Befehl *Text sortieren,* um den Inhalt der Datei *abc.txt* zu sortieren.

Das Programm *SortDemo* sortiert die Datei in aufsteigender Reihenfolge und zeigt die Liste der sortierten Zeilen im Textfeld an (siehe Abbildung 12.11).

❼ Blättern Sie durch die Datei, und sehen Sie sich das Ergebnis der alphabetischen Sortierung an.

Beachten Sie, dass der alphabetische Teil der Sortierung zwar einwandfrei ausgeführt wurde, aber die Sortierung merkwürdige Ergebnisse für die numerischen Einträge liefert. Die Zeile, die mit der Zahl 10 beginnt, erscheint an zweiter Stelle der Liste anstatt an zehnter Stelle. Hier passiert folgendes: Visual Basic liest die 1 und die 0 in der Zahl 10 als zwei unzusammenhängende Zeichen und nicht als Zahl. Da in diesen Zeichenfolgen die ASCII-Codes von links nach rechts verglichen werden, produziert das Programm eine rein alphabetische Sortierung. Falls mit diesem Programm Zahlen sortiert werden sollen, müssen die Zahlen in numerischen Variablen gespeichert und nicht unter Verwendung der Zeichenfolgenfunktionen verglichen werden.

Der Programmcode des Beispielprogramms SortDemo

❶ Klicken Sie im Menü *Datei* des Programms *SortDemo* auf den Befehl *Beenden,* um das Programm zu beenden.

Lektion 12 Mit Textdateien und Zeichenfolgen arbeiten

❷ Öffnen Sie das Codefenster (falls nicht bereits geöffnet), und zeigen Sie den Code für die Ereignisprozedur *mnuItemSortText* an.

Die erste Routine in dieser Ereignisprozedur wurde bereits besprochen: Sie zählt mit der Funktion Mid die Anzahl der im Textfeld enthaltenen Textzeilen, indem sie nach den Wagenrücklaufzeichen (ASCII-Code 13) sucht. Im restlichen Teil der Ereignisprozedur wird ein Datenfeld vom Typ String angelegt und jede Textzeile in das Datenfeld kopiert. Dann wird das Unterprogramm aufgerufen, mit dem das Datenfeld sortiert wird, und schließlich wird die sortierte Liste wieder im Textfeld angezeigt.

❸ Blättern Sie zur zweiten Routine der Ereignisprozedur.

Ihr Bildschirm sollte nun etwa wie in Abbildung 12.12 aussehen.

Abbildung 12.12
Mit der *ReDim*-Anweisung wird ein dynamisches Datenfeld erstellt, in dem die Textzeilen gespeichert werden.

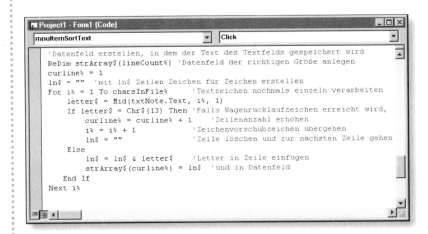

Das Datenfeld *strArray$* wurde in einem Standardmodul (SortDemo.bas) deklariert, das ebenfalls Teil dieses Programms ist. Mit der *ReDim*-Anweisung wird *strArray$* als dynamisches Datenfeld mit der durch die Variable *lineCount%* gegebene Anzahl von Elementen erstellt. Mit dieser Anweisung wird ein Datenfeld erzeugt, dessen Anzahl von Elementen der Anzahl von Textzeilen im Textfeld entspricht (notwendig für das Unterprogramm *ShellSort*). Unter Verwendung einer *For*-Schleife und der Variablen *ln$* wird das Textfeld erneut nach Wagenrücklaufzeichen durchsucht. Dann werden die einzelnen Zeilen in das Datenfeld *strArray$* kopiert. Nachdem das Datenfeld mit Text gefüllt wurden ist, wird das Unterprogramm *ShellSort* gerufen, das zuvor im Standardmodul *Sort-Demo.bas erstellt worden ist*.

Das Unterprogramm *ShellSort* verwendet den relationalen Operator <=, um Datenfeldelemente zu vergleichen und stellt die Elemente um, die nicht in der richtigen Reihenfolge stehen. Das Unterprogramm sieht folgendermaßen aus:

Lektion 12 | Mit Textdateien und Zeichenfolgen arbeiten

```
Sub ShellSort(sort$(), numOfElements%)
'Die Subroutine ShellSort sortiert die Elemente des Datenfelds
'sort$() in absteigender Reihenfolge und gibt das Datenfeld
'an die aufrufende Prozedur zurück.
span% = numOfElements% \ 2
Do While span% > 0
    For i% = span% To numOfElements% - 1
        j% = i% - span% + 1
        For j% = (i% - span% + 1) To 1 Step -span%
            If sort$(j%) <= sort$(j% + span%) Then Exit For
            'Datenfeldelemente, die nicht in der richtigen
            'Reihenfolge stehen, umstellen
            temp$ = sort$(j%)
            sort$(j%) = sort$(j% + span%)
            sort$(j% + span%) = temp$
        Next j%
    Next i%
    span% = span% \ 2
Loop
End Sub
```

Diese Routine verwendet folgende Sortiermethode: Die Hauptliste der
Elemente wird ständig in untergeordnete Listen halber Größe unterteilt.
Dann wird der obere Teil dieser untergeordneten Listen mit dem unteren
Teil verglichen, um festzustellen, ob sich die Elementen in der korrekten
Reihenfolge befinden. Falls sie nicht in der korrekten Reihenfolge stehen,
werden sie vertauscht. Das Ergebnis ist ein Datenfeld (*sort$*), das alpha-
betisch in absteigender Reihenfolge sortiert ist. Wenn Sie die Sortie-
rungreihenfolge ändern möchten (in aufsteigend), drehen Sie den relationalen Operator einfach um (ändern Sie <= zu >=).

Text durch Verschlüsselung schützen

Sie haben nun bereits einige Erfahrungen mit ASCII-Codes und können
daher beginnen, einfache Verschlüsselungsroutinen zu schreiben, die die
ASCII-Codes der Zeichen in Ihren Dokumenten in geregelter Weise verändern bzw. verschieben und damit den Text „verschlüsseln", also für
Unbefugte unleserlich machen. Diese *Verschlüsselung* verändert die Zeichen in einer Datei unter Verwendung mathematischer Verfahren. Damit
eine solche Verschlüsselung sinnvoll einsetzbar ist, muss sich die Verschlüsselung natürlich auch wieder rückgängig machen lassen – ansonsten werden die verschlüsselten Dateien einfach unbrauchbar. In den folgenden Übungen werden Sie sehen, wie Zeichenfolgen ver- und entschlüsselt werden können. Zuerst laden Sie das Programm *Encrypt*, um
zu sehen, wie ein einfaches Verschlüsselungsschema funktioniert.

Lektion 12   Mit Textdateien und Zeichenfolgen arbeiten

Text durch Ändern des ASCII-Codes verschlüsseln

❶ Klicken Sie in der Symbolleiste auf die Schaltfläche *Projekt öffnen*, und öffnen Sie das Projekt *Encrypt* aus dem Ordner *\Vb6SfS\Lekt12*.

❷ Klicken Sie in der Symbolleiste auf die Schaltfläche *Starten*, um das Programm auszuführen.

❸ Geben Sie den folgenden Text oder einen anderen Text in das Textfeld ein:

**Allein, nachdenklich, wie gelähmt vom Krampfe,
Durchmess' ich öde Felder, schleichend träge,
Und wend' umher den Blick, zu fliehn die Stege,
Wo eine Menschenspur den Sand nur stampfe.**

Francesco Petrarca, ca. 1368

❹ Klicken Sie im Menü *Datei* auf den Befehl *Verschlüsselte Datei speichern*, und speichern Sie die Datei im Ordner *\Vb6SfS\Lekt12* unter dem Namen **padua.txt**.

Sobald Sie die Textdatei speichern, verschlüsselt das Programm den ASCII-Code und zeigt das Ergebnis dieser Verschlüsselung wie in Abbildung 12.13 dargestellt im Textfeld an.

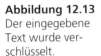

Abbildung 12.13
Der eingegebene Text wurde verschlüsselt.

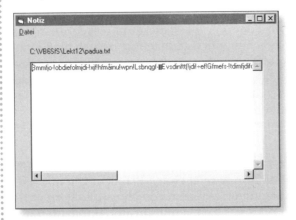

Wenn Sie diese Datei nun mit Microsoft Word oder einem anderen Textverarbeitungsprogramm öffnen, sehen Sie lediglich unleserliche Zeichenfolgen. Die Zeichen wurden verschlüsselt und können nur von Personen gelesen werden, die über ein entsprechendes Programm zum Entschlüsseln verfügen.

❺ Um die Datei zu entschlüsseln und lesbar zu machen, klicken Sie im Menü *Datei* auf den Befehl *Verschlüsselte Datei öffnen* und öffnen die Datei *padua.txt* aus dem Ordner *\Vb6SfS\Lekt12*.

Lektion 12 Mit Textdateien und Zeichenfolgen arbeiten

Abbildung 12.14
Die verschlüsselte Datei *padua.txt* wurde geöffnet und entschlüsselt.

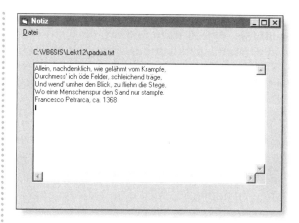

Die Datei wird wieder in Ihrer ursprünglichen Form angezeigt (siehe Abbildung 12.14).

❻ Klicken Sie im Menü *Datei* auf den Befehl *Beenden,* um das Programm zu beenden.

Der Programmcode des Beispielprogramms Encrypt

❶ Öffnen Sie die Ereignisprozedur *mnuItemSave* im Codefenster. Daraufhin wird der Programmcode angezeigt, mit dem die oben gezeigte Verschlüsselung erzeugt wird.

Obwohl die gezeigten Auswirkungen vielleicht etwas merkwürdig ausgesehen haben, handelt es sich hier um in relativ klar gegliedertes Verschlüsselungsschema. Unter Verwendung der Funktionen *Asc* und *Chr* und einer *For*-Schleife wird einfach eine Zahl (1) zum ASCII-Code jedes Zeichens im Textfeld addiert. Die auf diese Weise verschlüsselte Datei wird dann in der angegebenen Textdatei gespeichert.

```
'Text unter Verwendung des Verschlüsselungsschemas speichern (ASCII-Code + 1)
encrypt$ = ""     'Variable für verschlüsselte Zeichenfolge initialisieren
    charsInFile% = Len(txtNote.Text)    'Länge der Zeichenfolge ermitteln
For i% = 1 To charsInFile%              'für jedes Zeichen der Datei
    letter$ = Mid(txtNote.Text, i%, 1)  'nächstes Zeichen lesen
    'ASCII-Code des Zeichens ermitteln und 1 dazu addieren
    encrypt$ = encrypt$ & Chr$(Asc(letter$) + 1)
Next i%
Open CommonDialog1.FileName For Output As #1    'Datei öffnen
Print #1, encrypt$              'verschlüsselten Text in Datei speichern
txtNote.Text = encrypt$
```

Die entscheidende Anweisung ist hier:

```
encrypt$ = encrypt$ & Chr(Asc(letter$) + 1)
```

Lektion 12   **Mit Textdateien und Zeichenfolgen arbeiten**

Mit dieser Anweisung wird der ASCII-Code des aktuellen Buchstabens festgestellt, der Wert 1 dazu addiert, dieser veränderte ASCII-Code wieder in einen Buchstaben umgewandelt und dann zur Zeichenfolge *encrypt$* hinzugefügt. In den letzten beiden Anweisungen dieser Routine wird die Zeichenfolge *encrypt$* verwendet, um den verschlüsselten Text in eine Datei zu schreiben und im Textfeld anzuzeigen.

❷ Öffnen Sie die Ereignisprozedur *mnuOpenItem* im Codefenster, um zu sehen, wie das Programm die Verschlüsselung wieder rückgängig macht.

Dieser Programmcode ist fast identisch mit dem Code für den Befehl *Speichern*. Anstatt aber jeweils eine 1 zum ASCII-Code der einzelnen Buchstaben zu addieren, wird eine 1 davon abgezogen:

```
'Zeichenfolge entschlüsseln, indem 1 vom ASCII-Code subtrahiert wird
decrypt$ = ""           'Variable für entschlüsselte Zeichenfolge initialisieren
charsInFile = Len(AllText$)    'Länge der Zeichenfolge ermitteln
For i% = 1 To charsInFile      'einzelne Zeichen in Schleife bearbeiten
    letter$ = Mid(AllText$, i%, 1)     'Zeichen mit Hilfe von Mid lesen
    decrypt$ = decrypt$ & Chr$(Asc(letter) - 1)     '1 subtrahieren
Next i%                        'und neue Zeichenfolge erstellen
txtNote.Text = decrypt$        'umgewandelte Zeichenfolge dann anzeigen
```

Diese einfache Art von Verschlüsselung kann zum Schutz von Textdateien durchaus ausreichend sein; derart verschlüsselte Dateien können aber auch recht einfach entschlüsselt werden. Personen mit Erfahrung in Verschlüsselungstechniken können schnell die verwendete Methodik ermitteln und die Datei entschlüsseln, indem Sie Entsprechungen für Standardzeichen wie das Leerzeichen suchen, um den Wert zu finden, der zum ASCII-Code hinzugefügt oder davon abgezogen wurde (bei einer Verschiebung um 1 wird das Leerzeichen als Ausrufezeichen ! angezeigt). Außerdem verhindert diese Art der Verschlüsselung nicht, dass böswillige Personen die Datei beschädigen oder verändern können, sie z.B. einfach löschen, wenn sie im System nicht geschützt ist, oder die Datei so verändern, dass sie sich nicht mehr entschlüsseln lässt. Wenn Sie jedoch Daten einfach rasch vor den neugierigen Blicken anderer verbergen wollen, kann diese einfache Verschlüsselungsmethode durchaus ausreichend sein.

Einen Schritt weiter: Den Operator Xor verwenden

Das oben gezeigte Verschlüsselungsschema lässt sich relativ sicher auf Textdateien anwenden, da der Wert der ASCII-Zeichencodes lediglich um 1 verschoben wird. Sie sollten aber vorsichtig sein, wenn Sie den ASCII-Code um mehrere Zeichen verschieben und das Ergebnis in einer Textdatei gespeichert werden soll. Wenn Sie ASCII-Codes um hohe Werte verändern (z.B. wenn zu jedem Zeichencode die Zahl 500 addiert wird), wird

390

| Lektion 12 | Mit Textdateien und Zeichenfolgen arbeiten

damit kein ASCII-Zeichen erzeugt, das später wieder entschlüsselt werden kann. Beispielsweise ergibt die Addition von 500 zum ASCII-Code des Buchstabens „A" (65) den Wert 565. Dieser Wert kann aber mit der *Chr*-Funktion nicht in ein Zeichen umgewandelt werden. Statt dessen liefert *Chr* den Wert Null (0) zurück, der später nicht mehr korrekt entschlüsselt werden kann. Auf diese Weise verschlüsselter Text kann zwar ver- aber nicht mehr entschlüsselt werden und wird damit unbrauchbar.

Dieses Problem lässt sich umgehen, indem die in einer Datei enthaltenen Buchstaben während der Verschlüsselung in Zahlen umgewandelt werden, so dass sich die Verschlüsselung, unabhängig von der Höhe der Zahlenwerte, wieder rückgängig machen lässt. Zudem eröffnet sich damit die Möglichkeit, zur Verschlüsselung zusätzliche mathematische Funktionen, wie z.B. Multiplikation, Logarithmen usw., auf die Zahlen anzuwenden, sofern man weiß, wie diese Operationen wieder rückgängig gemacht werden.

Eine der besten Möglichkeiten zur Verschlüsselung numerischer Werte ist bereits in Visual Basic integriert. Der Operator *Xor* führt eine „exklusive Oder"-Operation durch. Diese Operation wird an den Bits ausgeführt, aus denen die Zahl besteht. Die Arbeitsweise des Operators *Xor* lässt sich am besten mit Hilfe des Direktfensters zeigen, da darin eingegebener Programmcode sofort ausgeführt wird. Um das Direktfenster in Visual Basic zu öffnen, wählen im Menü *Ansicht* den Befehl *Direktfenster*. Geben Sie folgende Anweisung in das Direktfenster ein:

```
print asc("A") Xor 50
```

Drücken Sie ⏎. Visual Basic zeigt das numerische Ergebnis 115 direkt unter der Programmanweisung an. Geben Sie folgende Anweisung ein:

```
print 115 Xor 50
```

Visual Basic zeigt das Ergebnis 65 an. Dies ist der ASCII-Code des Buchstabens „A" (unser ursprünglicher Wert). Mit anderen Worten: Der Operator *Xor* erzeugt ein Ergebnis, das auf die ursprünglichen Werte zurückgeführt werden kann, indem der ursprüngliche *Xor*-Ausdruck mit dem Ergebnis der ersten Operation verwendet wird. Verschiedene populäre Verschlüsselungsalgorithmen machen sich diese interessante Verhaltensweise der Funktion *Xor* zunutze. Dateien lassen sich auf diese Weise wesentlich sicherer verschlüsseln.

Text mit dem Operator Xor verschlüsseln

Laden Sie in das Programm *Encrypt2 und* sehen Sie sich an, wie der Operator *Xor* funktioniert.

❶ Klicken Sie in der Symbolleiste auf die Schaltfläche *Projekt öffnen*, und öffnen Sie das Projekt *Encrypt2* aus dem Ordner *\Vb6SfS\Lekt12*.

Lektion 12 — Mit Textdateien und Zeichenfolgen arbeiten

❷ Klicken Sie in der Symbolleiste auf die Schaltfläche *Starten*, um das Programm auszuführen.

❸ Geben Sie entweder folgenden Text oder beliebigen anderen Text für die zu verschlüsselnde Textdatei ein:

**Der Optimist hat nicht weniger oft unrecht als der Pessimist, aber er lebt froher.
Charlie Rivel**

❹ Klicken Sie im Menü *Datei* auf den Befehl *Verschlüsselte Datei speichern*, und speichern Sie die Datei im Ordner *\Vb6SfS\Lekt12* unter dem Namen *zitat.txt*.

Das Programm fragt dann den geheimen Verschlüsselungscode ab, mit dem die Datei verschlüsselt werden soll (Sie müssen sich diese Zahl merken, um die Datei später wieder entschlüsseln zu können.)

❺ Geben Sie **500** oder einen beliebigen anderen numerischen Code ein, und drücken Sie ⏎.

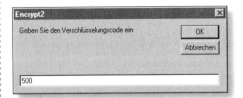

Abbildung 12.15
Das Meldungsfeld fordert zur Eingabe eines Verschlüsselungscodes auf.

Visual Basic verschlüsselt den Text mit dem Operator *Xor* und speichert ihn als eine Reihe von Zahlen in einer Datei. Diese Verschlüsselung wird nicht auf dem Bildschirm dargestellt. Sie können diese Datei aber mit einem Textverarbeitungsprogramm öffnen und das Ergebnis der Verschlüsselung anzeigen.

❻ Löschen Sie den Text aus dem Textfeld, indem Sie ihn mit der Maus auswählen und `Entf` drücken.

Nun wollen wir die Datei wieder entschlüsseln.

❼ Klicken Sie im Menü *Datei* auf den Befehl *Verschlüsselte Datei öffnen*.

❽ Doppelklicken Sie auf die Datei *zitat.txt*, geben Sie in das Dialogfeld, das zur Eingabe des Verschlüsselungscodes auffordert, die Zahl **500** ein (bzw. den oben verwendeten Verschlüsselungscode), und klicken Sie auf *OK*.

Das Programm öffnet die Datei und stellt den Text unter Verwendung des Operators *Xor* und des angegebenen Verschlüsselungscodes wieder in lesbarer Form her.

Lektion 12   Mit Textdateien und Zeichenfolgen arbeiten

Abbildung 12.16
Die verschlüsselte Datei wird geladen, entschlüsselt und angezeigt.

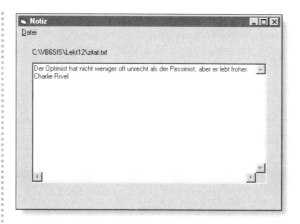

❾ Klicken Sie im Menü *Datei* auf den Befehl *Exit,* um das Programm zu beenden.

Der Programmcode für die Verschlüsselung

Der Operator *Xor* wird in den beiden Ereignisprozeduren *mnuOpenItem* und *mnuItemSave* verwendet. Diese generischen Routinen zur Verarbeitung von Menübefehlen werden Ihnen wahrscheinlich bekannt vorkommen. Die Ereignisprozedur *mnuItemSave verwendet folgende* Anweisungen, um vom Anwender einen Verschlüsselungscode anzufordern und die Datei unter Verwendung dieses Codes zu verschlüsseln:

```
code = InputBox("Geben Sie den Verschlüsselungscode ein", , 1)
If code = "" Then Exit Sub      'Falls Abbrechen gewählt wird, Subroutine
                                'beenden
Form1.MousePointer = 11         'Stundenglas anzeigen
charsInFile% = Len(txtNote.Text) 'Länge der Zeichenfolge ermitteln
Open CommonDialog1.FileName For Output As #1    'Datei öffnen
For i% = 1 To charsInFile%      'für jedes Zeichen der Datei
    letter$ = Mid(txtNote.Text, i%, 1)    'nächstes Zeichen lesen
    'mit Asc in Zahl umwandeln, dann mit Xor verschlüsseln
    Print #1, Asc(letter$) Xor code;       'und in Datei speichern
Next i%
Close #1                        'Datei schließen, wenn Verschlüsselung beendet
```

In der Anweisung *Print #1* wird der Operator *Xor* verwendet, um jeden Buchstaben im geöffneten Textfeld in einen numerischen Code umzuwandeln, der dann in der Datei gespeichert wird. (Wie dieser Prozess umgekehrt wird, können Sie sich dem Code der Ereignisprozedur *mnuOpenItem* entnehmen.) Wie bereits erwähnt, besteht sie verschlüsselte Datei nicht mehr aus Buchstaben, sondern aus Zahlen – und damit ist sie viel schwerer zu entschlüsseln.

Lektion 12   Mit Textdateien und Zeichenfolgen arbeiten

Die folgende Abbildung 12.17 zeigt, wie die verschlüsselten Datei, die mit der oben beschriebenen Verschlüsselungsroutine erzeugt wurde, im Windows-Editor aussieht. (Im Editor wurde der Befehl *Zeilenumbruch* aktiviert, damit alle Codes angezeigt werden.)

Der Inhalt der Datei ist für Unbefugte nicht lesbar, kann mit dem entsprechenden Verschlüsselungscode jedoch jederzeit wieder lesbar gemacht werden. Sie dürfen aber auf keinen Fall den Verschlüsselungscode vergessen!

Abbildung 12.17
Die verschlüsselte Datei *zitat.txt*.

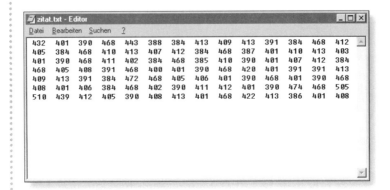

Wenn Sie mit der nächsten Lektion fortfahren möchten

- Lassen Sie Visual Basic geladen, und schlagen Sie Lektion 13 auf.

Wenn Sie Visual Basic jetzt beenden möchten

- Klicken Sie im Menü *Datei* auf den Befehl *Beenden*.

Wenn daraufhin das Dialogfenster *Speichern* angezeigt wird, klicken Sie auf *Ja*.

Zusammenfassung der Lektion

Möchten Sie	dann
eine Textdatei öffnen,	verwenden Sie die Anweisung *Open... For Input*. Zum Beispiel: `Open CmnDialog1.DateiName For Input As #1`
zeilenweise Eingaben aus einer Textdatei lesen,	verwenden Sie die Anweisung *Line Input*. Zum Beispiel: `Line Input #1, LineOfText$` ▶

Lektion 12 : **Mit Textdateien und Zeichenfolgen arbeiten**

Möchten Sie	dann
prüfen, ob das Dateiende erreicht ist,	verwenden Sie die Funktion *EOF*. Zum Beispiel:

```
Do Until EOF(1)
   Line Input #1, LineOfText$
   Text$ = Text$ & LineOfText$ & Wrap$
Loop
```

eine geöffnete Datei schließen,	verwenden Sie die Anweisung *Close*. Zum Beispiel:

```
Close #1
```

eine Textdatei anzeigen,	verwenden Sie die Anweisung *Line Input*, um Text aus einer geöffneten Datei in eine Variable vom Typ String zu kopieren, und weisen diese Variable dann einem Textfeld zu. Zum Beispiel:

```
Do Until EOF(1)
   Line Input #1, LineOfText$
   Text$ = Text$ & LineOfText$ & Wrap$
Loop
txtDisplay.Text = Text$
```

das Standarddialogfeld *Öffnen* anzeigen,	verwenden Sie die Methode *Show-Open* des Standarddialogobjekts. Zum Beispiel:

```
CmnDialog1.ShowOpen
```

eine neue Textdatei anlegen,	verwenden Sie die Anweisung *Open... For Output*. Zum Beispiel:

```
Open CmnDialog1.FileName For Output As #1
```

das Standarddialogfeld *Speichern unter* anzeigen,	verwenden Sie die Eigenschaft *Show-Save* des Standarddialogobjekts. Zum Beispiel:

```
CmnDialog1.ShowSave
```

Text in einer Datei speichern,	verwenden Sie die Anweisung *Print #*. Zum Beispiel:

```
Print #1, txtNote.Text
```

Textzeichen in ASCII-Codes konvertieren,	verwenden Sie die Funktion *Asc*. Zum Beispiel:

```
code% = Asc("A") 'code% entspricht 65
```

ASCII-Codes in Textzeichen konvertieren,	verwenden Sie die Funktion *Chr*. Zum Beispiel:

```
letter$ = Chr(65) 'letter$ entspricht A ▶
```

Lektion 12 **Mit Textdateien und Zeichenfolgen arbeiten**

Möchten Sie	dann
Zeichen aus der Mitte einer Zeichenfolge extrahieren,	verwenden Sie die Funktion *Mid*. Zum Beispiel: ``` name$ = "Maria Lercheler" start% = 7 length% = 9 lastName$ = Mid(name$, start%, length%) ```

Text verschlüsseln,	verwenden Sie den Operator *Xor* und einen benutzerdefinierten Verschlüsselungscode. Der folgenden Code verwendet beispielsweise *Xor* und den vom Anwender eingegebenen Verschlüsselungscode, um den im Textfeld *txtNote* enthaltenen Text zu verschlüsseln und in der Datei *encrypt.txt* als Zahlenfolge zu speichern:
	
	``
	code = InputBox("Verschlüsselungscode
	eingeben", , 1)
	Open "encrypt.txt" For Output As #1
	charsInFile% = Len(txtNote.Text)
	For i% = 1 To charsInFile%
	    letter$ = Mid(txtNote.Text, i%, 1)
	    Print #1, Asc(letter$) Xor code;
	Next i%
	``

Text entschlüsseln,	fragen Sie den Code ab, mit dem der Anwender den Text verschlüsselt hat, und verwenden *Xor*, um den Text zu entschlüsseln. Der folgenden Code verwendet beispielsweise *Xor* und den Benutzercode um die Verschlüsselung im vorhergehenden Beispiel rückgängig zu machen:
	
	``
	code = InputBox("Verschlüsselungscode
	eingeben", , 1)
	Open "encrypt.txt" For Input As #1
	decrypt$ = ""
	Do Until EOF(1)
	    Input #1, Number&
	    e$ = Chr(Number& Xor code)
	    decrypt$ = decrypt$ & e$
	Loop
	txtNote.Text = decrypt$
	``

13 Access-Datenbanken verwalten

Geschätzte Dauer:
40 Minuten

In dieser Lektion lernen Sie

- wie Sie mit Hilfe des Steuerelements *Daten (Data)* die Daten einer Datenbank betrachten.
- wie Sie in einer Datenbank nach bestimmten Daten suchen.
- wie Sie Datensätze in eine Datenbank einfügen und daraus löschen.
- wie Sie mit Hilfe der *FileCopy*-Anweisung Sicherungskopien von Dateien erstellen.

In dieser Lektion lernen Sie, wie Sie Daten verarbeiten, die in Microsoft Access-Datenbanken auf Ihrem System gespeichert sind. Sie erfahren, wie Sie eine vorhandene Datenbank öffnen, darin nach bestimmten Einträgen suchen und wie Datensätze eingefügt und gelöscht werden können. Microsoft Visual Basic wurde speziell für die Entwicklung benutzerdefinierter *Schnittstellen (Front-Ends)* für vorhandene Datenbanken konzipiert. Es ist daher denkbar einfach, Daten, die mit einer anderen Anwendung wie Microsoft Access erstellt wurden, zu modifizieren oder ansprechend zu präsentieren.

Datenbanken mit Visual Basic bearbeiten

Wie Sie in Lektion 3 erfahren haben, ist eine Datenbank eine Sammlung von Informationen, die in einer elektronischen Datei gespeichert werden. Sie können mit verschiedenen Datenbankprogrammen, wie z.B. Microsoft Access, Microsoft FoxPro, Btrieve, Paradox und dBASE, leistungsfähige Datenbanken erstellen. Zudem können Sie auch ODBC-Client-Server-Datenbanken (ODBC – Open Database Connectivity) wie Microsoft SQL Server verwenden.

Visual Basic kann eine Vielzahl von Datenbankformaten lesen und schreiben.

Falls Sie häufig mit Datenbanken arbeiten – insbesondere, wenn es sich dabei um die oben genannten Datenbanktypen handelt – sollten Sie in Erwägung ziehen, Visual Basic als leistungsfähiges Werkzeug zur Anzeige und Bearbeitung der Daten einzusetzen. Da in Visual Basic die gleiche

Lektion 13 ⋮ **Access-Datenbanken verwalten**

Datenbanktechnologie wie in Microsoft Access (der Datenbank-Engine Microsoft Jet) implementiert ist, können Sie mit einigen Dutzend Zeilen Programmcode einfache benutzerdefinierte Datenbankanwendungen erstellen.

In diesem Abschnitt lernen Sie, wie Sie mit einem Datenobjekt von Visual Basic die Datenbank *Students.mdb* bearbeiten. *Students.mdb* ist eine Access-Datenbank, und umfasst verschiedene Tabellen mit verwaltungstechnischen Informationen für Aus- oder Fortbildungseinrichtungen, die die Verwaltung von Kursen und Prüfungsergebnissen, die Zeitplanung für Unterrichtsräume und die Verteilung von Kursen und die Erstellung von Stundenplänen erleichtern. Sie werden lernen, wie Sie Programme erstellen, mit denen verschiedene Datensätze der Datenbank angezeigt, in der Datenbank nach bestimmten Informationen gesucht, neue Datensätze eingefügt, nicht benötigte Datensätze gelöscht und Sicherungskopien von Dateien erstellt werden können. Sie werden schließlich in der Lage sein, die hier erworbenen Kenntnisse in Ihren eigenen Datenbankprojekten einzusetzen.

Benutzerdefinierte Datenbankanwendungen entwickeln

Benutzerdefinierte Datenbankanwendungen stellen individuell gestaltete Listen der Felder und Datensätze der Datenbank dar.

Eine *benutzerdefinierte Datenbankanwendung* ist ein Programm, das Felder und Datensätze einer Datenbank einliest und sie in einer Art und Weise präsentiert, die auf die Anforderungen einer bestimmten Anwendergruppe zugeschnitten ist. Zum Beispiel könnte eine öffentliche Bibliothek eine benutzerdefinierte Version ihres Buchkatalogs für Wissenschaftler erstellen. Benutzerdefinierte Datenbankanwendungen stellen den Anwendern in der Regel verschiedene Befehle zur Auswahl. Mit Hilfe dieser Befehle können die Anwender beispielsweise Anzeigefilter verwenden, Datensätze suchen, ausdrucken, einfügen oder löschen oder Sicherungskopien der Datenbank erstellen. Manche Datenbanken sind aufgrund ihres besonderen Designs oder der Entwicklung ihres Datenbestands so strukturiert, dass sie in ihrer ursprünglichen Form oder Datenbankumgebung nur schwer handzuhaben sind. Mit Visual Basic können Sie benutzerdefinierte Datenbankanwendungen erstellen, die nur die von Ihren Anwendern benötigten Informationen zeigen, und Sie können diese Anwendungen gezielt mit denjenigen Befehlen ausstatten, die Ihre Anwender zur Bearbeitung der Datenbank benötigen.

Datenbankinformationen mit Hilfe von datengebundener Steuerelemente anzeigen

Datengebundene Steuerelemente verarbeiten Datenbankinformationen automatisch.

Die meisten Objekte, die Sie mit den Steuerelementen aus der Werkzeugsammlung von Visual Basic erstellen, verfügen über integrierte Funktionen zur Anzeige von Datenbankinformationen. In der Datenbanktermi-

398

Lektion 13 ⋮ **Access-Datenbanken verwalten**

nologie bezeichnet man diese Steuerelemente als *datengebundene Steuerelemente*. Ein Steuerelement ist an eine Datenbank gebunden, wenn seine *DataSource*-Eigenschaft einen gültigen Datenbanknamen enthält und seine *DataField*-Eigenschaft einen gültigen Namen einer Tabelle dieser Datenbank. Eine *Tabelle* besteht aus einer Gruppe von Feldern und Datensätzen, die Sie oder eine andere Person bei der Erstellung der Datenbank definiert haben. Wie Sie aus Lektion 3 wissen, können Sie ein Visual Basic Programm mit Hilfe eines Datenobjekts mit einer Datenbank verknüpfen. Ist diese Verknüpfung angelegt worden, können Sie die Datenbankinformationen mit Hilfe von Objekten anzeigen, die Sie mit einem der Standardsteuerelemente aus der nachfolgenden Tabelle erzeugt haben:

Steuerelement	Beschreibung
	Kontrollkästchen (CheckBox)
	Kombinationsfeld (ComboBox)
	Anzeigefeld (Image)
	Bezeichnungsfeld (Label)
	Listenfeld (ListBox)
	Bildfeld (PictureBox)
	Textfeld (TextBox)

Daten mit Hilfe von Textfeldobjekten anzeigen

Im folgenden Programm werden ein Datenobjekt und vier Textfeldobjekte zur Anzeige von vier Datenfeldern der Datenbank *Students.mdb* verwendet. Dieses Programm zeigt, wie Sie eine benutzerdefinierte Datenbankanwendung erstellen, die nur die von Ihnen benötigten Daten anzeigt. In dieser Anwendung hat die Eigenschaft *ReadOnly* des Daten-

Lektion 13   Access-Datenbanken verwalten

objekts die Einstellung True, damit die Datenbankinformationen nur betrachtet, aber nicht geändert werden können. Wenn Sie zulassen wollen, dass die Anwender Änderungen an der Datenbank *Students.mdb* vornehmen, weisen Sie der Eigenschaft *ReadOnly* im Eigenschaftenfenster den Wert False zu.

Damit die Originaldatenbank *Students.mdb* nicht verändert wird, sollten Sie mit Hilfe des Microsoft Windows Explorer eine Sicherungskopie erstellen, bevor Sie die folgenden Übungen bearbeiten.

Das Programm Kurse ausführen

❶ Starten Sie Visual Basic und öffnen Sie das Projekt *Kurse.vbp* aus dem Ordner *\Vb6SfS\Lekt13*.

Das Programm *Kurse* wird in die Programmierumgebung geladen.

❷ Falls das Formular nicht angezeigt wird, klicken Sie im Projekt-Explorer auf das Formular *Kurse* und dann auf die Schaltfläche *Objekt anzeigen*.

Das Formular *Kurse* wird angezeigt und sollte etwa so wie in Abbildung 13.1 aussehen.

Abbildung 13.1
Das Formular
Kurse.frm.

Das Formular enthält Informationen zum Programm, eine Grafik, ein Datenobjekt, verschiedene Bezeichnungsfelder und Textfelder sowie eine Befehlsschaltfläche. Für das Datenobjekt und die Textfelder wurden die nachfolgend aufgeführten Eigenschaften eingestellt. Diese Objekte werden zum Datenaustausch verwendet. Sehen Sie sich die Eigenschafteneinstellungen der anderen Objekte im Eigenschaftenfenster an.

Der *RecordSource*-Eigenschaft des Datenobjekts wurde der Wert *Classes* und seiner *DatabaseName*-Eigenschaft die Pfadangabe *c:\Vb6SfS\Lekt03\Students.mdb* zugewiesen. Die vier Textfeldobjekte verfügen bei den

Lektion 13   Access-Datenbanken verwalten

Objekt	Eigenschaft	Einstellung
datStudent	Caption	„Students.mdb"
	Connect	Access
	DatabaseName	„c:\Vb6SfS\Lekt03\Students.mdb"
	Name	datStudent
	ReadOnly	True
	RecordsetType	0 – Tabelle
	RecordSource	Classes
txtTitle	DataField	ClassName
	DataSource	datStudent
	Name	txtTitle
	Text	(Leer)
txtProf	DataField	Prof
	DataSource	datStudent
	Name	txtProf
	Text	(Leer)
txtDept	DataField	Department
	DataSource	datStudent
	Name	txtDept
	Text	(Leer)
txtTime	DataField	DaysAndTimes
	DataSource	datStudent
	Name	txtTime
	Text	(Leer)

DataSource-Eigenschaften über identische Einstellungen *(datStudent)* und über jeweils unterschiedliche *DataField*-Eigenschafteneinstellungen. Damit wird die Verknüpfung zwischen der auf der Festplatte vorhandenen Datenbank und dem Datenobjekt sowie den Textfeldobjekten des Programms eingerichtet. Die übrigen Eigenschaften dienen nur zur näheren Bestimmung dieser Grundeinstellung.

Die Eigenschaft *DatabaseName* verweist auf die Datei *Students.mdb* aus Lektion 3.

❸ Klicken Sie in der Symbolleiste auf die Schaltfläche *Starten*.

Das Programm *Kurse* wird gestartet, und der erste Datensatz der Tabelle *Classes* aus der Datenbank *Students.mdb* wird im Formular angezeigt:

Lektion 13   Access-Datenbanken verwalten

Abbildung 13.2
Das erste Datensatz der Datenbank *Students.mdb*.

❹ Klicken Sie auf die rechte innere Pfeilschaltfläche im Datenobjekt, um den zweiten Datensatz der Tabelle *Classes* anzeigen zu lassen.

Der Datensatz zum *Kurs Relational Database Design* wird im Formular angezeigt. Die vier Textfelder werden aktualisiert, wenn Sie in der Datenbank blättern.

❺ Klicken Sie auf die äußere rechte Pfeilschaltfläche, um zum letzten Datensatz der Tabelle *Classes* zu blättern.

Der Datensatz zum Kurs *Deviant Behavior* wird angezeigt.

❻ Klicken Sie auf die Schaltfläche *Beenden*, um das Programm zu verlassen.

Das Programm *Kurse* wird beendet.

Dieses Programm enthält zwar nur eine Zeile Programmcode (die Anweisung *End*), bietet Ihnen jedoch eine ganze Menge Informationen. Der Vorzug dieses Programms besteht darin, dass es gezielt nur die gewünschten Felder der Datenbank anzeigt. Mit Hilfe eines Datenobjekts und mehrerer datengebundener Textfelder können Sie eine effiziente Datenbankanwendung erstellen.

Ein Recordset-Objekt einsetzen

Ein *Recordset*-Objekt repräsentiert die Daten, die Sie in einem Programm bearbeiten.

Im Programm Kurse haben Sie mit Hilfe einer Dateneigenschaft namens *RecordsetType* angegeben, dass Sie auf eine Datenbanktabelle zugreifen wollen. In Visual Basic repräsentiert ein *Recordset*-Objekt den Teil der Datenbank, den Sie in einem Programm bearbeiten. Das *Recordset*-Objekt verfügt über spezielle Eigenschaften und Methoden, mit denen Sie nach Daten suchen, Daten sortieren und hinzufügen sowie Datensätze löschen können. In der folgenden Übung werden Sie mit Hilfe eines *Recordset*-Objekts in der Datenbank *Students.mdb* nach Kursnamen suchen.

Lektion 13 Access-Datenbanken verwalten

Daten in der Datenbank Students.mdb suchen

Bevor Sie das Programm modifizieren, speichern Sie das ursprüngliche Programm unter einem anderen Namen.

❶ Klicken Sie im Menü *Datei* auf den Befehl *Speichern von Kurse.frm unter*, und speichern Sie das Formular *Kurse* im Ordner *\Vb6SfS\Lekt13* unter dem Namen **NeuDbSuche.frm**.

❷ Klicken Sie im Menü *Datei* auf den Befehl *Projekt speichern unter*, und speichern Sie das Projekt unter dem Namen **NeuDbSuche.vbp**.

❸ Klicken Sie auf das Steuerelement *Befehlsschaltfläche (CommandButton)*, und erstellen Sie im linken unteren Bereich des Formulars eine Befehlsschaltfläche.

❹ Stellen Sie für das Befehlsschaltflächenobjekt die folgenden Eigenschaften ein:

Objekt	Eigenschaft	Einstellung
Command1	Caption	„Suchen"
	Name	cmdSuchen

❺ Doppelklicken Sie auf die Befehlsschaltfläche *Suchen*, um die Ereignisprozedur *cmdSuchen_Click* im Codefenster zu öffnen.

❻ Geben Sie die folgenden Programmanweisungen in die Ereignisprozedur ein:

```
prompt$ = "Geben Sie den vollständigen Kurstitel ein."
    'String ermitteln, nach dem das Feld ClassName durchsucht werden soll
    SearchStr$ = InputBox(prompt$, "Kurs suchen")
    datStudent.Recordset.Index = "ClassName"   'Index wählen
    datStudent.Recordset.Seek "=", SearchStr$  'Suche starten
    datStudent.Recordset.Index = "PrimaryKey"  'Index zurücksetzen
    If datStudent.Recordset.NoMatch Then       'Falls kein Kurs gefunden wurde,
        datStudent.Recordset.MoveFirst         'den ersten Datensatz anzeigen.
    End If
```

Die Methode *Seek* sucht nach passenden Datensätzen.

Diese Ereignisprozedur zeigt das Dialogfeld *Kurs suchen* an, um den Suchtext (*SearchStr$*) vom Anwender abzufragen, und durchsucht dann mit Hilfe der Methode *Seek* das Datenbankfeld *ClassName* vom ersten bis zum letzten Datensatz nach dem vom Anwender angegebenen Eintrag. Falls kein entsprechender Eintrag gefunden wird, gibt Visual Basic eine Meldung aus, und der erste Datensatz des *Recordset*-Objekts wird wieder angezeigt.

Lektion 13 — Access-Datenbanken verwalten

Die folgenden Eigenschaften und Methoden des *Recordset*-Objekts werden in der Ereignisprozedur verwendet:

Recordset-Eigenschaft bzw. Methode	Beschreibung
Index	Eine Eigenschaft, mit der die Datenbankfelder definiert werden, die in der Suche verwendet werden.
Seek	Eine Methode, die zur Suche nach einem Datensatz dient. Neben dem Operator = können die relationalen Operatoren >=, >, <= und < verwendet werden, um den Suchtext mit dem Texteintrag der Datenbank zu vergleichen.
NoMatch	Eine Eigenschaft, die den Wert *True* erhält, falls während der Suche kein übereinstimmender Eintrag gefunden wurde.
MoveFirst	Eine Methode, die den ersten Datensatz im *Recordset*-Objekt zum aktuellen Datensatz macht.

❼ Schließen Sie das Codefenster, und klicken Sie auf die Schaltfläche *Projekt speichern*, um Ihre Änderungen auf der Festplatte zu speichern.

Führen Sie das Programm nun aus.

Das Programm NeuDbSuche ausführen

❶ Klicken Sie in der Symbolleiste auf die Schaltfläche *Starten*.

Wie zuvor werden die Daten aus der Tabelle *Classes* der Datenbank *Students.mdb* in den Textfeldern angezeigt.

Sie finden das vollständige Programm *DbSuche* im Ordner \Vb6SfS\Lekt13.

❷ Klicken Sie auf die Schaltfläche *Suchen*.

Das Dialogfeld *Kurs suchen* wird eingeblendet (siehe Abbildung 13.3).

Abbildung 13.3
Das Dialogfeld *Kurs suchen*.

❸ Geben Sie **Visual Basic** in das Dialogfeld ein, und drücken Sie dann ⏎.

Lektion 13   Access-Datenbanken verwalten

Die Ereignisprozedur *cmdSuchen_Click* durchsucht das Feld *ClassName* der Datenbank, und beendet die Suche bei dem in Abbildung 13.4 gezeigten Datensatz.

Abbildung 13.4
Der gesuchte Kurstitel wird gefunden und angezeigt.

❹ Klicken Sie nochmals auf die Schaltfläche *Suchen*, geben Sie **Grundkurs Norwegisch** ein, und drücken Sie ⏎.

Die Ereignisprozedur findet keinen Kurs mit dem Titel *Grundkurs Norwegisch,* und daher wird die in Abbildung 13.5 dargestellte Meldung angezeigt.

Abbildung 13.5
Visual Basic zeigt diese Meldung an, wenn der gesuchte Datensatz nicht gefunden wird.

❺ Klicken Sie auf *OK*, um das Meldungsfeld zu schließen.

Das Programm verwendet die Methode *MoveFirst*, um den ersten Datensatz der Tabelle anzuzeigen. Sehen Sie sich diesen Datensatz einmal genauer an. Ist dies derselbe Datensatz, der angezeigt wurde, als Sie das Programm zum ersten Mal ausgeführt haben? Nein. Ein Nebeneffekt der Einstellung der Eigenschaft *Index*, die für die Suchoperation vorgenommen wurde, besteht darin, dass sie das Feld geändert, nach dem die Tabelle sortiert wird. Ursprünglich verwendete das Programm per Voreinstellung das Feld *CourseID* zur Sortierung der Datensätze der Tabelle. *CourseID* ist ein internes Feld der Datenbank *Students.mdb*, mit dem die Reihenfolge verwaltet wird, in der die Datensätze erzeugt werden. Mit der Änderung der *Index*-Eigenschafteneinstellung zum Feld *ClassName*

Lektion 13 Access-Datenbanken verwalten

haben wir das Datenobjekt jedoch angewiesen, das Feld *ClassName* als Schlüssel für die alphabetische Sortierung zu verwenden.

In diesem Beispielprogramm ist die Reihenfolge, in der die Datensätze angezeigt werden, nicht entscheidend. Wenn eine konsistente Sortierordnung für Sie wichtig ist, muss die Eigenschaft *Index* entsprechend konsistent im Programmcode verwendet werden.

6 Klicken Sie auf die Schaltfläche *Beenden*, um das Programm zu verlassen.

Das Programm wird beendet und die Programmierumgebung wieder aktiviert.

Datensätze in die Datenbank Students.mdb einfügen

Wenn Sie neue Datensätze in eine Datenbank einfügen möchten, müssen Sie der Eigenschaft *ReadOnly* des Datenobjekts im Entwurfsmodus den Wert *False* zuweisen. Sie können dann die Methode *AddNew* in einer Ereignisprozedur verwenden, um einen neuen Datensatz in die Datenbank einzufügen. Sobald der neue, leere Datensatz im Formular angezeigt wird, trägt der Anwender die erforderlichen Angaben in die Felder ein und blättert anschließend zu einem anderen Datensatz der Datenbank. Die einfachste Methode zu anderen Datensätzen zu blättern besteht darin, die Pfeilschaltflächen des Datenobjekts anzuklicken. Sobald der Anwender einen anderen Datensatz aktiviert hat, wird der neue Datensatz in die Datenbank eingetragen und dabei in alphabetischer Reihenfolge einsortiert.

Die folgende Übung zeigt, wie Sie unter Verwendung der Eigenschaft *ReadOnly* und der Methode *AddNew* neue Datensätze in eine Datenbank einfügen. Mit Hilfe der Funktion *InputBox* werden dem Anwender beim Einfügen der Datensätze Rückmeldungen gegeben.

Den Anwender Datensätze in die Datenbank einfügen lassen

Bevor Sie das Programm modifizieren, speichern Sie es unter einem anderen Namen, damit das Originalprojekt erhalten bleibt.

1 Klicken Sie im Menü *Datei* auf den Befehl *Speichern von NeuDBSuche.frm unter*. Speichern Sie das Formular *NeuDbSuche* unter dem Namen **Neu-Einfügen.frm**. Verwenden Sie den Befehl *Projekt speichern unter*, um das Projekt unter dem Namen **NeuEinfügen.vbp** zu speichern.

2 Klicken Sie im Formular auf das Datenobjekt *datStudent*, und öffnen Sie dann das Eigenschaftenfenster.

406

Lektion 13 Access-Datenbanken verwalten

❸ Ändern Sie den Wert der Eigenschaft *ReadOnly* des Objekts *datStudent* zu *False*.

Die *ReadOnly*-Eigenschaft bestimmt, in welchem Zugriffsmodus die Datenbank *Students.mdb* geöffnet wird. Mit der Einstellung *False* wird dem Anwender ermöglicht, Änderungen an der Datenbank vorzunehmen und neue Datensätze einzufügen.

❹ Klicken Sie auf das Steuerelement *Befehlsschaltfläche (CommandButton)*, und fügen Sie rechts neben der Schaltfläche *Suchen* eine weitere Befehlsschaltfläche ein.

❺ Legen die folgenden Eigenschaften für diese Befehlsschaltfläche fest:

Objekt	Eigenschaft	Einstellung
Command1	Caption	„Einfügen"
	Name	cmdEinfügen

Ihr Formular sollte nun in etwa wie Abbildung 13.6. aussehen.

Abbildung 13.6
Das Formular wurde um die Schaltfläche *Einfügen* erweitert.

❻ Doppelklicken Sie auf die Schaltfläche *Einfügen*, um die Ereignisprozedur *cmdEinfügen_Click* im Codefenster zu öffnen.

❼ Geben Sie die folgenden Programmanweisungen in die Ereignisprozedur ein:

```
prompt$ = _
"Geben Sie einen Datensatz ein, und klicken Sie dann auf den nach " _
& "links gerichteten Pfeil."
```

Lektion 13 Access-Datenbanken verwalten

```
reply = MsgBox(prompt$, vbOKCancel, "Neuen Datensatz anlegen")
If reply = vbOK Then              'Falls der Anwender mit OK bestätigt,
    txtTitle.SetFocus             'den Eingabefokus in das Feld Kurstitel setzen
    datStudent.Recordset.AddNew   'und einen neuen Datensatz anlegen
End If
```

Die Methode *AddNew* fügt einen neuen Datensatz in eine Datenbank ein.

Die Prozedur zeigt zuerst ein Textfeld mit einem Bedienungshinweis zur Dateneingabe an. Der Funktion *MsgBox* wird das Argument *vbOKCancel* (eine in Visual Basic vordefinierte numerische Konstante) übergeben, damit ein Dialogfeld mit den Schaltflächen *OK* und *Abbrechen* erzeugt wird. Wenn der Anwender auf *OK* klickt, wird mit Hilfe der Methode *AddNew* ein neuer Datensatz angelegt. Falls der Anwender auf *Abbrechen* klicken, wird diese Operation übergangen. Die Ereignisprozedur verwendet zudem die Methode *SetFocus*, um die Einfügemarke in das Textfeld *txtTitle* zu setzen. Mit Hilfe der Methode *SetFocus* kann jedes Objekt, das den Fokus erhalten kann, aktiviert werden.

❽ Schließen Sie das Codefenster, und klicken Sie in der Symbolleiste auf die Schaltfläche *Projekt speichern*, um Ihre Eingaben zu speichern.

Sie werden nun mit Hilfe der Schaltfläche *Einfügen* einen Datensatz in die Datenbank einfügen.

Das Programm NeuEinfügen ausführen

❶ Klicken Sie in der Symbolleiste auf die Schaltfläche *Starten*.

Die Daten der Tabelle *Classes* der Datenbank *Students.mdb* werden in den Textfeldern angezeigt.

Sie finden das vollständige Programm *Einfügen* im Ordner *\Vb6SfS\Lekt13*.

❷ Klicken Sie auf die Schaltfläche *Einfügen*.

Das Dialogfeld *Neuen Datensatz anlegen* wird angezeigt (siehe Abbildung 13.7).

Abbildung 13.7
Das Dialogfeld teilt dem Anwender mit, wie man der Datenbank neue Datensätze hinzufügt.

❸ Klicken Sie auf die Schaltfläche *OK*.

Im Formular wird daraufhin ein neuer, leerer Datensatz angezeigt. Geben Sie die Daten ein, die in der folgenden Abbildung 13.8 dargestellt sind. Sie bewegen die Einfügemarke mit ⇥ zum nächsten Feld.

❹ Nachdem Sie diese fiktiven Daten eingegeben haben, klicken Sie auf die äußere nach links gerichtete Pfeilschaltfläche des Datenobjekts.

Lektion 13   Access-Datenbanken verwalten

Abbildung 13.8
In das Formular wurden neue Kursdaten eingegeben.

Der Datensatz für den neuen Kurs *Grundlagen der Chemie* wird als letzter Datensatz in die Datenbank eingefügt. Anschließend wird der erste Datensatz der Datenbank im Formular angezeigt.

❺ Klicken Sie auf die Schaltfläche *Suchen*, geben Sie **Grundlagen der Chemie** ein, und drücken Sie ⏎.

Der Datensatz zum Kurs *Grundlagen der Chemie* wird im Formular angezeigt.

❻ Klicken Sie auf die Schaltfläche *Beenden*, um das Programm zu verlassen.

Das Programm wird beendet und die Programmierumgebung wieder aktiviert. Sie können mit Hilfe der Schaltfläche *Einfügen* beliebig viele Datensätze in die Datenbank *Students.mdb* einfügen.

Datensätze aus der Datenbank Students.mdb löschen

Wenn Sie einen Datensatz aus einer Datenbank löschen, zeigen Sie den zu löschenden Datensatz an und entfernen den Datensatz dann mit Hilfe eines *Recordset*-Objekts und der Methode *Delete*. Bevor Sie die Datenbank im Programm öffnen, müssen Sie die *ReadOnly*-Eigenschaft des Datenobjekts auf *False* setzen. (Sie haben dies im vorigen Beispiel mit der Methode *AddNew* bereits getan.) Nachdem Sie den Datensatz gelöscht haben, müssen Sie einen anderen Datensatz der Datenbank anzeigen, da das Datenobjekt dies nicht automatisch erledigt. Für gewöhnlich ist es am effizientesten die Methode *MoveFirst* zu diesem Zweck zu verwenden, um den ersten Datensatz der Datenbank anzuzeigen.

Die folgende Übung zeigt, wie Sie mit Visual Basic Datensätze aus der Datenbank *Students.mdb* löschen können. Beachten Sie insbesondere,

Lektion 13
Access-Datenbanken verwalten

wie die Funktion *MsgBox* hier verwendet wird. Da das Datenobjekt keine Funktion zum Rückgängigmachen bietet, ist es wichtig, dass das Programm den Anwender zur Bestätigung der Löschung auffordert, bevor der Datensatz endgültig aus der Datenbank gelöscht wird.

Die Methode *Delete* löscht Datensätze unwiederbringlich aus der Datenbank. Geben Sie Anwendern nur dann Zugriff auf diese Funktion, wenn Sie Ihnen tatsächlich das Löschen von Datensätzen ermöglichen wollen.

Den Anwender Datensätze aus der Datenbank löschen lassen

Bevor Sie das Programm *NeuEinfügen* modifizieren, speichern Sie es unter einem anderen Namen, um auf das ursprüngliche Programm zurückgreifen zu können.

❶ Klicken Sie im Menü *Datei* auf den Befehl *Speichern von NeuEinfügen.frm unter*. Speichern Sie das Formular *NeuEinfügen* unter dem Namen **NeuLöschen.frm**. Verwenden Sie den Befehl *Projekt speichern unter*, um das Projekt unter dem Namen **NeuLöschen.vbp** zu speichern.

❷ Klicken Sie im Formular auf das Datenobjekt *datStudent*, und öffnen Sie das Eigenschaftenfenster.

❸ Überprüfen Sie, ob die Eigenschaft *ReadOnly* des Objekts *datStudent* die Einstellung *False* aufweist.

❹ Klicken Sie auf das Steuerelement *Befehlsschaltfläche (CommandButton)*, und fügen Sie rechts neben der Schaltfläche *Suchen* eine Befehlsschaltfläche ein.

❺ Legen die folgenden Eigenschaften für diese Befehlsschaltfläche fest:

Objekt	Eigenschaft	Einstellung
Command1	Caption	„Löschen"
	Name	cmdLöschen

Ihr Formular sollte nun etwa so wie in Abbildung 13.9 aussehen.

❻ Doppelklicken Sie auf die Schaltfläche *Löschen*, um die Ereignisprozedur *cmdLöschen_Click* im Codefenster zu öffnen.

❼ Fügen Sie die folgenden Programmanweisungen in die Ereignisprozedur ein:

```
prompt$ = "Möchten Sie die Angaben zu diesem Kurs wirklich löschen?"
reply = MsgBox(prompt$, vbOKCancel, "Datensatz löschen")
```

Lektion 13   Access-Datenbanken verwalten

Abbildung 13.9
Die Schaltfläche *Löschen* wurde in das Formular eingefügt.

```
If reply = vbOK Then                  'Falls der Anwender auf OK klickt,
    datStudent.Recordset.Delete       'aktuellen Datensatz löschen und
    datStudent.Recordset.MoveNext     'nächsten Datensatz anzeigen
End If
```

Die Methode *Delete* löscht einen Datensatz aus der Datenbank.

Mit dieser Prozedur wird zuerst ein Dialogfeld mit einer Meldung angezeigt, die den Anwender fragt, ob er den aktuellen Datensatz tatsächlich löschen möchte. Auch hier wird der Funktion *MsgBox* wieder das Argument *vbOKCancel* übergeben, damit der Anwender die Operation abbrechen kann, falls er es sich anders überlegt. Wenn der Anwender auf *OK* klickt, wird der aktuelle Datensatz mit Hilfe der Methode *Delete* gelöscht und mit Hilfe der Methode *MoveNext* der nächste Datensatz angezeigt. Klickt der Anwender auf *Abbrechen*, wird die Löschoperation übergangen.

❽ Schließen Sie das Codefenster, und klicken Sie auf die Schaltfläche *Projekt speichern*, um Ihre Eingaben zu speichern.

Sie werden nun mit Hilfe der Schaltfläche *Löschen* den Datensatz zum Kurs *Grundlagen der Chemie* aus der Datenbank löschen.

Das Programm NeuLöschen ausführen

❶ Klicken Sie in der Symbolleiste auf die Schaltfläche *Starten*.

Die Daten der Tabelle *Classes* der Datenbank *Students.mdb* werden in den Textfeldern angezeigt.

Sie finden das vollständige Programm *Löschen* im Ordner \vb6SfS\Lekt13.

❷ Verwenden Sie die Schaltfläche *Suchen*, um den Datensatz zum Kurs *Grundlagen der Chemie* anzuzeigen.

Der Datensatz, den Sie in der vorigen Übung eingefügt haben, wird im Formular angezeigt.

Mit den folgenden Arbeitsschritten wird dieser Datensatz aus der Datenbank *Students.mdb* gelöscht.

Lektion 13 Access-Datenbanken verwalten

Abbildung 13.10
Der Anwender wird mit dem Dialogfeld *Datensatz löschen* aufgefordert, die Löschung zu bestätigen.

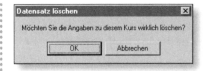

❸ Klicken Sie im Formular auf die Schaltfläche *Löschen*.

Das Dialogfeld *Datensatz* löschen wird angezeigt (siehe Abbildung 13.10).

❹ Klicken Sie auf die Schaltfläche *OK*, um den Datensatz zu löschen.

Der Datensatz zum Kurs *Grundlagen der Chemie* wird aus der Datenbank gelöscht.

❺ Klicken Sie auf die Schaltfläche *Beenden*, um das Programm zu beenden.

Sie haben nun die Übungen zum Datenobjekt abgeschlossen. Wenn Sie an weiteren Informationen zur Erstellung von Datenbankanwendungen interessiert sind, suchen Sie in der Online-Hilfe nach dem Stichwort *Recordset*, und sehen Sie sich die Beispielanwendungen an, die zum Lieferumfang von Visual Basic gehören. Im Verlauf dieses Buches werden verschiedene andere erweiterte Konzepte zur Datenbankprogrammierung besprochen.

Einen Schritt weiter: Eine Sicherungskopie einer Datei erstellen

Die Anweisung *FileCopy* erstellt eine Sicherungskopie einer Datei.

Für gewöhnlich sind die Informationen, die in einer Datenbank gespeichert werden, sehr wichtig, und ein Verlust dieser Daten wäre schmerzlich. Aus diesem Grund sollten Sie immer Sicherungskopien sämtlicher Datenbanken erstellen, bevor Sie diese verändern. Falls während der Bearbeitung Fehler auftreten, können Sie immer auf die Sicherungskopie zurückgreifen und den ursprünglichen Bearbeitungsstand der Datenbank wiederherstellen. Sie können die Sicherungskopien mit einem Dateiverwaltungsprogramm wie dem Windows-Explorer oder mit einer speziellen Sicherungsfunktion des Datenbankprogramms anlegen. Zur Sicherheit können Sie aus einem Visual Basic Programm heraus zusätzliche Sicherungskopien von Dateien erstellen, indem Sie die Anweisung *FileCopy* einsetzen. Die Anweisung *FileCopy* erstellt eine eigenständige Kopie einer Datei (ebenso wie der Befehl *Bearbeiten/Kopieren* im Windows-Explorer), wenn Sie die folgende Anweisungssyntax verwenden:

```
FileCopy Quellpfad Zielpfad
```

Hier steht *Quellpfad* für den Pfadnamen der zu kopierenden Datei und *Zielpfad* für den Pfadnamen der Datei, die erstellt werden soll.

FileCopy funktioniert nicht, wenn die in *Quellpfad* genannte Datei gerade geöffnet ist.

Lektion 13 Access-Datenbanken verwalten

In der folgenden Übung werden Sie eine Sicherungsfunktion in das Programm *NeuLöschen* einfügen, indem Sie die Anweisung *FileCopy* in die Ereignisprozedur *Form_Load* aufnehmen.

Eine Sicherungskopie der Datenbank Students.mdb erstellen

Bevor Sie das Programm *NeuLöschen* modifizieren, speichern Sie es unter einem anderen Namen, um auf das ursprüngliche Programm zurückgreifen zu können. Falls das Programm *NeuLöschen* nicht geöffnet ist, laden Sie das Projekt *Löschen.vbp* von der Festplatte und zeigen das Formular an.

❶ Klicken Sie im Menü *Datei* auf den Befehl *Speichern von NeuLöschen.frm unter*. Speichern Sie das Formular *NeuLöschen* unter dem Namen **NeuBackup.frm**. Verwenden Sie den Befehl *Projekt speichern unter*, um das Projekt unter dem Namen **NeuBackup.vbp** zu speichern.

❷ Falls das Formular nicht angezeigt wird, klicken Sie im Projekt-Explorer auf die Schaltfläche *Objekt anzeigen*.

❸ Doppelklicken Sie dann auf das Formular (nicht das Objekt), um die Ereignisprozedur *Form_Load* im Codefenster zu öffnen.

Fügen Sie die Anweisung *FileCopy* in die Startprozedur ein, damit die Anwender eine Sicherungskopie der Datenbank erstellen können, bevor sie Änderungen an der Datenbank vornehmen.

❹ Geben Sie folgende Programmanweisungen in die Ereignisprozedur *Form_Load* ein:

```
prompt$ = "Möchten Sie eine Sicherheitskopie der Datenbank anlegen?"
reply = MsgBox(prompt$, vbOKCancel, datStudent.DatabaseName)
If reply = vbOK Then    'falls der Anwender mit Ok bestätigt, Datenbank kopieren
    FileNm$ = InputBox$("Geben Sie den Namen für die Sicherungskopie ein.")
    If FileNm$ <> "" Then FileCopy datStudent.DatabaseName, FileNm$
End I
```

Die Anweisung *FileCopy* erstellt eine Sicherungskopie einer Datei.

Diese Routine zeigt ein Meldungsfeld an, in dem der Anwender angeben muss, ob eine Sicherungskopie der Datenbank angelegt werden soll. Der Funktion wird das Argument *vbOKCancel* übergeben, damit der Anwender die Operation abbrechen kann. Diesmal wird der Funktion *MsgBox* auch die Eigenschaft *DatabaseName* übergeben, damit der Name der Datenbank in der Titelleiste angezeigt wird. Wenn der Anwender auf *OK* klickt, wird ein anderes Meldungsfeld geöffnet, in dem er den Pfadnamen der Sicherungsdatei angeben muss. Anschließend wird die Datei mit der Anweisung *FileCopy* kopiert.

❺ Schließen Sie das Codefenster, und klicken Sie dann auf die Schaltfläche *Projekt speichern*, um Ihre Eingaben zu speichern.

Lektion 13 Access-Datenbanken verwalten

Sie werden das Programm nun ausführen, um sich anzusehen, wie diese Sicherungsfunktion arbeitet.

Das Programm NeuBackup ausführen

❶ Klicken Sie in der Symbolleiste auf die Schaltfläche *Starten*.

Es wird das in Abbildung 13.11 dargestellte Dialogfeld angezeigt. Sie müssen hier angeben, ob eine Sicherungskopie der Datenbank erstellt werden soll:

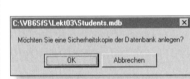

Abbildung 13.11
Der Anwender wird gefragt, ob er eine Sicherungskopie erstellen möchte.

Sie finden das vollständige Programm *Backup* im Ordner *\Vb6SfS\Lekt13*.

❷ Klicken Sie auf *OK*, um eine Sicherungskopie zu erstellen.

Es wird ein Dialogfeld angezeigt, in dem Sie zur Eingabe des Pfadnamens für die Sicherungsdatei aufgefordert werden.

❸ Geben Sie **c:\Vb6SfS\lekt13\NeuStudents.mdb** ein, und klicken Sie auf *OK*.

Visual Basic kopiert die Datenbank *Students.mdb* in den Ordner *Lekt13* und speichert sie unter dem Namen *NeuStudents.mdb*. Nun verfügen Sie über eine Sicherungskopie der Datenbank *Students.mdb* und können etwaige Fehler wieder rückgängig machen.

❹ Klicken Sie auf die Schaltfläche *Beenden*, um das Programm zu verlassen.

Wenn Sie Ihre Programmierkenntnisse vertiefen möchten

Nehmen Sie sich etwas Zeit, und sehen Sie sich das Dienstprogramm *Buchinfo (Buchinfo.vbp)* an, das sich im Ordner *\Vb6SfS\Extras* befindet. Dieses Programm veranschaulicht die in dieser Lektion vorgestellten Datenbankkonzepte. Das Programm fungiert als Benutzeroberfläche für die Datenbank *Biblio.mdb,* die zum Lieferung der meisten Versionen von Visual Basic und Microsoft Access gehört. Die Datenbank *Biblio.mdb* enthält nützliche Informationen zu Büchern zum Thema Datenbankprogrammierung und Programmiertechniken, die von grösseren Verlagen herausgegeben wurden. Ich verwende diese Datenbank gelegentlich, wenn ich ein Buch zu einem bestimmten Thema oder zu einem neuen Konzept suche oder wenn ich Beispieldaten für Übungen zur Datenbankprogrammierung brauche. Diese Datenbank umfasst mehr als 10.000 Datensätze. Das Dienstprogramm zeigt verschiedene Felder und Datensätze an. Sie können es zur Suche nach bestimmten Büchern verwenden oder es erweitern, um Ihre Kenntnisse in der Arbeit mit Datenbanken zu vertiefen.

Wenn Sie mit der nächsten Lektion fortfahren möchten

Lassen Sie Visual Basic geladen, und schlagen Sie Lektion 14 auf.

Wenn Sie Visual Basic jetzt beenden möchten

Klicken Sie im Menü *Datei* auf den Befehl *Beenden*.

Wenn daraufhin das Dialogfenster *Speichern* angezeigt wird, klicken Sie auf *Ja*.

Zusammenfassung der Lektion

Möchten Sie	dann
eine Datenbank öffnen,	verwenden Sie das Daten-Steuerelement, um in einem Formular ein Datenobjekt zu erstellen, und weisen der Eigenschaft *DatabaseName* des Datenobjekts den Namen der Datenbank zu. Geben Sie bei der Eigenschaft *Connect* den Datenbanktyp und bei der Eigenschaft *RecordsetType* den Datensatztyp an.
eine Datenbank im schreibgeschützten Modus öffnen,	weisen Sie der Eigenschaft *ReadOnly* des Datenobjekts die Einstellung *True* zu.
Datenfelder in einem Textfeld-Objekt anzeigen,	stellen Sie die Eigenschaften *DataField* und *DataSource* des Textfelds entsprechend ein.
in einer Datenbank nach Daten suchen,	fordern Sie den Anwender zur Eingabe eines Suchtextes auf und verwenden dann die Eigenschaften *Index*, *Seek*, *NoMatch* und *MoveFirst* des *Recordset*-Objekts in einer Ereignisprozedur. Zum Beispiel:

```
Prompt$ = "Geben Sie den vollständigen" _
& "Kurstitel ein."
SearchStr$ = InputBox(Prompt$, _
"Kurs suchen")
datStudent.Recordset.Index = "ClassName"
datStudent.Recordset.Seek "=", SearchStr$
If datStudent.Recordset.NoMatch Then _
MsgBox ("Kurs nicht gefunden.")
End If                                        ▶
```

Lektion 13 ⋮ **Access-Datenbanken verwalten**

Möchten Sie	dann
einen Datensatz in eine Datenbank einfügen,	verwenden Sie die Methode *AddNew* des *Recordset*-Objekts. Zum Beispiel:
	`datStudent.Recordset.AddNew`
einen Datensatz aus einer Datenbank löschen,	verwenden Sie die Methode *Delete* des *Recordset*-Objekts. Zum Beispiel:
	`datStudent.Recordset.Delete`
den ersten Datensatz einer Datenbank anzeigen,	werden Sie die Methode *MoveFirst* des *Recordset*-Objekts. Zum Beispiel:
	`datStudent.Recordset.MoveFirst`
eine Datei kopieren,	verwenden Sie die Anweisung *FileCopy*. Zum Beispiel:
	`FileCopy datStudent.DatabaseName, FileNm$`
einem Objekt den Fokus zuweisen,	verwenden Sie die Methode *SetFocus* des Objekts. Zum Beispiel:
	`txtTitle.SetFocus`

14 Microsoft Office-Anwendungen einbinden

Geschätzte Dauer:
45 Minuten

In dieser Lektion lernen Sie

wie Sie mit Hilfe des OLE-Steuerelements ein Unternehmensinformationssystem einrichten.

wie Sie aktive Verknüpfungen zu Dateien herstellen, die mit anderen Microsoft Windows-Anwendungen erstellt wurden.

wie Sie mit dem Objektkatalog Anwendungsobjekte überprüfen.

wie Sie mit Hilfe der Automatisierung Microsoft Word, Microsoft Excel, Microsoft Outlook und Microsoft PowerPoint steuern.

In Lektion 3 haben Sie gelernt, wie das OLE-Steuerelement eingesetzt wird, um Windows-Anwendungen aus Ihren Programmen heraus zu starten. Falls Sie dieses Thema interessiert hat, werden Sie an dieser Lektion Ihre Freude haben. Microsoft Visual Basic wurde als Bindeglied konzipiert, mit dem sich Daten und Funktionen verschiedener Windows-Anwendungen rasch und effizient verknüpfen lassen.

In dieser Lektion lernen Sie, wie Sie mit dem OLE-Steuerelement und Daten aus verschiedenen Microsoft Office-Anwendungen ein Unternehmensinformationssystem erstellen. Sie werden hier auch erfahren, wie man mit dem Objektkatalog die Anwendungsobjekte überprüft, die in Windows-Programmen verwendet werden, und Sie werden mit Hilfe der Automatisierung Funktionen von Word, Excel, Outlook und PowerPoint in Ihre Projekte einbinden.

Ein Unternehmensinformationssystem erstellen

Ein Unternehmensinformationssystem (englisch: Enterprise Information System oder EIS) ist eine Anwendung, die mit Hilfe einer konsistenten und einfach zu bedienenden Oberfläche Zugriff auf wichtige Unternehmensdaten gibt. Unternehmensinformationssysteme werden häufig von der MIS-Abteilung oder Datenbankspezialisten erstellt, die Erfahrung im Abruf und der Formatierung von Daten haben, die in speziellen Daten-

Lektion 14 Microsoft Office-Anwendungen einbinden

bankprogrammen wie Oracle oder Microsoft SQL Server erfasst worden sind. Bei den Anwendern von Unternehmensinformationssystemen handelt sich in der Regel um Mitarbeiter, die wenig oder gar keine Erfahrung im Umgang mit Datenbanken haben – Entscheidungsträger des Unternehmens, die rasch auf die Fakten und Zahlen Ihres Unternehmens zugreifen müssen.

In dieser Lektion erstellen Sie ein einfaches Unternehmensinformationssystem, das Daten aus einer Microsoft Access-Datenbank, mit Paint bearbeitete Fotografien von Mitarbeitern und Umsatzdaten aus einer Microsoft Excel-Tabelle und einem Excel-Diagramm ausgibt. Sie entwickeln das Unternehmensinformationssystems mit dem OLE-Steuerelement von Visual Basic und verschiedenen Office-Anwendungen.

Verwendungszwecke von Unternehmensinformationssystemen

Die besten Unternehmensinformationssysteme kombinieren Daten und Funktionen verschiedener Anwendungen zu einem mächtigen Programm zur Verwaltung von Unternehmensdaten. Ich habe die folgende Liste mit Beispielen für Unternehmensinformationssysteme zusammengestellt, damit Sie Anregungen dazu erhalten, wie Sie das OLE-Steuerelement von Visual Basic und vorhandene Office-Dokumente verwenden können, um eigene Lösungen für Ihr Unternehmen oder Ihre Organisation zu entwickeln. Ich gehe in dieser Lektion auf viele Techniken ein, die für die Erstellung eines funktionierenden Unternehmensinformationssystems benötigt werden sind.

Bestellannahmesystem Die Anwender können Dateneingabeformulare und eingehende Bestellungen beispielsweise mit Excel anzeigen und mit Hilfe von Word Umsatzberichte erstellen.

Personalverwaltungssystem Die Anwender können die Personaldaten zum Beispiel in einer Access-Datenbank verwalten, Beurteilungen in Word-Dokumenten speichern und mit Paint Fotografien bearbeiten.

Finanzanalysesystem Die Anwender können beispielsweise die in Excel-Dateien gespeicherten Finanzdaten und Kontendaten des Unternehmens analysieren und Investment-Daten von einem Online-Dienst abrufen.

Lagerverwaltungssystem Vertriebs- und Produktionsmitarbeiter können die Warenbestandsdaten, die in Oracle- oder SQL Server-Datenbanken gespeichert sind, abrufen, um Preise festzulegen und die Produktion zu planen. ▶

Lektion 14   Microsoft Office-Anwendungen einbinden

Management-Informationssystem Die Firmenleitung kann über Microsoft Mail auf einen E-Mail-Dienst zugreifen, die in Word-Dokumenten gespeicherte Firmenzeitung lesen und auf ihre Anforderungen zugeschnittene Datenbankabfragen in Access ausführen.

Projektmanagementsystem Die Anwender können Termine beispielsweise mit Microsoft Project verwalten, Marketing-Vorhersagen mit Excel verfolgen, Statusberichte mit Word erstellen und mit Microsoft PowerPoint elektronische Präsentationen anfertigen.

Das OLE-Steuerelement verwenden

Sie werden das OLE-Steuerelement (das auch als OLE-Container-Steuerelement bezeichnet wird) verwenden, um Anwendungsobjekte in Ihre Visual Basic-Programme einzufügen. Auf welche Objekte Sie zugreifen können, hängt von den Windows-Anwendungen ab, die auf Ihrem System installiert sind. Jede Anwendung, die Objekte unterstützt, wird zusammen mit den von ihr unterstützten Objekten in der Windows-Registrierung (einer systemweiten Datenbank, mit Hilfe derer Windows diese Art von Informationen verwaltet) verzeichnet. Sie wählen Objekte mit Hilfe des Dialogfelds *Objekt einfügen* aus, das beim ersten Einsatz des OLE-Steuerelements angezeigt wird. Anwendungsobjekte sind beispielsweise Excel-

Abbildung 14.1
Das Informationssystem *Musiker*.

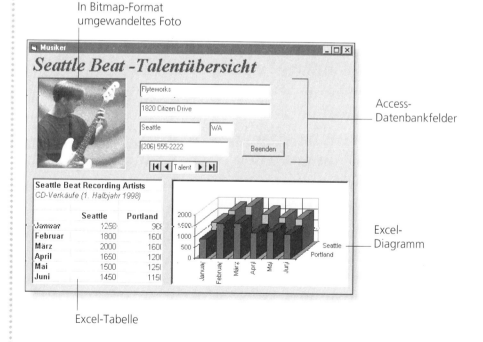

Lektion 14 Microsoft Office-Anwendungen einbinden

Tabellen, Excel-Diagramm, Word-Dokumente und Microsoft ClipArt-Bilder. Es kann sich dabei um neue, leere Dokumente oder auf der Festplatte vorhandene Dateien handeln.

In der folgenden Übung werden Sie ein Datenobjekt, ein Anzeigefeld, zwei OLE-Objekte und mehrere Bezeichnungsfelder und Textfelder verwenden, um ein Unternehmensinformationssystem zu erstellen, mit dem Daten über aufstrebende Musiker aus dem Einzugsbereich Seattle verwaltet werden. Diese Beispielanwendung zeigt eine Fotografie, Datensätze einer Access-Datenbank und Daten aus einer Excel-Tabelle sowie das zugehörige Excel-Diagramm an. Am Ende der Übung sollte Ihre Anwendung etwa wie Abbildung 14.1 aussehen.

Das Unternehmensinformationssystem Musiker erstellen

❶ Starten Sie Visual Basic.

Falls Visual Basic bereits ausgeführt wird, klicken Sie im Menü *Datei* auf den Befehl *Neues Projekt*. Da das Fenster der Anwendung, die Sie erstellen werden, größer sein soll, als das Standardformular, müssen Sie das Formular vergrößern.

❷ Verlängern und verbreitern Sie das Formular, indem Sie auf die rechte untere Ecke des Fensters *Project1* klicken und den Mauszeiger nach rechts unten ziehen. Sie müssen unter Umständen auch eines oder mehrere der Programmierwerkzeuge schließen oder minimieren, damit Ihnen mehr Platz zur Verfügung steht.

Während Sie die Formulare und Fenster vergrößern bzw. verkleinern, wird der Mauszeiger als Größenänderungszeiger angezeigt.

❸ Klicken Sie auf das Steuerelement *Bezeichnungsfeld (Label)*, und erstellen Sie ein großes Bezeichnungsfeld in der oberen Mitte des Formulars.

Dieses Objekt wird den Titel der Anwendung aufnehmen. Orientieren Sie sich beim Erstellen und Platzieren sämtlicher Objekte dieser Übung an Abbildung 14.1.

❹ Erstellen Sie mit dem Steuerelement *Anzeigefeld (Image)* in der linken Formularhälfte unter dem Bezeichnungsfeld ein großes Anzeigefeld.

In diesem Feld wird eine Fotografie angezeigt, die mit einem elektronischen Scanner erfasst und als .BMP-Datei gespeichert worden ist.

❺ Zeichnen Sie mit Hilfe des Steuerelements *Textfeld (TextBox)* fünf Textfelder rechts neben das Anzeigefeld.

Diese Textfelder werden mit einer Access-Datenbank verknüpft, die Namen, Adressen und Telefonnummern von Musikern des fiktiven Musikverlags Seattle Beat enthält.

Lektion 14 Microsoft Office-Anwendungen einbinden

❻ Verwenden Sie das Datensteuerelement, um ein Datenobjekt unter den rechten unteren Textfeldern einzufügen.

Mit Hilfe dieses Datenobjekts werden die Datensätze der Datenbank *Talent* durchsucht.

❼ Fügen Sie mit Hilfe des Steuerelements *Befehlsschaltfläche (CommandButton)* eine Befehlsschaltfläche unter dem Datenobjekt ein.

Diese Befehlsschaltfläche wird zum Beenden des Programms verwendet werden.

❽ Stellen Sie für die Formularobjekte die folgenden Eigenschaften ein. Sie finden die Datenbank *Talent* und eine .BMP-Datei mit der eingescannten Fotografie im Ordner *\Vb6SfS\Lekt14*.

Objekt	Eigenschaft	Einstellung
Form1	Caption	„Musiker"
Label1	Caption	„Seattle Beat Talentübersicht"
	Font	Times New Roman, Fett Kursiv, 24 Punkt
	ForeColor	Dunkelrot
Image1	BorderStyle	1 - Fest Einfach
	Stretch	True
	Picture	C:\Vb6SfS\Lekt14\Musik.bmp
Data1	Caption	„Talent"
	Connect	Access
	DatabaseName	C:\Vb6SfS\Lekt14\Talent.mdb
	ReadOnly	True
	RecordSource	Musiker
Text1	DataSource	Data1
	DataField	Name
	Text	(Leer)
Text2	DataSource	Data1
	DataField	Straße
	Text	(Leer)
Text3	DataSource	Data1
	DataField	Stadt
	Text	(Leer) ▶

Lektion 14 — Microsoft Office-Anwendungen einbinden

Objekt	Eigenschaft	Einstellung
Text4	DataSource	Data1
	DataField	Staat
	Text	(Leer)
Text5	DataSource	Data1
	DataField	Telefon
	Text	(Leer)
Command1	Caption	„Beenden"

❾ Doppelklicken Sie auf die Befehlsschaltfläche *Beenden*, und geben Sie die Anweisung *End* in die Ereignisprozedur *Command1_Click* ein.

Mit dieser Programmanweisung wird das Programm geschlossen, wenn der Anwender auf die Schaltfläche *Beenden* klickt.

❿ Speichern Sie das Formular mit dem Befehl *Speichern von Form1 unter* unter dem Namen **NeuMusiker.frm** und anschließend das Projekt mit dem Befehl *Projekt speichern unter* unter dem Namen **NeuMusiker.vbp**. Speichern Sie Ihre Anwendung im Ordner *Lekt14*.

Sie können nun mit Hilfe des OLE-Steuerelements die Excel-Tabelle und das Diagramm in Ihre Anwendung aufnehmen.

Sie können die folgenden Arbeitsschritte nur ausführen, wenn Sie Microsoft Excel für Windows Version 5.0 oder höher auf Ihrem System installiert haben. (Die Abbildungen zeigen Microsoft Excel 97.)

Anwendungsobjekte einfügen

In den folgenden Übung werden Sie das OLE-Steuerelement verwenden, um Ihre Anwendung mit einer Excel-Tabelle und einem Diagramm zu verknüpfen.

❶ Klicken Sie auf das OLE-Steuerelement, und zeichnen Sie ein großes Rechteck im unteren rechten Bereich des Formulars.

Sobald Sie das Rechteck gezeichnet haben und die Maustaste loslassen, wird das Dialogfeld *Objekt einfügen* angezeigt (siehe Abbildung 14.2).

Das Dialogfeld *Objekt einfügen* enthält eine Liste sämtlicher Objekte, die in der Systemregistrierung verzeichnet sind.

Im Dialogfeld *Objekt einfügen* wird eine Liste der Objekte angezeigt, die Sie mit Ihren Anwendungen verknüpfen können. *Verknüpfte Objekte* enthalten Daten, die mit der Anwendung, in der sie erstellt wurden, bearbeitet werden können und in einer von Ihrer Visual Basic-Anwendung unabhängigen Anwendungsdatei gespeichert werden. *Eingebettete Objekte* enthalten Daten, die in Ihrer Visual Basic-Anwendung gespeichert wer-

Abbildung 14.2
Das Dialogfeld
Objekt einfügen.

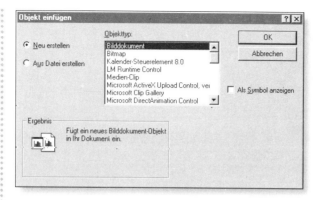

den. Andere Anwendungen können auf verknüpfte Objekte zugreifen, beispielsweise können andere Mitarbeiter Ihrer Firma regelmäßig dieselbe Excel-Umsatztabelle bearbeiten, die Sie mit einer Visual Basic-Anwendung verknüpft haben. Dagegen kann nur eine Anwendung (in unserem Beispiel das Unternehmensinformationssystem Musiker) auf ein eingebettetes Objekt zugreifen.

❷ Klicken Sie im Dialogfeld *Objekt einfügen* auf die Schaltfläche *Aus Datei erstellen*.

Im Dialogfeld wird das Feld *Datei* mit einem Objektpfadnamen angezeigt. Sie wählen die Option *Aus Datei erstellen*, wenn Sie eine vorhandene Datei in Ihre Anwendung aufnehmen möchten.

❸ Wählen Sie das Kontrollkästchen *Verknüpfen*, damit das Objekt mit Ihrer Anwendung verknüpft statt eingebettet wird.

Wenn das Kontrollkästchen *Verknüpfen* markiert ist, wird eine Bild der gewählten Datei in das OLE-Objekt geladen. Da die Datei verknüpft und nicht eingebettet wird, ist sie auch unabhängig von Ihrer Visual Basic-Anwendung verfügbar und alle Änderungen an der Datei werden in Ihrem Programm (während Sie es ausführen) widergespiegelt.

❹ Klicken Sie auf die Schaltfläche *Durchsuchen*, um nach der Excel-Datei zu suchen, die Sie mit Ihrem Programm verknüpfen möchten.

❺ Wählen Sie im Dialogfeld *Durchsuchen* den Ordner *Lekt14* aus, klicken Sie dann auf die Excel-Tabelle *Umsatz_98* und anschließend auf *Einfügen*. Das Dialogfeld *Objekt einfügen* wird nun wieder eingeblendet. Klicken Sie auf *OK*, um eine Verknüpfung mit der Datei *Umsatz_98.xls* zu erstellen.

Nun wird ein Bild der Excel-Tabelle im OLE-Objekt angezeigt. (Falls nicht alle Tabellendaten sichtbar sind, verändern Sie die Größe des OLE-Objekts.) Ihr Formular sollte nun etwa wie in Abbildung 14.3 aussehen.

Lektion 14 Microsoft Office-Anwendungen einbinden

Abbildung 14.3
Das Formular der Anwendung *Musiker* mit der verknüpften Excel-Tabelle.

Diese Tabelle enthält die CD-Umsätze, die der Musikverlag Seattle Beat mit CDs von Musikern aus dem Einzugsbereich Seattle in den ersten sechs Monaten des Jahres 1998 erzielt hat. Da das OLE-Objekt mit der Excel-Tabelle verknüpft ist, spiegeln sich Änderungen, die Mitarbeiter von Seattle Beat in der Tabelle *Umsatz_98.xls* vornehmen, auch in dieser Anwendung wieder. Zugriff auf die aktuellen Umsatzdaten zu haben kann den Mitarbeitern von Seattle Beat die Ermittlung von Umsatztrends erleichtern.

Sie werden nun das Umsatzdiagramm aus der Tabelle *Umsatz_98* kopieren und in ein zweites OLE-Objekt einfügen.

Das Umsatzdiagramm kopieren und einfügen

❶ Klicken Sie auf das *OLE-Steuerelement*, und zeichnen Sie im rechten unteren Bereich des Formulars ein Rechteck.

Das Dialogfeld *Objekt einfügen* wird eingeblendet, sobald Sie die Maustaste loslassen.

❷ Klicken Sie auf *Abbrechen*, um das Dialogfeld *Objekt einfügen* zu schließen

Wenn Sie nur einen Teil einer Datei in ein OLE-Objekt einfügen möchten, wählen Sie den Befehl *Inhalte einfügen*.

Diesmal werden wir nur einen Teil einer Excel-Datei – das Excel-Umsatzdiagramm – in das OLE-Objekt einfügen. Wenn Sie nur einen bestimmten Teil einer Datei einfügen möchten, kopieren Sie diesen Teil in der Anwendung, mit der die Datei erstellt worden ist, und fügen Sie die Daten dann mit Hilfe des Befehls *Inhalte einfügen* in das OLE-Objekt ein.

❸ Starten Sie Excel, und öffnen Sie die Arbeitsmappe *Umsatz_98.xls*, die sich im Ordner *\Vb6SfS\Lekt14* befindet.

424

Lektion 14   Microsoft Office-Anwendungen einbinden

Abbildung 14.4
Die Excel-Tabelle mit dem Umsatzdiagramm.

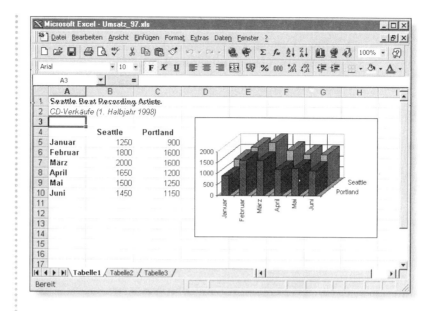

Ihr Bildschirm sollte nun etwa wie Abbildung 14.4 aussehen.

❹ Klicken Sie auf den Rahmen des Umsatzdiagramms und anschließend im Menü *Bearbeiten* auf den Befehl *Kopieren*.

Eine Kopie des Umsatzdiagramms wird in die Windows-Zwischenablage eingefügt.

❺ Aktivieren Sie die Visual Basic-Programmierumgebung.

Sie können mit der rechten Maustaste ein Kontextmenü mit dem Befehl *Inhalte einfügen* aufrufen.

❻ Bewegen Sie den Mauszeiger im Formular über das leere OLE-Objekt, und drücken Sie die rechte Maustaste.

Neben dem OLE-Objekt wird ein Kontextmenü angezeigt.

❼ Klicken Sie auf den Befehl *Inhalte einfügen*, um das Excel-Diagramm in das OLE-Objekt einzufügen.

Abbildung 14.5
Das Dialogfeld *Inhalte einfügen*.

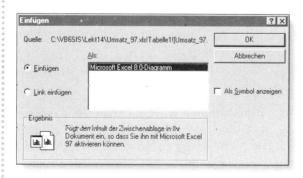

425

Lektion 14   Microsoft Office-Anwendungen einbinden

Das Dialogfeld *Inhalte einfügen* wird angezeigt (siehe Abbildung 14.5).

❽ Klicken Sie im Dialogfeld auf das Optionsfeld *Verknüpfen*, damit das Excel-Diagramm mit dem OLE-Objekt verknüpft wird.

Nachdem das Diagramm mit dem Programm *NeuMusiker* verknüpft worden ist, werden sämtliche Änderungen, die in Excel am Diagramm vorgenommen werden, im Programm *NeuMusiker* widergespiegelt.

❾ Klicken Sie im Dialogfeld *Inhalte einfügen* auf *OK*, um das Diagramm zu verknüpfen.

Das Umsatzdiagramm wird nun im OLE-Objekt angezeigt (siehe Abbildung 14.6).

Abbildung 14.6
Das Umsatzdiagramm wurde in das OLE-Objekt eingefügt.

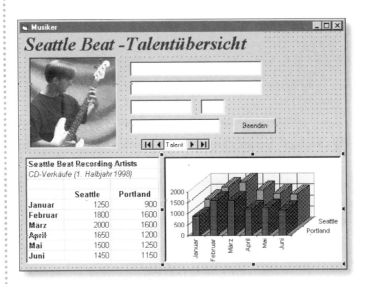

Im letzten Arbeitsschritt fügen Sie zwei Zeilen Programmcode ein, damit die Verknüpfungen zur Excel-Datei beim Start der Anwendung *Musiker* aktualisiert werden.

❿ Doppelklicken Sie auf das Formular, um die Ereignisprozedur *Form_Load* im Codefenster zu öffnen, und geben Sie die folgenden Anweisungen in die Ereignisprozedur ein:

```
OLE1.Update
OLE2.Update
```

In diesen Anweisungen wird die Methode *Update* verwendet, um Änderungen, die in der verknüpften Excel-Datei vorgenommen werden, in die Visual Basic-Anwendung zu laden. Diese Anweisungen bewirken, dass das Programm etwas langsamer geladen wird. Sie sind aber notwendig, wenn die verknüpften Dateien auch von anderen Personen bearbeitet werden.

Lektion 14   Microsoft Office-Anwendungen einbinden

⓫ Klicken Sie auf die Schaltfläche *Projekt speichern*, um das Unternehmensinformationssystem *NeuMusiker* auf der Festplatte zu speichern.

Nun führen Sie die Anwendung aus, und sehen sich an, wie die aus unterschiedlichen Quellen stammenden Daten präsentiert werden.

Die Anwendung Musiker ausführen

❶ Klicken Sie auf die Schaltfläche *Starten*, um das Programm auszuführen

Die Anwendung lädt die Daten aus den drei Quellen und zeigt sie auf dem Bildschirm an (siehe Abbildung 14.7).

Abbildung 14.7
Die Anwendung präsentiert Daten aus unterschiedlichen Quellen.

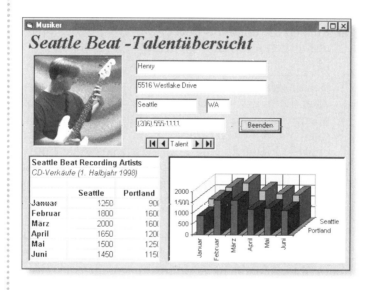

Sie finden das Programm *Musiker* auf der Festplatte im Ordner *Vb6Sf5*\ *Lekt14*.

❷ Klicken Sie auf die innere nach rechts gerichtete Pfeilschaltfläche des Datenobjekts, um sich eine Liste der in der Datenbank enthaltenen Musiker aus Seattle anzusehen.

In den Textfeldern werden verschiedene Namen, Adressen und Telefonnummern angezeigt, wenn Sie auf die Pfeilschaltflächen klicken. Ich habe allerdings nur eine Fotografie für dieses Beispiel bereitgestellt, und daher wird für alle Musiker dasselbe Bild angezeigt. Wenn Sie die Anwendung mit einer Datenbank verknüpfen würden, die ein Datenfeld mit Fotografien enthält, könnten Sie in dem Anzeigefeld jeweils die Fotos der Musiker anzeigen, indem Sie der *DataField*-Eigenschaft des Anzeigefelds den Namen des betreffenden Datenbankfelds zuweisen.

❸ Doppelklicken Sie im Formular auf die Umsatztabelle.

Visual Basic startet Excel – die Anwendung, mit der diese Umsatztabelle erstellt worden ist – und lädt die Tabelle *Umsatz_98.xls*. Da das OLE-

Lektion 14 Microsoft Office-Anwendungen einbinden

Objekt mit der Tabelle verknüpft worden ist, können Sie mit Visual Basic Änderungen an der Tabelle vornehmen und sie in der ursprünglichen Tabellendatei speichern.

Falls die Anwender nicht in der Lage sein sollen, Excel zu starten und Änderungen an der verknüpften Datei vorzunehmen, weisen Sie der Eigenschaft *Enabled* des OLE-Objekts den Wert *False* zu.

❹ Bewegen Sie den Zeiger in die Zelle C7 der Umsatztabelle, geben Sie 0 (Null) ein, und drücken Sie ⏎.

Die Anzahl der im März in Portland verkauften CDs wird von 1600 zu 0 geändert.

❺ Klicken Sie im Menü *Datei von Excel* auf *Beenden* und dann auf *Ja*, um die vorgenommenen Änderungen zu speichern.

Die ursprüngliche Arbeitsmappe wird aktualisiert und Excel geschlossen. Das Unternehmensinformationssystem wird nun wieder eingeblendet und zeigt die neue Umsatzzahl in der Tabelle an. Allerdings ist das Umsatzdiagramm in der Anwendung *nicht* aktualisiert worden und enthält daher noch die alte Umsatzzahl für März. Visual Basic aktualisiert den Inhalt eines OLE-Objekts nur dann, wenn Sie die Verknüpfung aktivieren, indem Sie auf das OLE-Objekt doppelklicken, oder wenn Sie die Methode *Update* zur Aktualisierung der Verknüpfung im Programm verwenden. Andernfalls zeigt Visual Basic die Daten an, die ursprünglich in das OLE-Objekt geladen worden sind.

Falls Visual Basic sofort auf Änderungen reagieren soll, fügen Sie die Methode *Update* in eine besondere OLE-Ereignisprozedur namens *OLE1_Updated* ein, die immer dann ausgeführt wird, wenn das OLE-Objekt verändert wird. Wie Sie sehen, können Sie in Visual Basic steuern, wie oft verknüpfte Daten aktualisiert werden.

❻ Klicken Sie auf die Schaltfläche *Beenden*, um die Anwendung *NeuMusiker* zu schließen.

Sie haben damit die Übungen mit dem OLE-Steuerelement abgeschlossen.

Anwendungsobjekte mit Hilfe der Automatisierung programmieren

In der vorigen Übung haben Sie gelernt, wie Sie Objekte aus Windows-Anwendungen in Ihre Visual Basic-Programme einfügen. In dieser Übung werden Sie eine Technik namens Automatisierung kennen lernen und verwenden, um Funktionen von Windows-Anwendungen in Ihre Programme einzubinden. (Die Automatisierung wurde früher in Programmiererkreisen auch als OLE-Automatisierung bezeichnet.)

Windows-Anwendungen, die die Automatisierung uneingeschränkt unterstützen, stellen ihre Anwendungsfunktionen in einer Kollektion von Objekten, denen Eigenschaften und Methoden zugeordnet sind, zur Verfügung. Man nennt dies auch *Funktionen offen legen*. Die Windows-Anwendungen, die Ihre Objekte offen legen, werden als Objekt- oder Serveranwendungen bezeichnet. Die Programme, die diese Objekte verwenden, werden kontrollierende Anwendungen oder Clientanwendung genannt. Gegenwärtig können die folgenden Microsoft-Anwendungen sowohl als Server- als auch als Clientanwendung eingesetzt werden:

- Microsoft Visual Basic
- Microsoft Word 97
- Microsoft Excel 97, Microsoft Excel 95, Microsoft Excel 5.0
- Microsoft PowerPoint 97
- Microsoft Project 97, Microsoft Project 95
- Microsoft Outlook 97, Microsoft Outlook 98 (mit der Sprache VBScript entwickelte benutzerdefinierte Formulare)

Microsoft vergibt gegenwärtig Lizenzen für die Programmiersprache Visual Basic für Applikationen, und daher werden bald auch andere Windows-Anwendungen die Automatisierung und Visual Basic-Programmiertechniken unterstützen.

Automatisierung in Visual Basic

Sie können in Visual Basic 6 sowohl Server- als auch Clientanwendungen erstellen, die die Automatisierung unterstützen. Um Serveranwendungen, die ihre Funktionen offen legen, erstellen zu können, müssen Sie mit Visual Basic Professional oder Enterprise Edition arbeiten. Die Entwicklung von Serveranwendungen zu besprechen, würde jedoch den Rahmen dieses Buches sprengen. Die Erstellung von Client-Anwendungen, die Funktionen von Serveranwendungen verwenden, ist in sämtlichen Versionen von Visual Basic einfach u bewerkstelligen.

Sämtliche Anwendungen, die zu Microsoft Office 97 gehören (Excel, Word, Access, PowerPoint und Microsoft Outlook), können ihre Funktionen über die Automatisierung offen legen. Da jede dieser Anwendungen ihr eigenen Funktionen und Objekte zur Verfügung stellt, müssen Sie die Produktdokumentation oder die Online-Hilfe dieser Anwendungen konsultieren, bevor Sie Funktionen in Ihren Code einbinden. Falls Microsoft Office auf Ihrem System installiert ist, können Sie sich im Objektkatalog von Visual Basic ansehen, welche Objekte, Eigenschaften und Methoden Ihnen zur Verfügung stehen.

Lektion 14   Microsoft Office-Anwendungen einbinden

In den nächsten Abschnitten werden Sie lernen, wie Sie eine Visual Basic-Anwendung schreiben, die mit Hilfe eines Word-Objekts in einem Textfeld die Rechtschreibung überprüft. Sie werden sehen, dass die Objekte, Eigenschaften und Methoden, die von einer Objekt-Anwendung offen gelegt werden, für gewöhnlich den Menübefehlen und Dialogfeldoptionen der Objektanwendung entsprechen.

Der Objektkatalog von Visual Basic

Mit dem Objektkatalog können Sie die auf Ihrem System vorhandenen Objekte betrachten.

Der Objektkatalog von Visual Basic ist ein Werkzeug, das zwei Verwendungszwecken dient: es kann die Objekte, Eigenschaften und Methoden anzeigen, die in dem Programm, das Sie gerade in der Visual Basic-Programmierumgebung bearbeiten, verwendet werden, und es kann die Objekte, Eigenschaften und Methoden anzeigen, die von den auf Ihrem System installierten Anwendungen offen gelegt werden. In der folgenden Übung werden Sie sich mit Hilfe des Objektkatalogs die Automatisierungsobjekte ansehen, die von Word offen gelegt werden.

Die nachfolgenden Abbildungen zeigen die Objektbibliothek von Word 8.0, die zum Lieferumfang von Microsoft Word 97 gehört. Falls Sie Microsoft Word nicht besitzen, stellen Sie mit dem Objektkatalog fest, welche anderen Anwendungsobjekte in Ihrem System verfügbar sind.

Mit dem Objektkatalog Word-Objekte betrachten

❶ Klicken Sie im Menü *Datei* auf den Befehl *Neues Projekt* und anschließend auf *OK*.

Die Anwendung *NeuMusiker* wird geschlossen und ein neues Formular angezeigt. Sie werden in dieses neue Projekt Verweise auf die Objektbibliothek von Word einfügen.

Im Dialogfeld Verweise können Sie Verweise auf Objektbibliotheken in Ihr Projekt einfügen.

❷ Klicken Sie im Menü *Projekt* auf den Befehl *Verweise*.

Das Dialogfeld *Verweise* wird angezeigt. Sie können mit diesem Dialogfeld Verweise auf Objektbibliotheken, die in Ihrem System verfügbar sind, in Ihr Projekt einfügen. Wenn Sie Verweise in ein Projekt einfügen, wird das kompilierte Programm dadurch nicht vergrößert, allerdings die Kompilierungsdauer verlängert. Aus diesem Grund fügt Visual Basic nur dann Verweise auf Automatisierungsobjektbibliotheken ein, wenn Sie den ausdrücklichen Befehl dazu geben.

❸ Markieren Sie das Kontrollkästchen neben dem Verweis mit der Bezeichnung *Microsoft Word 8.0 Object Library*.

Sie müssen möglicherweise in der Liste nach unten blättern, um diesen Eintrag zu finden. (Die Verweise sind alphabetisch geordnet.) Ihr Bildschirm sollte nun in etwa wie Abbildung 14.8 aussehen.

Lektion 14   Microsoft Office-Anwendungen einbinden

Abbildung 14.8
Das Dialogfeld
Verweise.

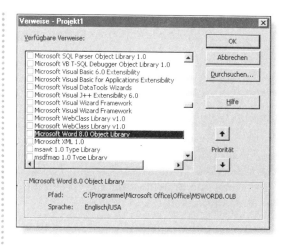

❹ Klicken Sie auf *OK*, um das Dialogfeld zu schließen und diesen Verweis in Ihr Projekt einzufügen.

Sie können nun den Objektkatalog einsetzen.

❺ Klicken Sie im Menü *Ansicht* auf den Befehl *Objektkatalog*.

Das Dialogfeld *Objektkatalog* wird eingeblendet (siehe Abbildung 14.9).

Das Dialogfeld *Objektkatalog* enthält das Dropdown-Listenfeld *Projekt/Bibliothek*, mit dem Sie die in Ihr Projekt eingebundenen Objektbibliotheken anzeigen und auswählen können. Es enthält zudem das Dropdown-Listenfeld *Suchtext*, mit dem Sie nach Schlüsselwörtern suchen können, und das Listenfeld *Klassen*, in dem Sie das Objekt auswählen können, das Sie näher betrachten möchten. Wenn Sie im Listenfeld *Klassen* ein Objekt markieren, werden die Methoden, Eigenschaften und Ereignisse, die von diesem Objekt unterstützt werden, im Listenfeld *Elemente* angezeigt.

Abbildung 14.9
Das Dialogfeld
Objektkatalog.

431

Lektion 14 Microsoft Office-Anwendungen einbinden

❻ Klicken Sie auf den nach unten gerichteten Pfeil neben dem Dropdown-Listenfeld *Projekt/Bibliothek*, um es zu öffnen, und wählen Sie dann den Eintrag *Word*.

Eine Liste der von Word offen gelegten Automatisierungsobjekte wird nun im Listenfeld *Klassen* angezeigt.

❼ Blättern Sie im Listenfeld Klassen nach unten, und klicken Sie auf das Objekt *Application*.

Eine Liste der Methoden und Eigenschaften des *Application* Objekts werden im Listenfeld *Elemente* angezeigt. Es handelt sich hier um die Befehle, die Word zur Bearbeitung von in Dokumenten enthaltenen Daten, zur Verfügung stellt.

❽ Klicken Sie im Listenfeld *Elemente* auf die Methode *CheckSpelling*.

Am unteren Fensterrand des Objektkatalogs wird die Syntax der Methode *CheckSpelling* angezeigt. Diese Methode ruft die Rechtschreibprüfung von Word auf, eine Funktion, auf die Sie aus Visual Basic heraus zugreifen können. Aus der Syntax können Sie ersehen, welche Optionen zur Anpassung des Befehls verfügbar sind. Ihr Bildschirm sollte nun etwa wie in Abbildung 14.10 aussehen.

Abbildung 14.10
Die Methode *Check-Spelling* wurde im Listenfeld *Elemente* markiert.

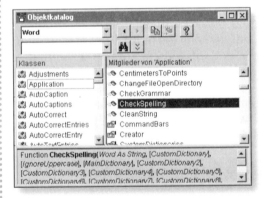

❾ Klicken Sie auf die Schaltfläche mit dem Fragezeichen, die am oberen Fensterrand des Objektkatalogs angezeigt wird.

In der Programmierumgebung wird eine Hilfedatei mit Informationen zur Methode *CheckSpelling* geöffnet (siehe Abbildung 14.11).

In der Online-Hilfe zur Objektbibliothek werden die Eigenschaften und Methoden beschrieben, die Anwendungsobjekte offen legen.

Diese Hilfedatei enthält detaillierte Informationen über die Verwendung der Eigenschaften und Methoden der Word-Objektbibliothek. Viele Objekt-Anwendungen stellen diese Informationen zusammen mit ihren Objektbibliotheken zur Verfügung, damit die Programmierer sämtliche Funktionen der Anwendung nutzen können. Das Hilfesystem der Objektbiblio-

Lektion 14 Microsoft Office-Anwendungen einbinden

Abbildung 14.11
Der Hilfetext
zur Methode
CheckSpelling.

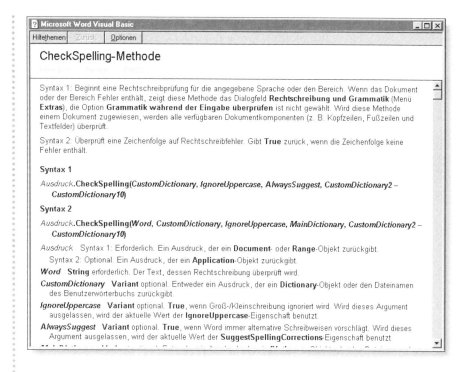

thek ist eine ausgezeichnete Quelle für detaillierte Informationen über die Automatisierung.

⓾ Lesen Sie den Hilfetext zur Methode *CheckSpelling*, und schließen Sie dann das Hilfefenster.

⓫ Klicken Sie im Objektkatalog auf die Schaltfläche *Schließen*.

Wir werden die Word-Methode *CheckSpelling* nun in unserem Programm verwenden.

Von Visual Basic aus auf Word zugreifen

Wenn Sie die Word-Methode *CheckSpelling* in einem Visual Basic-Programm verwenden möchten, führen Sie die unten beschriebenen Arbeitsschritte aus. Da dieses Verfahren für die meisten Anwendungsobjekte gilt, werden Sie mit Hilfe dieser Anleitung auch Funktionen aus anderen Anwendungen, die die Automatisierung unterstützen, in Ihre Programme einbinden können.

Die in Word enthaltene Sprache Visual Basic ist so nützlich und leistungsfähig, dass ich zusammen mit Chris Kinata, einem anerkannten Word-Experten, einen Titel in der Reihe *Schritt für Schritt* geschrieben habe, der diese Sprache beschreibt. Wenn Sie nach der Lektüre dieses Buches an

433

Lektion 14 Microsoft Office-Anwendungen einbinden

weiteren Informationen zur Automatisierung in Visual Basic interessiert sind, sollten Sie den Titel *Microsoft Word/Visual Basic Schritt für Schritt* (Microsoft Press, 1997), Michael Halvorson und Chris Kinata, lesen.

Schritt 1 Fügen Sie mit Hilfe des Befehls *Verweise* Verweise auf die benötigten Objektbibliotheken in das Projekt ein.

Schritt 2 Schreiben Sie das Visual Basic-Programm. Deklarieren Sie in der Ereignisprozedur, in der Sie die Automatisierung verwenden möchten, mit Hilfe der *Dim*-Anweisung eine Objektvariable, und laden Sie dann mit Hilfe der Funktion *CreateObject* ein Automatisierungsobjekt in die Variable:

```
Dim X As Object                     'X als Variablennamen verwenden
Set X = CreateObject("Word.Application")
```

Schritt 3 Verwenden Sie die Methoden und Eigenschaften des Automatisierungsobjekts in der Ereignisprozedur. Schlagen Sie in der Online-Hilfe zum Objektkatalog die korrekte Syntax nach:

```
X.Visible = False                   'Word verbergen
X.Documents.Add                     'neues Dokument öffnen
X.Selection.Text = Text1.Text       'Textfeld in Dokument kopieren
X.ActiveDocument.CheckSpelling      'Rechtschreibprüfung ausführen
Text1.Text = X.Selection.Text       'Ergebnisse in Textfeld kopieren
```

Schritt 4 Wenn das Anwendungsobjekt nicht mehr benötigt wird, beenden Sie die Anwendung und geben die Objektvariable frei, um Arbeitsspeicher zu sparen:

```
X.Quit                              'Word beenden
Set X = Nothing                     'Objektvariable freigeben
```

In der folgenden Übung erstellen Sie eine Anwendung, die mit Hilfe der Word-Rechtschreibprüfung den Text in einem Visual Basic-Textfeld überprüft. Das Programm wird komplett in Visual Basic erstellt und greift über die Automatisierung auf die Word-Funktion zu.

In der folgenden Übung wird vorausgesetzt, dass Sie Word 97 oder Office 97 (das Word 97 enthält) auf Ihrem System installiert haben.

Ein Programm mit einer Rechtschreibprüfung erstellen

❶ Klicken Sie im Menü *Projekt* auf den Befehl *Verweise*. Vergewissern Sie sich, dass der Eintrag *Microsoft Word 8.0 Object Library* markiert ist, und klicken Sie dann auf *OK*.

Die Objektbibliothek von Microsoft Word 8.0 gibt Ihnen Zugriff auf die Objekte, Methoden und Eigenschaften, die von der Serveranwendung Word offen gelegt werden. Sie haben den Verweis auf diese Objektbibliothek am Anfang dieser Lektion eingefügt.

Lektion 14 — Microsoft Office-Anwendungen einbinden

Verweise auf Objektbibliotheken müssen mit dem Befehl *Verweise* in jedem neuen Projekt erneut definiert werden.

Sie erstellen nun ein Formular für das Programm mit der Rechtschreibprüfung und fügen den Programmcode ein.

❷ Verändern Sie die Größe des Formulars zu einem mittelgroßen Rechteck.

❸ Erstellen Sie mit Hilfe des Steuerelements *Bezeichnungsfeld (Label)* ein langes, schmales Bezeichnungsfeld unter dem oberen Formularrand.

Dieses Bezeichnungsfeld wird die Bedienungshinweise zu diesem Programm aufnehmen.

❹ Zeichnen Sie mit dem Steuerelement *Textfeld (TextBox)* ein breites, vier Zeilen hohes Textfeld in die Mitte des Formulars.

In diesem Textfeld wird der Text gespeichert, den der Anwender überprüfen lassen will.

❺ Fügen Sie mit dem Steuerelement *Befehlsschaltfläche (CommandButton)* zwei Befehlsschaltflächen unter dem Textfeld ein.

Mit der ersten Befehlsschaltfläche werden wir Word starten und die Methode *CheckSpelling* aufrufen, um den Text im Textfeld auf Rechtschreibfehler zu überprüfen. Die zweite Befehlsschaltfläche wird zum Beenden des Programms verwendet

❻ Stellen Sie für die Programmobjekte die folgenden Eigenschaften ein:

Objekt	Eigenschaft	Einstellung
Form1	Caption	„Persönliche Rechtschreibprüfung"
Label1	Caption	„Geben Sie ein oder mehrere Wörter in das Textfeld ein, und klicken Sie dann auf Rechtschreibprüfung."
Text1	MultiLine	True
	ScrollBars	2 - Vertikal
	Text	(Leer)
Command1	Caption	„Rechtschreibprüfung"
Command2	Caption	„Beenden"

Wenn Sie alle Eigenschaftenwerte eingestellt haben, sollte Ihr Formular etwa wie in Abbildung 14.12 aussehen.

Abbildung 14.12
Das Formular des Programms *Rechtschreibprüfung*.

➐ Doppelklicken Sie auf die Befehlsschaltfläche *Rechtschreibprüfung*, um die Ereignisprozedur *Command1_Click* im Codefenster zu öffnen. Geben Sie die folgenden Anweisungen in die Ereignisprozedur ein:

```
Dim X As Object                          'Word-Objektvariable erstellen
Set X = CreateObject("Word.Application")
X.Visible = False                        'Word verbergen
X.Documents.Add                          'neues Dokument öffnen
X.Selection.Text = Text1.Text            'Textfeld in Dokument kopieren
X.ActiveDocument.CheckSpelling           'Rechtschreibprüfung ausführen
Text1.Text = X.Selection.Text            'Ergebnis in Textfeld kopieren
X.ActiveDocument.Close SaveChanges := wdDoNotSaveChanges
X.Quit                                   'Word beenden
Set X = Nothing                          'Objektvariable freigeben
```

Mit diesen Anweisungen wird in der Ereignisprozedur ein Word-Automatisierungsobjekt erstellt. Dann wird Word gestartet, einige Eigenschaften des Word-Objekts werden eingestellt, einige Methoden des Word-Objekts werden aufgerufen, und schließlich wird der von diesem Objekt belegte Speicher freigegeben. Word wird automatisch gestartet, sobald zum ersten Mal auf die Objektvariable Bezug genommen wird. Anschließend wird mit Hilfe der *Text*-Eigenschaft des *Selection*-Objekts der Inhalt des Textfelds in ein Word-Dokument kopiert.

Wenn die Methode *CheckSpelling* aufgerufen wird, führt Word die Rechtschreibprüfung aus und überprüft den Inhalt des Textfelds auf Rechtschreibfehler. Wird ein Rechtschreibfehler gefunden, wird das Dialogfeld *Rechtschreibung* eingeblendet und dem Anwender die Möglichkeit zur Korrektur gegeben. Word überprüft jedes Wort des Textfelds, auch wenn das Textfeld mehrere Textzeilen enthält. Nach Abschluss der Rechtschreibprüfung wird der korrigierte Text in das Visual Basic-Textfeld kopiert und die Anwendung Word geschlossen. Mit der *Set*-Anweisung am Ende der Ereignisprozedur *Command1_Click* wird der von der Objektvariablen belegte Arbeitsspeicher freigegeben.

➑ Schließen Sie die Ereignisprozedur *Command1_Click*, und doppelklicken Sie auf die Schaltfläche *Beenden*.

Lektion 14 Microsoft Office-Anwendungen einbinden

❾ Geben Sie die Anweisung **End** in die Ereignisprozedur ein, und schließen Sie das Codefenster.

Das Programm *Rechtschreibprüfung* ist damit vollständig.

❿ Speichern Sie das Formular mit dem Befehl *Speichern von Form1 unter* unter dem Namen **NeuRechtschreibprüfung.frm** auf der Festplatte. Speichern Sie das Projekt mit dem Befehl *Projekt speichern unter* unter dem Namen **NeuRechtschreibprüfung.vbp**. (Legen Sie beide Dateien im Ordner *\Vb6SfS\Lekt14* ab.)

Nun führen Sie das Programm aus, um zu sehen, wie die Automatisierung funktioniert.

Das Programm NeuRechtschreibprüfung ausführen

❶ Klicken Sie in der Symbolleiste auf die Schaltfläche *Starten*.

Da Programm wird in der Programmierumgebung ausgeführt und sollte etwa wie in Abbildung 14.13 aussehen.

Abbildung 14.13
Das Programm *NeuRechtschreibprüfung* während der Ausführung.

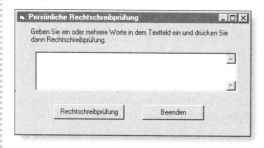

Sie finden das vollständige Programm *Rechtschreibprüfung* im Ordner *\Vb6SfS\Lekt14*.

❷ Geben Sie **Mitt Objeckten arbeiten** in das Textfeld ein.

Sie müssen hier mindestens einen Rechtschreibfehler eingeben, damit die Rechtschreibprüfung aktiv wird.

❸ Klicken Sie auf die Schaltfläche *Rechtschreibprüfung*.

Visual Basic erstellt ein Automatisierungsobjekt und startet Word. Nach einigen Sekunden wird das Word-Dialogfeld *Rechtschreibung* angezeigt und das erste Wort hervorgehoben, das nicht im Wörterbuch enthalten ist. Ihr Bildschirm sollte nun etwa wie in Abbildung 14.14 aussehen.

❹ Klicken Sie auf *Ändern*, um den Fehler zu korrigieren.

Wenn keine Rechtschreibfehler mehr gefunden werden, wird das Dialogfeld *Rechtschreibung* geschlossen und der korrigierte Text in das Textfeld kopiert.

❺ Klicken Sie auf *Beenden*, um das Programm zu verlassen.

Lektion 14 Microsoft Office-Anwendungen einbinden

Abbildung 14.14
Im Dialogfeld *Rechtschreibung* werden Korrekturvorschläge für das Wort „Mitt" angezeigt.

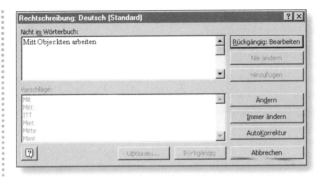

Gratulation! Sie haben gerade mit Hilfe der Automatisierung eine nützliche Word-Funktion verwendet, um Tippfehler zu korrigieren. Sie werden in den nachfolgenden Abschnitten drei weitere Dienstprogramme ausführen, die auf Funktionen von Microsoft Excel, Microsoft Outlook und Microsoft PowerPoint zugreifen.

Von Visual Basic aus auf Excel zugreifen

Microsoft Excel bietet verschiedene Funktionen für komplexe Berechnungen und Datenanalysewerkzeuge, mit denen Sie Ihre Visual Basic-Programme erweitern können. Das folgende Dienstprogramm verwendet die Excel-Funktion *Pmt* (dt. Version: *RMZ*), um die Höhe der monatlichen Ratenzahlungen für ein Darlehen zu berechnen, dessen Zinssatz, Laufzeit und Darlehenssumme Sie in einigen Visual Basic-Textfeldern angeben. Die Ereignisprozedur, die Excel zur Berechnung der Ratenzahlungen aufruft, sieht folgendermaßen aus:

```
Private Sub Command1_Click()
Dim xl As Object    'Objektvariable für Excel anlegen
Dim loanpmt         'Rückgabewert deklarieren
                    'falls alle Felder Werte enthalten
If Text1.Text <> "" And Text2.Text <> "" _
And Text3.Text <> "" Then  'Objekt anlegen und Pmt aufrufen
    Set xl = CreateObject("Excel.Sheet")
    loanpmt = xl.Application.WorksheetFunction.Pmt _
        (Text1.Text / 12, Text2.Text, Text3.Text)
    MsgBox "Die monatliche Rate beträgt " & _
        Format(Abs(loanpmt), "#.## DM"), , "Darlehen"
    xl.Application.Quit
    Set xl = Nothing
Else
    MsgBox "Alle Felder müssen einen Wert enthalten!", , "Darlehen"
End If
End Sub
```

Lektion 14   Microsoft Office-Anwendungen einbinden

Diese Ereignisprozedur legt zuerst eine Objektvariable namens *x1* an und weist sie dem Objekt *Excel.Sheet* zu. Dann wird über das Excel-Objekt *WorksheetFunktion* die Excel-Funktion *Pmt* aufgerufen und das von dieser Funktion zurückgegebene Ergebnis über die Funktion *Abs* in einen positiven Wert umgewandelt. In Excel werden Ratenzahlungen normalerweise als negative Zahlen (Soll) angezeigt, in einem Visual Basic-Formular ist es jedoch verständlicher, wenn positive Zahlen angezeigt werden. Falls ein für die Berechnung der Ratenzahlungen erforderlicher Parameter fehlt, zeigt die Ereignisprozedur die Meldung *Alle Felder müssen einen Wert enthalten!* an.

Sie können die folgenden Arbeitsschritte nur ausführen, wenn Excel 97 auf Ihrem System installiert ist. Das Projekt *Darlehen* beinhaltet einen Verweis auf die Objektbibliothek von Excel 8.0. Wenn Sie Programme schreiben, die über die Automatisierung auf Excel zugreifen sollen, müssen Sie über den Befehl *Verweise* aus dem Menü *Projekt* einen Verweis auf die Objektbibliothek von Excel 8.0 einfügen.

Das Programm Darlehen ausführen

Sie werden das Programm nun ausführen und sich ansehen, wie die Excel-Automatisierung funktioniert.

❶ Öffnen Sie das Projekt *Darlehen.vbp* aus dem Ordner *\Vb6SfS\Lekt14* von Ihrer Festplatte.

❷ Klicken Sie im Menü *Ausführen* auf den Befehl *Starten*.

Das Programm zur Berechnung der Darlehensraten wird mit den Vorgabewerten für Zinssatz und Laufzeit angezeigt.

❸ Geben Sie in das Textfeld *Darlehenssumme* **100000** ein. Das Formular sollte nun wie in Abbildung 14.15 aussehen.

Abbildung 14.15
Das Programm *Darlehen*.

❹ Klicken Sie auf die Schaltfläche *Rate berechnen*.

Das Programm verwendet Excel, um die Höhe der Ratenzahlungen für ein Darlehen über DM 100.000 mit einem Zinssatz von 0,9% und einer

439

Lektion 14 Microsoft Office-Anwendungen einbinden

Laufzeit von 360 Monaten (30 Jahren) zu berechnen. Wie Abbildung 14.16 zeigt, wird das Ergebnis 804,62 DM in einem Meldungsfeld auf dem Bildschirm angezeigt. (Beachten Sie, dass bei dieser Berechnung lediglich Tilgung und Zins berücksichtigt werden und keine anderen Nebenkosten, die mit Hypotheken in der Regel verbunden sind, wie z.B. Notargebühren, Versicherungen, Grundsteuer.)

Abbildung 14.16
Das Ergebnis wird in einem Meldungsfeld angezeigt.

❺ Klicken Sie auf die Schaltfläche *OK*, um das Meldungsfeld zu schließen, und probieren Sie das Programm noch einige Male mit anderen Werten für den Zinssatz, die Laufzeit oder die Darlehenssumme aus.

❻ Beenden Sie das Programm schließlich, indem Sie auf die Schaltfläche *Schließen* des Formulars klicken.

Wenn Sie möchten, können Sie sich im Codefenster den Programmcode noch einmal genauer ansehen.

Von Visual Basic aus auf Microsoft Outlook zugreifen

Microsoft Outlook ist eine Anwendung, die zum Anwendungspaket Microsoft Office gehört und zur Verwaltung von E-Mail-Nachrichten, Terminen, Kontaktinformationen und Aufgaben dient. Ich verwende Outlook zum Versenden von E-Mail-Nachrichten, und daher wird es auf meiner Windows-Task-Leiste ständig ausgeführt. Ich habe einige meiner Visual Basic-Programme so gestaltet, dass man damit über Outlook E-Mail-Nachrichten an andere Personen senden kann. Diese Technik ist hilfreich, wenn bestimmte Daten automatisch an andere Personen geschickt werden sollen, wie beispielsweise die Ergebnisse komplizierter Berechnungen, Statusberichte, Datenbankinformationen oder einfache Glückwünsche zum Geburtstag. Wenn E-Mail-Nachrichten mit Outlook gesendet werden, können die Felder An, CC, Betreff und das Nachrichtenfeld mit Hilfe weniger Zeilen Programmcode angepasst und sogar Anlagen hinzugefügt werden.

In der folgenden Übung werden Sie das Programm *MailSenden* verwenden, um aus einem Visual Basic-Programm heraus eine E-Mail-Nachricht über Outlook zu versenden. Bevor Sie das Programm ausführen, müssen Sie den Code der Ereignisprozedur *Command1_Click* (der nachfolgend abgedruckt ist) bearbeiten und Namen von auf Ihrem System gültigen E-Mail-Empfängern einsetzen. Verwenden Sie keinesfalls die vorge-

Lektion 14 Microsoft Office-Anwendungen einbinden

gebenen Namen, da diese Namen (bis auf eine Ausnahme) fiktiv sind und Ihr E-Mail-Dienst daher eine Fehlermeldung ausgibt, wenn Sie sie als Empfänger einsetzen. (Die Ausnahme ist mein E-Mail-Name, den ich eingefügt habe, damit Sie mir eine Testnachricht senden können. Wenn ich nicht gerade in Urlaub bin, werde ich Ihnen antworten.)

```
Dim out As Object          'Objektvariable anlegen
'Objekt Outlook.Application der Objektvariable zuweisen
Set out = CreateObject("Outlook.Application")

With out.CreateItem(olMailItem) 'Mit Hilfe des Outlook-Objekts
    'und dessen Add-Methode nacheinander einzelne Empfänger definieren
    '(Diese Namen sind fikiv, verwenden Sie Ihre eigenen Namen)
    .Recipients.Add "maria@xxx.com"   'Feld An:
    .Recipients.Add "anton@xxx.com"   'Feld An:
    'Um Empfänger in das Feld CC: einzufügen, Typ olCC angeben
    .Recipients.Add("mike_halvorson@classic.msn.com").Type = olCC
    .Subject = "Testnachricht"  'Betreff-Feld definieren
    .Body = Text1.Text   'Nachrichtentext aus dem Textfeld kopieren
    'Mit der Methode Add Anlagen hinzufügen
    .Attachments.Add "c:\vb6sfs\lekt14\smile.bmp"
    'Schließlich mit Send die Nachricht in den Outlook-Postausgang kopieren
    .Send
End With
```

Sie werden das Programm *MailSenden* nun ausführen und sich ansehen, wie die Outlook-Automatisierung funktioniert.

Sie können die folgenden Arbeitsschritte nur ausführen, wenn Microsoft Outlook 97 oder Outlook 98 auf Ihrem System installiert ist. Das Projekt *MailSenden* enthält einen Verweis auf die Objektbibliothek von Outlook 8.0. Wenn Sie Programm schreiben, die über die Automatisierung auf Outlook-Funktionen zugreifen sollen, müssen Sie über den Befehl *Verweise* aus dem Menü *Projekt* einen Verweis auf die Objektbibliothek von Outlook 8.0 oder Outlook 98 in das Projekt einfügen. Beachten Sie zudem, dass das folgende Beispielprogramm für Outlook-Benutzer konzipiert ist, die über eine DFÜ-Verbindung E-Mail-Nachrichten senden und empfangen und nicht für Benutzer, die ein Netzwerk eingebunden sind. (Für Benutzer, die E-Mail-Nachrichten über das Unternehmensnetzwerk senden, müssten einige Befehle leicht abgeändert werden.)

Das Programm MailSenden ausführen

❶ Öffnen Sie das Projekt *MailSenden.vbp* aus dem Ordner *\Vb6SfS\Lekt14*.

❷ Öffnen Sie das Codefenster, und blättern Sie zur Ereignisprozedur *Command1_Click*.

Lektion 14 — Microsoft Office-Anwendungen einbinden

❸ Ersetzen Sie nun die drei fiktiven Namen der E-Mail-Empfänger (*maria@xxx.com, anton@xxx.com* und *mike_halvorson@classic.msn.com*) durch real existierende E-Mail-Empfänger.

Falls Sie nicht mehrere E-Mail-Empfänger angeben möchten, fügen Sie einfach ein Kommentarzeichen (') am Zeilenanfang der Zeilen ein, die nicht ausgeführt werden sollen. (Ich habe mehrere Empfänger verwendet, weil ich zeigen wollte, wie man mit der *Add*-Methode Elemente in die *Recipients*-Auflistung einfügt.) Allerdings müssen Outlook-Nachrichten mindestens einen Namen im An-Feld enthalten.

❹ Starten Sie Microsoft Outlook über das Windows-*Start*-Menü, falls es nicht bereits ausgeführt wird.

Sie werden später überprüfen, ob Visual Basic die E-Mail-Nachricht in den Outlook-Ordner *Postausgang* eingefügt hat.

❺ Klicken Sie in Visual Basic im Menü *Ausführen* auf den Befehl *Starten*, um das Programm *MailSenden* zu starten.

Daraufhin wird die in Abbildung 14.17 dargestellte einfache Benutzeroberfläche angezeigt.

Abbildung 14.17
Die Oberfläche des Programms *MailSenden*.

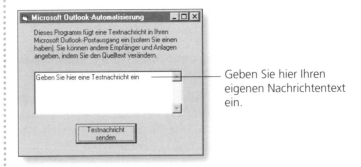

Geben Sie hier Ihren eigenen Nachrichtentext ein.

❻ Geben Sie eine kurze (oder auch eine lange) Nachricht in das Textfeld ein.

Dieser Text wird in das Nachrichtenfeld kopiert. Sie könnten diesen Nachrichteninhalt auch über Programmcode zuweisen. Zum Senden von E-Mail-Nachrichten aus Visual-Basic-Programmen ist keine Benutzeroberfläche erforderlich.

❼ Klicken Sie jetzt auf die Schaltfläche *Testnachricht senden*, um die Nachricht abzuschicken.

Visual Basic erstellt mit Hilfe der Automatisierung eine Mail-Nachricht im Outlook-Ordner *Postausgang*. Diese Nachricht bleibt so lange im Ordner *Postausgang*, bis Sie eine Verbindung mit Ihrem E-Mail-Dienst herstellen und im Outlook-Menü *Extras* den Befehl *Nachrichten übermitteln*

Lektion 14 Microsoft Office-Anwendungen einbinden

wählen. (Falls Sie gegenwärtig online sind oder in ein Intranet eingebunden sind, verschiebt Outlook die Nachricht aus dem Ordner *Postausgang* und fügt eine Kopie der Nachricht in den Ordner *Gesendete Objekte* ein, so dass Sie verfolgen können, welche Nachrichten gesendet wurden.)

❽ Klicken Sie in der Titelleiste des Programms *MailSenden* auf die Schaltfläche *Schließen*, um das Programm zu beenden.

❾ Öffnen Sie Outlook, und klicken Sie auf den Ordner *Posteingang*, um zu prüfen, ob die Testnachricht übermittelt wurde.

Im Ordner wird eine noch nicht abgesendete Nachricht angezeigt (siehe Abbildung 14.18).

Abbildung 14.18
Die Testnachricht wird im Outlook-Ordner *Postausgang* angezeigt.

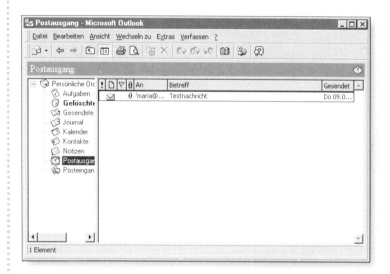

❿ Doppelklicken Sie im Postausgang auf die Nachricht.

Outlook öffnet die Nachricht und zeigt sie auf dem Bildschirm an. Wie Sie sehen, hat Visual Basic die Nachricht genauso angelegt wie angewiesen, einschließlich der Anlage (aus dem Ordner *\Vb6SfS\Lekt14*) und allen erforderlichen Nachrichtenfeldern (siehe Abbildung 14.19).

⓫ Klicken Sie in der Outlook-Symbolleiste auf *Senden*, um die Nachricht im Postausgang zum Senden zu markieren.

Sie können die Nachricht nun senden oder löschen.

⓬ Wenn Sie diese Testnachricht löschen möchten, markieren Sie sie und drücken (Entf). Um die Nachricht zu senden, wählen Sie im Menü *Extras* den Befehl *Nachrichten übermitteln*.

Sie haben Ihre Arbeit mit Outlook in dieser Lektion beendet.

Lektion 14 — Microsoft Office-Anwendungen einbinden

Abbildung 14.19
Die Testnachricht wurde in Microsoft Outlook geöffnet.

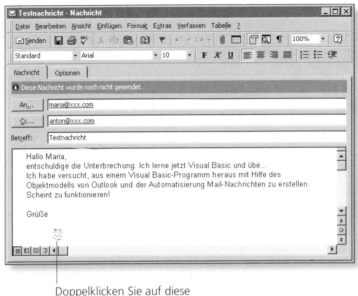

Doppelklicken Sie auf diese Bitmap-Anlage, um die Datei in Microsoft Paint zu öffnen.

Einen Schritt weiter: Von Visual Basic aus auf PowerPoint zugreifen

In dieser letzten Übung werde ich Ihnen zeigen, wie man mit Hilfe der Automatisierung eine PowerPoint-Präsentation aus einem Visual Basic-Programm heraus steuert. PowerPoint ist eine der „großen" Anwendung aus Office 97 und ein sehr vielseitig einsetzbares Programm zur Erstellung von Präsentationen. Sie können mit PowerPoint Folien erstellen, Multimedia-Präsentationen ausführen, eigene Webseiten kreieren und vieles andere mehr tun. Da PowerPoint 97 nun auch die Makrosprache Visual Basic für Applikationen unterstützt, können Sie PowerPoint-Makros schreiben, um die Erstellung und Präsentation Ihrer Folien zu automatisieren.

Man greift von Visual Basic über die Automatisierung in ähnlicher Weise auf Microsoft PowerPoint 97 zu wie auf Word, Excel und Outlook. Man stellt einfach über den Befehl *Verweise* eine Verknüpfung zur Objektbibliothek von PowerPoint her, legt mit der Funktion *CreateObject* eine Objektvariable an und verwendet diese Variable zum Aufruf von PowerPoint-Befehlen. Der folgende Code aus der Ereignisprozedur *Command1_Click* veranschaulicht, wie Sie beliebige PowerPoint-Präsentationen aus Visual Basic heraus ausführen können. Ersetzen Sie einfach den angegebenen Pfadnamen durch den Pfadnamen der gewünschten Präsentation. Um zu

| Lektion 14 | Microsoft Office-Anwendungen einbinden |

veranschaulichen, wie der Anwender zur nächsten Folie wechselt, wurde ein Meldungsfeld verwendet, das den Gebrauch der Leertaste erläutert.

```
Private Sub Command1_Click(1)
Dim ppt As Object        'Objektvariable anlegen
Dim reply, prompt        'Variablen für Meldungsfeld anlegen

prompt = "Drücken Sie die Leertaste, um zum nächsten Dia" & _
    " der Präsentation zu wechseln." & vbCrLf & "Sind Sie bereit?"
reply = MsgBox(prompt, vbYesNo, "Informationen zu PowerPoint")

If reply = vbYes Then
    Set ppt = CreateObject("PowerPoint.Application.8")
    ppt.Visible = True      'Präsentation öffnen und ausführen
    ppt.Presentations.Open "c:\vb6sfs\lekt14\pptfacts.ppt"
    ppt.ActivePresentation.SlideShowSettings.Run
    Set ppt = Nothing        'Objektvariable freigeben
End If
End Sub
```

Das Anwendungsobjekt von PowerPoint 97 heißt *PowerPoint.Application.8*.

Sie werden das Programm *Präsentation* nun ausführen und sich ansehen, wie es funktioniert.

Das Programm Präsentation ausführen

❶ Öffnen Sie das Projekt *Präsentation* aus dem Ordner *\Vb6SfS\Lekt14*.

❷ Wählen sie im Menü *Ausführen* den Befehl *Starten*.

Visual Basic zeigt die einfache Benutzeroberfläche des Programms an.

Abbildung 14.20
Die Benutzeroberfläche des Programms *Präsentation*.

❸ Klicken Sie auf die Befehlsschaltfläche *Präsentation anzeigen*, um die Präsentation zu starten.

Das Programm zeigt ein Meldungsfeld an, in dem Sie aufgefordert werden, die Leertaste zu drücken, um zur nächsten Folie zu wechseln, und gefragt werden, ob Sie bereit sind (siehe Abbildung 14.21).

445

Lektion 14 Microsoft Office-Anwendungen einbinden

Abbildung 14.21
Das Meldungsfeld aus dem Programm *Präsentation*.

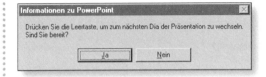

❹ Klicken Sie auf *Ja*, um die Präsentation zu starten.

Visual Basic erstellt ein PowerPoint-Objekt, startet die Präsentation und lädt die erste Folie. (Das Hintergrundbild stammt von einer Veranstaltung zur Markteinführung von Microsoft Windows 95, die ich besuchte, und zeigt Bill Gates und Jay Leno.)

Abbildung 14.22
Die erste Folie der PowerPoint-Präsentation.

❺ Sehen Sie sich die Folien der Präsentation an, indem Sie (Leer) drücken, um zur nächsten Folie zu wechseln.

❻ Wenn Sie die gesamte Präsentation gesehen haben, klicken Sie in der Titelleiste von PowerPoint auf die Schaltfläche *Schließen*, um die Anwendung zu beenden und zu Visual Basic zurückzukehren.

❼ Schließlich klicken Sie in der Titelleiste des Programms *Präsentation* auf die Schaltfläche *Schließen*, um das Programm zu beenden.

Lektion 14 Microsoft Office-Anwendungen einbinden

Sie haben nun alle wichtigen Fertigkeiten kennen gelernt, die Sie zur Automatisierung der Anwendungen aus dem Softwarepaket Microsoft Office benötigen. Der Objektkatalog gibt Aufschluss über weitere Anwendungsobjekte, wenn Sie die Automatisierung auf eigene Faust näher erkunden möchten. Wichtiger ist vielleicht, dass Sie nun auch alle grundlegenden Konzepte der Programmierung in Visual Basic kennen gelernt haben. Sie können sich nun anspruchsvolleren Themen zuwenden.

Wenn Sie Visual Basic vorerst beenden möchten
- Klicken Sie im Menü *Datei* auf den Befehl *Beenden*.

Falls das Dialogfeld *Speichern* angezeigt wird, klicken Sie auf *Ja*.

Wenn Sie mit der nächsten Lektion fortfahren möchten
- Lassen Sie Visual Basic geöffnet, und schlagen Sie Lektion 15 auf.

Zusammenfassung der Lektion

Möchten Sie	dann
ein Anwendungsobjekt in Ihr Programm einfügen,	erstellen Sie mit Hilfe des OLE-Steuerelements im Formular einen Platzhalter für Anwendungsobjekt und doppelklicken im Dialogfeld *Objekt einfügen* auf das gewünschte Objekt.
ein verknüpftes Anwendungsobjekt erstellen,	markieren Sie das Kontrollkästchen *Verknüpfen* im Dialogfeld *Objekt einfügen*.
ein eingebettetes Anwendungsobjekt erstellen,	verwenden Sie das Dialogfeld *Objekt einfügen*, ohne das Kontrollkästchen *Verknüpfen* zu aktivieren. (Objekte, die mit dem Dialogfeld *Objekt einfügen* eingefügt werden, werden per Vorgabe eingebettet. Sie werden in die Visual Basic-Anwendung kopiert.)
Teile einer Anwendungsdatei in ein OLE-Objekt einfügen,	kopieren Sie die Daten, die Sie verwenden möchten, in die Windows-Zwischenablage, bewegen den Mauszeiger in Visual Basic über das OLE-Objekt, drücken die rechte Maustaste und wählen den Befehl *Inhalte einfügen*.
beim Programmstart Verknüpfungen aktualisieren,	fügen Sie die Anweisung *Update* für das OLE1-Objekt in die Ereignisprozedur *Form_Load* ein: `OLE1.Update` ▶

Lektion 14   Microsoft Office-Anwendungen einbinden

Möchten Sie	dann
die Objektbibliothek einer Anwendung auswählen,	klicken Sie im Menü *Projekt* auf den Befehl *Verweise*. Markieren Sie im Dialogfeld *Verweise* dann die Bibliotheken, die Sie einbinden möchten.
Anwendungsobjekte anzeigen, die die Automatisierung unterstützen,	klicken Sie im Menü *Ansicht* auf den Befehl *Objektkatalog*. Wählen Sie hier im Listenfeld *Projekt/Bibliothek* das Objekt, dessen Eigenschaften Sie genauer untersuchen möchten.

in einem Programm eine Objektvariable erstellen,	verwenden Sie *Dim*- und *Set*-Anweisungen. Zum Beispiel:
	
	`Dim X As Object`
	`Set X = CreateObject("Word.Application")`

über Automatisierungsroutinen auf eine Anwendungsfunktion zugreifen,	erstellen Sie eine Objektvariable und nehmen dann auf die Methoden oder Eigenschaften des Anwendungsobjekts Bezug. Zum Beispiel:
	
	`X.CheckSpelling`
	`X.Quit`

den von einer Objektvariablen belegten Speicher freigeben,	verwenden Sie die *Set*-Anweisung und das Schlüsselwort *Nothing* mit der Variablen. Zum Beispiel: `Set X = Nothing`

Werkzeuge und Techniken der Professional Edition

15

Textverarbeitung mit dem RTF-Steuerelement (RichTextBox)

Geschätzte Dauer:
40 Minuten

In dieser Lektion lernen Sie

- wie Sie die ActiveX-Steuerelemente der Visual Basic Professional Edition installieren und verwenden.

- wie Sie Textverarbeitungsfunktionen mit dem RTF-Steuerelement (*RichTextBox*) in Ihre Programme integrieren.

- wie Sie die Windows-Zwischenablage zum Ausschneiden und Einfügen von Text einsetzen.

- wie Sie RTF-Dateien über Menübefehle öffnen, speichern und ausdrucken.

- wie Sie mit Hilfe des *Change*-Ereignisses den Überblick über ungespeicherte Änderungen in einem Dokument behalten.

In den Teilen A bis D haben Sie grundlegenden Programmiertechniken erlernt, die in jeder Edition von Microsoft Visual Basic 6.0 (Visual Basic 6 Learning Edition, Visual Basic 6 Professional Edition und Visual Basic 6 Enterprise Edition) anwendbar sind. In den Teilen E, F und G werden wir uns näher mit den erweiterten Funktionen von Visual Basic 6 Professional Edition auseinander setzen. Diese nützlichen „professionellen" Software-Entwicklungswerkzeuge gliedern sich in drei grundlegende Kategorien: ActiveX-Steuerelemente der Professional Edition, Internet- und Dynamic-HTML-Anwendungen sowie erweiterte Datenbankverwaltungsfunktionen. Sie werden lernen, wie sie diese wichtigen Technologien in Ihren Visual Basic-Anwendungen einsetzen.

In Lektion 15 wird beschrieben, wie Sie die zum Lieferumfang von Visual Basic 6 Professional Edition gehörende, umfangreiche Sammlung von ActiveX-Steuerelementen installieren und verwenden. (Da diese Steuerelemente ebenfalls zum Lieferumfang von Visual Basic 6 Enterprise Edition gehören, sind Sie bereits mit einigen Komponenten vertraut, wenn Sie sich für ein Upgrade auf dieses Produkt entscheiden.) Nachdem diese ActiveX-Steuerelemente vorgestellt wurden, wird der Einsatz des RTF-Steuerelements (*RichTextBox*) beschrieben. Mit diesem leistungsfähigen Werkzeug können Sie Textverarbeitungsfunktionen in Ihre Anwendun-

Lektion 15 ⋮ **Textverarbeitung mit dem RTF-Steuerelement (RichTextBox)**

gen einbinden. Das RTF-Steuerelement (*RichTextBox*) ist eine erweiterte Version des Standardsteuerelements *Textfeld (TextBox)* aus der Werkzeugsammlung von Visual Basic. Es ermöglicht Ihnen, den Text mit erweiterten Formatangaben auszustatten, optimiert Dateioperationen und Suchvorgänge und speichert Informationen in einem Dokumentenformat namens *RTF (Rich Text Format)*. Wie Sie anhand des Beispielprogramms *RTFEdit* sehen werden, kann man mit Hilfe des RTF-Steuerelements mühelos ein Programm erstellen, das weitgehend wie das zum Lieferumfang von Windows gehörende RTF-Textverarbeitungsprogramm WordPad funktioniert.

Die ActiveX-Steuerelemente der Professional Edition installieren

Im Rahmen der Installation von Visual Basic Professional Edition wird vom Setup-Programm eine umfangreiche Sammlung von .ocx-Dateien, die sogenannten *ActiveX-Steuerelemente,* in den Ordner *Windows\System* bzw. *System32* kopiert. Während des Installationsvorgangs werden diese Steuerelemente in der Windows-Systemregistrierung registriert, damit Visual Basic und andere Anwendungen gegebenenfalls auf diese Steuerelemente zugreifen können. Die meisten installierten .ocx-Dateien enthalten einzelne ActiveX-Steuerelemente, die in die Visual Basic Werkzeugsammlung eingefügt werden können. Einige .ocx-Dateien beinhalten jedoch thematisch gruppierte Sammlungen von Steuerelementen. Beispielsweise enthält die Datei mscomctl.ocx, die sogenannten Microsoft Windows Common Controls, neun Steuerelemente, die in der Werkzeugsammlung angezeigt werden und die Sie verwenden können, um Ihre Anwendungen mit professionellen Benutzeroberflächenelementen, wie z.B. Symbolleisten, Fortschrittsleisten und Statusleisten, auszustatten.

Die folgende Tabelle 15.1 verzeichnet alle zum Lieferumfang der Professional Edition von Visual Basic 6 gehörenden ActiveX-Steuerelemente. Detaillierte Informationen zu jedem Steuerelemente finden Sie in der Online-Hilfe zu Visual Basic. In den folgenden Lektionen werden Sie einige dieser Steuerelemente verwenden, um interessante und nützliche Programme zu erstellen.

Tabelle 15.1
Zum Lieferumfang von Visual Basic 6.0 Professional Edition gehörende ActiveX-Steuerelemente.

ActiveX-Steuer-element	Dateiname	Beschreibung
Abbildungsliste (ImageList)	mscomctl.ocx	Eine Sammlung von Grafiken, die von anderen Steuerelementen verwendet werden können. (Ist in Windows Common Controls 6.0 enthalten.) ▶

452

Lektion 15 Textverarbeitung mit dem RTF-Steuerelement (RichTextBox)

ActiveX-Steuer-element	Dateiname	Beschreibung
ADO-Datensteuer-element	msadodc.ocx	Ermöglicht den Zugriff auf Datenbank-informationen über das ADO-Format.
Animation	mscomct2.ocx	Erzeugt Animationseffekte durch die Wiedergabe von .avi-Dateien. (Audio-daten werden nicht unterstützt.) (Ist in Windows Common Controls-2 6.0 enthalten.)
AufAb (UpDown)	mscomct2.ocx	Zeigt ein Pfeilschaltflächenpaar an, mit dem der Anwender durch eine Liste oder Gruppe von Werten eines zuge-hörigen Steuerelements blättern kann. (Ist in Windows Common Controls-2 6.0 enthalten.)
Bildaussschnitt (PictureClip)	picclp32.ocx	Zeigt einen Teil einer Bitmap-Grafik an.
CoolBar	comct332.ocx	Dies ist ein Container-Steuerelement, mit dem benutzerkonfigurierbare Sym-bolleisten im Stil von Microsoft Internet Explorer erstellt werden können. (Ist in Windows Common Controls-3 6.0 enthalten.)
DataRepeater	msdatrep.ocx	Zeigt mehrere Instanzen eines ActiveX-Steuerelements übersichtlich in neben-einander liegenden Zeilen an. (Ist be-sonders nützlich, wenn verschiedene Instanzen einer Datenbank angezeigt werden sollen.)
DateTimePicker	mscomct2.ocx	Stellt einen Dropdown-Kalender zur schnellen Auswahl von Datums- und Zeitangaben bereit. (Ist in Windows Common Controls-2 6.0 enthalten.)
Diagramm (Chart)	mschart.ocx	Ermöglicht die grafische Darstellung von Daten, die in Kalkulationstabellen und Datenbanken gespeichert sind.
Fensterlos (Windowless)	mswless.ocx	Spezielle, weniger Speicherplatz erfor-dernde Versionen der neun Standard-steuerelemente der Werkzeugsamm-lung. Verwenden Sie diese fensterlosen Steuerelemente, falls keine Speicher-adressen (z.B. Zugriffsnummern) im Programmcode verwendet werden müssen. Damit werden Systemressour-cen eingespart. ▶

Lektion 15 Textverarbeitung mit dem RTF-Steuerelement (RichTextBox)

ActiveX-Steuer-element	Dateiname	Beschreibung
FlatScrollBar	mscomct2.ocx	Bietet Standardbildlaufleistenfunktionalität in „flacher" 2D-Darstellung. (Ist in Windows Common Controls-2 6.0 enthalten.)
FlexGrid	msflxgrd.ocx	Erweitert Ihre Anwendungen um Kalkulationstabellenfunktionalität. Eignet sich besonders für die Anzeige von Datenbankinformationen.
Formatierte Bearbeitung (MaskEdBox)	msmask32.ocx	Ein Textfeld, mit dem Einschränkungen für die Dateneingaben des Anwenders definiert werden können.
Fortschrittsleiste (ProgressBar)	mscomctl.ocx	Stellt den Fortschritt einer Operation mit Hilfe einer Bildleiste grafisch dar. (Ist in Windows Common Controls 6.0 enthalten.)
ImageCombo	mscomctl.ocx	Ähnelt dem Standardsteuerelement *Kombinationsfeld (ComboBox)*, unterstützt jedoch Grafiken. (Ist in Windows Common Controls 6.0 enthalten.)
Internet-Übertragung (Inet)	msinet.ocx	Ermöglicht den Verbindungsaufbau zum Internet und das Herunterladen von Daten mit den Protokollen HTTP und FTP.
Kommunikation (MSComm)	mscomm32.ocx	Ermöglicht einer Anwendung, über den seriellen Anschluss Daten auszutauschen.
Listenansicht (ListView)	mscomctl.ocx	Zeigt Daten im Stil von Windows-Explorer unter Verwendung der Ansichten *Symbole*, *Kleine Symbole*, *Liste* bzw. *Details* an. (Ist in Windows Common Controls 6.0 enthalten.)
MAPI	msmapi32.ocx	Gewährt Zugriff auf die MAPI-Nachricht- und MAPI-Sitzung-Steuerelemente, die Email-bezogene Aufgaben über die MAPI-Schnittstelle anlegen und verarbeiten.
Microsoft Hierarchical FlexGrid (MSHFlexGrid)	mshflxgd.ocx	Erweiterte Version des FlexGrid-Steuerelements, mit dem hierarchische Datensätze angezeigt werden können (Datensätze, die aus verschiedenen Tabellen erstellt wurden.) ▶

Lektion 15 | **Textverarbeitung mit dem RTF-Steuerelement (RichTextBox)**

ActiveX-Steuer-element	Dateiname	Beschreibung
Monatsansicht (MonthView)	mscomct2.ocx	Ermöglicht dem Anwender die Auswahl von Datumsangaben und zusammenhängender Datumsbereiche aus einer grafischen Kalenderanzeige. (Ist in Microsoft Common Controls-2 6.0 enthalten.)
Multimedia-MCI (MMControl)	mci32.ocx	Verwaltet das Aufzeichnen und Abspielen von Dateien über MCI-Multimedia-Geräte.
Register (TabStrip)	mscomctl.ocx	Ähnelt dem SSRegister-Steuerelement. (Ist in Windows Common Controls 6.0 enthalten.)
RTF (RichTextBox)	richtx32.ocx	Ermöglicht dem Anwender die Eingabe, Bearbeitung und Formatierung von Text im RTF-Format.
Schieberegler (Slider)	mscomctl.ocx	Stellt ein Eingabeelement mit einer Werteskala und einer Fortschrittsanzeige zur Verfügung. (Ist in Windows Common Controls 6.0 enthalten.)
SSRegister (SSTab)	tabctl32.ocx	Stellt Informationen in einem Dialogfeld mit mehreren Registerkarten dar.
Statusleiste (StatusBar)	mscomctl.ocx	Zeigt eine Statusleiste mit bis zu 16 Fensterausschnitten für Programminformationen an. (Ist in Windows Common Controls 6.0 enthalten.)
Strukturansicht (TreeView)	mscomctl.ocx	Zeigt hierarchische Informationen in einer verschachtelten Baumstruktur an. (Ist in Windows Common Controls 6.0 enthalten.)
Symbolleiste (Toolbar)	mscomctl.ocx	Erstellt eine Symbolleiste mit einzelnen Schaltflächen. (Ist in Windows Common Controls 6.0 enthalten.)
SysInfo	sysinfo.ocx	Überwacht verschiedene Parameter des Betriebssystems Windows.
Winsock	mswinsck.ocx	Bietet Zugriff auf TCP- und UDP-Netzwerkdienste (TCP – Transfer Control Protocol, UDP – User Datagram Protocol).

Lektion 15   Textverarbeitung mit dem RTF-Steuerelement (RichTextBox)

ActiveX-Steuerelemente der Professional Edition in die Werkzeugsammlung aufnehmen

Wenn Sie ein ActiveX-Steuerelement der Professional Edition in die Werkzeugsammlung von Visual Basic einfügen möchten, müssen Sie drei Arbeitsschritte ausführen.

❶ Klicken Sie im Menü *Projekt* auf den Befehl *Komponenten* und dann auf die Registerkarte *Steuerelemente*.

Wenn Sie den Befehl *Komponenten* aufrufen, überprüft Visual Basic die Systemregistrierung und zeigt alle ActiveX-Steuerelemente an, die auf Ihrem System verfügbar sind (nicht nur die von Visual Basic installierten Steuerelemente).

❷ Wählen Sie das Kontrollkästchen links vom Namen des Steuerelements, das in die Werkzeugsammlung aufgenommen werden soll.

❸ Klicken Sie auf *OK*, um das Dialogfeld *Komponenten* zu schließen und das ActiveX-Steuerelement in die Werkzeugsammlung einzufügen.

Visual Basic zeigt das ausgewählte Steuerelement in der Werkzeugsammlung an.

Das RTF-Steuerelement (RichTextBox)

Eines der nützlichsten ActiveX-Steuerelemente der Visual Basic Professional Edition ist das RTF-Steuerelement (*RichTextBox*), mit dem Sie erweiterte Textverarbeitungsfunktionen in Ihre Programme einbauen können. Im Gegensatz zum einfachen Textfeld-Steuerelement (*TextBox*), das ein Grundbestandteil der Werkzeugsammlung ist, kann mit dem RTF-Steuerelement Text gemäß dem populären Kodierungsstandard RTF formatiert werden. Ähnlich wie HTML (Hypertext Markup Language) fügt RTF spezielle Formatcodes in den Text ein, die Informationen wie Schriftart, Schriftgröße, Schriftschnitt, Absatzformat, Absatzausrichtung sowie andere gebräuchliche Formatierungen definieren.

Das RTF-Steuerelement (RichTextBox) in die Werkzeugsammlung einfügen

Bevor Sie das RTF-Steuerelement (*RichTextBox*) verwenden können, müssen Sie es in die Werkzeugsammlung aufnehmen.

❶ Klicken Sie im Menü *Projekt* auf den Befehl *Komponenten*, und dann auf die Registerkarte *Steuerelemente*.

Visual Basic zeigt die ActiveX-Steuerelemente an, die auf Ihrem System installiert sind.

456

Lektion 15   Textverarbeitung mit dem RTF-Steuerelement (RichTextBox)

❷ Blättern Sie in der Liste der Steuerelemente zum Eintrag *Microsoft Rich Textbox Control 6.0*.

❸ Klicken Sie auf das Kontrollkästchen neben dem Steuerelementnamen und dann auf *OK*.

Visual Basic fügt das RTF-Steuerelement (*RichTextBox*) in die Werkzeugsammlung ein. Ihre Werkzeugsammlung sollte nun etwa wie Abbildung 15.1 aussehen.

Abbildung 15.1
Die Werkzeugsammlung mit dem RTF-Steuerelement.

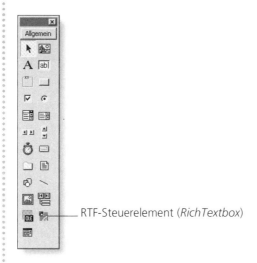

RTF-Steuerelement (*RichTextbox*)

Sie erstellen mit dem RTF-Steuerelement (*RichTextBox*) auf ähnliche Weise Textfelder wie mit dem Standardsteuerelement *Textfeld (TextBox)*. Sie klicken in der Werkzeugsammlung einfach auf das Symbol des RTF-Steuerelements und ziehen es auf das Formular. Dort können Sie das Textfeld dann in der gewünschten Größe zeichnen. Worin sich normale Textfelder und RTF-Textfelder unterscheiden, wird bei der Bearbeitung der Eigenschaften und Methoden des RTF-Steuerelements deutlich. Im folgenden Beispielprogramm werden die wichtigsten Unterschiede herausgestellt.

Das Programm RTFEdit ausführen

Wir wollen uns nun anhand des Programms *RTFEdit* ansehen, welche Funktionen das RTF-Steuerelement bietet. Dieses Programm wurde mit Visual Basic erstellt und verfügt über ähnliche Funktionen wie das zum Lieferumfang von Windows gehörende Programm *WordPad*.

❶ Öffnen Sie das Projekt *RTFEdit.vbp* aus dem Ordner *C:\Vb6SfS\Lekt15*.

Lektion 15   Textverarbeitung mit dem RTF-Steuerelement (RichTextBox)

Falls eine Meldung zum Speichern der Änderungen im aktuellen (leeren) Projekt erscheint (das Projekt enthält einen Verweis auf das RTF-Steuerelement), klicken Sie auf *Nein*.

❷ Klicken Sie in der Symbolleiste auf die Schaltfläche *Starten*, um das Programm auszuführen.

Das Programm *RTFEdit* wird auf dem Bildschirm angezeigt (siehe Abbildung 15.2).

Abbildung 15.2
Die Oberfläche des Programms *RTFEdit*.

Die Befehle des Menüs Format verwenden

Zuerst wollen wir die Programmfunktionen zur Textformatierung ausprobieren.

❶ Wählen Sie den ersten Satz aus, der im Textfeld angezeigt wird (*Dies ist ein RTF-Editor.*), und klicken Sie dann auf das Menü *Format*.

Die Formatbefehle des RTF-Editors werden im Menü *Format* angezeigt (siehe Abbildung 15.3).

Die Menübefehle wurden mit dem Menü-Editor erstellt. Die Ereignisprozeduren zu den einzelnen Befehlen wurden im Codefenster erstellt.

❷ Klicken Sie im Menü *Format* auf den Befehl *Großbuchstaben*.

Der RTF-Editor zeigt den ausgewählten Text in Großbuchstaben an.

❸ Wählen Sie den ersten Satz erneut aus, und klicken Sie im Menü *Format* auf den Befehl *Schriftart*.

Daraufhin wird das Dialogfeld *Schriftart angezeigt* (siehe Abbildung 15.4).

❹ Wählen Sie eine andere Schriftart, die Darstellung *Durchgestrichen*, eine andere *Größe und Farbe*. Klicken Sie dann auf *OK*.

Lektion 15   Textverarbeitung mit dem RTF-Steuerelement (RichTextBox)

Abbildung 15.3
Das Menü *Format* des Programms *RTFEdit*.

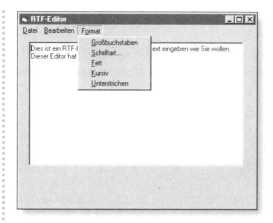

Abbildung 15.4
Das Dialogfeld *Schriftart*.

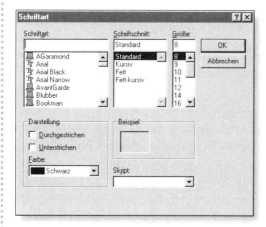

Der RTF-Editor formatiert den Text entsprechend Ihrer Angaben.

❺ Probieren Sie nun im Menü *Format* die Befehle *Fett*, *Kursiv* und *Unterstrichen* aus.

Diese Befehle sind umschaltbar, d.h. durch die erneute Auswahl des Befehls wird die Formatzuweisung wieder rückgängig gemacht. Ähnlich wie im Programm *WordPad* steht in diesem RTF-Editor die gesamte Palette an RTF-Formaten zur Auswahl.

Die Befehle des Menüs Bearbeiten verwenden

Nun probieren wir die vier Befehle des Menüs *Bearbeiten* aus.

❶ Wählen Sie den letzten Satz im Textfeld aus (*Dieser Editor hat Bildlaufleisten!*).

❷ Klicken Sie im Menü *Bearbeiten* auf den Befehl *Ausschneiden*.

459

Der Text wird in die Windows-Zwischenablage kopiert und aus dem Textfeld gelöscht.

❸ Bewegen Sie die Einfügemarke an das Ende des Absatzes, drücken Sie ⏎, und klicken Sie dann im Menü *Bearbeiten* auf den Befehl *Einfügen*.

Der Text wird aus der Zwischenablage in das Textfeld eingefügt.

❹ Wählen Sie wieder den ersten Satz aus (*Dies ist ein RTF-Editor.*), und klicken Sie dann im Menü *Bearbeiten* auf den Befehl *Kopieren*.

Der RTF-Editor kopiert den Text zusammen mit der jeweiligen Formatierung in die Zwischenablage.

❺ Drücken Sie die Taste Pos1, und klicken Sie dann im Menü *Bearbeiten* auf den Befehl *Einfügen*, um den Text in das Textfeld einzufügen.

Versuchen Sie nun, nach Text zu suchen.

❻ Klicken Sie im Menü *Bearbeiten* auf den Befehl *Suchen*.

❼ Geben in das Eingabefeld die Abkürzung **RTF** ein, und klicken Sie auf *OK*.

Der RTF-Editor markiert das erste Vorkommen der Abkürzung im Textfeld.

Falls Sie Text im Textfeld ausgewählt hatten, bevor Sie den Befehl *Suchen* angeklickt haben, sucht der RTF-Editor im ausgewählten Text nach dem ersten Vorkommen des Suchbegriffs.

Die Befehle des Menüs Datei verwenden

Sehen wir uns nun die dateibezogenen Befehle des RTF-Editors an.

❶ Klicken Sie im Menü *Datei* auf den Befehl *Speichern unter*.

Der RTF-Editor zeigt das Dialogfeld *Speichern unter* an, in dem Sie einen Namen für die Datei angeben müssen.

❷ Geben Sie den Dateinamen **Beispiel.rtf** ein, und klicken Sie auf *Speichern*. (Wenn Sie möchten, können Sie auch einen anderen Ordner auswählen.)

Das Programm speichert die Datei im RTF-Format unter dem angegebenen Namen.

Vergewissern Sie sich, dass Sie die Dateierweiterung *.rtf* eingegeben haben, oder wählen Sie unter *Dateityp* den Eintrag *Rich Text Format*, damit die Datei im Windows-Explorer als RTF-Datei registriert wird. Andernfalls wird die Datei nicht als RTF-Datei im Dialogfeld *Öffnen* angezeigt.

❸ Klicken Sie im Menü *Datei* auf den Befehl *Schließen*.

Lektion 15 | **Textverarbeitung mit dem RTF-Steuerelement (RichTextBox)**

Der Inhalt des Textfelds wird gelöscht. (Falls Sie Änderungen vorgenommen haben, die noch nicht gespeichert wurden, wird eine entsprechende Meldung angezeigt.)

❹ Klicken Sie im Menü *Datei* auf den Befehl *Öffnen*.

Der RTF-Editor zeigt das Dialogfeld *Öffnen* an und führt die im aktuellen Ordner enthaltenen RTF-Dateien auf.

❺ Doppelklicken Sie auf die RTF-Datei *Beispiel.rtf*, um sie erneut anzuzeigen.

❻ Falls ein Drucker an Ihr System angeschlossen ist, klicken Sie im Menü *Datei* auf den Befehl *Drucken*.

Der RTF-Editor druckt dann das Dokument auf dem Drucker aus.

❼ Klicken Sie im Menü *Datei* auf den Befehl *Beenden*.

Das Programm wird geschlossen. Falls Änderungen vorgenommen wurden, die noch nicht gespeichert wurden, zeigt der RTF-Editor eine entsprechende Meldung an.

Die Ereignisprozeduren zur Verarbeitung der Menübefehle des RTF-Editors

Das Programm *RTFEdit* ist ein funktionelles Textverarbeitungsprogramm. Falls Sie in Ihren Visual Basic-Programmen solche Funktionen benötigen, können Sie diese mit Hilfe des RTF-Steuerelements und des Standarddialog-Steuerelements (*CommonDialog*) rasch hinzufügen. In den folgenden Abschnitten wollen wir uns den Quellcode ansehen, aus dem das Programm besteht. Wir beginnen dazu mit den Befehlen des Menüs *Format*. (Öffnen Sie die entsprechende Ereignisprozedur jeweils im Codefenster.)

Der Befehl Großbuchstaben

Im RTF-Steuerelement (*RichTextBox*) repräsentiert die Eigenschaft *SelText* den Text, der im Augenblick im Textfeld ausgewählt ist. Eine der einfachsten Formatierungsoperationen besteht im Einsatz einer der in Visual Basic integrierten Textverarbeitungsfunktion, z.B. *UCase*. Die Funktion *UCase* wandelt Kleinbuchstaben in Großbuchstaben um. (Falls der Text bereits aus Großbuchstaben besteht, wird er nicht verändert.) Wenn der Anwender im Menü *Format* auf den Befehl *Großbuchstaben klickt*, führt Visual Basic folgende Ereignisprozedur aus, um den Text zu konvertieren:

Lektion 15 | **Textverarbeitung mit dem RTF-Steuerelement (RichTextBox)**

```
Private Sub mnuAllcapsItem_Click()
    RichTextBox1.SelText = UCase(RichTextBox1.SelText)
End Sub
```

Um den Text in Kleinbuchstaben zu konvertieren, ersetzen Sie *UCase* einfach durch *LCase*.

Der Befehl Schriftart

Der Befehl *Schriftart* verwendet die Methode *ShowFont* des Standarddialog-Steuerelements (*CommonDialog*), um das Standarddialogfeld *Schriftart* aufzurufen und die darin eingegebenen bzw. ausgewählten Informationen an das Programm *RTFEdit zurückzugeben*. Im Verlauf dieses Buches konnten Sie bereits Erfahrungen mit der Verwendung der Standarddialogfelder *Öffnen*, *Speichern unter* und *Farbe* sammeln, die mit dem Standarddialog-Steuerelement (*CommonDialog*) erstellt wurden. Das Dialogfeld *Schriftart* wird auf ähnliche Weise geöffnet. Beachten Sie, dass im Quellcode die Eigenschaftenwerte, die vom Objekt *CommonDialog1* zurückgeliefert werden, sofort entsprechenden Eigenschaften des *RichTextBox1*-Objekts (dem RTF-Textfeld des Programms) zugewiesen werden. Das RTF-Steuerelement (*RichTextBox*) kann alle Formate erzeugen, die im Dialogfeld *Schriftart* angeboten werden. Nachfolgend ist der betreffende Quellcode abgedruckt.

```
Private Sub mnuFontItem_Click()
    'Fehlerbedingung erzwingen, falls der Anwender auf Abbrechen klickt
    CommonDialog1.CancelError = True
    On Error GoTo Errhandler:
    'Flags für Spezialeffekte und alle verfügbaren Schriften setzen
    CommonDialog1.Flags = cdlCFEffects Or cdlCFBoth
    'Dialogfeld Schriftart anzeigen
    CommonDialog1.ShowFont
    'Benutzereingaben in Formateigenschaften übernehmen:
    RichTextBox1.SelFontName = CommonDialog1.FontName
    RichTextBox1.SelFontSize = CommonDialog1.FontSize
    RichTextBox1.SelColor = CommonDialog1.Color
    RichTextBox1.SelBold = CommonDialog1.FontBold
    RichTextBox1.SelItalic = CommonDialog1.FontItalic
    RichTextBox1.SelUnderline = CommonDialog1.FontUnderline
    RichTextBox1.SelStrikeThru = CommonDialog1.FontStrikethru
Errhandler:
    'Prozedur verlassen, wenn der Anwender auf Abbrechen klickt
End Sub
```

Die Befehle Fett, Kursiv und Unterstrichen

Die Befehle *Fett*, *Kursiv* und *Unterstrichen* aus dem Menü *Format* können im RTF-Steuerelement (*RichTextBox*) relativ einfach verwaltet werden. Hier muss lediglich sichergestellt werden, dass jeder Befehl als Schalter funktioniert, also dass die aktuelle Formatzuweisung durch den Befehl negiert wird. Beispielsweise soll mit dem Befehl *Fett* fetter Text in normalen Text und normaler Text in fetten Text geändert werden. Dieses Verhalten lässt sich mühelos durch den Einsatz des logischen Operators *Not* in den Programmanweisungen erzielen, der die in den Eigenschaften *SelBold*, *SelItalic* und *SelUnderline* gespeicherten Booleschen Werte umkehrt. Verwenden Sie hierzu folgenden Code:

```
Private Sub mnuBoldItem_Click()
    RichTextBox1.SelBold = Not RichTextBox1.SelBold
End Sub

Private Sub mnuItalicItem_Click()
    RichTextBox1.SelItalic = Not RichTextBox1.SelItalic
End Sub

Private Sub mnuUnderlineItem_Click()
    RichTextBox1.SelUnderline = Not RichTextBox1.SelUnderline
End Sub
```

Text über die Windows-Zwischenablage bearbeiten

Wenn Sie eine voll funktionsfähige Textverarbeitungsanwendung entwickeln möchten, sollten Sie dem Anwender über das Menü *Bearbeiten* Zugriff auf gebräuchliche Textverarbeitungsbefehle wie *Ausschneiden*, *Kopieren* und *Einfügen* geben. Sie realisieren dies am einfachsten mit den Methoden *SetText* und *GetText* des *Clipboard*-Objekts, das eine Verbindung zwischen Ihrem Programm und den Daten der Windows-Zwischenablage herstellt. Im folgenden Abschnitt werden wir uns den Quellcode ansehen, der zum Ausschneiden, Kopieren und Einfügen von Text mit Hilfe des *Clipboard*-Objekts verwendet wird. Außerdem wird beschrieben, wie Text mit Hilfe der *Find*-Methode gesucht werden kann. (Sie sollten beim Durcharbeiten des Textes jeweils die entsprechende Ereignisprozedur im Codefenster anzeigen.)

Die Befehle Ausschneiden, Kopieren und Einfügen

Das Menü *Bearbeiten* des Programms *RTFEdit* enthält vier Befehle: *Ausschneiden*, *Kopieren*, *Einfügen* und *Suchen*. Die Umsetzung der ersten drei Operationen wird durch die Methoden *SetText* und *GetText* des *Clip-*

board-Objekts und die Eigenschaft *SelRTF* des RTF-Textfelds erleichtert. Während der Programmausführung enthält die Eigenschaft *SelRTF* des RTF-Textfeldobjekts alle Text- und Formatierungsinformationen, die im Textfeld vorhanden sind. Beim Einsatz der Windows-Zwischenablage ist dies die Eigenschaft, in der die Daten während der Ausschneiden-, Kopieren- und Einfügen-Operationen gespeichert werden. Außerdem werden die Methoden *SetText* und *GetText* des *Clipboard*-Objekts verwendet, um Text in die bzw. aus der Zwischenablage zu kopieren. Die Befehle *Kopieren* und *Ausschneiden* unterscheiden sich einzig dadurch, dass der Befehl *Ausschneiden* den ausgewählten Text aus dem Textfeld löscht, nachdem der Text in die Zwischenablage kopiert worden ist. Der Befehl *Kopieren* löscht den Text nicht. Für diese Befehle wird folgender Code verwendet:

```
Private Sub mnuCopyItem_Click()
    Clipboard.SetText RichTextBox1.SelRTF
End Sub

Private Sub mnuCutItem_Click()
    Clipboard.SetText RichTextBox1.SelRTF
    RichTextBox1.SelRTF = ""
End Sub

Private Sub mnuPasteItem_Click()
    RichTextBox1.SelRTF = Clipboard.GetText
End Sub
```

Der Befehl Suchen

Die meisten Textverarbeitungsprogramme verfügen über einfache Textsuchfunktionen, und das Programm *RTFEdit* bildet hier keine Ausnahme. Die Umsetzung des Befehls *Suchen* wird durch die *Find*-Methode des RTF-Textfeldobjekts erleichtert. Damit wird im Textfeld nach bestimmten Textzeichenfolgen gesucht. Die genauen Suchparameter werden über folgende Optionen festgelegt:

```
RichTextBox1.Find(String, Start, Ende, Optionen)
```

Das Argument *String* gibt den Text an, nach dem im Textfeld gesucht werden soll. Das Argument *Start* gibt die Startposition der Suche an (eine Ganzzahl von 1 bis zur Zeichenzahl des Dokuments). Das Argument *Ende* gibt die Endposition der Suche an. Für das Argument *Optionen* wird eine der folgenden Konstanten verwendet: *rtfWholeWord* (Suche nach ganzen Wörtern), *rtfMatchCase* (Unterscheidung zwischen Groß- und Kleinschreibung bei der Suche), *rtfNoHighlight* (Markieren der gefundenen Zeichenfolge im Dokument).

Lektion 15 | Textverarbeitung mit dem RTF-Steuerelement (RichTextBox)

Die folgende Ereignisprozedur zeigt, wie Sie in einem Textfeld nach dem ersten Vorkommen des Suchbegriffs suchen, den der Anwender angegeben hat. Zur Eingabe des Suchbegriffs wird die Funktion *InputBox* verwendet. Die Methode *Span* markiert das gefundene Wort.

```
Private Sub mnuFindItem_Click()
    Dim SearchStr As String  'Gesuchter Text
    Dim FoundPos As Integer  'Fundstelle
    SearchStr = InputBox("Geben Sie einen Suchbegriff ein", "Suchen")
    If SearchStr <> "" Then  'Falls SearchStr nicht leer ist,
        'erstes Vorkommen des ganzen Wortes suchen
        FoundPos = RichTextBox1.Find(SearchStr, , , _
            rtfWholeWord)
        'Falls Wort gefunden wird (falls nicht -1)
        If FoundPos <> -1 Then
        'über Span-Methode Wort auswählen (Vorwärtssuche)
            RichTextBox1.Span " ", True, True
        Else
            MsgBox "Gesuchte Zeichenfolge wurde nicht gefunden", , "Suchen"
        End If
    End If
End Sub
```

Dateioperationen mit dem RTF-Steuerelement verwalten

Nun wollen wir uns die Funktionen zur Dateiverwaltung ansehen, die im Programm *RTFEdit* verwendet werden. Hier wurde das Menü *Datei* mit den Befehlen *Öffnen*, *Schließen*, *Speichern unter*, *Drucken* und *Beenden* erstellt. Zeigen Sie jeweils den Quellcode für die jeweiligen Befehle im Codefenster an, während Sie die folgenden Abschnitte lesen, und beachten Sie, wie die grundlegenden Dateiverwaltungsaufgaben mit dem RTF-Steuerelement gehandhabt werden. Wie Sie sehen werden, unterscheidet sich die hier beschriebene Methode etwas von der in Lektion 12 beschriebenen Methode zur Verwaltung von Textdateien mit dem Textfeld-Steuerelement (*TextBox*).

Der Befehl Öffnen

Das Öffnen von Dateien in einem RTF-Textfeld wird durch die Methode *LoadFile* erleichtert, die die angegebene Datei im RTF-Textfeld öffnet. Sollen im RTF-Textfeld auch Dokumente angezeigt werden, die länger als eine Seite sind, muss im Eigenschaftenfenster die Eigenschaft *ScrollBars* auf *rtfVertical* eingestellt werden.

Lektion 15 Textverarbeitung mit dem RTF-Steuerelement (RichTextBox)

Wenn Sie eine Datei in ein Textfeld laden, müssen Sie angeben, ob die Datei im RTF- oder im Textformat vorliegt. Diese Unterscheidung wird durch die Optionen *rtfRTF* und *rtfText* der Methode *LoadFile* getroffen. Ein im RTF-Format gespeichertes Dokument enthält verschiedene Formatcodes, die die Anwendung, die das Dokument lädt, darüber informieren, wie die in der Datei enthaltenen Daten angezeigt werden sollen. Wird eine RTF-Datei als „einfacher Text" geladen, werden die RTF-Formatcodes im Textfeld angezeigt. (Ein Beispiel hierfür finden Sie im Abschnitt *Einen Schritt weiter* am Ende dieser Lektion.)

Mit dem Befehl *Öffnen* wird die Eigenschaft *CancelError* des Standarddialogobjekts *CommonDialog1* auf *True eingestellt*. Wenn der Anwender im Dialogfeld *Öffnen* auf die Schaltfläche *Abbrechen* klickt, übergeht die Ereignisprozedur die Ladeoperation. Die Methode *ShowOpen* ruft das Dialogfeld *Öffnen* auf, in dem der Anwender angeben kann, welche Datei geladen werden soll. Die Methode *LoadFile* öffnet dann die Datei, die vom Objekt *CommonDialog1* zurückgeliefert wird. Außerdem wird das Argument *rtfRTF angegeben,* damit das RTF-Textfeldobjekt alle RTF-Codes in die korrekte Formatierung umwandelt.

```
Private Sub mnuOpenItem_Click()
    CommonDialog1.CancelError = True
    On Error GoTo Errhandler:
    CommonDialog1.Flags = cdlOFNFileMustExist
    CommonDialog1.ShowOpen
    RichTextBox1.LoadFile CommonDialog1.Dateiname, rtfRTF
Errhandler:
    'Falls Abbrechen angeklickt wird, Prozedur verlassen.
End Sub
```

Der Befehl Schließen

Der Befehl *Schließen* aus dem Menü *Datei* schließt einfach die geöffnete RTF-Datei und löscht den Inhalt des Textfelds über einen Aufruf der Methode *Text* mit einem leeren Zeichenfolgenargument (""). Die zugehörige Ereignisprozedur enthält jedoch einige zusätzliche Zeilen Code, die eine wichtige Bedingung abdecken: Es wird ermittelt, ob das Dokument gegenwärtig Änderungen aufweist, die noch nicht gespeichert worden sind, und der Anwender wird gefragt, ob die Änderungen gespeichert werden sollen. Zu diesem Zweck wurde eine öffentliche Variable namens *Unsaved-Changes* (Typ Boolean) deklariert:

```
Dim UnsavedChanges As Boolean
```

Die Variable hat den Typ *Boolean,* damit der aktuelle Dokumentenstatus durch die Werte *True* oder *False* (für gespeichert und ungespeichert) angezeigt werden kann. *UnsavedChanges* wird auf *True* gesetzt, wenn

Lektion 15 **Textverarbeitung mit dem RTF-Steuerelement (RichTextBox)**

Änderungen im Dokument noch nicht gespeichert wurden. Die Variable wird auf *False* gesetzt, wenn alle Änderungen gespeichert worden sind. Das Programm verwaltet diesen Status mit Hilfe eines nützlichen RTF-Ereignisses namens *Change*. Sobald Text oder eine Formatierung im Textfeld geändert wird, löst das RTF-Textfeldobjekt das *Change*-Ereignis aus und führt den Code der Ereignisprozedur *RichTextBox1_Change* aus. Da diese Prozedur eine Anweisung enthält, die der Variablen *Unsaved-Changes* den Wert *True* zuweist, lässt sich feststellen, ob ungespeicherte Änderungen vorliegen, wenn der Anwender auf die Befehle *Schließen* und *Beenden* klickt. (Man könnte diese Variable auch in der Prozedur *Form_Unload* überprüfen, damit der Anwender das Formular nicht schließen kann, ohne zuvor seinen Inhalt gespeichert zu haben.) Der Code der Ereignisprozedur *RichTextBox1_Change* lautet wie folgt:

```
Private Sub RichTextBox1_Change()
    'Öffentliche Variable UnsavedChanges auf True setzen,
    'sobald der im Objekt RichTextbox1 enthaltene Text geändert wurde.
    UnsavedChanges = True
End Sub
```

In der Ereignisprozedur für den Menübefehl *Schließen* wird der Wert der Variablen *UnsavedChanges* überprüft. Hat diese den Wert *True* (es liegen ungespeicherte Änderungen vor), wird der Anwender über ein Meldungsfeld aufgefordert, die Änderungen zu speichern. Falls der Anwender die Änderungen speichern möchte, wird das Dialogfeld *Speichern unter* angezeigt, in dem er einen Dateinamen angeben muss. Die Datei wird dann mit der Methode *SaveFile* gespeichert:

```
Private Sub mnuCloseItem_Click()
    Dim Prompt As String
    Dim Reply As Integer
    'Fehlerbehandlungsroutine aufrufen, falls der Anwender
    'auf die Schaltfläche Abbrechen klickt
    CommonDialog1.CancelError = True
    On Error GoTo Errhandler:
    If UnsavedChanges = True Then
        Prompt = "Möchten Sie Ihre Änderungen speichern?"
        Reply = MsgBox(Prompt, vbYesNo)
        If Reply = vbYes Then
            CommonDialog1.ShowSave
            RichTextBox1.SaveFile CommonDialog1.FileName, _
                rtfRTF
        End If
    End If
    RichTextBox1.Text = ""  'Inhalt des Textfelds löschen
    UnsavedChanges = False
```

```
Errhandler:
    'Anwender hat auf die Schaltfläche Abbrechen geklickt.
    Exit Sub
End Sub
```

Der Befehl Speichern unter

Zum Speichern der RTF-Datei, die gerade im RTF-Textfeldobjekt geladen ist, wird die Methode *SaveFile* mit dem Namen der Datei und dem Argument *rtfRTF* aufgerufen. (Man könnte die Datei auch mit dem Argument *rtfText* als reinen Text speichern.) Der Pfadname der gespeicherten Datei wird normalerweise über die Eigenschaft *FileName* des Standarddialogobjekts (*CommonDialog*) angegeben. In diesem Beispielprogramm kann die Speicheroperation abgebrochen werden, indem im Dialogfeld *Speichern unter* auf die Schaltfläche *Abbrechen* geklickt wird.

```
Private Sub mnuSaveAsItem_Click()
    CommonDialog1.CancelError = True
    On Error GoTo Errhandler:
    CommonDialog1.ShowSave
    'Angegebene Datei im RTF-Format speichern
    RichTextBox1.SaveFile CommonDialog1.FileName, rtfRTF
    UnsavedChanges = False
Errhandler:
    'Falls Abbrechen angeklickt wird, Prozedur verlassen
End Sub
```

Der Befehl Drucken

Den Inhalt von RFT-Textfeldern auszudrucken, ist relativ einfach. Sie verwenden einfach die Methode *SelPrint* und geben die interne Adresse bzw. Gerätezugriffsnummer (Device Handle) des Druckers an, der verwendet werden soll. In diesem Beispielprogramm wird das *Printer*-Objekt und die Eigenschaft *hDC*, der die aktuelle Gerätezugriffsnummer des Systemdruckers zugewiesen wird, zum Drucken verwendet:

```
Private Sub mnuPrintItem_Click()
    'Druckt aktuelles Dokument unter Verwendung
    'der Gerätezugriffsnummer des aktuellen Druckers
    RichTextBox1.SelPrint (Printer.hDC)
End Sub
```

Der Befehl Beenden

Die Funktion des Befehls *Beenden* besteht im Beenden des Programms über die Anweisung *End*. Wie im oben beschriebenen Code für den Befehl *Schließen* wurde auch hier zusätzlicher Programmcode verwendet, der feststellt, ob im Dokument ungespeicherte Änderungen vorliegen, und

Lektion 15   **Textverarbeitung mit dem RTF-Steuerelement (RichTextBox)**

den Anwender dazu auffordert, die Änderungen zu speichern. Dabei wird wiederum mit der öffentlichen Variablen *UnsavedChanges* der aktuelle Dokumentenstatus überprüft, und dem Anwender Gelegenheit gegeben, ungespeicherte Änderungen zu speichern. Beachten Sie, dass der Befehl *Beenden* wie der Befehl *Schließen* den Wert von *UnsavedChanges* auf *False* setzt, nachdem die Datei gespeichert worden ist.

```
Private Sub mnuExitItem_Click ()
Dim Prompt As String
    Dim Reply As Integer
    CommonDialog1.CancelError = True
    On Error GoTo Errhandler:
    If UnsavedChanges = True Then
        Prompt = "Möchten Sie Ihre Änderungen speichern?"
        Reply = MsgBox(Prompt, vbYesNo)
        If Reply = vbYes Then
            CommonDialog1.ShowSave
            RichTextBox1.SaveFile CommonDialog1.Dateiname, _
                rtfRTF
            UnsavedChanges = False
        End If
    End If
    End 'Nachdem die Datei gespeichert wurde, Programm beenden
Errhandler:
    'Anwender hat auf Abbrechen geklickt (zurück zum Programm)
End Sub
```

Einen Schritt weiter: Den RTF-Code anzeigen

Wie weiter vorn in diesem Kapitel erwähnt wurde, können mit dem RTF-Steuerelement (*RichTextBox*) spezielle RTF-Formatcodes in eine Datei eingefügt werden. Da das RTF-Steuerelement zudem aber auch einfache Textdateien anzeigen kann, können Sie sich die Formatcodes des Dokuments ansehen, falls Sie sich näher für das RTF-Format interessieren. In der folgenden Übung werden wir das Programm *RTFEdit* so verändern, dass es Dateien im *Textmodus* öffnet und die RTF-Formatcodes anzeigt.

Den RTF-Code betrachten

❶ Öffnen Sie das Codefenster, und wählen Sie die Ereignisprozedur *mnuOpenItem* im Dropdown-Listenfeld *Objekt*.

❷ Ändern Sie die Anweisung, mit der die RTF-Datei in die Ereignisprozedur geladen wird, wie folgt:

```
RichTextBox1.LoadFile CommonDialog1.FileName, rtfText
```

Lektion 15   Textverarbeitung mit dem RTF-Steuerelement (RichTextBox)

Beachten Sie, dass das letzte Argument der Anweisung von *rtfRTF* zu *rtfText* geändert wurde.

 ❸ Klicken Sie in der Symbolleiste auf die Schaltfläche *Starten* und anschließend im Menü *Datei* auf den Befehl *Öffnen*.

❹ Öffnen Sie die RTF-Datei *beispiel.rtf,* die Sie am Anfang dieser Lektion erstellt haben.

(Sie können auch eine andere RTF-Datei öffnen, wenn Sie möchten.) Das Formular sieht nun etwa wie in Abbildung 15.5 aus.

Abbildung 15.5
Die RTF-Datei wurde als reine Textdatei geladen.

❺ Sehen Sie sich den RTF-Code im Dokument an.

Sie sehen Angaben zu Schriftart, Farbe, Textart, Ausrichtung usw. Etwa in der Mitte der Datei beginnt der eigentliche Text. (Das erklärt unter anderem, warum Textverarbeitungsdateien so umfangreich sind!)

❻ Klicken Sie im Menü *Datei* auf den Befehl *Beenden,* um das Programm zu schließen. Klicken Sie auf *Nein, wenn Sie gefragt werden, ob die Änderungen gespeichert werden sollen.*

❼ Ändern Sie in der Ereignisprozedur *mnuOpenItem_Click* das Argument *rtfText* zurück zu *rtfRTF*.

Gratulation! Sie können nun eigene RTF-Dokumente und sogar ein voll funktionsfähiges Textverarbeitungsprogramm schreiben.

Wenn Sie mit der nächsten Lektion fortfahren möchten

● Lassen Sie Visual Basic geladen, und schlagen Sie Lektion 16 auf.

Wenn Sie Visual Basic jetzt beenden möchten

● Klicken Sie im Menü *Datei* auf den Befehl *Beenden*.

Lektion 15 Textverarbeitung mit dem RTF-Steuerelement (RichTextBox)

Wenn daraufhin das Dialogfenster *Speichern* angezeigt wird, klicken Sie auf *Ja*. Speichern Sie Änderungen am Projekt *RTFEdit* unter dem Namen *NeuRTFEdit*.

Zusammenfassung der Lektion

Möchten Sie	dann
die ActiveX-Steuerelemente der Professional Edition installieren,	klicken Sie im Menü *Projekt* auf den Befehl *Komponenten* und dann auf die Registerkarte *Steuerelemente*. Klicken Sie dann auf das Kontrollkästchen für das ActiveX-Steuerelement, das installiert werden soll.

den ausgewählten Text in einem RTF-Textfeldobjekt in Großbuchstaben ändern,	verwenden Sie die Funktion *UCase*. Zum Beispiel:
	`RichTextBox1.SelText = _`
	`    Ucase(RichTextBox1.SelText)`

das Dialogfeld *Schriftart* anzeigen,	verwenden Sie die Methode *ShowFont* des Standarddialogobjekts (*CommonDialog*). Zum Beispiel: `CommonDialog1.ShowFont`

das Schriftformat des ausgewählten Texts zu fett ändern,	verwenden Sie die Eigenschaft *SelBold*. Zum Beispiel:
	`RichTextBox1.SelBold = Not`
	`RichTextBox1.SelBold`

das Schriftformat des ausgewählten Texts zu kursiv ändern,	verwenden Sie die Eigenschaft *SelItalic*. Zum Beispiel:
	`RichTextBox1.SelItalic = _`
	`    Not RichTextBox1.SelItalic`

das Schriftformat des ausgewählten Texts zu unterstrichen ändern,	verwenden Sie die Eigenschaft *SelUnderline*. Zum Beispiel:
	`RichTcxtBox1.SclUnderline - _`
	`    Not RichTextBox1.SelUnderline`

den ausgewählten Text in die Windows-Zwischenablage kopieren,	verwenden Sie das *Clipboard*-Objekt und die Methode *SetText*. Zum Beispiel: `Clipboard.SetText RichTextBox1.SelRTF`
den ausgewählten Text ausschneiden,	verwenden Sie das *Clipboard*-Objekt und die Methode *SetText* und löschen dann den Text. Zum Beispiel: `Clipboard.SetText RichTextBox1.SelRTF` `RichTextBox1.SelRTF = ""` ▶

Lektion 15   **Textverarbeitung mit dem RTF-Steuerelement (RichTextBox)**

Möchten Sie	dann
Text an der Einfügemarke einfügen,	verwenden Sie das *Clipboard*-Objekt und die Methode *GetText*. Zum Beispiel: `RichTextBox1.SelRTF = Clipboard.GetText`
Text in einem RTF-Textfeldobjekt suchen,	verwenden Sie die Methode *Find*. Mit dieser Anweisung wird beispielsweise das erste Vorkommen des Wortes *Montag* in einem Textfeld gesucht: `RichTextBox1.Find("Montag", , , rtfWholeWord)`

eine RTF-Datei laden,	verwenden Sie die Methode *LoadFile*. Zum Beispiel:
	`CommonDialog1.ShowOpen`
	`RichTextBox1.LoadFile`
	`CommonDialog1.Dateiname, rtfRTF`

eine RTF-Datei schließen,	löschen Sie den Inhalt des Textfelds mit der Eigenschaft *Text*. Zum Beispiel: `RichTextBox1.Text = ""`

eine RTF-Datei speichern,	verwenden Sie die Methode *SaveFile*. Zum Beispiel:
	`CommonDialog1.ShowSave`
	`RichTextBox1.SaveFile`
	`CommonDialog1.Dateiname, rtfRTF`

eine RTF-Datei drucken,	verwenden Sie die Methode *SelPrint*. Zum Beispiel: `RichTextBox1.SelPrint (Printer.hDC)`
das Programm beenden,	verwenden Sie die Anweisung *End*.

16 Statusinformationen anzeigen

Geschätzte Dauer:
40 Minuten

In dieser Lektion lernen Sie

- wie Sie mit dem Steuerelement *Fortschrittsleiste (ProgressBar)* den Fortschritt einer Operation grafisch darstellen.
- wie Sie mit dem Steuerelement *Schieberegler (Slider)* dem Anwender ein grafisches Eingabemittel zur Verfügung stellen.
- wie Sie mit dem Steuerelement *Statusleiste (StatusBar)* am unteren Fensterrand Ihrer Anwendung eine Statusleiste anzeigen.

In Lektion 15 haben Sie erfahren, wie Sie Ihre Anwendungen mit Hilfe des RTF-Steuerelements mit Textverarbeitungsfunktionen ausstatten können. Sie werden auch in dieser Lektion mit den ActiveX-Steuerelementen von Microsoft Visual Basic Professional Edition arbeiten und lernen, wie Sie die Steuerelemente Fortschrittsleiste, Schieberegler und Statusleiste in Ihren Anwendungen verwenden. Das Fortschrittsleiste-Steuerelement wurde konzipiert, damit dem Anwender während der Ausführung von Operationen, wie beispielsweise komplexen Sortierungen oder dem Speichern von Dateien, eine visuelle Rückmeldung zum Status der Operation gegeben werden kann. Das Schieberegler-Steuerelement stellt sowohl einen Mechanismus zum Empfang von Eingaben als auch einen zur Anzeige von Ausgaben bereit: Sie können den Schieberegler auf einer horizontalen Leiste, die eine Werteskala aufweist, ziehen oder den Regler vom Programm verschieben lassen, um den Status einer Operation anzuzeigen. Das Statusleiste-Steuerelement zeigt in bis zu 16 Fensterausschnitten am unteren Rand des Anwendungsfensters nützliche Informationen zum Programm- oder Tastaturstatus an. In der Regel werden in Statusleisten Uhrzeit und Datum, Informationen zur Schriftart, Tabellendaten, Angaben zum Betriebssystem oder zum Status bestimmter Tasten angezeigt. Diese drei ActiveX-Steuerelemente ermöglichen Ihnen, ansprechende und effiziente grafische Benutzeroberflächen zu erstellen.

Lektion 16   Statusinformationen anzeigen

Mit dem Fortschrittsleiste-Steuerelement den Status von Operationen anzeigen

Im Zeitalter des World Wide Web verbringen die meisten Software-Entwickler täglich einige Zeit damit, Dateien oder andere Informationen vom Internet zu laden. Infolgedessen ist die *Fortschrittsleiste* eine Programmkomponente, der man im Arbeitsalltag regelmäßig begegnet. Eine Fortschrittsleiste ist eine horizontale Statusanzeige, die in grafischer Form darstellt, wie lange eine bestimmte Operation dauert. Abbildung 16.1 zeigt eine Fortschrittsleiste aus dem Microsoft Internet Explorer.

Abbildung 16.1
Eine Fortschrittsleiste, die vom Internet Explorer beim Download von Dateien angezeigt wird.

Fortschrittsleisten zeigen nicht immer an, wie viele Sekunden oder Minuten der Rechner zur Ausführung einer bestimmten Aufgabe noch benötigt, sie geben dem Anwender jedoch stets eine visuelle Rückmeldung, die anzeigt, dass die Operation nicht zu einem Stillstand gekommen ist oder zu einem Anwendungsfehler geführt hat. Man kann Fortschrittsleisten als ein psychologisches Mittel betrachten, das die Spannung mildert, die mit dem Warten auf die Ergebnisse komplexer Berechnungen verbunden ist, und den Fortschritt einer bestimmten Operation in verständlicher Weise darstellt.

In diesem Abschnitt lernen Sie, wie Sie die Benutzeroberfläche einer Anwendung mit einer Fortschrittsleiste ausstatten. Ich verwende immer dann eine Fortschrittsleiste, wenn die von der Anwendung auszuführende Aufgabe auf einem durchschnittlichen Rechner eine Verzögerung von fünf oder mehr Sekunden bewirkt. Nachfolgend sind einige Aktivitäten aufgeführt, die eine solche Verzögerung verursachen können:

- Download von Dateien vom Internet
- Öffnen und Speichern von Dateien
- Sortieren langer Listen
- Wiedergabe von Liedern oder anderen Multimedia-Daten über ein Multimedia-Gerät

474

Lektion 16 — Statusinformationen anzeigen

- Ausführung langwieriger Berechnungen, wie beispielsweise komplexer finanzmathematischer Berechnungen
- Kopieren von Disketten oder Installation von Software

Das Fortschrittsleiste-Steuerelement installieren

Bevor Sie das Steuerelement *Fortschrittsleiste (ProgressBar)* einsetzen können, müssen Sie es in der Werkzeugsammlung installieren. Das ActiveX-Steuerelement *Fortschrittsleiste (ProgressBar)* und alle anderen ActiveX-Steuerelemente, die Sie in dieser Lektion verwenden werden, sind in einer einzigen Datei namens Microsoft Windows Common Controls 6.0 (mscomctl.ocx) enthalten. Wenn Sie die Komponente Microsoft Windows Common Controls 6.0 in die Werkzeugsammlung aufnehmen, erhalten Sie neun ActiveX-Steuerelemente, die Sie zur Gestaltung von Benutzeroberflächen verwenden können.

Weitere Informationen zu den ActiveX-Steuerelementen, die zum Lieferumfang von Visual Basic Professional Edition gehören, finden Sie im Abschnitt *Die ActiveX-Steuerelemente der Professional Edition installieren* in Lektion 15 *Textverarbeitung mit dem RTF-Steuerelement (RichTextBox)*.

Die Komponente Microsoft Windows Common Controls 6.0 in die Werkzeugsammlung einfügen

Bei dem Beispielprojekt, mit dem Sie in dieser Lektion arbeiten werden, wurde die Komponente Microsoft Windows Common Controls 6.0 bereits in die Werkzeugsammlung eingefügt. Wenn Sie eigene Projekte erstellen, müssen Sie dies allerdings selbst erledigen und dazu die folgenden Schritte ausführen. (Sie können diese Arbeitsschritte jetzt üben oder sie sich für später merken.)

❶ Klicken Sie im Menü *Projekt* auf den Befehl *Komponenten* und dann auf die Registerkarte *Steuerelemente*.

Visual Basic zeigt die ActiveX-Steuerelemente an, die auf Ihrem System installiert sind.

❷ Blättern Sie durch die Liste, bis Sie den Eintrag *Microsoft Windows Common Controls 6.0* sehen.

❸ Klicken Sie auf das Kontrollkästchen neben diesem Eintrag und dann auf *OK*.

Wählen Sie nicht Microsoft Windows Common Controls-2 6.0 oder Microsoft Windows Common Controls-3 6.0 aus. Diese Dateien enthalten andere nützliche ActiveX-Steuerelemente, unter anderem die Steuerelemente Monatsansicht, DateTimePicker und FlatScrollBar. (Nähere Informationen hierzu finden Sie in Lektion 15.)

475

Lektion 16 Statusinformationen anzeigen

Abbildung 16.2
Die Werkzeugsammlung mit den neun Steuerelementen aus *Microsoft Windows Common Controls 6.0*.

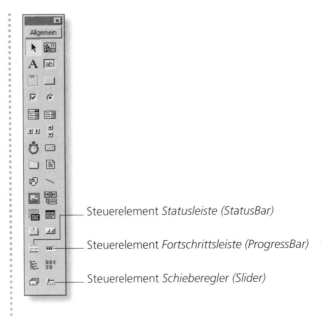

Steuerelement *Statusleiste (StatusBar)*

Steuerelement *Fortschrittsleiste (ProgressBar)*

Steuerelement *Schieberegler (Slider)*

Nachdem Sie auf *OK* geklickt haben, fügt Visual Basic neun Steuerelemente für Windows-Benutzeroberflächen in die Werkzeugsammlung ein. Die Werkzeugsammlung sollte dann etwa wie Abbildung 16.2 aussehen.

Das Programm Progress

Das Beispielprogramm *Progress* aus dem Ordner *\Vb6SfS\Lekt16* soll zeigen, wie eine Fortschrittsleiste eingesetzt werden kann, um dem Anwender während langwieriger Operationen eine geeignete Rückmeldung zu geben. Das Programm *Progress* ist eine überarbeitete Version des Programms *SortDemo* aus Lektion 12, das unter Verwendung des Shell-Sortieralgorithmus den Inhalt eines Textfelds sortiert. Da die Sortierung längerer Listen mehrere Sekunden dauert, wollte ich dem Anwender etwas geben, was er während des Sortiervorgangs betrachten kann. Sie werden das Programm *Progress* nun ausführen, um zu sehen, wie es funktioniert.

Das Programm Progress ausführen

❶ Öffnen Sie das Projekt *Progress.vbp* aus dem Ordner *\Vb6SfS\Lekt16*.

Wenn Sie aufgefordert werden, Ihre Änderungen (die zuvor installierte Komponente Microsoft Windows Common Controls 6.0) zu speichern, klicken Sie auf *Nein*.

❷ Klicken Sie in der Symbolleiste auf die Schaltfläche *Starten*, um das Programm auszuführen.

Visual Basic zeigt die Benutzeroberfläche des Programms *Progress* an.

476

Lektion 16 Statusinformationen anzeigen

❸ Klicken Sie im Menü *Datei* des Programms *Progress* auf den Befehl *Öffnen*, und öffnen Sie die Datei *Sorttest.txt* aus dem Ordner *\Vb6SfS\Lekt16*.

Visual Basic zeigt den Inhalt dieser Textdatei im RTF-Textfeld an. (Die Datei enthält fünf Kopien der Datei *abc.txt*, d.h. insgesamt 180 Zeilen.)

❹ Klicken Sie im Menü *Datei* auf den Befehl *Text sortieren*, um den Text im Textfeld alphabetisch sortieren zu lassen.

Visual Basic beginnt mit der Sortierung und zeigt am unteren Formularrand eine Fortschrittsleiste an, die den Fortschritt der Sortieroperation angibt (siehe Abbildung 16.3).

Abbildung 16.3
Die Fortschrittsleiste im Formular *Notiz* zeigt den Status des Sortierlaufs an.

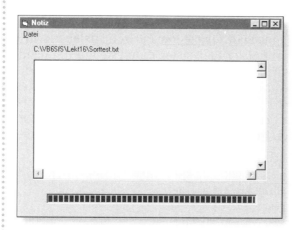

Beobachten Sie den Vorgang genau: Die Fortschrittsleiste wird zwei Mal gefüllt. Der erste Durchlauf bezieht sich auf die Vorbereitungsphase, während der die Zeilenzahl der Datei ermittelt wird. Beim zweiten Durchlauf wird der Fortschritt der eigentlichen Sortieroperation angezeigt. Ich gliedere die Statusanzeige langer Berechnungen gerne in mehrere Phasen, da der Anwender sich dann eher in den Vorgang einbezogen fühlt.

Nach einem kurzen Moment zeigt das Programm die sortierte Liste im Textfeld an und blendet die Fortschrittsleiste aus.

❺ Klicken Sie im Menü *Datei* auf den Befehl *Beenden*, um das Programm zu beenden.

Der Quellcode des Programms Progress

Der Programmcode für die Fortschrittsleiste befindet sich in der Ereignisprozedur *mnuItemSortText_Click*, die immer dann ausgeführt wird, wenn der Anwender im Menü *Datei* auf den Befehl *Text sortieren* klickt. Wir sehen uns nun den Code etwas genauer an.

Lektion 16 | **Statusinformationen anzeigen**

● Zeigen Sie das Codefenster an, und öffnen Sie die Ereignisprozedur *mnuItemSortText_Click*.

Sie kennen diesen Quellcode bereits. In Lektion 12 wurde er eingesetzt, um den Inhalt eines Textfelds unter Verwendung des Shell-Sortieralgorithmus zu sortieren. Der Quellcode für die Shell-Sortierung befindet sich in diesem Projekt im Modul *Progress.bas*. Die Ereignisprozedur erledigt mehrere wichtige Aufgaben vor und nach der Sortierung. Zu diesen Aufgaben gehören die Ermittlung der Zeilenanzahl des Textes, das Laden der einzelnen Zeilen in ein Datenfeld namens *strArray*, der Aufruf der Prozedur *ShellSort* und die Anzeige des Ergebnisses im Textfeld. In dieser Lektion konzentrieren wir uns ausschließlich auf den Quellcode, mit dem die Fortschrittsleiste gesteuert wird.

Der Eigenschaft *Visible* der Fortschrittsleiste wurde im Entwurfsmodus der Wert *False* zugewiesen, damit sie nur dann auf dem Bildschirm angezeigt wird, wenn sie *benötigt* wird. Daher muss die Ereignisprozedur *mnuItemSortText_Click* die Fortschrittsleiste als erstes sichtbar machen und der Fortschrittsleisteneigenschaft *Max* die Zeichenanzahl der Datei als Wert zuweisen. Für die Eigenschaft *Min* und für die Eigenschaft *Value* (der Startwert) wurde jeweils der Wert 1 gewählt:

```
charsInFile% = Len(txtNote.Text)
...
ProgressBar1.Visible = True
ProgressBar1.Min = 1
ProgressBar1.Max = charsInFile%      'Maximumwert für Fortschrittsleiste festlegen
ProgressBar1.Value = 1               'Startwert festlegen
```

Anschließend wird zur Ermittlung der Zeilenzahl des Dokuments der Inhalt des Textfelds Zeichen für Zeichen überprüft. Die Zeilenzahl ist für den Aufruf der Prozedur *ShellSort* erforderlich. Während der Bearbeitung des Textfeldinhalts wird die Eigenschaft *Value* der Fortschrittsleiste ständig aktualisiert, indem ihr die aktuelle Zeichenzahl, die durch die Zählervariable *i%* repräsentiert wird, als Wert zugewiesen wird (siehe Listingzeile in Fettschrift):

```
'Zeilenanzahl im Textfeld ermitteln
For i% = 1 To charsInFile%
    letter$ = Mid(txtNote.Text, i%, 1)
    ProgressBar1.Value = i%              'Fortschrittsleiste bewegen
    If letter$ = Chr$(13) Then           'Falls Zeilenumbruch gefunden wird,
        lineCount% = lineCount% + 1      'Zeilenzahl erhöhen
        i% = i% + 1                      'Zeilenvorschubzeichen übergehen
    End If
Next i%
```

478

Lektion 16   Statusinformationen anzeigen

Nach dem ersten Durchlauf wird die *Value*-Eigenschaft wieder auf 1 zurückgesetzt und der Eigenschaft *Max* die ermittelte Zeilenzahl zugewiesen (die in der Variablen *lineCount%* gespeichert wird):

```
'Fortschrittsleiste für nächste Sortierphase zurücksetzen
ProgressBar1.Value = 1
ProgressBar1.Max = lineCount%
```

Da jede Zeile in das Datenfeld *strArray* eingefügt wird, kann die Fortschrittsleiste mit dem Indexwert der aktuellen Zeile (*curline%*) aktualisiert werden (in nachstehendem Listing in Fettdruck). Da sich der Wert der Eigenschaft *Value* erhöht, werden in der Fortschrittsleiste stetig mehr dunkle Felder angezeigt:

```
'Datenfeld für den Text des Textfelds anlegen
ReDim strArray$(lineCount%)          'Datenfeld richtig dimensionieren
curline% = 1
ln$ = ""                             'Mit ln$ Zeilen zeichenweise bearbeiten

For i% = 1 To charsInFile%           'Text nochmals in Schleife abarbeiten
    letter$ = Mid(txtNote.Text, i%, 1)
    If letter$ = Chr$(13) Then 'Falls Zeilenvorschubzeichen auftritt
        ProgressBar1.Value = curline% 'Fortschritt anzeigen
        curline% = curline% + 1      'Zeilenzahl erhöhen
        i% = i% + 1                  'Zeilenvorschubzeichen übergehen
        ln$ = ""                     'Zeile löschen und zur nächsten Zeile
    Else                             'gehen
        ln$ = ln$ & letter$          'Buchstaben in Zeile einfügen
        strArray$(curline%) = ln$    'und in Datenfeld speichern
    End If
Next i%
```

Nachdem die Sortierung beendet ist, wird die Fortschrittsleiste schließlich ausgeblendet:

```
ProgressBar1.Visible = False
```

Wie Sie sehen, ist es vorteilhaft, Programme, die langwierige Berechnungen ausführen, mit einer Fortschrittsleiste auszustatten. Wenn Sie den Eigenschaften *Min* und *Max* vorab einen geeigneten Wertebereich zuweisen, können Sie die Fortschrittsleiste mühelos mit einer *For...Next*-Anweisung oder einer anderen Schleifenanweisungen steuern.

Eingaben mit dem Schieberegler-Steuerelement grafisch verwalten

Wenn Sie gerne grafische Elemente in Ihren Anwendungen einsetzen, können Sie zudem ein ActiveX-Steuerelement namens *Schieberegler*

Lektion 16 Statusinformationen anzeigen

(Slider) verwenden, um Eingaben zu erfassen und den Fortschritt einer Operation anzuzeigen. Das Steuerelement *Schieberegler (Slider)* ist eine Benutzeroberflächenkomponente, die einen Schieberegler und eine optionale Werteskala aufweist. Sie können den Schieberegler verschieben, indem Sie ihn mit der Maus ziehen, auf die Markierungen der Werteskala klicken oder die Richtungstasten der Tastatur verwenden. Das Schieberegler-Steuerelement eignet sich als Eingabemittel beispielsweise hervorragend zur Festlegung von Randeinstellungen in Dokumenten, zur Steuerung von Multimedia-Anwendungen, zum Verschieben von Fensterinhalten und anderen Aufgaben, die relative Verschiebungen erfordern. Das Schieberegler-Steuerelement kann ebenso zur Eingabe numerischer Werte und zur Festlegung von Farbeinstellungen verwendet werden.

Das Programm RTFEdit2 ausführen

Sie werden nun das Programm *RTFEdit2*, eine erweiterte Fassung des RTF-Editors aus Lektion 15, laden und ausführen, das die Funktionsweise des Schieberegler-Steuerelements veranschaulicht.

❶ Öffnen Sie das Projekt *RTFEdit2.vbp*, das sich im Ordner *\Vb6SfS\Lekt16* befindet, und führen Sie das Programm aus.

❷ Klicken Sie im Menü *Datei* des Programms auf den Befehl *Öffnen*, und öffnen Sie die Datei *Picnic.rtf* aus dem Ordner *\Vb6SfS\Lekt16*.

Ihr Formular sollte nun wie in Abbildung 16.4 aussehen.

Abbildung 16.4
Das Programm *RTFEdit2*.

Das Programm *RTFEdit2* verfügt über zwei neue Leistungsmerkmale: ein Schieberegler-Steuerelement über dem Text und ein Statusleiste-Steuerelement am unteren Formularrand. Mit dem Schieberegler kann der linke Rand des Textes, der gerade ausgewählt ist oder die Einfügemarke enthält, eingestellt werden. Die Statusleiste verfügt über vier Abschnitte,

| Lektion 16 | Statusinformationen anzeigen |

in denen der Name der geöffneten Datei, die gewählte Schriftart, die aktuelle Uhrzeit und das aktuelle Datum angezeigt werden.

❸ Klicken Sie auf die zweite Textzeile der Datei *Picnic.rtf*.

Der Schieberegler wird um eine Marke nach rechts bewegt und zeigt damit die linke Randeinstellung der aktuellen Zeile an.

❹ Ziehen Sie den Schieberegler nach rechts, um den linken Rand zu vergrößern.

Während Sie den Schieberegler ziehen, wird der linke Rand automatisch erweitert. Zudem wird ein QuickInfo-Feld mit der aktuellen Größe des Rands in Twips angezeigt. Twips sind die Standardmaßeinheit für Visual Basic-Formulare und deren Steuerelemente. (Ein Twip entspricht 1/1440 Zoll.) Sie können eine andere Maßeinheit wählen, indem Sie der Eigenschaft *ScaleMode* des Formulars den gewünschten Wert zuweisen.

❺ Verändern Sie die Randeinstellung mit dem Schieberegler noch einige Male.

Wenn Sie möchten, können Sie mehrere Textzeilen auswählen und die Randeinstellung dieser Zeilen in einem Arbeitsschritt verändern. Beachten Sie, dass der Schieberegler jedes Mal, wenn Sie eine andere Zeile anklicken, die Randeinstellung der betreffenden Zeile korrekt anzeigt.

❻ Klicken Sie schließlich im Menü *Datei* des Programms *RTFEdit2* auf den Befehl *Beenden*.

❼ Wenn eine Meldung mit der Frage angezeigt wird, ob Änderungen gespeichert werden sollen, klicken Sie auf *Nein*.

Der Quellcode für das Schieberegler-Steuerelement

Nachdem dieses Beispiel veranschaulicht hat, was das Schieberegler-Steuerelement zu leisten vermag, wollen wir uns ansehen, wie dieses Steuerelement über drei Ereignisprozeduren gesteuert wird.

❶ Doppelklicken Sie auf das Formular, um die Ereignisprozedur *Form_Load* anzuzeigen, die folgenden Programmcode enthält:

```
Private Sub Form_Load()
    'Anfangswerte für Schieberegler (Slider) festlegen
    Slider1.Left = RichTextBox1.Left   'an Textfeld ausrichten
    Slider1.Width = RichTextBox1.Width
    'Hinweis: Alle Größenangaben sind in Twips (Standardvorgabe)
    Slider1.Max = RichTextBox1.Width
    Slider1.TickFrequency = Slider1.Max * 0.1
    Slider1.LargeChange = Slider1.Max * 0.1
    Slider1.SmallChange = Slider1.Max * 0.01
End Sub
```

Lektion 16 | Statusinformationen anzeigen

Die Ereignisprozedur *Form_Load* bietet sich zur Konfiguration von Steuerelementen an. In den ersten beiden Anweisungen werden die Eigenschaften *Left* und *Width* des Textfelds verwendet, um das Schieberegler-Steuerelement am Textfeld auszurichten. Obwohl bei seiner Erstellung versucht wurde, das Schieberegler-Steuerelement am Textfeld auszurichten, kann die Ausrichtung mit Hilfe der Eigenschaften *Left* und *Width* noch genauer erfolgen, da die Eigenschaftenwerte des Textfelds für das Schieberegler-Steuerelement übernommen werden können.

Anschließend wird der Eigenschaft *Max* die Breite des Textfelds zugewiesen. Sie können die Eigenschaft *Max* auch zur Entwurfszeit über das Eigenschaftenfenster einstellen. Auf diese Weise lässt sich der Wertebereich des Schiebereglers jedoch präzise der Breite des Editorfensters anpassen. (Wenn sich die Fensterbreite ändert, wird der Schieberegler automatisch angepasst.) Die Startwert für die Eigenschaft *Min* des Schiebereglers ist Null.

Schließlich werden die Eigenschaften *TickFrequency*, *LargeChange* und *SmallChange* in der Ereignisprozedur *Form_Load* eingestellt. Die Eigenschaft *TickFrequency* legt den Abstand der Wertemarkierung auf dem Schieberegler in Abhängigkeit vom Wertebereich fest (also der Differenz zwischen den Werten der Eigenschaften *Min* und *Max*). Wenn der Schieberegler z.B. einen Wertebereich von 1000 und die Eigenschaft *TickFrequency* die Einstellung 100 hat, dann weist der Schieberegler 10 Wertemarkierungen auf. Die Eigenschaft *LargeChange* legt fest, um wie viele Wertemarkierungen der Schieberegler verschoben wird, wenn Sie auf das linke oder rechte Ende des Schiebereglers klicken oder die Taste ⌷Bild↓⌷ bzw. ⌷Bild↓⌷ drücken. Die Eigenschaft *SmallChange* legt fest, um wie viele Wertemarkierungen der Schieberegler verschoben wird, wenn Sie die Taste ⌷→⌷ oder ⌷←⌷ drücken.

❷ Blättern Sie mit Hilfe des Listenfelds *Objekt* im Codefenster zur Ereignisprozedur *Slider1_Scroll*.

Über die Ereignisprozedur *Slider1_Scroll* wird die Schiebereglereinstellung mit der Randeinstellung des Texts im RTF-Textfeld verknüpft. Sobald der Anwender den Schieberegler verschiebt, ruft Visual Basic diese Ereignisprozedur auf. Diese Prozedur kopiert die aktuelle Schiebereglereinstellung, die in der Eigenschaft *Value* gespeichert wird, in die Eigenschaft *SelIndent* des RTF-Textfelds (*RichTextBox1*), die den linken Rand des ausgewählten Textes festlegt.

```
Private Sub Slider1_Scroll()
    RichTextBox1.SelIndent = Slider1.Value
End Sub
```

Diese Anweisung funktioniert, da beim Programmstart der Eigenschaft *Max* des Schiebereglers die Breite des RTF-Textfelds zugewiesen wurde.

Lektion 16   Statusinformationen anzeigen

Hätten die beiden Objekte unterschiedliche Breiten, ließen sich die Wertangaben in der Eigenschaft *Value* nicht auf das Textfeld übertragen.

❸ Verwenden Sie das Listenfeld *Objekt* im Codefenster, um die Ereignisprozedur *RichTextBox1_SelChange* anzuzeigen.

Visual Basic führt diese Ereignisprozedur aus, wenn sich im RTF-Textfeld die aktuelle Auswahl ändert oder wenn die Einfügemarke verschoben wird. Da der Schieberegler entsprechend verschoben werden soll, wenn Absätze mit unterschiedlichen Randeinstellungen im Dokument ausgewählt werden, wurde eine Ereignisprozedur hinzugefügt, die die Schiebereglerpositon basierend auf der Randeinstellung der aktuellen Auswahl aktualisiert.

```
Private Sub RichTextBox1_SelChange()
    ...
    'Falls die Auswahl eine einheitliche Randeinstellung aufweist,
    'diese auf dem Schieberegler anzeigen (bei unterschiedlichen
    'Randeinstellungen Null)
    If Not IsNull(RichTextBox1.SelIndent) Then
        Slider1.Value = RichTextBox1.SelIndent
    End If
End Sub
```

Beachten Sie, dass die Funktion *IsNull* in dieser Prozedur prüft, ob die Eigenschaft *SelIndent* des RTF-Textfelds einen Null- oder Leerwert enthält. *SelIndent* liefert Null, wenn die aktuelle Auswahl unterschiedliche Randeinstellungen aufweist. Die Zuweisung eines Nullwerts zur Eigenschaft *Value* würde einen Laufzeitfehler auslösen. Um dies zu verhindern, wird geprüft, ob die Eigenschaft *SelIndent* einen Nullwert enthält, bevor der Eigenschaftenwert dem Schieberegler zugewiesen wird. Sie sollten Ihre Anwendungen stets mit solch einer Fehlerprüfung ausstatten.

Sie haben nun gelernt, wie man mit Hilfe des Schieberegler-Steuerelements Randeinstellungen in einem RTF-Dokument festlegt. Bevor wir uns einem anderen Beispielprogramm zuwenden, wollen wir uns ansehen, welche Daten in der Statusleiste der Anwendung *RTFEdit2* angezeigt werden.

Mit dem Statusleiste-Steuerelement Informationen zum Anwendungsstatus anzeigen

Eine *Statusleiste* besteht aus einer Reihe rechteckiger Fensterabschnitte, sog. *Grundflächen*, die am unteren Fensterrand von Windows-Anwendungen angezeigt werden. Ein typisches Beispiel ist die Statusleiste von

Lektion 16 Statusinformationen anzeigen

Abbildung 16.5
Die Statusleiste von Microsoft Word 97.

Microsoft Word, die die aktuelle Seiten- und Absatznummer, die Zeigerposition, den Status einiger Umschalttasten und der automatischen Rechtschreibprüfung sowie verschiedene andere nützliche Angaben anzeigt.

Sie können mit Hilfe des ActiveX-Steuerelements *Statusleiste (StatusBar)*, das in der Komponente Microsoft Windows Common Controls 6.0 (mscomctl.ocx) enthalten ist, Ihre Visual Basic-Anwendungen mit Statusleisten ausstatten. Wenn Sie eine Statusleiste in ein Formular einfügen, wird diese automatisch am unteren Formularrand verankert. Die allgemeinen Eigenschaften der Statusleiste können mit dem Eigenschaftenfenster festgelegt werden. Sie können Grundflächen in die Statusleiste einfügen und daraus entfernen, indem Sie die Statusleiste mit der rechten Maustaste anklicken, den Befehl *Eigenschaften* wählen und auf der Registerkarte *Grundflächen* des Dialogfelds *Eigenschaftenseiten* die gewünschten Einstellungen vornehmen. Eine Statusleiste kann in bis zu 16 Grundflächen Daten anzeigen.

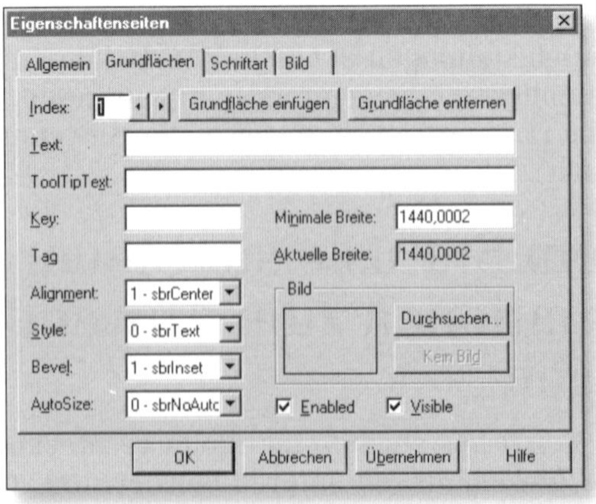

Abbildung 16.6
Die Registerkarte *Grundflächen* des Dialogfelds *Eigenschaftenseiten* für Statusleisten.

Lektion 16 Statusinformationen anzeigen

Das Programm RTFEdit2 ausführen

Führen Sie das Programm *RTFEdit2* erneut aus, um die Statusleiste des RTF-Editors genauer betrachten zu können.

❶ Klicken Sie in der Symbolleiste auf die Schaltfläche *Starten*, um das Programm *RTFEdit2* erneut auszuführen.

Falls Sie das Programm geschlossen oder diese Lektion gerade aufgeschlagen haben, laden Sie das Programm *RTFEdit2* aus dem Ordner *\Vb6SfS\Lekt16* und starten es.

Beachten Sie, dass die aktuelle Uhrzeit und das aktuelle Datum in der Statusleiste am unteren Fensterrand angezeigt werden. Zeigen Sie mit dem Mauszeiger auf die Zeit und das Datum, um ein QuickInfo zu diesen Statusleistenangaben anzuzeigen.

❷ Öffnen Sie die Datei *Picnic.rtf* aus dem Ordner *\Vb6SfS\Lekt16*.

Im ersten Feld der Statusleiste wird nun der Dateiname *Picnic.rtf* angezeigt.

❸ Klicken Sie auf die letzte Textzeile.

MS Sans Serif, der Name der aktuellen Schriftart, wird im zweiten Feld der Statusleiste angezeigt.

Das Formular sollte nun wie in Abbildung 16.7 aussehen.

Abbildung 16.7
Das Programm *RTFEdit2* mit der Datei *Picnic.rtf* und der Statusleiste.

❹ Markieren Sie die dritte Textzeile, und wählen Sie dann im Menü *Format* den Befehl *Schriftart*.

❺ Ändern Sie im Dialogfeld *Schriftart* die Schriftart zu *Times New Roman* oder eine andere Schriftart, die auf Ihrem System verfügbar ist. Klicken Sie auf *OK*.

485

| Lektion 16 | Statusinformationen anzeigen |

Die Schriftart des Textes wird geändert, und in der Statuszeile wird nun der Name dieser Schriftart angezeigt.

❻ Klicken Sie im Menü *Datei* auf den Befehl *Beenden*, um das Programm zu schließen.

Wir werden uns nun die Eigenschaftenseiten genauer ansehen, mit denen die Felder der Statusleiste definiert werden.

Die Eigenschaftenseiten der Statusleiste

Eine Eigenschaftenseite ist eine Gruppe von Einstellungen, mit denen ein Aspekt eines Steuerelements definiert wird. Sie können in Visual Basic mit Hilfe von Eigenschaftenseiten mehrere ActiveX-Steuerelemente konfigurieren. Führen Sie die nachfolgenden Schritte aus, um zu sehen, wie mit Hilfe der Eigenschaftenseiten die Felder der Statusleiste im Programm *RTFEdit2* definiert wurden.

❶ Klicken Sie im Formular mit der rechten Maustaste auf die Statusleiste.

❷ Klicken Sie im Kontextmenü auf den Befehl *Eigenschaften*.

Daraufhin wird das Dialogfeld *Eigenschaftenseiten* für die Statusleiste angezeigt.

❸ Klicken Sie auf die Registerkarte *Grundflächen*.

Die Registerkarte *Grundflächen* enthält verschiedene Einstellungen, die für die einzelnen Grundflächen der Statusleiste gelten. Um eine weitere Grundfläche in die Statusleiste einzufügen, klicken Sie auf die Schaltfläche *Grundfläche einfügen*. Wenn Sie eine Grundfläche entfernen möchten, klicken Sie auf die Schaltfläche *Grundfläche entfernen*. Die Grundflächen, die Sie in die Statusleiste einfügen, bilden die *Panels-Auflistung*. Sie können auf einzelne Grundflächen Bezug nehmen, indem Sie die *Panels-Auflistung* mit dem Indexwert der betreffenden Grundfläche angeben. Wenn Sie beispielsweise den Dateinamen *textdatei.txt* in die erste Grundfläche der Statusleiste einfügen möchten, verwenden Sie folgende Programmanweisung:

```
StatusBar1.Panels(1).Text = "textdatei.txt"
```

Sie können diese Notation auch verwenden, um der Statusleiste den Wert eines anderen Objekts zuzuweisen. Mit folgendem Programmcode wird z.B. der Dateiname (ohne Pfadangabe), der in der Eigenschaft *FileTitle* des Standarddialogobjekts *CommonDialog1* gespeichert wird, der ersten Grundfläche der Statusleiste zugewiesen.

```
StatusBar1.Panels(1).Text = CommonDialog1.FileTitle
```

❹ Klicken Sie auf der Registerkarte *Grundflächen* auf das Dropdown-Listenfeld *Alignment*.

Lektion 16   Statusinformationen anzeigen

Abbildung 16.8
Das Listenfeld *Alignment* der Registerkarte *Grundflächen*.

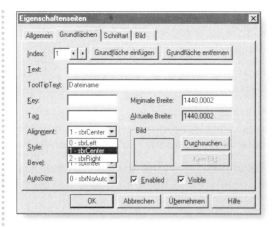

Das Listenfeld stellt drei Optionen zur Auswahl. Diese Einstellung legt fest, wie der Text in der betreffenden Grundfläche ausgerichtet wird.

❺ Klicken Sie auf der Registerkarte *Grundflächen* auf das Dropdown-Listenfeld *Style*.

Dieses Listenfeld enthält Einträge, mit denen Sie festlegen, welche Art von Information in der betreffenden Grundfläche der Statusleiste angezeigt wird. Der Eintrag *sbrText* (die Standardeinstellung) bedeutet, dass Sie den Inhalt dieser Grundfläche manuell über die Eigenschaft *Text* (im Programmcode oder auf der Registerkarte *Grundflächen*, siehe oben Schritt 3) festlegen. Die übrigen Einträge bezeichnen automatische Einstellungen, d.h., wenn Sie einen dieser Einträge wählen, zeigt Visual Basic automatisch den gewählten Wert in der Statusleiste an. Die Einträge des Listenfelds *Style* und deren Bedeutung sind in folgender Tabelle aufgeführt:

Diese Option im Listenfeld *Style*	zeigt folgende Information an:
SbrText	benutzerdefinierter Wert der Eigenschaft *Text*
sbrCaps	Status der Taste ⬚
sbrNum	Status der Taste Num⬚
sbrIns	Status der Taste Einfg
sbrScrl	Status der Taste Rollen⬚
sbrTime	aktuelle Uhrzeit der Systemuhr
sbrDate	aktuelles Datum der Systemuhr
sbrKana	Status der Taste Kana Lock (Nur Japanische Betriebssysteme)

| Lektion 16 | Statusinformationen anzeigen |

❻ Klicken Sie auf der Registerkarte *Grundflächen* zwei Mal auf die rechte Pfeilschaltfläche neben dem Feld *Index*, um die dritte Grundfläche (Uhrzeit, engl. Time) der Statusleiste auszuwählen.

Die Statusleiste ist so konfiguriert, dass im dritten Feld die aktuelle Uhrzeit angezeigt wird. (Beachten Sie die Einstellung *sbrTime* der Eigenschaft *Style*.)

❼ Klicken Sie nochmals auf die rechte Pfeilschaltfläche neben dem Feld *Index*, um die vierte Grundfläche (Datum, engl. Date) zu aktivieren.

Bei dieser Grundfläche wurde der Eigenschaft *Style* der Wert *sbrDate* zugewiesen, damit das aktuelle Datum in der Statusleiste angezeigt wird.

Zwei weitere Eigenschaften wurden im Dialogfeld *Eigenschaftenseiten* für die Statusleiste eingestellt: die Eigenschaft *ToolTip Text*, die den QuickInfo-Text enthält, der angezeigt wird, wenn der Anwender den Mauszeiger über einen Statusleistenabschnitt hält, und die Eigenschaft *Minimum Width*, die die minimale Breite der Statusleiste in Twips definiert. Wenn eine minimale Größe festgelegt wird, können die Grundflächen im Formularentwurfsmodus ausgerichtet und vergrößert werden, falls der Anwender das Formularfenster vergrößert. Alternativ hierzu, kann man im Dropdown-Listenfeld *AutoSize* die Einstellung *sbrContents* wählen, bei der die Größe der Grundflächen automatisch an ihren Inhalt angepasst wird.

❽ Sehen Sie sich die übrigen Einstellungen und Registerkarten des Dialogfelds *Eigenschaftenseiten* an, und klicken Sie dann auf *Abbrechen*.

Sehen wir uns nun die Ereignisprozeduren an, die die Statusleiste zur Laufzeit steuern.

Der Programmcode für die Statusleiste

Im Unterschied zu vielen anderen ActiveX-Steuerelementen, erfordert die Statusleiste in der Regel kaum unterstützenden Programmcode. Normalerweise müssen lediglich ein oder zwei Angaben über die Eigenschaft *Text* in der Statusleiste angezeigt werden. Wir wollen uns nun den Quellcode des Programms *RTFEdit2* ansehen, in dem die Statusleiste den Namen der geöffneten Datei und der aktuellen Schriftart sowie Uhrzeit und Datum anzeigt.

❶ Öffnen Sie die Ereignisprozedur *mnuSaveAsItem_Click*.

Wie Sie sich aus Lektion 15 erinnern werden, speichert diese Ereignisprozedur unter Verwendung des Dialogfelds *Speichern unter* und der Methode *SaveFile* des RTF-Textfelds das aktuelle Dokument als RTF-Datei ab. Damit der aktuelle Dateiname im ersten Statusleistenabschnitt angezeigt wird, wurde folgende Anweisung nach dem Aufruf der Methode *SaveFile* eingefügt:

488

Lektion 16 Statusinformationen anzeigen

```
StatusBar1.Panels(1).Text = CommonDialog1.FileTitle
```

Mit dieser Anweisung wird der in der Eigenschaft *FileTitle* gespeicherte Name (ein Dateiname ohne Pfadangabe) der Eigenschaft *Text* der ersten Grundfläche (*Panel(1)*) der Statusleiste zugewiesen. Wenn Sie eine andere Grundfläche verwenden möchten, geben Sie einfach einen anderen Indexwert an.

Um auch die beiden anderen Mechanismen zum Speichern von Dateien, die in diesem Programm verfügbar sind, abzudecken, wurde die vorstehende Codezeile auch den Ereignisprozeduren *mnuCloseItem* und *mnuExitItem* hinzugefügt.

❷ Öffnen Sie die Ereignisprozedur *RichTextBox1_SelChange*.

Wie weiter vorn in diesem Kapitel bereits erwähnt, wird die Ereignisprozedur *RichTextBox1_SelChange* ausgeführt, sobald die aktuelle Auswahl im RTF-Textfeld geändert oder die Einfügemarke bewegt wird. Da im zweiten Statusleistenabschnitt die Schriftart des aktuell ausgewählten Texts angezeigt werden soll, wurde eine *If...Then...Else*-Kontrollstruktur in diese Ereignisprozedur eingefügt, die den Namen der Schriftart überprüft und diesen in die zweite Grundfläche (*Panel(2)*) kopiert:

```
Private Sub RichTextBox1_SelChange()
    'Falls die Auswahl eine einheitliche Schriftart verwendet, diese Schrift-
    'art in der Statusleiste anzeigen (bei mehreren Schriften Null zurückgeben)
    If IsNull(RichTextBox1.SelFontName) Then
        StatusBar1.Panels(2).Text = ""
    Else
        StatusBar1.Panels(2).Text = RichTextBox1.SelFontName
    End If
    ...
End Sub
```

Auch hier wird mit Hilfe der Funktion *IsNull* geprüft, ob die Eigenschaft *SelFontName* einen Nullwert enthält. *SelFontName* gibt Null zurück, wenn die aktuelle Auswahl zwei oder mehr verschiedene Schriftarten beinhaltet. Da die Zuweisung von Null zu einem Laufzeitfehler führen würde, wird der Eigenschaftenwert auf Null geprüft, bevor er der Eigenschaft *Value* der Statusleiste zugewiesen wird. Falls mehrere Schriftarten verwendet werden und die Eigenschaft *SelFontName* daher den Wert Null hat, wird der Inhalt des zweiten Statusleistenabschnitts einfach gelöscht.

Die Statusleistenabschnitte, die die aktuelle Uhrzeit und das aktuelle Datum enthalten, zeigen diese automatisch an. Sie müssen keinen Programmcode für diese Abschnitte schreiben.

Lektion 16 | Statusinformationen anzeigen

Einen Schritt weiter: Den Status der Feststelltaste und der Taste Num anzeigen

Nehmen Sie sich etwas Zeit, um weitere automatische Anzeigeeinstellungen der Statusleiste auszuprobieren. Wie weiter vorn in dieser Lektion ausgeführt, können Sie auf der Registerkarte *Grundflächen* des Dialogfelds *Eigenschaftenseiten* Einstellungen wählen, die automatisch den Status bestimmter Tasten anzeigen, wie z.B. ⓞ, Num⓪ und Rollen⓪.

❶ Klicken Sie mit der rechten Maustaste auf die Statusleiste und dann im Kontextmenü auf den Befehl *Eigenschaften*.

Das Dialogfeld *Eigenschaftenseiten* wird angezeigt.

❷ Klicken Sie auf die Registerkarte *Grundflächen*.

❸ Klicken Sie zwei Mal auf die rechte Pfeilschaltfläche neben dem Feld *Index*, um den Indexwert *3* (Uhrzeitanzeige) auszuwählen.

❹ Klicken Sie auf die Dropdown-Liste *Style* und dort auf den Eintrag *sbrCaps*.

❺ Klicken Sie auf die rechte Pfeilschaltfläche neben dem Feld *Index*, um die Einstellungen für die vierte Grundfläche (Datumsanzeige) anzuzeigen.

❻ Klicken Sie auf die Dropdown-Liste *Style* und dort auf den Eintrag *sbrNum*.

❼ Klicken Sie auf *OK*, um das Dialogfeld *Eigenschaftenseiten* zu schließen.

Mit einigen wenigen Mausklicks haben Sie die Statusanzeige für die Tasten ⓞ und Num⓪ in die Statusleiste eingefügt. Sie werden das Programm nun ausführen.

❽ Klicken Sie in der Symbolleiste auf die Schaltfläche *Starten*, um das Programm *RTFEdit2* auszuführen.

❾ Drücken Sie die Tasten ⓞ und Num⓪ mehrere Male, und beobachten Sie die Statusleiste. Abbildung 16.9 zeigt, wie der Status dieser Tasten in der Statusleiste angezeigt wird.

Wenn Sie mit der nächsten Lektion fortfahren möchten

● Lassen Sie Visual Basic geöffnet, und schlagen Sie Lektion 17 auf.

Wenn Sie Visual Basic vorerst beenden möchten

● Klicken Sie im Menü Datei auf den Befehl Beenden.

Lektion 16   Statusinformationen anzeigen

Abbildung 16.9
In der Statusleiste wird der Status der Tasten ⓪ und (Num⓪) angezeigt.

Falls eine Meldung zum Speichern der Änderungen angezeigt wird, klicken Sie auf *Nein*. (Sie müssen die Änderungen an der Statusleiste zur Anzeige des Tastenstatus nicht speichern.)

Zusammenfassung der Lektion

Möchten Sie	dann
die Komponente Microsoft Windows Common Controls 6.0 installieren,	klicken Sie im Menü *Projekt* auf den Befehl *Komponenten*, wählen dann die Registerkarte *Steuerelemente* und markieren den Eintrag *Windows Common Controls 6.0*.
eine Fortschrittsleiste anzeigen,	weisen Sie deren Eigenschaft *Visible* den Wert *True* zu. Zum Beispiel: `ProgressBar1.Visible = True`
eine Fortschrittsleiste verbergen,	weisen Sie deren Eigenschaft *Visible* den Wert *False* zu. Zum Beispiel: `ProgressBar1.Visible = False`
die Anzeige einer Fortschrittsleiste aktualisieren,	weisen Sie der Eigenschaft *Value* einen Wert zu. Zum Beispiel: `ProgressBar.Value = curline%`
den oberen Grenzwert eines Schiebereglers festlegen,	weisen Sie der Eigenschaft *Max* einen Wert zu. Zum Beispiel: `Slider1.Max = RichTextBox1.Width`
den Abstand der Wertemarkierungen auf dem Schieberegler festlegen,	weisen Sie der Eigenschaft *TickFrequency* einen Wert zu. Zum Beispiel: `Slider1.TickFrequency = Slider.Max * 0.1` ▶

Lektion 16 **Statusinformationen anzeigen**

Möchten Sie	dann
den Schieberegler programm-gesteuert verschieben,	weisen Sie der Eigenschaft *Value* einen Wert zu. Zum Beispiel: `Slider1.Value = RichTextBox1.SelIndent`
die Statusleistenabschnitte zur Entwurfszeit konfigurieren,	klicken Sie mit der rechten Maustaste auf die Statusleiste, klicken auf den Befehl *Eigenschaften* und nehmen auf der Registerkarte *Grundflächen* die gewünschten Einstellungen vor.
die Statusleistenabschnitte zur Laufzeit konfigurieren,	verwenden Sie die *Panels*-Auflistung und die Eigenschaft *Text*. Zum Beispiel: `StatusBar1.Panels(1).Text = "textdatei.txt"`
den Status der Tasten ⓞ, Numⓞ, Einfg und Rollenⓞ in der Status-leiste anzeigen,	klicken Sie mit der rechten Maustaste auf die Statusleiste, klicken auf den Befehl *Eigenschaften* und dann auf die Registerkarte *Grundflächen* und wählen im Dropdown-Listenfeld *Style* die gewünschte Einstellung.

17 Mit dem Multimedia-MCI-Steuerelement Audio- und Videodaten einbinden

Geschätzte Dauer:
40 Minuten

In dieser Lektion lernen Sie

- wie Sie beim Start eines Programms Klänge aus einer .wav-Datei abspielen.
- wie Sie ein Video wiedergeben, das in einer .avi-Datei gespeichert ist.
- wie Sie Musik von einer Audio-CD, die sich in einem CD-ROM-Laufwerk befindet, abspielen.

In dieser Lektion lernen Sie, wie Sie mit dem Multimedia-MCI-Steuerelement Musik- und Videosequenzen in Ihre Anwendungen einbauen können. Dieses ActiveX-Steuerelement ist Bestandteil der Microsoft Visual Basic Professional Edition. Das *Multimedia-MCI-Steuerelement (MMControl)* verwaltet die Aufzeichnung und Wiedergabe von Multimedia-Dateien auf MCI-Geräten (MCI – Media Control Interface, Programmierschnittstelle zur Steuerung von Multimedia-Dateien), wie Audio-CD-Spielern, Videorecordern und Videodisc-Abspielgeräten. Das Steuerelement stellt in Ihren Programmen eine Gruppe von Schaltflächen in dem Stil von CD-Spielern zum Abspielen und Aufzeichnen von Multimedia-Daten zur Verfügung. In dieser Lektion werden Sie das Multimedia-MCI-Steuerelement verwenden, um relativ verbreitete Multimedia-Formate abzuspielen, wie .wav-Dateien, .avi-Dateien und Audio-CDs .

Audiodaten aus .wav-Dateien wiedergeben

Das ActiveX-Steuerelement *Multimedia-MCI (MMControl)* ist Bestandteil von Microsoft Multimedia Control 6.0 (mci32.ocx). Um dieses Steuerelement in Ihrem Programm nutzen zu können, müssen Sie es über den Befehl *Komponenten* aus dem Menü *Projekt* in die Werkzeugsammlung aufnehmen. Dann klicken Sie auf das Steuerelement und erstellen die Befehlsleistenoberfläche für das Formular. Das Multimedia-MCI-Steuerelement besteht aus mehreren Befehlsschaltflächen, die automatisch funktionieren, wenn ein gültiges Multimedia-Gerät geöffnet und das Steuerelement aktiviert ist. Die Schaltflächen tragen die Bezeichnungen

Lektion 17 Mit dem Multimedia-MCI-Steuerelement Audio- und Videodaten einbinden

Zurück, *Nächstes*, *Start*, *Pause*, *Rücklauf*, *Schritt*, *Stop*, *Aufnahme* und *Auswerfen*. Sie können diese Schaltflächen mit besonderen Funktionen ausstatten, indem Sie Ereignisprozeduren für bestimmte Schaltflächenereignisse erstellen. Normalerweise ist jedoch keine zusätzliche manuelle Konfiguration der Schaltflächen notwendig. Bei den meisten Anwendungen sind die Standardeinstellung der Schaltflächen zum Abspielen von Musik- und Videosequenzen völlig ausreichend.

Abbildung 17.1
Das Multimedia-MCI-Steuerelement verfügt über mehrere nützliche Schaltflächen.

Das Multimedia-MCI-Steuerelement kann in verschiedener Weise eingesetzt werden. Das Steuerelement kann während der Programmausführung sichtbar sein (Voreinstellung), und Sie können es verwenden, um dem Anwender eine komfortable Möglichkeit zur Handhabung eines angeschlossenen Multimedia-Geräts zu bieten, wie z.B. eines Videorecorders oder eines Audio-CD-Spielers. Sie können das Steuerelement während der Programmausführung auch ausblenden, indem Sie dessen Eigenschaft *Visible* den Wert *False* zuweisen. Diese Art der Verwendung ist besonders nützlich, wenn Sie das Steuerelement zur Wiedergabe von Audio- oder Spezialeffekten in Programmen einsetzen möchten. Beide Verwendungsmöglichkeiten werden in dieser Lektion beschrieben.

Die Eigenschaft DeviceType

Bevor Sie die Schaltflächen des Multimedia-MCI-Steuerelements benutzen können, müssen Sie ein gültiges Multimedia-Gerät über die Eigenschaft *DeviceType* des Steuerelements öffnen. Normalerweise wird hierzu entsprechender Programmcode in die Ereignisprozedur *Form_Load* eingefügt, damit das Steuerelement beim Programmstart automatisch konfiguriert wird. Die Eigenschaft *DeviceType* kann auch zur Laufzeit geändert werden, wenn mit einem Steuerelement verschiedene Multimedia-Geräte verwaltet werden sollen.

Die Syntax der Eigenschaft *DeviceType* lautet wie folgt:

```
MMControl1.DeviceType = DevName
```

Hierbei ist *DevName* eine Zeichenfolgenkonstante, die einen der gültigen Gerätetypen bezeichnet. Um beispielsweise ein Gerät anzugeben, das

Lektion 17 ⋮ **Mit dem Multimedia-MCI-Steuerelement Audio- und Videodaten einbinden**

.wav-Dateien (WaveAudio) abspielen kann, müssten Sie folgende Zeichenfolge eingeben:

```
MMControl1.DeviceType = "WaveAudio"
```

Die folgende Tabelle 17.1 gibt einen Überblick über die aktuell vom Multimedia-MCI-Steuerelement unterstützten Multimedia-Geräten und die entsprechenden *DevName*-Argumente für die Eigenschaft *DeviceType*:

Tabelle 17.1
Vom Multimedia-MCI-Steuerelement unterstützte Multimedia-Geräte.

Multimedia-Gerät	DevName-Konstante	Beschreibung
Video (.avi-Dateien)	AVIVideo	Microsoft AVI-Format Video
Audio-CDs	CDAudio	Musik-CDs über angeschlossenes CD-ROM-Laufwerk
DAT-Band	DAT	Angeschlossenes DAT-Bandlaufwerk
Digitales Video	DigitalVideo	Digitale Videodaten
Video	MMMovie	Multimedia Movie-Format (Das Video wird in einem Fenster angezeigt.)
Video	Overlay	Frame-Overlay-Gerät (Das Video wird in einem Fenster angezeigt.)
Scanner	Scanner	Angeschlossener Scanner
MIDI-Sequencer	Sequencer	MIDI-Sequenzer-Daten
Videoband	VCR	Angeschlossener Videorecorder bzw. -spieler (Das Video wird in einem Fenster angezeigt.)
Videodisc	Videodisc	Angeschlossenes Videodisc-Abspielgerät
Wave (.wav-Dateien)	WaveAudio	Microsoft Windows Audiodatei
Benutzerdefiniert	Other	Benutzerdefinierter Multimediatyp

Die Eigenschaft Command

Nachdem Sie mit der Eigenschaft *DeviceType* das Gerät angegeben haben, das verwendet werden soll, können Sie beginnen, über die Eigenschaft *Command* MCI-Befehle an das Gerät zu senden. Die verfügbaren Befehle entsprechen den englischen Namen der Schaltflächen des Multimedia-MCI-Steuerelements: *Prev, Next, Play, Pause, Back, Step, Stop, Record* und *Eject*. Zudem kann das Steuerelement bestimmte allgemeine MCI-Befehle verarbeiten, wie *Open, Close, Sound, Seek* und *Save*. Die Verwendung von MCI-Befehlen ist besonders praktisch, da sie keine besonders detaillierten Kenntnisse der betreffenden Multimedia-Geräte

495

Lektion 17   Mit dem Multimedia-MCI-Steuerelement Audio- und Videodaten einbinden

erfordern. Beispielsweise ist es nicht notwendig, dass Sie genau wissen, wie die Daten auf einer CD im CD-ROM-Laufwerk gespeichert werden, um einen Befehl zu senden, mit dem die CD abgespielt wird.

Die Eigenschaft *Command* sendet MCI-Befehle an das Multimedia-Gerät.

In der folgenden Programmanweisung wird die Eigenschaft *Command* des *Multimedia-MCI-Steuerelements (MMControl)* verwendet, um das Medium im geöffneten Multimedia-Gerät abzuspielen:

```
MMControl1.Command = "Play"
```

Das Programm PlayTune

Verschiedene kommerzielle Softwareprogramme (z.B. Microsoft Windows) spielen ein musikalisches „Leitmotiv" ab, wenn sie geöffnet werden. Mit dem Multimedia-MCI-Steuerelement können Sie eine .wav-Datei, die einen Audioeffekt oder ein Lied enthält, beim Programmstart abspielen lassen. Das Dateiformat .wav (WaveAudio) ist ein verbreiteter Multimedia-Standard, der von der Firma Microsoft verwendet wird, um Audiodaten zu speichern. Sie können mit verschiedenen im Handel erhältlichen Audioprogrammen (wie z.B. Sound Forge) Dateien im .wav-Format erzeugen und bearbeiten. Sie finden .wav-Dateien aber auch im Lieferumfang des Betriebssystems Microsoft Windows und in Anwendungspaketen wie Microsoft Office.

Das Programm PlayTune ausführen

In der folgenden Übung werden Sie das Programm *PlayTune* ausführen und die Datei *applause.wav* mit dem Multimedia-MCI-Steuerelement abspielen.

❶ Starten Sie Visual Basic, und öffnen Sie das Projekt *PlayTune.vbp* aus dem Ordner *\Vb6SfS\Lekt17*.

❷ Klicken Sie in der Symbolleiste auf die Schaltfläche *Starten*, um das Programm auszuführen.

Visual Basic zeigt den Startbildschirm (das Startformular) des Programms an (siehe Abbildung 17.2) und spielt die Datei *applause.wav* mit dem Multimedia-MCI-Steuerelement ab. Das Startformular wird Ihnen möglicherweise bekannt vorkommen. Es wurde bereits in Lektion 9 verwendet, um zu zeigen, wie Sie ein zusätzliches Formular laden können, um einführende Informationen zu einem Programm anzuzeigen. In diesem Beispiel dient das Startformular lediglich als Blickfang, während die .wav-Datei wiedergegeben wird.

❸ Klicken Sie im Formular auf die Schaltfläche *Weiter,* nachdem der Applaus endet.

Da dieses Startformular nur zu Demonstrationszwecken dient, wird das Programm nun beendet.

496

Lektion 17 | Mit dem Multimedia-MCI-Steuerelement Audio- und Videodaten einbinden

Abbildung 17.2
Der Startbildschirm des Programms *PlayTune*.

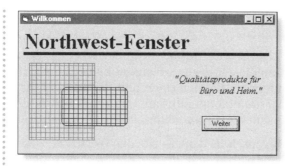

Im folgenden Abschnitt wollen wir uns den Programmcode ansehen, mit dem dieser Audioeffekt erzeugt wurde.

Der Programmcode zum Abspielen von .wav-Dateien

Das Programm *PlayTune* verwendet ein Multimedia-MCI-Steuerelement zum Abspielen der Datei *applause.wav,* wenn das Formular geladen wird. Das Multimedia-MCI-Steuerelement wird allerdings nicht angezeigt. Stattdessen wird in diesem Beispiel mit Hilfe des Multimedia-MCI-Steuerelements ein Spezialeffekt im Programm erzeugt, ohne die Befehlsschaltflächen des Steuerelements zu verwenden. Um das Multimedia-MCI-Steuerelement auszublenden, wurde seine Eigenschaft *Visible* im Eigenschaftenfenster auf *False* eingestellt.

❶ Öffnen Sie die Ereignisprozedur *Form_Load* des Programms *PlayTune* im Codefenster.

Es wird folgender Programmcode angezeigt:

```
Private Sub Form_Load()
    MMControl1.Notify = False
    MMControl1.Wait = True
    MMControl1.Shareable = False
    MMControl1.DeviceType = "WaveAudio"
    MMControl1.FileName = "c:\Vb6SfS\Lekt17\applause.wav"
    MMControl1.Command = "Open"
    MMControl1.Command = "Play"
End Sub
```

Damit beim Programmstart ein musikalisches „Leitmotiv" abgespielt wird, verwenden Sie die Ereignisprozedur *Form_Load*, um der Eigenschaft *DeviceType* des Multimedia-MCI-Steuerelements den Wert *WaveAudio* (für .wav-Dateien) zuzuweisen und über die Eigenschaft *Command* die beiden MCI-Befehle *Open* und *Play* auszuführen. Neben diesen wichtigen Eigenschaften wurden einige andere Eigenschaften eingestellt, um das Multimedia-MCI-Steuerelement auf typische Laufzeitereignisse vorzubereiten. Diese Einstellungen sind relativ allgemein und

Lektion 17 ⋮ **Mit dem Multimedia-MCI-Steuerelement Audio- und Videodaten einbinden**

lassen sich in vielen Anwendungen einsetzen. Beachten Sie die folgenden Einstellungen:

- Der Eigenschaft *Notify* wurde der Wert *False* zugewiesen, damit das Multimedia-MCI-Steuerelement keine Benachrichtigung ausgibt, nachdem die Befehle *Open* und *Play* ausgeführt worden sind. (Der Wert *True* erzeugt ein sogenanntes Callback-Ereignis (Rückruf), das in diesem relativ einfachen Programm nicht relevant ist.)

- Der Eigenschaft *Wait* wurde der Wert *True* zugewiesen, da das Steuerelement warten soll, bis der Befehl *Open* aufgeführt wurde, bevor der Befehl *Play* an das Gerät gesendet wird.

- Die Eigenschaft *Shareable* des Multimedia-MCI-Steuerelements wurde auf *False* eingestellt, damit andere Anwendungen im System nicht auf das geöffnete MCI-Gerät zugreifen können. (Damit soll verhindert werden, dass zwei Anwendungen verschiedene Teile derselben Audiodatei gleichzeitig abspielen.)

- Der Eigenschaft *FileName* wurde der Pfad der Datei *applause.wav* als Wert zugewiesen. In den meisten Fällen müssen Sie die Eigenschaft *FileName* verwenden, um die wiederzugebende Multimedia-Datei anzugeben, bevor das Gerät mit dem Befehl *Open* geöffnet werden kann. Eine wichtige Ausnahme bildet die Wiedergabe von Audio-CDs, die sich in einem angeschlossenen CD-ROM-Laufwerk befinden. In diesem Fall muss kein Dateiname angegeben werden, da der Inhalt von Audio-CDs nicht über den Dateinamen verwaltet wird. Zur Wiedergabe von Audio-CDs genügt es, der Eigenschaft *Command* den Befehl *Open* zuzuweisen, um das erste Lied der CD abzuspielen.

❷ Öffnen Sie die Ereignisprozedur *Form_Unload* im Codefenster.

Es wird folgender Programmcode angezeigt:

```
Private Sub Form_Unload(Cancel As Integer)
    MMControl1.Command = "Close"
End Sub
```

Wenn das Multimedia-MCI-Steuerelement nicht mehr benötigt wird, sollten Sie der Eigenschaft *Command* den Befehl *Close* zuweisen, damit die vom Multimedia-Gerät belegten Systemressourcen wieder freigegeben werden. Diese Anweisung wird am besten in der Ereignisprozedur *Form_Unload* untergebracht, da diese Prozedur bei jeder *normalen* Beendigung des Programms (das heißt ohne abzustürzen) ausgeführt wird. Durch die Aufnahme des Befehls *Close* in die Prozedur *Form_Unload* wird insbesondere den Anwendern Rechnung getragen, die die Anwendung durch Klicken auf die Schaltfläche *Schließen* in der Titelleiste beenden, da damit ebenfalls die Ereignisprozedur *Form_Unload* ausgelöst wird.

Lektion 17 Mit dem Multimedia-MCI-Steuerelement Audio- und Videodaten einbinden

Video aus .avi-Dateien wiedergeben

Eine weiterer interessanter Spezialeffekt, den Sie in Programme einbauen können, ist die Wiedergabe eines Videoclips aus einer .avi-Datei. .avi-Dateien haben ein Standarddateiformat zum Speichern von Videoaufzeichnungen mit Ton. Um das Multimedia-MCI-Steuerelement zum Abspielen von .avi-Dateien zu konfigurieren, müssen die Eigenschaften *DeviceType*, *FileName* und *Command* wie folgt eingestellt werden:

```
MMControl1.DeviceType = "AVIVideo"
MMControl1.FileName = "c:\vb6sfs\lekt17\michael.avi"
MMControl1.Command = "Open"
MMControl1.Command = "Play"
```

Wenn Sie diese Programmanweisungen in ein Programm mit einem aktivierten Multimedia-MCI-Steuerelement einfügen, lädt das Steuerelement die angegebene Videodatei (in diesem Beispiel michael.avi) und spielt sie ab.

Wenn Sie ein Video im Format .avi wiedergeben, wird es in einem eigenen Fenster angezeigt und automatisch abgespielt. Es muss kein spezielles Formular für das Video erstellt werden, und die Wiedergabe muss auch nicht über das Programm gesteuert werden.

Das Programm RunVideo

Das Programm *RunVideo* zeigt, wie das Multimedia-MCI-Steuerelement eingesetzt wird, um ein Video aus einer .avi-Datei in einer Visual Basic-Anwendung abzuspielen. Um das Programm etwas nützlicher zu gestalten, wurde ein Standarddialogobjekt (*CommonDialog*) in das Formular aufgenommen, so dass jede .avi-Datei auf Ihrem System abgespielt werden kann. Falls Sie keine .avi-Datei zur Hand haben, können Sie die Datei *Michael.avi* aus dem Ordner *\Vb6SfS\Lekt17* verwenden.

Das Programm RunVideo ausführen

❶ Öffnen Sie das Projekt *RunVideo.vbp* aus dem Ordner *\Vb6SfS\Lekt17*.

❷ Klicken Sie in der Symbolleiste auf die Schaltfläche *Starten*, um das Programm auszuführen.

Visual Basic zeigt das Formular der Anwendung an (siehe Abbildung 17.3).

❸ Klicken Sie im Formular auf die Schaltfläche *.avi-Datei öffnen,* und verwenden Sie das Dialogfeld *Öffnen,* um eine geeignete .avi-Datei auf Ihrem System zu suchen und zu öffnen.

Wenn Sie möchten, können Sie die Videodatei *Michael.avi* aus dem Ordner *\Vb6SfS\Lekt17* laden.

499

Lektion 17   Mit dem Multimedia-MCI-Steuerelement Audio- und Videodaten einbinden

Abbildung 17.3
Die Benutzeroberfläche des Programms *RunVideo*.

④ Klicken Sie im Formular auf die Schaltfläche *.avi-Datei abspielen,* um das ausgewählte Video abzuspielen.

Wie in der folgenden Abbildung 17.4 gezeigt, wird ein zweites Fenster geöffnet, in dem das Video wiedergegeben wird. Wenn Sie sich mein Video (ein Ausschnitt aus meinem Programmierkurs *Learn Microsoft Visual Basic 6.0 Now*) ansehen, hören Sie mich auch sprechen. Probieren Sie nun einige Schaltflächen des Multimedia-MCI-Steuerelements aus, während das Video abgespielt wird.

Abbildung 17.4
Über das Multimedia-MCI-Steuerelement wird das Video *Michael.avi* abgespielt.

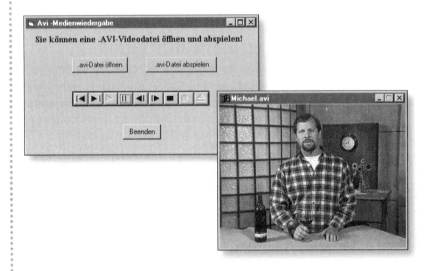

⑤ Verschieben Sie zuerst das Fenster, in dem das Video abgespielt wird, falls es das Formular mit den Schaltflächen verdeckt.

⑥ Klicken Sie dann auf die Schaltfläche *Rücklauf* links unten im Multimedia-MCI-Steuerelement.

Das Video wird erneut gestartet. (Klicken Sie auf die Schaltfläche *Start*, falls dies nicht der Fall ist.)

Lektion 17   Mit dem Multimedia-MCI-Steuerelement Audio- und Videodaten einbinden

❼ Klicken Sie auf die Schaltfläche *Pause*, um die Videowiedergabe zu unterbrechen.

❽ Klicken Sie auf *Start*, um das Video wieder zu starten.

❾ Klicken Sie auf die Schaltfläche *Stop*, um die Videowiedergabe zu beenden.

❿ Klicken Sie auf die Schaltflächen *Zurück* und *Schritt*, um das Video um ein Bild vor bzw. zurück zu spulen.

⓫ Dann klicken Sie wieder auf die Schaltfläche *Start*, um das Video bis zum Schluß abzuspielen.

Wie Sie sehen, funktionieren die Schaltflächen des Multimedia-MCI-Steuerelements beim Abspielen von .avi-Dateien ähnlich wie die Tasten auf Ihrem Videorecorder.

⓬ Klicken Sie im Videofenster auf die Schaltfläche *Schließen*, um es zu schließen.

⓭ Wenn Sie möchten, können Sie mit Hilfe der Schaltflächen *.avi-Datei öffnen* und *.avi-Datei abspielen* weitere .avi-Dateien abspielen.

⓮ Schließlich klicken Sie im Formular auf die Schaltfläche *Beenden,* um das Programm zu beenden.

Der Programmcode zum Abspielen von .avi-Dateien

Eine der deutlichsten Unterschiede zwischen den beiden in dieser Lektion beschriebenen Programmen ist die Rolle, die das Multimedia-MCI-Steuerelement in der Benutzeroberfläche der Programme spielt. Im Programm *PlayTune* wurde das Steuerelement ausgeblendet, indem seine Eigenschaft *Visible* auf *False* eingestellt wurde. Im Programm *RunVideo* wird das Multimedia-MCI-Steuerelement angezeigt, da seine Eigenschaft *Visible* auf *True* (Voreinstellung) eingestellt wurde. Hier hat der Anwender Zugriff auf die Schaltflächen des Steuerelements.

Im folgenden Abschnitt wollen wir uns die Ereignisprozeduren im Programm *RunVideo* näher ansehen.

❶ Öffnen Sie die Ereignisprozedur *Form_Load* im Codefenster.

Wie das Programm *PlayTune* beginnt das Programm *RunVideo* mit der Initialisierung des Multimedia-MCI-Steuerelements in der Ereignisprozedur *Form_Load*. In diesem Fall wird die Eigenschaft *DeviceType* aber auf *AVIVideo* eingestellt, um das Steuerelement für .avi-Dateien zu konfigurieren:

```
Private Sub Form_Load()
    MMControl1.Notify = False
    MMControl1.Wait = True
```

Lektion 17 | **Mit dem Multimedia-MCI-Steuerelement Audio- und Videodaten einbinden**

```
    MMControl1.Shareable = False
    MMControl1.DeviceType = "AVIVideo"
End Sub
```

❷ Öffnen Sie die Ereignisprozedur *cmdOpen_Click* im Codefenster.

Die Ereignisprozedur *cmdOpen_Click* wird jedes Mal ausgeführt, wenn der Anwender im Formular auf die Schaltfläche *.avi-Datei öffnen* klickt. Die Prozedur verwendet ein Standarddialogobjekt (*CommonDialog*), um das Dialogfeld *Öffnen* anzuzeigen, sowie die Eigenschaft *Filter,* damit lediglich .avi-Dateien im Dialogfeld *Öffnen* angezeigt werden. Wenn der Anwender auf die Schaltfläche *Abbrechen* klickt, beendet die Anweisung *Errhandler:* den Ladevorgang, indem die Anweisungen für das Multimedia MCI-Steuerelement übersprungen werden und die Anweisung *End* ausgeführt wird. Sobald der Anwender im Dialogfeld *Öffnen* aber eine gültige .avi-Datei auswählt, öffnet das Multimedia-MCI-Steuerelement diese Datei sofort, indem es der Eigenschaft *FileName* den Pfadnamen der Datei zuweist und mit der Eigenschaft *Command* den Befehl *Open* ausgibt:

```
Private Sub cmdOpen_Click()
    CommonDialog1.CancelError = True
    On Error GoTo Errhandler:
    CommonDialog1.Flags = cdlOFNFileMustExist
    CommonDialog1.Filter = "Video (*.AVI)|*.AVI"
    CommonDialog1.ShowOpen
    MMControl1.FileName = CommonDialog1.FileName
    MMControl1.Command = "Open"
Errhandler:
    'Falls der Anwender auf Abbrechen klickt, Prozedur verlassen
End Sub
```

❸ Öffnen Sie die Ereignisprozedur *cmdPlay_Click* im Codefenster.

Wenn der Anwender im Formular auf die Schaltfläche *.avi-Datei abspielen* klickt, gibt die Ereignisprozedur *cmdPlay_Click* den Befehl *Play* aus, woraufhin die .avi-Datei in einem eigenen Fenster wiedergegeben wird.

Mit dem Befehl *Play* wird das Video gestartet.

```
Private Sub cmdPlay_Click()
    MMControl1.Command = "Play"
End Sub
```

❹ Öffnen Sie die Ereignisprozedur *cmdQuit_Click* im Codefenster.

Die Ereignisprozedur *cmdQuit_Click* beendet das Programm und entfernt das Formular aus dem Arbeitsspeicher. Diese Operation führt zur Ausführung der Ereignisprozedur *Form_Unload*, mit der das geöffnete Multimedia-Gerät geschlossen wird und die von diesem Gerät belegten Systemressourcen wieder freigegeben werden.

```
Private Sub cmdQuit_Click()
    End
End Sub
.
.
.
Private Sub Form_Unload(Cancel As Integer)
    MMControl1.Command = "Close"
End Sub
```

Mit den oben beschriebenen Arbeitsschritten können Sie Videoclips, die im Dateiformat .avi gespeichert sind, in Ihre Anwendungen einbauen. Videoclips eignen sich zur Einbindung von Animationen, schrittweisen Anweisungen, Hilfeinformationen oder einfach dazu, einem Programm eine besondere Note zu verleihen.

Einen Schritt weiter: Musik von Audio-CDs wiedergeben

Im letzten Teil dieser Lektion werden Sie ein weiteres Leistungsmerkmal des Multimedia-MCI-Steuerelements anhand des Programms *PlayCD* kennen lernen. Dieses Programm spielt Musik ab, die auf Audio-CDs gespeichert ist. Programme mit einer musikalischen Untermalung zu versehen, hat offenkundige Vorteile. Sie müssen jedoch beachten, dass die hier gezeigte Vorgehensweise erfordert, dass sich eine Audio-CD im CD-ROM-Laufwerk Ihres Systems befindet. Für manche Anwender könnte sich diese Anforderung als nicht erfüllbar oder unpraktisch erweisen.

Das Programm PlayCD ausführen

❶ Öffnen Sie das Projekt *PlayCD.vbp* aus dem Ordner *\Vb6SfS\Lekt17*.

❷ Legen Sie eine Audio-CD in das (primäre) CD-ROM-Laufwerk Ihres Computers ein.

❸ Warten Sie einen Augenblick, um zu sehen, ob die CD automatisch abgespielt wird.

Auf den meisten Systemen erkennt Windows automatisch, dass eine Audio-CD eingelegt wurde, und spielt sie mit dem mitgelieferten Programm *CD-Wiedergabe (cdplayer.exe)* ab. Wenn dies der Fall ist, schließen Sie das Programm *CD-Wiedergabe*, damit Sie das Programm *PlayCD* ausprobieren können.

❹ Klicken Sie in der Symbolleiste auf die Schaltfläche *Starten*, um das Programm *PlayCD* in Visual Basic auszuführen.

Lektion 17 Mit dem Multimedia-MCI-Steuerelement Audio- und Videodaten einbinden

Das Formular *PlayCD* mit dem Multimedia-MCI-Steuerelement wird auf dem Bildschirm angezeigt.

❺ Klicken Sie im Formular auf die Schaltfläche *CD abspielen,* um das Audio-CD-Gerät (*CDAudio*) mit dem Multimedia-MCI-Steuerelement zu öffnen.

Im Formular erscheint ein roter Pfeil und die Anweisung *Hier klicken, um zu starten!*. Mit dieser Anweisung wird der Anwender darauf hingewiesen, dass die Wiedergabe durch Klicken auf die Schaltfläche *Start* gestartet wird. Der Pfeil und der Text wurden mit dem zum Lieferumfang von Windows gehörenden Programm *Paint* erstellt. Dann wurde die *Picture*-Eigenschaft des Ereignisses *cmdPlay_Click* verwendet, um die Bitmap-Grafik in ein Anzeigeobjekt (*Image*) des Formulars zu laden. Außerdem wird die *Click*-Ereignisprozedur der Schaltfläche *CD abspielen* verwendet, um den Inhalt des Anzeigefelds anzuzeigen.

Abbildung 17.5
Die Benutzeroberfläche des Programms *PlayCD*.

❻ Klicken Sie auf die Schaltfläche *Start* des Multimedia-MCI-Steuerelements.

Die im CD-ROM-Laufwerk befindliche Audio-CD wird abgespielt.

❼ Verwenden Sie die Schaltflächen des Multimedia-MCI-Steuerelements, um sich verschiedene Lieder der CD anzuhören.

❽ Klicken Sie schließlich im Formular auf die Schaltfläche *Beenden*.

Die Musik verstummt und das Programm wird geschlossen.

Der Programmcode des Programms PlayCD

❶ Öffnen Sie die Ereignisprozedur *cmdPlay_Click* im Codefenster.

Die Ereignisprozedur *cmdPlay_Click* wird ausgeführt, wenn der Anwender im Formular auf die Schaltfläche *CD abspielen* klickt. Anstatt das *CDAudio*-Gerät in der Ereignisprozedur *Form_Load* zu laden, wird dem Anwender die Gelegenheit gegeben, die Anweisungen auf dem Bildschirm durchzulesen und eine CD in das Laufwerk einzulegen, nachdem das Programm gestartet wurde. Sie sollten besonders zwei interessante Komponenten dieser Prozedur beachten. Erstens erfordert der hier an-

Lektion 17 ⋮ **Mit dem Multimedia-MCI-Steuerelement Audio- und Videodaten einbinden**

gegebene Gerätetyp (*CDAudio*) keinen Dateinamen zur Angabe der abzuspielenden CD. Stattdessen wählt das *CDAudio*-Gerät einfach das primäre CD-ROM-Laufwerk im System aus und beginnt mit der Wiedergabe des ersten Liedes, sobald der Befehl *Play* gegeben wird. Obwohl einige neuere Audio-CDs Dateinameninformationen enthalten, sind diese für das aktuell geöffnete *CDAudio*-Gerät nicht notwendig. Zweitens verdient die letzte Zeile der Ereignisprozedur, in der die Eigenschaft *Visible* des Objekts *Image1* auf *True* gesetzt wird, besondere Beachtung. Mit dieser Programmanweisung wird der Pfeil und der Text *Hier klicken, um zu starten!* im Formular angezeigt.

```
Private Sub cmdPlay_Click()
    MMControl1.Notify = False
    MMControl1.Wait = True
    MMControl1.Shareable = False
    'CD-Audiotyp angeben (von CD-ROM-Laufwerk)
    MMControl1.DeviceType = "CDAudio"
    MMControl1.Command = "Open"
    Image1.Visible = True
End Sub
```

❷ Öffnen Sie die Ereignisprozedur *MMControl1_PlayClick* im Codefenster.

Wie am Anfang dieser Lektion erwähnt, können Sie die Funktion der Schaltflächen des Multimedia-MCI-Steuerelements Ihren Wünschen entsprechend modifizieren, indem Sie Programmcode für die Schaltflächenereignisse dieses Steuerelements hinzufügen. In die folgende Ereignisprozedur wurde die Programmanweisung eingefügt, mit der der rote Pfeil und der Text (*Hier klicken, um zu starten!*) wieder ausgeblendet wird.

```
Private Sub MMControl1_PlayClick(Cancel As Integer)
    'Vor der Wiedergabe Bitmap verbergen
    Image1.Visible = False
End Sub
```

Beachten Sie, dass die Einstellung der Eigenschaft *Visible* von *Image1* den Befehl *Play* nicht ersetzt, der von der Schaltfläche *Start* gegeben wird. Sie wird einfach vor dem Befehl *Play* ausgeführt. Mit Eignisprozeduren können Sie die Funktionen der Schaltflächen des Multimedia-MCI-Steuerelements modifizieren, ohne ihre Grundfunktionalität außer Kraft zu setzen. Wie Sie diese Möglichkeit nutzen, bleibt ganz Ihnen überlassen.

❸ Öffnen Sie die Ereignisprozedur *cmdQuit_Click* im Codefenster.

Mit der Befehlsschaltfläche *Beenden* wird die Wiedergabe der Audio-CD angehalten (falls sie gerade abgespielt wird) und das Programm mit der *End*-Anweisung beendet. Wie bereits oben beschrieben, bewirkt die *End*-

505

Lektion 17 ⫶ **Mit dem Multimedia-MCI-Steuerelement Audio- und Videodaten einbinden**

Anweisung, dass die Ereignisprozedur *Form_Unload* ausgeführt und das geöffnete Multimedia-Gerät geschlossen wird.

```
Private Sub cmdQuit_Click()
    'Wiedergabe der Audio-CD anhalten, wenn der Anwender auf Beenden klickt
    MMControl1.Command = "Stop"
    End
End Sub

Private Sub Form_Unload(Cancel As Integer)
    'Gerät stets schließen, wenn die Wiedergabe beendet ist
    MMControl1.Command = "Close"
End Sub
```

Sie haben nun gelernt, wie .wav-Dateien, .avi-Dateien und Audio-CDs mit den Multimedia-MCI-Steuerelement abgespielt werden. Diese drei Beispiele werden Ihnen helfen, entsprechende Multimedia-Funktionen in Ihre Programme zu integrieren.

Wenn Sie mit der nächsten Lektion fortfahren möchten

Lassen Sie Visual Basic geladen, und schlagen Sie Lektion 18 auf.

Wenn Sie Visual Basic jetzt beenden möchten

Klicken Sie im Menü *Datei* auf den Befehl *Beenden*.

Wenn daraufhin das Dialogfenster *Speichern* angezeigt wird, klicken Sie auf *Ja*.

Zusammenfassung der Lektion

Möchten Sie	dann
das Multimedia-MCI-ActiveX-Steuerelement in die Visual Basic Werkzeugsammlung aufnehmen,	klicken Sie im Menü *Projekt* auf den Befehl *Komponenten*. Klicken Sie auf das Register *Steuerelemente*, markieren Sie das Kontrollkästchen neben *Microsoft Multimedia Control 6.0*, und klicken Sie auf *OK*.
ein Multimedia-Gerät angeben,	verwenden Sie die Eigenschaft *Device-Type* des Multimedia-MCI-Steuerelements. Um beispielsweise das Wave-Audio-Gerät zum Abspielen von .wav-Dateien anzugeben, verwenden Sie folgende Anweisung: `MMControl1.DeviceType = "WaveAudio"` ▶

506

Lektion 17   Mit dem Multimedia-MCI-Steuerelement Audio- und Videodaten einbinden

Möchten Sie	dann

einen MCI-Befehl an das angegebene Multimedia-Gerät schicken,	verwenden Sie die Eigenschaft *Command*. Um beispielsweise das durch die Eigenschaft *DeviceType* bezeichnete Multimedia-Gerät zu öffnen und abzuspielen, verwenden Sie folgende Anweisung:
	
	```MMControl1.Command = "Open"```
	```MMControl1.Command = "Play"```

das Multimedia-MCI-Steuerelement während der Programmausführung ausblenden,	stellen Sie die Eigenschaft *Visible* des Multimedia-MCI-Steuerelements im Eigenschaftenfenster auf *False*.
das Multimedia-MCI-Steuerelement während der Programmausführung anzeigen,	stellen Sie die Eigenschaft *Visible* des Multimedia-MCI-Steuerelements im Eigenschaftenfenster oder über Programmcode auf *True*.
das Multimedia-MCI-Steuerelement schließen und die belegten Systemressourcen freigeben,	verwenden Sie den Befehl *Close (Schließen)* mit der Eigenschaft *Command* (befindet sich normalerweise in der Ereignisprozedur *Form_Unload*). Zum Beispiel: ```MMControl1.Command = "Close"```

18 Mit der Windows API arbeiten

Geschätzte Dauer:
40 Minuten

In dieser Lektion lernen Sie

- wie Sie Ihre Programme durch den Aufruf von Microsoft Windows-API-Funktionen erweitern können.
- wie Sie mit dem Dienstprogramm API-Viewer Funktionen, Konstanten und Deklarationen hinzufügen können.
- wie Sie mit der API-Funktion *GlobalMemoryStatus* die Speicherbelegung des Systems überwachen.

In Lektion 18 werden Sie Ihre Programme erweitern, indem Sie die leistungsfähigen Funktionen der Microsoft Windows API (Application Programming Interface – Anwendungsprogrammierschnittstelle) verwenden. Der Aufruf von Funktionen der Windows API wird häufig als „fortgeschrittenes" Programmierkonzept betrachtet. Nach einigen Beispielübungen werden Sie das Konzept sicher recht einfach und nützlich finden. Zuerst werden der allgemeine Funktionsumfang der Windows API und die Aufrufkonventionen vorgestellt. Danach werden Sie lernen, wie Sie mit Hilfe des Add-Ins *API-Viewer* von Microsoft Visual Basic eine bestimmte API-Funktion suchen und die erforderliche Deklaration in Ihr Projekt einzufügen. Schließlich werden Sie erfahren, wie Sie mit Hilfe der API-Funktion *GlobalMemoryStatus* die Speicherbelegung Ihres Computers überwachen. Sie werden die Grundkenntnisse, die Sie in dieser Lektion erwerben, in Ihrer künftigen Arbeit mit der Windows API einsetzen können.

Was ist die Windows API?

Wie es bei Akronymen häufig der Fall ist, klingt der Begriff *Windows API* recht mysteriös. Dieses ominös klingende Etwas ist eine riesige Sammlung von Funktionen, die gebräuchliche Aufgaben des Betriebssystems Microsoft Windows erledigen. Windows-Anwendungen und Software-Entwicklungstools verwenden diese Routinen, um alltägliche Programmieraufgaben auszuführen. Beispielsweise ruft Visual Basic die Windows API auf, wenn Grafiken dargestellt, Dateien gespeichert und Speicher für

Lektion 18 ⋮ **Mit der Windows API arbeiten**

eine neue Anwendung reserviert wird. Mehr als 1000 Funktionen sind in der Windows API zusammengefasst. Diese Funktionen gliedern sich in verschiedene allgemeine Kategorien: Systemdienste (Routinen im Kernel), GDI (Graphics Device Interface), Verwaltung von Windows-Anwendungen, Multimedia und so weiter. In der Praxis wird die Windows API als Gruppe von .dll-Dateien (DLL – Dynamic Link Libraries) implementiert, die zur Laufzeit geladen werden, um Programmen, die unter dem Betriebssystem Windows aktiv sind, bestimmte Dienste zur Verfügung zu stellen.

Wenn es sich bei den Funktionen der Windows API einfach um Funktionen handelt, worin unterscheiden sie sich dann von Funktionen wie *UCase*, *Eof* und *Format*, die Visual Basic-Programmierer regelmäßig verwenden? Der einzige wirkliche Unterschied besteht darin, dass die Visual Basic-Funktionen in der Entwicklungsumgebung Visual Basic automatisch verfügbar sind, während Sie die Windows-API-Funktionen erst innerhalb eines Standardmoduls oder einer Ereignisprozedur in einem Projekt deklarieren müssen. Sobald sie deklariert worden sind, werden die Windows-API-Funktionen genauso wie die integrierten Visual Basic-Funktionen gehandhabt: Sie rufen sie über die Angabe des Namens und der erforderlichen Argumente auf, und Sie erhalten einen Rückgabewert, den Sie in Ihren Programmen verarbeiten können.

Die Funktion GlobalMemoryStatus

In dieser Lektion verwende ich die Windows-API-Funktion *Global-MemoryStatus*, die Informationen über die aktuelle Speicherbelegung des Computers zurückgibt. Sie deklarieren die Funktion *GlobalMemoryStatus* in einem Standardmodul (.bas-Datei), indem Sie eine Programmanweisung am Anfang des Moduls einfügen, die Visual Basic mitteilt, was die Funktion *GlobalMemoryStatus* tut und welche Argumente sie benötigt. Wie allgemein üblich, habe ich die Deklaration unter Verwendung des Zeilenfortsetzungszeichens (_) in zwei Zeilen umbrochen, damit ich sie im Codefenster einfacher betrachten kann. Die Deklaration der API-Funktion *GlobalMemoryStatus* sieht folgendermaßen aus:

```
Public Declare Sub GlobalMemoryStatus Lib "kernel32" _
    (lpBuffer As MemoryStatus)
```

Eine typische Deklaration einer WIN-API-Funktion

Wahrscheinlich werden Ihnen an dieser Deklaration sofort einige Merkwürdigkeiten auffallen. *GlobalMemoryStatus* ist der Name der Funktion aus der Windows-API-Bibliothek. Wenn ich die Funktion *GlobalMemoryStatus* in meinem Programm aufrufe, verwende ich diesen Namen, um die Funktion auszuführen, und ich gebe die Argumente an, die in Klammern am Ende der Deklarationsanweisung aufgeführt sind. (Diese Funktion benötigt nur ein Argument, andere Funktionen erfordern jedoch mehrere Argumente.) Der Parameter „*kernel32*" bezeichnet die Biblio-

510

| Lektion 18 | Mit der Windows API arbeiten |

thek, die ich verwende, nämlich die 32-Bit-Windows-API-Bibliothek, die Funktionen des Betriebssystemkerns enthält.

Der Name des geforderten Arguments lautet *lpBuffer*. Das zwei Zeichen umfassende Präfix *lp* kennzeichnet das Argument als Zeigerwert vom Typ Long Integer, eine Speicheradresse, die den Speicherort identifiziert bzw. auf die Daten zeigt, die ich verwende, um Daten über die Speicherbelegung des Computers zu erfassen. Das Argument *lpBuffer* wird nicht unter Verwendung eines Standarddatentypen von Visual Basic deklariert, wie z.B. Integer, String oder Boolean. Stattdessen wird er mit Hilfe eines benutzerdefinierten Typs namens *MemoryStatus* deklariert, der acht numerische Einträge enthält, die Angaben zum Status des physischen und virtuellen Speichers des Computers enthalten. Der Programmierer, der diese API-Funktion entwarf, deklarierte den Typ *MemoryStatus* mit Hilfe einer *struct*-Anweisung in der Programmiersprache C. (Ich erwähne dies, da Ihnen das Schlüsselwort *struct* in Typdeklarationen noch häufiger begegnen wird. Die Windows API wird vorwiegend von C-Programmierern verwendet, die Datentypen und Funktionsaufrufe auf eine etwas andere Weise beschreiben.)

Es ist etwas umständlich, eine Windows-API-Funktion in Visual Basic zu deklarieren, da Sie die Deklarationen jedes benutzerdefinierten Typs, der in der aufzurufenden API-Funktion verwendet wird, in das Programm aufnehmen müssen. In unserem Beispiel erfordert die Funktion *GlobalMemoryStatus* den Typ *MemoryStatus*. Zudem ist zu beachten, dass die Deklaration der Funktion *GlobalMemoryStatus* in das Standardmodul eingefügt werden muss. Die Deklaration des Typs *MemoryStatus* sieht wie folgt aus:

Der Typ *Memory-Status* speichert die Daten, die während des API-Aufrufs erfasst werden.

```
Public Type MemoryStatus
        dwLength As Long
        dwMemoryLoad As Long
        dwTotalPhys As Long
        dwAvailPhys As Long
        dwTotalPageFile As Long
        dwAvailPageFile As Long
        dwTotalVirtual As Long
        dwAvailVirtual As Long
End Type
```

Benutzerdefinierte Typen werden in Visual Basic durch die Anweisung *Public Type* eingeleitet und die Schlüsselwörter *End Type* beendet. Die Angaben, die zwischen diesen beiden Anweisungen stehen, definieren den Namen des Typs und die einzelnen Elemente des Typs. Bei diesem Typ bedeutet das Präfix *dw*, mit dem jedes Element dieser Typdeklaration beginnt, „double word" bzw. DWORD in der Programmiersprache C, womit ein 4 Byte (32 Bit) langer Integer-Wert bezeichnet wird. In Visual

Lektion 18 | **Mit der Windows API arbeiten**

Basic verwenden Sie in der Typdeklaration zwar das Schlüsselwort Long, behalten jedoch das Präfix *dw* bei. Der Variablentyp Long (der für sehr große Integer-Werte verwendet wird) ist erforderlich, da die Zahlen, die von der Funktion *GlobalMemoryStatus* zurückgegeben werden, in Byte gemessene Speichergrößen sind und sehr schnell recht groß werden können. Beispielsweise entsprechen 32 MB Arbeitsspeicher (RAM) – eine gängige Arbeitsspeichergröße – 33.554.432 Byte.

Bevor Sie die Funktion *GlobalMemoryStatus* aufrufen, müssen Sie eine öffentliche Variable vom Typ *MemoryStatus* in Ihrem Standardmodul deklarieren, damit Sie der Funktion *GlobalMemoryStatus* Daten übergeben und die Ergebnisse empfangen können. Sie können für diese Variable einen beliebigen Namen wählen. Ich habe in meinem Programm, das Sie in Kürze ausführen werden, für diese Variable den Namen *memInfo* gewählt:

Eine Variable vom Typ *MemoryStatus* deklarieren.

```
Public memInfo As MemoryStatus
```

Anschließend müssen Sie die Variable *memInfo* für den Aufruf der Funktion *GlobalMemoryStatus* vorbereiten. *GlobalMemoryStatus* erfordert, dass das Element *dwLength* des *MemoryStatus*-Typs die Länge (in Byte) der Variablen vom Typ *MemoryStatus* angibt. Die Anforderung, die Länge von *MemoryStatus* anzugeben, mag seltsam scheinen, weil wir die Länge von *MemoryStatus* im voraus kennen; in der Regel beträgt sie 32 Byte (acht 4 Byte lange Integer-Werte). Windows-API-Funktionen erfordern in der Regel diese Angabe, wenn sie über Zeiger auf Speicherbereiche zugreifen. (Mit Hilfe dieser Syntax kann die Funktion die korrekte Menge an Speicher für sich reservieren und große Zahlen handhaben.) Um diese Längenangabe programmgesteuert zuzuweisen, fügen Sie die folgende Programmanweisung entweder in die *Form_Load*-Ereignisprozedur oder an einer anderen Stelle vor dem Aufruf der Funktion *GlobalMemoryStatus* in den Code ein:

Die Länge des benutzerdefinierten Typs ermitteln.

```
memInfo.dwLength = Len(memInfo)
```

In dieser Anweisung wird mit Hilfe der Funktion *Len* die gesamte Länge der Variablen *memInfo* ermittelt, die den Typ *MemoryStatus* enthält. Diese Zahl wird dann dem Element *dwLength* der Variablen *memInfo* zugewiesen.

Nachdem das Element *dwLength* mit der korrekten Längenangabe initialisiert worden ist, kann die Funktion *GlobalMemoryStatus* im Programm aufgerufen werden. Sie verwenden hierzu die *Call*-Anweisung und übergeben die Funktion einschließlich der Variablen *memInfo* als Argument. (Wenn die Funktion *GlobalMemoryStatus* in einem Standardmodul deklariert worden ist, können Sie diese Anweisung in jede Ereignisprozedur in Ihr Projekt einfügen.)

Die API-Funktion aufrufen.

```
Call GlobalMemoryStatus(memInfo)
```

512

Lektion 18 | **Mit der Windows API arbeiten**

Nachdem der Aufruf der API-Funktion *GlobalMemoryStatus* vom Betriebssystem Windows erfolgreich bearbeitet wurde, enthält die Variable *memInfo* acht lange Integer-Werte mit Daten über die aktuelle Speicherbelegung Ihres Computers. Das Element *dwLength* enthält nach wie vor die gleiche Zahl (32 Byte), die übrigen Elemente dieses Typs enthalten nun aber nützliche Informationen über die Speicherauslastung. In der folgenden Anweisung wird z.B. das Element *dwTotalPhys* verwendet, um die Gesamtmenge an physisch vorhandenem Arbeitsspeicher (RAM) in einem Meldungsfeld anzuzeigen.

Die Elemente der Variablen *memInfo* enthalten die Ergebnisse des API-Aufrufs.

```
MsgBox memInfo.dwTotalPhys
```

Analog hierzu, zeigt die folgende Anweisung die Gesamtmenge des auf Ihrem System verfügbaren virtuellen Speichers in Byte an. (Virtueller Speicher umfasst den physischen Arbeitsspeicher plus den Festplattenspeicher, der für temporäre Dateien verwendet wird.)

```
MsgBox memInfo.dwTotalVirtual
```

Bei jedem Aufruf der Funktion *GlobalMemoryStatus* aktualisiert das Betriebssystem Windows die Variable mit Daten über die Speicherbelegung Ihres System.

Sie haben gerade einen Eindruck davon gewonnen, wie die Windows API in Programmen verwendet wird. Ihnen wird wahrscheinlich aufgefallen sein, dass hier eigentlich nur zwei wichtige Arbeitstechniken zu meistern sind. Erstens müssen Sie die richtigen Funktions- und Typdeklarationen in Ihr Programm aufnehmen, damit Sie die Windows API korrekt aufrufen können. Zweitens müssen Sie sich mit einigen neuen Begriffen und Syntaxelementen auseinander setzen, die aus der Programmiersprache C stammen. Zu diesen Begriffen gehören *Zeiger*, *DWORD, Struktur* und verschiedene andere Begriffe, die hier noch nicht behandelt wurden. Die meisten dieser Begriffe lassen sich äquivalenten Programmierkonzepten in Visual Basic zuordnen, so dass Sie keine völlig neue Begrifflichkeit lernen müssen, um eine Windows-API-Funktion aufrufen zu können.

So weit, so gut. Aber wie findet man heraus, welche Deklarationen, Datentypen und Konstanten man für die übrigen 1000+ Windows-API-Funktionen verwenden muss? Sind diese Informationen in der Online-Hilfe oder in einem riesigen Buch verfügbar? Ihnen stehen beide Arten von Informationen zur Verfügung. In der MSDN Library werden alle 1000+ Funktionen der Windows API erläutert. Zudem ist beim Verlag Ziff-Davis Press ein Referenzwerk erschienen, das die Windows-API-Funktionen beschreibt, die für Visual Basic-Programmierer am nützlichsten sind (*Dan Appleman, Visual Basic 5.0 Programmer's Guide to the Win32 API*, ISBN 1-56276-446-2). Bevor Sie sich diesen hilfreichen Referenzmaterialien zuwenden, sollten Sie sich das Dienstprogramm *API-Viewer* ansehen. Sie können dieses Add-In-Programm über das Menü

Lektion 18 — Mit der Windows API arbeiten

Add-Ins in der Menüleiste von Visual Basic starten. Dieses Dienstprogramm kann die Deklarationen, Konstanten und Typen, die Sie zum Aufruf von Windows-API-Funktionen benötigen, in Ihr Projekt einfügen.

Das Dienstprogramm API-Viewer verwenden

Um den Einsatz von Windows-API-Funktionen zu erleichtern, gehört eine spezielle Textdatei namens Win2api.txt zum Lieferumfang von Visual Basic 6, die sämtliche Deklarationen, Konstanten und benutzerdefinierten Typen enthält, die Sie benötigen, um Windows-API-Funktionen aus einem Visual Basic-Projekt aufzurufen. Microsoft hat den Aufbau dieser Textdatei auf die Verwendung mit dem Add-In-Programm API-Viewer zugeschnitten, so dass Sie rasch nach Funktionen suchen und den erforderlichen Code automatisch übernehmen können. Sie werden das Dienstprogramm API-Viewer nun ausprobieren und die Deklarationen einfügen, die wir oben eingehender betrachtet haben.

Das Add-In API-Viewer installieren

Zuerst erstellen Sie einen Menübefehl für das Add-In-Programm API-Viewer.

❶ Starten Sie Visual Basic, und öffnen Sie ein neues Standardprojekt.

❷ Klicken Sie im Menü *Add-Ins* auf den Befehl *Add-In-Manager*.

Das Dialogfeld *Add-In-Manager* wird anzeigt. Es enthält eine Liste aller zusätzlichen Dienstprogramme, die Sie in das Menü *Add-Ins* der Menüleiste von Visual Basic einfügen können. Ein *Add-In* ist ein Spezialprogramm, das die Funktionalität Ihrer Visual Basic-Anwendungen in bestimmter Weise erweitert. Visual Basic 6 enthält mehrere Standard-Add-Ins. Add-Ins werden zudem von anderen Herstellern angeboten.

❸ Doppelklicken Sie im Listenfeld auf das Add-In *VB 6 API-Viewer*.

Das Wort *Geladen* erscheint neben dem Namen des Add-In, und im Feld *Beschreibung* wird der Zweck dieses Dienstprogramms erläutert. Das Markierungskästchen *Laden/Entladen* ist markiert. Wenn dieses Markierungskästchen ausgewählt ist, wird das ausgewählte Programm bei allen Projekten im Menü *Add-Ins* angezeigt, bis Sie es entfernen. Ihr *Add-In-Manager* sollte nun wie in Abbildung 18.1 aussehen.

Falls das Add-In *VB 6 API-Viewer* nicht angezeigt wird, führen Sie das Setup von Visual Basic 6 erneut aus und installieren sämtliche Add-In-Programme.

❹ Klicken Sie auf *OK*, um das Dienstprogramm API-Viewer in das Menü *Add-Ins* aufzunehmen.

Lektion 18 Mit der Windows API arbeiten

Abbildung 18.1
Der *Add-In-Manager* zeigt an, dass das Dienstprogramm API-Viewer geladen ist.

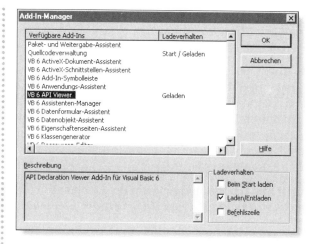

Der Befehl *API-Viewer* wird daraufhin in das Menü *Add-Ins* eingefügt.

Mit dem API-Viewer Deklarationen einfügen

Sie werden nun üben, wie Sie mit dem Dienstprogramm API-Viewer nach API-Funktionen suchen.

❶ Klicken Sie im Menü *Add-Ins* auf den Befehl *API-Viewer*.

Das Fenster *API-Viewer* wird auf dem Bildschirm angezeigt. Sie müssen nun die Datei *Win32api.txt* finden. (Das Dienstprogramm API-Viewer kann jede Textdatei öffnen, die Windows-API-Deklarationen enthält. Wenn weitere API-Auflistungen veröffentlicht werden, werden Sie diese mit diesem Dienstprogramm öffnen können.)

❷ Klicken Sie im Menü *Datei* des API-Viewer auf den Befehl *Textdatei laden*.

❸ Suchen Sie die Datei *Win32api.txt* auf Ihrem System, und öffnen Sie sie.

Bei den meisten Visual Basic-Systemen befindet sich diese Datei im Ordner *C:\Programme\Microsoft Visual Studio\Common\Tools\Winapi*. Falls auf Ihrem System kein Ordner dieses Namens existiert, suchen Sie diese Datei mit Hilfe des Befehls *Suchen* aus dem Windows *Start*-Menü. (Sie finden diese Datei auch auf den Visual Basic Setup-CDs.)

Die Datei *Win32api.txt* hat eine Größe von über 640 KB, und wird daher möglicherweise recht langsam verarbeitet. Sie können die Datei in das Microsoft Jet-Datenbankformat konvertieren, damit Suchläufe schneller ausgeführt werden, indem Sie im Menü *Datei* den Befehl *Text in Datenbank umwandeln* wählen.

❹ Geben Sie das API-Viewer-Textfeld **GlobalMemoryStatus** ein.

Lektion 18 Mit der Windows API arbeiten

Während der Eingabe werden Namen von API-Funktionen im Textfeld *Verfügbare Elemente* angezeigt. Wenn Sie den gesamten Begriff eingegeben haben, ist *GlobalMemoryStatus* als einziges Element ausgewählt.

Falls Ihre Version der Datei *Win32api.txt* die Funktion *GlobalMemoryStatus* nicht enthält, suchen Sie stattdessen nach der Funktion *MemoryStatus*. Beide Funktionen erfüllen die gleiche Aufgabe und werden mit dem gleichen Parametertyp (*MemoryStatus*) aufgerufen. Die Datei *Win32api.txt* wird von Zeit zu Zeit aktualisiert, um Änderungen und neuen Namenskonventionen der Betriebssysteme Windows und Windows NT Rechnung zu tragen.

❺ Klicken Sie auf *Hinzufügen*, um die Deklaration der Funktion *GlobalMemoryStatus* in die Liste *Ausgewählte Elemente* aufzunehmen.

Das Fenster *API-Viewer* sollte nun wie in Abbildung 18.2 aussehen.

Abbildung 18.2
Die Deklaration der Funktion *GlobalMemoryStatus* wird im API-Viewer angezeigt.

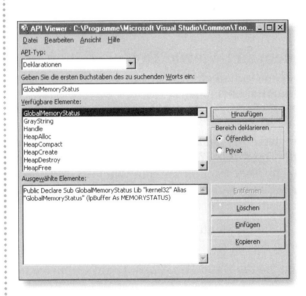

Nun fügen Sie die Typdeklaration *MemoryStatus* zur Liste *Ausgewählte Elemente* hinzu.

❻ Klicken Sie auf das Dropdown-Listenfeld *API-Typ* und dort auf den Listeneintrag *Typen*.

Der API-Viewer durchsucht die Datei *Win32api.txt* nach Typdeklarationen und zeigt die ersten Deklarationen im Listenfeld *Verfügbare Elemente* an. Wenn Sie aufgefordert werden, die Datei *Win32api.txt* als Datenbank zu speichern, um die Suche zu beschleunigen, klicken Sie auf *Nein*. Sie können diesen zusätzlichen Arbeitsschritt ausführen, wenn Sie die Datei *Win32api.txt* häufig verwenden.

Lektion 18 Mit der Windows API arbeiten

❼ Löschen Sie den Funktionsnamen *GlobalMemoryStatus* aus dem Textfeld
„Geben Sie die ersten Buchstaben...". Geben Sie jetzt **MemoryStatus** ein,
und klicken Sie auf die Schaltfläche *Hinzufügen*.

Die Typdeklaration *MemoryStatus* wird in das Listenfeld *Ausgewählte
Elemente* kopiert. Sie kopieren nun beide Deklarationen in die Zwischenablage, damit Sie sie in ein Standardmodul Ihres Visual Basic-Programms einfügen können.

❽ Klicken Sie auf die Schaltfläche *Kopieren*.

Das Programm API-Viewer kopiert beide Deklarationen in die Windows-
Zwischenablage.

❾ Minimieren Sie das Fenster des Dienstprogramms API-Viewer, und maximieren Sie das der Entwicklungsumgebung Visual Basic.

❿ Wählen Sie im Menü *Projekt* den Befehl *Modul hinzufügen*, und klicken
Sie dann auf die Schaltfläche *Öffnen*, um ein neues Standardmodul in
Ihrem Projekt zu öffnen.

⓫ Vergewissern Sie sich, dass sich die Einfügemarke im Codefenster des
Standardmoduls befindet. Klicken Sie dann in der Symbolleiste von
Visual Basic auf die Schaltfläche *Einfügen*, um die beiden Deklarationen
in das Modul einzufügen.

Visual Basic fügt die Deklarationen in Ihr Standardmodul ein.

⓬ Umbrechen Sie die erste Zeile mit dem Zeilenfortsetzungszeichen (_) in
zwei Zeilen, so dass die gesamte Deklaration im Codefenster sichtbar ist.

Sie umbrechen die Zeile am besten nach dem Bibliotheksnamen
„kernel32". Der Zeilenumbruch darf nie mitten in einer Anweisung oder
eines in Anführungszeichen gesetzten Ausdrucks erfolgen.

⓭ Verschieben Sie die *GlobalMemoryStatus*-Deklaration (die nun zwei
Zeilen umfasst) unter die Typdeklaration *MemoryStatus*.

Ihr Codefenster sollte nun wie Abbildung 18.3 aussehen.

Die Deklaration der Funktion *GlobalMemoryStatus* muss unter die Typdeklaration verschoben werden, da die Deklaration von *GlobalMemory-
Status* auf den Typ *MemoryStatus* Bezug nimmt. Würde die Typdeklaration der Funktionsdeklaration folgen, würde Visual Basic eine Fehlermeldung anzeigen, wenn Sie versuchen, das Programm auszuführen.

⓮ Schließen Sie das Dienstprogramm API-Viewer, das minimiert auf der
Windows-Task-Leiste angezeigt wird.

So einfach ist das! Das Dienstprogramm API-Viewer kopiert automatisch
alle Informationen, die zur Ausführung einer Windows-API-Funktion be-

517

Abbildung 18.3
Das Codefenster mit den mit Hilfe des Add-Ins API-Viewer eingefügten Deklarationen.

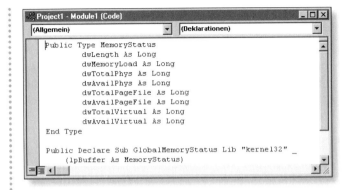

nötigt werden. Sie suchen einfach nach der benötigten API-Funktion und kopieren sie über die Zwischenablage in Ihr Projekt!

Einige API-Funktionen und -Typen enthalten in ihren Deklarationen Konstanten. Sie können mit dem Dienstprogramm API-Viewer auch Konstantendeklarationen aus der Datei *Win32api.txt* in Ihr Projekt kopieren. Die in der Datei *Win32api.txt* enthaltenen Konstanten ähneln den Konstanten, die Sie bereits in Visual Basic kennen gelernt haben (z.B. die Konstanste *vbYesNo*, die Sie in Meldungsfeldern verwenden, um die Schaltflächen *Ja* und *Nein* anzuzeigen). Um eine Konstantendeklaration mit Hilfe des Dienstprogramms API-Viewer hinzuzufügen, klicken Sie im API-Viewer im Listenfeld *Typ* auf *Konstanten*, geben den Namen der Konstanten in das Textfeld „Geben Sie die ersten Buchstaben..." ein und kopieren die Konstantendeklaration dann in Ihr Standardmodul.

Die Speicherbelegung Ihres Computers überwachen

Nachdem Sie sich mit der Funktion *GlobalMemoryStatus* nun etwas vertraut gemacht haben, sollten Sie sich einige Minuten Zeit nehmen und das Programm *FreeMem* ausführen, das ich mit Visual Basic erstellt habe, um die Leistungsfähigkeit der API-Funktion *GlobalMemoryStatus* zu demonstrieren. Das Programm *FreeMem* zeigt in grafischer Form die Menge an physischem und virtuellem Speicher an, der auf Ihrem System belegt ist. Diese Informationen sind hilfreich, wenn Sie überwachen möchten, wie Anwendungen den Arbeits- und Festplattenspeicher Ihres Computers nutzen. Wenn Sie beispielsweise herausfinden, dass nur noch sehr wenig virtueller Speicher verfügbar ist, können Sie mehr Festplattenspeicher verfügbar machen. Das Programm *FreeMem* verwendet die Funktion *GlobalMemoryStatus* auch, um genauere Angaben über die Speicherbelegung Ihres Systems (in Byte) anzuzeigen:

Lektion 18   Mit der Windows API arbeiten

- Gesamtgröße des physischen Arbeitsspeichers (RAM) Ihres Computers.
- Gesamtgröße des physischen Arbeitsspeichers (RAM), der für Speicherzuweisungen verfügbar ist.
- Größe der aktuellen Auslagerungsdatei.
- Größe des freien Speichers in der aktuellen Auslagerungsdatei.
- Gesamtgröße des virtuellen Speichers (RAM plus Festplattenspeicher) Ihres Computers. Die Windows-Auslagerungsdatei (swp) verwaltet diesen Bereich.
- Gesamtgröße des virtuellen Speichers (RAM plus Festplattenspeicher), der für Speicherzuweisungen verfügbar ist.

Sie werden das Programm *FreeMem* nun ausführen und sich ansehen, wie die Speicherbelegung auf Ihrem System aussieht.

Das Programm FreeMem ausführen

❶ Öffnen Sie das Projekt *FreeMem.vbp* aus dem Ordner *\Vb6SfS\Lekt18*.

Wenn Sie aufgefordert werden, Ihre Änderungen zu speichern, klicken Sie auf *Nein*. (Ich habe bereits alle erforderlichen API-Deklarationen in dieses Projekt eingefügt.)

❷ Klicken Sie in der Symbolleiste auf die Schaltfläche *Starten*.

Das Programm *FreeMem* wird geladen. Es sammelt mit Hilfe der API-Funktion *GlobalMemoryStatus* Informationen über die Speicherauslastung Ihres Computers. Nach einem kurzen Moment wird das in Abbildung 18.4 dargestellte Ergebnis angezeigt.

Abbildung 18.4
Das Programm *FreeMem* zeigt an, wie viel Speicher noch verfügbar ist.

FreeMem zeigt zwei grundlegende Speicherdaten grafisch an: die Gesamtmenge an belegtem physischem Speicher und die Gesamtmenge an virtuellem Speicher, der durch die Auslagerungsdatei belegt wird. Diese Angaben werden über ein Zeitgeberobjekt des Programms alle drei Sekunden aktualisiert. Die Fortschrittsleiste stellt diese Daten in grafischer Form und als Prozentanteil dar.

Lektion 18   **Mit der Windows API arbeiten**

Kommt Ihnen die Angabe zum belegten physischen Speicher zu hoch vor? Obwohl es ungewöhnlich scheint, seien Sie nicht überrascht, wenn die Prozentangabe zum belegten physischen Speicher (RAM) auf Ihrem Computer fast 100% beträgt. Auch wenn Sie nur eine Anwendung ausführen (Visual Basic), füllt der Speicher-Manager von Windows den freien Arbeitsspeicher (RAM) Ihres Computers mit Routinen des Betriebssystems, Auslagerungsdateien, Code von zuvor geöffneten Anwendungen, nützliche DLLs, Zwischenablagedaten und so weiter. Daher ist ein hoher Prozentwert für die Belegung des physischen Speichers ganz normal.

❸ Klicken Sie auf dem Formular auf die Schaltfläche *Details*, um genauere Angaben zur Speicherbelegung Ihres Computers anzuzeigen.

FreeMem öffnet ein zweites Formular, um die Ergebnisse des letzten Aufrufs der API-Funktion *GlobalMemoryStatus* anzuzeigen. Dieses Formular sieht in etwa wie Abbildung 18.5. aus.

Abbildung 18.5
Das Formular
Details zur Speicherbelegung.

Die API-Funktion *GlobalMemoryStatus* gibt diese Werte im Typ *MemoryStatus* zurück. Obwohl die Funktion als Standardmaßeinheit Bytes verwendet, werden die Angaben hier im KB (Kilobyte) angezeigt, damit sie leichter lesbar sind. (Dazu werden die Rückgabewerte der Funktion jeweils durch 1024 dividiert.) Die Angaben zum physischen und zum virtuellen Speicher sind Ihnen mittlerweile sicher vertraut, die Angaben zur Auslagerungsdatei bedürfen aber wahrscheinlich einer näheren Erläuterung.

Eine Auslagerungsdatei ist ein Block virtuellen Speichers.

Der Windows-Auslagerungsdatei (auch Swap-Datei genannt) sind Speicherblöcke fester Größe, die sogenannten *Speicherseiten*, zugeordnet. Diese Speicherblöcke können Programmen zugewiesen werden, die gerade ausgeführt werden. Der Windows-Speicher-Manager verwaltet die Auslagerungsdateien im virtuellen Speicher, so dass der schnellste physische Speicher den Programmen zugewiesen werden kann, die zuletzt verwendet wurden. Auslagerungsdateien bieten einen weiteren

Lektion 18 | Mit der Windows API arbeiten

Vorteil: Der Programmierer muss sich nicht um die genaue Position des von einem Programm verwendeten Speichers kümmern. Der Inhalt der Auslagerungsdatei kann sich an einer beliebigen Position innerhalb der Window-Auslagerungsdatei befinden – im Arbeitsspeicher, auf der Festplatte oder einem anderen Datenträger des Systems. Wenn eine Auslagerungsdatei voll ist, öffnet der Windows-Speicher-Manager eine neue.

❹ Klicken Sie auf *OK*, um das Detailformular zu schließen, und dann auf *Beenden*, um das Programm zu beenden.

Sie werden sich nun den Programmcode dieses Beispielprogramms ansehen.

Den Quellcode des Programms FreeMem untersuchen

❶ Öffnen Sie das Standardmodul (*FreeMem.bas*) im Codefenster, um sich anzusehen, wie die Funktion *GlobalMemoryStatus* deklariert ist.

Sie finden die gleichen Programmanweisungen, die ich in diesem Kapitel schon erläutert habe: den Typ *MemoryStatus*, der acht Angaben zum Systemspeicher enthält, eine Deklarationsanweisung für die API-Funktion *GlobalMemoryStatus* und eine Deklarationsanweisung für eine öffentliche Variable namens *MemInfo* vom Typ *MemoryStatus* (siehe Abbildung 18.6).

Abbildung 18.6
Der Quellcode mit den Deklarationen des Typs *Memory-Status* und der Funktion *Global-MemoryStatus*.

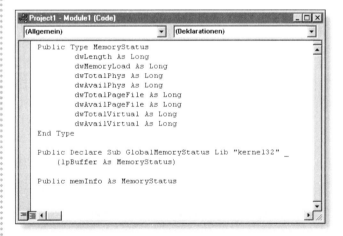

❷ Öffnen Sie das primäre Formular (*Form1*) im Codefenster, und zeigen Sie die Ereignisprozedur *Form_Load* an, um sich anzusehen, wie die Funktion *GlobalMemoryStatus* verwendet wird.

Diese Prozedur enthält folgenden Quellcode:

```
Private Sub Form_Load()
    'Länge des Typs memInfo ermitteln
```

Lektion 18 | **Mit der Windows API arbeiten**

```
    memInfo.dwLength = Len(memInfo)
    'API-Funktion GlobalMemoryStatus aufrufen zur
    'Initialisierung der Fortschrittsleisten
    Call GlobalMemoryStatus(memInfo)
    pgbPhysMem.Min = 0
    pgbPhysMem.Max = memInfo.dwTotalPhys
    pgbVirtMem.Min = 0
    pgbVirtMem.Max = memInfo.dwTotalVirtual
End Sub
```

Wie weiter vorn bereits beschrieben, müssen Sie dem Element *dwLength* des Typs *memInfo* die Länge des Typs zuweisen, bevor Sie die Funktion *GlobalMemoryStatus* zum ersten Mal aufrufen können. Nachdem dieser Wert (32 Byte) mit der Funktion *Len* zugewiesen wurde, rufe ich die API-Funktion *GlobalMemoryStatus* auf und verwende die Elemente *dwTotalPhys* und *dwTotalVirtual*, um den Maximumwert der beiden Fortschrittsleisten meines Programms festzulegen. (Damit ich diese Fortschrittsleisten einfacher unterscheiden kann, habe ich sie *pgbPhysMem* und *pgbVirtMem* genannt.)

❸ Öffnen Sie die Prozedur *Timer1_Timer* im Codefenster, die die Aktualisierung der Fortschrittsleisten mit den aktuellen Angaben zur Speicherbelegung steuert.

Diese Prozedur enthält folgenden Code:

```
Private Sub Timer1_Timer()
    Dim PhysUsed
    Dim VirtUsed
    'API-Funktion GlobalMemoryStatus aufrufen, um Daten
    'zur Speicherbelegung zu erhalten
    Call GlobalMemoryStatus(memInfo)
    PhysUsed = memInfo.dwTotalPhys - memInfo.dwAvailPhys
    pgbPhysMem.Value = PhysUsed
    'Speicherbelegung mit Hilfe von Bezeichnungsfeldern und
    'Fortschrittsleisten anzeigen
    lblPhysUsed.Caption = "Physischer Speicher belegt: " & _
        Format(PhysUsed / memInfo.dwTotalPhys, "0.00%")
    VirtUsed = memInfo.dwTotalVirtual - memInfo.dwAvailVirtual
    pgbVirtMem.Value = VirtUsed
    lblVirtUsed.Caption = "Virtueller Speicher belegt: " & _
        Format(VirtUsed / memInfo.dwTotalVirtual, "0.00%")
End Sub
```

Da sich die Speicherbelegung ständig ändert, möchte ich die Anzeige alle paar Sekunden aktualisieren, damit der Anwender diese Änderungen verfolgen kann. (Sie können die Änderungen beobachten, wenn Sie wäh-

Lektion 18   **Mit der Windows API arbeiten**

rend der Programmausführung von *FreeMem* ein anderes Programm starten und beenden.) Am einfachsten lässt sich die Anzeige mit Hilfe eines Zeitgeberobjekts in regelmäßigen Abständen aktualisieren. Ich habe die Eigenschaft *Interval* des Zeitgeberobjekts (*Timer1*) auf 3000 (drei Sekunden) eingestellt. Solange das Programm ausgeführt wird, ruft die Ereignisprozedur *Timer1_Timer* die *FunktionGlobalMemoryStatus* alle drei Sekunden auf und aktualisiert die Fortschrittsleisten. (Beachten Sie, dass ich den verfügbaren Speicher von der Gesamtspeichermenge subtrahiere, um den Prozentanteil des belegten Speichers zu erhalten.)

❹ Öffnen Sie das zweite Formular (*frmDetails*) im Codefenster, und zeigen Sie die Ereignisprozedur *Form_Load* an, die die Anzeige der Speicherdaten steuert.

Diese Prozedur enthält folgenden Quellcode:

```
Private Sub Form_Load()
    'Mit Hilfe des Typs memInfo Angaben zur Speicherbelegung anzeigen
    lblTotalPhys.Caption = "Physischer Arbeitsspeicher (RAM) gesamt: " & _
        memInfo.dwTotalPhys / 1024 & " KB"
    lblAvailPhys.Caption = "Freier physischer Speicher (RAM): " & _
        memInfo.dwAvailPhys / 1024 & " KB"
    lblTotalPage.Caption = "Belegt in aktueller Auslagerungsdatei (in KB): " & _
        memInfo.dwTotalPageFile / 1024
    lblAvailPage.Caption = "Frei in aktueller Auslagerungsdatei (in KB): " & _
        memInfo.dwAvailPageFile / 1024
    lblTotalVirtual.Caption = "Virtueller Speicher gesamt: " & _
        memInfo.dwTotalVirtual / 1024 & " KB"
    lblAvailVirtual.Caption = "Freier virtueller Speicher: " & _
        memInfo.dwAvailVirtual / 1024 & " KB"
End Sub
```

Das Formular *frmDetails* dient zur Anzeige detaillierter Daten zur Speicherbelegung. Ich habe den Programmcode zur Anzeige der Daten in die Ereignisprozedur *Form_Load* eingefügt, damit die Daten sofort angezeigt werden, wenn der Anwender auf die Schaltfläche *Details* klickt. Im Unterschied zu den Fortschrittsleisten und Bezeichnungsfeldern von *Form1*, enthält das Detailformular keine dynamische Datenanzeige, sondern einfach eine Momentaufnahme der aktuellen Speicherbelegung. Da ich sechs Bezeichnungsfelder zur Anzeige dieser Daten verwende, habe ich die Bezeichnungsfelder mit dem Präfix *lbl* und einer Beschreibung ihres Zweckes benannt, um sie einfacher verwalten zu können. Jedes Element des Typs *memInfo*, das von dieser Ereignisprozedur angezeigt wird, wird durch 1024 geteilt, damit die Daten in KB (Kilobyte) angegeben werden.

Lektion 18 Mit der Windows API arbeiten

Einen Schritt weiter: Programme mit Unload beenden

Lassen Sie das Programm *FreeMem* geöffnet, und nehmen Sie sich einen Moment Zeit, um zu betrachten, wie das Programm beendet wird, wenn der Anwender in *Form1* auf die Schaltfläche *Beenden* klickt.

● Öffnen Sie die Ereignisprozedur *Command2_Click* von *Form1* im Codefenster.

Diese Prozedur enthält folgenden Quellcode:

```
Private Sub Command2_Click()
    Unload frmDetails     'Zum Beenden beide Formulare aus dem Speicher
    Unload Form1          'entfernen
End Sub
```

Bislang haben Sie Ihre Programme mit der *End*-Anweisung beendet. An dieser Methode ist nichts auszusetzen. Wenn Sie sich jedoch mit anspruchsvolleren Programmierprojekten beschäftigen (und anspruchsvollere Programmierbücher zu Visual Basic lesen), werden Sie feststellen, dass etliche Visual Basic-Programmierer die Anweisung *Unload* zum Beenden Ihrer Programme verwenden. Die *Unload*-Anweisung sollte Ihnen nicht ganz unbekannt sein. Wir haben Sie bereits in Lektion 8 in einem Formular verwendet. Wie Sie sich erinnern werden, entfernt *Unload* das Formular nicht nur vom Bildschirm, sondern gibt auch den Speicher frei, der von ihm belegt wurde. Zudem kann *Unload* zum Beenden eines Programms verwendet werden, wenn sich die Anweisung auf das aktuelle (und einzige) Formular der geöffneten Anwendung bezieht. Ich verwende *Unload* in dieser Form im Programm *FreeMem* – *Unload* entfernt sowohl *frmDetails* als auch *Form1* aus dem Speicher. Probieren Sie diese Technik, die eine etwas professioneller aussehende Alternative zur End-Anweisungen darstellt, in Ihren Programmen aus.

Wenn Sie mit der nächsten Lektion fortfahren möchten

● Lassen Sie Visual Basic geladen, und schlagen Sie Lektion 19 auf.

Wenn Sie Visual Basic vorerst beenden möchten

● Klicken Sie im Menü *Datei* auf den Befehl *Beenden*.

Falls eine Aufforderung zum Speichern der Änderungen eingeblendet wird, klicken Sie auf *Nein*.

Lektion 18 | Mit der Windows API arbeiten

Zusammenfassung der Lektion

Möchten Sie	dann
Windows-API-Funktionen in einem Programm deklarieren,	kopieren Sie die erforderlichen Funktions-, Typ- und Konstantendeklarationen in ein Standardmodul Ihres Projekts. Sie können diese Deklarationen mit Hilfe des Add-In-Programms API-Viewer suchen und über die Windows-Zwischenablage in das Standardmodul kopieren.
die Länge eines benutzerdefinierten Typs ermitteln,	verwenden Sie die Funktion *Len*. Zum Beispiel: `memInfo.dwLength = Len(memInfo)`
eine Windows-API-Funktion aufrufen,	verwenden Sie die Anweisung *Call* und geben die erforderlichen Argumente an. Zum Aufruf der Funktion *GlobalMemoryStatus* ist beispielsweise folgende Anweisung erforderlich: `Call GlobalMemoryStatus(memInfo)`
auf die Elemente eines Typs zugreifen, der von einer Windows-API-Funktion zurückgegeben wird,	geben Sie den Variablennamen an, der dem Typ und dem Element entspricht. Um beispielsweise der Eigenschaft *Max* einer Fortschrittsleiste (*pgbPhysMem*) das Element *dwTotalPhys* der Variablen *memInfo* (vom Typ *MemoryStatus*) zuzuweisen, verwenden Sie folgende Anweisung: `pgbPhysMem.Max = memInfo.dwTotalPhys`
ein Programm mit einer *Unload*-Anweisung beenden,	geben Sie in der *Unload*-Anweisung das primäre Formular Ihres Programms als Argument an. Zum Beispiel: `Unload Form1`

Grundlagen der Internet-Programmierung

19 Download von Dateien mit dem Internet-Übertragung-Steuerelement

Geschätzte Dauer:
20 Minuten

In dieser Lektion lernen Sie

- wie Sie HTML-Dokumente vom World Wide Web zu Ihrem Computer herunterladen.
- wie Sie Dateien per FTP (File Transfer Protocol) über das Internet übertragen.
- wie Sie mit Fehlern umgehen, die während der Verarbeitung von Internet-Transaktionen auftreten.

In Teil F lernen Sie die grundlegenden Programmiertechniken kennen, die für die Arbeit mit Websites, Protokollen und Dynamic HTML-Anwendungen im Internet erforderlich sind. Für Softwareentwickler gibt es drei Möglichkeiten, Anwendungen durch Internet-Funktionalität zu erweitern. Auf der untersten Ebene können Sie Ihre Anwendung in die Lage versetzen, Dateien und HTML-Dokumente per Download vom Internet zu übertragen. Diese Fähigkeit ermöglicht es Ihnen, wichtige Informationen von nicht-lokalen Standorten zu sammeln, aber sie versetzt Sie nicht unbedingt in die Lage, diese Daten auch zu verarbeiten. (So könnten Sie beispielsweise .zip-Dateien übertragen.) Auf der nächsten Ebene können Sie Ihre Programme mit der Fähigkeit ausrüsten, HTML-Dokumente aus dem Web anzuzeigen. Dieser Grad der Unterstützung erlaubt es den Anwendern, aus dem Programm heraus über einen Browser wie beispielsweise Microsoft Internet Explorer auf HTML-Dokumente zuzugreifen. Schließlich können Sie Microsoft Visual Basic und ein spezielles Tools namens *DHTML-Page-Designer* verwenden, um Webanwendungen (DHTML-Seiten) zu erstellen, die mit Internet-Servern im Web zusammenarbeiten. Ich werde alle diese Programmiertechniken in Teil F behandeln.

In Lektion 19 machen Sie Ihre ersten Erfahrungen mit dem Internet, indem Sie lernen, wie Sie Dateien mit Hilfe des ActiveX-Steuerelements *Internet-Übertragung (Inet)* vom Internet herunterladen. Wie man alle Möglichkeiten des Internet nutzen kann, ist ein umfangreiches Thema, aber Sie müssen nicht alle diesbezüglichen Einzelheiten kennen, um ein paar Dateien von Ihrer Lieblingssite zu kopieren. In dieser Lektion werden Sie Dateien unter Verwendung zwei weit verbreiteter Internet-Protokolle vom Internet herunterladen: HTTP (Hypertext Transfer Protocol) und FTP (File Transfer Protocol). Das *Internet-Übertragung*-Steuerelement ist ein unkompliziert zu handhabendes Tool, das Ihnen die Details der Dateiübertragung für eine Vielzahl von Fällen abnimmt.

HTML-Dokumente vom World Wide Web herunterladen

Wie mittlerweile die meisten Programmierer werden auch Sie vermutlich großen Wert darauf legen, dass Ihre Anwendungen in der Lage sind, mit dem Internet zu kommunizieren. Vielleicht verwendet Ihr Unternehmen das Internet, um Dateien zu verschiedenen Standorten zu übertragen, oder Sie besuchen häufig eine bestimmte Website, die Dokumente und andere Informationen veröffentlicht, die Sie regelmäßig benötigen. Sofern Sie Ihre Visual Basic-Anwendungen mit einem Mindestmaß an Internet-Unterstützung ausstatten möchten, besteht der erste Schritt wahrscheinlich darin, die Anwender in die Lage zu versetzen, Dateien per Download von einem Server zu einem Clientcomputer zu übertragen. Ein *Server* ist ein im Internet aktiver Computer, der eine Webseite und andere Dienste verwaltet bzw. beherbergt. Ein *Client* ist ein Computer mit Zugang zum Internet, der Informationen von einem Server anfordert. Clientanforderungen können von einem Browser-Programm wie Internet Explorer oder einem Visual Basic-Programm ausgehen.

Um es Ihrem Visual Basic-Programm (dem Client) zu ermöglichen, Informationen von einem Internet-Server anzufordern, können Sie das ActiveX-Steuerelement *Internet-Übertragung* verwenden, das zusammen mit Visual Basic 6.0 Professional Edition ausgeliefert wird. Das *Internet-Übertragung*-Steuerelement kann Dateien unter Verwendung der beiden weit verbreiteten Internet-Protokolle *HTTP* und *FTP* vom Internet laden. HTTP dient hauptsächlich zur Übertragung von HTML (Hypertext Markup Language)-Dokumenten von Servern im Web. Wenn Sie eine Internet-Adresse in Ihrem Webbrowser mit „http://" beginnen, teilen Sie dem Server mit, dass Sie ein Dokument mit HTML-Formatbefehlen öffnen möchten, die Ihr Browser interpretieren und anzeigen kann. Auch das *Internet-Übertragung*-Steuerelement kann dieses Protokoll zum Download von Webseiten verwenden, die sich auf Servern im Internet befinden.

FTP .wird vor allem für die Übertragung von Binär- oder Textdateien von speziellen Servern verwendet, die als FTP-Server oder FTP-Sites bezeichnet werden. FTP-Server erkennen Sie an dem Präfix „ftp:/", das vor dem eigentlichen Servernamen steht. In der Regel setzen Unternehmen eine FTP-Site ein, um Projektdateien in Form (komprimierter) .zip-Dateien und andere Binärdateien, wie .dll-Dateien und Programmdateien (.exe-Dateien), zu übertragen. Das *Internet-Übertragung*-Steuerelement kann auch FTP-Transaktionen (für Download und Upload) handhaben.

Lektion 19   Download von Dateien mit dem Internet-Übertragung-Steuerelement

Mit Hilfe der Methode *OpenURL* des *Internet-Übertragung*-Steuerelements lässt sich mit einer einzigen Operation eine ganze Datei übertragen. Sie können mit diesem Steuerelement aber auch die einzelnen Schritte einer Dateiübertragung sozusagen „Byte für Byte" steuern. Die Beispiele dieser Lektion demonstrieren die einfachere *OpenURL*-Methode, die die gesamte Datei in einer synchronen Operation als Folge von Datenbytes überträgt. (Anders ausgedrückt bedeutet dies, dass Visual Basic solange keine weiteren Programmbefehle ausführt, bis die Dateiübertragung zum Abschluss gebracht worden ist.) Die byte-orientierte Technik ist für die meisten einfachen Anwendungen mit Internet-Unterstützung zu kompliziert, eignet sich jedoch zur Realisierung komplizierterer Dateiübertragungen. Um Daten auf diese Weise zu empfangen, können Sie die Methode *GetChunk* des *Internet-Übertragung*-Steuerelements verwenden.

Das *Internet-Übertragung*-Steuerelement ist ein ActiveX-Steuerelement, das Bestandteil von Visual Basic Professional Edition und Enterprise Edition ist. Sie füge das Steuerelement der Werkzeugsammlung hinzufügen, indem Sie das Menü *Projekt* öffnen, auf den Befehl *Komponenten* klicken, das Kontrollkästchen neben dem Namen des Steuerelements (*Microsoft Internet Transfer Control 6.0*) aktivieren und dann auf *OK* klicken.

Das Programm GetHTML ausführen

Versuchen Sie nun, das Programm *GetHTML* auszuführen, um herauszufinden, was sich mit dem Steuerelement *Internet-Übertragung* bewerkstelligen lässt.

❶ Starten Sie Visual Basic, und öffnen Sie das Projekt *GetHTML.vbp*, das sich auf der Festplatte im Ordner *\Vb6SfS\Lekt19* befindet.

❷ Klicken Sie in der Symbolleiste auf die Schaltfläche *Starten*, um das Programm auszuführen.

Die Benutzeroberfläche des Programms sieht in etwa wie in der folgenden Abbildung 19.1 aus.

GetHTML dient zum Herunterladen und Speichern von im Internet verfügbaren HTML-Dokumenten. Obwohl *GetHTML* ein Textfeld enthält, das Ihnen die Anzeige der HTML-Befehle ermöglicht, beinhaltet das Programm keinen Browser, mit dem Sie das Dokument interpretieren und als Webseite anzeigen können. (In Lektion 20 werden Sie erfahren, wie Sie Webseiten anzeigen können.) Allerdings haben Sie die Möglichkeit, das per Download übertragene Dokument mit dem Internet Explorer oder einem anderen Browser anzuzeigen.

GetHTML enthält ein weiteres Textfeld, das es Ihnen ermöglicht, das Dokument, welches Sie übertragen möchten, näher zu identifizieren, indem Sie die Internet-Adresse eingeben, einen Pfadnamen, der man

Lektion 19   Download von Dateien mit dem Internet-Übertragung-Steuerelement

Abbildung 19.1
Die Benutzeroberfläche des Programms *GetHTML*.

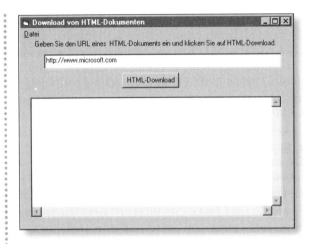

auch als *URL (Uniform Resource Locator)* bezeichnet. Standardmäßig enthält das URL-Textfeld die Internet-Adresse der Microsoft-Homepage, aber Sie können statt dieser Adresse die Adresse einer beliebigen anderen Webseite angeben.

❸ Klicken Sie auf die Schaltfläche *HTML-Download*.

Visual Basic verwendet das *Internet-Übertragung*-Steuerelement, um die Verbindung zum Internet herzustellen und die angegebene HTML-Seite in das Textfeld zu kopieren. Wenn Sie zu diesem Zeitpunkt nicht online sind, benutzt das *Internet-Übertragung*-Steuerelement die Standard-Internet-Verbindung, um eine Verbindung mit dem Internet herzustellen. (Auf meinem Computer erscheint der Anmeldebildschirm von MSN (The Microsoft Network), in dem ich einen Benutzernamen und ein Kennwort eingeben muss, damit eine Verbindung zustande kommt.)

Nach einem kurzen Moment zeigt das Textfeld den HTML-Text der Microsoft-Homepage an (siehe Abbildung 19.2). Das Textfeld enthält Bildlaufleisten, mit denen Sie das gesamte HTML-Dokument anzeigen können.

Statt einer ansprechend aussehenden Webseite sehen Sie Formatbefehle bzw. *Marken* (englisch: *Tags*), die in eckigen Klammern angezeigt werden (siehe Abbildung 19.3). Zu diesen Marken gehört auch <HTML>, welche den Anfang eines HTML-Dokuments markiert, sowie <TITLE>, die den Text festlegt, der in der Titelleiste des Browsers erscheint, wenn das Dokument in einem Browser angezeigt wird. Die Microsoft-Homepage ist ein sehr komplexes HTML-Dokument mit zahlreichen Marken, Formatangaben und Skripten. Allerdings erfüllt hier jedes der verwendeten Elemente auch einen bestimmten Zweck. Ebenso wie der RTF-Standard, den Sie in Lektion 15 kennengelernt haben, ist auch HTML ein Textformat-

Lektion 19 Download von Dateien mit dem Internet-Übertragung-Steuerelement

Abbildung 19.2
Der HTML-Code der Microsoft-Homepage.

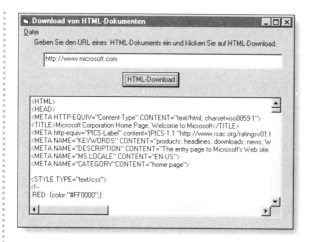

standard mit vielen speziellen Codes bzw. Marken, die einen HTML-Browser anweisen, wie die Formatierungen und Grafiken im Dokument anzuzeigen sind.

❹ Klicken Sie im Programm *GetHTML* auf das Menü *Datei* und dann auf den Befehl *Speichern als HTML*.

Visual Basic zeigt das Dialogfeld *Speichern unter* an (siehe Abbildung 19.3). Möglicherweise wird ein anderer aktueller Ordner angezeigt.

Abbildung 19.3
Der Befehl *Speichern als HTML* aktiviert das Dialogfeld *Speichern unter*.

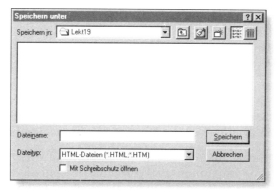

❺ Wechseln Sie zum Ordner *\Vb6SfS\Lekt19* (sofern dies nicht der aktuelle Ordner ist), und geben Sie **Microsoft Homepage** in das Textfeld *Dateiname* ein.

❻ Klicken Sie auf die Schaltfläche *Speichern*.

Visual Basic speichert das HTML-Dokument mit der Dateinamenserweiterung .htm auf der Festplatte.

533

Lektion 19   Download von Dateien mit dem Internet-Übertragung-Steuerelement

❼ Klicken Sie im Programm *GetHTML* auf das Menü *Datei* und dann auf den Befehl *Beenden*.

Visual Basic schließt die Anwendung.

Ein HTML-Dokument mit dem Internet Explorer anzeigen

Sie werden nun mit Hilfe des Internet Explorer oder einem anderen auf Ihrem Computer installierten Browser das HTML-Dokument der Microsoft-Homepage als Webseite anzeigen.

❶ Starten Sie Ihren Internet-Browser wie gewöhnlich.

Ich selbst verwende Internet Explorer als Browser für das Internet. Ich starte den Browser, indem ich auf das Menü *Start* klicke, auf *Programme* und dann auf den Ordern *Internet Explorer* zeige und anschließend auf das Symbol für *Internet Explorer* klicke.

❷ Wenn Sie aufgefordert werden, die Verbindung mit dem Internet herzustellen, klicken Sie auf *Abbrechen*, um offline arbeiten zu können.

Um das per Download übertragene Dokument anzuzeigen, ist keine Verbindung mit dem Internet erforderlich. Die Datei befindet sich ja bereits auf Ihrer Festplatte.

❸ Geben Sie den URL **C:\Vb6SfS\Lekt19\Microsoft Homepage.htm** in das Adressfeld Ihres Browsers ein, und drücken Sie dann ⏎.

Wenn Sie das Microsoft-HTML-Dokument, wie im vorherigen Abschnitt beschrieben, gespeichert haben, lädt Ihr Browser das Dokument der Microsoft-Homepage aus dem Ordner *\Vb6SfS\Lekt19*. Ihr Bildschirm sollte nun in etwa wie Abbildung 19.4 aussehen.

Wenn Sie mit einem Netscape-Browser arbeiten, zeigen Sie das HTML-Dokument an, indem Sie im Menü *Datei* von Netscape auf den Befehl *Seite öffnen* klicken, nach dem Microsoft-HTML-Dokument suchen, das Sie übertragen haben, und anschließend zweimal auf *Öffnen* klicken.

Sie sehen nun anstelle der komplizierten HTML-Formatmarken das übertragene Dokument als Webseite. Obwohl Sie zu diesem Zeitpunkt offline sind, werden möglicherweise einige blinkende Licht- oder andere grafische Effekte auf dieser Seite angezeigt. Dabei handelt es sich um das Ergebnis spezieller Formatierungen, die Microsoft der Seite hinzugefügt hat. Außerdem können Sie feststellen, dass keiner der Hyperlinks auf der Webseite aktuell aktiv ist. Der Grund dafür liegt darin, dass Sie nur eine Kopie des geöffneten HTML-Dokuments übertragen haben, das Microsoft in seiner Website bereit stellt, also keine vollständige Kopie ihrer Webanwendung mitsamt den zugehörigen Hilfsdateien.

Lektion 19 • Download von Dateien mit dem Internet-Übertragung-Steuerelement

Abbildung 19.4
Die heruntergeladene Datei wird im Internet Explorer angezeigt.

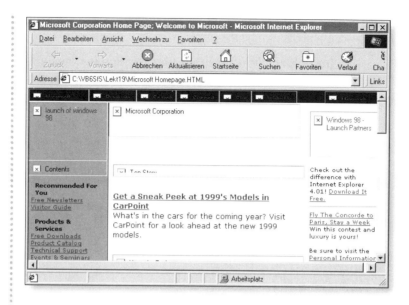

Einige HTML-Dokumente enthalten alle Ressourcen, die für die korrekte Anzeige im Browser benötigt werden. Andere Seiten erfordern zur Unterstützung zusätzliche HTML-Dokumente, Programme und ActiveX-Steuerelemente, die sich auf dem Server befinden.

❹ Nehmen Sie sich einige Minuten Zeit, um die Formatierungen der Microsoft-Webseite zu analysieren, und schließen Sie dann den Browser.

Sie werden den Internet Explorer erneut in Lektion 20 verwenden, wenn Sie lernen, wie Sie HTML-Dokumente aus einer Visual Basic-Anwendung heraus anzeigen.

Um Verbindungsgebühren zu sparen, verwenden Sie diese Anwendung zum Laden von Webseiten, die bestimmte Informationen enthalten, die Sie näher betrachten möchten. Nach dem Download des HTML-Dokuments trennen Sie die Verbindung mit dem Internet und können sich die Seite offline anschauen!

Den Quellcode des Programms GetHTML untersuchen

Nachdem Sie nun etwas Erfahrung im Umgang mit HTML-Dokumenten erlangt haben, sollten Sie sich den Quellcode des Programms *GetHTML* ansehen.

❶ Öffnen Sie den Deklarationsabschnitt des Formulars *Formular1* im Codefenster.

Der folgende Programmcode wird angezeigt:

535

Lektion 19 Download von Dateien mit dem Internet-Übertragung-Steuerelement

```
'Variable für aktuellen URL deklarieren
Dim strUrl As String
```

Im Deklarationsabschnitt (der Quellcode oberhalb der ersten Ereignisprozedur) werden Public-Variablen deklariert, die ihre Werte in jeder Ereignisprozedur des Formulars beibehalten. Ich habe in diesem Deklarationsabschnitt eine Public-Variable namens *strUrl* deklariert, die die Internet-Adresse der Webdatei aufnimmt, die per Download übertragen werden soll. Ich werde diesen Namen erneut in der Ereignisprozedur *Command1_Click* verwenden.

❷ Zeigen Sie die Ereignisprozedur *Command1_Click* im Codefenster an.

Der folgende Programmcode wird angezeigt:

```
Private Sub Command1_Click()
    On Error GoTo errorhandler
    strUrl = txtURLbox.Text
    'Feld muss mindestens 11 Zeichen ("http://www.") enthalten
    If Len(strUrl) > 11 Then
        'Html-Dokument in das Textfeld kopieren
        txtNote.Text = Inet1.OpenURL(strUrl)
    Else
        MsgBox "Geben Sie einen gültigen Dokumentennamen in das Feld URL ein"
    End If
    Exit Sub
errorhandler:
    MsgBox "Fehler beim Öffnen der URL", , Err.Description
End Sub
```

Diese Ereignisprozedur kopiert die Internet-Adresse aus dem ersten Textfeld (*txtURLbox*) in die Public-Variable *strUrl*. Anschließend verwendet sie das *Internet-Übertragung*-Steuerelement, um die Verbindung mit dem Internet herzustellen und das angegebene HTML-Dokument zu kopieren. Der entscheidende Befehl lautet:

```
txtNote.Text = Inet1.OpenURL(strUrl)
```

Hier wird mit Hilfe der Methode *OpenURL* des *Internet-Übertragung*-Steuerelements die Datei, auf die der Inhalt der Variablen *strUrl* verweist, vom Internet geladen und in das zweite Textfeld des Formulars (*txtNote*) kopiert. Wenn während der Übertragung ein Fehler auftritt, zeigt die Fehlerbehandlungsroutine den Fehler zusammen mit einer Beschreibung an, die in der Eigenschaft *Description* des *Err*-Objekts enthalten ist. In diesem Kontext sind die häufigsten Fehlerursachen ungültige URL-Angaben (ungültige Internet-Adressen) oder eine Überschreitung des Zeitlimits für die Verbindung.

Lektion 19   Download von Dateien mit dem Internet-Übertragung-Steuerelement

Das *Internet-Übertragung*-Steuerelement besitzt eine Eigenschaft namens *SetTimeout*, die für einen Vorgang die Zahl der Sekunden festlegt, die dieser Vorgang in Anspruch nehmen darf, bevor eine Zeitüberschreitung gegeben ist. (Eine *Zeitüberschreitung* ist ein durch eine wesentliche Verzögerung während einer Transaktion ausgelöster Fehler.) In diesem Programm setze ich für dieses Zeitlimit einen Wert von 80 Sekunden fest, um den Anwendern genügend Zeit für die Anmeldung beim Internet-Dienstanbieter zu geben, aber dieser Wert kann nach Belieben gekürzt werden. Beachten Sie, dass beim Versuch, eine Anwendung vor dem Ablauf des Zeitlimits einer Transaktion zu beenden, Visual Basic das gesamte angegebene Zeitintervall abwartet, bevor das Programm geschlossen wird.

❸ Zeigen Sie die Ereignisprozedur *mnuItemHTML_Click* im Codefenster an.

Der folgende Programmcode wird angezeigt:

```
Private Sub mnuItemHTML_Click()
'Hinweis: Die gesamte Datei wird in einer String-Variablen gespeichert
CommonDialog1.DefaultExt = "HTM"
CommonDialog1.Filter = "HTML-Dateien (*.HTML;*.HTM)|*.HTML;HTM"
CommonDialog1.ShowSave       'Dialogfeld Speichern anzeigen
If CommonDialog1.FileName <> "" Then
    Open CommonDialog1.FileName For Output As #1
    Print #1, txtNote.Text   'Zeichenfolge in Datei speichern
    Close #1                 'Datei schließen
End If
End Sub
```

Diese Ereignisprozedur wird ausgeführt, wenn der Anwender im Menü *Datei* des Programms *GetHTML* auf den Befehl *Speichern als HTML* klickt. Die Prozedur speichert bloß das per Download übertragene HTML-Dokument als Textdatei im Textfeld und fügt gegebenfalls die Dateinamenserweiterung .htm hinzu. (HTML-Dokumente sind einfache Textdateien, die zusätzlich Formatierungsanweisungen enthalten und die die Dateinamenserweiterung .htm besitzen.) Die Prozedur zum Öffnen und Speichern des Textes ist mit derjenigen identisch, die ich in Lektion 12 erörtert habe.

❹ Zeigen Sie die Ereignisprozedur *mnuItemSave_Click* im Codefenster an.

Der folgende Quellcode wird angezeigt:

```
Private Sub mnuItemSave_Click()
'Hinweis: Die gesamte Datei wird in einer String-Variablen gespeichert
CommonDialog1.DefaultExt = "TXT"
CommonDialog1.Filter = "Textdateien (*.TXT)|*.TXT"
CommonDialog1.ShowSave       'Dialogfeld Speichern anzeigen
If CommonDialog1.FileName <> "" Then
```

Lektion 19 Download von Dateien mit dem Internet-Übertragung-Steuerelement

```
    Open CommonDialog1.FileName For Output As #1
    Print #1, txtNote.Text    'Zeichenfolge in Datei speichern
    Close #1                  'Datei schließen
End If
End Sub
```

Diese Ereignisprozedur wird ausgeführt, wenn der Anwender im Menü *Datei* auf den Befehl *Speichern als Text* klickt. Sie haben diesen Befehl während der Ausführung des Programms *GetHTML* nicht getestet, aber er funktioniert ähnlich wie der Befehl *Speichern als HTML*. Der einzige Unterschied besteht darin, dass *Speichern als Text* das Dokument mit der Namenserweiterung .txt speichert, so dass es in der Anzeige von Ordnerinhalten als Textdatei aufscheint. Allerdings entfernt der Befehl die HTML-Formatmarken nicht aus dem Dokument (da die zugehörige Prozedur nur die Dateinamenserweiterung ändert).

Nachdem Sie nun eine Einführung in die Übertragung von HTML-Dokumenten unter Verwendung des *Internet-Übertragung*-Steuerelements erhalten haben, werden Sie in der folgenden Übung das FTP-Protokoll verwenden, um Dateien zu kopieren, die nicht mit Hilfe von HTML-Marken formatiert sind.

Dateien mit FTP übertragen

Neben dem Download von Dateien mit Hilfe der Methode *OpenURL* haben Sie auch die Möglichkeit, die Methode *Execute* des *Internet-Übertragung*-Steuerelements in Kombination mit einigen nützlichen FTP-Befehlen zu verwenden, um Dateien zu kopieren. FTP-Befehle sind durch das *FTP-Protokoll* definierte Codes zur Durchführung bestimmter Operationen im Dateisystem. Das FTP-Protokoll ist ein Standard, auf den sich Internet-Entwickler geeinigt haben. Zu diesen FTP-Befehlen gehören GET (für den Download von Dateien), PUT (für den Upload von Dateien), SIZE (zur Ermittlung der Größe einer Datei in einer FTP-Site) sowie DIR (zur Auflistung der im aktuellen FTP-Verzeichnis befindlichen Dateien). In den folgenden Übungen erfahren Sie, wie Sie mit dem *GET*-Befehl eine Textdatei von der FTP-Site der Microsoft Corporation zu Ihrem Computer übertragen.

Um weitere Informationen über die FTP-Befehle zu erhalten, die Sie in Verbindung mit dem *Internet-Übertragung*-Steuerelement verwenden können, klicken Sie in der Online-Hilfe der MSDN Library auf das Register *Index*, und geben Sie dann Folgendes ein: **FTP-Server, Argument für die Execute-Methode**.

Lektion 19 • Download von Dateien mit dem Internet-Übertragung-Steuerelement

Das Programm FTP ausführen

❶ Öffnen Sie das Projekt *FTP.vbp*, das sich auf der Festplatte im Ordner *\Vb6SfS\Lekt19* befindet.

Klicken Sie auf *Nein*, wenn Sie aufgefordert werden, Ihre Änderungen am Programm *GetHTML* zu speichern.

❷ Klicken Sie in der Symbolleiste auf die Schaltfläche *Starten*, um das Programm auszuführen.

Das Programm *FTP* wird gestartet, und Ihr Bildschirm sollte nun etwa wie Abbildung 19.5 aussehen.

Abbildung 19.5
Die Benutzeroberfläche des Programms *FTP*.

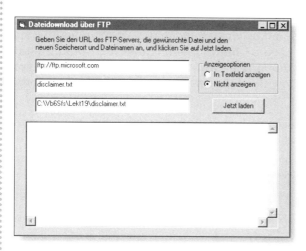

Ich entwarf das Programm *FTP*, um Dateien von FTP-Sites im Internet auf meine Festplatte zu übertragen. Dieses Programm funktioniert mit jedem beliebigen Dateityp und beinhaltet zwei Optionsfelder (*In Textfeld anzeigen* und *Nicht anzeigen*), die es Ihnen ermöglichen, die heruntergeladene Datei im Textfeld anzeigen zu lassen. Bestimmte Dateien (wie beispielsweise die Datei *disclaimer.txt* aus dem Stammverzeichnis der Microsoft FTP-Site) sind reine Textdateien, die problemlos in einem Visual Basic-Textfeld angezeigt werden können. Andere Typen von Dateien, wie .zip-, .exe.- und .dll-Dateien, liegen im Binärformat vor und eignen sich deshalb nicht für die Anzeige in einem Textfeld. (Daher bietet Ihnen das Programm ja auch diese Auswahlmöglichkeit.)

❸ Klicken Sie auf das Optionsfeld *In Textfeld anzeigen* und dann auf *Jetzt laden*.

Das Programm *FTP* verwendet das *Internet-Übertragung*-Steuerelement, um eine Verbindung mit dem Internet herzustellen und die von Ihnen angegebene Datei zu übertragen. (Sofern Sie zu diesem Zeitpunkt noch

Lektion 19 | Download von Dateien mit dem Internet-Übertragung-Steuerelement

nicht online sind, öffnet das *Internet-Übertragung*-Steuerelement zusätzlich den Bildschirm für die Internet-Anmeldung und fordert Sie auf, Ihren Benutzernamen sowie Ihr Kennwort einzugeben.)

Um Ihnen ein praktisches Beispiel für die Funktionsweise der Methode *Execute* zu geben, habe ich die FTP-Site von Microsoft und die Datei *disclaimer.txt* angegeben, die sich auf absehbare Zeit auf dieser Site befinden sollte. Falls Microsoft allerdings die Datei *disclaimer.txt* verschiebt, nachdem dieser Text in Druck gegangen ist, werden Sie eine Fehlermeldung erhalten, sobald die Methode *Execute* versucht, diese Datei per Download zu übertragen. Geben Sie in diesem Fall den Namen einer anderen Datei in der Microsoft FTP-Site an, oder versuchen Sie es mit einer anderen FTP-Site, die Sie näher kennen.

Die Standardeinstellungen des Programms *FTP* setzen übrigens voraus, dass Sie die Übungsdateien unter der Standardadresse installiert haben. Falls der Ordner *\Vb6SfS\Lekt19* nicht existiert, geben Sie im Textfeld für das Download-Ziel (dem dritten Textfeld von oben) einen anderen Ordner an.

Nach einem kurzen Moment sollte Ihr Bildschirm wie in Abbildung 19.6 aussehen.

Abbildung 19.6
Die Datei *disclaimer.txt* wurde vom FTP-Server von Microsoft heruntergeladen.

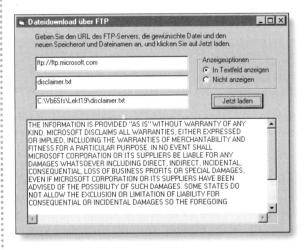

❹ Klicken Sie erneut auf die Schaltfläche *Jetzt laden,* ohne die Pfadangaben in den Textfeldern zu ändern.

Das *Internet-Übertragung*-Steuerelement generiert eine Fehlermeldung, da Sie den Dateinamen der Zieladresse nicht geändert haben und die geforderte Download-Operation eine Datei überschreiben würde. Die in Abbildung 19.7 dargestellte Meldung wird angezeigt.

540

Abbildung 19.7
Diese Fehlermeldung weist darauf hin, dass die Datei bereits vorhanden ist.

5 Klicken Sie zum Schließen des Meldungsfelds auf *OK*. Geben Sie einen anderen Dateinamen als Zieladresse an, und klicken Sie dann erneut auf *Jetzt laden*.

Das Programm kopiert die Datei zu der von Ihnen angegebenen Adresse und zeigt den Inhalt von *disclaimer.txt* erneut im Textfeld an.

6 Wenn Sie die Adresse einer anderen FTP-Site kennen, geben Sie sie nun in das erste Textfeld ein. Geben Sie dann in das zweite Textfeld den Namen der Quelldatei ein, die Sie kopieren möchten, und anschließend in das dritte Textfeld den Pfadnamen der Zieldatei auf Ihrer Festplatte.

Verwenden Sie gegebenenfalls Ihren Internet-Browser, um nach der gewünschten Datei zu suchen. Geben Sie nach Möglichkeit den Namen einer Binärdatei an (beispielsweise einer .zip-Datei), um herauszufinden, wie das Programm in Verbindung mit anderen Dateiformaten arbeitet. (Vergessen Sie aber nicht, auf das Optionsfeld *Nicht anzeigen* zu klicken.)

7 Klicken Sie auf *Jetzt laden*, um die angegebene Datei zu übertragen.

8 Nachdem Sie die Arbeit mit der *FTP*-Anwendung abgeschlossen haben, klicken Sie in der Titelleiste des Programms auf die Schaltfläche *Schließen*, um es zu beenden.

Den Quellcode des Programms FTP untersuchen

Das Programm *FTP* verwendet die Methode *Execute* des *Internet-Übertragung*-Steuerelements für den Datei-Download vom angegebenen FTP-Server und das Ereignis *StateChanged* zur Feststellung des Übertragungsendes sowie zum Abfangen eventuell auftretender Fehler. Wir wollen uns nun den zugehörigen Programmcode näher ansehen.

1 Öffnen Sie den Deklarationsabschnitt des *FTP*-Formulars im Codefenster.

Der folgende Programmcode wird angezeigt:

```
'Variablen für URL, Speicherort der Datei auf dem Server
'und für den Zielpfad auf der Festplatte deklarieren
Dim strUrl As String          'URL ist Ftp-Site
Dim strSource As String
Dim strDest As String
```

Wie beim Programm *GetHTML* dient auch im Programm *FTP* der Deklarationsabschnitt zum Deklarieren von Public-Variablen, die im gesamten

Lektion 19   Download von Dateien mit dem Internet-Übertragung-Steuerelement

Programm verwendet werden sollen. Die String-Variable *strUrl* speichert die Internet-Adresse der FTP-Site, die Variable *strSource* den Pfadnamen der von der FTP-Site zu kopierenden Quelldatei und die Variable *strDest* den Pfadnamen der Zieldatei auf der Festplatte des Anwenders.

❷ Öffnen Sie die Ereignisprozedur *Command1_Click* im Codefenster.

Der folgende Programmcode wird angezeigt:

```
Private Sub Command1_Click()
'Verbindung zu Ftp-Server herstellen und Datei auf die Festplatte kopieren
strUrl = txtURLbox.Text        'URL einlesen
strSource = txtServerPath.Text 'Pfad zur Quelldatei einlesen
strDest = txtLocalPath.Text    'Zielpfad einlesen
'Mit Execute-Methode und GET-Befehl Datei kopieren
Inet1.Execute strUrl, "GET " & strSource & " " & strDest
End Sub
```

Diese Ereignisprozedur weist den drei Public-Variablen des Programms die für die Download-Operation erforderlichen Daten zu: FTP-Adresse, Pfadnamen der Quelldatei und Pfadnamen der Zieldatei. Die Prozedur verwendet dann diese Variablen als Argumente für die Methode *Execute* des *Internet-Übertragung*-Steuerelements (des Objekts *Inet1*). Die Syntax der Methode *Execute* ist etwas kompliziert, da *Execute* ihrerseits eine Zeichenfolge mit Argumenten bereitstellen muss, die den für den Einsatz von FTP-Befehlen im Internet festgelegten Konventionen entsprechen. Die Syntax des *GET*-Befehls (der den Download von Dateien in einer FTP-Site durchführt) lautet folgendermaßen:

```
GET Quelldatei Zieldatei
```

Daher lautet bei Verwendung der Methode *Execute* die Syntax für den Datei-Download:

```
Inet1.Execute strUrl, "GET " & strSource & " " & strDest
```

(Ich habe den Verkettungsoperator verwendet, um die Zeichenfolgen miteinander zu verknüpfen und die zwischen ihnen nötigen Abstände zu erzeugen.)

❸ Öffnen Sie die Ereignisprozedur *Inet1_StateChanged* im Codefenster.

Der folgende Programmcode wird angezeigt:

```
Private Sub Inet1_StateChanged(ByVal State As Integer)
'Dieses Ereignis wird ausgelöst, wenn das Steuerelement
'Aufgaben erledigt hat, z.B. Verbindungsaufbau und Fehlerprotokollierung
Dim strAllText As String 'Zwei Variablen für die
Dim strLine As String    'Anzeige der Textdatei deklarieren
'Wenn die Übertragung beendet ist oder ein Fehler auftritt,
```

542

Lektion 19 Download von Dateien mit dem Internet-Übertragung-Steuerelement

```
'diesem Status entsprechend fortfahren
Select Case State
Case icError    'Falls ein Fehler auftritt, diesen beschreiben
    If Inet1.ResponseCode = 80 Then 'Fehler: Datei ist bereits vorhanden
        MsgBox "Die Datei ist bereits vorhanden! Bitte geben Sie einen " _
            & "neuen Zielpfad an."
    Else        'Falls anderer Code als 80 vorliegt, eine allgemeine
                'Fehlermeldung anzeigen
        MsgBox Inet1.ResponseInfo, , "Die Datei konnte nicht übertragen werden"
    End If
Case icResponseCompleted    'Wenn FTP-Übertragung erfolgreich beendet wurde
    If Option1.Value = True Then    'und die Datei angezeigt werden soll,
        Open strDest For Input As #1 'ein Textfeld öffnen.
        Do Until EOF(1)
            Line Input #1, strLine   'Datei zeilenweise lesen
            strAllText = strAllText & strLine & vbCrLf
        Loop
        Close #1
        txtNote.Text = strAllText    'in Textfeld kopieren
    Else    'Falls der Anwender die Datei nicht anzeigen will (Vorgabe),
        txtNote.Text = ""               'erfolgreiche Übertragung melden.
        MsgBox "Die Übertragung ist beendet.", , strDest
    End If
End Select
End Sub
```

Die Ereignisprozedur *StateChanged* ist sehr nützlich, wenn der Fortschritt der von der Methode *Execute* initiierten Download-Aktion überwacht werden soll. Wie bereits beschrieben, dient die Methode *OpenURL* des *Internet-Übertragung*-Steuerelements zur Handhabung synchroner Dateiübertragungen, wobei bis zum Ende des Downloads (bzw. bis zum Eintreten einer Zeitüberschreitung) gewartet wird, bevor der nächste Programmbefehl ausgeführt wird. Die Methode *Execute* führt hingegen Dateiübertragungen auf *asynchrone* Weise durch, wobei sie FTP-Befehle an den FTP-Server sendet und anschließend mit der Ausführung der Programmbefehle fortfährt.

Wenn Sie die Methode *Execute* verwenden, müssen Sie auf irgendeine Weise feststellen können, was mit dem Befehl geschah, den das Programm an den FTP-Server gesendet hat. Der Visual Basic-Mechanismus zur Überwachung von Ereignissen besteht hier darin, entsprechende Anweisungen in die Ereignisprozedur *StateChanged* einzufügen. Diese Prozedur wird jedes Mal ausgeführt, wenn das *Internet-Übertragung*-Steuerelement eine Zustandsänderung der von ihm überwachten Internet-Verbindung feststellt. Die Ereignisprozedur *StateChanged* übernimmt einen speziellen Parameter namens *State*, mit dem ein Code über-

Lektion 19 | Download von Dateien mit dem Internet-Übertragung-Steuerelement

geben wird, der das letzte, mit der Übertragung verknüpfte Ereignis anzeigt. Dieser Code ermöglicht die Verwendung einer *Select Case*-Struktur zur Auswertung der verschiedenen Rückgabewerte im *State*-Parameter sowie zur Ausführung der entsprechenden Antwortreaktion.

Nehmen Sie sich nun einige Minuten Zeit, um die Fallanweisung für *icResponseCompleted* in der Ereignisprozedur *StateChanged* zu analysieren. Dieser Abschnitt wird ausgeführt, wenn die *GET*-Operation beendet ist, wenn also die Datei erfolgreich von der FTP-Site übertragen worden ist. In diesem Fall prüft eine *If...Then...Else*-Kontrollstruktur, welches Optionsfeld ausgewählt wurde, und verzweigt dementsprechend. Wurde die erste Option (*In Textfeld anzeigen*) ausgewählt, dann wird die Datei erneut geöffnet und ihr Inhalt in das große Textfeld des Formulars kopiert. Andernfalls wird der Inhalt des Textfelds gelöscht und über ein Meldungsfeld die erfolgreiche Durchführung der aktuellen FTP-Übertragung bekannt gegeben.

Die Methode *Execute* des *Internet-Übertragung*-Steuerelements eignet sich hervorragend zur Steuerung von FTP-Übertragungen. Wenn Sie sie verwenden, müssen Sie sicherstellen, dass eine entsprechende Reaktion auf den Erfolg oder das Fehlschlagen der Übertragung in der Ereignisprozedur *StateChanged* definiert ist.

Einen Schritt weiter: Fehlerbehandlung für Internet-Transaktionen

Wie Sie im vorhergehenden Abschnitt bereits gelernt haben, stellt die Ereignisprozedur *StateChanged* einen nützlichen Mechanismus zur Verfügung, wenn ermittelt werden muß, ob und wie eine Dateiübertragung, die durch die Methode *Execute* initiiert worden ist, beendet wurde. Sie können die Ereignisprozedur *StateChanged* auch zur Handhabung von Fehlerbedingungen verwenden, die bei Verwendung von FTP-Befehlen und anderen Methoden bzw. Eigenschaften auftreten können.

Sobald ein Fehler im Zusammenhang mit der Internet-Verbindung auftritt, setzt das *Internet-Übertragung*-Steuerelement den *State*-Parameter der Ereignisprozedur *StateChanged* auf den Wert der Konstanten *icError* (entspricht der Zahl 11). Wenn Sie den Zustand *icError* in der Ereignisprozedur *StateChanged* mit einer *Case*-Anweisung abfragen, haben Sie die Möglichkeit, sämtliche Fehler abzufangen, die auftreten können, und ihre genauen Ursachen zu ermitteln, indem Sie den Wert der Eigenschaft *ResponseCode* des *Internet-Übertragung*-Steuerelements anzeigen. In der Regel hat die Eigenschaft *ResponseCode* den Wert 0 („kein Fehler"). Wenn jedoch der Wert *icError* in der Ereignisprozedur *StateChanged* festgelegt wird, wird der Eigenschaft *ResponseCode* ein spezieller Wert zugewiesen, der den aufgetretenen Fehler bezeichnet.

Lektion 19 | Download von Dateien mit dem Internet-Übertragung-Steuerelement

🔘 Öffnen Sie die Ereignisprozedur *Inet1_StateChanged* im Codefenster (sofern sie noch nicht geöffnet ist), und suchen Sie nach der ersten *Case*-Anweisung innerhalb der Prozedur.

Die Fallanweisung für *icError* lautet folgendermaßen:

```
Case icError    'Falls ein Fehler auftritt, diesen beschreiben
    If Inet1.ResponseCode = 80 Then 'Fehler: Datei ist bereits vorhanden
        MsgBox "Die Datei ist bereits vorhanden! Bitte geben Sie einen " _
                & "neuen Zielpfad an."
    Else         'Falls anderer Code als 80 vorliegt, eine allgemeine
                 'Fehlermeldung anzeigen
        MsgBox Inet1.ResponseInfo, , "Die Datei konnte nicht übertragen werden"
    End If
```

Sofern die Auswertung von *icError* den Wert *True* ergibt, ist in der aktuellen Internet-Verbindung ein Fehler aufgetreten und der Anwender muss über die nun auszuführenden Schritte informiert werden. Ich habe mich hier entschieden, die Eigenschaft *ResponseCode* auf den Wert 80 zu testen, der anzeigt, dass die Zieldatei bereits auf dem Computer des Anwenders existiert. (Glücklicherweise überschreibt der *GET*-Befehl die Zieldateien nicht automatisch, sondern Sie erhalten stattdessen eine Fehlermeldung.) Wird der Fehlerwert 80 gefunden, zeigt das Programm ein Meldungsfeld mit einer entsprechenden Warnung an, und der Anwender kann dann in geeigneter Weise auf das Problem reagieren. Für den Fall, dass die Fehlerbedingung durch etwas anderes ausgelöst wurde, verwende ich eine *Else*-Klausel, um die allgemeine Meldung *Die Datei konnte nicht übertragen werden* und anschließend die genaue Beschreibung der Fehlermeldung mit dem Wert der Eigenschaft *ResponseInfo* anzuzeigen. Zur Laufzeit enthält *ResponseInfo* eine Zeichenfolge mit erklärenden Text, der der Meldung ähnelt, die von der Eigenschaft *Description* des *Err*-Objekts erzeugt wird.

Indem Sie Mechanismen zum Abfangen von Fehlern in Ihre Ereignisprozedur *StateChanged* einbauen, können Sie verhindern, dass allgemeine Verbindungsfehler Ihre FTP-Anwendung blockieren.

Wenn Sie mit der nächsten Lektion fortfahren möchten

🔘 Lassen Sie Visual Basic geladen, und schlagen Sie Lektion 20 auf.

Wenn Sie Visual Basic vorerst beenden möchten

🔘 Klicken Sie im Menü *Datei* auf *Beenden*.

Falls das Dialogfeld *Speichern* angezeigt wird, klicken Sie auf *Nein*.

Lektion 19   Download von Dateien mit dem Internet-Übertragung-Steuerelement

Zusammenfassung der Lektion

Möchten Sie	dann
das *Internet-Übertragung*-Steuerelement Ihrer Werkzeugsammlung hinzufügen,	klicken Sie im Menü *Projekt* auf den Befehl *Komponenten*. Klicken Sie auf die Registerkarte *Steuerelemente*, aktivieren Sie das Kontrollkästchen neben dem Eintrag *Microsoft Internet Transfer Control 6.0*, und klicken Sie dann auf *OK*.
ein HTML-Dokument aus dem Web in ein Textfeld Ihres Programms kopieren,	verwenden Sie die Methode *OpenURL* des *Internet-Übertragung*-Steuerelements. Zum Beispiel:
	`txtNote.Text = Inet1.OpenURL(strUrl)`
eine Datei per Download von einer FTP-Site übertragen,	verwenden Sie die Methode *Execute* des *Internet-Übertragung*-Steuerelements. Zum Beispiel:
	`Inet1.Execute strUrl, "GET " & strSource _` `& " " & strDest`
auf Zustandsänderungen Ihrer Internet-Verbindung reagieren,	schreiben Sie eine *Select Case*-Kontrollstruktur, die die Eigenschaft *State* in der Ereignisprozedur *StateChanged* des *Internet-Übertragung*-Steuerelements auswertet.

20 HTML-Dokumente mit dem Internet Explorer anzeigen

Geschätzte Dauer:
40 Minuten

In dieser Lektion lernen Sie

wie Sie Einblick in das Objektmodell von Microsoft Internet Explorer gewinnen.

wie Sie HTML-Dokumente aus einer eigenen Anwendung heraus anzeigen.

wie Sie Ereignisse von Internet Explorer verwenden.

In Lektion 19 haben Sie gelernt, wie Sie aus Microsoft Visual Basic-Programmen heraus unter Verwendung des *Internet-Übertragung*-Steuerelements den Download von Dateien bewerkstelligen. Mit diesem nützlichen Tool können Sie fast jede Art von Information einschließlich Textdateien, HTML-Dokumente, ausführbare und komprimierte Dateien (beispielsweise .zip-Dateien), Kalkulationstabellen usw. aus dem Internet kopieren. In dieser Lektion lernen Sie, HTML-Dokumente in Ihren Anwendungen mit Hilfe des *InternetExplorer*-Objekts anzuzeigen. Dieses Objekt ist eine programmierbare Komponente mit Eigenschaften, Methoden und Ereignissen, die auf jedem Computer zur Verfügung stehen, auf dem eine Kopie der Internet Explorer-Software installiert worden ist. Sie werden das Objektmodell von Internet Explorer untersuchen und lernen, wie Sie das *InternetExplorer*-Objekt Ihren Visual Basic-Projekten hinzufügen und wie Sie die Eigenschaften, Methoden und Ereignisse des *InternetExplorer*-Objekts zur Anzeige von HTML-Dokumenten verwenden. Wie Sie bald sehen werden, stellt der Internet Explorer ein nützliches Objektmodell bereit, das in vielerlei Hinsicht den Objekten ähnelt, die von Microsoft Office-Anwendungen offen gelegt werden. Mit dem Internet Explorer können Sie komplexe HTML-Dokumente und Webseiten anzeigen, ohne selbst ein entsprechendes Browser-Programm erstellen zu müssen.

Erste Schritte mit dem InternetExplorer-Objekt

Microsoft Internet Explorer ist eine allgemeine Browser-Anwendung zum Anzeigen von HTML-Dokumenten, die sich im Internet oder auf Ihren

Lektion 20 HTML-Dokumente mit dem Internet Explorer anzeigen

lokalen Datenträgern befinden. Microsoft hat beim Entwurf von Internet Explorer darauf geachtet, dass das Programm als eigenständige Anwendung (die über das Windows-*Start*-Menü gestartet wird) sowie als Komponentenobjekt in einem selbsterstellten Programm verwendet werden kann. Dementsprechend legt Internet Explorer seine Funktionen in Form einer Kollektion von Eigenschaften, Methoden und Ereignissen offen, die zusammen ein identifizierbares Objektmodell bilden. Sie können dieses Objektmodell mit Hilfe des Visual Basic-Objektkatalogs untersuchen und seine Merkmale in Ihren Programmen nutzen.

Das *InternetExplorer*-Objekt ist kein ActiveX-Steuerelement, das Bestandteil von Visual Basic Professional Edition ist, sondern es stellt eine Objektbibliothek dar, die auf allen Computern zu finden ist, auf denen eine Kopie von Internet Explorer installiert wurde. (Anders ausgedrückt heißt dies, dass der Internet Explorer in der Systemregistrierung vermerkt sein muss.) Da viele Microsoft-Anwendungen (einschließlich Visual Basic 6) zur Anzeige ihrer Hilfedateien den Internet Explorer verwenden, werden Sie das *InternetExplorer*-Objekt auf den meisten Computern antreffen, auf denen Microsoft-Software installiert wurde.

In dieser Lektion wird die Version 4.0 von Internet Explorer beschrieben (also die Version, die zusammen mit Visual Basic 6 ausgeliefert wird). Die grundlegenden Eigenschaften, Methoden und Ereignisse des *InternetExplorer*-Objekts haben sich über die verschiedenen Versionen hinweg nicht wesentlich geändert. Allerdings sollten Sie nachprüfen, welche Internet Explorer-Version Sie verwenden, bevor Sie diese Lektion bearbeiten. Sofern Sie eine andere als die Version 4.0 einsetzen, stellen Sie anhand des Objektkatalogs sicher, dass sie die Eigenschaften, Methoden und Ereignisse umfasst, die Sie verwenden möchten. Ebenso wie die Objektbibliotheken von Microsoft Office-Anwendungen wird auch das Objektmodell von Internet Explorer von Zeit zu Zeit aktualisiert. Zweifellos werden zukünftige Versionen kleine Abweichungen (und weitere Leistungsmerkmale) aufweisen.

Einer Anwendung einen Verweis auf Microsoft Internet Controls hinzufügen

Als erster Schritt zur Nutzung des *InternetExplorer*-Objekts muss Ihrer Anwendung ein Verweis auf die Objektbibliothek hinzugefügt werden. Sie erreichen dies mit Hilfe des Befehls *Verweise* im Visual Basic-Menü *Projekt*, wie in der folgenden Übung illustriert. Wenn Sie möchten, können Sie diesen Vorgang (Hinzufügen eines Verweises) jetzt praktisch nachvollziehen oder sich einfach nur die Schritte merken, um sie zu einem späteren Zeitpunkt durchzuführen. (Das Programm, das ich dieser Lektion beigefügt habe, enthält bereits den gewünschten Bibliotheksverweis,

Lektion 20 | HTML-Dokumente mit dem Internet Explorer anzeigen

aber Sie sollten den Vorgang jetzt üben, falls Sie das Objektmodell später in diesem Abschnitt untersuchen möchten.)

Das InternetExplorer-Objekt in ein Projekt einbinden

1 Starten Sie Visual Basic, und öffnen Sie ein neues Standardprojekt.

2 Klicken Sie im Menü *Projekt* auf den Befehl *Verweise*.

3 Suchen Sie per Bildlauf nach dem Eintrag *Microsoft Internet Controls (shdocvw.dll)*, und aktivieren Sie dann das Kontrollkästchen links neben dem Eintrag.

Das Dialogfeld sollte nun der folgenden Abbildung 20.1 gleichen.

Abbildung 20.1
Das Dialogfeld *Verweise*.

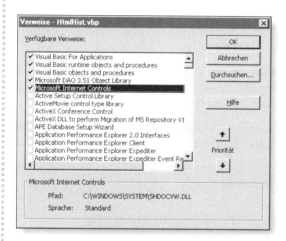

4 Klicken Sie auf *OK*, um Ihrem Projekt den Verweis hinzuzufügen.

Visual Basic fügt die Objektbibliothek von Internet Explorer dem Projekt hinzu.

Das Objektmodell von Internet Explorer erkunden

Bevor Sie das *InternetExplorer*-Objekt in einem Programm verwenden, sollten Sie sich einige Minuten Zeit nehmen, um dessen Eigenschaften, Methoden und Ereignisse mit Hilfe des Visual Basic-Objektkatalogs zu untersuchen. Das *InternetExplorer*-Objekt ist in einer Klasse namens *InternetExplorer* enthalten, die einen Bestandteil der Bibliothek *SHDocVw* bildet (die durch den eben Ihrem Projekt hinzugefügten Verweis *Microsoft Internet Controls* eingebunden wird). Innerhalb der Klasse *Internet-Explorer* sind die Eigenschaften, Methoden und Ereignisse zusammengefasst, die Sie in Ihren Anwendungen zum Anzeigen von HTML-Doku-

Lektion 20　　HTML-Dokumente mit dem Internet Explorer anzeigen

menten verwenden können. Wie Sie in Lektion 14 gelernt haben, stellt der Objektkatalog die beste Informationsquelle für Objektbibliotheken dar, die nicht zum Lieferumfang von Visual Basic gehören. Die Objektbibliothek von Internet Explorer ist hierfür ein gutes Beispiel.

Den Objektkatalog verwenden

❶ Klicken Sie in der Symbolleiste auf das Symbol für den *Objektkatalog*, um den Visual Basic-Objektkatalog anzuzeigen.

Der Objektkatalog wird in einem Fenster angezeigt.

Die Tastenkombination für den Aufruf des Objektkatalogs lautet F2. Sie können den Objektkatalog auch öffnen, indem Sie im Menü *Ansicht* auf den Befehl *Objektkatalog* klicken.

❷ Klicken Sie in der Dropdown-Liste *Projekt/Bibliothek* auf die Bibliothek *SHDocVw*.

Die Listenfelder *Klassen* und *Mitglieder* zeigen die Elemente der Bibliothek *SHDocVw* an (die Objekte, die über den Verweis *Microsoft Internet Controls* mit der Anwendung verknüpft sind).

❸ Führen Sie im Listenfeld *Klassen* einen Bildlauf durch, und klicken Sie dann auf den Eintrag für die Klasse *InternetExplorer*.

Die Bildschirmanzeige des Objektkatalogs sollte nun der folgenden Abbildung 20.2 gleichen.

Abbildung 20.2
Der Objektkatalog zeigt die Elemente der Klasse *InternetExplorer* an.

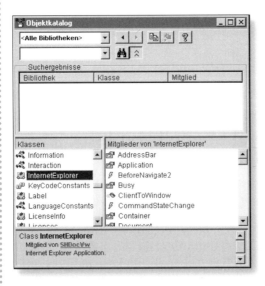

Die Eigenschaften, Methoden und Ereignisse der Klasse *InternetExplorer* werden im Listenfeld *Mitglieder* auf der rechten Seite angezeigt. Sie kön-

Lektion 20 HTML-Dokumente mit dem Internet Explorer anzeigen

nen auf jeden Eintrag klicken, um sich die Syntax (und eine Kurzbeschreibung) aller Elemente anzeigen zu lassen, die die Funktionsweise von Internet Explorer steuern. Klicken Sie nun versuchsweise auf einige der Eigenschaften, Methoden und Ereignisse.

❹ Klicken Sie im Listenfeld *Mitglieder* auf die Methode *Navigate*.

Die in Abbildung 20.3 dargestellte Syntaxbeschreibung wird angezeigt.

Abbildung 20.3
Im Objektkatalog wird die Syntax der Methode *Navigate* angezeigt.

Die Methode *Navigate* öffnet einen URL.

Die Methode *Navigate* öffnet den angegebenen URL, der entweder eine Internet-Adresse ist oder auf ein lokales HTML-Dokument auf Ihrem Computer verweist. Der Parameter *Flags* legt fest, ob dieser URL der Verlaufsliste von Internet Explorer oder dem Zwischenspeicher (Cache) hinzugefügt werden soll. Die Parameter *TargetFrameName*, *PostData* und *Headers* beschreiben, wie das HTML-Dokument im Browser-Fenster geöffnet und gekennzeichnet werden soll. (*Flags*, *TargetFrameName*, *PostData* und *Headers* sind allesamt optionale Parameter.) Obwohl sie vielleicht kompliziert erscheint, ist die Methode *Navigate* doch sehr einfach zu verwenden. In vielen Fällen reicht sie völlig aus, wenn aus einer Anwendung heraus ein HTML-Dokument angezeigt werden soll.

❺ Klicken Sie im Listenfeld *Mitglieder* auf die Eigenschaft *LocationURL*.

Die Eigenschaft *LocationURL* enthält den Pfadnamen des aktuell im Internet Explorer geöffneten HTML-Dokuments. Wenn Sie protokollieren möchten, welche Websites ein Anwender während einer Sitzung besucht, können Sie auf die Methode *Navigate* zurückgreifen, um die in der Eigenschaft *LocationURL* gespeicherte Zeichenfolge in ein Text- oder Kombinationsfeld zu kopieren, sobald die Verbindung zu einer Webseite erfolgreich hergestellt wurde.

❻ Klicken Sie im Listenfeld *Mitglieder* auf das Ereignis *NavigateComplete2*.

Das *InternetExplorer*-Objekt löst das Ereignis *NavigateComplete2* aus, wenn die Methode *Navigate* erfolgreich ausgeführt und ein neues HTML-Dokument in das Browserfenster geladen worden ist. Wir werden dieses Ereignis später im Abschnitt *Einen Schritt weiter* dieser Lektion verwenden, um eine Verlaufsliste der aufgesuchten Websites zu erstellen.

Bei Aktualisierungen des *InternetExplorer*-Objektmodells erstellt Microsoft häufig verbesserte Versionen der vorhandenen Eigenschaften, Methoden und Ereignisse und hängt deren alten Namen dann (entsprechend inkrementierte) Zahlen an. Oft können Sie durch einen Blick auf die Syntax und Beschreibung dieser neuen Elemente erkennen, welche neuen Parameter und Funktionen sie unterstützen. So erklärt sich auch, warum Sie die Methoden *Navigate* und *Navigate2* in der Objektbibliothek von Internet Explorer Version 4.0 antreffen.

❼ Nehmen Sie sich einige Minuten Zeit, um mit dem Objektkatalog weitere Eigenschaften, Methoden und Ereignisse zu erkunden, die Ihnen interessant erscheinen.

❽ Nachdem Sie die Untersuchung des Objektmodells abgeschlossen haben, klicken Sie auf die Schaltfläche *Schließen*, um den Objektkatalog zu beenden.

HTML-Dokumente anzeigen

Um HTML-Dokumente mit dem *InternetExplorer*-Objekt anzuzeigen, sind nur einige Quellcodezeilen in einer Visual Basic-Anwendung erforderlich. Zuerst erstellen Sie in Ihrem Programm eine Objektvariable, die das *InternetExplorer*-Objekt repräsentiert. Dann öffnen Sie die Anwendung Internet Explorer, indem Sie die Eigenschaft *Visible* des Objekts auf den Wert *True* setzen. Als Nächstes laden Sie ein HTML-Dokument in den Browser, indem Sie die Methode *Navigate* zusammen mit einem gültigen URL bzw. einem lokalen Pfadnamen als Argument aufrufen. Der Vorgang lässt sich im Quellcode folgendermaßen ausdrücken:

```
Set Explorer = New SHDocVw.InternetExplorer
Explorer.Visible = True
Explorer.Navigate "http://www.microsoft.com/"
```

In diesem Beispiel habe ich eine Objektvariable namens *Explorer* erstellt, um die Klasse *InternetExplorer* in der Objektbibliothek *shdocvw.dll* zu repräsentieren. Wenn diese Objektvariable in jeder Ereignisprozedur des Formulars verwendet werden soll, ist sie sinnvollerweise als globale Varia-

Lektion 20 HTML-Dokumente mit dem Internet Explorer anzeigen

ble mit dem Schlüsselwort *Public* in einem Standardmodul oder im Deklarationsabschnitt des Formulars zu deklarieren.

Um Einblick in die Funktionsweise des *InternetExplorer*-Objekts in einem Programm zu erhalten, werden Sie die Beispielanwendung *HTMLAnzeige* ausführen, die ich für diese Lektion erstellt habe. *HTMLAnzeige* verwendet ein Kombinationsfeld, um dem Anwender eine Liste der bevorzugten Websites (eine Favoritenliste) zu präsentieren, sowie die Methode *Navigate* des *InternetExplorer*-Objekts zur Anzeige des vom Anwender ausgewählten HTML-Dokuments.

Das Programm HTMLAnzeige ausführen

❶ Öffnen Sie das Projekt *HTMLAnzeige.vbp*, das sich im Ordner \Vb6SfS\Lekt20 befindet.

❷ Klicken Sie in der Symbolleiste auf die Schaltfläche *Starten*, um das Programm auszuführen.

Die Anzeige auf Ihrem Bildschirm sollte nun folgender Abbildung 20.4 gleichen:

Abbildung 20.4
Die Oberfläche des Programms *HTMLAnzeige*.

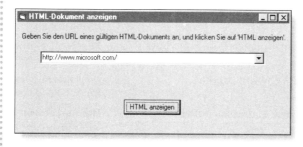

❸ Klicken Sie im Kombinationsfeld des Formulars auf den Abwärtspfeil, um die Liste der für Visual Basic-Programmierer interessanten Websites anzuzeigen.

Die in Abbildung 20.5 dargestellte Liste mit URL-Adressen wird angezeigt.

Abbildung 20.5
Das Programm *HTMLAnzeige* stellt eine Liste mit URLs zur Auswahl.

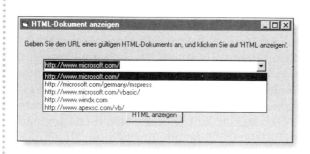

Lektion 20 | **HTML-Dokumente mit dem Internet Explorer anzeigen**

Sie haben bei der Arbeit mit Ihrem Internet-Browser sicherlich bemerkt, dass ein Kombinationsfeld ein recht praktisches Steuerelement zur Darstellung von URLs sein kann. In meinen Webanwendungen versuche ich in der Regel, fünf oder sechs URLs anzuzeigen, aus denen die Anwender bei Starten ihrer Webanwendungen auswählen und die sie um eigene Favoriten ergänzen können, wenn sie andere Sites besuchen. Die Internet-Adressen, die ich hier eingefügt habe, verbinden Sie mit einigen Sites, von denen ich glaube, dass sie von allgemeinem Interesse für Visual Basic-Programmierer sind. Sie können diese Adressen bedenkenlos verwenden, sollten aber berücksichtigen, dass der eine oder andere URL in einem oder zwei Jahren möglicherweise nicht mehr gültig ist. (Diese Dinge ändern sich rasch.)

Die folgende Tabelle enthält eine Auflistung der Websites, die ich in dem Programm verwende.

Internet-Adresse	Beschreibung
http://www.microsoft.com/	Homepage von Microsoft Corporation
http://mspress.microsoft.com/	Homepage von Microsoft Press (mit Hyperlinks zu Visual Basic-Buchtiteln)
http://msdn.microsoft.com/vbasic/	Microsoft-Homepage für Visual Basic-Programmierer
http://www.windx.com/	Ressourcen von Fawcette Publication für VB-Programmierer
http://www.apexsc.com/vb/	Homepage von „Carl & Gary" mit VB-Schwerpunkt (eine einzigartige Site, nicht von Microsoft)

❹ Klicken Sie im Kombinationsfeld auf die Microsoft-Homepage für Visual Basic-Programmierung (*http://msdn.microsoft.com/vbasic/*).

❺ Klicken Sie auf die Schaltfläche *HTML anzeigen*.

Visual Basic öffnet Internet Explorer und lädt den URL der Microsoft Visual Basic-Seite in den Browser. Sofern Sie zu diesem Zeitpunkt nicht online sind, fordert Internet Explorer Sie in einem Anmeldedialogfeld auf, Ihren Benutzernamen und Ihr Kennwort für Ihren Internet-Dienstanbieter einzugeben, und stellt dann die Verbindung mit dem Internet her. (Falls Sie die Internet-Verbindung über ein Firmennetzwerk herstellen, haben Sie es möglicherweise mit einem anderen Anmeldevorgang zu tun.) Nach kurzer Zeit wird die Microsoft-Homepage für Visual Basic angezeigt, die der folgenden Abbildung 20.6 ähneln wird. (Ihr HTML-Dokument dürfte allerdings aktuellere Informationen enthalten.)

Lektion 20 HTML-Dokumente mit dem Internet Explorer anzeigen

Abbildung 20.6
Die Visual Basic-Homepage der Microsoft Corporation.

❻ Maximieren Sie das Internet Explorer-Fenster, sofern es noch nicht in Vollbildgröße dargestellt wird, und klicken Sie dann auf den einen oder anderen Link von Interesse.

Die Microsoft-Homepage für die Visual Basic-Programmierung ist eine hervorragende Quelle mit neuesten Informationen zu Programmiertools, Programmiertipps, Konferenzen und Bücher sowie anderen Informationen zu Visual Basic.

❼ Nachdem Sie die Seite betrachtet haben, schließen Sie das Internet Explorer-Fenster. Falls Sie gefragt werden, ob Sie die Verbindung mit dem Internet trennen möchten, klicken Sie auf *Nein*, um die Verbindung aufrecht zu erhalten.

❽ Zeigen Sie das Formular des Programms *HTMLAnzeige* erneut an.

Das Programm *HTMLAnzeige* ist noch aktiv, wenn vielleicht auch nicht mehr sichtbar, sondern hinter ein paar anderen, ebenfalls geöffneten Anwendungen verborgen. Sollten Sie das Programm nicht mehr sehen, so drücken Sie die Tastenkombination [Alt]+[⇆], um eine Liste der aktuell geöffneten Anwendungen anzuzeigen, und klicken Sie dann auf den Eintrag *HTML-Dokument anzeigen*, um die Anwendung in den Vordergrund zu bringen.

❾ Wählen Sie im Kombinationsfeld eine andere Website aus, und klicken Sie dann auf *HTML anzeigen*, um sie zu öffnen.

Nachdem Sie sich meine Auswahl angesehen haben, öffnen Sie mit dem Programm einige Ihrer bevorzugten Websites.

Lektion 20   HTML-Dokumente mit dem Internet Explorer anzeigen

⑩ Platzieren Sie den Cursor im Kombinationsfeld auf dem Formular *HTML-Anzeige*, entfernen Sie den aktuell ausgewählten URL, und geben Sie einen URL Ihrer Wahl ein. Klicken Sie dann auf *HTML anzeigen*, um den URL zu öffnen.

Sie können Sie dieses Programm auch verwenden, um HTML-Dokumente anzuzeigen, die sich auf Ihrer Festplatte befinden.

⑪ Nachdem Sie drei oder vier HTML-Dokumente angezeigt haben, klicken Sie in der Titelleiste des Programms *HTMLAnzeige* auf die Schaltfläche *Schließen*, und schließen dann jedes in der Task-Leiste noch geöffnete Internet Explorer-Fenster.

Sie betrachten nun den Quellcode des Programms *HTMLAnzeige*, der das *InternetExplorer*-Objekt verwendet.

Die Verwendung von Internet Explorer-Funktionen im Quellcode von HTMLAnzeige untersuchen

❶ Öffnen Sie den Deklarationsabschnitt des Formulars im Codefenster.

Der folgende Programmcode wird angezeigt:

```
'Variable für aktuellen URL deklarieren
Public Explorer As SHDocVw.InternetExplorer
```

Explorer ist eine Public-Variable.

Das Programm *HTMLAnzeige* beginnt mit der Deklaration einer öffentlichen Variablen namens *Explorer*, die die Verknüpfung zwischen dem Programm und der Objektbibliothek von Internet Explorer ermöglicht. Die Deklaration verweist auf die Klasse *InternetExplorer* aus der Datei *shdocvw.dll*, die mit dem Befehl *Verweise* über das Menü *Projekt* in Ihr Projekt eingebunden werden muss.

❷ Öffnen Sie die Ereignisprozedur *Command1_Click* im Codefenster.

Der folgende Programmcode wird angezeigt:

```
Private Sub Command1_Click()
    On Error GoTo errorhandler
    Set Explorer = New SHDocVw.InternetExplorer
    Explorer.Visible = True
    Explorer.Navigate Combo1.Text
    Exit Sub
errorhandler:
    MsgBox "Die Datei kann nicht angezeigt werden", , Err.Description
End Sub
```

Die Ereignisproezdur *Command1_Click* wird ausgeführt, wenn der Anwender auf die Formularschaltfläche *HTML anzeigen* klickt. Dieses Ereignis bedeutet, dass der Anwender entweder mit der Standardauswahl (*http://www.microsoft.com/*) zufrieden ist und die entsprechende

556

Lektion 20	HTML-Dokumente mit dem Internet Explorer anzeigen

Seite anzeigen lassen möchte oder dass er ein anderes HTML-Dokument im Kombinationsfeld angegeben hat. Dementsprechend definiert die Ereignisprozedur zunächst eine Verknüpfung mit einer Fehlerbehandlungsroutine, die unerwartete Fehler der Internet-Verbindung handhaben soll, und erstellt dann ein neues *InternetExplorer*-Objekt. Als Nächstes blendet das Programm das Fenster des Internet Explorer-Browsers ein und öffnet darin ein Dokument, das dem vom Anwender im Kombinationsfeld ausgewählten Eintrag entspricht (der als aktueller Wert der Eigenschaft *Text* des Kombinationsfelds vorliegt). Ab diesem Punkt wird das Programm *HTMLAnzeige* im Hintergrund ausgeführt, während sich die Aufmerksamkeit des Anwenders dem nun geöffneten Internet Explorer-Fenster zuwendet, das (gegebenenfalls) die Verbindung mit dem Internet herstellt, dem Anwender die ausgewählte Website anzeigt und es ihm ermöglicht, auf die möglicherweise auf dieser Seite vorhandenen Hyperlinks zu klicken.

❸ Öffnen Sie die Ereignisprozedur *Form_Load* im Codefenster.

Der folgende Programmcode wird angezeigt:

```
Private Sub Form_Load()
'Beim Start soll das Kombinationsfeld einige Websites zur Auswahl stellen
    'Homepage der Microsoft Corporation, USA
    Combo1.AddItem "http://www.microsoft.com/"
    'Homepage von Microsoft Press Deutschland
    Combo1.AddItem "http://microsoft.com/germany/mspress"
    'Homepage für Microsoft Visual Basic-Programmierung
    Combo1.AddItem "http://www.microsoft.com/vbasic/"
    'Informationen zur VB-Programmierung von Fawcette Publication
    Combo1.AddItem "http://www.windx.com"
    'VB-Homepage von Carl und Gary (nicht von Microsoft)
    Combo1.AddItem "http://www.apexsc.com/vb/"
End Sub
```

Beim Start des Programms *HTMLAnzeige* wird dem Anwender automatisch eine Liste mit mehreren (*Favoriten* genannten) Websites angezeigt. Diese URL-Adressen werden in einem Kombinationsfeld präsentiert, das ich in der Ereignisprozedur *Form_Load* unter Verwendung der Methode *AddItem* mit einer Anfangskonfiguration initialisiert habe. Es steht Ihnen frei, diese Liste um eigene URLs zu ergänzen, indem Sie zusätzliche Aufrufe von *AddItem* einfügen (das Kombinationsfeld besitzt Bildlaufleisten, die bei Bedarf angezeigt werden, und ist in der Lage, eine große Zahl von Einträgen handzuhaben).

Lektion 20   HTML-Dokumente mit dem Internet Explorer anzeigen

Einen Schritt weiter: Auf Ereignisse im Internet Explorer reagieren

In dieser Lektion haben Sie die Eigenschaften und Methoden des *Internet-Explorer*-Objekts eingesetzt, um HTML-Dokumente in einem Fenster anzuzeigen. Sie haben die Möglichkeit, Ihre Browser-Nutzung noch genauer zu steuern, indem Sie auf Ereignisse reagieren, die im *Internet-Explorer*-Objekt stattfinden Wie Sie vielleicht noch aus vorhergehenden Lektionen wissen, kann jedes Visual Basic-Steuerelement im Verlauf seiner normalen aktiven Funktion Statusmeldungen oder auch *Ereignisse* generieren. Diese Ereignisse können von einer einfachen Mausbewegung im *ImageBox*-Steuerelement (das Ereignis *Drag*) bis zur Benachrichtigung über das Ende einer Download-Transaktion (das Ereignis *ResponseComplete* im *Internet-Übertragung*-Steuerelement) alles Mögliche einschließen. Das *InternetExplorer*-Objekt generiert ebenfalls Ereignisse, auf die Sie programmgesteuert mit Ereignisprozeduren reagieren können. Zu diesen Ereignissen gehören *NavigateComplete2*, *DownloadBegin*, *DownloadComplete*, *TitleChange*, *DocumentComplete* und *OnQuit*.

Wenn Sie *InternetExplorer*-Ereignisse in Ihrer Anwendung verwenden möchten, müssen Sie zuerst den Befehl in Ihrem Quellcode ändern, der die Variable für das *InternetExplorer*-Objekt deklariert. Bei externen ActiveX-Komponenten werden die von ihnen generierten Ereignisse nicht automatisch in der Dropdown-Liste *Objekt* des Codefensters aufgelistet. Allerdings können Sie diese Ereignisse einbeziehen, indem Sie bei der Deklaration des Objekts das Schlüsselwort *WithEvents* verwenden. In dem für diese Lektion entwickelten Programm *HTMLAnzeige* ändern Sie den Deklarationsabschnitt des Formulars folgendermaßen:

```
'Variable für aktuellen URL deklarieren
Public WithEvents Explorer As SHDocVw.InternetExplorer
```

WithEvents fügt Ereignisse im Codefenster hinzu.

Nachdem Sie das Schlüsselwort *WithEvents* verwenden, erscheint das *Explorer*-Objekt automatisch in der Dropdown-Liste *Objekt* im Codefenster. Bei Auswahl des *Explorer*-Objekts werden dessen Ereignisse in der Dropdown-Liste *Prozedur* angezeigt. Sie können dann jedes Ereignis auswählen, das Sie überwachen möchten, und dafür jeweils eine Ereignisprozedur erstellen. Im Folgenden sehen Sie, wie dieser Vorgang beim Programm *HTMLAnzeige* funktioniert.

Das Ereignis NavigateComplete2 behandeln

In dieser Übung schreiben Sie eine Ereignisprozedur, die den URL der aktuell im Internet Explorer angezeigten Website dem Kombinationsfeld des Programms *HTMLAnzeige* hinzufügt.

Lektion 20 ⋮ **HTML-Dokumente mit dem Internet Explorer anzeigen**

❶ Speichern Sie das *HTMLAnzeige*-Fomular unter dem Namen **NeuHtml-Hist.frm** und nun das Projekt *HTMLAnzeige* unter dem Namen **NeuHtml-Hist.vbp**.

❷ Öffnen Sie das Codefenster, und suchen Sie per Bildlauf nach dem Deklarationsabschnitt des Programms, der sich am Anfang des Programmcodes befindet.

❸ Fügen Sie das Schlüsselwort *WithEvents* in der Deklaration des *Internet-Explorer*-Objekts hinter dem Schlüsselwort *Public* ein.

Die Objektdeklaration sollte dann folgendermaßen aussehen:

```
Public WithEvents Explorer As SHDocVw.InternetExplorer
```

❹ Klicken Sie im Codefenster auf die Dropdown-Liste *Objekt* und dann auf das Objekt namens *Explorer*.

❺ Klicken Sie im Codefenster auf die Dropdown-Liste *Prozedur* und dann auf das Ereignis namens *NavigateComplete2*.

Die Parameter der Ereignisprozedur *Explorer_NavigateComplete2* werden im Codefenster angezeigt.

❻ Fügen Sie den folgenden Befehl in die Ereignisprozedur ein.

```
Combo1.AddItem Explorer.LocationURL
```

Der Prozedurtext sollte dann folgendermaßen aussehen:

```
Private Sub Explorer_NavigateComplete2(ByVal pDisp _
      As Object, URL As Variant)
    Combo1.AddItem Explorer.LocationURL
End Sub
```

Sie finden das vollständige Projekt *HtmlHist.vbp* auch auf der Festplatte im Ordner *\Vb6SfS\Lekt20.*

Das Ereignis *NavigateComplete2* tritt ein, wenn das *InternetExplorer*-Objekt das angegebene Dokument erfolgreich in den Browser geladen hat. Das Ereignis tritt aber nur dann ein, wenn das Dokument erfolgreich übertragen worden ist – eine ungültige Webseite oder ein ungültiger URL lösen dieses Ereignis also nicht aus. Im Endeffekt ist die Überwachung des Ereignisses *NavigateComplete2* recht nützlich, wenn Sie die zuletzt geladenen Webdokumente im Blick behalten möchten. Mit Hilfe der Eigenschaft *LocationURL* des *Explorer*-Objekts können Sie Ihre eigene Verlaufsliste der HTML-Dokumente zusammenstellen. In diesem Beispiel habe ich den Dokumenten-URL einfach dem Kombinationsfeld des Formulars hinzugefügt, so dass Sie die Site mit einem einzigen Mausklick erneut besuchen können. Allerdings könnten Sie diese Information auch permanent speichern, indem Sie den URL beispielsweise in eine Datei oder eine Datenbank schreiben.

Lektion 20 | HTML-Dokumente mit dem Internet Explorer anzeigen

➐ Klicken Sie in der Symbolleiste auf die Schaltfläche *Speichern*, um Ihre Änderungen zu speichern.

➑ Klicken Sie in der Symbolleiste auf die Schaltfläche *Starten*, um das Programm auszuführen.

➒ Klicken Sie auf eine der im Kombinationsfeld aufgelisteten Websites und dann auf die Schaltfläche *HTML anzeigen*.

➓ Klicken Sie nach Herstellung der Verbindung auf einige der Hyperlinks auf der Seite, um zu ein paar neuen URLs zu verzweigen

⓫ Klicken Sie in der Task-Leiste auf das Programmsymbol für *HTML-Dokument anzeigen* und dann erneut auf das Kombinationsfeld.

Die neu von Ihnen besuchten Websites erscheinen am Ende der Liste, ähnlich wie in der folgenden Abbildung 20.7 gezeigt.

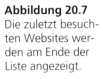

Abbildung 20.7
Die zuletzt besuchten Websites werden am Ende der Liste angezeigt.

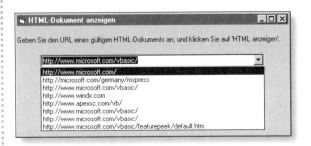

Experimentieren Sie noch etwas mit dem Ereignis *NavigateCompleted2*, indem Sie weitere Websites besuchen und ihre Adressen dem Kombinationsfeld hinzufügen.

⓬ Wenn Sie diesen Schritt beendet haben, schließen Sie das geöffnete Internet Explorer-Fenster. Klicken Sie anschließend in der Titelleiste des Programms *HtmlHist* auf die Schaltfläche *Schließen*.

Wenn Sie mit der nächsten Lektion fortfahren möchten

● Lassen Sie Visual Basic geladen, und schlagen Sie Lektion 21 auf.

Wenn Sie Visual Basic vorerst beenden möchten

● Klicken Sie im Menü *Datei* auf *Beenden*.

Falls ein Meldungsfeld mit der Frage, ob Sie Ihre Änderungen speichern möchten, angezeigt wird, klicken Sie auf *Ja*. (Denn Sie möchten Ihre Änderungen an dem Projekt *NeuHtmlHist* ja speichern, das Sie gerade erstellt haben.)

Lektion 20 HTML-Dokumente mit dem Internet Explorer anzeigen

Zusammenfassung der Lektion

Möchten Sie	dann
Ihrem Programm einen Verweis auf die Objektbibliothek von Internet Explorer hinzufügen,	klicken Sie im Menü *Projekt* auf den Befehl *Verweise* und aktivieren das Kontrollkästchen links neben dem Eintrag *Microsoft Internet Controls (shdocvw.dll)*.
das Objektmodell von Microsoft Internet Explorer erkunden,	klicken Sie in der Symbolleiste auf das Symbol für *Objektkatalog*, um den Objektkatalog zu öffnen, wählen Sie dann in der Dropdown-Liste *Projekt/Bibliothek* die Bibliothek *SHDocVw* und anschließend die Klasse *InternetExplorer* aus, und klicken Sie dann auf einzelne Elemente der Klasse, um weitere Informationen über die Syntax von Eigenschaften, Methoden und Ereignisse zu erhalten.
Internet Explorer aus Ihrem Programm heraus starten,	deklarieren Sie eine Objektvariable vom Typ *SHDocVw*, und setzen Sie deren Eigenschaft *Visible* auf den Wert *True*. Zum Beispiel:

```
Set Explorer = New SHDocVw.Internet-
Explorer
Explorer.Visible = True
```

eine Website mit dem *Internet-Explorer*-Objekt anzeigen,	verwenden Sie die Methode *Navigate*. Zum Beispiel:

```
Explorer.Navigate "http://www.micro-
soft.com/"
```

auf die Ereignisse eines externen Objekts (beispielsweise des *Internet-Explorer*-Objekts) zugreifen,	deklarieren Sie das Objekt unter Verwendung des Schlüsselworts *WithEvents*. Zum Beispiel:

```
Public WithEvents Explorer As
SHDocVw.InternetExplorer
```

21 DHTML-Seiten für das Internet entwerfen

Geschätzte Dauer:
40 Minuten

In dieser Lektion lernen Sie

die Grundlagen der DHTML (Dynamic HTML)-Programmierung kennen.

wie Sie mit dem DHTML-Seiten-Designer eine Webseite erstellen.

wie Sie Textformatierungen, ID-Attribute und SPAN-Marken in ein Dokument einfügen.

wie Sie einen Hyperlink hinzufügen, mit dem sich weitere HTML-Seiten öffnen lassen.

wie Sie mit Microsoft Word 97 eine HTML-Seite erstellen.

In Lektion 20 haben Sie die grundlegenden HTML-Konzepte kennen gelernt und erfahren, wie Sie HTML-Dokumente in einer Microsoft Visual Basic-Anwendung unter Verwendung eines Microsoft Internet Explorer-Objekts anzeigen können. In dieser Lektion lernen Sie, wie Sie Ihre eigenen HTML-Anwendungen mit dem neuen *DHTML-Seiten-Designer* erstellen, der zu Microsoft Visual Basic Professional Edition gehört. DHTML (*Dynamic Hypertext Markup Language*) bezeichnet eine anspruchsvolle Internet-Technologie, die auf der Spezifikation des Microsoft-Komponentenobjektmodells (COM) sowie auf Dokumenten basiert, die vom World Wide Web-Konsortium erstellt worden sind. Eine vollständige Beschreibung von DHTML würde den Rahmen dieses Buches sprengen, aber der DHTML-Seiten-Designer ermöglicht es Ihnen, auch dann Webanwendungen zu entwickeln, wenn Sie über wenig oder gar keine Erfahrung mit der Internet-Programmierung oder dem Entwurf von Webseiten verfügen. Investieren Sie einige Stunden in die Lektionen 21 und 22, und entscheiden Sie dann, ob Sie mit DHTML etwas anfangen können!

Was ist DHTML?

DHTML (Dynamic HTML) ist eine Microsoft-Technologie, die in Version 4.01 (und spätere Versionen) des Internet Explorer integriert wurde. Mit DHTML können Sie eine HTML-basierte Anwendung erstellen, die den Internet Explorer sowohl zur Anzeige der Benutzeroberfläche der Web-

Lektion 21 : DHTML-Seiten für das Internet entwerfen

anwendung als auch zur Verarbeitung vieler Anforderungen verwendet, die herkömmlicherweise von einem Internet-Server verarbeitet werden. Die neu erstellte Anwendung wird in Form einer HTML-Datei und einer zugehörigen DLL-Datei (DLL – Dynamic Link Library) auf der „Client-seite" einer Internet/Intranet-Verbindung gespeichert. Anders ausge-drückt bedeutet dies, dass die DHTML-Technologie es Ihnen ermöglicht, Webanwendungen zu entwerfen, die Zugang zu Internet-Servern bieten, sich aber physisch auf dem Computer des Anwenders befinden. Dieser verteilte „dynamische" Ansatz führt dazu, dass sich DHTML-Anwendun-gen durch schnellere Antwortzeiten auszeichnen als herkömmliche Web-anwendungen, die auf dem Server installiert werden, da DHTML-Pro-gramme nicht auf einen entfernten Servercomputer angewiesen sind, um Informationen weiterzuleiten, Daten zu speichern und Anforderungen zu verarbeiten. In einer DHTML-Anwendung übernimmt der lokale Browser viele Routineaufgaben, ändert das Layout einer Seite und führt den mit DHTML-Seiten verknüpften Code aus, ohne den Server zur Aktualisie-rung der Daten aufzufordern. Das führt zur einer höheren Ausführungs-geschwindigkeit der Anwendung, verringert die Auslastung der Webser-ver und ermöglicht (in vielen Fällen) den Anwendern, im Offline-Betrieb mit Internet- bzw. Intranet-Daten zu arbeiten, die sie bereits per Down-load auf ihre Computer übertragen haben.

Der DHTML-Seiten-Designer erleichtert das Erstellen von Webanwendungen.

Zum Lieferumfang von Visual Basic 6 Professional Edition gehört eine spezielle Bearbeitungskomponente namens *DHTML-Seiten-Designer*, die es Ihnen ermöglicht, Dynamic HTML in Ihre Visual Basic-Anwendungen zu integrieren. Mit dem DHTML-Seiten-Designer sind Sie in der Lage, eigene Webanwendungen vollständig neu zu erstellen oder vorhandene HTML-Seiten durch DHTML-Merkmale zu erweitern. Als Programmier-sprache lässt sich DHTML am besten als eine Erweiterung von Microsoft Visual Basic Scripting Edition (einer Visual Basic-Version speziell für die Internet-Programmierung) charakterisieren, aber DHTML besitzt auch viele Gemeinsamkeiten mit der Sprache Visual Basic, die Sie in diesem Buch kennen lernen. DHTML ist nicht völlig kompatibel mit Visual Basic, da die Kompatibilität mit früheren Versionen des HTML-Standards erhal-ten bleiben muss, insbesondere im Hinblick auf das in früheren Versio-nen von Internet Explorer verwendete Objektmodell. Deshalb werden be-stimmte Visual Basic-eigene Steuerelemente, Eigenschaften, Methoden, Ereignisse und Schlüsselwörter in DHTML nicht unterstützt. In den Lek-tionen 21 und 22 werden Sie einige der wichtigen Unterschiede kennen lernen. Noch wichtiger ist es, dass Sie lernen, wie Sie Ihre gegebenen Visual Basic-Kenntnisse in Internet-Anwendungen einbringen. Obwohl Dynamic HTML eine neue Art der Programmierung repräsentiert, gleicht der DHTML-Seiten-Designer doch viele Besonderheiten der Sprache aus, indem er HTML-Konzepte in Form eines vertrauten Objektmodells und im Rahmen der herkömmlichen Visual Basic-Entwicklungsumgebung darstellt.

Lektion 21 | DHTML-Seiten für das Internet entwerfen

Ein neues Programmierparadigma

Welches sind die wichtigen Unterschiede zwischen der Programmierung mit Visual Basic und der DHTML-Programmierung? Zunächst ist festzuhalten, dass DHTML ein etwas anderes Designschema impliziert als Visual Basic. Während in Visual Basic Formulare als wichtigstes Benutzeroberflächenelement für Anwendungen verwendet werden, werden dem Anwender in DHTML die Informationen in Form von einer oder mehreren HTML-Seiten präsentiert, die mit zusätzlichem, unterstützendem Programmcode ausgestattet sind.

Sie können diese Seiten in einem separaten HTML-Editor (beispielsweise in Microsoft Word oder Microsoft FrontPage) bearbeiten oder mit dem in Visual Basic enthaltenen DHTML-Seiten-Designer neu erstellen. Ein anderer Unterschied betrifft die von beiden Sprachen verwendeten Datennamenserweiterungen: HTML-Seiten werden in .htm-Dateien gespeichert, Visual Basic-Formulare werden in .frm-Dateien gespeichert.

DHTML-Programmierung Schritt für Schritt

Da der DHTML-Seiten-Designer innerhalb der Visual Basic-Programmierumgebung ausgeführt wird, ähnelt der DHTML-Entwicklungsprozess insgesamt sehr dem Erstellen einer herkömmlichen Visual Basic-Anwendung. Die erforderlichen Schritte sind nachfolgend aufgeführt:

1 Starten Sie Visual Basic, und öffnen Sie ein neues Projekt vom Typ *DHMTL-Anwendung*.

2 Öffnen Sie im Projekt-Explorer den Ordner *Designer*, klicken Sie auf den Eintrag *DHTMLPage1* und dann auf die Schaltfläche *Objekt anzeigen*.

3 Vergrößern Sie das DHTML-Projektfenster so weit, dass es Ihre Webseite aufnehmen kann.

4 Fügen Sie der Webseite nach Belieben Text, Elemente der HTML-Werkzeugsammlung und ActiveX-Steuerelemente hinzu.

5 Formatieren Sie Text unter Verwendung der Formatierungswerkzeuge, und weisen Sie allen Textelementen, auf die Sie mit Programmbefehlen im Quellcode zugreifen möchten, ID-Werte zu.

6 Schreiben Sie Ereignisprozeduren für alle Elemente der Benutzeroberfläche, die solche Prozeduren benötigen.

7 Erweitern Sie das Projekt mit dem Befehl *DHTML Page hinzufügen* aus dem Menü *Projekt* um zusätzliche Webseiten, und fügen Sie diesen Seiten wiederum Text, Steuerelemente und Ereignisprozeduren hinzu, wie in den Schritten 4 bis 6 beschrieben. ▶

Lektion 21   DHTML-Seiten für das Internet entwerfen

❽ Speichern Sie das Projekt mit dem Befehl *Speichern unter* aus dem Menü *Datei*.

❾ Führen Sie das Projekt aus, indem Sie in der Visual Basic-Symbolleiste auf die Schaltfläche *Starten* klicken, und vergessen Sie nicht, jedes Funktionsmerkmal zu testen. (Auf Ihrem Computer muss Internet Explorer Version 4.01 oder höher installiert sein, damit Sie das Programm ausführen können.)

❿ Wenn Sie Ihre Anwendung an andere weitergeben möchten, kompilieren Sie das Projekt mit dem Befehl *DHTMLProject.dll erstellen* im Menü *Datei*. Verteilen Sie dann Ihre Anwendung, indem Sie den *Verpackungs- und Weitergabe-Assistenten* ausführen, den Sie über das Windows-Startmenü im Ordner *Microsoft Visual Studio 6.0-Tools* finden können.

Die programmierbaren Steuerelemente einer HTML-Seite werden Elemente genannt.

Ebenso wie ein Formular kann auch eine HTML-Seite Text, Grafiken, Schaltflächen, Listenfelder, ActiveX-Steuerelemente und andere Objekte enthalten, die zum Verarbeiten von Eingaben und Anzeigen von Ausgaben eingesetzt werden. Die Steuerelemente, die Sie zum Erstellen von HTML-Seiten verwenden, sind nicht identisch mit denen der Visual Basic 6-Werkzeugsammlung. Stattdessen unterstützt der DHTML-Seiten-Designer eine eigene Werkzeugsammlung mit programmierbaren Objekten, die als *Elemente* bezeichnet werden und Aufgaben der Benutzeroberfläche gemäß den Regeln übernehmen, die in der HTML-Spezifikation niedergelegt sind. Jedes dieser Elemente verfügt über seine eigenen Methoden, Eigenschaften und Ereignisse, die sich von denen unterscheiden, die Sie mit Visual Basic-Objekten verwendet haben. Obwohl beispielsweise das HTML-Element *Schaltfläche (Button)* fast genau so aussieht und funktioniert wie das Visual Basic-Steuerelement *Befehlsschaltfläche (CommandButton)*, führt es die Ereignisprozedur *Button1_onclick* und nicht die Ereignisprozedur *Command1_Click* aus, wenn darauf geklickt wird. In Lektion 22 werden Sie weitere Einzelheiten darüber erfahren, wie sich eine Webanwendung um DHTML-Elemente und Ereignisprozeduren erweitern lässt.

Erste Schritte mit dem DHTML-Seiten-Designer

Das Erstellen einer DHTML-Anwendung lässt sich am besten in einigen praktische Übungen mit dem DHTML-Seiten-Designer erlernen. In diesem Abschnitt öffnen Sie den Seiten-Designer in Visual Basic und erstellen eine HTML-Seite mit formatiertem Text, die als Grundlage Ihrer Internet-Anwendung dient. Das neu erstellte Programm wird eine HTML-Version der Spielautomaten-Anwendung *Lucky 7* aus den Lektionen 2 und 10 darstellen, die im Internet Explorer ausgeführt werden kann. (Der Name des Projekts lautet diesmal *WebLucky.vbp*.) Sie werden der HTML-Anwendung im weiteren Verlauf dieser Lektion den Text und die Formatierungen hinzufügen, während Steuerelemente und Ereignisprozeduren erst in Lektion 22 hinzukommen.

Eine neue DHTML-Anwendung öffnen

Führen Sie die folgenden Schritte aus, um Visual Basic zu starten und eine neue DHTML-Anwendung im DHTML-Seiten-Designer zu öffnen:

❶ Starten Sie Visual Basic.

❷ Klicken Sie im Dialogfeld *Neues Projekt* auf das Symbol für *DHTML-Anwendung* und dann auf *OK*.

Wenn Sie das Symbol für *DHTML-Anwendung* zum Öffnen eines neuen Projekts verwenden, lädt Visual Basic den DHTML-Seiten-Designer und weist den Compiler an, eine ActiveX-DLL (Dynamic Link Library, .dll-Datei) zu erstellen. Eine ActiveX-DLL ist eine Datei, die Objekte und andere Programmressourcen für eine HTML-Seite bereitstellt, die DHTML-Befehle verwendet. (Ihr Visual Basic-Programm wird in dieser .dll-Datei gespeichert.)

Nach dem Öffnen des Seiten-Designers sollte der Bildschirm ungefähr wie in Abbildung 21.1 aussehen.

❸ Öffnen Sie im Projekt-Explorer den Ordner *Designer*.

Die Standard-HTML-Seite des Projekts (*DHTMLPage1*) wird im Ordner *Designer* angezeigt. Ein *Designer* ist eine einzelne HTML-Seite, in der Text, Steuerelemente und andere Elemente der Benutzeroberfläche einer Anwendung enthalten sind. (In der Microsoft-Terminologie ist ein Designer ein spezielles Tool, das einen bestimmten Teil einer Visual Basic-Anwendung erstellt. In vorliegenden Buch verwenden Sie Designer, um DHTML-Anwendungen und ActiveX-Datenobjekte zu erstellen.) Wenn Sie mehr als eine HTML-Seite in Ihre Anwendung aufnehmen möchten, können Sie mit dem Befehl *DHTML Page hinzufügen* aus dem Menü *Projekt* dem Ordner *Designer* weitere Seiten hinzufügen.

❹ Klicken Sie im Ordner *Designer* auf den Designer *DHTMLPage1* und dann im Projekt-Explorer auf die Schaltfläche *Objekt anzeigen*.

Visual Basic zeigt den DHTML-Seiten-Designer in der Programmierumgebung an. Da der Seiten-Designer standardmäßig nicht in Vollbildgröße geöffnet wird, sollten Sie nun die Größe seines Fensters auf Kosten der anderen Fenster (Projekt-Explorer, Eigenschaftenfenster und Formular-Layout-Fenster) erweitern.

Lektion 21   DHTML-Seiten für das Internet entwerfen

Abbildung 21.1
Nachdem ein neues DHTML-Anwendungsprojekt geöffnet wurde, wird der DHTML-Seiten-Designer aktiviert.

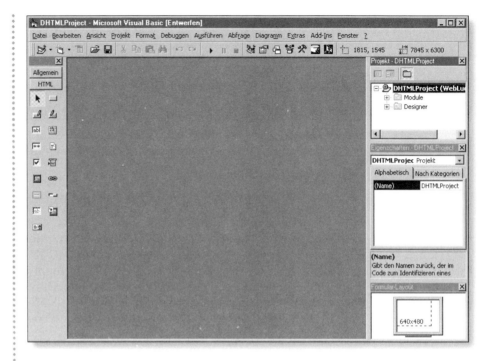

❺ Platzieren Sie den Mauszeiger über der linken Kante des Projekt-Explorers, bis er die Form des Größenänderungszeigers annimmt, und ziehen Sie dann den Fensterrahmen nach rechts, um die Fläche zu verringern, die das Fenster innerhalb der Programmierumgebung einnimmt.

Als Nächstes vergrößern Sie das Fenster des DHTML-Seiten-Designers.

❻ Platzieren Sie den Mauszeiger über der unteren rechten Ecke des Seiten-Designers. Sobald der Mauszeiger die Form des Größenänderungszeigers annimmt, vergrößern Sie den Seiten-Designer so weit, bis er ungefähr wie in der folgenden Abbildung 21.2 aussieht.

❼ Nehmen Sie sich einen Augenblick Zeit, um sich mit den wichtigsten Bearbeitungswerkzeugen des Seiten-Designers vertraut zu machen.

Die Standardseite (*DHTMLPage1*) wird im rechten Fensterbereich des Seiten-Designers anzeigt. (Die Seite ist zu diesem Zeitpunkt leer.) Im linken Fensterbereich befindet sich eine *Strukturansicht*, welche den HTML-Quelltext in Ihrem Dokument beschreibt. Während Sie Ihrer HTML-Seite Text, Steuerelemente und Formatierungseffekte hinzufügen, werden die ausgewählten Stilattribute und verwendeten Werkzeuge in diesem Fensterbereich in Form einer hierarchisch gegliederten Struktur angezeigt.

Lektion 21   DHTML-Seiten für das Internet entwerfen

Abbildung 21.2
Das Fenster des DHTML-Seiten-Designer wurde vergrößert.

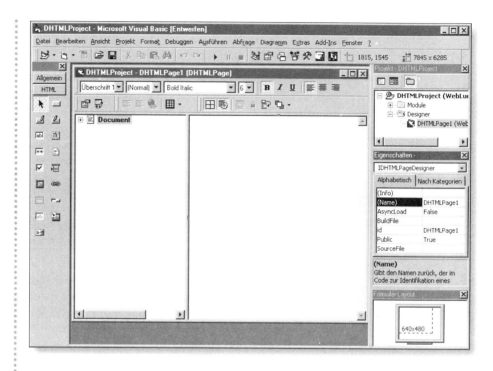

Über den beiden Fensterbereichen des Seiten-Designers befindet sich die Formatsymbolleiste mit Schaltflächen zum Formatieren, Positionieren und Bearbeiten der Elemente der HTML-Seite. Sie werden im Verlauf dieser Lektion einige dieser Schaltflächen verwenden. Zur Linken des Seiten-Designer-Fensters befindet sich eine Werkzeugsammlung mit den HTML-eigenen Steuerelementen, die Sie Ihren HTML-Seiten als programmierbare Elemente hinzufügen können. Neben diesen HTML-Steuerelementen können Sie auch ActiveX-Steuerelemente hinzufügen, einschließlich derjenigen Steuerelemente von Visual Basic 6 Professional Edition, die Sie bisher schon verwendet haben.

Sie können nun Ihrer ersten HTML-Seite etwas Text hinzuzufügen.

Text einer HTML-Seite hinzufügen

Obwohl HTML-Webseiten durch Steuerelemente und spezielle Formatierungen häufig ein anregendes Äußeres gewinnen, bildet in der Regel doch eine textorientierte Benutzeroberfläche die Basis einer durchdachten HTML-Anwendung. In den folgenden Schritten fügen Sie der HTML-Seite im rechten Fensterbereich des Seiten-Designers die Textelemente für das Programm *Lucky 7* hinzu.

❶ Klicken Sie im Seiten-Designer auf die HTML-Seite (den Fensterbereich auf der rechten Seite).

569

Lektion 21 : DHTML-Seiten für das Internet entwerfen

Eine blinkende Einfügemarke wird am Anfang der HTML-Seite angezeigt und gleichzeitig wird eine Strukturansicht des Dokuments im linken Fensterbereich des Seiten-Designers geöffnet.

❷ Geben Sie den folgenden Text in die HTML-Seite ein, wobei Sie durch Drücken der Eingabe- bzw. Leertaste die gewünschten Zwischenräume schaffen:

Lucky 7 Spiel ⏎ ⏎ ⏎
0 ⎡Leertaste⎤ ⎡Leertaste⎤ ⎡Leertaste⎤ 0 ⎡Leertaste⎤ ⎡Leertaste⎤ ⎡Leertaste⎤ 0 ⏎
Gewinne: ⏎
Info zu Lucky 7

Die Anweisung ⏎ bedeutet, dass Sie einmal die Taste ⏎ drücken sollen. Für jede Anweisung ⎡Leertaste⎤ drücken Sie einmal auf ⎡Leertaste⎤. Nachdem Sie die Eingabe beendet haben, sollte die Darstellung Ihrer HTML-Seite der Abbildung 21.3 ähneln.

Sie müssen keinerlei Erfahrungen in der Verwendung von HTML-Formatmarken besitzen, um den Seiten-Designer in Visual Basic verwenden zu können. Allerdings werden Sie ab und zu HTML-Marken in der Strukturansicht im linken Fensterbereich entdecken, die Ihnen detailliertere Auskunft über den Aufbau Ihres Dokuments geben sollen.

Abbildung 21.3
In die DHTML-Seite wurde Text eingefügt.

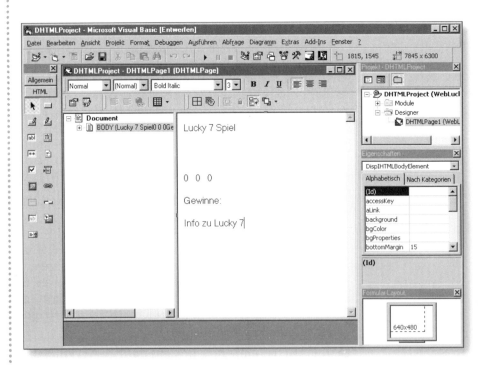

Lektion 21   **DHTML-Seiten für das Internet entwerfen**

Beachten Sie, dass die BODY-Marke in der Strukturansicht nun den Anfang des gerade von Ihnen bearbeiteten Inhalts der HTML-Seite auflistet. Im eigentlichen HTML-Text umfasst die BODY-Marke bestimmte Anweisungen, die die grundlegende grafische Darstellung und das Verhalten des Webseiteninhalts steuern.

Text im Seiten-Designer formatieren

In DHTML ersetzen Formatvorlagen (*Styles*) die einzelnen Formatmarken, die ursprünglich in HTML zur Formatierung individueller Textelemente innerhalb einer Webseite verwendet wurden. (Die HTML-Formatmarken sind nach wie vor vorhanden, werden vom Seiten-Designer jedoch in einer .dsx-Datei in Ihrem Projekt versteckt.) Ein *Style* ist eine Kollektion von Eigenschaften, die das Aussehen von Elementen eines DHTML-Dokuments steuern. Mit *Stylesheets* lässt sich eine Formatvorlage auf ein einzelnes Element oder auf eine Gruppe von Elementen anwenden. Zudem können Sie mehrere Formatvorlagen auf jedes Element einer Seite anwenden (beispielsweise eine für Überschriften und eine für Hyperlinks vorgesehene Formatvorlage).

In den folgenden Schritten formatieren Sie den zuvor für die *Lucky 7*-Anwendung eingegeben Text unter Verwendung von Formatvorlagen aus der Symbolleiste des Seiten-Designers.

❶ Markieren Sie den Text *Lucky 7 Spiel* am Anfang der HTML-Seite.

Bevor Sie das Format eines Textes im Seiten-Designer ändern können, müssen Sie ihn zunächst markieren.

❷ Klicken Sie auf die Dropdown-Liste mit den Formatvorlagen in der oberen linken Ecke des Seiten-Designers, und zeigen Sie dann auf die Formatvorlage *Überschrift 1*.

Ihr Bildschirm sollte nun der folgenden Abbildung 21.4 ähneln.

❸ Klicken Sie auf den Eintrag *Überschrift 1*, um den Text *Lucky 7 Spiel* entsprechend der Formatvorlage *Überschrift 1* zu formatieren.

Der Seiten-Designer wendet die Formatvorlage *Überschrift 1* auf den Text an, der anschließend vergrößert dargestellt wird (siehe Abbildung 21.5).

Die Formatvorlagen des Seiten-Designers ähneln den in Microsoft Word und anderen Textverarbeitungsprogrammen verfügbaren Formatvorlagen.

Sie werden diesen Vorgang nun üben und einige andere Formatvorlagen auf Ihrer HTML-Seite verwenden.

❹ Klicken Sie in der Strukturansicht auf den ersten leeren Absatz (*P()*) des Dokuments, und formatieren Sie ihn mit der Formatvorlage *Überschrift 2*.

Lektion 21   DHTML-Seiten für das Internet entwerfen

Abbildung 21.4
Der DHTML-Seiten-Designer stellt verschiedene Formatvorlagen zur Auswahl.

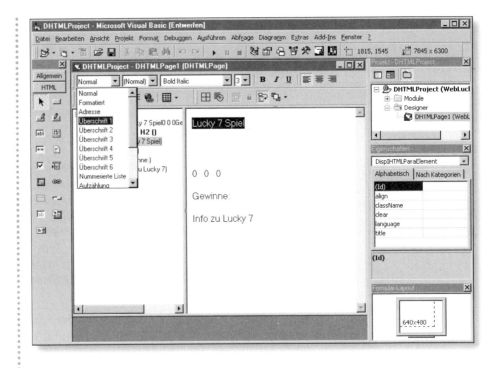

Abbildung 21.5
Dem Titel wurde das Format *Überschrift 1* zugewiesen.

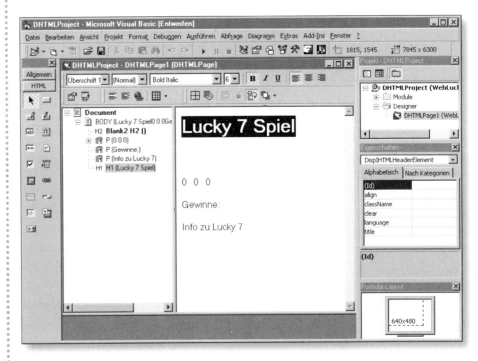

Lektion 21 DHTML-Seiten für das Internet entwerfen

(Wenn Sie keine P()-Marken sehen, klicken Sie auf das Pluszeichen (+) neben dem BODY-Element im Fensterbereich mit der Strukturansicht, markieren die erste P()-Marke und formatieren sie mit der Formatvorlage *Überschrift 2*.)

Text lässt sich also nicht nur innerhalb der HTML-Seite markieren, sondern Sie können auch über die Strukturansicht einzelne Zeilen markieren und formatieren. Nachdem Sie auf die Formatvorlage *Überschrift 2* geklickt haben, vergrößert der Seiten-Designer den Schriftgrad. (Da es sich allerdings um eine Leerzeile handelt, besteht die einzige sichtbare Wirkung in einer kleinen Vergrößerung des Zeilenabstands.)

❺ Klicken Sie auf den nächsten leeren Absatz *P()* im Dokument, und formatieren Sie ihn mit der Formatvorlage *Überschrift 2*.

Beachten Sie, dass der Seiten-Designer die Formatauswahl mit einem aus zwei Buchstaben (H1, H2 usw.) bestehenden Code kennzeichnet und an das untere Ende der Strukturansicht verschiebt, während Sie die Formatvorlage auf die Textelemente Ihres Dokument anwenden. (Wenn Sie zuvor schon mit HTML gearbeitet haben, werden Sie mit diesen Überschriftenmarkierungen vertraut sein.)

❻ Markieren Sie die drei Nullen (*0 0 0*) im Dokument, und formatieren Sie sie mit der Formatvorlage *Überschrift 1*.

❼ Markieren Sie im Dokument den Text *Gewinne:*, und formatieren Sie ihn mit der Formatvorlage *Überschrift 3*.

❽ Markieren Sie den Text *Info zu Lucky 7* (am Ende der HTML-Seite), und formatieren Sie ihn mit der Formatvorlage *Überschrift 4*.

Ihre HTML-Seite sollte nun der folgenden Abbildung 21.6 entsprechen.

Das ist alles! Mit Formatvorlagen können Sie Ihren HTML-Seiten ein präzises und konsistentes Aussehen verleihen, das beliebig oft kopiert werden kann.

Neben den Standardformatvorlagen, die Sie gerade ausprobiert haben, können Sie auch die Dropdown-Listen des Seiten-Designers zur Auswahl von Schriftgrad und Schriftart verwenden, um die Schriftattribute Ihrer HTML-Seite anzupassen. Sie können auch die Schaltflächen *Fett*, *Kursiv* und *Unterstrichen* in der Symbolleiste zur Veränderung des Schriftschnitts sowie die Schaltflächen *Links ausrichten*, *Zentrieren* und *Rechts ausrichten* zur Anpassung der Ausrichtung des Seitentexts verwenden.

SPAN-Marken zur Begrenzung einzelner Zeichen verwenden

Beim Erstellen von DHTML-Anwendungen in Visual Basic werden häufig die Werte von Eigenschaften benutzt, um den Inhalt einzelner Wörter

Lektion 21   DHTML-Seiten für das Internet entwerfen

Abbildung 21.6
Der HTML-Seite wurden Formatvorlagen zugewiesen.

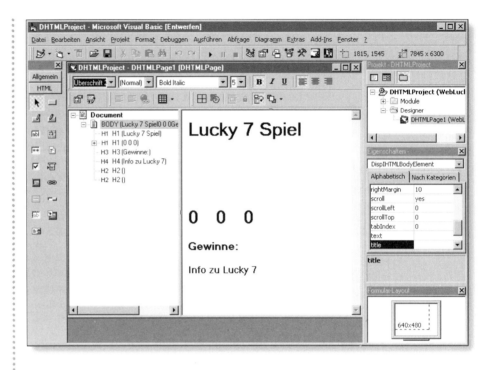

oder Zeichen innerhalb einer Webseite zu ändern. Sie möchten beispielsweise eine Zahl, die die Anzahl der Besucher einer Website für den gegebenen Monat anzeigt, oder eine andere Zahl, die den Lagerbestand eines bestimmten Produkts repräsentiert, auf den neuesten Stand bringen. Wenn Sie bereits während des Entwurfs Ihrer HTML-Seite die Wörter oder Zeichen kennen, die Sie mit Hilfe von Visual Basic-Befehlen bearbeiten möchten, können Sie den Seiten-Designer verwenden, um die entsprechende Zeichenfolge in SPAN-Marken einzuschließen. Diese Marken treten im HTML-Dokument nicht in Erscheinung, aber sie sind sozusagen „im Hintergrund" im Seiten-Designer präsent und werden auch in der Strukturansicht aufgelistet.

Führen Sie die folgenden Schritte durch, um die drei Nullen in der Anwendung *Lucky 7* durch SPAN-Marken zu begrenzen, so dass Sie sie später in einer Ereignisprozedur durch Zufallszahlen ersetzen können.

❶ Markieren Sie die erste *0* im Dokument, und klicken Sie dann in der Symbolleiste des Seiten-Designers auf die Schaltfläche *Auswahl in <SPAN>...</SPAN> einschließen*.

Zum Markieren des Textes können Sie die Tastatur oder die Maus verwenden. (Wenn die auszuwählenden Zeichen von Leerzeichen umgeben sind, ist es wahrscheinlich einfacher, sie mit der Tastatur auszuwählen.)

Lektion 21 DHTML-Seiten für das Internet entwerfen

❷ Markieren Sie die zweite *0* im Dokument, und klicken Sie dann erneut in der Symbolleiste des Seiten-Designers auf die Schaltfläche *Auswahl in <SPAN>...</SPAN> einschließen*.

❸ Markieren Sie die dritte *0* im Dokument, und klicken Sie zum letzten Mal in der Symbolleiste des Seiten-Designers auf die Schaltfläche *Auswahl in <SPAN>...</SPAN> einschließen*.

Beachten Sie, dass neben der Textmarke in der Strukturansicht nun ein Pluszeichen (+) steht, das das Vorhandensein der gerade erzeugten SPAN-Marken anzeigt.

❹ Klicken Sie in der Strukturansicht auf das Pluszeichen, um die SPAN-Marken einzublenden.

Sie sehen drei SPAN-Marken in der Strukturansicht (siehe Abbildung 21.7).

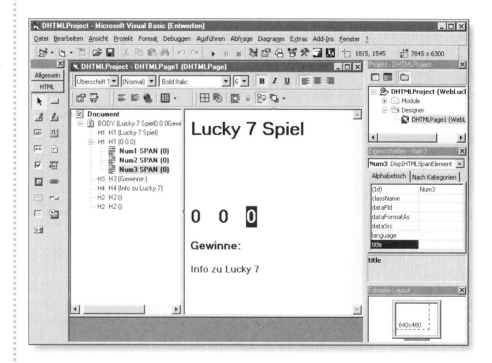

Abbildung 21.7
Die Platzhalter für die Zufallszahlen wurden durch SPAN-Marken begrenzt.

Sie haben nun jeden der drei Platzhalter für die Zufallszahl in Ihrem Dokument isoliert und können diese Platzhalter individuell durch Programmbefehle bearbeiten.

Sie können nicht nur auf einzelne Elemente Ihrer HTML-Seite Bezug nehmen (mit Hilfe von SPAN-Marken), sondern Sie können Absätze auch unter Verwendung von DIV-Marken miteinander verknüpfen. Eine DIV-Marke

575

Lektion 21   DHTML-Seiten für das Internet entwerfen

ist praktisch, wenn Sie mehrere Elemente in einer umfassende Operation mit derselben Formatvorlage formatieren möchten. Da der gesamte von DIV-Marken umschlossene Inhalt dieselben Formatierungseigenschaften beibehält, kann das DIV-Konstrukt ein sehr leistungsfähiges Mittel zur Zusammenführung von Informationen einer Webseite sein. Die für die Anwendung der DIV-Marke zuständige Schaltfläche in der Symbolleiste trägt die Beschriftung *Auswahl in <DIV>...</DIV> einschließen*.

ID-Attribute mit dem Eigenschaftenfenster zuweisen

In einem Visual Basic-Programm besitzt jedes Benutzeroberflächenelement der Anwendung einen eindeutigen Namen, den der Compiler bei der Verarbeitung von Laufzeitereignissen verwendet. Beispielsweise trägt das erste Textfeldobjekt eines Formulars die Bezeichnung *Text1*, das zweite Textfeldobjekt heißt *Text2* usw. In einer Dynamic HTML-Anwendung muss jedes Element einer Seite ebenfalls einen eindeutigen Namen (bzw. eine *ID-Eigenschaft*) besitzen, wenn Sie es mit Programmbefehlen bearbeiten möchten. Jedes ID-Attribut, das Sie den verschiedenen Elementen der Seite zuweisen, fungiert in der DHTML-Anwendung als Objektname des Elements.

Führen Sie die folgenden Schritte aus, um jedem Textelement der DHTML-Seite eine ID zuzuweisen.

❶ Klicken Sie in der Strukturansicht auf die Überschrift *Lucky 7 Spiel* (die H1-Marke).

❷ Öffnen und vergrößern Sie das Eigenschaftenfenster, sofern es aktuell nicht sichtbar oder durch ein anderes Fenster verdeckt ist.

❸ Klicken Sie im Eigenschaftenfenster auf das Textfeld neben dem Eintrag *ID*, geben Sie **LuckyHead** ein, und drücken Sie dann ⏎.

Der Seiten-Designer setzt die *ID*-Eigenschaft des ausgewählten Texts auf den Wert *LuckyHead*. Obwohl Sie diese Überschrift kaum in der gegebenen DHTML-Anwendung programmgesteuert verändern werden, entspricht es doch einem guten Programmierstil, wenn Sie jeden Absatz auch mit einem Namen versehen.

❹ Klicken Sie in der Strukturansicht auf die zweite Überschrift (die erste Leerzeile im Dokument), und ändern Sie im Eigenschaftenfenster den Wert ihrer *ID*-Eigenschaft in **Blank1**.

❺ Klicken Sie in der Strukturansicht auf die dritte Überschrift, und ändern Sie den Wert ihrer *ID*-Eigenschaft in **Blank2**.

❻ Klicken Sie auf die vierte Überschrift (die alle drei Zahlen enthält), und ändern Sie den Wert ihrer *ID*-Eigenschaft in **Num**.

Lektion 21 DHTML-Seiten für das Internet entwerfen

Num bezieht sich (ähnlich wie der Name einer Auflistung) auf alle drei Zahlen. Sie können aber auch den durch SPAN-Marken gekennzeichneten Zeichenfolgen individuelle IDs zuweisen.

❼ Klicken Sie auf die erste SPAN-Nummer, und weisen Sie ihr als *ID* den Wert **Num1** zu.

❽ Klicken Sie auf die zweite SPAN-Nummer, und weisen Sie ihr als *ID* den Wert **Num2** zu.

❾ Klicken Sie auf die dritte SPAN-Nummer, und weisen Sie ihr als *ID* den Wert **Num3** zu.

❿ Klicken Sie auf die Überschrift *Gewinne*, und weisen Sie ihr als *ID* den Wert **Ergebnis** zu.

Ihre HTML-Seite sollte nun der folgenden Abbildung 21.8 ähneln.

Die letzte Überschrift (*Info zu Lucky 7*) erfordert im Augenblick keine ID-Eigenschaft. Sie werden sie in der nächsten Übung als Hyperlink formatieren.

Abbildung 21.8
Den Textelementen wurden *ID*-Werte zugewiesen.

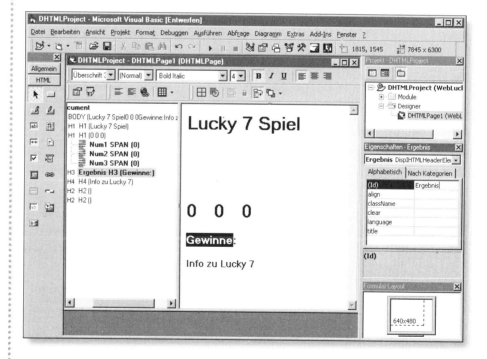

577

Lektion 21 — DHTML-Seiten für das Internet entwerfen

Einen Hyperlink zu einer anderen HTML-Seite erstellen

Falls Ihre Webanwendung mehrere HTML-Seiten umfasst, finden Sie in der Schaltfläche *Auswahl in Verknüpfung umwandeln*, die sich in der Symbolleiste des Seiten-Designers befindet, eine nützliche Formatierungshilfe. Die Schaltfläche *Auswahl in Verknüpfung umwandeln* formatiert den markierten Text als einen *Hyperlink*, der eine neue HTML-Seite in den Internet Explorer lädt und auf diese Weise die vorhandene Seite ersetzt, wenn der Anwender auf den Link klickt. Nachdem Sie eine Textauswahl als Hyperlink formatiert haben, können Sie die gewünschte Verknüpfung (entweder einen URL oder einen lokalen Pfadnamen) angeben, indem Sie der Eigenschaft *href* des Textelements im Eigenschaftenfenster den entsprechenden Wert zuweisen.

Führen Sie die folgenden Schritte durch, um den Text *Info zu Lucky 7* als Hyperlink zu formatieren.

❶ Klicken Sie in der Strukturansicht auf *H4* (*Info zu Lucky 7*), um die letzte Überschrift der Seite zu markieren.

Bevor Sie in Ihrer HTML-Seite ein Textelement als Hyperlink formatieren können, müssen Sie es markiert haben.

❷ Klicken Sie in der Symbolleiste des Seiten-Designers auf die Schaltfläche *Auswahl in Hyperlink umwandeln*.

Die markierte Überschrift wird im rechten Fensterbereich als Hyperlink formatiert.

❸ Klicken Sie auf eine andere Zeile im HTML-Dokument.

Wenn Sie die Einfügemarke aus der Zeile mit dem Hyperlink bewegen, wird die Hyperlink-Formatierung (blauer Text mit Unterstreichung) sichtbar und in der Strukturansicht wird ein Pluszeichen (+) angezeigt.

❹ Klicken Sie auf das Pluszeichen in der Strukturansicht, um die *ID*-Eigenschaft für den Hyperlink (*Hyperlink1*) anzuzeigen.

❺ Klicken Sie auf die Marke *Hyperlink1* in der Strukturansicht, um die Eigenschaften für den Hyperlink im Eigenschaftenfenster anzuzeigen.

❻ Suchen Sie im *Eigenschaftenfenster* nach der Eigenschaft *href*, und klicken Sie auf das Textfeld rechts neben dem Eigenschaftsfeld.

Ihr Bildschirm sollte nun der folgenden Abbildung 21.9 ähneln.

❼ Geben Sie in das Textfeld für die Eigenschaft *href* des Hyperlinks den Wert **c:\vb6sfs\lekt21\lucky.htm** ein, und drücken Sie ⏎.

Lucky.htm ist ein HTML-Dokument, das Sie im nächsten Abschnitt *Einen Schritt weiter* erstellen werden. Allerdings prüft der Seiten-Designer zu

Lektion 21 DHTML-Seiten für das Internet entwerfen

Abbildung 21.9
Der Eigenschaft *href* des Hyperlinks.

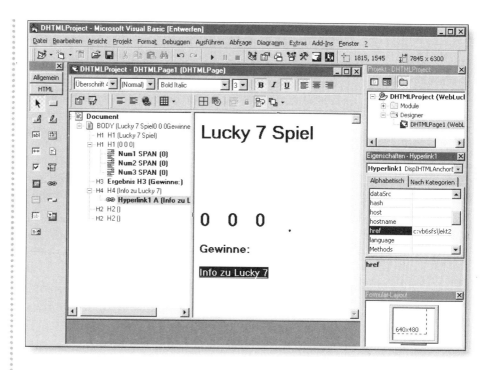

diesem Zeitpunkt nicht, ob dieses Dokument vorhanden ist. (Dies wird nur zur Laufzeit geprüft.)

Sie haben nun alle Textelemente der Webanwendung *Lucky 7* erstellt und das Formatieren von Inhalten, das Erstellen von SPAN-Marken, das Definieren von ID-Attributen und das Erstellen von Hyperlinks geübt. Diese Fähigkeiten werden sich als nützlich erweisen, wenn Sie künftig Ihre eigenen DHMTL-Anwendungen erstellen.

Das Projekt WebLucky speichern

Sie werden nun das von Ihnen erstellte Projekt unter dem Namen *Neu-WebLucky.vbp* speichern.

❶ Klicken Sie im Menü *Datei* auf den Befehl *Projekt speichern unter*.

❷ Geben Sie **NeuWebLucky** ein, wenn Sie aufgefordert werden, für Ihre Projektdatei (.vbp-Datei) einen Namen einzugeben.

❸ Geben Sie **NeuWebLucky** ein, wenn Sie aufgefordert werden, für Ihre Designerdatei (.dsr-Datei) einen Namen einzugeben.

Eine *Designerdatei*, die hier das erste Mal verwendet wird, ist eine spezielle Datei, die eine HTML-Seite samt allen Formatierungen und Steuerelementen enthält.

Lektion 21 — DHTML-Seiten für das Internet entwerfen

❹ Geben Sie **NeuWebLucky** ein, wenn Sie aufgefordert werden, für Ihr Quellcodemodul (.bas-Datei) einen Namen einzugeben.

In einer DHTML-Anwendung enthält die .bas-Datei die Funktionen zur Handhabung von *PutProperty*- und *GetProperty*-Operationen – Mechanismen, die der Browser beim Wechsel zwischen Webseiten zum Speichern und Lesen wichtiger Daten verwendet. (Über diese Funktionen werden Sie weitere Einzelheiten in Lektion 22 erfahren.)

Die DHTML-Anwendung ausführen

Nachdem Ihre DHTML-Anwendung nun sicher auf der Festplatte gespeichert worden ist, können Sie sie mit dem Internet Explorer ausführen.

Das Projekt *WebLucky.vbp* befindet sich auf der Festplatte im Ordner *\Vb6SfS\Lekt21*. Sie können diesen Ordner öffnen, wenn Sie die Anwendung *NeuWebLucky* im Rahmen dieser Lektion nicht erstellt haben oder wenn Sie Ihre Arbeit mit der Originalversion vergleichen möchten.

❶ Klicken Sie in der Visual Basic-Symbolleiste auf die Schaltfläche *Starten*, um das Programm *NeuWebLucky* (bzw. *WebLucky*, falls Sie die Originalversion von der Festplatte laden) auszuführen.

Wenn diese Anwendung zum ersten Mal ausgeführt wird, kann unter Umständen das Dialogfeld *Projekteigenschaften* angezeigt werden, das ähnlich wie in der folgenden Abbildung 21.10 aussieht.

In diesem Dialogfeld können Sie festlegen, ob beim Start der Anwendung das zuvor im Seiten-Designer erstellte HTML-Fomular in den Browser geladen wird. Die richtige HTML-Komponente ist bereits angegeben, so dass Sie nur auf *OK* zu klicken brauchen, falls dieses Dialogfeld erscheint.

Abbildung 21.10
Das Dialogfeld *Projekteigenschaften*.

580

Lektion 21   DHTML-Seiten für das Internet entwerfen

Abbildung 21.11
Das Programm *WebLucky* wird im Internet Explorer 4.01 angezeigt.

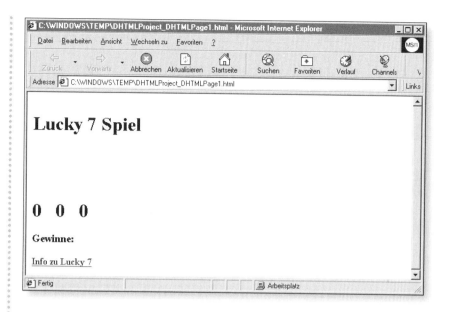

Visual Basic lädt den Internet Explorer und zeigt Ihre DHTML-Anwendung an. In der Version 4.01 von Internet Explorer ähnelt die Darstellung des Programms der Abbildung 21.11.

In der Regel werden Sie feststellen, dass die Formatierung Ihrer HTML-Seite im Internet Explorer etwas anders aussieht als im Seiten-Designer. Zu diesem Zeitpunkt ist Ihre Anwendung erst halb fertig, so dass Sie noch nicht in der Lage sind, mit dem Programm zu arbeiten, aber Sie können sehen, wie der Browser die von Ihnen erstellten Formatierungen und Hyperlinks darstellt.

Ist Ihnen im Adressfeld des Browsers der merkwürdige Pfadnamen aufgefallen? Wenn Visual Basic Ihre DHTML-Anwendung im Speicher kompiliert, wird eine temporäre Datei auf der Festplatte erstellt, in der das Programm während der Ausführung gespeichert wird. Der Pfadname, den Sie sehen, verweist auf diese temporäre Datei, die Visual Basic zum Speichern des Programms verwendet.

❷ Klicken Sie in der Titelseite von Internet Explorer auf die Schaltfläche *Schließen*, um den Internet Explorer zu beenden.

Der Internet Explorer wird geschlossen, aber Ihre Anwendung wird immer noch ausgeführt, da der Internet Explorer nur als Browser fungiert, aber nicht die auslösende Instanz der Programmausführung ist.

❸ Klicken Sie in der Visual Basic-Symbolleiste auf die Schaltfläche *Beenden*, um die DHTML-Anwendung zu schließen.

Lektion 21 ⋮ **DHTML-Seiten für das Internet entwerfen**

Nach einem kurzen Augenblick endet das Programm und der Seiten-Designer erscheint erneut in der Programmierumgebung.

Einen Schritt weiter: HTML-Dokumente in Microsoft Word erstellen

Wie Sie weiter vorn in dieser Lektion gelernt haben, können Sie DHTML-Seiten innerhalb von Visual Basic mit dem DHTML-Seiten-Designer entwickeln, und Sie können HTML-Dokumente mit einem externen Editor bzw. einem Textverarbeitungsprogramm erstellen und dann diese Dateien direkt in Ihr Programmierprojekt importieren. In der nächsten Lektion erfahren Sie, dass der DHTML-Seiten-Designer äußerst praktisch ist, wenn Sie aufwendigere Formatierungseffekte mit DHTML-Steuerelementen und ActiveX-Steuerelementen von Fremdanbietern erzeugen möchten. Wenn Sie in Ihre HTML-Dokumente einfach nur Text eingeben, ist es manchmal sinnvoller, das HTML-Dokument zuerst in einem separaten Editor zu erfassen und es anschließend in das Projekt einzubinden.

In Lektion 14 haben Sie Microsoft Word 97 im Rahmen der Automatisierung verwendet, um Ihre Visual Basic-Anwendung mit einer Rechtschreibprüfung auszustatten. Sie können Word 97 auch als Editor für HTML-Dokumente einsetzen, ohne selbst HTML-Befehle eingeben zu müssen (das erledigt Word 97 automatisch für Sie). Wenn Sie Word 97 auf Ihrem Computer installiert haben, sollten Sie nun versuchen, in Word eine einfache HTML-Hilfedatei zu erstellen, die die Funktionsweise der Anwendung *NeuWebLucky* beschreibt.

Mit Word die Hilfedatei Lucky.htm erstellen

❶ Minimieren Sie die Visual Basic-Entwicklungsumgebung, und starten Sie Microsoft Word 97 auf Ihrem Computer.

Ich starte Microsoft Word, indem ich auf das Menü *Start* klicke, auf den Ordner *Programme* zeige, und dann auf das Symbol für *Microsoft Word 97* klicke.

❷ Sobald Word startet und ein neues leeres Dokument anzeigt, geben Sie den folgenden Text ein und formatieren ihn wie in Abbildung 21.12 dargestellt.

Lucky 7

Das Spiel Lucky 7 ist eine DHTML-Anwendung, die von Michael Halvorson für das Buch Microsoft Visual Basic Professional 6.0 Schritt für Schritt (Microsoft Press, 1998) entwickelt wurde. Sehen Sie sich dieses Dokument mit Microsoft Internet Explorer 4.0 oder höher an. Wenn Sie mehr darüber erfahren wollen, wie diese Anwendung erstellt wurde, lesen Sie die Lektionen 21 und 22 dieses Buches.

582

Lektion 21   DHTML-Seiten für das Internet entwerfen

Spielanleitung:

Ziel: Eines der Zahlenfelder soll eine 7 enthalten.

Gewinnchance: In mindestens 28 von 100 Spielen wird in einem Zahlenfeld eine 7 angezeigt.

Nach Abschluß der Eingabe sollte Ihr Word-Dokument ungefähr wie in Abbildung 21.12 aussehen.

Abbildung 21.12
Die Datei *Lucky.htm* wurde in Word 97 erfasst.

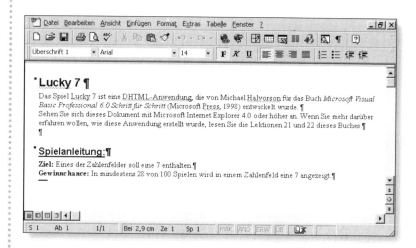

Sie werden dieses Dokument nun als HTML-Datei speichern, damit die Anwendung *WebLucky* es anzeigen kann.

❸ Klicken Sie im Menü *Datei* von Word auf den Befehl *Als HTML speichern*.

❹ Wenn das Dialogfeld *Speichern unter* erscheint, wählen Sie den Ordner *C:\Vb6SfS\Lekt21* aus und geben **NeuLucky** als Namen Ihrer HTML-Datei ein.

Word wandelt die Datei ins HTML-Format um und speichert sie im Ordner *Lekt21*.

Sie werden nun gefragt, ob Sie fortfahren möchten, ohne die Datei im Word 97-Format zu speichern (um gegebenenfalls die Formatierungen zu erhalten, die sich nicht in das HTML-Format konvertieren lassen), oder ob Sie eine Verbindung mit dem Web herstellen möchten, um aktuelle Versionen der Tools für Webautoren per Download zu installieren. Klicken Sie im ersten Fall auf *Ja* und im zweiten Fall auf *Nein*. (Sie haben keine nicht konvertierbaren Formatierungen gewählt, und Sie möchten augenblicklich auch keine neuen Tools.)

❺ Klicken Sie im Menü *Datei* von Word auf den Befehl *Beenden*, um Word zu schließen.

Lektion 21 DHTML-Seiten für das Internet entwerfen

Sie führen nun das Programm *WebLucky* nochmals aus, um zu erfahren, wie es in Verbindung mit einem aktiven Hyperlink funktioniert.

❻ Maximieren Sie Visual Basic.

Wenn Sie den vorhergehenden Anweisungen genau gefolgt sind, müssen Sie erst die Eigenschaft *href* des *Hyperlink1*-Objekts auf den Wert *C:\Vb6SfS\Lekt21\NeuLucky.htm* setzen, bevor Sie das Programm *WebLucky* ausführen, damit die eben erstellte HTML-Datei geöffnet wird. Ich habe *href* auf den Wert *C:\Vb6SfS\Lekt21\Lucky.htm* gesetzt (der sich ebenfalls verwenden lässt), da ich in der Lage sein wollte, die Programme in diesem Kapitel problemlos laden und ausführen zu können. Aber wenn Sie sich schon die Mühe gemacht und *NeuLucky.htm* erstellt haben, sollten Sie diese Datei auch verwenden!

❼ Ändern Sie den Wert der Eigenschaft *href* des *Hyperlink1*-Objekts, sofern dies erforderlich ist, und klicken Sie dann in der Visual Basic-Symbolleiste auf die Schaltfläche *Starten*, um das DHTML-Programm auszuführen.

❽ Wenn die Seite *WebLucky* im Internet Explorer erscheint, klicken Sie auf den Hyperlink *Info zu Lucky 7*, um die verknüpfte Seite anzuzeigen.

Nach einem kurzen Moment wird die Ausgabe im Internet Explorer angezeigt (siehe Abbildung 21.13).

❾ Klicken Sie auf die Schaltfläche *Zurück*, um zur HTML-Seite *WebLucky* zurückzukehren.

Abbildung 21.13
Die Hilfedatei *Lucky.htm* wird im Internet Explorer angezeigt, sobald der Hyperlink *Info zu Lucky 7* angeklickt wird.

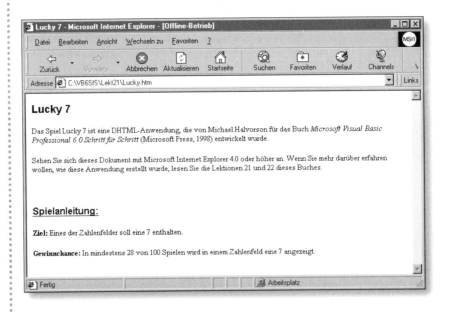

Lektion 21 ⋮ **DHTML-Seiten für das Internet entwerfen**

🔟 Klicken Sie anschließend in der Titelleiste von Internet Explorer auf die Schaltfläche *Schließen*.

⓫ Klicken Sie in der Visual Basic-Symbolleiste auf die Schaltfläche *Beenden*.

Der Einsatz von Microsoft Word (oder einem anderen HTML-Editor bzw. einem anderen Textverarbeitungsprogramm) ist häufig eine hilfreiche Ergänzung zur Verwendung des DHTML-Seiten-Designers in Visual Basic. Wenn Sie ein solches Programm besitzen, sollten Sie es in Ihrer Entwicklungsarbeit auch nutzen.

Wenn Sie mit der nächsten Lektion fortfahren möchten

● Lassen Sie Visual Basic geladen, und schlagen Sie Lektion 22 auf.

Wenn Sie Visual Basic vorerst beenden möchten

● Klicken Sie im Menü *Datei* auf *Beenden*.

Falls das Dialogfenster *Speichern* angezeigt wird, klicken Sie auf *Ja*.

Zusammenfassung der Lektion

Möchten Sie	dann
eine neue DHTML-Anwendung erstellen,	starten Sie Visual Basic, klicken im Dialogfeld *Neues Projekt* auf das Symbol für *DHTML-Anwendung*, und klicken dann auf *OK*.
den DHTML-Seiten-Designer anzeigen,	öffnen Sie in Visual Basic eine neue oder existierende DHTML-Anwendung, öffnen im Projektfenster den Ordner *Designer*, klicken auf die DHTML-Seite, die Sie öffnen möchten, und dann auf die Schaltfläche *Objekt anzeigen*.
einer DHTML-Seite Text hinzufügen,	klicken Sie im Seiten-Designer auf den rechten Fensterbereich, um die Einfügemarke zur geöffneten DHTML-Seite zu verschieben, und geben dann Text mit Hilfe der Tastatur ein.
Text auf einer DHTML-Seite formatieren,	markieren Sie den Text, den Sie formatieren möchten, und klicken dann in der Symbolleiste des Seiten-Designers auf eine Formatvorlage in der Dropdown-Liste der Formatvorlagen. ▶

Lektion 21 DHTML-Seiten für das Internet entwerfen

Möchten Sie	dann
SPAN-Marken erstellen, um die Programmierbarkeit einzelner Zeichen auf einer DHTML-Seite zu ermöglichen,	markieren Sie auf der DHTML-Seite die zu begrenzenden Zeichen und klicken dann in der Symbolleiste des Seiten-Designers auf die Schaltfläche *Auswahl in <SPAN>...</SPAN> einschließen*.
Textelemente auf einer DHTML-Seite mit eigenen IDs versehen,	klicken Sie in der Strukturansicht des Seiten-Designers auf den Textblock, den Sie mit einem Namen versehen möchten, und geben dann im Eigenschaftenfenster für die *ID*-Eigenschaft eine eindeutige Bezeichnung als Wert ein.
Text auf einer DHTML-Seite als Hyperlink formatieren,	klicken Sie in der Strukturansicht des Seiten-Designers auf den Textblock, den Sie als Hyperlink formatieren möchten, und klicken dann in der Symbolleiste des Seiten-Designers auf die Schaltfläche *Auswahl in Hyperlink umwandeln*.
die Komponenten in einem DHTML-Projekt speichern,	klicken Sie im Menü *Datei* auf den Befehl *Projekt speichern unter* und geben die gewünschten Namen für Ihre Projektkomponenten an.
eine DHTML-Anwendung ausführen,	klicken Sie in der Visual Basic-Symbolleiste auf die Schaltfläche *Starten*.
mit Microsoft Word 97 ein HTML-Dokument erstellen,	starten Sie Word, geben den Text des Dokuments ein und speichern es, indem Sie im Menü *Datei* von Word auf den Befehl *Als HTML speichern* klicken.

22
DHTML-Seiten um DHTML-Elemente und ActiveX-Steuerelemente erweitern

Geschätzte Dauer:
50 Minuten

In dieser Lektion lernen Sie

- wie Sie Elemente der DHTML-Werkzeugsammlung verwenden, um Eingaben auf einer Webseite zu verarbeiten.
- wie Sie ActiveX-Steuerelemente zur Erweiterung von DHTML-Seiten nutzen.
- wie Sie Ereignisprozeduren für DHTML-Ereignisse schreiben.
- wie Sie das DHTML-eigene *PropertyBag*-Objekt zum Speichern und Lesen wichtiger Daten verwenden.
- wie Sie eine Anwendung in eine HTML-Datei und eine DLL-Datei kompilieren.

In Lektion 21 haben Sie gelernt, wie Sie mit dem DHTML-Seiten-Designer eine einfache DHTML-Anwendung mit Textelementen, Formatierungen und einem Hyperlink erstellen. In dieser Lektion lernen Sie, wie Sie einer Webseite die Elemente der integrierten DHTML-Werkzeugsammlung sowie ActiveX-Steuerelemente hinzufügen und wie Sie diese Objekte mit Hilfe von Ereignisprozeduren Ihren Erfordernissen anpassen. Außerdem werden Sie das *PropertyBag*-Objekt verwenden, um Schlüsselinformationen Ihrer Webseite zwischen zwei Ladeoperationen dauerhaft zu speichern, und Sie lernen, wie Sie Ihr Projekt kompilieren und dabei eine HTML- sowie eine ergänzende DLL-Datei und andere Dateien generieren.

Erste Schritte mit den Elementen der Werkzeugsammlung

Wie Sie in der letzten Lektion erfahren haben, gehört zum HTML-Seiten-Designer auch eine Werkzeugsammlung mit HTML-Steuerelementen (bzw. *Elementen*), die Sie zur Erweiterung der Benutzeroberfläche Ihrer Webseite verwenden können. Diese Elemente der Werkzeugsammlung sind nicht identisch mit den integrierten Microsoft Visual Basic-Steuerelementen, obwohl sie viele Gemeinsamkeiten mit ihnen aufweisen. Die Elemente der HTML-Werkzeugsammlung erstellen Objekte entsprechend

Lektion 22 | **DHTML-Seiten um DHTML-Elemente und ActiveX-Steuerelemente erweitern**

den Standards der HTML-Programmierung, so dass Microsoft Internet Explorer die Webseiten, die diese Objekte einsetzen, anzeigen kann. Die Elemente der DHTML-Werkzeugsammlung stellen andere Eigenschaften und Methoden bereit als die Visual Basic-Steuerelemente und sie reagieren auf andere Ereignisse. Schließlich sind DHTML-Elemente für den Interneteinsatz optimiert, wo Größe und Geschwindigkeit eine Schlüsselrolle spielen. Die folgende Abbildung 22.1 zeigt die Elemente der HTML-Werkzeugsammlung.

Abbildung 22.1
Die Werkzeugsammlung *HTML*.

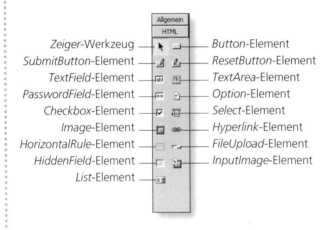

Sie können innerhalb der Werkzeugsammlung zwischen den Elementen der HTML-Werkzeugsammlung und den Steuerelementen der Visual Basic-Werkzeugsammlung hin und her wechseln. (Obgleich die integrierten Visual Basic-Steuerelemente in einer DHTML-Anwendung nicht zur Verfügung stehen, können Sie die in Ihrer Visual Basic-Werkzeugsammlung aufgeführten ActiveX-Steuerelemente durchaus verwenden.) Um zwischen HTML-Elementen und Steuerelementen hin und her zu wechseln, klicken Sie in der Werkzeugsammlung auf die Schaltflächen *HTML* bzw. *Allgemein*. (Beachten Sie, dass die Schaltfläche *HTML* an das untere Ende der Werkzeugsammlung verschoben wird, wenn die Standardsteuerelemente angezeigt werden.)

Übersicht über die DHTML-Werkzeugsammlung

Bevor Sie damit beginnen, die Elemente der Werkzeugsammlung in einer DHTML-Anwendung einzusetzen, sollten Sie zur Kenntnis nehmen, was diese Elemente leisten. Obwohl Sie in dieser Lektion nicht jedes Element ausprobieren werden, finden Sie doch in der folgenden Übersicht die Informationen, die Sie für eigene Versuche benötigen. Weitere Informationen zur Verwendung der HTML-Werkzeugsammlung erhalten Sie, wenn Sie in der MSDN Library Online-Hilfe die Registerkarte *Index* wählen und **Interne HTML-Steuerelemente** eingeben.

Lektion 22 : DHTML-Seiten um DHTML-Elemente und ActiveX-Steuerelemente erweitern

Die folgenden Erläuterungen stellen einige der wichtigsten Eigenschaften und Ereignisse vor, die von den integrierten Elementen der HTML-Werkzeugsammlung bereitgestellt werden. (Wenn Sie an einer vollständigen Liste interessiert sind, betrachten Sie die einzelnen Elemente im *Eigenschaftenfenster* sowie die Dropdown-Liste der *Prozeduren* im Codefenster.)

Button-Element

Das *Button*-Element erstellt eine Aktionsschaltfläche auf einer DHTML-Seite. Die Eigenschaft *Value* speichert den Text, der als Beschriftung auf der Schaltfläche erscheint, und die Ereignisprozedur *OnClick* wird jedes Mal ausgeführt, wenn der Anwender auf die Schaltfläche klickt. Das *Button*-Element wird in der Regel während der Dateneingabe auf einem Formular dazu verwendet, neue Werte zu berechnen oder Webseiten zu schließen.

SubmitButton-Element

Das *SubmitButton*-Element erstellt ebenfalls eine Aktionsschaltfläche auf einer DHTML-Seite. Allerdings dient die *SubmitButton*-Schaltfläche normalerweise dazu, die Informationen von der Webseite an einen Hintergrundprozess (beispielsweise einen Internet-Server) weiterzuleiten. Bei der Übergabe dieser Daten an den Hintergrundprozess werden die mit Hilfe von Eingabeelementen erfassten Informationen als Text weitergereicht. Die Eigenschaft *Value* speichert den Text, der als Beschriftung auf der Schaltfläche erscheint, und die Ereignisprozedur *OnClick* wird jedes Mal ausgeführt, wenn der Anwender auf die Schaltfläche klickt.

ResetButton-Element

Ebenso wie das *Button*-Element fungiert auch das *ResetButton*-Element innerhalb einer DHTML-Seite als Aktionsschaltfläche. Das *ResetButton*-Element löscht allerdings alle Textfelder der aktuellen Seite. (In der Regel dient es zum Initialisieren einer für Dateneingaben verwendeten Webseite.) Die Eigenschaft *Value* speichert den Text, der als Beschriftung auf der Schaltfläche erscheint, und die Ereignisprozedur *OnClick* wird ausgeführt, wenn der Anwender auf die Schaltfläche klickt.

TextField-Element

Das *TextField*-Element erstellt ein einzeiliges Textfeld auf einer DHTML-Seite, das Texteingaben zur Laufzeit empfangen kann. Dieses Textfeld funktioniert weitgehend wie das Steuerelement *Textfeld (TextBox)* von Visual Basic. Die Eigenschaft *Value* speichert den Text, der im Textfeld angezeigt wird. Sie können diese Eigenschaft während des Entwurfs im Eigenschaftenfenster definieren oder den Wert der Eigenschaft zur Laufzeit lesen, um die Eingaben des Anwenders zu ermitteln. Das *TextField*-Element löst das Ereignis *OnSelect* aus, wenn der Inhalt des Textfelds

Lektion 22 DHTML-Seiten um DHTML-Elemente und ActiveX-Steuerelemente erweitern

markiert wird, und das Ereignis *OnChange*, sobald der Text im Textfeld geändert wird.

TextArea-Element

Das *TextArea*-Element erstellt ein größeres Textfeld auf einer DHTML-Seite, das mehrzeilige Texteingaben und -ausgaben ermöglicht. Gegebenenfalls stellt das *TextArea*-Element auch Bildlaufleisten bereit, um den Zugriff auf nicht sichtbare Zeilen zu ermöglichen. Die Eigenschaft *Value* speichert den Text, der im Textfeld angezeigt wird. Sie können diese Eigenschaft während des Entwurfs mit dem Eigenschaftenfenster definieren, oder den Wert der Eigenschaft zur Laufzeit lesen, um die Eingaben des Anwenders zu ermitteln. Mit der Eigenschaft *Rows* können Sie die Höhe des Elements in Zeilen festlegen, und mit der Eigenschaft *Cols* lässt sich die Breite des Elements in Zeichen definieren. Ebenso wie das *TextField*-Element wird auch beim *TextArea*-Element das Ereignis *OnSelect* ausgelöst, wenn der Inhalt des Textfelds markiert wird, und das Ereignis *OnChange* wird ausgelöst, sobald der Text im Textfeld geändert wird.

PasswordField-Element

Das *PasswordField*-Element erstellt ein Textfeld auf einer DHTML-Seite, das ein Kennwort oder andere sensible Daten *maskiert*, die der Anwender eingibt. Ein *PasswordField*-Element ist geeignet, wenn Eingaben vor den Blicken Unbefugter verborgen werden sollen. Wie beim *TextField*-Element dient auch beim *PasswordField*-Element die Eigenschaft *Value* dazu, den Text zu speichern, der im Kennwortfeld eingegeben wird. Sie können zur Entwurfszeit ein verborgenes Standardkennwort definieren, indem Sie der Eigenschaft *Value* im Eigenschaftsfenster einen Wert zuweisen, und Sie können die Eigenschaft *Value* zur Laufzeit lesen, um das Kennwort des Anwenders zu empfangen. Das *PasswordField*-Element löst das Ereignis *OnSelect* aus, wenn der Inhalt des Textfelds markiert wird, und das Ereignis *OnChange*, sobald der Text im Textfeld geändert wird.

Option-Element

Das *Option*-Element erstellt ein *Optionsfeld* auf einer DHTML-Seite. In Visual Basic erstellen Sie eine Gruppe von sich gegenseitig ausschließenden Optionsfeldern (von denen also zu einem Zeitpunkt nur eines ausgewählt sein kann), indem Sie die Optionsfelder in ein *Frame*-Steuerelement einfügen. Im DHTML-Seiten-Designer ist allerdings kein *Frame*-Element verfügbar. Um Optionsfelder auf einer DHTML-Seite zu gruppieren, müssen Sie das Eigenschaftenfenster verwenden. Im Eigenschaftenfenster setzen Sie zuerst bei jeder Schaltfläche die Eigenschaft *Name* auf denselben Wert, und anschließend weisen Sie jedem Optionsfeld über die Eigenschaft *ID* einen eindeutigen ID-Wert zu. Über die Eigenschaft *Checked* können Sie Optionsfeld der Gruppe als Standardoption auswählen. Das

Ereignis *OnClick* wird ausgelöst, wenn der Anwender auf ein einzelnes Option-Element klickt.

Checkbox-Element

Das *Checkbox*-Element wird verwendet, um einer DHTML-Seite ein Kontrollkästchen hinzuzufügen. Anders als bei einem Visual Basic-Kontrollkästchen verfügt ein DHTML-*Checkbox*-Element über keine eigene Beschriftung, die das Kontrollkästchen beschreibt. (Sie müssen die Beschriftung hinzufügen, indem Sie entsprechenden Text auf der DHTML-Seite eingeben.) Die Eigenschaft *Checked* legt den aktuellen Status des Kontrollkästchens fest. Setzen Sie *Checked* auf den Wert *True*, um eine Auswahlmarkierung in dem Feld zu platzieren, oder auf den Wert *False*, um die Auswahlmarkierung zu entfernen. Beim Klicken auf ein *Checkbox*-Element wird das Ereignis *OnClick* ausgelöst.

Select-Element

Mit dem *Select*-Element können Sie in eine DHTML-Seite ein Dropdown-Listenfeld einfügen. Es ähnelt dem *ComboBox*-Steuerelement in Visual Basic. Die Eigenschaft *Size* definiert die Anzahl der Einträge, die zum gegebenen Zeitpunkt in dem Kombinationsfeld angezeigt werden können, während die Eigenschaft *Selected* das standardmäßig ausgewählte Element festlegt. Wenn das *Select*-Element zur Laufzeit verändert wird, wird das Ereignis *OnChange* ausgelöst. Um ein *Select*-Kombinationsfeld während des Entwurfs mit Daten aufzufüllen, klicken Sie mit der rechten Maustaste auf das *Select*-Element innerhalb der Seite, klicken Sie auf den Befehl *Eigenschaften*, und verwenden Sie dann die Eigenschaftenseite des *Select*-Elements, um Listeneinträge hinzuzufügen.

Image-Element

Das *Image*-Element wird verwendet, um einer DHTML-Seite eine Standardgrafik hinzuzufügen. Um das *Image*-Element (während des Entwurfs oder zur Laufzeit) mit einer Grafik auszufüllen, weisen Sie der Eigenschaft *Src* als Wert den Pfadnamen der Grafikdatei zu, die Sie laden möchten. Sie können auch die Eigenschaft *Title* verwenden, um eine Kurzbeschreibung einzublenden, wenn der Anwender innerhalb der Seite auf das *Image*-Element klickt.

Hyperlink-Element

Das *Hyperlink*-Element dient dazu, einen Hyperlink zu einer anderen HTML-Seite zu erstellen. Um den Namen des HTML-Dokuments bzw. den URL anzugeben, zu dem Sie verknüpfen möchten, weisen Sie der Eigenschaft *href* im Eigenschaftenfenster den entsprechenden Wert zu. Beachten Sie, dass der Text, der zusammen mit dem formatierten Hyperlink auf der Seite angezeigt wird, nicht von dem *Hyperlink*-Element selbst, sondern von dem zugeordneten Textelement der Seite kontrolliert wird. (Sie passen ihn also an, indem Sie den als Hyperlink formatierten Text direkt auf der DHTML-Seite bearbeiten.) Sie können außerdem genau festlegen, wie das *Hyperlink*-Element den Wechsel zu einem anderen HTML-Dokument realisiert, indem Sie die Reaktion für das *OnClick*-Ereignis des *Hyperlink*-Elements programmieren.

HorizontalRule-Element

Das *HorizontalRule*-Element fügt einer DHTML-Seite eine horizontale Linie hinzu. Sie können die Breite der Linie mit der Eigenschaft *Size* und die Farbe der Linie mit der Eigenschaft *Color* festlegen. Außerdem können Sie die Länge der Linie mit der Eigenschaft *Width* bestimmen.

FileUpload-Element

Das *FileUpload*-Element fügt einer DHTML-Seite ein Textfeld und eine Aktionsschaltfläche hinzu, mit deren Hilfe der Anwender eine Datei von einem lokalen Datenträger per Upload zu einem Internet-Server übertragen kann. Die Anwender haben die Möglichkeit, den Pfadnamen in das Textfeld einzugeben oder auf die Schaltfläche *Durchsuchen* zu klicken, um ein Dialogfeld zu öffnen, mit dem sie auf ihrem Computer nach der Datei suchen können. Das Ereignis *OnClick* wird ausgelöst, wenn der Anwender auf das *FileUpload*-Element klickt, und das Ereignis *OnSelect* wird ausgelöst, wenn Text im Textfeld markiert wird.

Hiddenfield-Element

Das *HiddenField*-Element fügt einer DHTML-Seite ein Textfeld hinzu, das für den Anwender nicht sichtbar ist. Dieses Textfeld lässt sich in Ihrem Programm zur temporären Speicherung von Daten (beispielsweise einem Kennwort, dessen Echtheit Sie prüfen möchten) nutzen. Außerdem können Sie das *HiddenField*-Element verwenden, um Informationen während der Ausführung einer *Submit*-Operation an einen Internet-Server zu übergeben. Die Eigenschaft *Value* speichert den verborgenen Textinhalt und kann zur Entwurfs- und zur Laufzeit gesetzt werden.

InputImage-Element

Das *InputImage*-Element fügt einer DHTML-Seite ein Bild hinzu. Die Eigenschaft *Src* legt den Pfadnamen oder URL der Bilddatei fest, die im *InputImage*-Element angezeigt wird. Neben diesen Basisfunktionen gibt das *InputImage*-Element dem Anwender auch die Möglichkeit, das geladene Bild als Eingabemechanismus zu verwenden. Beispielsweise könnte ein DHTML-Programmierer eine Kartengrafik in das *InputImage*-Element laden und die jeweilige (x, y)-Position der Stelle verwerten, auf die der Anwender innerhalb der Karte klickt.

Lektion 22 : DHTML-Seiten um DHTML-Elemente und ActiveX-Steuerelemente erweitern

List-Element

Das *List*-Element wird verwendet, um einer DHTML-Seite ein Listenfeld mit Bildlaufleisten hinzuzufügen. Es ähnelt dem *ListBox*-Steuerelement in Visual Basic. Die Eigenschaft *Size* definiert die Anzahl der Elemente, die zu einem gegebenen Zeitpunkt im Listenfeld angezeigt werden können, während die Eigenschaft *Length* die Höhe des Listenfelds definiert. Wenn zur Laufzeit eine Änderung des *List*-Elements erfolgt (ein Listeneintrag ausgewählt wird), löst dies das Ereignis *OnChange* aus und die Eigenschaft *Value* enthält den ausgewählten Eintrag. Um ein *List*-Element während des Entwurfs mit Daten aufzufüllen, klicken Sie mit der rechten Maustaste auf das *List*-Element innerhalb der Seite, klicken auf den Befehl *Eigenschaften* und verwenden dann die Eigenschaftenseite des *List*-Elements, um Listeneinträge hinzuzufügen.

DHTML-Elemente erstellen und anpassen

Sie erstellen mit Hilfe der Elemente der HTML-Werkzeugsammlung in ähnlicher Weise Elemente auf einer Webseite wie mit der Visual Basic-Werkzeugsammlung Objekte in einem Visual Basic-Formular. Sie können mit der HTML-Werkzeugsammlung auf drei Arten Elemente in eine DHTML-Seite einfügen:

- Sie klicken auf das zum Element gehörige Symbol in der Werkzeugsammlung und ziehen es per Drag & Drop in den rechten Fensterbereich des Seiten-Designers.

- Sie klicken auf das zum Element gehörige Symbol in der Werkzeugsammlung und zeichnen ein Element in den rechten Fensterbereich des Seiten-Designers ein, so wie Sie es bei einem Visual Basic-Formular tun würden.

- Sie doppelklicken auf das Symbol in der Werkzeugsammlung. (Auf diese Weise wird automatisch eine Standardausführung des Elements in der Seite erstellt.)

Sie können unter Verwendung des Größenänderungszeigers die Größe der mit der HTML-Werkzeugsammlung erstellten Elemente auf die gleiche Weise verändern wie bei den Steuerelementen in einem Visual Basic-Formular. Wenn Sie ein Element verschieben möchten, markieren Sie es und verwenden dann einfach die Pfeiltasten der Tastatur. (Sollte dabei ein Element vom Bildschirm verschwinden, so ist es für den Anwender zwar nicht mehr sichtbar, aber immer noch aktiv.) Sie können Elemente durch die Angabe absoluter Seitenkoordinaten oder relativ zu anderen Elementen und dem Browser-Fenster auf der Seite platzieren. Mit der Schaltfläche *Modus für absolute Position* in der Symbolleiste des Seiten-

Lektion 22 | **DHTML-Seiten um DHTML-Elemente und ActiveX-Steuerelemente erweitern**

Designers können Sie zwischen diesen beiden Positionierungsmodi umschalten.

Absolute Positionierung bedeutet, dass ein Element genau an der Position auf der Seite angezeigt wird, die Sie angegeben haben. Bei der relativen Positionierung kann ein Element bei Änderung der Seitengröße in Relation zu benachbarten Elementen entsprechend verschoben werden.

Sie können die mit der HTML-Werkzeugsammlung erstellten Elemente während des Entwurfs anpassen, indem Sie im Eigenschaftenfenster die entsprechenden Eigenschaften modifizieren. Die verfügbaren Eigenschaften variieren je nach Art des verwendeten Elements. Einige Elemente enthalten Eigenschaftenseiten, die Sie anpassen können, indem Sie mit der rechten Maustaste auf das Element klicken, dann auf den Befehl *Eigenschaften* klicken und die geeigneten Eingaben im Dialogfeld *Eigenschaftenseiten* vornehmen. Um ein Element aus der DHTML-Seite zu löschen, klicken Sie in der Strukturansicht auf den Namen des Elements und drücken dann [Entf].

Elemente der Anwendung WebLucky hinzufügen

In diesem Abschnitt üben Sie die Verwendung von Elementen der Werkzeugsammlung, indem Sie dem Projekt *WebLucky* (einer DHTML-Anwendung, mit der Sie bereits in Lektion 21 gearbeitet haben) ein *Image*- und ein *Button*-Element hinzufügen. Wenn Sie die Anpassung des Programms beendet haben, verfügen Sie über eine Anwendung, die Zufallszahlen anzeigt, wenn Sie auf die entsprechende Schaltfläche (*Neues Spiel*) klicken. Sobald eine oder mehrere Siebenen (7) auf der Seite erscheinen, wird Ihr Gewinn durch einen „Applaus" (ein mit dem *Multimedia-MCI*-Steuerelement und einer .wav-Datei erzeugtes Geräusch) bekanntgegeben.

Dateien der DHTML-Anwendung umbenennen

Sofern Sie mit einer neuen Version einer vorhandenen DHTML-Anwendung arbeiten möchten, müssen Sie die Projektdatei (.vbp), die Designerdatei (.dsr) und die Moduldatei (.mod) zuerst umbenennen.

❶ Starten Sie Visual Basic, und öffnen Sie im Ordner *\Vb6SfS\Lekt22* das Projekt *WebLucky.vbp*.

Sie speichern dieses Projekt unter einem anderem Namen im Ordner *Lekt22*, um die ursprüngliche Version zu bewahren. (Wenn Sie lieber mit dem von Ihnen in Lektion 21 erstellen Projekt *NeuWebLucky* statt mit meiner Version arbeiten möchten, öffnen Sie nun das Projekt *NeuWebLucky*, und benennen Sie dessen Dateien um.)

❷ Klicken Sie im Menü *Datei* auf den Befehl *Projekt speichern unter*.

Lektion 22 | DHTML-Seiten um DHTML-Elemente und ActiveX-Steuerelemente erweitern

❸ Suchen Sie nach dem Ordner *C:\Vb6SfS\Lekt22*, geben Sie **NeuDHTML7** ein, und drücken Sie ⏎.

Visual Basic erstellt eine Kopie der Projektdatei von *WebLucky* im Ordner *Lekt22*. Sie werden nun die DHTML-Seite unter einem neuen Namen speichern.

❹ Öffnen Sie im Projekt-Explorer den Ordner *Designer*, und klicken Sie auf den Designer *DHTMLPage1*.

❺ Klicken Sie im Menü *Datei* auf den Befehl *Speichern von WebLucky.dsr unter*.

❻ Geben Sie **NeuDHTML7** im Dialogfeld *Datei speichern unter* ein, und drücken Sie ⏎.

❼ Öffnen Sie im Projekt-Explorer den Ordner *Module*, und klicken Sie auf das Modul *modDHTML*.

❽ Klicken Sie im Menü *Datei* auf den Befehl *Speichern von modDHTML unter*. (Gegebenenfalls hat Ihr Modul einen anderen Namen.)

❾ Geben Sie **NeuDHTML7** im Dialogfeld *Datei speichern unter* ein, und drücken Sie ⏎.

Wann immer Sie eine vorhandene DHTML-Anwendung unter einem anderen Namen speichern möchten, brauchen Sie nur diesen Vorgang in drei Schritten nachzuvollziehen: Umbenennen der Projektdatei (.vbp), der Designerdatei (.dsr) und der Moduldatei (.mod).

Außer Projekt (vbp)-, Designer (.dsr)- und Modul (.mod)-Dateien gehören zu einer DHTML-Anwendung auch eine .dsx-Datei mit HTML-Befehlen für die von Ihnen verwendeten Designer sowie eine .dca-Datei mit HTML-Befehlen und anderen binären Daten.

Textelement aus einer Seite löschen

Im Seiten-Designer können Sie jedes Element löschen, indem Sie in der Strukturansicht oder im Entwurfsfenster auf das Element klicken und `Entf` drücken. Diese Möglichkeit erweist sich beim Bearbeiten von DHTML-Seiten als recht nützlich. (Denn Sie werden gelegentlich ein Element löschen und von vorne beginnen wollen.)

Führen Sie die folgenden Schritte durch, um die erste Leerzeile (*Blank1*) aus der Seite zu löschen:

❶ Klicken Sie in der Strukturansicht auf das Element *Blank1*.

Das Element ist ausgewählt und wird sowohl in der Strukturansicht als auch im rechten Fensterbereich als markiert hervorgehoben.

❷ Drücken Sie `Entf`.

Lektion 22 | DHTML-Seiten um DHTML-Elemente und ActiveX-Steuerelemente erweitern

Das Textelement wird endgültig aus der Seite entfernt.

Seien Sie vorsichtig, wenn Sie sich entscheiden, ein Element aus einer DHTML-Seite zu entfernen. Der Seiten-Designer verfügt über keine Undo-Funktion, mit der Sie Ihre Entscheidung rückgängig machen können!

Ein Image-Element der Seite hinzufügen

Ihre erste Erweiterung des Programms *NeuDHTML7* besteht darin, der Seite, die Sie für das Programm *WebLucky* erstellt haben, ein *Image*-Element hinzuzufügen. Das *Image*-Element wird während der Programmausführung einen Stapel Geldmünzen anzeigen.

❶ Doppelklicken Sie in der Werkzeugsammlung auf das *Image*-Element.

Wenn Sie nicht wissen, welches der Elemente in der Werkzeugsammlung das *Image*-Element ist, führen Sie den Mauszeiger über die Elemente, um ihre Namen als Quickinfo-Text in einem Popup-Fenster anzuzeigen.

Der Seiten-Designer platziert das *Image*-Element in der Mitte des DHTML-Formulars, wie in der folgenden Abbildung 22.2 zu sehen ist.

Abbildung 22.2
In das DHTML-Formular wurde ein *Image*-Element eingefügt.

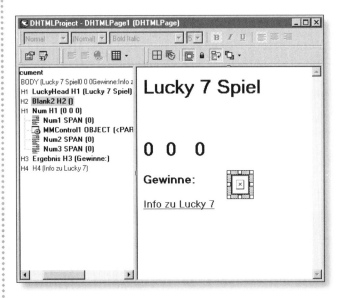

Sie können ein *Image*-Element auch erstellen, indem Sie auf das entsprechende Element in der Werkzeugsammlung klicken und es mit der Maus auf die Seite ziehen. Aber in der Regel ist es am einfachsten, in der Werkzeugsammlung auf das Element doppelzuklicken und seine Größe anschließend anzupassen. Beachten Sie, dass der Seiten-Designer außerdem für das *Image*-Element einen Namen und eine Beschreibung in die Strukturansicht eingefügt hat.

Lektion 22 DHTML-Seiten um DHTML-Elemente und ActiveX-Steuerelemente erweitern

❷ Drücken Sie die Richtungstasten ⬆ und ⬇ so oft, bis sich das *Image*-Element zwischen dem Titel *Lucky 7 Spiel* und den drei Nullen (*0 0 0*) befindet.

Sie können markierte Elemente auf einer DHTML-Seite am besten mit den Pfeiltasten verschieben. Feiner abgestufte Bewegungen erhalten Sie, wenn Sie die Taste [Strg] gedrückt halten, während Sie eine Pfeiltaste betätigen. Ihr Bildschirm sollte nun der folgenden Abbildung 22.3 ähneln.

Sie können die Größe des *Image*-Elements mit der Maus anpassen. Mit Hilfe der Eigenschaften *Width* und *Height* läßt sich die Größe jedoch genauer und einfacher einstellen.

Abbildung 22.3
Das *Image*-Element wurde zwischen die Überschrift und die Zahlen verschoben.

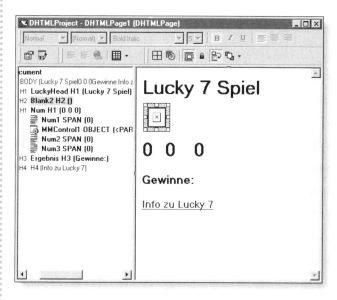

Im Normalzustand zeigt das *Image*-Element die zugeordnete Grafik in Vollbildgröße auf der Seite an. Sie können durch eine geeignete Konfigurierung des *Image*-Elements die Grafik jedoch in einer bestimmten Größe anzeigen lassen, indem Sie die Eigenschaften *Width* und *Height* des Elements im Eigenschaftenfenster auf entsprechende Werte setzen. In diesem Programm belassen Sie das *Image*-Element in seiner Normalgröße, um eine Windows-Metadatei anzuzeigen, die das Internet Explorer-Fenster zur Laufzeit ausfüllt. Beachten Sie, dass der Münzstapel im vorliegenden Programm, anders als in der ersten Version des Programms *Lucky 7*, immer sichtbar bleiben wird.

❸ Klicken Sie in der Visual Basic-Symbolleiste auf die Schaltfläche *Projekt speichern*, um Ihre Änderungen zu speichern.

Lektion 22   DHTML-Seiten um DHTML-Elemente und ActiveX-Steuerelemente erweitern

Button-Element der Seite hinzufügen

Sie werden nun der DHTML-Seite ein *Button*-Element hinzufügen, mit dem ein neues Spiel gestartet und drei Zufallszahlen angezeigt werden.

❶ Doppelklicken Sie in der Werkzeugsammlung auf das *Button*-Element.

Der Seiten-Designer fügt Ihrer Seite ein *Button*-Element hinzu und erstellt einen neuen Eintrag für die Schaltfläche in der Strukturansicht.

❷ Verwenden Sie die Tasten ↑ und ↓, um die Schaltfläche quer über die Beschriftung *Gewinne* in den rechten Bereich der Seite zu verschieben.

Ihre Seite sollte nun der folgenden Abbildung 22.4 ähneln.

Abbildung 22.4
In die DHTML-Seite wurde ein *Button*-Element eingefügt.

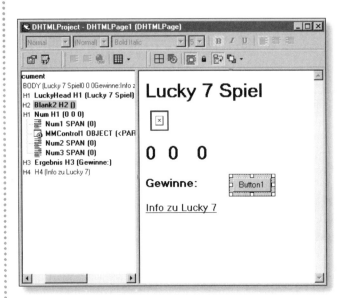

❸ Blenden Sie nun das Eigenschaftenfenster wieder ein, suchen Sie per Bildlauf nach der Eigenschaft *Value*, und löschen Sie den Text aus dem Eigenschaftenfeld (aktuell *Button1*).

Die Eigenschaft *Value* speichert den Text, der auf dem *Button*-Element als Beschriftung angezeigt wird. Um den Text zu ändern, aktualisieren Sie die Eigenschaft *Value*.

❹ Geben Sie im Textfeld für die Eigenschaft *Value* den Wert **Neues Spiel** ein, und drücken Sie ↵.

Die Beschriftung des *Button*-Element ändert sich in *Neues Spiel*, und Ihr Eigenschaftenfenster sollte nun der folgenden Abbildung 22.5. ähneln.

Lektion 22   DHTML-Seiten um DHTML-Elemente und ActiveX-Steuerelemente erweitern

Abbildung 22.5
Die Beschriftung des *Button*-Elements wurde im Eigenschaftenfenster geändert.

Sie können nun Ereignisprozeduren für das *Button*-Element definieren. Den entsprechenden Quellcode werden Sie hinzufügen, nachdem Sie ein ActiveX-Steuerelement vom Typ *Multimedia-MCI (MMControl)* in die Seite eingefügt haben.

ActiveX-Steuerelemente in eine DHTML-Seite einfügen

Obwohl Sie die integrierten Steuerelemente der Visual Basic-Werkzeugsammlung in einer DHTML-Anwendung nicht verwenden können, sind Sie dennoch in der Lage, ActiveX-Steuerelemente einer DHTML-Seite hinzuzufügen. Der Seiten-Designer handhabt diese Steuerelemente, indem er im HTML-Quellcode Ihrer Anwendung das Steuerelement durch <OBJECT>-Marken begrenzt. In den meisten Fällen stehen Ihnen die herkömmlichen Eigenschaften, Methoden und Ereignisse des ursprünglichen ActiveX-Steuerelements zur Verfügung, allerdings mit einigen interessanten Einschränkungen. (Sie können beispielsweise die Eigenschaft *Visible* bei ActiveX-Steuerelementen nicht verwenden, da HTML-Seiten diese Eigenschaft nicht in derselben Weise einsetzen wie Visual Basic-Formulare.) Sie haben außer auf den Standardsatz von Eigenschaften, Methoden und Ereignissen, die von ActiveX-Steuerelementen bereitgestellt werden, auch Zugriff auf einige zusätzliche Attribute, die aus der HTML-Spezifikation für Steuerelemente stammen: *ClassID*, *CodeBase*, *CodeType*, *ID* usw. Diese zusätzlichen Eigenschaften ermöglichen es Ihnen, die erweiterten Attribute von Elementen in HTML-Seiten zu nutzen, während Sie weiterhin die vom ActiveX-Steuerelement verfügbare Basisfunktionalität verwenden können.

Die Fähigkeit, DHTML-Anwendungen um ActiveX-Steuerelemente zu erweitern, ist für Visual Basic-Programmierer ein großer Vorteil. Sie können auf diese Weise Ihre Webseiten mit all den interessanten ActiveX-Steuerelementen der Professional Edition bereichern, mit denen Sie be-

Lektion 22 DHTML-Seiten um DHTML-Elemente und ActiveX-Steuerelemente erweitern

reits in diesem Buch gearbeitet haben. In der folgenden Übung werden Sie Ihrer DHTML-Anwendung ein ActiveX-Steuerelement vom Typ *Multimedia-MCI (MMControl)* hinzufügen, um die Datei *applause.wav* abzuspielen, wenn ein Anwender einen Gewinn erzielt.

Ein ActiveX-Steuerelement in die Werkzeugsammlung einfügen

Bevor Sie ein ActiveX-Steuerelement in Ihrer DHTML-Seite verwenden können, müssen Sie es der Visual Basic-Werkzeugsammlung hinzufügen. ActiveX-Steuerelemente werden in dem Bereich *Allgemein* der Werkzeugsammlung abgelegt, auf den Sie zugreifen, indem Sie innerhalb der Werkzeugsammlung auf die Schaltfläche *Allgemein* klicken.

❶ Klicken Sie im Menü *Projekt* auf den Befehl *Komponenten*.

Führen Sie in der Liste einen Bildlauf durch, und aktivieren Sie das Kontrollkästchen neben dem Eintrag *Microsoft Multimedia Control 6.0*.

❷ Klicken Sie auf *OK*, um dieses ActiveX-Steuerelement in Ihre Werkzeugsammlung einzufügen,

Das *Multimedia-MCI*-Steuerelement erscheint in der Werkzeugsammlung im Bereich *Allgemein*, wie die folgende Abbildung 22.6 illustriert. (Beachten Sie, dass die integrierten Visual Basic-Steuerelemente zu diesem Zeitpunkt abgeblendet sind, da sie für DHTML-Anwendungen nicht zur Verfügung stehen.)

Sie sind nun in der Lage, das ActiveX-Steuerelement der Anwendung hinzuzufügen.

Abbildung 22.6
Die Werkzeugsammlung *Allgemein* mit dem ActiveX-Steuerelement.

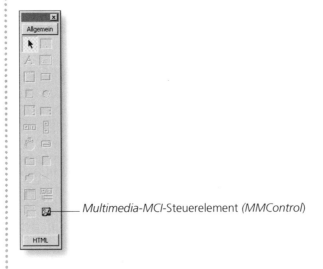

Multimedia-MCI-Steuerelement *(MMControl)*

Lektion 22 — DHTML-Seiten um DHTML-Elemente und ActiveX-Steuerelemente erweitern

Ein Multimedia-MCI-Steuerelement auf der DHTML-Seite erstellen

ActiveX-Steuerelemente werden ebenso wie andere Steuerelemente per Drag & Drop auf eine DHTML-Seite übertragen. Da diese Steuerelemente keine *Visible*-Eigenschaft besitzen, müssen Sie sie über den linken Rand ziehen, wenn Sie vermeiden möchten, dass die Steuerelemente zur Laufzeit Ihres Programms sichtbar sind. (Damit wird das Steuerelement „ausgeblendet", wenn die DHTML-Seite im Browser angezeigt wird.) Beachten Sie auch, dass bestimmte ActiveX-Steuerelemente ohne Benutzeroberfläche (wie beispielsweise das ActiveX-Steuerelement *Standarddialog (CommonDialog)*) sowohl zur Entwurfs- als auch zur Laufzeit nicht sichtbar sind. Sie können die Eigenschaften nicht sichtbarer bzw. ausgeblendeter Steuerelementen setzen, indem Sie sie in der Strukturansicht auswählen.

Führen Sie die folgenden Schritte aus, um das *Multimedia-MCI*-Steuerelement Ihrer Anwendung hinzuzufügen.

❶ Doppelklicken Sie in der Werkzeugsammlung auf das *Multimedia-MCI*-Steuerelement.

Der Seiten-Designer erstellt ein neues Steuerelement in der Seitenmitte und fügt der Strukturansicht einen neuen Eintrag für das Steuerelement hinzu. Ihre Seite sollte nun Abbildung 22.7 ähneln.

❷ Drücken Sie ←, bis das *Multimedia-MCI*-Steuerelement vollständig über den linken Rand der Seite hinweg verschoben ist.

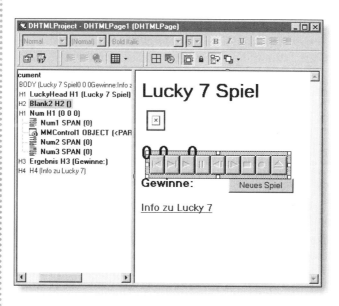

Abbildung 22.7
Die DHTML-Seite mit dem neuen *Multimedia-MCI*-Steuerelement.

Lektion 22 | **DHTML-Seiten um DHTML-Elemente und ActiveX-Steuerelemente erweitern**

Das Steuerelement wird unsichtbar, wenn es aus dem sichtbaren Bereich heraus bewegt wird. (Um es wieder in den sichtbaren Bereich zu schieben, brauchen Sie einfach nur in der Strukturansicht auf das Steuerelement zu klicken und dann die Taste ⊡ gedrückt zu halten.)

❸ Klicken Sie in der Visual Basic-Symbolleiste auf die Schaltfläche *Projekt speichern*, um Ihre Änderungen zu speichern.

In den folgenden Übungen werden Sie das *Multimedia-MCI*-Steuerelement konfigurieren und es durch entsprechende Programmanweisungen in die Lage versetzen, die .wav-Datei abzuspielen.

Ereignisprozeduren für HTML-Elemente erstellen

Sie können die HTML-Elemente und ActiveX-Steuerelemente einer DHTML-Seite durch Ereignisprozeduren und sorgfältig zusammengestellten Programmcode auf ähnliche Weise steuern wie die Steuerelemente einer Visual Basic-Anwendung. Mit einigen wenigen wichtigen Ausnahmen lassen sich alle Visual Basic-Befehle, -Funktionen und -Schlüsselwörter, die Sie bisher in diesem Buch verwendet haben, auch in DHTML-Ereignisprozeduren einsetzen. Der größte Unterschied, auf den Sie beim Erstellen von Ereignisprozeduren stoßen werden, betrifft die Änderung vieler Ereignis- und Objektnamen, so dass es einiger Übung bedarf, um sich zurechtzufinden. Aber bekannte Strukturen wie *If... Then...Else*, *For...Next* und *Do...Loop* sind natürlich dieselben geblieben.

In diesem Abschnitt programmieren Sie Ereignisprozeduren für zwei Ereignisse, die beim Ausführen Ihrer DHTML-Anwendung ausgelöst werden. Eines davon ist das Ereignis *DHTMLPage_Load*, das ausgelöst wird, wenn Ihre Seite in den Browser Internet Explorer geladen wird. Das andere Ereignis heißt *Button1_onclick* und wird ausgelöst, wenn der Anwender auf die Schaltfläche *Neues Spiel* klickt, um drei Zufallszahlen anzuzeigen.

Die Ereignisprozedur für das Ereignis DHTMLPage_Load erstellen

In dieser Übung erstellen Sie die Ereignisprozedur für das Ereignis *DHTMLPage_Load*, die jedes Mal ausgeführt wird, wenn Ihre DHTML-Seite in den Browser geladen wird. Diese Ereignisprozedur ist im Großen und Ganzen identisch mit der Prozedur für das Ereignis *Form_Load* in Visual Basic, nur dass die Prozedur für das *DHTMLPage_Load*-Ereignis immer dann ausgeführt wird, wenn der Browser die Anzeige der Seite aktualisiert. (Wie Sie weiter unten sehen werden, müssen Sie diese Tatsache beim Schreiben des Quellcodes berücksichtigen.)

Lektion 22 DHTML-Seiten um DHTML-Elemente und ActiveX-Steuerelemente erweitern

① Klicken Sie im Projekt-Explorer auf die Schaltfläche *Code anzeigen*, um das Codefenster einzublenden.

② Klicken Sie im Codefenster auf die Dropdown-Liste *Objekt* und dann auf das Objekt namens *DHTMLPage*.

Die Ereignisprozedur für das Ereignis *DHTMLPage_Load* wird im Codefenster angezeigt.

③ Geben Sie den folgende Quellcode ein:

```
'Unterstreichung für Überschriftenformat definieren
LuckyHead.Style.textDecorationUnderline = True
'Zahlen in blauer Schrift anzeigen
Num.Style.Color = "blue"

'Startwert für Zufallszahlengenerator
Randomize
'Münzstapel anzeigen
Image1.src = "c:\vb6sfs\lekt22\münzen.wmf"

'Multimedia-MCI-Steuerelement initialisieren
MMControl1.Notify = False
MMControl1.Wait = True
MMControl1.Shareable = False
MMControl1.DeviceType = "WaveAudio"
MMControl1.FileName = "c:\vb6sfs\lekt22\applause.wav"
MMControl1.Command = "Open"

'Mit GetProperty-Funktion ermitteln, ob vorherige
'Gewinne im PropertyBag-Objekt vorliegen (einem
'Speicherort, auf den während des Ladens und Entladens
'der HTML-Seite zugegriffen wird). Mit diesem Code
'kann die Anzahl der Gewinne zwischen Verzweigungen
'zum Hyperlink "Info zu Lucky7" und anderen Webseiten
'gespeichert werden.
Ergebnis.innerText = "Gewinne: " & GetProperty("Gewinne")
```

④ Korrigieren Sie gegebenenfalls aufgetretene Eingabe- oder Syntaxfehler, die von Visual Basic gefunden wurden.

⑤ Klicken Sie in der Visual Basic-Symbolleiste auf die Schaltfläche *Projekt speichern*, um Ihre Änderungen zu speichern.

Den Quellcode der Ereignisprozedur für DHTMLPage_Load untersuchen

Die Ereignisprozedur, die beim Laden der DHTML-Seite durch den Browser ausgeführt wird, muss mehrere wichtige Aufgaben erledigen. Zuerst wird das Element *LuckyHead* mit dem *Underline*-Schriftattribut forma-

Lektion 22 | **DHTML-Seiten um DHTML-Elemente und ActiveX-Steuerelemente erweitern**

tiert, um es visuell (durch eine Unterstreichung) auf der Seite hervorzuheben. (*LuckyHead* sieht aus wie ein Objekt, ist aber tatsächlich ein Textelement, dem Sie im Eigenschaftenfenster mit Hilfe der *ID*-Eigenschaft den Namen *LuckyHead* verliehen haben.) In ähnlicher Weise lege ich unter Verwendung des ID-Eigenschaftenwerts *Num* sowie der Eigenschaften *Style* und *Color* die blaue Farbe (*blue*) für die Zahlenanzeige der Seite fest. Ich definiere diese beiden Eigenschaften, um Ihnen zu demonstrieren, wie Sie Textelemente einer Seite durch Programmcode anpassen können.

Der Befehl *Randomize* in der Ereignisprozedur für *DHTMLPage_Load* initialisiert den Zufallszahlengenerator mit einem aus den Daten der Systemuhr abgeleiteten Zufallswert. Das stellt sicher, dass jedes Spiel einen Satz echter Zufallszahlen (und nicht Zahlen in einem fortlaufenden Zahlenmuster) liefert. (Sie haben den *Randomize*-Befehl und das Setzen des Zufallszahlengenerators in Lektion 2 kennen gelernt.) Der nächste Befehl lädt die Metadatei *Münzen.wmf* in das *Image*-Element des Formulars, indem er der Eigenschaft *Src* des Elements als Wert den Pfadnamen der Grafikdatei zuweist. Anders als das *ImageBox*-Steuerelement in Visual Basic wird das *Image*-Element zur Laufzeit und nicht während des Entwurfs konfiguriert.

Die dritte Gruppe von Programmbefehlen in dieser Ereignisprozedur konfiguriert und öffnet das *Multimedia-MCI*-Steuerelement. Lektion 17 beschreibt die Programmierung des *Multimedia-MCI*-Steuerelements. Hier ist zu beachten, dass ich die Eigenschaft *DeviceType* auf den Wert *WaveAudio* (die Audiodaten sind in einer .wav-Datei gespeichert) sowie die Eigenschaft *FileName* auf den Wert *applause.wav* gesetzt habe, um den Zugriff auf diese Klangdatei zu ermöglichen. Das tatsächliche Applausgeräusch ertönt erst, wenn der Anwender einen Gewinn erzielt, wenn also eine Situation eintritt, die durch die Ereignisprozedur für *Button1_onclick* gehandhabt wird, die Sie im folgenden Abschnitt programmieren.

Ein *PropertyBag*-Objekt ist eine temporäre Speicheradresse.

Die letzte Gruppe von Programmbefehlen verwendet eine Referenz auf eine globale Variable namens *Gewinne* im *PropertyBag*-Objekt der DHTML-Anwendung, um zu ermitteln, ob der Spieler bereits einmal gewonnen hat. Ein *PropertyBag*-Objekt ist ein temporärer Speicher, der außerhalb der aktuellen DHTML-Seite existiert. Sie können Daten mit der Funktion *PutProperty* im *PropertyBag*-Objekt speichern. Beim Aufruf dieser Funktion geben Sie den Wert an, den Sie speichern möchten, und weisen ihm einen Variablennamen zu, den Sie später verwenden können, um die Daten abzurufen. Um diesen Wert wiederzugewinnen, rufen Sie die Funktion *GetProperty* auf und geben dabei den Variablennamen des gewünschten Werts an. In der Ereignisprozedur für *DHTMLPage_Load* lese ich den aktuellen Wert von *Gewinne* und zeige ihn auf der Seite mit

Hilfe der Eigenschaft *innerText* an, die weiter unten beschrieben wird. Beachten Sie, dass die Funktion *GetProperty* keinen Wert liefert, wenn die Seite zum ersten Mal geladen wird. Aber im weiteren Spielverlauf speichert diese Funktion die Anzahl der Gewinne, wenn der Anwender den Hyperlink *Info zu Lucky 7* wählt oder zu einer anderen Webseite wechselt.

Die Ereignisprozedur für das Ereignis Button1_onclick erstellen

Sie erstellen nun die Ereignisprozedur, die ausgeführt wird, wenn auf das *Button*-Element der DHTML-Seite geklickt wird.

❶ Klicken Sie im Codefenster auf die Dropdown-Liste *Objekt* und dann auf das Objekt namens *Button1*.

Die Ereignisprozedur *Button1_onclick* wird im Codefenster angezeigt.

❷ Geben Sie den folgende Quellcode ein:

```
'Lokale Variable x für Gewinne deklarieren
Dim x

'Drei Zufallszahlen generieren
Num1.innerText = Int(Rnd * 10)
Num2.innerText = Int(Rnd * 10)
Num3.innerText = Int(Rnd * 10)

'Falls es sich bei einer Zahl um eine 7 handelt,
'Münzstapel anzeigen und Signalton erzeugen
If Num1.innerText = 7 Or Num2.innerText = 7 Or _
    Num3.innerText = 7 Then
    'Falls ein Gewinn vorliegt .wav-Datei (applause.wav) wiedergeben
    MMControl1.Command = "Prev"  'Falls nötig, zurückspulen
    MMControl1.Command = "Play"  '.wav-Datei wiedergeben
    'und Gewinnzähler im PropertyBag-Objekt erhöhen
    x = GetProperty("Gewinne")
    Ergebnis.innerText = "Gewinne: " & x + 1
    PutProperty "Gewinne", x + 1
End If
```

❸ Korrigieren Sie gegebenenfalls die von Visual Basic gefundenen Syntaxfehler.

❹ Klicken Sie in der Symbolleiste auf die Schaltfläche *Projekt speichern*, um die Ereignisprozedur zu speichern.

Lektion 22 · DHTML-Seiten um DHTML-Elemente und ActiveX-Steuerelemente erweitern

Den Quellcode der Ereignisprozedur für Button1_onclick untersuchen

Die Ereignisprozedur für *Button1_onclick* wird ausgeführt, wenn der Anwender auf die Schaltfläche *Neues Spiel* der DHTML-Seite klickt. Diese Routine weist viele Gemeinsamkeiten mit der Prozedur auf, die Sie in den Lektionen 2 und 10 verwendet haben, um Zufallszahlen für das Spiel *Lucky 7* zu generieren. Zuerst deklariert die Prozedur eine lokale Variable namens *x*, um darin die im *PropertyBag*-Objekt enthaltene Zahl der Gewinne zu speichern. Da *x* eine lokale Variable darstellt, wird sie bei jeder Ausführung dieser Ereignisprozedur neu initialisiert. (Die Ereignisprozedur kopiert mit Hilfe der Funktion *GetProperty* die Gesamtzahl der bisherigen Gewinne in die Variable *x*.)

Verwenden Sie *innerText*, um den Text auf der Seite zu ändern.

Zufallszahlen zwischen 0 und 9 werden mit der Funktion *Rnd* erzeugt, mit der Funktion *Int* gerundet und mit der Eigenschaft *innerText* in die Elemente *Num1*, *Num2* bzw. *Num3* kopiert. (Indem Sie in Lektion 21 den drei Textfeldern mit den Zahlen die ID-Eigenschaftswerte *Num1*, *Num2* und *Num3* zugewiesen haben, wurden diese zu programmierbaren Objekten, auf die Sie im Programmcode zugreifen können.) Die Eigenschaft *innerText* modifiziert ein Textelement, indem sie den auf der Seite vorhandenen Text durch das angegebene Textargument ersetzt. Die Eigenschaft *innerText* funktioniert nur in Verbindung mit reinen Textelementen. Wenn Sie außerdem HTML-Marken einfügen möchten, um den Text in einer bestimmten Weise zu formatieren, müssen Sie stattdessen die Eigenschaft *innerHTML* verwenden.

Allerdings kann die Eigenschaft *innerText* auch den Wert eines Elements repräsentieren. Ich verwendet diese Funktionalität in dem *If*-Befehl, der überprüft, ob eine der Zufallszahlen auf der Seite eine Sieben ist.

```
If Num1.innerText = 7 Or Num2.innerText = 7 Or _
    Num3.innerText = 7 Then
```

Falls eine Sieben angezeigt wird, verwende ich die Argumente *Prev* und *Play* des *Multimedia-MCI*-Steuerelements, um die Datei *applause.wav* abzuspielen und auf diese Weise den Gewinn zu signalisieren. (Ich verwende das *Prev*-Argument zum Zurückspulen der Medienwiedergabe, falls die Klangdatei bereits zuvor abgespielt worden ist.) Nach dem Start der Audiodatei mit dem Applausgeräusch verwende ich die Funktion *GetProperty*, um den Wert von *Gewinne* in die lokale Variable *x* zu kopieren. Anschließend inkrementiere ich den *Gewinne*-Zähler auf dem Formular im Element namens *Ergebnis*. Schließlich kopiere ich den inkrementierten *Gewinne*-Zähler mit Hilfe der Funktion *PutProperty* zurück in das *PropertyBag*-Objekt:

```
PutProperty "Gewinne", x + 1
```

Lektion 22 DHTML-Seiten um DHTML-Elemente und ActiveX-Steuerelemente erweitern

Beachten Sie, dass die Funktionen *PutProperty* und *GetProperty* in einem Standardmodul deklariert sind, das standardmäßig in alle DHTML-Projekte eingebunden wird (*modDHTML*). Wenn Sie wissen möchten, wie diese Funktionen die Daten im *PropertyBag*-Objekt verwalten, nehmen Sie sich einen Augenblick Zeit und werfen Sie im Codefenster einen Blick auf den Quellcode dieser Funktionen. (Öffnen Sie im Projekt-Explorer den Ordner *Module*, klicken Sie auf das Modul *modDHTML* und dann auf *Code anzeigen*). Sie können auch Ihre eigenen, für allgemeine Zwecke bestimmten Funktionen und Unterprogramme in diesem Standardmodul unterbringen.

Die Anwendung *DHTML7* befindet sich im Ordner \Vb6SfS\Lekt22.

Die Anwendung NeuDHTML7 ausführen

Sie führen nun die Anwendung *NeuDHTML7* aus, um zu testen, wie sich Ihre Anwendung im Internet Explorer präsentiert und wie sie funktioniert.

❶ Klicken Sie in der Visual Basic-Symbolleiste auf die Schaltfläche *Starten*, um Internet Explorer zu starten und die DHTML-Seite zu laden.

Visual Basic muss einige Komponenten Ihrer Anwendung kompilieren und benötigt deshalb zum Laden etwas Zeit. Im Internet Explorer wird dann die in Abbildung 22.8 dargestellte Oberfläche angezeigt.

Abbildung 22.8
Die Anwendung *DHTML7* im Internet Explorer.

607

Lektion 22 DHTML-Seiten um DHTML-Elemente und ActiveX-Steuerelemente erweitern

② Klicken Sie so oft auf die Schaltfläche *Neues Spiel*, bis eine oder mehrere Siebenen auf der Seite erscheinen.

Bei einem Treffer wird die Audiodatei *applause.wav* gestartet. (Zum Abspielen der Klangdatei benötigen Sie Lautsprecher, die mit dem Computer verbunden sein müssen. Stellen Sie sicher, dass die Lautsprecher eingeschaltet sind, und sorgen Sie für eine angemessene Einstellung der Lautstärke, wenn Sie nichts hören.) Ihre Seitendarstellung sollte nun der folgenden Abbildung 22.9 ähneln.

Abbildung 22.9
Nach einigen Spielen stellen sich Gewinne ein.

③ Klicken Sie mehrmals auf die Schaltfläche, um eine Gewinnzahl von insgesamt 5 oder 6 zu erreichen.

Jedes Mal, wenn eine Sieben angezeigt wird, wird die Zahl der Gewinne um Eins erhöht. (Diese Information wird unter dem Namen *Gewinne* im *PropertyBag*-Objekt gespeichert.)

④ Klicken Sie in der Symbolleiste von Internet Explorer auf die Schaltfläche *Aktualisieren*, um die Bilddarstellung zu aktualisieren und die Ereignisprozedur für *DHTMLPage1_Load* auszuführen.

Nach einem kurzen Moment erscheint die Seite mit der richtigen Zahl an Gewinnen.

Lektion 22 DHTML-Seiten um DHTML-Elemente und ActiveX-Steuerelemente erweitern

❺ Klicken Sie zuletzt auf den Hyperlink der Anwendung und anschließend auf die Schaltfläche *Zurück* des Browsers, um zu testen, ob nach der Aktualisierung der Seite die richtige Anzahl an Gewinnen angezeigt wird. (Klicken Sie auf den Buchstaben „A" im Hyperlink-Text, wenn der Link nicht sofort funktioniert.)

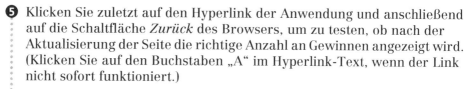

Weitere Informationen zum Erstellen dieses Hyperlinks finden Sie in Lektion 21.

❻ Wenn Sie Ihren Test der Anwendung *NeuDHTML7* beendet haben, klicken Sie in der Titelleiste von Internet Explorer auf die Schaltfläche *Schließen* und dann in der Visual Basic-Symbolleiste auf die Schaltfläche *Beenden*.

Das DHTML-Programm wird beendet, und der Seiten-Designer wird erneut in der Entwicklungsumgebung angezeigt.

Einen Schritt weiter: Eine DHTML-Anwendung kompilieren

Eine DHTML-Anwendung besteht aus einer HTML-Datei, einer DLL (.dll-Datei) und einer Kollektion von Hilfsdateien. Eine DHTML-Anwendung wird auf dieselbe Weise wie jedes Visual Basic-Projekt kompiliert, nämlich durch Verwendung des Befehls *[Projektname] erstellen* aus dem Menü *Datei*. Nach der Kompilierung wird die DHTML-Anwendung als *prozessinterne Komponente* bezeichnet und kann dann mit Internet Explorer auf Ihrem eigenen Computer, in einem Firmen-Intranet oder über das Internet ausgeführt werden. Wenn Sie Ihre Anwendung verteilen möchten, müssen Sie den *Verpackungs- und Weitergabe-Assistenten* ausführen, um Installationsdisketten bzw. die Dateien für das Internet-Publishing zu erstellen, die Ihre Anwendung sowie die erforderlichen Hilfsdateien und Steuerelemente enthalten. Sie finden den *Verpackungs- und Weitergabe-Assistent* im Ordner *Microsoft Visual Studio 6.0-Tools*, der sich seinerseits im Ordner *Microsoft Visual Basic 6.0* im Windows-*Start*-Menü befindet.

In der folgenden Übung werden für das Projekt *NeuDHTML7* eine HTML-Seite und die zugehörige DLL kompilieren.

Das Projekt NeuDHTML7 kompilieren

❶ Klicken Sie im Menü *Datei* auf den Befehl *NeuDHTML7.dll erstellen*.

Visual Basic zeigt das Dialogfeld *Projekt erstellen* an (siehe Abbildung 22.10).

Um für Ihre Anwendung erweiterte Compileroptionen anzuzeigen, klicken Sie im Dialogfeld *Projekt erstellen* auf die Schaltfläche *Optionen*.

Lektion 22   DHTML-Seiten um DHTML-Elemente und ActiveX-Steuerelemente erweitern

Abbildung 22.10
Das Dialogfeld *Projekt erstellen*.

❷ Geben Sie den Ordner *C:\Vb6SfS\Lekt22* an (sofern er nicht bereits ausgewählt ist), und klicken Sie dann auf *OK*, um die Kompilierung zu starten.

Nach einem kurzen Moment werden Sie aufgefordert, den Namen der HTML-Datei anzugeben, die Ihr Projekt in den Internet Explorer lädt.

Sie werden nur einmal zur Eingabe des HTML-Dateinamens aufgefordert. Wenn Sie diese Angabe nachträglich ändern möchten, ändern Sie den Wert der Eigenschaft *BuildFile* Ihres Seiten-Designers (des Objekts *DHTMLPage1*) entsprechend.

❸ Wählen Sie den Ordner *C:\Vb6SfS\Lekt22* (sofern er nicht bereits ausgewählt ist), geben Sie **NeuDHTML7.htm** ein, und drücken Sie ⏎.

Visual Basic führt die Kompilierung durch und platziert die Dateien in dem von Ihnen angegebenen Ordner. Wenn Sie anschließend Ihre Anwendung für die Weitergabe (über Diskette oder Website) an andere Anwender vorbereiten möchten, führen Sie nun den *Verpackungs- und Weitergabe-Assistenten* aus.

Weitere nützliche Informationen über die Weitergabe von DHTML-Dateien erhalten Sie, indem Sie in der MSDN Library Online-Hilfe die Registerkarte *Index* wählen und **DHTML-Anwendungen, Weitergabe** eingeben.

Wenn Sie mit der nächsten Lektion fortfahren möchten

● Lassen Sie Visual Basic geladen, und schlagen Sie Lektion 23 auf.

Wenn Sie Visual Basic vorerst beenden möchten

● Klicken Sie im Menü *Datei* auf *Beenden*.

Falls das Dialogfeld *Speichern* angezeigt wird, klicken Sie auf *Ja*.

Lektion 22   DHTML-Seiten um DHTML-Elemente und ActiveX-Steuerelemente erweitern

Zusammenfassung der Lektion

Möchten Sie	dann
einer DHTML-Seite ein DHTML-Element aus der Werkzeugsammlung hinzufügen,	klicken Sie in der Werkzeugsammlung auf das Symbol für das Element und ziehen es auf die DHTML-Seite im Seiten-Designer, *oder* doppelklicken in der Werkzeugsammlung auf das Symbol für das Element.
ein mit der HTML-Werkzeugsammlung erstelltes Element aus einer DHTML-Seite entfernen,	klicken Sie in der Strukturansicht auf den Namen des Elements und drücken dann Entf.
einer Seite *ein Image*-Element hinzufügen,	doppelklicken Sie in der Werkzeugsammlung auf das *Image*-Element.
einer Seite ein *Button*-Element hinzufügen,	doppelklicken Sie in der Werkzeugsammlung auf das *Button*-Element.
ein DHTML-Element auf einer Seite verschieben,	verwenden Sie die Pfeiltasten oder ziehen das Element mit der Maus.
ein DHTML-Element zur Laufzeit verbergen,	drücken Sie ←, bis das Element über den linken Rand der Seite aus dem Blickfeld verschoben worden ist.
ein DHTML-Element mit Hilfe seiner Eigenschafteneinstellungen konfigurieren,	öffnen Sie das Eigenschaftenfenster und ändern den Wert der gewünschten Eigenschaft entsprechend.
der Werkzeugsammlung ein ActiveX-Steuerelement hinzufügen,	klicken Sie im Menü *Projekt* auf den Befehl *Komponenten* und aktivieren das Kontrollkästchen links neben dem Eintrag für das Steuerelement, das Sie hinzufügen möchten.
eine Ereignisprozedur für ein Element erstellen,	doppelklicken Sie auf das Element der Seite, um das Codefenster zu öffnen, geben in der Dropdown-Liste der Prozeduren das Ereignis an, welches Sie anpassen möchten, und schreiben dann Ihren eigenen Programmcode.

eine Grafik zur Laufzeit in ein *Image*-Element laden,	verwenden Sie die Eigenschaft *Src* des Elements. Zum Beispiel:
	`Image1.src = _`
	`"c:\Vb6SfS\Lekt22\ münzen.wmf"`

den Text eines Textelements zur Laufzeit ändern,	verwenden Sie die Eigenschaft *innerText*. Zum Beispiel: `Num1.innerText = Int(Rnd * 10)` ▶

611

Lektion 22 DHTML-Seiten um DHTML-Elemente und ActiveX-Steuerelemente erweitern

Möchten Sie	dann
den Text eines Elements zur Laufzeit formatieren,	verwenden Sie die Eigenschafteneinstellungen des Elements. Zum Beispiel: `Num.Style.Color = "blue"`
einen Wert im Arbeitsspeicher ablegen, während andere Seiten geladen bzw. wieder aus dem Speicher entfernt werden,	verwenden Sie die Funktion *PutProperty*, um den Wert in dem DHTML-eigenen *PropertyBag*-Objekt zu speichern. Zum Beispiel: `PutProperty "Gewinne", x + 1`
einen Wert aus dem Arbeitsspeicher lesen und in eine DHTML-Seite kopieren,	verwenden Sie die Funktion *GetProperty*, um den Wert aus dem DHTML-eigenen *PropertyBag*-Objekt zu lesen. Zum Beispiel: `x = GetProperty("Gewinne")`
eine DHTML-Anwendung innerhalb von Visual Basic ausführen,	klicken Sie in der Symbolleiste auf die Schaltfläche *Starten*, *oder* drücken F5.
eine DHTML-Seite und ihre DLL kompilieren,	klicken Sie im Menü *Datei* auf den Befehl *[Projektname] erstellen*.
eine DHTML-Anwendung per Installationsdisketten oder über das Internet verteilen,	klicken Sie auf das Windows-*Start*-Menü, zeigen auf den Ordner *Programme*, dann auf den Ordner *Microsoft Visual Basic 6.0* und auf den Ordner *Microsoft Visual Studio 6.0-Tools* und klicken anschließend auf *Verpackungs- und Weitergabe-Assistent*.

Datenbank-
programmierung
für Fortgeschrittene

23 Daten mit dem FlexGrid-Steuerelement verwalten

Geschätzte Dauer:
30 Minuten

In dieser Lektion lernen Sie

- wie Sie eine FlexGrid-Tabelle erstellen und damit Datensätze in einem Formular anzeigen.
- wie Sie Datensätze spaltenweise sortieren.
- wie Sie eine Datenbank nach Schlüsselbegriffen durchsuchen und die Ergebnisse hervorheben.

In Teil G werden Sie sich weiter mit der Datenbankprogrammierung beschäftigen und sich dabei auf die wichtigen Datenbankwerkzeuge und -techniken konzentrieren, die Microsoft Visual Basic 6 Professional Edition zur Verfügung stellt. In Lektion 13 haben Sie gelernt, wie man mit dem Datensteuerelement Datenbankfelder in einem Formular anzeigt und wie man über Programmanweisungen Datensätze sucht, hinzufügt und löscht. In dieser und der nächsten Lektion werden Sie lernen, wie Sie Datenbankinformationen mit Hilfe des *FlexGrid*-Steuerelements anzeigen und mit einer neuen Datenbanktechnologie namens *ActiveX Data Objects (ADO)* arbeiten.

In dieser Lektion werden Sie das AxtiveX-Steuerelement *FlexGrid* verwenden, um in einem Microsoft Visual Basic-Formular eine Datentabelle, auch FlexGrid-Tabelle genannt, zu erstellen. Mit Hilfe des AxtiveX-Steuerelements *FlexGrid* können FlexGrid-Tabellen mit beliebigen Typen von Tabellendaten anlegen: Text, Zahlen, Datumsangaben und sogar Grafiken. Sie werden sich in dieser Lektion jedoch darauf konzentrieren, mit Hilfe des *FlexGrid*-Steuerelements Felder und Datensätze aus den Microsoft Access-Datenbanken *Students.mdb* und *Biblio.mdb* anzuzeigen. Das *FlexGrid*-Steuerelement übersetzt die Felder und Datensätze einer Datenbanktabelle in Spalten und Zeilen einer Datentabelle. Sie können viele typische Tabellenoperationen mit einer FlexGrid-Tabelle ausführen, wie z.B. Zellen auswählen, die Größe von Spalten ändern, Spaltenüberschriften ausrichten und Text formatieren. Sie werden zuerst ein einfaches *FlexGrid*-Steuerelement mit Text füllen, Text auswählen und einige Formatoptionen einstellen. Anschließend werden Sie das *FlexGrid*-Steuerelement an eine Datenbank binden, Datenbanktabellen anzeigen,

Datensätze sortieren und global nach Textzeichenfolgen suchen, die der Anwender festlegen kann.

Das FlexGrid-Steuerelement als Universaltabelle einsetzen

Das *FlexGrid*-Steuerelement ist ein ActiveX-Steuerelement, das zum Lieferumfang von Microsoft Visual Basic Professional und Enterprise Edition gehört. Bevor Sie das *FlexGrid*-Steuerelement in einem Projekt verwenden können, müssen Sie es in die Werkzeugsammlung des Projekts einfügen, indem Sie im Menü *Projekt* den Befehl *Komponenten* aufrufen und das Steuerelement *Microsoft FlexGrid Control 6.0* (msflxgrd.ocx) auswählen. Das *FlexGrid*-Steuerelement bietet viele der strukturellen Vorteile, die einer traditionellen Tabellenkalkulationtabelle eigen sind. Sie können damit beispielsweise Rechnungen erstellen, Steuern berechnen, Buchhaltungskonten führen sowie Produktverzeichnisse und Bestandslisten verwalten. Zudem hat Microsoft das *FlexGrid*-Steuerelement als *gebundenes Steuerelement* konzipiert, das Datenbankinformationen aus einem ebenfalls im Formular vorhandenen Datensteuerelement anzeigen kann. Wenn Sie Datenbankinformationen rasch in ihrem ursprünglichen Tabellenformat anzeigen möchten, sollten Sie das *FlexGrid*-Steuerelement verwenden.

Visual Basic 6 Professional Edition enthält überdies ein weiteres Tabellensteuerelement namens *Hierarchical FlexGrid*-ActiveX-Steuerelement (mshflxgd.ocx). Dieses Steuerelement wird auf die gleiche Weise verwendet wie das *FlexGrid*-Steuerelement und verfügt über denselben Standardsatz an Eigenschaften, Methoden und Ereignissen. Das hierarchische *FlexGrid*-Steuerelement kann jedoch nur an das ADO-Steuerelement gebunden werden und nicht an das Datensteuerelement, das zur Grundausstattung der Werkzeugsammlung gehört. Das Adjektiv „hierarchisch" zeigt an, daß das Steuerelement *hierarchische Recordsets* anzeigen kann, d.h. Recordsets, die aus mehreren Datenbanktabellen erstellt werden.

Bedeutung der Zeilen und Spalten

Mit dem *FlexGrid*-Steuerelement wird eine FlexGrid-Tabelle erstellt; eine FlexGrid-Tabelle ist ein Formular, das eine Tabelle mit horizontalen Zeilen und vertikalen Spalten enthält. Standardmäßig sind die oberste Zeile und die äußerste linke Spalten den Zeilen- und Spaltentitel vorbehalten und werden mit einem schattierten Hintergrund angezeigt. Sie legen über die Eigenschaft *Rows* die Anzahl der Zeilen fest und über die Eigenschaft *Cols* die Anzahl der Spalten. Die folgende Abbildung 23.1 zeigt ein Formular mit einer FlexGrid-Tabelle mit 8 Zeilen und 5 Spalten.

Die in einem *FlexGrid*-Steuerelement enthaltenen Tabellendaten werden wie ein zweidimensionales Datenfeld bearbeitet. Die erste Dimension der

Lektion 23   Daten mit dem FlexGrid-Steuerelement verwalten

Abbildung 23.1
Eine FlexGrid-Tabelle mit 8 Zeilen und 5 Spalten.

Tabelle ist die Zeilennummer und die zweite Dimension der Tabelle ist die Spaltennummer. Auf die Zelle in der linken oberen Ecke der Tabelle wird beispielsweise mit der Adressangabe 0,0 (Zeile 0, Spalte 0) Bezug genommen.

Um einen Wert in eine Zelle der FlexGrid-Tabelle einzufügen, weisen Sie die Zelladresse und den Wert der Eigenschaft *TextMatrix* zu. Sie können Werte beliebiger numerischer oder String-Datentypen angeben. Wenn Sie beispielsweise das Wort *Bob* in Zelle 3,1 (Zeile 3, Spalte 1) einfügen möchten, verwenden Sie die folgende Programmanweisung:

Mit der Eigenschaft *TextMatrix* fügen Sie Text in Zellen ein.

```
MSFlexGrid1.TextMatrix(3, 1) = "Bob"
```

Mit der folgenden Anweisung wird die Zahl 1500 der Zelle 2,1 (Zeile 2, Spalte 1) zugewiesen:

```
MSFlexGrid1.TextMatrix(3, 1) = 1500
```

Grafiken in Zellen einfügen

Sie können unter Verwendung der *Set*-Anweisung, der Eigenschaft *CellPicture* und der Funktion *LoadPicture* auch Grafiken in die Zellen einer FlexGrid-Tabelle einfügen. Unterstützt werden die Grafikformate Symbol (.ico), Bitmap (.bmp) und Windows-Metadatei (.wmf). Mit der folgenden Programmanweisung wird beispielsweise die Metadatei *Münzen.wmf* in der ausgewählten Tabellenzelle anzeigt:

Mit der Eigenschaft *CellPicture* fügen Sie Grafiken ein.

```
Set MSFlexGrid1.CellPicture =
    LoadPicture("c:\vb6SfS\Lekt22\münzen.wmf")
```

Wenn eine Grafik in eine Zelle eingefügt wird, paßt das *FlexGrid*-Steuerelement die Größe der Zelle nicht automatisch an die Größe der anzuzeigenden Grafik an. Sie können Sie die Höhe und die Breite der Zellen jedoch festlegen, indem Sie den Eigenschaften *RowHeight* und *ColWidth* Werte in der Maßeinheit Twips zuweisen. Beispielsweise werden mit den folgenden Anweisungen die erste Zeile und die erste Spalte der Tabelle auf 2000 Twips vergrößert. Die in Klammern angegebenen Werte bezeichnen die aktuelle Zeile bzw. Spalte.

```
MSFlexGrid1.RowHeight(1) = 2000
MSFlexGrid1.ColWidth(1) = 2000
```

Wenn Sie diese Anweisungen direkt über der *Set*-Anweisung zum Laden der Grafik einfügen, dann wird die Zelle so weit vergrößert, dass die gesamte Grafik darin angezeigt werden kann.

Wenn Sie die Größe einer Zelle innerhalb der FlexGrid-Tabelle ändern, werden die gesamte Zeile und die gesamte Spalte der Größe der betreffenden Zelle angepasst.

Zellen auswählen

Wie bei den meisten Tabellenkalkulationstabellen müssen Sie die Zellen in einem *FlexGrid*-Steuerelement auswählen, bevor Sie sie formatieren können. Im *FlexGrid*-Steuerelement können Sie über Programmanweisungen einzelne Zellen oder einen Bereich nebeneinander liegender Zellen auswählen. Um eine einzelne Zelle auszuwählen, weisen Sie einfach der Eigenschaft *Row* die Nummer der auszuwählenden Zeile zu und der Eigenschaft *Col* die Nummer der auszuwählenden Spalte. Damit wird die Zelle ausgewählt, die sich am Schnittpunkt der angegebenen Zeile und Spalte befindet. Wenn Sie die Zelle 1, 1 in der Tabelle auswählen möchten, müssten Sie folgende Programmanweisung verwenden:

Sie wählen mit Hilfe der Eigenschaften Row und Col Zellen aus.

```
MSFlexGrid1.Row = 1
MSFlexGrid1.Col = 1
```

Um einen Zellenbereich auszuwählen, geben Sie die Start- und Endpunkte des Bereichs an. Startpunkt ist die Zelle, die Sie zuletzt mit den Eigenschaften *Row* und *Col* (Zeile 1, Spalte 1) ausgewählt haben. Der Endpunkt der Auswahl wird durch die Eigenschaften *RowSel* und *ColSel* festgelegt. Mit den folgenden Programmanweisungen wird ein zusammenhängender Bereich von 8 Zellen (Zellen 2, 2 bis Zelle 5, 3) im *FlexGrid*-Steuerelement ausgewählt.

```
MSFlexGrid1.Row = 2
MSFlexGrid1.Col = 2
MSFlexGrid1.RowSel = 5
MSFlexGrid1.Row = 3
```

Auf dem Formular sieht die oben beschriebene Auswahl wie in Abbildung 23.2 aus.

Wenn Sie einen Zellenbereich formatieren möchten, müssen Sie folgende Programmanweisung hinzufügen, nachdem die Zellen ausgewählt wurden:

```
MSFlexGrid1.FillStyle = flexFillRepeat
```

Lektion 23　　Daten mit dem FlexGrid-Steuerelement verwalten

Abbildung 23.2
In einer FlexGrid-Tabelle wurde ein Bereich zusammenhängender Zellen ausgewählt.

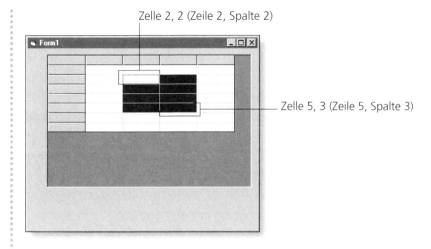

Der Wert *flexFillRepeat* erlaubt es, im *FlexGrid*-Steuerelement mehrere ausgewählte Zellen gleichzeitig zu formatieren. (Bei Angabe des Standardwerts *flexFillSingle* kann mit einer Anweisung lediglich eine Zelle formatiert werden.) Nach dieser Anweisung können Sie einzelne ausgewählte Zellen oder gesamte Zellenbereiche formatieren.

Sie können auch den Anwender am Auswahlprozess beteiligen. Beispielsweise könnten Sie dem Anwender erlauben, eine Gruppe von Zellen im *FlexGrid*-Steuerelement auszuwählen und dann durch Anklicken einer Schaltfläche das Textformat der ausgewählten Zellen in Fettschrift ändern. Sie können festlegen, auf welche Weise Anwender während der Programmausführung auf die Tabelle zugreifen, indem Sie der Eigenschaft *SelectionMode* einen der folgenden drei möglichen Werte zuweisen: *flexSelectionFree* (reguläre Auswahl), *flexSelectionByRow* (nur Auswahl von Zeilen möglich) oder *flexSelectionByColumn* (nur Auswahl von Spalten möglich).

Zellen formatieren

Das *FlexGrid*-Steuerelement bietet viele typische Zellenformatierungsfunktionen, die in kommerziellen Tabellenkalkulationsprogrammen zur Verfügung stehen. Dazu gehören Eigenschaften für Fettschrift, Kursivschrift und Unterstreichung, Textausrichtung in Spalten, Schriftname und -größe, sowie Vordergrund- und Hintergrundfarbe. In der folgenden Tabelle 23.1 sind die wichtigsten der verfügbaren Formatierungsoptionen aufgeführt. Sie werden später in dieser Lektion üben, wie man diese Eigenschaften einstellt.

Lektion 23 Daten mit dem FlexGrid-Steuerelement verwalten

Tabelle 23.1
Acht Eigenschaften zur Formatierung von FlexGrid-Tabellenzellen.

Eigenschaft	Beispiel
CellFontBold	MSFlexGrid1.CellFontBold = True
CellFontItalic	MSFlexGrid1.CellFontItalic = True
CellFontUnderline	MSFlexGrid1.CellFontUnderline = True
CellAlignment	MSFlexGrid1.CellAlignment = flexAlignRightCenter
CellFontName	MSFlexGrid1.CellFontName = "Courier New"
CellFontSize	MSFlexGrid1.CellFontSize = 14
CellForeColor	MSFlexGrid1.CellForeColor = "red"
CellBackColor	MSFlexGrid1.CellBackColor = "blue"

Neue Zeilen hinzufügen

Wenn Sie das *FlexGrid*-Steuerelement zur Erstellung von Rechnungen, Konteneinträgen oder anderen tabellarischen Daten verwenden, ist es hilfreich, neue Zeilen an das Ende der Tabelle anfügen zu können. Sie können zu diesem Zweck die Methode *AddItem* einsetzen. Die Methode *AddItem* funktioniert beim *FlexGrid*-Steuerelement auf die gleiche Weise wie bei Listenfeldern und Kombinationsfeldern. Sie geben den hinzuzufügenden Eintrag an, wobei Sie die in die verschiedenen Spalten einzufügenden Daten jeweils durch ein Tabulatorzeichen (die Konstante *vbTab*) voneinander trennen. Um beispielsweise eine neue Zeile mit Produktdaten an das Ende eines *FlexGrid*-Steuerelements anzufügen, würden Sie folgende Anweisung verwenden:

Sie fügen mit der Methode *AddItem* Zeilen hinzu.

```
Dim Row As String
Row = vbTab & "Volley-Ball" & vbTab & "W17-233" & vbTab & "34,95"
MSFlexGrid1.AddItem Row
```

Abbildung 23.3
Mit der Methode *AddItem* wurde eine neue Zeile zur FlexGrid-Tabelle hinzugefügt.

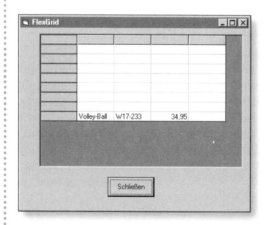

620

Lektion 23 — Daten mit dem FlexGrid-Steuerelement verwalten

Wie Abbildung 23.3 zeigt, wird mit dieser Anweisung eine neue Zeile mit Produktdaten zu einem Volley-Ball angelegt.

Mit einem FlexGrid-Steuerelement Umsatzdaten verfolgen

Nachdem Sie einige Eigenschaften und Methoden des *FlexGrid*-Steuerelements kennen gelernt haben, werden Sie dieses Steuerelement einsetzen, um eine Tabelle mit den Umsatzdaten zweier Quartale zu erstellen, die die Umsätze nach Regionen aufschlüsselt.

❶ Starten Sie Visual Basic, und öffnen Sie ein neues Projekt vom Typ *Standard-EXE*.

❷ Vergrößern Sie das Projektfenster und das Formularfenster, damit das Formular genügend Raum für eine Tabelle mit mehreren Zeilen und Spalten bietet.

❸ Klicken Sie im Menü *Projekt* auf den Befehl *Komponenten* und dann auf die Registerkarte *Steuerelemente*.

❹ Markieren Sie den Eintrag *Microsoft FlexGrid Control 6.0*, und klicken Sie auf *OK*.

Visual Basic fügt das *FlexGrid*-Steuerelement in die Werkzeugsammlung ein.

❺ Klicken Sie in der Werkzeugsammlung auf das *FlexGrid*-Steuerelement, und erstellen Sie im Formular eine große FlexGrid-Tabelle.

❻ Doppelklicken Sie in der Werkzeugsammlung auf das Steuerelement *Befehlsschaltfläche (CommandButton)*.

Daraufhin wird im Formular eine Standardbefehlsschaltfläche angezeigt.

Abbildung 23.4
Das Formular mit einer FlexGrid-Tabelle mit vier Spalten.

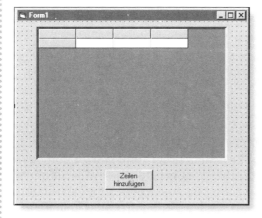

Lektion 23 ⋮ **Daten mit dem FlexGrid-Steuerelement verwalten**

❼ Ziehen Sie die Befehlsschaltfläche unter die FlexGrid-Tabelle.

❽ Verwenden Sie das Eigenschaftenfenster, um die Eigenschaft *Caption* der Befehlsschaltfläche in **Zeilen hinzufügen** zu ändern.

❾ Weisen Sie im Eigenschaftenfenster der Eigenschaft *Cols* des Objekts *MSFlexGrid1* den Wert **4** zu.

Die Eigenschaft *Cols* legt die Anzahl der Spalten fest, die in der FlexGrid-Tabelle angezeigt werden. (Sie können diesen Wert mit Hilfe von Programmcode zur Laufzeit ändern.) Ihr Formular sollte nun etwa wie in Abbildung 23.4 aussehen.

Programmcode für das FlexGrid-Steuerelement schreiben

In dieser Übung werden Sie die Programmanweisungen schreiben, mit der die Umsatztabelle im *FlexGrid*-Steuerelement erstellt wird.

❶ Doppelklicken Sie auf das Formular, um die Ereignisprozedur *Form_Load* im Codefenster zu öffnen.

❷ Geben Sie folgenden Programmcode ein:

```
With MSFlexGrid1    'Kurze Notation mit "With" verwenden
'Überschriften für die Spalten 1 und 2 erstellen
.TextMatrix(0, 1) = "Q1 1999"
.TextMatrix(0, 2) = "Q2 1999"
'Überschriften auswählen
.Row = 0
.Col = 1
.RowSel = 0
.ColSel = 2
'Überschriften mit Fettschrift formatieren und zentrieren
.FillStyle = flexFillRepeat 'die ausgewählten Zellen mit Füllmuster versehen
.CellFontBold = True
.CellAlignment = flexAlignCenterCenter
'Drei Einträge in die erste Zeile einfügen
.TextMatrix(1, 0) = "International" 'Titelspalte (0)
.TextMatrix(1, 1) = "55.000"         'Spalte 1
.TextMatrix(1, 2) = "83.000"         'Spalte 2
End With
```

Die Programmanweisungen dieser Ereignisprozedur werden ausgeführt, wenn Visual Basic das Programm startet und das erste Formular in den Speicher lädt. Diese Anweisungen veranschaulichen verschiedenen Techniken zur Eingabe und Verwaltung von Daten in FlexGrid-Tabellen: Text in einzelne Zellen einfügen, einen Zellenbereich auswählen, den

Lektion 23 Daten mit dem FlexGrid-Steuerelement verwalten

Zellenbereich in Fettschrift formatieren und den Text in den Zellen des Bereichs zentrieren.

Besonders interessant ist hier die *With*-Anweisung (die in Lektion 11 vorgestellt wurde), die es Ihnen erspart, jedes Mal den Objektnamen *MSFlexGrid1* eingeben zu müssen, wenn Sie auf die Eigenschaften oder Methoden dieses Objekts zugreifen wollen. Beachten Sie, dass Sie die Prozedur, in der Sie die *With*-Anweisung in dieser Weise verwenden, mit einer *End With*-Anweisung abschließen müssen.

❸ Klicken Sie im Codefenster auf das Downdown-Listenfeld *Objekt*, und wählen Sie das Objekt *Command1* aus.

❹ Geben Sie folgenden Programmcode in die Ereignisprozedur *Command_Click* ein:

```
With MSFlexGrid1
'Mit jedem Klick vier Einträge in die Tabelle einfügen
.AddItem "Nord" & vbTab & "45.000" & vbTab & "53.000"
.AddItem "Süd" & vbTab & "20.000" & vbTab & "25.000"
.AddItem "Ost" & vbTab & "38.000" & vbTab & "77.300"
.AddItem "West" & vbTab & "102.000" & vbTab & "87.500"
End With
```

Die Programmanweisungen dieser Ereignisprozedur werden ausgeführt, wenn der Anwender im Formular auf die Befehlsschaltfläche *Zeilen hinzufügen* klickt. Die Methode *AddItem* erstellt eine neue Zeile in der FlexGrid-Tabelle und füllt die ersten drei Spalten mit Daten. Die Konstante *vbTab* markiert jeweils den Beginn einer neuen Tabellenspalte.

❺ Klicken Sie im Menü *Datei* auf den Befehl *Projekt speichern unter*. Speichern Sie das Formular unter dem Namen **NeuUmsatztabelle.frm** und das Projekt unter dem Namen **NeuUmsatztabelle.vbp**.

Das Programm NeuUmsatztabelle ausführen

Sie werden das Programm nun ausführen und sich ansehen, wie das *FlexGrid*-Steuerelement Tabellendaten anzeigt.

❶ Klicken Sie in der Symbolleiste auf die Schaltfläche *Starten*.

Das Programm wird geladen und zeigt eine FlexGrid-Tabelle mit zwei Spaltenüberschriften und einer Datenzeile. (Diese Einträge und Formateinstellungen werden durch die Ereignisprozedur *Form_Load* definiert.)

Sie finden das Projekt *Umsatztabelle.vbp* im Ordner \Vb6SfS\Lekt23.

❷ Klicken Sie auf die Schaltfläche *Zeilen hinzufügen*.

Visual Basic fügt vier Zeilen mit Verkaufszahlen in die Tabelle ein. (Diese Zellen werden durch die Methode *AddItem* in der Ereignisprozedur *Command1_Click* angelegt.) Ihr Formular sollte nun so aussehen wie in Abbildung 23.5.

Lektion 23 • Daten mit dem FlexGrid-Steuerelement verwalten

Abbildung 23.5
Das Formular mit dem *FlexGrid*-Steuerelement, in das Umsatzdaten eingefügt wurden.

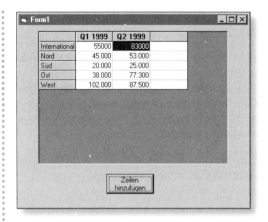

❸ Klicken noch zwei Mal auf die Schaltfläche *Zeilen hinzufügen*.

Visual Basic fügt weitere acht Zellen in die Tabelle ein. Auf der rechten Seite der Tabelle werden Bildlaufleisten angezeigt, mit denen Sie auf die Zeilen zugreifen können, die nun nicht mehr sichtbar sind.

❹ Fügen Sie weitere Zeilen ein, wen Sie möchten, und greifen Sie mit Hilfe der Bildlaufleisten darauf zu. Wenn Sie das Programm genügend ausprobiert haben, klicken Sie in der Titelleiste des Formulars auf die Schaltfläche *Schließen*.

Das Programm wird beendet.

In einem FlexGrid-Steuerelement Datensätze einer Datenbank anzeigen

Wie Sie wahrscheinlich bemerkt haben, ist es etwas mühsam, nacheinander einzelne Tabelleneinträge in ein *FlexGrid*-Steuerelement einzufügen. Wenn Sie das *FlexGrid*-Steuerelement jedoch an ein im Formular vorhandenes, richtig konfiguriertes Datensteuerelement binden, werden die mächtigen Textverwaltungsfunktionen des *FlexGrid*-Steuerelements offenkundig. Wie andere gebundene Steuerelemente, wird das Datensteuerelement durch eine Eigenschafteneinstellung an das *FlexGrid*-Steuerelement gebunden. In diesem Fall weisen Sie der Eigenschaft *DataSource* des *FlexGrid*-Steuerelements den Namen des Datensteuerelements zu. Wenn Sie diese Verbindung herstellen, wird die FlexGrid-Tabelle automatisch mit den Datensätzen gefüllt.

In der folgenden Übung führen Sie das Programm *Datentabelle* aus, das illustriert, wie man mit Hilfe des *FlexGrid*-Steuerelements Datensätze einer Datenbank in einem Formular anzeigen kann. Das Programm *Datentabelle* zeigt die Datensätze in einer Tabelle an und lässt Sie über

Lektion 23   Daten mit dem FlexGrid-Steuerelement verwalten

Bildlaufleisten darauf zugreifen. Zudem enthält dieses Programm zwei Operationen, die bei der Arbeit mit großen Datenbanken äußerst hilfreich sind: eine Sortierfunktion, die Datensätze nach Spalten sortiert, und eine Suchfunktion, die die gesamte Datenbank nach Schlüsselbegriffen durchsucht und diese hervorhebt. Das Programm *Datentabelle* stellt eine Weiterentwicklung des Projekts *Kurse.vbp* aus Lektion 13 dar, mit dem der Anwender Datensätze in eine Microsoft Access-Datenbank namens *Students.mdb* einfügen sowie daraus löschen und darin ändern kann. Das Programm *Datentabelle* gibt Ihnen darüber hinaus die Möglichkeit, eine Datenbanktabelle als FlexGrid-Tabelle anzuzeigen und mit Hilfe der Sortier- und Suchfunktion neue Ansichten zu erstellen.

Das Programm Datentabelle ausführen

❶ Öffnen Sie das Projekt *Datentabelle.vbp* aus dem Ordner *C:\Vb6SfS\Lekt23*.

Wenn ein Dialogfeld angezeigt wird, in dem Sie gefragt werden, ob Sie Änderungen am Projekt *NeuUmsatztabelle* speichern möchten, klicken Sie auf *Ja*.

❷ Klicken Sie auf die Schaltfläche *Starten*, um das Programm *Datentabelle* auszuführen.

Visual Basic lädt das Formular *Datentabelle*, das eine ähnliche Benutzeroberfläche wie das Formular *Löschen.frm* aufweist, das Sie in Lektion 13 erstellt haben. Die neue Schaltfläche *Tabellenansicht* wird verwendet, um eine zweites Formular zu öffnen, das die FlexGrid-Tabelle enthält.

Abbildung 23.6
Das Formular *Datentabelle*.

❸ Klicken Sie auf die Schaltfläche *Tabellenansicht*.

Visual Basic öffnet ein zweites Formular namens *Tabellenansicht.frm* und verwendet die FlexGrid-Tabelle, um die Tabelle *Students* der Datenbank *Students.mdb* zu öffnen. Dieses Formular sieht aus wie in Abbildung 23.7.

Lektion 23 Daten mit dem FlexGrid-Steuerelement verwalten

Abbildung 23.7
Das Formular *Tabellenansicht*.

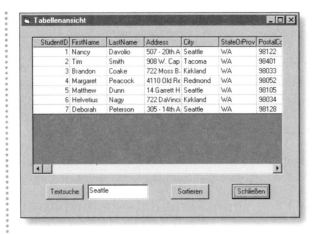

Das *FlexGrid*-Steuerelement lädt automatisch Datensätze aus der Datenbank *Students.mdb* in dieses Programm. Es wird kein Programmcode verwendet, um einzelne Zeilen aus der Datenbank zu kopieren.

❹ Bewegen Sie den Mauszeiger in die oberste Zeile der FlexGrid-Tabelle zwischen die Spaltenüberschriften *Address* und *City*.

Der Mauszeiger wird als Größenänderungszeiger dargestellt. Wenn der Eigenschaft *AllowUserResizing* des *FlexGrid*-Steuerelements der Wert *1 - flexResizeColumns* zugewiesen wird, kann der Anwender die Spaltenbreite der FlexGrid-Tabelle ändern.

❺ Verbreitern Sie die Spalte *Address* mit der Maus.

Die Spalte wird vergrößert und zeigt mehr Daten an. Sie werden Ihren Anwender in der Regel die Möglichkeit geben, die Spaltenbreite zu ändern.

❻ Klicken Sie im Formular *Tabellenansicht* auf die Befehlsschaltfläche *Sortieren*.

Die Zeilen der FlexGrid-Tabelle werden in alphabetischer Reihenfolge sortiert, indem der Inhalt der Zellen der Spalten *LastName* miteinander verglichen wird. (Ich wähle diese Spalte im Programmcode als Sortierschlüssel, wie Sie später in dieser Lektion sehen werden.) Wie Abbildung 23.8 zeigt, sind die Ergebnisse dieser Sortierung sofort erkennbar, da die erste Spalte (*StudentID*) nach wie vor die Einträge in der Reihenfolge anzeigt, in der sie ursprünglich erstellt wurden.

Die tatsächliche interne Reihenfolge der Datenbank *Students.mdb* hat sich durch diese Sortieroperation natürlich nicht geändert, lediglich der Inhalt der FlexGrid-Tabelle wurde verändert. Die Verknüpfung zwischen dem Datensteuerelement und dem *FlexGrid*-Steuerelement ist nicht bidirektional, so dass Änderungen, die Sie in der FlexGrid-Tabelle vornehmen, nicht in die Datenbank übernommen werden.

626

Lektion 23   Daten mit dem FlexGrid-Steuerelement verwalten

Abbildung 23.8
Die Daten wurden in der Tabelle in alphabetischer Reihenfolge sortiert.

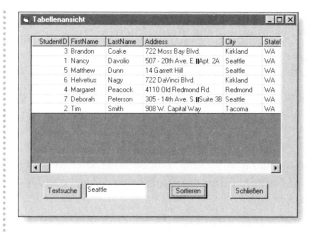

❼ Klicken Sie im Formular *Tabellenansicht* auf die Schaltfläche *Textsuche*.

Visual Basic sucht in der FlexGrid-Tabelle nach dem im Textfeld angegebenen Text (aktuell „Seattle", der für dieses Feld definierte Vorgabewert). Nach einigen Sekunden werden alle Zellen, die den Begriff *Seattle* enthalten, durch Fettschrift hervorgehoben (siehe Abbildung 23.9).

Abbildung 23.9
Die Zellen, die den gesuchten Wert enthalten, sind durch Fettschrift hervorgehoben.

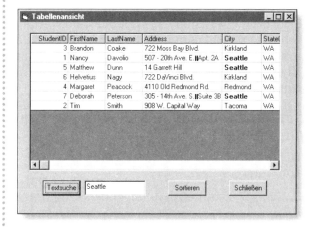

Wenn Sie genau darauf achten, was passiert, wenn Sie auf die Schaltfläche *Textsuche* klicken, werden Sie unter Umständen am unteren Bildschirmrand eine Fortschrittsleiste bemerken, die den Status der Suchoperation anzeigt. Dieses Fortschrittsleiste-Steuerelement wurde eingefügt, damit die Anwender während langer Suchläufe (über Tausende von Datensätze) eine visuelle Rückmeldung erhalten. Da diese Datenbank sehr klein ist, wird die Fortschrittsleiste hier allerdings nur sehr kurz angezeigt. Sie werden dieser Fortschrittsleiste in der Übung des Abschnitts *Einen Schritt*

Lektion 23 ⋮ **Daten mit dem FlexGrid-Steuerelement verwalten**

weiter wieder begegnen, wenn Sie in der riesige Datenbank *Biblio.mdb* nach bestimmten Begriffen suchen.

❽ Klicken Sie im Formular auf das Textfeld, löschen Sie dessen Inhalt (Seattle), geben Sie **an** ein, und klicken Sie auf die Schaltfläche *Textsuche*.

Diesmal hebt Visual Basic vier Zellen hervor, die die Zeichenfolge „an" enthalten. Da hier die Funktion *InStr* verwendet wird, werden nicht nur ganze Wörter gesucht, sondern auch Begriffe hervorgehoben, die diese Zeichenfolge enthalten, wie z.B. *Nancy*.

❾ Klicken Sie im Formular *Tabellenansicht* auf die Schaltfläche *Schließen* und anschließend im Formular *Datenbank-Browser* auf die Schaltfläche *Beenden*.

Das Programm wird beendet und die Programmierumgebung aktiviert.

Erweiterte Sortier- und Suchoperationen

Das Programm *Datentabelle* kann wegen verschiedener, sehr praktischer Funktionen des *FlexGrid*-Steuerelements und einiger Ereignisprozeduren den gesamten Inhalt einer Datenbanktabelle durchsuchen. Die Sortierung wird von der Eigenschaft *Sort* des *FlexGrid*-Steuerelements gehandhabt, die eine Tabelle basierend auf einer oder mehreren Schlüsselspalten und einem Parameter zur Angabe der Suchrichtung sortiert. Suchoperationen erfordern etwas mehr Programmcode, werden aber mit Hilfe von zwei *For...Next*-Schleifen und der Funktion *InStr*, die jede Zelle mit der Suchzeichenfolge vergleicht, recht unkompliziert ausgeführt. Sie werden sich in der folgenden Übung ansehen, wie diese Ereignisprozeduren arbeiten.

Der Programmcode des Beispielprogramms Datentabelle

❶ Öffnen Sie das Codefenster *Form2*, und blättern Sie zur Ereignisprozedur *cmdSort_Click*.

Die Ereignisprozedur enthält folgenden Programmcode:

Mit der Eigenschaft Sort wird ein Sortierlauf gestartet.

```
Private Sub cmdSort_Click()
    'Spalte 2 (LastName) als Sortierschlüsel verwenden
    MSFlexGrid1.Col = 2
    'Tabellendaten in aufsteigender Reihenfolge sortieren
    MSFlexGrid1.Sort = 1
End Sub
```

Diese einfache Ereignisprozedur sortiert mit Hilfe von zwei Programmanweisungen den gesamten Datenbankinhalt der FlexGrid-Tabelle. Mit der ersten Anweisung wird die zweite Spalte als Sortierschlüssel festgelegt. Ich habe das Feld *LastName* gewählt, da man Listen für gewöhnlich

628

nach dem Nachnamen sortiert; ich hätte aber auch jede andere Spalte wählen können. Der eigentliche Sortiervorgang wird von der Eigenschaft *Sort* durchgeführt, der ein Integer-Parameter zwischen 0 und 9 zur Festlegung der Sortierrichtung übergeben wird. Ich habe den Wert 1 (generisch aufsteigend) gewählt, der bewirkt, dass das Steuerelement die Zellen in alphabetischer Reihenfolge sortiert und vor dem Sortierlauf zu bestimmen versucht, ob eine Zelle eine Zahl oder eine Zeichenfolge enthält. Andere gebräuchliche Werte sind 2 (generisch absteigend), 3 (numerisch aufsteigend) und 4 (numerisch absteigend). In numerischen Sortierungen werden Zeichenfolgen in Zahlen (ihre ASCII-Codes) umgewandelt, bevor die Sortierung beginnt.

❷ Öffnen Sie die Ereignisprozedur *cmdTxtSuche_Click* im Codefenster. Diese Prozedur besteht aus folgendem Programmcode:

```
Private Sub cmdFindTxt_Click()
    'Gesamte Tabelle auswählen und Formatierungen in Fettschrift entfernen
    '(um die Ergebnisse der vorherigen Suche zu entfernen)
    MSFlexGrid1.FillStyle = flexFillRepeat
    MSFlexGrid1.Col = 0
    MSFlexGrid1.Row = 0
    MSFlexGrid1.ColSel = MSFlexGrid1.Cols - 1
    MSFlexGrid1.RowSel = MSFlexGrid1.Rows - 1
    MSFlexGrid1.CellFontBold = False
    'ProgressBar-Objekt initialisieren, um Suchstatus anzuzeigen
    ProgressBar1.Min = 0
    ProgressBar1.Max = MSFlexGrid1.Rows - 1
    ProgressBar1.Visible = True

'Suchtext in jeder Zelle der Tabelle suchen
    MSFlexGrid1.FillStyle = flexFillSingle
    For i = 0 To MSFlexGrid1.Cols - 1
        For j = 1 To MSFlexGrid1.Rows - 1
        'Aktuelle Zeilennummer in ProgressBar-Objekt anzeigen
        ProgressBar1.Value = j
            'Falls aktuelle Text gesuchte Zeichenfolge enthält
            If InStr(MSFlexGrid1.TextMatrix(j, i), _
            Text1.Text) Then
                '...Zelle auswählen und Fettschrift zuweisen
                MSFlexGrid1.Col = i
                MSFlexGrid1.Row = j
                MSFlexGrid1.CellFontBold = True
            End If
        Next j
    Next i
    ProgressBar1.Visible = False 'ProgressBar-Objekt verbergen
End Sub
```

Lektion 23 Daten mit dem FlexGrid-Steuerelement verwalten

Die Ereignisprozedur *cmdTxtSuche_Click* wird ausgeführt, wenn der Anwender in *Form2* auf die Schaltfläche *Textsuche* klickt. Aufgabe dieser Routine ist es, jede Zelle des Objekts *MSFlexGrid1* mit dem Suchtext aus dem Textfeld *Text1* zu vergleichen und die Formatierung der Zellen, die den gesuchten Text enthalten, in Fettschrift zu ändern. Die Ereignisprozedur entfernt zuerst alle Formatierungen in Fettschrift aus dem *MSFlex-Grid1*-Objekt, indem die gesamte Tabelle ausgewählt und die Eigenschaft *CellFontBold* auf *False* gesetzt wird. Dann initialisiert die Prozedur die Fortschrittsleiste (das *ProgressBar1*-Objekt), mit der der Status des Such-laufs am unteren Bildschirmrand grafisch dargestellt wird. Die Fort-schrittsleiste wird gefüllt, sobald eine Spalte der Tabelle durchsucht worden ist.

Die eigentliche Suche in der FlexGrid-Tabelle wird durch zwei *For...Next*-Schleifen gehandhabt: Eine Schleife arbeitet die einzelnen Zeilen der Tabelle ab, und die zweite Schleife verarbeitet die einzelnen Spalten. In der Schleife wird dann mit Hilfe der Eigenschaft *TextMatrix* und der Funktion *InStr* der Inhalt der aktuellen Schleifenposition Zelle (j,i) mit der gesuchten Zeichenfolge (*Text1.Text*) verglichen. Falls die Zelle die gesuch-ten Zeichenfolge enthält, wird der Eigenschaft *CellFontBold* der Wert *True* zugewiesen und der Text der Zelle somit in Fettschrift formatiert.

❸ Schließen Sie das Codefenster.

Eigenschafteneinstellungen im Programm Datentabelle

Bevor wir das Programm *Datentabelle* hinter uns lassen, wollen wir uns einige wichtige Eigenschafteneinstellungen der Objekte aus dem zweiten Formular (*Tabellenansicht.frm*) ansehen. Diese Einstellungen führen die enge Verbindung zwischen dem *FlexGrid*-Objekt und dem Datenobjekt vor Augen.

FlexGrid-Objekt Die Eigenschaft *FixedCols* wird auf 0 gesetzt, damit in der Tabelle die Spalte mit Feldnamen angezeigt werden. (Die Datenbank-tabelle Students verwendet sie nicht.) Die erste Zeile und die erste Spalte der FlexGrid-Tabelle sind standardmäßig grau schattiert. Diese Schattie-rung lässt sich jedoch entfernen, indem der Eigenschaft *FixedCols* bzw. *FixedRows* der Wert 0 zugewiesen wird.

Datenobjekt Der Eigenschaft *DatabaseName* dieses Objekts wird die Pfadangabe *c:\Vb6SfS\Lekt03\Students.mdb* zugewiesen und der Eigen-schaft *RecordSource* der Wert *Students*. Die Eigenschaft *Visible* erhält den Wert *False*, damit die Benutzeroberfläche vor dem Steuerelement verborgen wird. Dieses Projekt enthält zwei Datenobjekte, die auf die gleiche Datenbank verweisen (was in Visual Basic völlig zulässig ist). Ein Projekt kann auch zwei Datenobjekte enthalten, die auf verschiedene

Lektion 23 Daten mit dem FlexGrid-Steuerelement verwalten

Datenbanken verweisen, wie Sie in der Übung im Abschnitt *Einen Schritt weiter* sehen werden.

Einen Schritt weiter: Die Datenbank Biblio.mdb durchsuchen

Das Programm *Datentabelle* hat die Lerninhalte dieser Lektion gut veranschaulicht. Bevor Sie mit der nächsten Lektion fortfahren, wollen wir uns ansehen, wie das *FlexGrid*-Steuerelement mit sehr großen Datenbanken umgeht. Wenn Sie eigene Datenbankanwendungen schreiben, sollten Sie Ihre Datenbankprogramme Belastungstests unterziehen, bevor Sie sie mit komplexen, wichtigen Datenquellen einsetzen.

Sie werden das Programm *Datentabelle* nun überarbeiten, damit es mit der Datenbank *Biblio.mdb* funktioniert, einer Datenbank mit mehr als 10.000 Datensätzen und mehreren komplexen Tabellen. Um zu zeigen, wie man von einem Objekt aus auf zwei Datenbanken zugreift, bleibt das Datenobjekt von *Form1* mit der Datenbank *Students.mdb* verbunden, während das Datenobjekt von *Form2* mit *Biblio.mdb* verbunden wird.

Mit dem FlexGrid-Objekt Datensätze der Datenbank Biblio.mdb anzeigen

❶ Zeigen Sie im Projekt *Datentabelle.vbp* das Formular *Form2* an, und wählen Sie das Datenobjekt des Formulars aus.

(Das Projekt *Datentabelle* sollte noch in der Programmierumgebung geladen sein. Falls es nicht geladen ist, laden Sie es nun aus dem Ordner *C:\Vb6SfS\Lekt23.*)

❷ Ändern Sie im Eigenschaftenfenster die Einstellung der Eigenschaft *DatabaseName* des Objekts *Data1* zu *C:\Vb6SfS\Extras\Biblio.mdb.*

❸ Ändern Sie im Eigenschaftenfenster die Eigenschaft *RecordSouce* des Objekts *Data1*, indem Sie auf das Eigenschaftenfeld klicken und den Datensatz *Titles* auswählen.

Der Datensatz *Titles* enthält ein großes Verzeichnis von Büchern zum Thema Programmierung.

❹ Doppelklicken Sie im Formular *Form2* auf die Schaltfläche *Sortieren*, um die Ereignisprozedur *cmdSort_Click* im Codefenster anzuzeigen.

❺ Ändern Sie in der Zeile, in der über die Eigenschaft *Col* die Sortierspalte festgelegt wird, die 2 in eine 0.

Die erste Spalte der Tabelle *Titles* soll den Sortierschlüssel bilden. Die entsprechende Programmanweisung soll wie folgt aussehen:

```
MSFlexGrid1.Col = 0
```

631

Lektion 23 Daten mit dem FlexGrid-Steuerelement verwalten

Sie werden das Programm nun ausführen.

❻ Klicken Sie in der Symbolleiste auf die Schaltfläche *Starten*.

Visual Basic zeigt das erste Formular des Programms *Datentabelle* an, das die Datenbank *Students.mdb* öffnet und mehrere datengebundene Textfelder mit Daten füllt.

❼ Klicken Sie auf die Schaltfläche *Tabellenansicht*.

Visual Basic lädt die Datenbank *Biblio.mdb* in die FlexGrid-Tabelle und zeigt sie an.

❽ Verbreitern Sie mit Hilfe des Größenänderungszeigers die erste Spalte der FlexGrid-Tabelle.

Das Formular sollte nun etwa wie in Abbildung 23.10 aussehen.

Abbildung 23.10
Das Formular *Tabellenansicht* mit Daten aus der Datenbank *Biblio.mdb*.

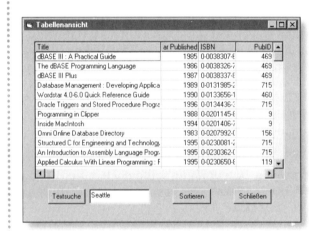

❾ Kicken Sie auf die Schaltfläche *Sortieren*, um die Tabelle nach den Einträgen der ersten Spalten zu sortieren.

Nach einigen Sekunden ist die Datenbank alphabetisch sortiert. Das Formular sollte nun wie in Abbildung 23.11 aussehen.

❿ Löschen Sie nun den Text aus dem Textfeld, geben Sie **Book** ein, und klicken Sie auf die Schaltfläche *Textsuche*.

Die Suche wird begonnen, und in der ersten Spalte werden mehrere Zellen in Fettschrift formatiert. Die Fortschrittsleiste am unteren Bildschirmrand gibt eine grafische Rückmeldung zum Status der Suchoperation, während der 80.000 Zellen überprüft werden. (Die Fortschrittsleiste ist ganz gefüllt, sobald eine Spalte durchsucht worden ist.) Nach einigen Sekunden (abhängig von der Geschwindigkeit Ihres Rechners) ist die globale Suche beendet und die Bildlaufleisten werden verfügbar.

Lektion 23   Daten mit dem FlexGrid-Steuerelement verwalten

Abbildung 23.11
Die Daten der Datenbank *Biblio.mdb* wurden alphabetisch sortiert.

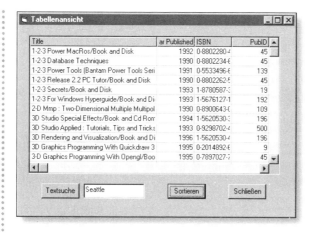

Abbildung 23.12
Die Datenbank *Biblio.mdb* wurde nach dem Begriff *Book* durchsucht.

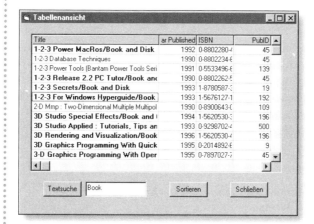

Nehmen Sie sich etwas Zeit, und blättern Sie durch die Datenbank.

⓫ Klicken Sie schließlich im Formular *Form2* auf die Schaltfläche *Schließen* und dann im Formular *Form1* auf die Schaltfläche *Beenden*.

Wenn Sie mit der nächsten Lektion fortfahren möchten

● Lassen Sie Visual Basic geöffnet, und schlagen Sie Lektion 24 auf.

Wenn Sie Visual Basic vorerst beenden möchten

● Klicken Sie im Menü *Datei* auf den Befehl *Beenden*.

Falls das Dialogfeld *Speichern* angezeigt wird, klicken Sie auf *Nein*, um die Änderungen an der Datentabelle zu verwerfen.

633

Lektion 23 · Daten mit dem FlexGrid-Steuerelement verwalten

Zusammenfassung der Lektion

Möchten Sie	dann
das ActiveX-Steuerelement *FlexGrid* in die Werkzeugsammlung hinzuzufügen,	klicken Sie im Menü *Projekt* auf den Befehl *Komponenten* und dann auf die Registerkarte *Steuerelemente*. Markieren Sie den Eintrag *Microsoft FlexGrid Control 6.0*, und klicken Sie auf *OK*.
Text einer FlexGrid-Tabellenzelle zuweisen,	verwenden Sie die Eigenschaft *TextMatrix*. Um beispielsweise das Wort *Bob* in Zelle 3,1 (Zeile 3, Spalte 1) einzufügen, geben Sie folgende Anweisung ein: `MSFlexGrid1.TextMatrix(3, 1) = "Bob"`

eine Grafik in eine Zelle einfügen,	verwenden Sie die Eigenschaft *CellPicture*. Zum Beispiel:
	
	`Set MSFlexGrid1.CellPicture = _`
	`    LoadPicture("c:\vb6sfs\lekt22 _`
	`    \münzen.wmf")`

eine Zelle auswählen,	verwenden Sie die Eigenschaften *Row* und *Col*. Um die Zelle 1, 1 (Zeile 1, Spalte 1) auszuwählen, setzen Sie beispielsweise folgende Anweisung ein:
	
	`MSFlexGrid1.Row = 1`
	`MSFlexGrid1.Col = 1`

die aktuelle Auswahl mit Fettschrift formatieren,	verwenden Sie die Eigenschaft *CellFontBold*. Zum Beispiel: `MSFlexGrid1.CellFontBold = True`

eine neue Zeile einfügen,	verwenden Sie die Eigenschaft *AddItem*, und trennen Sie die Zellenspalten durch Tabulatorzeichen (*vbTab*) voneinander. Zum Beispiel:
	
	`Dim Row As String`
	`Row = "Volley-Ball" & vbTab & "W17-233"`
	`MSFlexGrid1.AddItem Row`

den Inhalt einer FlexGrid-Tabelle nach einer Spalte sortieren,	verwenden Sie die Eigenschaft *Col*, um den Sortierschlüssel festzulegen, und legen Sie dann über die Eigenschaft *Sort* die Sortierreihenfolge fest. Zum Beispiel:
	
	`MSFlexGrid1.Col = 2 'Spalte 2 bildet den`
	`Sortierschlüssel`
	`MSFlexGrid1.Sort = 1 'Aufsteigend` ▶

634

Lektion 23 Daten mit dem FlexGrid-Steuerelement verwalten

Möchten Sie	dann
die gesamte FlexGrid-Tabelle nach Text durchsuchen,	verwenden Sie die Funktion *InStr* innerhalb zwei *For...Next*-Schleifen. Zum Beispiel:

```
For i = 0 To MSFlexGrid1.Cols - 1
  For j = 1 To MSFlexGrid1.Rows - 1
    If InStr(MSFlexGrid1.TextMatrix(j, i),_
      Text1.Text) Then
      [code to execute if match found]
    End If
  Next j
Next i
```

24 ActiveX-Datenobjekte (ADO)

Geschätzte Dauer:
50 Minuten

In dieser Lektion lernen Sie

- wie Sie das ADO-Datensteuerelement installieren und verwenden.
- wie Sie Programmcode zur Verwaltung von ADO-Transaktionen schreiben.
- wie Sie mit dem Datenumgebungs-Designer selbst ADO-Objekte erstellen.

In dieser Lektion werden Sie eine interessante neue Datenbanktechnologie von Microsoft namens *ActiveX Data Objects (ADO)* kennen lernen. Sie werden lernen, wie man das ActiveX-Steuerelement namens ADO-Datensteuerelement (*Adodc*) installiert und verwendet, wie man Datenbankfelder und Datensätze mit Hilfe gebundener Steuerelemente in Formularen anzeigt und wie man Programme zur Verwaltung von ADO-Transaktionen schreibt. Zudem erfahren Sie, wie Sie mit einem speziellen Tool namens *Datenumgebungs-Designer* selbst ActiveX-Datenobjekte erstellen. Diese Fertigkeiten werden Ihnen bei der Verwaltung von Microsoft Access-Datenbanken, von Unternehmensdatenbanken in Intranets und verteilten Datenbankobjekten im World Wide Web von Nutzen sein.

Was ist ADO?

ADO ist die neueste Technologie von Microsoft zur Verwaltung von Daten aus relationalen und nicht-relationalen Datenbanken. (Relationale Datenbankmanagementsysteme bearbeiten Daten in Tabellen, aber nicht alle Datenquellen verwenden dieses Konzept.) Die ADO-Technologie ersetzt die vorhandenen Datenbanktechnologien zwar nicht (DAO – Data Access Objects), die Sie in den vergangenen Lektionen dieses Buches verwendet haben, aber die ADO-Technologie erweitert die DAO-Programmierung in verschiedener Hinsicht. ADO basiert auf dem neuesten Paradigma für den Datenzugriff namens OLE DB, das speziell für den Zugriff auf unterschiedlichste Datenquellen konzipiert wurde, wie z.B. traditionelle Datenbanktabellen, E-Mail-Systeme, Grafikformate, Internet-Datenquellen und so weiter. ADO erfordert weniger Speicher als DAO und eignet sich

Lektion 24 | ActiveX-Datenobjekte (ADO)

Die drei Paradigmen der Datenbankprogrammierung

Microsoft hat Visual Basic-Programmierern im Lauf der Jahre drei verschiedene Paradigmen der Datenbankprogrammierung angeboten, und alle drei werden von Visual Basic 6.0 unterstützt.

DAO Das DAO-Paradigma (DAO – Data Access Objects) stellte die erste objektorientierte Schnittstelle dar, die es Programmierern ermöglichte, die Microsoft Jet-Datenbank-Engine zu verwenden. Die Jet-Datenbank-Engine ist eine Technologie, über die auf die Felder und Datensätze von Microsoft Access-Datenbanken und anderen Datenquellen zugegriffen werden kann. DAO ist immer noch populär und effizient für Datenbankanwendungen für Einzelplatzsysteme und Arbeitsgruppennetzwerken mittlerer Größe.

RDO Das RDO-Paradigma (RDO – Remote Data Objects) ist eine objektorientierte Schnittstelle für ODBC-Datenquellen (ODBC – Open Database Connectivity). RDO ist das Objektmodell, das von den Datenbankprogrammierern, die vorwiegend mit Microsoft SQL-Server, Oracle und anderen relationalen Datenbanken arbeiten, am meisten verwendet wird.

ADO Das ADO-Paradigma (ADO – ActiveX Data Objects) wurde als Nachfolger von DAO und RDO entworfen und verfügt über ein ähnliches Objektmodell. Im ADO-Paradigma repräsentieren programmierbare Objekte die lokalen und entfernten Datenquellen, die auf einem Computer verfügbar sind. Sie können in Visual Basic 6 Professional Edition auf diese Datenobjekte zugreifen, indem Sie das neue ADO-Datensteuerelement verwenden, Datenobjekte an ActiveX-Steuerelemente oder andere Standardsteuerelemente binden, DHTML-Anwendungen erstellen oder mit dem neuen Datenumgebungs-Designer arbeiten.

daher besser für vernetzte Computersysteme, die ein hohes Datenaufkommen und hohe Transaktionsraten aufweisen.

Microsoft empfiehlt Visual Basic-Programmierern, bei der Entwicklung neuer Datenbankanwendungen in Visual Basic ADO zu verwenden, und hat daher Visual Basic 6 Professional Edition mit verschiedenen Funktionen zur ADO-Unterstützung ausgestattet. ADO ist eine neue Technologie, mit der Sie allerdings nur experimentieren sollten, wenn Sie die Grundlagen der Datenbankprogrammierung kennen, die weiter vorne in diesem Buch behandelt wurden: den Einsatz des Datensteuerelements, die Anzeige von Daten mit Hilfe gebundener Steuerelemente, die Bearbeitung von Feldern und Datensätzen durch Ereignisprozeduren, die Verwendung des *FlexGrid*-Steuerelements zum Anzeigen und Sortieren von Datensät-

Lektion 24 ActiveX-Datenobjekte (ADO)

zen und so weiter. Wenn Sie die ADO-Technologie einsetzen, werden Sie Datenbankinformationen aus einer völlig neuen Sicht betrachten.

Das ADO-Datensteuerelement einsetzen

Der Einsatz des neuen ActiveX-Steuerelements namens ADO-Daten-steuerelement (*Adodc*) zur Anzeige von Feldern und Datensätzen einer Access-Datenbank auf einem Formular, stellt die einfachste Möglichkeit dar, sich mit der ADO-Technologie vertraut zu machen. Gemäß dem ADO-Paradigma weist das ADO-Datensteuerelement keine Eigenschaft wie *DataBaseName* auf, mit der Sie eine direkte Verbindung zu einer auf dem System verfügbaren Datenbankdatei herstellen können. Stattdessen verfügt das ADO-Datensteuerelement über die Eigenschaft *Connection-String*, mit der Sie eine Verbindung zu einer auf dem System verfügbaren ActiveX-Datenquelle einrichten können. Eine Reihe von Dialogfeldern erleichtert die Einrichtung dieser Verbindung. Sie können diesen Vorgang zudem anpassen, indem Sie mit dem Datenumgebungs-Designer auf der Grundlage vorhandener Datenquellen neue ActiveX-Datenobjekte erstellen. (Weiter hinten in diesem Kapitel wird erklärt, wie Sie dazu vorgehen.)

Wenn Sie einmal verstanden haben, worin sich ADO- und DOA-Verbindungen in der Verwendung unterscheiden, werden Sie starke Ähnlichkeiten zwischen dem ADO-Datensteuerelement und dem normalen Datensteuerelement entdecken. In diesem Abschnitt lernen Sie, wie Sie das ADO-Datensteuerelement in die Werkzeugsammlung einfügen, wie Sie die Eigenschaft *ConnectionString* einstellen und wie Sie auf einem Formular mit Hilfe einiger gebundener Steuerelemente Datensätze einer Datenbank anzeigen. Sie werden zudem grundlegende ADO-Programm-anweisungen kennen lernen.

Das ADO-Datensteuerelement installieren

Das ADO-Datensteuerelement ist ein ActiveX-Steuerelement, das Sie in die Werkzeugsammlung einfügen müssen, bevor Sie es in einem Programm verwenden können. In der folgenden Übung werden Sie das ADO-Datensteuerelement installieren.

❶ Starten Sie Visual Basic, und öffnen Sie ein neues Projekt vom Typ *Standard-EXE*.

❷ Klicken Sie im Menü *Projekt* auf den Befehl *Komponenten* und dann auf die Registerkarte *Steuerelemente*.

❸ Blättern Sie in der Liste nach unten zum Eintrag *Microsoft ADO Data Control 6.0*, und klicken Sie auf das Kontrollkästchen neben diesem Eintrag.

❹ Klicken Sie auf *OK*, um das Steuerelement in die Werkzeugsammlung aufzunehmen.

Lektion 24 ActiveX-Datenobjekte (ADO)

Abbildung 24.1
Die Werkzeugsammlung mit dem ADO-Datensteuerelement.

ADO-Datensteuerelement (*Adodc*)

Visual Basic fügt das ActiveX-Steuerelement ADO-Datensteuerelement (*Adodc*) in die Werkzeugsammlung ein (siehe Abbildung 24.1).

Sie werden nun in einem Formular ein ADO-Objekt erstellen, um einige Datensätze aus der Datenbank *Students.mdb* anzuzeigen.

Ein ADO-Objekt und gebundene Steuerelemente erstellen

❶ Klicken Sie in der Werkzeugsammlung auf das ADO-Datensteuerelement (*Adodc*), und erstellen Sie ein kleines, rechteckiges ADO-Objekt auf dem Formular.

Wenn Sie die Maustaste loslassen, erzeugt Visual Basic ein ADO-Objekt. Ihr Formular sollte nun wie in Abbildung 24.2 aussehen.

Abbildung 24.2
Das Formular *Form1* mit dem ADO-Objekt *Adodc1*.

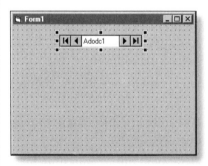

Wie das Datensteuerelement, das Sie in den Lektionen 3 und 13 verwendet haben, erstellt das ADO-Datensteuerelement ein Datenbanknavigationssteuerelement mit vier Pfeilschaltflächen. Sofern das Objekt sichtbar

640

Lektion 24 ActiveX-Datenobjekte (ADO)

und mit einer geeigneten Datenbank verbunden ist, können Sie zur Laufzeit auf den äußeren linken Pfeil klicken, um den ersten Datensatz der Datenbank anzuzeigen, und auf den äußeren rechten Pfeil, um den letzten Datensatz der Datenbank anzuzeigen. Mit den inneren Pfeilschaltflächen können Sie zum vorigen bzw. nächsten Datensatz der Datenbank blättern.

Sie können den Titel, der im ADO-Datenobjekt angezeigt wird, ändern, indem Sie das ADO-Objekt auswählen, das Eigenschaftenfenster öffnen und die Einstellung der Eigenschaft *Caption* ändern.

Sie werden nun zwei Textfelder in das Formular einfügen, um die Felder *LastName* und *PhoneNumber* der Datenbank *Students.mdb* anzuzeigen.

❷ Klicken Sie in der Werkzeugsammlung auf das Steuerelement *Textfeld (TextBox)*, und erstellen Sie unter dem ADO-Objekt ein Textfeld. Nachdem Sie dieses Objekt hinzugefügt haben, klicken Sie nochmals auf das Steuerelement *Textfeld (TextBox)* und zeichnen ein weiteres Textfeld.

Ihr Formular sollte nun wie Abbildung 24.3 aussehen.

Abbildung 24.3
Das Formular mit zwei Textfeldern und einem ADO-Objekt.

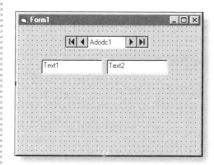

Einen Datenquellennamen erstellen

Wenn Sie jetzt mit den Datensteuerelement arbeiten würden, müssten Sie einfach der Eigenschaft *DatabaseName* des Datensteuerelements den Pfadnamen einer Datenbank, die sich auf Ihrem System befindet, zuweisen, um eine Verknüpfung mit der Datenbank herzustellen. Die Designer von ADO haben allerdings ein etwas aufwendigeres Verfahren vorgesehen, das Ihnen langfristig jedoch größere Flexibilität gibt. Sie müssen den Datensatz beschreiben, mit dem Sie das Steuerelement verknüpfen möchten, indem Sie ein ActiveX-Datenobjekt erstellen. Sie haben bei der Erstellung von Datenobjekten drei Möglichkeiten: Sie können eine OLE DB-Datei anlegen, sie können eine ODBC-Datenquellennamens- (DSN-) datei erstellen und Sie können eine OLE DB-Verbindungszeichenfolge definieren. Der Datenumgebungs-Designer wurde speziell für die Entwicklung von ActiveX-Datenobjekten konzipiert. (Sie werden dies später

Lektion 24 ActiveX-Datenobjekte (ADO)

in dieser Lektion ausprobieren.) Sie können die erforderlichen Dateien aber auch mit Hilfe der Eigenschaft *ConnectionString* des ADO-Datensteuerelements erstellen.

In folgender Übung werden Sie mit Hilfe der Eigenschaft *ConnectionString* des ADO-Datensteuerelements eine Verbindung zur Datenbank *Students.mdb* herstellen. Um den Verbindungsaufbau zu erleichtern und die notwendigen ActiveX-Datenobjekte bereitzustellen, erstellen Sie eine ODBC-Datenquellennamensdatei (.dsn-Datei).

Sie müssen für jede Datenquelle, die Sie verwenden möchten, nur einmal eine Datenquellennamensdatei (.dsn) anlegen. Danach können Sie diese Datei beliebig oft verwenden, um auf die betreffenden Datentabellen Bezug zu nehmen.

Die Eigenschaft ConnectionString einstellen

❶ Klicken Sie im Formular auf das ADO-Objekt, öffnen Sie das Eigenschaftenfenster, und klicken Sie auf die Schaltfläche neben der Eigenschaft *ConnectionString*.

Daraufhin wird das Dialogfeld *Eigenschaftenseiten* angezeigt, das in folgender Abbildung 24.4 dargestellt ist.

Abbildung 24.4
Das Dialogfeld *Eigenschaftenseiten* für ADO-Objekte.

❷ Klicken Sie auf das zweite Optionsfeld der Liste (*Namen der ODBC-Datenquelle verwenden*).

Sie werden eine Datei für den Datenquellennamen erstellen, der auf die Datenbank *Students.mdb* verweist. Sie können diese Datei in dieser Übung und in der Zukunft verwenden.

❸ Klicken Sie auf die Schaltfläche *Neu* rechts neben dem Optionsfeld *Namen der ODBC-Datenquelle verwenden*.

Das in Abbildung 24.5 dargestellte Dialogfeld wird angezeigt.

Lektion 24   ActiveX-Datenobjekte (ADO)

Abbildung 24.5
Dieses Dialogfeld wird angezeigt, wenn Sie die Schaltfläche *Neu* wählen.

In diesem Dialogfeld werden Sie gefragt, ob die Datenbank, auf die aus diesem Visual Basic-Programm heraus zugegriffen wird, von mehreren Anwendern gemeinsam genutzt werden soll. Die oberste Option (*Dateidatenquelle*) ist für den Fall vorgesehen, dass auch andere Computer (über ein Netzwerk oder das Internet) auf diese Datenbank zugreifen. Diese Option gibt Ihnen ein hohes Maß an Flexibilität, eignet sich aber nicht unbedingt für Datenanwendungen für Einzelplatzsysteme.

Die zweite Option (*Benutzerdatenquelle*) bedeutet, dass sich die Datenbank auf dem Rechner, an dem Sie gerade arbeiten, befindet und dass nur Sie (oder eine Person mit Ihrem Benutzernamen) darauf zugreifen kann. Sie werden in dieser Lektion diese zweite Option wählen, da Sie nur ein einfaches Beispielprogramm für sich selbst erstellen.

Die dritte Option (*Systemdatenquelle*) ist für Fälle vorgesehen, in denen sich die Datenbank auf dem Computer befindet, an dem Sie gerade arbeiten, und anderen Personen, die diesen Computer verwenden und sich unter einem eigenen Benutzernamen daran anmelden, allgemein zur Verfügung gestellt werden soll. (Bei bestimmten Windows-Arbeitsstationen ist dies eine beliebte Konfiguration.)

❹ Klicken Sie auf das zweite Optionsfeld (*Benutzerdatenquelle*) und dann auf die Schaltfläche *Weiter*.

Wie Abbildung 24.6 zeigt, werden Sie nun aufgefordert, den Datenbanktreiber auszuwählen, den Sie zum Verbindungsaufbau mit der Datenbank verwenden möchten. Es werden eine ganze Reihe von Formaten unterstützt.

❺ Wählen Sie die Option *Microsoft Access-Treiber* aus. Klicken Sie dann auf die Schaltfläche *Weiter*, um fortzufahren.

643

Lektion 24 ActiveX-Datenobjekte (ADO)

Abbildung 24.6
Im Dialogfeld *Neue Datenquelle erstellen* wählen Sie den Treiber aus.

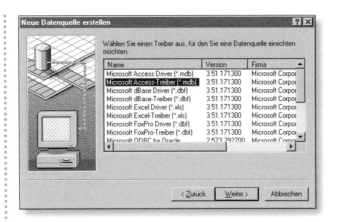

Visual Basic zeigt eine Zusammenfassung der gewählten Einstellungen an und fordert Sie auf, auf die Schaltfläche *Fertig stellen* zu klicken, um mit der Konfiguration der Datenquelle fortzufahren.

❻ Klicken Sie auf die Schaltfläche *Fertig stellen*.

Daraufhin wird das Dialogfeld *ODBC Microsoft Access 97-Setup* angezeigt. Sie können hier den Namen für die .dsn-Datei eingeben, die Datenbankdatei auswählen, zu der die Verbindung hergestellt werden soll, und die Verbindung Ihren Anforderungen anpassen.

❼ Geben Sie in das Textfeld *Datenquellenname* den Begriff **Students-Datensätze** ein.

Sie werden den Namen *Students-Datensätze* später verwenden, wenn Sie im Dialogfeld *Eigenschaftenseiten* aufgefordert werden, einen Datenquellennamen anzugeben.

❽ Klicken Sie auf die Schaltfläche *Auswählen*, wählen Sie den Ordner *C:\Vb6SfS\Lekt03* aus, klicken Sie auf die Datenbank *Students.mdb* und dann auf *OK*.

Das Dialogfeld sollte nun so aussehen wie Abbildung 24.7.

❾ Klicken Sie auf *OK*, um das Dialogfeld zu schließen.

Das Dialogfeld *Eigenschaftenseiten* wird erneut eingeblendet. Da Sie gerade eine .dsn-Datei erstellt haben, müssen Sie den Datenquellennamen hier nur noch im Listenfeld unter dem Optionsfeld *Namen der ODBC-Datenquelle verwenden* auswählen.

❿ Klicken Sie auf das Dropdown-Listenfeld *ODBC-Datenquellenname* und dort auf den Eintrag *Students-Datensätze*.

⓫ Klicken Sie im Dialogfeld *Eigenschaftenseiten* auf *OK*, um die Verbindung fertig zu stellen.

Lektion 24   **ActiveX-Datenobjekte (ADO)**

Abbildung 24.7
Das Dialogfeld
*ODBC Microsoft
Access 97-Setup.*

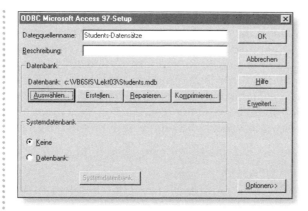

Das Dialogfeld *Eigenschaftenseiten* wird geschlossen, und der Eintrag *DSN=Students-Datensätze* wird im Eigenschaftenfenster neben der Eigenschaft *ConnectionString* angezeigt.

Abbildung 24.8
Der Datenquellenname wird im Eigenschaftenfenster angezeigt.

Obwohl die Erstellung der Datenquellennamensdatei einige zusätzliche Arbeitsschritte erfordert, gibt Ihnen dieser Arbeitsschritt sehr viel mehr Möglichkeiten zur Konfigurierung und Einrichtung der Datenbankverbindung. Wenn Sie komplexe Datenbanken mit Visual Basic verwalten, werden Sie die Flexibilität und Konsistenz schätzen, die Datenquellennamen bieten.

Sie werden die Datenbankverbindung nun ausprobieren, indem Sie Datenbankfelder des ADO-Objekts an die beiden Textfelder binden.

ADO-Daten an Textfelder binden

❶ Versichern Sie sich, dass das ADO-Objekt (*Adodc1*) im Eigenschaftenfenster noch ausgewählt ist, blättern Sie zur Eigenschaft *RecordSource*, und klicken Sie auf die Schaltfläche neben dem Eigenschaftennamen.

Lektion 24   ActiveX-Datenobjekte (ADO)

Daraufhin wird wieder das Dialogfeld *Eigenschaftenseiten* angezeigt. Dieses Mal enthält es die Registerkarte *RecordSource*. In der ADO-Programmierung können Sie über eine Datenbankverbindung nicht nur auf Datenbanktabellen zugreifen, sondern zudem auf gespeicherte Prozeduren und Textobjekte Ihrer Datenquellen Bezug nehmen. In ADO nennt man die ActiveX-Objekte, mit denen Sie arbeiten, *Befehle*. In dieser Übung wählen Sie den Befehlstyp *Table* aus, der den Zugriff auf die Tabellen der Datenbank *Students.mdb* und einige andere ADO-Tabellenobjekte ermöglicht.

❷ Klicken Sie auf das Dropdown-Listenfeld *Befehlstyp*, und wählen Sie *2 - adCmdTable*.

Visual Basic öffnet unter Verwendung der DSN-Datei die Datenbank *Students.mdb* und lädt die Tabellen, die im Dropdown-Listenfeld *Tabellenname oder Name der gespeicherten Prozedur* aufgeführt sind.

❸ Klicken Sie auf das Dropdown-Listenfeld *Tabellenname oder Name der gespeicherten Prozedur*, blättern Sie in der Liste nach unten, und wählen Sie die Tabelle *Students*.

Das Dialogfeld *Eigenschaftenseiten* sollte wie Abbildung 24.9 aussehen.

Abbildung 24.9
Im Dialogfeld *Eigenschaftenseiten* wird die Tabelle *Students* ausgewählt.

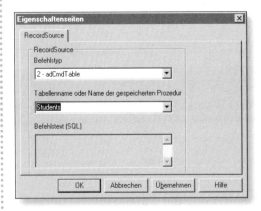

❹ Klicken Sie auf *OK*, um Ihre *RecordSource*-Einstellung fertig zu stellen.

Der Tabellenname *Students* wird im Eigenschaftenfenster neben der Eigenschaft *RecordSource* angezeigt.

❺ Wählen Sie im Eigenschaftenfenster das Objekt *Text1* aus. Stellen Sie dessen Eigenschaft *DataSource* auf *Adodc1* und die Eigenschaft *DataField* auf *LastName* ein.

❻ Wählen Sie im Eigenschaftenfenster das Objekt *Text2* aus. Stellen Sie dessen Eigenschaft *DataSource* auf *Adodc1* und die Eigenschaft *DataField* auf *PhoneNumber* ein.

Lektion 24 ActiveX-Datenobjekte (ADO)

Wie Sie in vorherigen Lektionen gelernt haben, spricht man beim Verknüpfen von Standardsteuerelementen oder ActiveX-Steuerelementen eines Formulars mit einem Datenobjekt davon, dass die Daten an die Steuerelemente *gebunden* werden.

Sie werden das gerade erstellte Programm nun ausführen.

Das Programm AdoCtrl ausführen

❶ Klicken Sie in der Symbolleiste auf die Schaltfläche *Starten*.

Die Textfelder werden mit den Daten aus dem ersten Datensatz der Datenbank *Students.mdb* gefüllt. Ihr Formular sollte nun wie Abbildung 24.10 aussehen.

Abbildung 24.10
Die Textfelder zeigen Daten aus der Datenbank *Students.mdb* an.

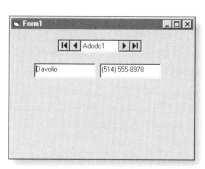

❷ Klicken Sie einige Male auf die innere rechte Pfeilschaltfläche (*Nächster*) im ADO-Objekt.

Jedes Mal, wenn Sie auf diese Pfeilschaltfläche klicken, werden die Werte der Felder *LastName* und *PhoneNumber* aus dem nächsten Datensatz im Formular angezeigt.

❸ Klicken Sie einige Male auf die innere linke Pfeilschaltfläche (*Voriger*) im ADO-Objekt.

Die Felder des vorigen Datensatzes werden im Formular angezeigt.

❹ Klicken Sie auf die äußere rechte Pfeilschaltfläche (*Letzter*) im ADO-Objekt.

Das ADO-Objekt zeigt die Feldwerte des letzten Datensatzes an.

❺ Klicken Sie auf die äußere linke Pfeilschaltfläche (*Erster*) im ADO-Objekt.

Die Felder des ersten Datensatzes werden wieder angezeigt.

❻ Probieren Sie das ADO-Objekt weiter aus, und klicken Sie dann in der Titelleiste des Formulars *Form1* auf die Schaltfläche *Schließen*.

Die Entwicklungsumgebung wird erneut angezeigt.

Lektion 24 ActiveX-Datenobjekte (ADO)

❼ Klicken Sie im Menü *Datei* auf den Befehl *Projekt speichern unter*. Speichern Sie das Formular unter dem Namen **NeuAdoCtrl.frm** und das Projekt unter dem Namen **NeuAdoCtrl.vbp**.

Sie haben nun erkundet, wie man das ActiveX-Datenobjeks verwendet, und werden sich nun einem anspruchsvolleren Thema zuwenden: dem Schreiben von ADO-Programmcode.

ADO-Programmcode schreiben

Ereignisprozeduren, die ActiveX-Datenobjekte verwalten, bilden den Kern von Datenbankanwendungen, die das ADO-Paradigma befolgen. Die Methoden, Eigenschaften und Ereignisse, die über das ADO-Datensteuerelement von ActiveX-Datenobjekten offen gelegt werden, ähneln in vielerlei Hinsicht den Methoden, Eigenschaften und Ereignissen, die Sie mit dem Datensteuerelement in Lekton 13 verarbeitet haben. Sie bearbeiten beispielsweise in beiden Paradigmen *Recordset*-Objekte, die die aktuellen Datenbankdaten enthalten, die Sie bearbeiten.

In der folgenden Übung geben Sie den ADO-Programmcode in ein Programmgerüst ein, das ich *AdoForm* genannt habe und erstellen damit das Programm *AdoDaten*. Beim Programm *AdoDaten* handelt es sich um eine modifizierte Version des Programms *AdoCtrl*, das Sie weiter vorn in dieser Lektion erstellt haben. In dieser überarbeiteten Fassung kann der Anwender mit dem Programm *AdoDaten* mit den Befehlsschaltflächen *Weiter* und *Zurück* durch die Datensätze der Datenbank blättern und auf einen Feldnamen in einem Listenfeld klicken, um alle Datensätze der Datenbank, die diesem Feld entsprechen, in eine Textdatei zu kopieren. (Sie können beispielsweise alle Werte des Felds *LastName* mit einem Doppelklick in eine Textdatei kopieren.) Ich habe die gesamte Benutzeroberfläche in diesem Projekt für Sie erstellt. Sie müssen nur den Programmcode eingeben.

Das Programm NeuAdoDaten erstellen

❶ Klicken Sie in der Visual Basic-Symbolleiste auf die Schaltfläche *Öffnen*.

Falls Sie aufgefordert werden, Ihre Änderungen zu speichern, speichern Sie im Projekt *NeuAdoCtrl*.

❷ Öffnen Sie das Projekt *AdoForm.vbp*, das sich im Ordner *C:\Vb6SbS\Lekt24* befindet.

❸ Klicken Sie im Menü *Datei* auf den Befehl *AdoForm.frm speichern unter*, geben Sie **NeuAdoDaten** ein, und drücken Sie ⏎.

Wenn Sie das Formular und das Projekt unter einem anderen Namen speichern, bleiben die Originaldateien erhalten, so dass Sie bei Bedarf erneut darauf zugreifen können.

648

Lektion 24 ActiveX-Datenobjekte (ADO)

❹ Klicken Sie im Menü *Datei* auf den Befehl *Projekt speichern unter*, geben Sie **NeuAdoDaten** ein, und drücken Sie ⏎.

Ihr Formular sollte nun wie Abbildung 24.11 aussehen.

Abbildung 24.11
Das Formular
des Programms
AdoDaten.

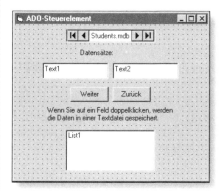

Das Formular enthält ein ADO-Objekt und zwei Textfelder sowie ein neues Listenfeld und zwei Bezeichnungsfelder.

❺ Doppelklicken Sie im Formular auf die Schaltfläche *Weiter*, um die Ereignisprozedur *Command1_Click* im Codefenster zu öffnen, und geben Sie den folgenden Programmcode zwischen die Anweisungen *Sub* und *End Sub* ein:

```
'Zum nächsten Datensatz gehen, sofern Dateiende nicht schon erreicht ist
If Not Adodc1.Recordset.EOF Then
    Adodc1.Recordset.MoveNext
End If
```

Diese einfache Routine überprüft die Eigenschaft *EOF* bewegt das ADO-Objekt mit der Methode *MoveNext* zum nächsten Datensatz weiter, sofern der aktuelle Datensatz nicht der letzte Datensatz der Datenbank ist. Durch die Überprüfung der Eigenschaft *EOF* (End of File – Dateiende) wird ein Laufzeitfehler vermieden, der aufträte, wenn versucht würde, das ADO-Objekt hinter den letzten Datensatz zu bewegen.

Das ADO-Datensteuerelement wird in dieser Routine durch das Objekt *Adodc1* repräsentiert, das mit der Tabelle *Students* der Datenbank *Students.mdb* verknüpft ist. Als Element des Objekts *Adodc1* speichert die Eigenschaft *Recordset* die Tabelle *Students* im Speicher und bietet Zugriff auf ihre Daten und Befehle. Dieses *Recordset*-Objekt enthält eine Kopie der Daten, mit denen die Anwendung zur Laufzeit arbeitet. Ein *Recordset*-Objekt kann eine exakte Kopie der Tabelle oder das Ergebnis einer Abfrage oder einer anderen Auswahloperation enthalten.

Lektion 24 ⋮ **ActiveX-Datenobjekte (ADO)**

❻ Öffnen Sie die Ereignisprozedur *Command2_Click* im Codefenster, und geben Sie den folgenden Programmcode zwischen die Anweisungen *Sub* und *End Sub* ein:

```
'Zum vorherigen Datensatz gehen, sofern Dateianfang nicht schon erreicht ist
If Not Adodc1.Recordset.BOF Then
    Adodc1.Recordset.MoveNext
End If
```

Diese Ereignisprozedur programmiert die Schaltfläche *Zurück*, so dass sie den Zeiger um einen Datensatz zurück bewegt, wenn der Anwender darauf klickt. Falls die Eigenschaft *BOF* (Beginning of File – Dateianfang) den Wert *True* enthält, übergeht die Methode die Methode *MovePrevious*, da der Versuch, den Zeiger vor den ersten Datensatz zu bewegen, einen Laufzeitfehler bewirken würde.

❼ Öffnen Sie die Ereignisprozedur *Form_Load* im Codefenster, und geben Sie den folgenden Programmcode zwischen die Anweisungen *Sub* und *End Sub* ein:

```
'Feldnamen in Listenfeld einfügen
For i = 1 To Adodc1.Recordset.Fields.Count - 1
    List1.AddItem Adodc1.Recordset.Fields(i).Name
Next i
'Gesamtzahl der Datensätze anzeigen
Label1.Caption = "Datensätze: " & _
    Adodc1.Recordset.RecordCount
```

Die Prozedur *Form_Load* erfüllt zwei Aufgaben. Sie fügt die Feldnamen der Tabelle *Students* in das Listenfeld ein (*List1*) und sie zeigt die Gesamtzahl der in der Datenbank enthaltenen Datensätze im ersten Bezeichnungsfeld (*Label1*) an. Beide Aufgaben werden mit Hilfe der Eigenschaften des ADO-Objekts ausgeführt.

Ich verwende die *Fields*-Auflistung, um die Anzahl der Felder und die einzelnen Einträge zu ermitteln. Sie können unter Verwendung eines Indexwerts und dem Objektnamen *Fields* auf die Felder einer Tabelle zugreifen. Beispielsweise repräsentiert *Fields(2)* das zweite Feld der Tabelle. Mit einer *For...Next*-Schleife, die jedes Feld der Datenbank bearbeitet, kopiere ich die Namen der einzelnen Felder in das Listenfeld, damit der Anwender es später per Doppelklick auswählen kann.

Die Gesamtzahl der Datensätze werden mit Hilfe der Eigenschaft *Record-Count* im Formular angezeigt. Dieser Wert gibt dem Anwender Aufschluss darüber, wie viele Datensätze auf die Festplatte geschrieben werden, wenn er im Listenfeld auf einen Feldnamen doppelklickt. Um diesen Wert handhabbar zu halten, habe ich die Datenbank *Students.mdb* auf sieben Datensätze begrenzt. (Man sollte es sich gut überlegen, ob man tatsäch-

Lektion 24 ActiveX-Datenobjekte (ADO)

lich 10.000 Felder aus der Datenbank *Biblio.mdb* in eine Textdatei schreiben will!)

❽ Öffnen Sie die Ereignisprozedur *List1_DblClick* im Codefenster.

❾ Geben Sie die folgenden Programmanweisungen zwischen die Anweisungen *Sub* und *End Sub* ein:

```
'Konstante für Namen der Textdatei deklarieren
Const myFile = "c:\vb6sfs\lekt24\namen.txt"
'Datei im Append-Modus öffnen (damit mehrere Felder ausgegeben werden können)
Open myFile For Append As #1
Print #1, String$(30, "-")   'gestrichelte Linie einfügen
Adodc1.Recordset.MoveFirst   'zum ersten Datensatz gehen
x = List1.ListIndex + 1      'Angeklickten Eintrag lesen
'Feldwert aus jedem Datensatz in Datei ausgeben
For i = 1 To Adodc1.Recordset.RecordCount
    Print #1, Adodc1.Recordset.Fields(x).Value
    Adodc1.Recordset.MoveNext
Next i

'Meldung anzeigen und Datei schließen
MsgBox Adodc1.Recordset.Fields(x).Name & _
    " Felddaten wurden ausgegeben in " & myFile
Close #1
Adodc1.Recordset.MoveFirst
```

❿ Klicken Sie in der Visual Basic-Symbolleiste auf die Schaltfläche *Speichern*.

Die Ereignisprozedur *List1_DblClick* handhabt den Speichervorgang, indem sie auf der Festplatte eine Textdatei namens *Namen.txt* anlegt. Zuerst deklariert die Routine eine Konstante, die den Pfadnamen der Datei enthält. Dann öffnet sie die Datei im Append-Modus, so dass mehrere Felder in der Datei gespeichert werden können, ohne dass die Daten der vorherigen Transaktion überschrieben werden. Ich verwende die Methode *MoveFirst*, um das *Recordset*-Objekt zum ersten Datensatz der Datenbank zu bewegen. Dann ermittle ich, auf welches Feld der Anwender doppelgeklickt hat, indem ich zum Wert der Eigenschaft *ListIndex* 1 addiere und ihn dann der Variablen x zuweise. *ListIndex* ist eine nützliche Eigenschaft, die die Nummer des ausgewählten Listeneintrags speichert. Ich inkrementiere diese Zahl, da ich der Tatsache Rechnung tragen muss, dass der Index von Listenfeldern mit dem Wert Null (0) beginnt.

Der Feldwert wird mit der folgenden Programmanweisung auf die Festplatte geschrieben:

```
Print #1, Adodc1.Recordset.Fields(x).Value
```

Lektion 24 ActiveX-Datenobjekte (ADO)

Wie Sie weiter oben gesehen haben, enthält die Eigenschaft *Name* der *Fields*-Auflistung den Namen des gewählten Feldes. Hier verwende ich die Eigenschaft *Value*, um auf den im Feld gespeicherten Text zuzugreifen. Die Anweisung *Print* schreibt diesen Wert in eine eigene Zeile in die Textdatei. Diese Operation wird für jedes übereinstimmende Feld der Datenbank wiederholt.

Sie finden das Programm *AdoDaten* im Ordner *C:\Vb6SfS\Lekt24*

Nun führen Sie das Programm aus und sehen sich an, wie der ADO-Code funktioniert.

Das Programm AdoDaten ausführen

❶ Klicken Sie in der Symbolleiste auf die Schaltfläche *Starten*.

Das ADO-Objekt öffnet die Datenbank *Students.mdb* und zeigt deren Felder in zwei Textfeldern und einem Listenfeld an. Zudem wird die aktuelle Datensatzanzahl (7) angezeigt, wie Abbildung 24.12 zu entnehmen ist.

Abbildung 24.12
Die Benutzeroberfläche des Programms *AdoDaten*.

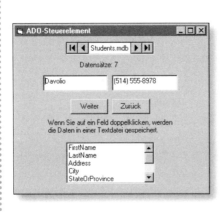

❷ Klicken Sie auf die Schaltfläche *Weiter*, um den nächsten Datensatz der Datenbank anzuzeigen.

❸ Die Schaltfläche *Weiter* zeigt den nächsten Datensatz an, ebenso wie die innere rechte Pfeilschaltfläche des ADO-Datensteuerelements.

❹ Klicken Sie auf die Schaltfläche *Zurück*, um erneut den ersten Datensatz anzuzeigen.

Die Schaltfläche *Zurück* funktioniert genauso wie die innere linke Schaltfläche des ADO-Datensteuerelements. Doppelklicken Sie nun auf das Listenfeld, um einige Felder auf die Festplatte zu schreiben.

❺ Doppelklicken Sie im Listenfeld auf das Feld *LastName*.

Das ADO-Objekt speichert die Datei *Namen.txt* im Ordner *C:\Vb6SfS\Lekt24* und kopiert sieben Nachnamen aus der Datenbank *Students.mdb*

Lektion 24 ActiveX-Datenobjekte (ADO)

Abbildung 24.13
Das Meldungsfeld, das nach der Kopieroperation angezeigt wird.

in diese Datei. Nachdem die Kopieroperation beendet ist, wird das in Abbildung 24.13 gezeigte Meldungsfeld angezeigt.

❻ Klicken Sie auf *OK*, und doppelklicken Sie dann im Listenfeld auf das Feld *Address*.

Die Adressen werden auf die Festplatte geschrieben, und ein Meldungsfeld zeigt auch hier das Ende der Operation an.

❼ Klicken Sie auf *OK*, und klicken Sie in der Titelleiste des Formulars auf die Schaltfläche *Schließen*.

Damit ist diese Übung abgeschlossen.

❽ Wenn Sie möchten, öffnen Sie die Datei *Namen.txt* aus dem Ordner *C:\Vb6SfS\Lekt24* von der Festplatte, und sehen Sie sich die Textdatei an, die Sie mit den Feldern *LastName* und *Address* erstellt haben.

In Microsoft Word sieht diese Datei wie in Abbildung 24.14 dargestellt aus.

Sie haben nun wichtige Schritte in der Arbeit mit ADO-Recordsets und Ereignisprozeduren gelernt.

Abbildung 24.14
Die Datei *Namen.txt* in Microsoft Word.

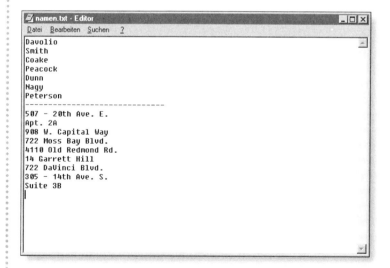

Lektion 24   ActiveX-Datenobjekte (ADO)

Wenn Sie mehr über das ADO-Objektmodell erfahren möchten, öffnen Sie den Objektkatalog, und sehen Sie sich die Eigenschaften, Methoden und Ereignisse an, die in der Bibliothek *MSAdodcLib* enthalten sind.

Mit dem Datenumgebungs-Designer ActiveX-Datenobjekte erstellen

Weiter vorn in dieser Lektion haben Sie eine DSN-Datei erstellt, die die Datenbank *Students.mdb* mit dem ADO-Datensteuerelement verbunden. Die ActiveX-Datenobjekte dieser Datei ermöglichen Ihnen, Felder aus der Datenbanktabelle *Students* zu extrahieren und anzuzeigen. Sie können mit einem neuen Dienstprogramm von Visual Basic 6 Professional Edition namens *Datenumgebungs-Designer* nun selbst ActiveX-Datenobjekte entwickeln. Mit dem *Datenumgebungs-Designer* können Sie Objektbefehle erstellen, die Datenbanktabellen, -felder und Datensätze in neuer Weise bearbeiten.

Die folgende Abbildung 24.15 stellt die Beziehung zwischen Datenquellen, ADO-Commandobjekten und einem Programm dar, das ADO-Ressourcen verwendet. (Ein Microsoft Access-Commandobjekt ist gegenwärtig ausgewählt – eine von mehreren Verbindungsoptionen.)

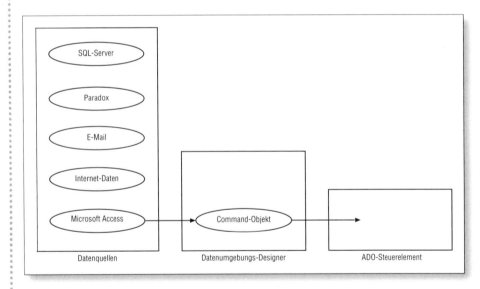

Abbildung 24.15
Das Verhältnis zwischen Datenquellen, Datenumgebungs-Designer und ADO-Datensteuerelement.

In der letzten Übung werden Sie ein benutzerdefiniertes ActiveX-Datenobjekt mit dem Datenumgebungs-Designer erstellen.

Lektion 24 — ActiveX-Datenobjekte (ADO)

Eine benutzerdefinierte Datenumgebung anlegen

Sie erstellen eine benutzerdefinierte Datenumgebung, die ActiveX-Datenobjekte Ihrer Anwendung enthält, indem Sie folgende Schritte ausführen:

❶ Klicken Sie im Visual Basic-Menü *Projekt* auf den Befehl *Microsoft Data Environment 6.0 hinzufügen*. Klicken Sie auf *Weitere ActiveX-Designer*, falls der Befehl *Microsoft Data Environment 6.0 hinzufügen* nicht angezeigt wird.

Visual Basic fügt den Designer *DataEnvironment1* Ihrem Projekt hinzu. Diese spezielle Datenverwaltungskomponente ermöglicht Ihnen, ActiveX-Datenobjekte zu erstellen und in Ihrem Projekt zu verwenden. Abbildung 24.16 zeigt das Dialogfeld, in dem Sie Datenverbindung für diesen Designer konfigurieren.

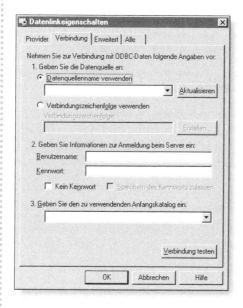

Abbildung 24.16
Das Dialogfeld *Datenlinkeigenschaften*.

❷ Klicken Sie auf der Registerkarte *Verbindung* auf das Optionsfeld *Datenquellennamen verwenden*. Wenn es nicht bereits ausgewählt ist, klicken Sie im Dropdown-Listenfeld auf den Eintrag *Students-Datensätze* und dann auf *OK*.

Sie haben die DSN *Students-Datensätze* weiter vorn in dieser Lektion erstellt. Das *DataEnvironment*-Fenster wird angezeigt (siehe Abbildung 24.17).

Im *DataEnvironment*-Fenster werden die aktuellen Verbindungen und die ADO-Befehle angezeigt. *Connection1* ist die Datenbankverbindung, die Sie gerade eingerichtet haben, als Sie den Datenquellennamen *Stu-*

Lektion 24   ActiveX-Datenobjekte (ADO)

Abbildung 24.17
Das *DataEnvironment*-Fenster.

dents-Datensätze ausgewählt haben. Über diese Verbindung können Sie exakt einstellen, wie auf die Tabellen, Felder und Datensätze der Datenbank *Students.mdb* zugegriffen wird.

❸ Klicken Sie in der Symbolleiste des *DataEnvironment*-Fensters auf die Schaltfläche *Befehl hinzufügen*.

Mit der Schaltfläche *Befehl hinzufügen* wird ein neues ActiveX-Datenobjekt in der Datenumgebung angelegt. Damit Sie die Eigenschaften dieses Objekts einstellen können, zeigt Visual Basic das Dialogfeld *Eigenschaften von Command1* an.

❹ Geben Sie in das Textfeld *Befehlsname* den Begriff **InstructorTable** ein.

Sie werden den Namen *InstructorTable* beim späteren Einsatz dieses ADO-Befehls für das *Recordset*-Objekt verwenden.

❺ Klicken Sie auf die Dropdown-Liste rechts neben dem Optionsfeld *Datenbank-Objekt*, und wählen Sie den Typ *Tabelle*.

Durch die Auswahl von *Tabelle* teilen Sie der Datenumgebung mit, dass Sie ein Tabellenobjekt anlegen möchten.

❻ Klicken Sie auf das Dropdown-Listenfeld *Objektname* und dort auf die Tabelle *Instructors*.

Im *DataEnvironment*-Fenster wird eine Liste mit sämtlichen Tabellen der Datenbank *Students.mdb* angezeigt und die Tabelle *Instructors* hervorgehoben, sobald Sie darauf klicken. Ihr Dialogfeld sollte wie Abbildung 24.18 aussehen.

❼ Klicken Sie auf *OK*, um den Befehl *InstructorTable* in das *DataEnvironment*-Fenster einzufügen.

Der neue ADO-Befehl wird unter der Verbindung *Connection1* angezeigt.

Lektion 24 ActiveX-Datenobjekte (ADO)

Abbildung 24.18
Das Dialogfeld *Eigenschaften von Command1*.

❽ Klicken Sie auf das Pluszeichen neben dem Befehl *InstructorTable*, um die Felder der Tabelle *Instructors* anzeigen.

Ihr *DataEnvironment*-Fenster sollte nun etwa wie Abbildung 24.19 aussehen.

Abbildung 24.19
Der Befehl *InstructorTable* wird im *DataEnvironment*-Fenster angezeigt.

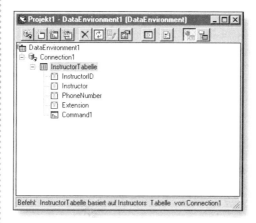

Sie haben nun ein ActiveX-Datenobjekt erstellt, das Sie in diesem oder einem anderen Projekt, in das Sie diesen Datenumgebungs-Designer einfügen, verwenden können. Der Datenumgebungs-Designer wird in einer speziellen Datei mit der Namenserweiterung .dsr (standardmäßig *DataEnvironment1.dsr*) gespeichert. Sie werden diese Datei nun auf der Festplatte abspeichern, damit Sie sie in anderen Projekten einsetzen können.

❾ Öffnen Sie den Projekt-Explorer, und klicken Sie auf den Designer *DataEnvironment1*.

Ihr Bildschirm sollte nun Abbildung 24.20 ähneln.

Abbildung 24.20
Der Projekt-Explorer mit dem Ordner *Designer*.

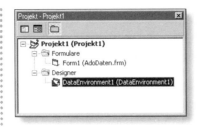

Wie DHTML-Designer werden Datenumgebungs-Designer im Ordner *Designer* aufgeführt und über Menübefehle gespeichert oder gelöscht.

⑩ Klicken Sie im Menü *Datei* auf den Befehl *Speichern von DataEnvironment1 unter*.

⑪ Geben Sie **Instruct** ein, und drücken Sie ⏎.

Eine Meldung weist Sie darauf hin, dass diese Datei bereits vorhanden ist. Speichern Sie die Datei unter einem anderen Namen, damit die Originalversion nicht überschrieben wird.

Wenn Sie den Designer *Instruct.dsr* zu einem späteren Zeitpunkt einmal aus Ihrem Projekt entfernen möchten, klicken Sie im Projekt-Explorer auf den Designer *Instruct.dsr* und wählen im Menü *Projekt* den Befehl *Entfernen von Instruct.Dsr*. Wenn Sie einen anderen Designer in das Projekt aufnehmen möchten, klicken Sie im Menü *Projekt* auf den Befehl *Datei hinzufügen* und geben die Designerdatei an.

In Anwendungen auf ADO-Befehle verweisen

Wie die ActiveX-Datenobjekte, die vom ADO-Datensteuerelement offen gelegt werden, können die in Datenumgebungs-Designern enthaltenen ADO-Befehle in gebundenen Steuerelementen und Ereignisprozeduren verwendet werden. In dem Projekt, das Sie gerade erstellt haben, können Sie z.B. das Objekt *DataEnvironment1* auswählen, indem Sie die Eigenschaft *DataSource* eines Textfeldobjekts entsprechend einstellen. Zudem können Sie über Programmcode auf ADO-Befehle zugreifen. Um mit Hilfe des zuvor erstellten Objekts *DataEnvironment1* den nächsten Datensatz der Datenbank auszuwählen, geben Sie beispielsweise die Anweisung ein:

```
DataEnvironment1.rsInstructorTable.MoveNext
```

Der Befehl *InstructorTable* wird hier mit dem Präfix *rs* angegeben, da er auf das *Recordset*-Objekt verweist, das vom aktuellen Datenumgebungs-Designer namens *DataEnvironment1* verwaltet wird. Beachten Sie, dass dieser Befehl in etwa mit der Anweisung *MoveNext* gleichbedeutend ist, die Sie oben für das ADO-Datensteuerelement geschrieben haben.

```
Adodc1.Recordset.MoveNext
```

Hier verweisen Sie jedoch mit einem benutzerdefinierten ActiveX-Daten-objekt, das Sie mit dem Datenumgebungs-Designer erstellt haben, auf die Tabelle *Instructors* der Datenbank *Students.mdb*. In vielen Fällen werden Programme klarer und leichter an die Anforderungen diverser Daten-quellen anpassbar, wenn über benutzerdefinierte ActiveX-Datenquellen auf Daten verwiesen wird. Nehmen Sie sich etwas Zeit, die ActiveX-Datenobjekte zu erforschen, und verwenden Sie sie in Ihren eigenen An-wendungen.

Ein Schritt weiter: Weitere Quellen zur Visual Basic-Programmierung

Herzlichen Glückwunsch! Sie haben den Programmierkurs *Microsoft Visual Basic 6.0 Schritt für Schritt* nun abgeschlossen. Überfliegen Sie noch einmal die Lektionen, die Sie bearbeitet haben, und fassen Sie die Lerninhalte zusammen. Wenn man effiziente Visual Basic-Anwendungen schreiben möchte, muss man über vielfältige Kenntnisse verfügen. Zu die-sen gehören ein gründliches Verständnis der Standardsteuerelemente der Werkzeugsammlung und der ActiveX-Komponenten, die Fähigkeit, die Methoden, Eigenschaften und Ereignisse von Objekten einzustellen und zu bearbeiten, die Fähigkeit, klaren, wiederverwendbaren Programm-code zu schreiben, und die Gabe, eine funktionierende Benutzeroberflä-che zu entwerfen. Jede Lektion dieses Buches ist auf diese Konzepte ein-gegangen. Sie werden rasch feststellen, dass Sie die Kenntnisse, die Sie anhand der einfachen Beispiele dieses Buches erworben haben, sofort in der Entwicklung von Visual Basic-Anwendungen praktisch umsetzen können.

Ein Weg, ein professioneller Visual Basic-Entwickler zu werden, liegt darin, anspruchsvolle Programme zu schreiben, die Ihre Visual Basic-Kenntnisse ausreizen und Sie dazu anspornen, weiter zu lernen. Wenn Sie Ihre Programmierkenntnisse weiter vertiefen möchten, empfehle ich die folgenden Quellen:

Wenn es Sie interessiert, wie man mit Visual Basic für Applikationen Dokumente verwaltet, Textverarbeitungsaufgaben effizienter aus-führt und Daten über das Internet erfasst, lesen Sie *Microsoft Word 97/Visual Basic Schritt für Schritt* (Microsoft Press, 1997), Michael Halvorson und Chris Kinata, ISBN 3-86063-738-X.

Visual Basic-Techniken für erfahrene und fortgeschrittene Program-mierer sind Gegenstand des Multimedia-Programmierkurses, der Videos, Animationen, Demonstrationen und Schritt-für-Schritt-Anlei-tungen enthält, namens *Mastering Microsoft Visual Basic 6* (Microsoft Corporation, 1998).

- Wenn Sie mit Hilfe von Beispielcode und praktischen Anwendungen lernen möchten, empfehle ich den Titel *Microsoft Visual Basic 6.0 Developer's Workshop*, Fifth Edition (Microsoft Press, 1998), John Clark Craig und Jeff Webb, ISBN 1-57231-883-X.

- Professionelle Programmiertechniken und der Einsatz der Windows API sind Thema des Titels *Hardcore Visual Basic (5.0)*, Second Edition (Microsoft Press, 1997), Bruce McKinney, ISBN 1-57231-422-2.

- Eine Auswahl von Artikeln und professionellen Programmiertechniken einer Gruppe humorvoller Visual Basic-Programmierer enthält der Titel *Advanced Microsoft Visual Basic (6.0)*, Second Edition (Microsoft Press, 1998), The Mandelbrot Set, ISBN 1-57231-893-7.

- Eine eingehende Erörterung professioneller Datenzugriffstechniken mit Visual Basic finden Sie in *Hitchhiker's Guide to Visual Basic and SQL Server*, Sixth Edition (Microsoft Press, 1998), William R. Vaughn, ISBN 1-57231-848-1.

Neben den oben genannten Quellen, empfehle ich Ihnen, die Microsoft Visual Basic Website regelmäßig zu besuchen, auf der Neuigkeiten zu Visual Basic veröffentlicht werden. Diese Site enthält aktuelle Informationen zur gesamten Visual Basic-Produktfamilie und gibt darüber Auskunft, wie neue Betriebssysteme, Anwendungen und Programmierumgebungen sich auf die Visual Basic-Programmierung auswirken. Sie finden dort auch Informationen über Zertifizierungskurse, Konferenzen, Software-Updates, neue ActiveX-Steuerelemente, Schulungsunterlagen und andere Microsoft-Produkte. Besuchen Sie:

http://msdn.microsoft.com/vbasic/

Ein vollständiges Verzeichnis aller Microsoft Press-Titel ist auf der Microsoft Press Website unter der Adresse *http://www.microsoft.com/germany/mspress* verfügbar.

Zusammenfassung der Lektion

Möchten Sie	dann
das ADO-Datensteuerelement in die Werkzeugsammlung aufnehmen,	klicken Sie im Menü *Projekt* auf den Befehl *Komponenten* und dann auf die Registerkarte *Steuerelemente*. Markieren Sie den Eintrag *Microsoft ADO Data Control 6.0*, und klicken Sie auf *OK*.
ein ADO-Datensteuerelement in ein Formular einfügen,	klicken Sie in der Werkzeugsammlung auf das ADO-Datensteuerelement und ziehen es auf das Formular.

Lektion 24   **ActiveX-Datenobjekte (ADO)**

Möchten Sie	dann
das ADO-Datensteuerelement mit einer Datenquelle verbinden,	klicken Sie im Formular auf das ADO-Datensteuerelement und öffnen das Eigenschaftenfenster. Klicken Sie auf die Schaltfläche im Textfeld der Eigenschaft *ConnectionString*, und geben Sie im Dialogfeld einen gültigen Datenquellennamen ein.
eine Datentabelle (eine Datensatzmenge – Recordset) im ADO-Datensteuerelement auswählen,	klicken Sie im Formular auf das ADO-Datensteuerelement und öffnen das Eigenschaftenfenster. Klicken Sie auf das Textfeld der Eigenschaft *RecordSource*, und wählen Sie eine Tabelle aus der Liste.
im Formular enthaltene Objekte mit einem ADO-Datenobjekt verknüpfen,	klicken Sie auf das Objekt, das Sie verknüpfen möchten (z.B. ein Textfeld). Öffnen Sie das Eigenschaftenfenster, und weisen Sie der Eigenschaft *DataSource* des Objekts den Namen des ADO-Objekts zu. Geben Sie bei der Eigenschaft *DataField* das Feld an, das angezeigt werden soll.
ADO-Programmcode schreiben,	öffnen Sie im Codefenster eine Ereignisprozedur, geben das ActiveX-Datenobjekt und eine gültige Eigenschaft oder Methode an. Wenn Sie beispielsweise zum nächsten Datensatz des aktuellen *Recordset*-Objekts, das im Objekt *Adodc1* gespeichert wird, blättern möchten, verwenden Sie folgende Anweisung: `Adodc1.Recordset.MoveNext`
das ADO-Objektmodell besser kennen lernen,	öffnen Sie ein Projekt, das ein ADO-Datensteuerelement oder eine ADO-Objektreferenz enthält, und klicken im Menü *Ansicht* auf den Befehl *Objektkatalog*. Im Dropdown-Listenfeld *Bibliothek* wählen Sie *MSAdodcLib* und erkunden dann im Objektkatalog die verschiedenen Methoden, Eigenschaften und Ereignisse des ADO-Objektmodells.
den Datenumgebungs-Designer öffnen,	klicken Sie im Menü *Projekt* auf den Befehl *Microsoft Data Environment 6.0 hinzufügen* bzw. *Weitere ActiveX-Designer* und dann auf *Data Environment*, falls obiger Befehl nicht verfügbar ist. ▶

661

Lektion 24   ActiveX-Datenobjekte (ADO)

Möchten Sie	dann
neue ADO-Datenobjekte (ADO-Befehle) erstellen,	klicken Sie im DataEnvironment-Fenster auf die Schaltfläche *Befehl hinzufügen* und konfigurieren das Objekt im Dialogfeld *Eigenschaften von Command1*.
einen Datenumgebungs-Designer, der ActiveX-Datenobjekte enthält, speichern,	dann öffnen Sie den Projekt-Explorer und klicken auf den Designer, den Sie speichern möchten. Klicken Sie dann im Menü *Datei* auf den Befehl *Speichern von DataEnvironment1 unter*.
ein ActiveX-Datenobjekt im Programmcode verwenden, das in einem Datenumgebungs-Designer enthalten ist,	geben Sie den Designernamen, den ADO-Befehlsnamen mit dem Präfix *rs* (Recordset) und die Methode oder Eigenschaft an, die Sie verwenden möchten. Zum Beispiel: `DataEnvironment1.rsTabelle.MoveFirst`

Stichwortverzeichnis

& (Operator) 174, 318, 379
\ (Operator) 174
* (Operator) 174
+ (Operator) 174
- (Operator) 174
/ (Operator) 174
^ (Operator) 174
= (Operator) 157, 188, 381
> (Operator) 188, 381
>= (Operator) 188, 381
.avi-Dateien 495, 499
– wiedergeben (Programmcode) 501
– wiedergeben 499
.bas-Dateien 580
.bat-Dateien 368
.dat-Dateien 368
.dsn-Dateien 642
– erstellen 644
.dsr-Dateien 579, 657
.dsx-Dateien 571
.exe-Dateien
– erstellen 78
.frm-Dateien 565
.htm-Dateien 565
.inf-Dateien 368
.ini-Dateien 368
.log-Dateien 368
.ocx-Dateien 452
.txt-Dateien 368
.wav-Dateien 493, 495, 506
– wiedergeben (Programmcode) 497

A Abbildungsliste-Steuerelement 452
Abs (Funktion) 177
ActiveX Data Objects (ADO), siehe
   ADO
ActiveX-Datenobjekte
– Befehle 646
– binden an Textfelder 645
– Datenquellennamen definieren
   641
– erstellen mit Designer 654

– programmieren 662
ActiveX-Steuerelemente 117
– .ocx-Dateinamenserweiterung 452
– Abbildungsliste (ImageList) 452
– ADO-Datensteuerelement 453, 639
– Animation 453
– AufAb (UpDown) 453
– Bildausschnitt (PictureClip) 453
– DataRepeater 453
– Diagramm (Chart) 453
– einfügen in DHTML-Seiten 599
– einfügen in Werkzeugsammlung
   456, 471, 600
– fensterlose 453
– FlexGrid 117, 454, 615
– Formatierte Bearbeitung (Masked
   Edit) 454
– Fortschrittsleiste (ProgressBar)
   454, 474
– installieren 117, 122, 452, 471
– Internet-Übertragung (Internet
   Transfer) 454, 529
– Listenansicht (ListView) 454
– MAPI 454
– Microsoft Windows Common
   Controls (mscomctl.ocx) 452
– Monatsansicht (MonthView) 455
– MSComm32 454
– Multimedia-MCI 455, 493
– Register (TabStrip) 455
– RTF (RichTextBox) 455 f.
– Schieberegler (Slider) 455, 479
– Standarddialog (CommonDialog)
   118
– Statusleiste (StatusBar) 455, 484
– Strukturansicht (TreeView) 455
– Symbolleiste (ToolBar) 455
– SysInfo 455
– verwenden 120
– Winsock 455
Add-Ins
– API Viewer 514

663

Stichwortverzeichnis

– Beschreibung 514
– installieren 514
AddItem (Methode) 103, 121, 200
AddNew (Methode) 406, 408
ADO-Befehle
– definieren 656, 662
ADO-Datenobjekte
– Beschriftung ändern 641
– erstellen 662
ADO-Datensteuerelement 453, 639
– Datenquellennamen definieren 642
– Datentabelle auswählen 661
– Eigenschaft ConnectionString 639
– einfügen in Formular 660
– einfügen in Werkzeugsammlung 639, 660
– Überblick 453
– verbinden mit Datenquelle 661
ADO 638
– Beschreibung 637
– Objektmodell 661
Aktivierreihenfolge 110
And (Operator) 194 f.
Animation-Steuerelement 453
Animationen 293
– .avi-Dateien 453, 495, 499, 501
– Beschreibung 293
– erstellen mit Zeitgeberobjekten 295
– Move (Methode) 296
Anwendungsobjekte
– einbetten 422, 447
– einfügen 447
– verknüpfen 422, 447
Anzeigefelder
– Eigenschaften 68
– einfügen 62, 93
– Grafikdateien auswählen 95
– Grafikformate 91
– Schaltflächen einfügen 281
– vergrößern zur Laufzeit 299
API Viewer 509, 513
– Beschreibung 514
– Deklarationen einfügen 515
– Deklarationen kopieren 516, 525
– installieren 514
Array, siehe Datenfelder
As (Schlüsselwort) 184, 188, 315
Asc (Funktion) 380 f., 395

ASCII-Codes
– Begriffsdefinition 380
– Buchstaben in ASCII konvertieren 395
– ermitteln 381
– konvertieren in Buchstaben 395
– umwandeln in Buchstaben 381
– vergleichen 381
– Verschlüsselung 389
– Xor Operator 391
Atn (Funktion) 177
Audio-CDs
– abspielen (Programmcode) 504
– Unterstützung 495
AufAb-Steuerelement 453
Auflistungen
– Begriffsdefinition 339
– Controls 340
– Datenbanken 346
– Elemente gesondert behandeln 343, 364
– Elemente verarbeiten 364
– Forms 346
– Indexposition der Elemente 340
– Printers 346
– Schreibweise 339
– Typen 346
– verarbeiten mit For Each...Next-Schleifen 341
– Visual Basic für Applikationen 346
– zugreifen auf Elemente 340
– zugreifen auf Objektgruppen 341
Ausdrücke
– bedingte 187
– Boolesche 188
Ausgaben
– anzeigen in Dialogfeld 183
– anzeigen 215
– ausgeben in Formular 214, 238
– mit Print # in Datei schreiben 378
– Print (Methode) 214, 216, 238
– Schriftart 215
– Textdatei öffnen für Ausgaben 367, 374, 378, 395
Ausschneiden (Befehl) 471
Automatisierung 105
– Begriffsdefinition 428
– Clientanwendungen 429
– Microsoft Excel 438
– Microsoft Outlook 440
– PowerPoint 97 444

Stichwortverzeichnis

– Serveranwendungen 429
AutoRedraw (Eigenschaft) 215, 354
AxtiveX-Steuerelemente
– FlexGrid 615

B Bedingungsausdrücke 211
– Auswertungsreihenfolge 190
– mehrere Testkriterien 211
Beenden (Befehl) 468
Befehlsschaltflächen
– 3D-Effekte erzeugen 278
– Beschreibung 88
– Darstellung verändern 279
– Eigenschaften definieren 63, 275
– einfügen in Formular 275
– einfügen 60, 87
– erstellen 120
– grafische 277 f., 307
– Größe ändern 60
– Status 279
– Symbole zuordnen 278
– verschieben 59
Befehlssyntax 72
Begleit-CD 900
Beispielprogramme
– AdoCtrl 647
– AdoDaten, Programmcode 648
– AdoDaten 648, 652
– Anflug 299
– Anmelden 191
– Ausgabe 165
– Backup 413 f.
– Begleit-CD 900
– Bewegen 342
– Browser 306
– Case 199
– CtlArray 220
– Darlehen 438 f.
– Datentabelle, Eigenschafteneinstellungen 630
– Datentabelle, Programmcode 628
– Datentabelle 624 f., 627
– Datentyp 168 f.
– Daten 113, 115
– DBSuche 403
– DbSuche 404
– DHTML7, Programmcode 602 f., 605 f.
– DHTML7 596, 607
– Dialog 136, 146
– Diashow, Fehlerbehandlung 96

– Diashow 91, 94
– DigitalUhr 231 f.
– DragDrop mit Animation 296
– DragDrop 288
– Drucker 257
– DynArray 358 f.
– Einfügen 408
– Eingabe 162
– Encrypt, Programmcode 389
– Encrypt2 391
– Encrypt 388 f.
– Fahrenheit 229
– FixArray 353, 356
– ForSchlcifc 216
– FreeMem, Programmcode 521
– FreeMem 518
– FTP, Programmcode 541
– FTP 539 f.
– GetHTML, Programmcode 535
– GetHTML 531 ff.
– Gewinn 315
– Hello 87
– HTMLAnzeige, Programmcode 556
– HTMLAnzeige 553, 555 f.
– HtmlHist 559
– IfFehler 205
– Italienisch2 255
– Italienisch 247
– Kennwort 195, 234
– Konstanten 172 f.
– Kurse 400, 402
– Löschen 410 f.
– Lucky Seven 56
– LWFehler 263
– MailSenden 440 f.
– Menü 133, 136
– Musiker 420, 427
– Namensk 304
– Notiz, Programmcode 377
– Notiz 375
– OLE 106, 110
– Online 97 f.
– Operatoren2 178 f.
– Operatoren 174
– PlayCD 503 f.
– PlayTune 496 f.
– Präsentation 445
– Progress 476
– Prozent 323, 326
– Rauch 297

Stichwortverzeichnis

– Rechtschreibprüfung, Programm-
code 436
– Rechtschreibprüfung 434, 437
– RTFEdit, Programmcode 461
– RTFEdit2 480, 485, 490
– RTFEdit 457 ff.
– RunVideo 499
– Schalter 280 f., 285
– Schriftgröße 218
– Schritt 47
– SortDemo, Programmcode 385
– SortDemo 383
– StartFrm 273, 276
– StepSchleife 224 f.
– Tag 344 f.
– Team 329, 331 f.
– Temperatur 361
– Textanzeige, Programmcode 371
– Textanzeige 369
– Umsatztabelle, Programmcode
622
– Umsatztabelle 621, 623
– VarTest 159
– WebLucky 567, 579 f., 584
Benutzerdefinierte Typen
– deklarieren 511
– Länge ermitteln 512, 525
– Windows API 511
– zugreifen auf Elemente 525
Benutzereingaben
– abfragen 183
– InputBox (Funktion) 162
– Textfelder 174
– verarbeiten 162
Benutzeroberflächen
– Befehlsschaltflächen einfügen 59
– erstellen 57, 82
Bezeichnungsfelder
– Ausrichtungsoptionen 66
– Beschreibung 61
– Beschriftung ändern 67
– Eigenschaft Alignment 66
– Eigenschaft Borderstyle 66
– Eigenschaft Font 66
– Eigenschaften ändern 281
– Eigenschaften zuweisen 316
– einfügen 61
– erstellen 114, 273
– Rahmen 66
– Schriftart festlegen 67
– Vordergrundfarbe festlegen 68

Bildausschnitt-Steuerelement 453
Bildfelder
– animieren 296
– Ereignisprozedur bearbeiten 297
– Move (Methode) 295
Bildlaufleisten
– 2D-Design 454
Bitmap-Grafiken
– Bildausschnitt-Steuerelement 453
Boolean (Datentyp) 168, 188
Button-Element 589
– Beschriftung festlegen 598
– einfügen in DHTML-Seite 598, 611
– Ereignisprozedur definieren 605
– Ereignisprozedur erstellen 606
ByVal (Schlüsselwort) 334

C Call-Anweisungen 525
CancelError (Eigenschaft) 466
Carriage Return (Wagenrücklauf)
380, 383
CellPicture (Eigenschaft) 617
Checkbox-Element 591
CheckSpelling (Methode) 432
Chr (Funktion) 380 f., 383, 395
– Chr$ (Funktion) 381
Clipboard-Objekt 463
– GetText-Methode 463 f., 472
– SelText-Methode 471
– SetText-Methode 463 f., 471
Close (Ereignisprozedur) 467
Close-Anweisungen 368 f., 372, 395
Cls (Methode) 355, 365
Codefenster
– Anweisungen eingeben 71
– anzeigen 71
– Objekte auswählen 72
– öffnen 82
– Prozeduransicht 73
– Vollständige Modulansicht 73
– Zeilenlänge 192
Command (Eigenschaft)
– Multimedia-MCI-Steuerelement
495
CommonDialog-Objekt
– FileName-Eigenschaft 468
Connect (Eigenschaft) 415
ConnectionString (Eigenschaft) 642
Const (Schlüsselwort) 172, 184
Controls-Auflistung 339
– bearbeiten 342

Stichwortverzeichnis

– Elemente bearbeiten 364
– zugreifen auf 340
CoolBar-Steuerelement 453
Cos (Funktion) 177
CreateObject (Funktion) 434
Currency (Datentyp) 168
CurrentX (Eigenschaft) 363, 365
CurrentY (Eigenschaft) 363, 365

D DAO 638
DAT-Bänder
– Unterstützung 495
DatabaseName (Eigenschaft) 400
DataField (Eigenschaft) 399
DataRepeater-Steuerelement 453
DataSource (Eigenschaft) 399
Date (Datentyp) 168
Date (Funktion) 132, 134
– Date$ (Funktion) 377
Dateien
– Änderungen speichern 466
– asynchrone Übertragung 543
– Dateinummer 368
– Download vom Internet 530, 536
– drucken 468
– Eingabe 368
– kopieren 412, 416
– öffnen 368, 372
– öffnen, Befehl 465
– RTF-Code anzeigen 469
– schließen 395
– schreibgeschützt öffnen 400
– sequentielle 369
– Sicherungskopien erstellen 412
– Speichern unter, Befehl 468
– verwalten mit RTF-Steuerelement
  465
– Werte speichern in 374
Dateilistenfelder 91
– Eigenschaft FileName 92
– Eigenschaft Pattern 94
– Ereignisprozeduren 94
– erstellen 92, 121
Dateisystemobjekte
– Beschreibung 91
– Dateilistenfelder 92
– Ereignisprozeduren definieren
  94
– erstellen 92
– Laufwerkslistenfelder 92
– Verzeichnislistenfelder 92

Daten-Steuerelemente
– Eigenschaften definieren 114
– verknüpfen mit Datenbank 114
Datenbanken 397
– ADO-Datensteuerelement 453
– ändern über Datenobjekt 122
– anzeigen als Flex-Tabelle 625
– Auflistungen 346
– Begriffsdefinition 111
– benutzerdefinierte Anwendungen
  erstellen 398
– benutzerdefinierte Schnittstellen
  entwickeln 397
– Biblio.mdb 414, 631
– Daten in Textfeldern anzeigen
  399, 415
– Datensätze anzeigen 122, 399, 416
– Datensätze einfügen 406, 416
– Datensätze löschen 409, 416
– Datensätze suchen 402 f., 415
– Datensätze 112
– Diagramm-Steuerelement 453
– durchsuchen 404
– Felder 112
– Feldwerte anzeigen 122
– FlexGrid-Steuerelement 454
– Hierarchisches FlexGrid-Steuer-
  element 454
– modifizieren 116
– öffnen 415
– schreibgeschützt öffnen 415
– Sicherungskopie erstellen 412
– Students.mdb 398, 404, 409, 625 f.,
  640
– Tabellen 399
– Talent.mdb 421
– verwalten mit Visual Basic 397
– zugreifen auf 111, 114
Datenbankformate
– Betrieve 397
– dBASE 397
– Microsoft Access 397
– Microsoft FoxPro 397
– Paradox 397
Datenbankprogrammierung
– ADO 638
– DAO 638
– Paradigmen 638
– RDO 638
Datenfelder 339
– Beschreibung 348

667

Stichwortverzeichnis

– deklarieren 349
– dynamische deklarieren 358
– dynamische erstellen 357, 365, 383, 386
– eindimensionale verwenden 353
– Elemente verarbeiten 365
– fester Größe deklarieren 350, 354
– fester Größe 349
– Größe zur Laufzeit festlegen 357, 359
– Gültigkeitsbereich 349
– Index bei 1 beginnen 354, 365
– Index 350
– lokale deklarieren 350
– lokale erstellen 365
– mehrdimensionale 360
– öffentliche (Public) 350
– öffentliche erstellen 364
– Option Base-Anweisung 353 f.
– Textzeilen speichern in 383, 386
– Variablen speichern in 348
– Werte zuweisen 365
– Zeichenfolgen speichern 378
– Zugriff auf Elemente 351
– zweidimensionale deklarieren 362
– zweidimensionale 351
Datenobjekte
– Daten bearbeiten 116
– Datenformate 114
– Delete (Methode) 410
– Eigenschaft DatabaseName 114
– Eigenschaft DataField 115
– Eigenschaft ReadOnly 407
– Eigenschaft RecordSource 115, 400
– erstellen 113, 122
– verwenden 111
Datenquellennamen
– erstellen 641, 644
Datensätze
– Begriffsdefinition 112
Datentypen
– benutzerdefinierte 171 f., 525
– Typdeklarationszeichen 167
– Übersicht 167
– Variant 157, 177
– verwenden 169
Datenumgebung
– benutzerdefinierte erstellen 655
Datenumgebungs-Designer 654
– ActiveX-Datenobjekte programmieren 662

– öffnen 661
– Projekt hinzufügen 655
– speichern 662
DateTimePicker-Steuerelement
– Kalender 453
Day (Funktion) 135
Debuggen 202
– Einzelschrittmodus 208
– Haltemodus 204, 207
– Programmausführung unterbrechen 206
– Strategie 204
– Überwachungsausdrücke hinzufügen 207
– Überwachungsausdrücke löschen 207, 211
Delete (Methode) 410 f.
DeviceType (Eigenschaft) 494
– Multimedia-MCI-Steuerelement 506
DHTML (Dynamic Hypertext Markup Language) 563
– Beschreibung 563
– Vergleich mit Visual Basic 565
DHTML-Anwendungen 564, 587
– ActiveX-Steuerelemente verwenden 588
– ausführen im Intenet Explorer 581
– ausführen in Visual Basic 612
– ausführen 580, 586
– Dateien umbenennen 594
– Designer 567
– Distribution 612
– Ereignisprozeduren 602
– erstellen mit DHTLM-Seiten-Designer 565
– erstellen 567, 585
– kompilieren 609, 612
– Komponenten speichern 586
– Objektnamen definieren 576
– PropertyBag-Objekt 604, 612
– unter anderem Namen speichern 595
DHTML-Seiten
– ActiveX-Steuerelemente einfügen 599
– Bild hinzufügen 592
– Button-Element einfügen 598, 611
– Dropdown-Listenfeld einfügen 591
– Elemente absolut positionieren 593

Stichwortverzeichnis

- Elemente erstellen 593, 611
- Elemente konfigurieren 611
- Elemente löschen 594, 611
- Elemente relativ positionieren 594
- Elemente verbergen 611
- Elemente verschieben 597, 611
- Ereignisprozeduren erstellen 602, 611
- Grafik einfügen 591
- Größe von Elementen ändern 593
- horizontale Linien einfügen 592
- Hyperlink einfügen 592
- Image-Element einfügen 596, 611
- Kennwortfeld einfügen 590
- Listenfeld einfügen 593
- mehrzeilige Textfelder einfügen 590
- Multimedia-MCI-Steuerelement einfügen 601
- Optionsfelder gruppieren 590
- Schaltflächen einfügen 589
- Textelemente formatieren 604, 612
- Textelemente löschen 595
- Textfelder einfügen 589
- verborgenes Textfeld einfügen 592
- Werte aus Arbeitsspeicher kopieren 612
DHTML-Seiten-Designer 563
- Auswahl in Verknüpfung umwandeln 578
- Bearbeitungswerkzeuge 568
- Beschreibung 564
- DHTML-Anwendungen erstellen 565
- Elemente löschen 596
- Elementen ID-Werte zuordnen 576
- Fenster vergrößern 567
- Formatvorlagen verwenden 571 f.
- Modus für absolute Position 594
- öffnen 567 f.
- SPAN-Marken einfügen 574
- Text formatieren 571, 573
- Text markieren 573
- Textelemente definieren 569
- Werkzeugsammlung 587
DHTML-Werkzeugsammlung
- Button-Element 589
- Checkbox-Element 591
- FileUpload-Element 592
- Hiddenfield-Element 592

- HorizontalRule-Element 592
- Hyperlink-Element 591
- Image-Element 591
- InputImage-Element 592
- List-Element 593
- Option-Element 590
- PasswordField-Element 590
- ResetButton-Element 589
- Select-Element 591
- Steuerelemente 588
- SubmitButton-Element 589
- TextArea-Element 590
- TextField-Element 589
- Übersicht 588
DHTMLPage-Objekt 603
Diagramm-Steuerelement 453
Dialogfelder
- benutzerdefinierte erstellen 148
- Standard- öffnen 368
- Standard- 144
- TabStrip-Steuerelement 455
Dienstprogramme
- BookInfo 414
Dim (Schlüsselwort) 183
Dim-Anweisung 157
Direktfenster 204
Do-Anweisungen 226, 238
- Endlosschleifen vermeiden 227
- Loop (Schlüsselwort) 226, 238
- Syntax 226
- Until (Schlüsselwort) 230, 239
Double (Datentyp) 168
Drag & Drop 286
- aktivieren 287
- Einsatzbereiche 292
- Ereignisprozeduren 286, 288
- Mauszeigerdarstellung 286 f.
DragDrop (Ereignis) 286
- Ereignisprozedur defnieren 290
- Parameter 290
DragIcon (Eigenschaft) 286 f., 291
DragMode (Eigenschaft) 286 f.
DragOver (Ereignis) 286
Dropdown-Listenfelder
- erstellen 121
Drucken (Befehl) 468
Drucken 254
- beenden 269
- Einstellungen ändern 269
- Formularinhalt 256
- Programmausgaben 254

Stichwortverzeichnis

Drucker
- Gerätezugriffsnummer (Device Handle) 468

E Eigenschaften
- Alignment 66
- ändern zur Laufzeit 120
- ändern 47
- Appearance 108
- AutoDraw 215
- Begriffsdefinition 104
- Beschreibung 46
- BorderStyle 66
- Caption 48, 64
- Connect 114
- DataField 115
- DataSource 115
- DatenbaseName 114
- definieren 54, 63
- Drive 93
- einstellen 63
- Filename 93
- Filter, Standarddialog-Objekte 143
- Flags 144
- Font 66 f.
- ForeColor 67
- im Code ändern 75
- Interval 231
- ListIndex 201
- MaxLength 196
- mehrerer Objekte verändern 65
- PasswordChar 196, 235
- Path 93
- Pattern 94
- Picture 68
- RecordSource 115
- Stretch 68
- TabIndex 110
- Text 89
- Value, Kontrollkästchen 101
- Variablenwerte zuweisen 163
- Visible 69
- Werte kombinieren 144
Eigenschaftenfenster
- Beschreibung 46
- Dropdown-Listenfeld Objekt 64
- öfffnen 63
- öffnen 47, 274
- Verankerung aufheben 47
Eigenschaftenprozeduren
- Begriffsdefinition 320

Eigenschaftenseiten (Dialogfeld) 486
- Grundflächen (Registerkarte) 486
Einfügemarke
- positionieren 365
Einfügen (Befehl) 472
Eingaben
- erfassen 97
- Slider (Steuerelement) 455
- Textdatei öffnen für Eingaben 368, 395
Eingabeobjekte
- Beschreibung 97
- Kombinationsfelder 100
- Kontrollkästchen 99
- Listenfelder 99
- Optionsfelder 99
- verwenden 99
Einzelschrittmodus
- aktivieren 207
Else (Schlüsselwort) 189
ElseIf (Schlüselwort) 189
End (Anweisung) 72
EOF (Funktion) 368, 372, 395
Ereignisgesteuerte Programmierung
- Beschreibung 185
Ereignisprozeduren 186
- aktuelles Datum in Textfeld einfügen 377
- Anzeigefelder 283
- Begriffsdefinition 104
- Command1_Click 251
- Datensätze in Datenbank einfügen 406
- definieren 89, 284
- DHTMLPage_Load 602 f.
- DragDrop (Ereignis) 290, 297
- Elemente von DHTML-Seiten 602
- Form_Load 103, 228, 251, 413
- List1_DblClick 251
- Menübefehl Öffnen zuordnen 373
- Menübefehl Schließen zuordnen 373
- MouseDown (Ereignis) 283
- Parameter 283
- RTF-Steuerelement 461
- Textformatierung Fett (Bold) 463
- Zeitgeberobjekte 298
Ereignisse
- DragOver 286
- MouseDown 278
- Visual Basic-Objekte 187

670

Stichwortverzeichnis

Err (Objekt) 261
– Description (Eigenschaft) 267
Execute (Methode) 542
Exit For-Anweisungen 225, 348
– verwenden 226
Exit Sub-Anweisungen 265
Exp (Funktion) 177
Explorer-Objekt 558

F Fehlerbehandlungsroutinen
– Aufbau 262
– beenden 265, 270
– erstellen 270
– Laufwerksfehler 264
– Resume-Anweisungen 263
– Wiederholungsintervall 267
Fehlerbehandlung 121, 261
– Diskettenlaufwerksfehler 263
– Err (Objekt) 261
– Laufwerksfehler 263
– Laufzeitfehler abfangen 262
– On Error-Anweisungen 262
– potentielle Probleme 261
Felder
– Begriffsdefinition 112
Fenster
– TabStrip-Steuerelement 455
– verankern 44, 48
– Verankerung aufheben 44
Figurobjekte
– Eigenschaft BorderColor 272
– Eigenschaft FillColor 272
– Eigenschaft FillStyle 272, 274
– Eigenschaften festlegen 274
– Eigenschaften 272
– zeichnen mit Grafikmethoden 277
– zeichnen 272, 274, 307
FileCopy-Anweisungen 412 f., 416
– Syntax 412
FileUpload-Element 592
– OnSelect (Ereignis) 592
Filter (Eigenschaft) 502
Find (Methode)
– RTF-Textfeld 464
Flache-Bildlaufleiste-Steuer-
element 454
Flags (Eigenschaft) 144
– zulässige Werte 144
FlexGrid-Steuerelement 454
– AddItem (Methode) 620
– Beispiel, Umsatztabelle 621

– Beschreibung 616
– binden an Datenbank 624
– binden an Datensteuerelement 624
– Daten einfügen 616, 624
– Daten sortieren 626, 628
– Datensätze anzeigen 624, 631
– Datensätze sortieren 631
– Eigenschaft AllowUserResizing
626
– Eigenschaft CellPicture 617
– Eigenschaft Col 618
– Eigenschaft DataSource 624
– Eigenschaft FillStyle 619
– Eigenschaft Row 618
– Eigenschaft Sort 628
– Eigenschaft TextMatrix 617
– Ereignisprozeduren 622
– Flex-Tabelle erstellen 616, 622
– Flex-Tabelle sortieren 626
– Formateigenschaften 619
– Füllmuster festlegen 619
– Grafik in Zelle einfügen 617, 634
– Größe der Tabellenzellen festlegen
617
– hinzufügen zu Werkzeugsammlung
616, 621, 634
– LoadPicture (Funktion) 617
– Sortieroperationen 628
– Spaltenbreite ändern 626
– Spaltenzahl festlegen 622
– Suchoperationen 628
– Text einfügen 634
– Text in Zellen einfügen 617
– Text suchen 635
– Textsuche in Tabellen 627, 629
– unterstützte Grafikformate 617
– Zeilen hinzufügen 620, 623, 634
– Zeilenzahl festlegen 622
– Zellen auswählen 618 f., 634
– Zellen formatieren 619 f., 634
– Zellenbereich auswählen 618
Fokus
– Begriffsdefinition 110
– zuweisen 416
FontBold (Eigenschaft) 283 f.
FontSize (Eigenschaft) 217
FontUnderline (Eigenschaft) 284
For Each...Next-Anweisungen 341
For-Anweisungen 214, 383, 389
For...Next-Anweisungen 213
– beenden 238

671

Stichwortverzeichnis

- Datenausgabe 215
- Eigenschaften Werte zuweisen 217
- Start- und Endwerte 219
- Step (Schlüsselwort) 219
- Syntax 214
- Zahlenfolgen definieren 238
- Zählervariablen 214, 219

Formatierte-Bearbeitung-Steuerelement 454

Formeln
- Begriffsdefinition 173
- erstellen 184

Forms-Auflistung 346

Formular-Layout-Fenster
- verwenden 89

Formulare
- ADO-Datensteuerelement einfügen 660
- Anwendungsmöglichkeiten 243
- Anzeigefeld einfügen 62, 249
- anzeigen 42, 245, 269
- ausblenden 252, 269
- Ausgaben anzeigen 238
- Ausgaben drucken 254
- Ausgaben löschen 365
- Befehlsschaltflächen einfügen 59, 87, 249
- Beschreibung 45
- Bezeichnungsfelder einfügen 60, 249
- Bildschirmaktualisierung 354
- Cls (Methode) 355, 365
- Dateilistenfelder einfügen 92
- Daten-Steuerelement einfügen 113
- Datenobjekte einfügen 421
- drucken 258, 269
- Druckroutinen definieren 256
- Eigenschaft AutoDraw 215
- Eigenschaft MousePointer 292
- Eigenschaften festlegen 245, 249, 281
- entfernen aus Arbeitsspeicher 246, 269
- Ereignisprozeduren 245, 251
- erstellen 268
- Figuren zeichnen 274, 307
- FlexGrid-Steuerelement einfügen 621
- Fortschrittsleiste einfügen 630
- gebundene anzeigen 245
- gebundene erstellen 269

- gebundene 244
- Größe ändern 249
- Größe wiederherstellen 247
- Hide (Methode) 246
- Hintergrundgrafik einfügen 232
- hinzufügen 243, 248
- Koordinatensystem 294
- laden 245, 268
- Laufwerkslistenfelder einfügen 92
- leere 244
- Linien zeichnen 273
- Maßeinheit festlegen 481
- MDI-Formulare erstellen 253, 269
- mehrere verwenden 247
- Objekte auswählen 47
- Objekte benennen 252
- Objekte verschieben 308
- OLE-Container-Objekte einfügen 107
- OLE-Steuerelement einfügen 424
- Online Shopper, Beispiel 99
- Position festlegen 89
- PrintForm (Methode) 260
- Raster 45
- RTF-Textfeld einfügen 457
- Show (Methode) 245
- sichtbare Objekte drucken 260
- Speicher freigeben 524
- speichern unter 250
- speichern 76, 90
- Standarddialog-Objekt einfügen 138
- Startformular festlegen 246
- Textfelder einfügen 87, 249
- umbenennen 136
- ungebundene 244 f.
- verbergen 246
- vergrößern auf Vollbildgröße 247
- verkleinern auf Symbolgröße 247
- verwenden 244
- Verzeichnislistenfelder einfügen 92
- vordefinierte 244
- vorhandene hinzufügen 246
- Zeitgeberobjekte einfügen 296

Fortschrittsleiste-Steuerelement 454
- Anzeige aktualisieren 491
- anzeigen 491
- Beschreibung 474
- einfügen in Werkzeugsammlung 475

Stichwortverzeichnis

– Einsatzmöglichkeiten 474
– Ereignisprozeduren 477
– konfigurieren zur Laufzeit 478
– verbergen 479, 491
– verwenden zur Statusanzeige 630
FTP (File Transfer Protocol) 530, 538
– Befehle 538
FTP-Protokoll
– Dateidownload 454
Function (Schlüsselwort) 320 f.
Funktionen
– aufrufen 322, 325, 336
– Begriffsdefinition 164
– Beschreibung 321
– deklarieren 322, 324
– erstellen 336
– mathematische 177
– Syntax 321

G Gerätezugriffsnummer (Device Handle)
– Drucker 468
GetProperty (Funktion) 606, 612
GetText (Methode) 463, 472
GlobalMemoryStatus (API-Funktion) 510
– aufrufen 512
– Deklaration 510
– Rückgabewerte 513
Grafikdateien
– anzeigen, Beispiel 95
– laden zur Laufzeit 121
Grafikeffekte 271
Grafiken
– erstellen 272

H Haltemodus 204
– aktivieren 207, 210 f.
– Programmfehler korrigieren 209
– Variablen überprüfen 207
– verwenden 204
HiddenField-Element 592
Hide (Methode) 252
Hierarchisches FlexGrid-Steuerelement 454
Hilfe
– Thema suchen 51
HorizontalRule-Element 592
Hour (Funktion) 135
HTML-Dokumente 532
– anzeigen in Browser 534, 547, 552

– kopieren in Textfeld 546
– laden vom Internet 532
– lokal speichern 533
– DHTML-Seiten-Designer anzeigen 585
– DIV-Marken 575
– einzelne Zeichen isolieren 574
– Elemente 566
– erstellen mit Microsoft Word 97 582 f., 586
– Hyperlinks einfügen 578, 586
– offline betrachten 534 f.
– SPAN-Marken einfügen 586
– SPAN-Marken 574
– speichern 537
– Text einfügen 569, 585
– Text formatieren 571, 573, 585
– Textelemente mit ID-Attributen versehen 586
HTTP- (Hypertext Transfer Protocol-) Protokoll 530
– Dateidownload 454
Hyperlink-Element 591
Hyperlinks 578
– definieren 578
– href-Eigenschaft 578

I If...Then-Anweisungen
– mehrere Bedingungen 189
– Syntax 189
If...Then..Else-Anweisungen 189
Image-Element 591
– einfügen in DHTML-Seite 596, 611
– Grafik zur Laufzeit laden 611
– Größe anpassen 597
– Größe der Grafik festlegen 597
ImageCombo-Steuerelement 454
Index (Eigenschaft) 405, 415
Inet-Objekt
– Execute (Methode) 542
– OpenURL (Methode) 536, 546
InputBox (Funktion) 162 f., 353, 355
InputImage-Element 592
Instr (Funktion) 380
Int (Funktion) 229, 606
Integer (Datentyp) 167
Internet
– Protokolle HTTP und FTP 454
Internet Explorer 547
– aufrufen aus Programm heraus 561

673

Stichwortverzeichnis

– Objektmodell 547, 549, 561
Internet-Transaktionen
– Fehlerbehandlung 544
Internet-Übertragung-Steuer-
  element 454
– Beschreibung 530
– Download über FTP 538
– Download von Dateien 530, 536
– Download von HTML-Seiten 532
– Eigenschaft SetTimeout 537
– einfügen in Werkzeugsammlung
  531, 546
– Execute (Methode) 539, 541 f.
– Fehlerbehandlung 544
– FTP-Befehle verwenden 538
– FTP-Download 542
– GetChunk (Methode) 531
– OpenURL (Methode) 531, 546
– Protokolle 530
– Übertragung überwachen 543
Internet-Unterstützung 529
– Download von Dateien 530
– FTP-Dateiübertragungen 543
– Steuerelemente 588
– synchone Dateiübertragungen 531
– Verbindungsfehler handhaben 557
– Verlaufsliste anlegen 559
InternetExplorer-Objekt 547, 556
– Beschreibung 548 f.
– Eigenschaft LocationURL 551
– Eigenschaft Visible 552
– einbinden in Projekt 549
– Ereignisprozeduren 558, 561
– Ereignisse 558
– Internet Explorer starten 552
– Navigate (Methode) 550
– NavigateComplete2 (Ereignis) 552,
  559
– URL anwählen 554
Interval (Eigenschaft) 231, 295
Is (Schlüsselwort) 198
IsNull (Funktion) 483, 489

K Kalender
– DateTimePicker-Steuerelement
  453
Kalkulationstabellen
– Diagramm-Steuerelement 453
– FlexGrid-Steuerelement 454
– Hierarchisches FlexGrid-Steuer-
  element 454

Kombinationsfelder
– Beschreibung 100
– erstellen 121
– ImageCombo-Steuerelement 454
– verwenden 100
Kommentare
– einfügen 75
Komponenten
– ActiveX-Steuerelemente in Werk-
  zeugsammlung einfügen 471
– hinzufügen zu Projekten 456
– installieren 118
– Steuerelemente 456
Konstanten
– Begriffsdefinition 172
– definieren 184
– verwenden 172
Kontextmenüs aufrufen 425
Kontrollkästchen
– Click-Ereignisprozeduren 101
– Eigenschaft Value 101
– Eingaben verarbeiten 101
– erstellen 121
– verwenden 99
– Wert festlegen 101
Kontrollstrukturen 185
– Auswertungsreihenfolge 190
– If-Then-Else 283
– IF... Then 189
– If..Then..ElseIf..Else 189
– logische Operatoren 194
– Select Case 196
– verwenden 211
Koordinatensystem
– Formulare 294
– Ursprung 294
Kopieren (Befehl) 471
Kurse (Beispielprogramm) 400, 402

L Laufwerkslistenfelder 91
– Change-Ereignisprozeduren 94
– Eigenschaft Drive 93
– erstellen 92, 120
Laufzeitfehler 261
– abfangen 270
– Begriffsdefinition 203
– behandeln 261
– Beschreibung 267
– erkennen 269
– Fehlerbehandlungsroutinen 261
– vermeiden 96

674

Stichwortverzeichnis

Lcase (Funktion) 379
Left (Funktion) 380
Len (Funktion) 379, 512, 525
Line Input-Anweisungen 368, 372, 394
Linefeed (Zeilenvorschub) 380
Linien
– Breite ändern 274
– Eigenschaft BorderColor 272
– Eigenschaft BorderStyle 272
– Eigenschaft Borderwidth 272
– Farbe ändern 274
– Linienstärke festlegen 274
– zeichnen 272 f., 307
List-Element 593
Listenansicht-Steuerelement 454
Listenfelder
– AddItem-Methode 103
– Beschreibung 99
– Click-Ereignisprozeduren 102
– Eigenschaft ListIndex 201
– Eingaben auswerten 201
– Eingaben verarbeiten 102
– Einträge einfügen 121
– erstellen 121
– initialisieren 200
– verwenden 99
ListIndex (Eigenschaft) 201
Load-Anweisungen 245
LoadFile (Methode) 472
LoadPicture (Funktion) 145, 222, 279, 617
LocationURL (Eigenschaft) 551
Logische Fehler
– Begriffsdefinition 203
Long Integer (Datentyp) 168
Loop (Schlüsselwort) 227

Ⓜ MAPI-Steuerelement 454
Mauszeiger
– benutzerdefiniertes Symbol verwenden 308
– Darstellung ändern 292, 307, 373
– Stundenglas 373
MaxLength (Eigenschaft) 196
MDI-Formulare 279
MemoryStatus (Typ) 511
– Deklaration 511
Menü Bearbeiten
– erstellen 463
– Windows-Zwischenablage 463

Menü Datei 465
– erstellen 465
Menü-Editor 124
– Befehle für RTF-Editor erstellen 458
– Beschreibung 123
– Menübefehle deaktivieren 140
– Menübefehle hinzufügen 141
– Menüs hinzufügen 139
– Menüstruktur definieren 125
– Shortcut-Listenfeld 150
– Tastenkominationen definieren 149
Menüs
– bearbeiten 463
– Befehle aktivieren 152
– Befehle deaktivieren 140, 145, 152
– Befehle einfügen 129, 141
– Befehle löschen 130
– Befehle neu anordnen 129
– Befehlsreihenfolge ändern 151
– benennen 125
– Datei-Menü definieren 139
– Datei-Menü, Beschreibung 465 f.
– Ereignisprozeduren definieren 130, 145
– erstellen 124, 151
– Format-Menü, Beschreibung 461
– Konventionen 127
– Tastenkombinationen definieren 149, 151
– Titel definieren 125
– Zugriffstasten definieren 128, 141, 151
– Zugriffstasten 127
Methoden
– Begriffsdefinition 105
– EndDoc 269
– Grafikmethoden 277
– Move 294
– PrintForm 258 f.
– Print 254
Microsoft ADO Data Control 6.0 639
Microsoft Internet Controls (shdocvw.dll) 549, 561
Microsoft Jet 398
Microsoft Multimedia Control 6.0 493
Microsoft Visual Basic 6
– Beschreibung 21
– Datentypen 167

675

Stichwortverzeichnis

– mathematische Funktionen 177
– neue Leistungsmerkmale 23
Microsoft Windows Common
  Controls 6.0 475
– einfügen in Werkzeugsammlung
  475
– ActiveX-Steuerelemente 452
Microsoft Word 97
– HTML-Dokumente erstellen 582,
  586
Mid (Funktion) 380, 396
– Mid$ (Funktion) 381
MIDI-Sequenzer
– Unterstützung 495
Minute (Funktion) 135
MMControl-Objekt
– Command (Eigenschaft) 495, 497,
  499, 507
– DeviceType (Eigenschaft) 495,
  497, 506
– FileName (Eigenschaft) 498
– Sharable (Eigenschaft) 498
Mod (Operator) 174
Module
– allgemein einsetzbare Prozeduren
  320
– benennen 314
– Beschreibung 311
– Eigenschaftenprozeduren 320
– entfernen 315, 336
– erstellen 336
– Function-Prozeduren 320
– hinzufügen 312, 317, 336
– speichern 312 f., 336
– Sub-Prozeduren 320
Monatsansicht-Steuerelement 455
Month (Funktion) 135
MouseDown (Ereignis) 278
MouseIcon (Eigenschaft) 292
MousePointer (Eigenschaft) 292,
  308, 373
– Einstellungen 293
Move (Methode) 294
MoveFirst (Methode) 404, 409, 415
MSAdodcLib (Bibliothek) 654, 661
MSComm32-Steuerelement 454
MsgBox (Funktion) 165, 248, 251,
  413
– aufrufen 166
– Syntax 165
– vbOKCancel 411

Multimedia-MCI-Steuerelement
  455, 493
– Command (Eigenschaft) 495
– DeviceType (Eigenschaft) 494, 506
– einfügen in DHTML-Seite 600 f.
– einfügen in Werkzeugsammlung
  493, 506
– Schaltflächen 494 f.
– sichtbar zur Laufzeit 507
– unsichtbar zur Laufzeit 494, 497,
  507
– unterstützte Geräte 495
– verbergen in DHTML-Seite 601
– Wiedergabe von .avi-Dateien 499
– Wiedergabe von .wav-Dateien 493,
  495, 497, 506 f.
– Wiedergabe von Audio-CDs 503
Multimedia-Unterstützung 493

N Name (Eigenschaft) 304
Namenskonventionen
– Visual Basic für Applikationen 303
Navigate (Methode) 551
NoMatch (Eigenschaft) 415
Not (Operator) 194, 463
Nothing (Schlüsselwort) 448
Now (Funktion) 134

O Objektbibliotheken
– auswählen 448
– einbinden in Projekt 430, 561
– Excel 8.0 438 f.
– Online-Hilfe 432
– verweisen auf 548
– Word 8.0 430
Objekte
– animieren 308
– auswählen 47
– Begriffsdefinition 104
– benennen 301, 336
– bewegen 295
– Eigenschaft DragMode 286
– Eigenschaft Height 299
– Eigenschaft Left 295
– Eigenschaft Name 301
– Eigenschaft Top 295
– Eigenschaft Width 299
– Eigenschaften definieren 115
– Ereignisse 187
– Err, Description-Eigenschaft 267
– Err 261

676

Stichwortverzeichnis

– Größe ändern 82
– löschen 82
– Namenskonventionen 302
– mehrere markieren 65
– Printer 255
– umbenennen 269, 308
– vergrößern zur Laufzeit 299
– vergrößern 308
– verschieben als Gruppe 341
– verschieben 82, 220, 295
Objektkatalog 430, 550
– anzeigen 431, 550, 561
– Beschreibung 430
– Klassen anzeigen 550
– Objekte anzeigen 448
– Word-Objekte anzeigen 431
Objektmodelle
– Aktualisierungen 552
– Microsoft Internet Explorer 548
ODBC
– Benutzer-DSN 643
– Datei-DSN 643
– Datenquellennamen erstellen 641 f.
– Datenquellen, Beschreibung 642
– System-DSN 643
OLE-Container-Objekte 105
– Beschreibung 105
– Eigenschaft Appearance 108
– einfügen 107
OLE-Objekte 424
– einfügen 107
– Ereignisprozeduren 428
– Excel-Diagramm verknüpfen 425
– Inhalte einfügen 424, 447
– Update (Methode) 426
– Verknüpfung aktualisieren 428
– Verknüpfungen aktualisieren 447
OLE-Steuerelement 419
On Error-Anweisungen 262
Open-Anweisungen 367
– Syntax 368
Open...For Input-Anweisungen 372, 394
Open...For Output-Anweisungen 373 f., 395
OpenURL (Methode) 531
Operatoren
– & (Zeichenfolgenverkettung) 180, 379
– Addition 178
– Auswertungsreihenfolge 195

– Begriffsdefinition 173
– erweiterte 180
– logische 194
– mathematische 174, 178
– Mod 179
– Or 144
– Rangfolge 181
– relationale 386
– Übersicht 174
– Vergleichsoperatoren 188
– Xor 391
– Zuweisungsoperator 157
Option Base-Anweisungen 353 f., 365
Option Explicit-Anweisungen 158
Option-Element 590
Optionsfelder
– erstellen 121
– verwenden 99
Or (Operator) 194

Ⓟ Panels-Auflistung 486
Parameter
– Übergabe als Referenz 334, 337
– Übergabe als Wert 334, 337
PasswordChar (Eigenschaft) 196, 235
PasswordField-Element 590
– OnChange (Ereignis) 590
– OnSelect (Ereignis) 590
PlayCD, Beispielprogramm 503 f.
PlayTune, Beispielprogramm 496
Print #-Anweisungen 374, 378, 393, 395
– Ausgaben in Datei schreiben 378
Print (Methode) 214, 238, 254, 353
– Syntax 215
– Trennzeichen 216
Printer-Objekt 254, 468
– Eigenschaften festlegen 254, 256
– Eigenschaften, Übersicht 255
– initialisieren 256
– Methoden, Übersicht 255
Printers-Auflistung 346
PrintForm (Methode) 258 f.
Programmanweisungen
– Begriffsdefinition 105, 155
– Do-Schleifen 226
– Endlosschleifen vermeiden 228, 238
– For...Each-Schleifen beenden 348

677

Stichwortverzeichnis

– For...Next-Schleifen 213
– Kontrollstrukturen 185
– periodisch ausführen 239
– Schleifen beenden 238
– Schleifen definieren 238
– Syntaxfehler 203
– Zeilenfortsetzungszeichen 192,
510
Programme
– .EXE-Datei erstellen 83
– ausführbare Datei erstellen 79
– ausführen 54, 77, 247, 285
– Ausgaben an Standarddrucker
senden 257
– beenden 468, 472, 524
– Benutzeroberfläche 43
– Code schreiben 83
– debuggen 202
– Drag-&-Drop-Unterstützung 286 f.,
307
– Druckerunterstützung 255
– ereignisgesteuerte 185
– erweitern 80
– Fehlerbehandlung 270
– Fokus zuweisen 416
– Formulare 45
– konzipieren 56
– laden 80
– Laufzeitfehler behandeln 261
– schrittweise ausführen 207
– speichern 76, 83
– testen 202, 205
– Verknüpfung auf Desktop 80
– zeilenweise ausführen 211
Programmierschritte 56
Programmierstil 72
Programmierumgebung
– Beschreibung 39
– Codefenster 71
– Eigenschaftenfenster 46
– Haltemodus 204
– Komponenten 40 f.
– öffnen 87
– Projekt-Explorer 49
– Überwachungsfenster 204
– Werkzeuge anordnen 44
– Werkzeugsammlung 45
Programmierwerkzeuge
– anordnen 44
– verankern 54
– verschieben 45

ProgressBar-Objekt 478
– Value (Eigenschaft) 491
– Visible (Eigenschaft) 491
Projekt-Explorer
– anzeigen 49 f., 54
– Beschreibung 49
– Code anzeigen 49
– Komponenten auswählen 42
– Objekte anzeigen 49
– Ordner Designer 565, 567, 595,
658
Projektdateien
– öffnen 42
– speichern 90
Projekte
– API-Funktionen aufrufen 517,
525
– API-Funktionen deklarieren 525
– Datenumgebungs-Designer hinzu-
fügen 655
– DHTML Page hinzufügen 565
– erneut laden 83
– erstellen 40, 54, 57, 79
– Formulare hinzufügen 248
– Komponenten hinzufügen 118,
456
– Modul hinzufügen 312, 317
– öffnen 42, 54
– speichern unter 76, 90
– umbenennen 135
– Verweise auf Objektbibliotheken
einfügen 430, 548, 561
– Verweise definieren 430
Projektfenster
– anzeigen 43
– Beschreibung 49
PropertyBag-Objekt 604, 612
Prozeduren
– globale 319
– vorzeitig beenden 270
– Zugriff auf Eigenschaften 337
Public (Schlüsselwort) 171 f., 315,
350, 364
PutProperty (Funktion) 607, 612

R Randomize (Anweisung) 81
RDO 638
ReadOnly (Eigenschaft) 407
Rechtschreibprüfung
– Textfelder 435
– Visual Basic-Formulare 435

Stichwortverzeichnis

Recordset-Objekte 402
– Eigenschaft Index 404
– Eigenschaft NoMatch 404
– Eigenschaften, Überblick 404
– Methoden 404
– MoveFirst (Methode) 416
– verwenden 415
Recordsets
– hierarchische 616
RecordSource (Eigenschaft) 400
ReDim-Anweisungen 357, 365
Registrierung
– Begriffsdefinition 419
Relationale Operatoren 381
– = 381
– >= 381
– > 381
– Übersicht 381, 386
ResetButton-Element 589
Resume Next-Anweisungen 263
Resume-Anweisungen 263
Right (Funktion) 379
Rnd (Funktion) 177, 606
RTF-Steuerelement 455
– Beschreibung 456
– Dateien drucken 468, 472
– Dateien öffnen 465, 472
– Dateien schließen 466, 472
– Dateien speichern 468, 472
– Dateien verwalten 465
– Eigenschaft SelRTF 464
– Eigenschaft SelText 461
– einfügen in Formular 457
– einfügen in Werkzeugsammlung 456
– Ereignisprozeduren 461
– Find-Methode 464
– Formatierung Fett, Kursiv und Unterstrichen 463
– RTF-Code anzeigen 469
– Standarddialog-Steuerelement verwenden 462
– Text auswählen 461
– Text formatieren 461, 463
– Textfeld erstellen 457
– Textsuche 464
RunVideo, Beispielprogramm 499

S SaveFile (Methode) 467 f., 472
Scanner
– Unterstützung 495

Schaltflächen
– MouseDown (Ereignis) 278
– testen 285
Schieberegler-Steuerelement 455
– Abstand der Wertemarkierungen festlegen 491
– ausrichten an RTF-Textfeld 482
– Beschreibung 480
– Eigenschaft Value 483
– konfigurieren zur Laufzeit 481
– oberen Grenzwert festlegen 491
– programmgesteuerte Anzeige 492
– TickFrequency (Eigenschaft) 482
– verknüpfen mit RTF-Textfeld 480 ff.
– Wertebereich festlegen 482
Schriftart (Befehl) 462
ScrollBars (Eigenschaft) 465
Second (Funktion) 135
Seek (Methode) 403
SelBold (Eigenschaft) 463, 471
Select Case-Anweisungen 196 f.
– Syntax 196
– Vergleichsoperatoren 198
Select-Element 591
– konfigurieren 591
– OnChange (Ereignis) 591
SelItalic (Eigenschaft) 463, 471
SelPrint (Methode) 472
SelRTF (Eigenschaft) 464
SelText (Eigenschaft) 461
SelUnderline (Eigenschaft) 463, 471
Serielle Kommunikation 454
Set-Anweisungen 436
SetFocus (Methode) 408
SetText (Methode) 463 f., 471
Sgn (Funktion) 177
Shape (Eigenschaft) 307
SHDocVw (Bibliothek) 549 f.
Shell, Donald 382
ShellSort, Unterprogramm 383
Show (Methode) 363
ShowFont (Methode) 462, 471
ShowOpen (Methode) 143, 368, 395, 466
ShowSave (Methode) 374, 395
Sin (Funktion) 177
Single (Datentyp) 168
Slider-Objekt 481
– Max (Eigenschaft) 491
– TickFrequency (Eigenschaft) 482, 491

Stichwortverzeichnis

– Value (Eigenschaft) 483, 492
Sortieren
– Shell-Algorithmus 382
– Text 378
– Zeichenfolgen in Textfeldern 382
Span (Methode) 465
Speicher
– Belegung überwachen 518
– Belegungsdaten anzeigen 513, 522
– fensterlose Steuerelemente 453
– verfügbaren anzeigen 522
Speichern unter (Dialogfeld) 467 f.
Sqr (Funktion) 177
Standarddialog-Objekte 135
– Eigenschaft Filter 143
– Eigenschaft Flags, Übersicht 144
– einfügen 137
– Ereignisprozeduren 141
– erstellen 138
– Methoden 135
– ShowColor (Methode) 136
– ShowFont (Methode) 136, 462
– ShowOpen (Methode) 136
– ShowPrinter (Methode) 136
– ShowSave (Methode) 136
– verwenden im RTF-Steuerelement
  462
Standarddialogfelder
– anzeigen 141, 143
– Drucken 136
– einfügen 152
– Farbe 136, 141, 144, 147
– öffnen 136, 142, 146, 368, 395
– Schriftart 136, 462, 471
– Speichern unter 136, 374, 378,
  395, 468
– Übersicht 135
– verwenden 137
Standardmodule
– Beschreibung 312
– erstellen 312, 354
Startprozeduren 413
Static (Schlüsselwort) 365
StatusBar-Objekt
– Panels-Auflistung 492
– Style (Eigenschaft) 487
– Text (Eigenschaft) 489
Statusleiste-Steuerelement 455, 484
– Datum anzeigen 488
– Eigenschaft Style 487
– Eigenschaft Text 488

– Eigenschaftenseiten 486
– Ereignisprozeduren 489
– Grundflächen konfigurieren 486
– konfigurieren zur Entwurfszeit
  492
– konfigurieren zur Laufzeit 492
– minimale Breite festlegen 488
– Panels-Auflistung 486
– Schriftart anzeigen 489
– Status von Tasten anzeigen 492
– Tastenstatus anzeigen 490
– Uhrzeit anzeigen 488
Step (Schlüsselwort) 219
Steuerelemente
– Anzeigefeld (Image) 62, 93, 271,
  278
– Befehlsschaltfläche (Command-
  Button) 58, 87
– Begriffsdefinition 104
– Bezeichnungsfeld (Label) 60 f.
– Bildfeld (PictureBox) 271
– Dateilistenfeld (FileListBox) 92
– Daten (Data) 113
– Datenanzeige 399
– datengebundene 114, 399
– DHTML 587
– einfügen in Werkzeugsammlung
  137
– fensterlose 453
– Figur (Shape) 272
– FlexGrid 615 f.
– Fortschrittsleiste (ProgressBar)
  627, 630
– gebundene 616
– Laufwerkslistenfeld (Drive-
  ListBox) 91 f.
– Linien (Line) 272
– OLE-Container 107, 419
– Standarddialog (CommonDialog)
  137
– Symbolleiste (Toolbar) 279
– Textfeld (TextBox) 87
– Verzeichnislistenfeld (DirListBox)
  92
– Zeitgeber (Timer) 231
Steuerelementefelder 219
– Begriffsdefinition 220
– Elemente bearbeiten 221
– erstellen 220
Stop-Anweisungen 210 f.
Str (Funktion) 177

680

Stichwortverzeichnis

String (Datentyp) 168
String (Funktion) 380
Strukturansicht-Steuerelement 455
Students.mdb 409
Sub-Prozeduren
– aufrufen 327 f., 337
– Begriffsdefinition 320
– Beschreibung 326
– deklarieren 327, 331
– Eingaben verarbeiten 329
– erstellen 337
– Parameter als Referenz übergeben 334
– Parameter als Wert übergeben 334
– Parameterübergabe 327 f.
– Syntax 327
– Texteingaben verarbeiten 331
– Variablen als Wert übergeben 335
SubmitButton-Element 589
Suchen
– Datensätze 402 f., 415
– Suchbegriff verarbeiten 403
Suchen (Befehl) 464
Symbolleiste-Steuerelement 455
Symbolleisten
– anzeigen 205
– Debuggen 204 f., 211
– Ereignisprozeduren 282
– erstellen 278, 280
– Schaltflächen definieren 283
Syntax
– Begriffsdefinition 156
Syntaxfehler
– Begriffsdefinition 203
SysInfo-Steuerelement 455
Systemregisterierung
– Steuerelemente registrieren 452
Systemzeit-Funktionen 134

T TabStrip-Steuerelement 455
Tag (Eigenschaft) 281, 343, 364
Tan (Funktion) 177
Tastenkombinationen
– definieren 150
TCP (Transfer Control Protocol) 455
Text
– ausdrucken 269
– ausschneiden in Windows-Zwischenablage 460, 471
– einfügen aus Windows-Zwischenablage 460, 472

– entschlüsseln 396
– formatieren mit RTF-Steuerelement 461, 463
– formatieren 471
– kopieren in Variable 372
– kopieren in Windows-Zwischenablage 460, 471
– Schriftart ändern 471
– sortieren 378, 386
– speichern in Datei 395
– suchen in RTF-Textfeld 472
– umwandeln in Großbuchstaben 461, 471
– umwandeln in Kleinbuchstaben 462
– verschlüsseln 396
Text (Eigenschaft) 472
Text (Methode) 466
TextArea-Element 590
– OnChange (Ereignis) 590
Textdateien 367
– anzeigen in Textfeldern 367
– anzeigen 395
– Beschreibung 368
– erstellen 373, 395
– lesen aus 394
– Namenserweiterungen 368
– öffnen für Ausgaben 367, 374, 378, 395
– öffnen für Eingaben 368, 395
– öffnen 368, 394, 465
– speichern 378
– Vergleich mit ausführbaren Dateien 368
– verschlüsseln 387
Textfelder
– aktuelles Datum einfügen 377
– Benutzereingaben erfassen 174
– binden an ADO-Objekt 646
– Daten einfügen 376
– Datensätze anzeigen 399
– Eigenschaft DataSource 115
– Eigenschaft MaxLength 196
– Eigenschaft PasswordChar 196, 235
– Eigenschaft RecordSource 646
– Eigenschaft Text 89
– einfügen 87, 329
– Eingaben verarbeiten 329
– erstellen 113, 120
– Formatierte-Bearbeitung-Steuerelement 454

681

Stichwortverzeichnis

– maximale Länge 373
– mehrzeilige erstellen 330
– Rechtschreibprüfung 435
– RTF-Steuerelement 455
– sortieren von Zeichenfolgen 382
– Text zuweisen 88
– Textdateien anzeigen 367
– Wagenrücklaufzeichen 377
– Zeilen zählen 383
TextField-Element 589
– Eigenschaft innerText 606
– OnChange (Ereignis) 589
– OnSelect (Ereignis) 589
Time (Funktion) 132, 134
To (Schlüsselwort) 198
TrueType-Schriften 215
Twips (Maßeinheit) 294, 481
Type-Anweisung 171

Ü Überwachungsfenster 204
– Ausdrücke löschen 207, 211
– verwenden 207
Übungsdateien 25
– entfernen 32
– installieren 25
– Projektübersicht 26
UCase (Funktion) 379
UDP (User Datagram Protocol) 455
Unload-Anweisungen 246, 524 f.
Unternehmensinformationssysteme
– Begriffsdefinition 417
– Bestellannahmesystem 418
– Einsatzbereiche 418
– Finanzanalysesystem 418
– Lagerverwaltungssystem 418
– Management-Informationssystem 418 f.
– Personalverwaltungssystem 418
– Projektmanagementsystem 418 f.
Until (Schlüsselwort) 230, 239

V Val (Funktion) 176 f.
Variablen
– Begriffsdefinition 105, 156
– deklarieren 157, 183 f., 315
– globale (public) 171, 312
– globale deklarieren 315, 317, 324, 336
– implizit deklarieren 158
– lokale 170, 311
– speichern in Datenfeldern 348

– Speicherplatz reservieren 157
– String- 372
– Übergabe als Wert 335
– umwandeln in Konstanten 335
– Wert ändern 183
– Wert anzeigen 207, 211
– Wert überwachen 207
– Werte zuweisen 160
Variant (Datentyp) 157, 168
vbOKCancel 408, 413
Vergleichsoperatoren
– Überblick 188
– verwenden in Kontrollstrukturen 198
Verpackungs- und Weitergabe-Assistent 566, 609
Verschlüsselung
– Beschreibung 387
– mit Xor 396
– Programmcode 393
– Textdateien 387
Verzeichnislistenfelder 91
– Eigenschaft Path 93
– Ereignisprozeduren 94
– erstellen 92, 120
Videos
– digitale 495
Visible (Eigenschaft) 291, 505
Visual Basic 6
– Add-Ins 514
– API Viewer 514
– Automatisierung 429
– beenden 53 f.
– Datenbankprogrammierung 638
– DHTML-Seiten-Designer 564
– Editionen 451
– Formulare 45
– Online-Hilfe 50
– Programmierumgebung 39 f.
– Programmierwerkzeuge 44
– starten 40, 54
– Verankerungsfunktion 44
– Websites für Programmierer 554

W WaveAudio 495, 497
– Wiedergabe von .wav-Dateien 506 f.
Weekday (Funktion) 135
Werkzeugsammlung
– ActiveX-Steuerelemente einfügen 117 f., 137, 456, 600, 611

682

Stichwortverzeichnis

– ADO-Datensteuerelement
  einfügen 639, 660
– Anzeigefeld (Image) 62, 93
– anzeigen 45
– Befehlsschaltfläche (Command-
  Button) 58
– Beschreibung 45
– Bezeichnungsfeld (Label) 60
– Dateilistenfeld (FileListBox) 92
– Daten-Steuerelement (Data) 113
– DHTML 588
– FlexGrid-Steuerelement einfügen
  621
– Fortschrittsleiste-Steuerelement
  einfügen 475
– Internet-Übertragung-Steuer-
  element einfügen 531
– Laufwerkslistenfeld (Drive-
  ListBox) 92
– Microsoft Windows Common
  Controls 6.0 einfügen 475, 491
– Multimedia-MCI-Steuerelement
  einfügen 493, 506
– RTF-Steuerelement einfügen 456
– Steuerelemente einfügen 137
– Steuerelemente 46
– Textfeld (TextBox) 87
– verschieben 46, 54
– Verzeichnislistenfeld (DirListBox)
  92
Win32api.txt 515 f.
– umwandeln in Datenbank 516
Windows API 509
– benutzerdefinierte Typen 511
– Beschreibung 509
– Deklarationen einfügen 515
– Dokumentation 513
– Funktionen aufrufen 513, 525
– Funktionen deklarieren 525
– GlobaLMemoryStatus (Funktion)
  510
– MemoryStatus (Typ) 511
– Win2api.txt 514
Windows Common Controls 6.0
– installieren 491
– Schieberegler-Steuerelement 479
– Statusleiste-Steuerelement 484

Windows-Zwischenablage
– Eigenschaft SelRTF 464
– Text ausschneiden, kopieren und
  einfügen 464
– Text ausschneiden 460
– Text bearbeiten 463
– Text kopieren 460
Winsock-Steuerelement 455
With-Anweisungen 623
WithEvents (Schlüsselwort) 558 f.

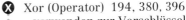 Xor (Operator) 194, 380, 396
– verwenden zur Verschlüsselung
  390 f., 393

Y Year (Funktion) 135

Z Zahlenfolgen
– definieren 238
Zeichenfolgen
– ASCII-Codes in Zeichenfolgen
  konvertieren 381, 395
– konvertieren in ASCII-Codes 395
– verarbeiten 378
– verketten 379
Zeichensätze
– ANSI 381
– ASCII 380 f.
– IBM 381
Zeilenfortsetzungszeichen 192, 221,
  510
Zeitgeberobjekte
– aktivieren 231, 298
– Begriffsdefinition 230
– Eigenschaften 231, 296
– einfügen in Formulare 231
– Ereignisprozedur definieren 235,
  298
– Intervall definieren 231
– verwenden 239
– Verzögerungen definieren 233
– Zeitlimits definieren 233
Zugriffstasten 127
– definieren 127
Zuweisungsoperator 157
Zwischenablage
– Windows 376

683

Der Autor

Michael Halvorson hat von 1985 bis 1993 für die Microsoft Corporation gearbeitet, bei der er als technischer Editor, als Acquisitions Editor und als Localization Manager tätig war. Er hat an der Pacific Lutheran University den Abschluss B.A. in Computer Science und an der Univertät von Washington den Abschluß M.A. in Geschichte erworben. Er arbeitet gegenwärtig an der Universität von Washington an seinem Doktortitel im Fach Geschichte (Renaissance und Reformation) und ist an der Pacific Lutheran University als nebenberuflicher Dozent im Fach Geschichte tätig. 1998 war Michael Halvorson zudem Stipendiat in der Herzog August Bibliothek in Wolfenbüttel.

Michael verfolgt nicht nur sein Interesse an Geschichte, sondern ist auch Autor und Koautor von 10 Computerbüchern, wie unter anderem *Running Microsoft Office 97*, *Learn Visual Basic Now*, *Running MS-DOS QBasic* und *Microsoft Word 97/Visual Basic Step by Step*, die alle von Microsoft Press verlegt wurden. Sie können Michael unter folgender Adresse eine E-Mail-Nachricht senden:

Mike_Halvorson@msn.com

Die Begleit-CD zu Microsoft® Visual Basic® 6.0 Schritt für Schritt

Die Begleit-CD enthält sofort einsatzfähige Übungsdateien zu den Lektionen in diesem Buch. Der Autor hat zudem vier Programmierübungen beigefügt, die Sie zu einem beliebigen Zeitpunkt durchführen können. Um diese Dateien bearbeiten zu können, benötigen Sie Microsoft Visual Basic Learning Edition, Professional Edition oder Enterprise Edition. Sie müssen zudem mit dem Betriebssystem Microsoft Windows 95 oder höher oder mit dem Betriebssystem Microsoft Windows NT 3.52 mit Service Pack 5 oder höher arbeiten. Die Übungen aus Lektion 14 erfordern Microsoft Office 97 Standard oder Professional Edition.

In den meisten Lektionen dieses Buches werden die auf dieser Begleit-CD enthaltenen Beispielprogramme verwendet. Bevor Sie mit der Bearbeitung einer Lektion beginnen, sollten Sie den Abschnitt *Die Übungsdateien installieren und verwenden* lesen, den Sie am Anfang dieses Buches finden. Dieser Abschnitt enthält eine Übersicht über die Übungsdateien der einzelnen Lektionen und beschreibt, wie Sie die Übungsdateien auf Ihre Festplatte kopieren.

> **Wissen aus erster Hand**

Mit diesem Buch lernen Sie schnell und effizient, Microsoft Outlook, Ihre Desktop-Informationszentrale, zu nutzen. Die leicht nachvollziehbaren Lektionen enthalten klare Ziele, realitätsnahe Beispiele aus dem Berufsleben und Schritt-für-Schritt-Anleitungen, so daß Sie genau das lernen können, was Sie gerade wissen müssen in Ihrer persönlichen Lerngeschwindigkeit.

- Die Microsoft Outlook-Umgebung erforschen
- Nachrichten schreiben und senden
- Nachrichten lesen und ablegen
- Ein Kontaktverzeichnis erstellen
- Mit Hilfe des Kalenders Ihre Zeitplanung organisieren
- Ihre Aufgaben verwalten
- Ihre Termine mit anderen abstimmen
- Mit dem Journal Ihre Arbeit dokumentieren
- Mit anderen Programmen zusammenarbeiten
- Ihre Outlook-Dateien aktuell halten
- Ihre Outlook-Dateien für andere zugänglich machen
- Von außerhalb des Büros arbeiten

Autor	Catapult
Umfang	400 Seiten, 1 CD-ROM
Reihe	Schritt für Schritt
Preis	DM 44,00
ISBN	3-86063-746-0

Microsoft Press-Titel erhalten Sie im Buchhandel, PC-Fachhandel und in den Fachabteilungen der Warenhäuser

Microsoft Press